# Introdução a Sistemas de
# INFORMAÇÃO

# R. KELLY RAINER JR.

# CASEY G. CEGIELSKI

# Introdução a Sistemas de
# INFORMAÇÃO

Apoiando e transformando negócios na era da mobilidade

Tradução
**Daniel Vieira**

Revisão Técnica
**Prof. Dr. João Porto de Albuquerque**
*Professor Doutor do Departamento de Sistemas de Computação do Instituto
de Ciências Matemáticas e de Computação da Universidade de São Paulo (ICMC-USP)*

7ª tiragem

ELSEVIER

Do original *Introduction to Information Systems — 3th edition*
Tradução autorizada do idioma inglês da edição publicada por John Wiley & Sons, Inc.,
Copyright © 2007 by John Wiley & Sons, Inc.

© 2012, Elsevier Editora Ltda.

*Copidesque:* Viviane Godoi
*Revisão:* Marília Pinto de Oliveira
*Editoração Eletrônica:* SBNigri Artes e Textos Ltda.

Elsevier Editora Ltda.
Conhecimento sem Fronteiras
Rua Sete de Setembro, 111 – 16º andar
20050-006 – Centro – Rio de Janeiro – RJ – Brasil

Rua Quintana, 753 – 8º andar
04569-011 – Brooklin – São Paulo – SP – Brasil

Serviço de Atendimento ao Cliente
0800-0265340
sac@elsevier.com.br

ISBN original: 978-0470-47352-8
ISBN 978-85-352-4205-8

Nota: Muito zelo e técnica foram empregados na edição desta obra. No entanto, podem ocorrer erros
de digitação, impressão ou dúvida conceitual. Em qualquer das hipóteses, solicitamos a comunicação
ao nosso Serviço de Atendimento ao Cliente, para que possamos esclarecer ou encaminhar a questão.
   Nem a editora nem o autor assumem qualquer responsabilidade por eventuais danos ou perdas a
pessoas ou bens, originados do uso desta publicação.

CIP-Brasil. Catalogação-na-fonte.
Sindicato Nacional dos Editores de Livros, RJ

R131i
3.ed.
    Rainer, R. Kelly (Rex Kelly)
       Introdução a sistemas de informação / R. Kelly Rainer Jr. e Casey G.
Cegielski ; [tradução Multinet Produtos]. - 3.ed. - Rio de Janeiro : Elsevier, 2011.

       Tradução de: Introduction to information systems
       Índice
       ISBN original: 978-0470-47352-8
       ISBN 978-85-352-4205-8

       1. Tecnologia da informação. 2. Sistema de informação gerencial -
Planejamento. I. Cegielski, Casey G. II. Título.

11-3705.                                    CDD: 658.0546
                                            CDU: 005.94

# Prefácio

## O que os sistemas de informação têm a ver com a empresa?

*Introdução aos Sistemas de Informação*, de Rainer e Cegielski, tem a resposta para esta pergunta. Em cada capítulo, você verá como as empresas globais utilizam a tecnologia e os sistemas de informação para aumentar sua lucratividade, conquistar participação no mercado, melhorar seu serviço ao cliente e gerenciar suas operações cotidianas. Em outras palavras, os sistemas de informação oferecem o alicerce para a empresa.

Nosso objetivo é ensinar a todos os alunos da área empresarial, especialmente os que ainda não se formaram, a utilizar a TI para dominar suas funções atuais e futuras e ajudar a garantir o sucesso da organização. Nosso foco não é apenas no aprendizado dos conceitos da tecnologia da informação, mas em sua aplicação para facilitar os processos da empresa. Vamos nos concentrar em inserir os sistemas de informação no contexto empresarial, de modo que os alunos entendam mais rapidamente as ilações apresentadas no texto.

## O que a **TI** pode me proporcionar?

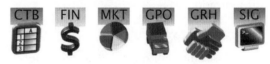

O tema deste livro é "O que a TI pode me proporcionar?". Essa pergunta é feita por todos os alunos que fazem o curso. Nosso livro mostrará a você que a TI é a espinha dorsal de qualquer empresa, esteja você na área de Contabilidade, Finanças, Marketing, Recursos Humanos ou Gestão de Produção/Operações. Também incluímos um ícone para a área de Sistemas de Informações Gerenciais (SIG).

## Novidades desta edição

Existem muitos acréscimos e mudanças interessantes nesta 3ª edição. Elas tornaram seu livro mais interessante e legível para alunos de todos os níveis, enquanto ainda oferece a informação mais atualizada possível no campo de sistemas de informação, em rápida evolução.

## No geral...

- Um novo capítulo sobre Gestão do Relacionamento com o Cliente (Capítulo 9).
- Um novo capítulo sobre Gerenciamento da cadeia de suprimentos (Capítulo 10).
- Todos os casos de abertura e fechamento de capítulo.
- Todos os novos "TI e a empresa" em cada capítulo.
- Todos os novos exemplos em cada capítulo.
- Slides do PowerPoint novos e atualizados, incorporando muitas imagens e vídeos.
- Banco de Testes novo e atualizado, com perguntas rotuladas de acordo com a dificuldade: fácil, média e difícil.

## Especificamente...

O **Capítulo 1** contém uma nova seção sobre processos de negócios, reengenharia de processos da empresa e gerenciamento de processos da empresa, que foi acrescentada.

O **Capítulo 5** tem uma discussão estendida da colaboração habilitada pela TI e dos produtos de software de colaboração.

O **Capítulo 8** inclui seções expandidas e aprofundadas sobre sistemas de informação da área funcional e sistemas de planejamento de recursos da empresa.

O **Capítulo 12** acrescenta uma seção sobre gerenciamento de projetos. O restante do capítulo foi extensivamente reescrito, simplificado e reduzido para aumentar a legibilidade.

O **Guia de Tecnologia 1** foi reformulado para aumentar a legibilidade e o impacto. Questões estratégicas de hardware agora estão no início do guia e o material mais técnico está no final. O Guia de Tecnologia aborda as tecnologias mais recentes, como *farms* de servidores, virtualização e computação nas nuvens. As discussões dessas tecnologias são acompanhadas por exemplos.

O **Guia de Tecnologia 2** também foi reformulado para aumentar a legibilidade e o impacto. Questões relacionadas a software agora estão no início do guia e o material mais técnico está no final.

## Principais recursos

Temos sido guiados pelos seguintes objetivos que acreditamos melhorar a experiência de ensino e aprendizado.

### *Técnica de função cruzada*

Mostramos por que a TI é importante, destacando como o tópico de TI de cada capítulo se relaciona aos alunos em cada área. Os ícones orientam o leitor para as questões relevantes de sua área funcional específica — contabilidade (CTB), finanças (FIN), marketing (MKT), gestão de produção/operações (GPO), sistemas de informação gerencial (SIG) e gestão de recursos humanos (GRH). Além disso, os capítulos terminam com um resumo de como os conceitos se relacionam a cada área funcional ("O que a TI pode me proporcionar?").

### *Aprendizado ativo*

Reconhecemos a necessidade de envolver os alunos ativamente na solução de problemas, pensamento criativo e aproveitamento de oportunidades. Cada capítulo traz uma série de exercícios práticos, atividades e minicasos, incluindo exercícios que pedem aos alunos que usem ferramentas de aplicação de software. Por meio dessas atividades e de um website interativo, permitimos que os alunos realmente façam algo com os conceitos aprendidos, como, por exemplo, melhorar uma empresa por meio da TI, configurar produtos e usar planilhas para facilitar a solução de problemas.

## Exemplos diversificados e exclusivos de diferentes setores

O uso extenso de exemplos vivos de grandes e pequenas empresas, organizações governamentais e sem fins lucrativos ajuda a fortalecer os conceitos, mostrando aos alunos as habilidades da TI, seu custo e justificativa e as maneiras inovadoras pelas quais empresas reais estão a usando em suas operações. Cada capítulo realça constantemente a conexão integral entre TI e a empresa. Isso é evidenciado especialmente nos quadros "TI e a empresa". Além dos indicados anteriormente, outros ícones destacam exemplos do governo (GOV) e empresas de serviços (ESV).

## Sucessos e fracassos

Assim como em outros livros, apresentamos muitos exemplos de sucesso da TI. Mas também oferecemos diversos exemplos de seus fracassos, e que lições que podem ser aprendidas a partir daí. O mau uso da TI pode ser muito dispendioso, conforme ilustraremos.

## Inovação e criatividade

No ambiente em rápida mudança de hoje, a criatividade e a inovação são necessárias para uma empresa operar de modo eficaz e lucrativo. No decorrer do livro, mostraremos como esses conceitos são facilitados pela TI.

## Foco global

Visto que é indispensável um conhecimento da competição, parcerias e comércio globais para o sucesso nos negócios, oferecemos uma seleção ampla de casos e exemplos internacionais. Analisamos como a TI facilita a exportação e a importação, a gestão de empresas multinacionais e os negócios eletrônicos por todo o mundo. Os exemplos globais são destacados com o ícone do globo.

## Foco na ética

Com escândalos corporativos nas manchetes diariamente, a ética e suas questões estão nas mentes de homens e mulheres de negócios. Além de um capítulo voltado para a ética e a segurança (Capítulo 3), incluímos exemplos e casos que abordam a ética empresarial no decorrer dos capítulos. Esses exemplos são destacados com o ícone da ética.

## Estrutura pedagógica

Outros recursos pedagógicos proporcionam um sistema de aprendizagem estruturado, que reforça os conceitos por meio de recursos como organizadores de abertura de capítulo, revisões de seção, aplicações frequentes e exercícios e atividades práticas.

*Organizadores de abertura de capítulo* incluem os seguintes recursos pedagógicos:

- *Metas de aprendizagem* dão uma visão geral dos principais elementos que os alunos deverão entender depois de ler o capítulo.
- O *Esboço do capítulo* lista os principais conceitos abordados no capítulo.
- Um caso de abertura identifica um problema empresarial encarado por uma empresa real, descreve a solução de TI aplicada ao problema empresarial, apresenta os resultados da solução e resume o que os alunos podem aprender com o caso.

*Auxiliares do Estudo* são fornecidos em cada capítulo. Eles incluem o seguinte:

- Os quadros *TI e a empresa* oferecem aplicações do mundo real, com problemas que se relacionam aos conceitos abordados no texto. Ícones relacionam essas seções às áreas funcionais específicas.
- *Exemplos* em destaque, intercalados no texto, mostram o uso (e mau uso) da TI em organizações do mundo real, ajudando a ilustrar a discussão conceitual.
- *Tabelas* listam os pontos principais ou resumem diferentes conceitos.
- Revisões de fim de seção (*Antes de prosseguir...*) pedem aos alunos que parem e testem seu conhecimento dos conceitos antes de passarem à próxima seção.

*Auxiliares do estudo no fim do capítulo* apresentam muitas oportunidades para que os leitores revisem e realmente façam algo com os conceitos que acabaram de estudar:

- *O que a TI pode me proporcionar?* é uma seção exclusiva de resumo do capítulo que mostra a relevância dos tópicos para diferentes áreas funcionais (contabilidade, finanças, marketing, gestão de produção/operações e gestão de recursos humanos).
- O *Resumo do capítulo*, ligado aos objetivos de aprendizagem que foram listados no início do capítulo, permite que os alunos revejam os principais conceitos abordados no capítulo.
- O *Glossário no fim do capítulo* serve de ferramenta de estudo para destacar a importância do vocabulário de cada capítulo e facilitar o estudo.
- *Questões para discussão*, *Atividades de solução de problemas* e *Trabalhos em equipe* oferecem a prática por meio da aprendizagem ativa. Esses exercícios são oportunidades práticas para usar os conceitos discutidos no capítulo.
- *Caso* apresenta um caso organizado em torno do problema da empresa e mostra como a TI ajudou a solucioná-lo; as perguntas no final do caso o relacionam aos conceitos discutidos no capítulo.

## Materiais Complementares on-line

**www.elsevier.com.br/rainer**
Este livro também facilita o ensino em um curso de Introdução à TI, oferecendo material de suporte suficiente para instrutores e alunos. Vá até o endereço www.elsevier.com.br/rainer para acessar os materiais complementares para alunos e professores.

### Manual do Instrutor

O *Manual do Instrutor* criado por Biswadip Ghosh, da Metropolitan State University, inclui uma visão geral do capítulo, dicas e estratégias de ensino, respostas para todas as perguntas de final de capítulo, minicasos suplementares com perguntas e respostas de dissertação e exercícios experimentais relacionados a tópicos populares.

### Banco de testes

O *Banco de Testes*, escrito por Kelly Rainer, é um recurso abrangente para perguntas de teste. Ele contém perguntas de múltipla escolha, verdadeiro/falso, resposta curta e dissertação por capítulo. As perguntas de múltipla escolha e verdadeiro/falso são rotuladas conforme a dificuldade de cada um: fácil, médio ou difícil.

## Apresentações do PowerPoint

As *Apresentações do PowerPoint*, criadas por Kelly Rainer, consistem em uma série de slides para cada capítulo do texto, que são projetados em torno do conteúdo do texto, incorporando os principais pontos do texto e todas as ilustrações de texto, conforme apropriado.

## Media Resource Library

A *Media Resource Library* oferece aos instrutores uma grande variedade de links para websites e vídeos que podem ser usados em sala de aula para ajudar os alunos a se envolverem. A biblioteca é uma compilação de sugestões do autor, bem como de muitos instrutores de sistemas de informação, e vem completa, com perguntas para discussão a serem usadas em sala de aula depois de visualizar cada recurso.

## Podcasts do Autor

Cada capítulo é comentado pelo autor, facilitando o aprendizado do aluno.

## Agradecimentos

Criar, desenvolver e produzir um novo livro para o curso de introdução à tecnologia da informação é um empreendimento formidável. Nessa jornada, tivemos a sorte de receber avaliação, crítica e orientação contínuas de muitos colegas que lecionam regularmente este curso. Gostaríamos de agradecer as contribuições feitas pelas seguintes pessoas:

À equipe da Wiley: Beth Lang Golub, editor executiva; Lauren Sapira, editor de mídia; Chris Ruel, gerente de marketing assistente, e Mike Berlin, assistente editorial. Também à equipe de produção, incluindo Dorothy Sinclair, gerente de produção; Trish McFadden, editora de produção, e Suzanne Ingrao, da Ingrao Associates, bem como a Jeof Vita, Art Director; Lisa Gee, editora de fotos; e Anna Melhorn, editora de ilustrações. Gostaríamos de agradecer, da mesma forma, a Robert Weiss pela revisão cuidadosa e completa do manuscrito.

## Revisores:

Ihssan Alkadi, University of Louisiana, Lafayette;
Mark Best, University of Kansas;
Donna Davis, University of Southern Mississippi;
Dursun Delen, Oklahoma State University;
Biswadip Ghosh, Metropolitan State College of Denver;
Edward J. Glantz, Pennsylvania State University;
Jun He, University of Michigan, Dearborn;
Chang-tseh Hsieh, University of Southern Mississippi;
Diane Lending, James Madison University;
Nicole Lytle, California State University, San Bernardino;
Richard Klein, Clemson University;
Efrem Mallach, University of Massachusetts, Dartmouth;
Purnendu Mandal, Lamar University;
Earl McKinney, Bowling Green State University;
Patricia McQuaid, California State Polytechnic University, San Luis Obispo;
Rodger Morrison, Troy University;
Nannette Napier, Georgia Gwinnett College;
William T. Neumann, University of Arizona;
Bradley Prince, University of West Georgia;
Harry Reif, James Madison University;
Carl M. Rebman, Jr., University of San Diego;

Thomas Rienzo, Western Michigan University;
Sachi Sakthivel, Bowling Green State University;
William P. Wagner, Villanova University;
Yue Zhang, California State University, Northridge.

E obrigado a todos os participantes do grupo de foco da Wiley em AMCIS 2008, DSI 2008 e ICIS 2008, que viram as primeiras versões da Media Resource Library e ofereceram valiosas sugestões para tornar a plataforma e o conteúdo mais útil para futuros usuários, incluindo:
Shamel Addas, McGill University;
JE Aronson, University of Georgia;
Jack Becker, University of North Texas;
Timothy M. Bergquist, Northwest Christian University;
Jacques Bulchand-Gidumal, University of Las Palmas de Gran Canaria;
Mike Canniff, University of the Pacific;
Thomas Case, Georgia Southern University;
Yogesh K. Dwivedi, Swansea University, Wales, UK;
Jerry Flatto, University of Indianapolis;
Jun He, University of Michigan-Dearborn;
Carolyn Jacobson, Mount St. Mary's University;
Jay Jarman, University of South Florida;
Beverly K. Kahn, Suffolk University;
Dan Kim, University of Houston-Clear Lake;
Nelson King, American University of Beirut;
Richard Klein, Clemson University;
David Lewis, University of Massachusetts, Lowell;
Binshan Lin, Louisiana State University in Shreveport;
Eleanor Loiacono, WPI;
Linda Lynam, University of Central Missouri;
Daniel Mittleman, DePaul University, College of Computing and Digital Media;
Khosrow Moshirvaziri, California State University, Long Beach;
David Montesinos-Delgado, INCAE Business School, Costa Rica;
Nannette P. Napier, Georgia Gwinnett College;
Fiona Fui-Hoon Nah, University of Nebraska-Lincoln;
Lance Revenaugh, Central State University;
Martin Santana, ESAN University, Lima, Peru;
Monica Chiarini Tremblay, Florida International University;
Peter Weiss, University of Maryland;
Dezhi Wu, Southern Utah University.

## Autores complementares

Somos gratos a Brad Prince, University of Georgia, Biswadip Ghosh, do Metropolitan State College, William Neumann, da University of Arizona.

Kelly Rainer
Casey Cegielski

# Sumário

# Capítulo 1

# A Organização Moderna no Ambiente Global, Baseado na Web

---

## Metas de Aprendizagem

1. Descrever os processos de negócio e discutir a gestão de processos de negócio.
2. Diferençar dados, informação e conhecimento.
3. Diferençar arquitetura de tecnologia da informação e infraestrutura de tecnologia da informação.
4. Descrever o ambiente de negócios global e a nova infraestrutura de tecnologia da informação.
5. Discutir os relacionamentos entre pressões comerciais, respostas organizacionais e sistemas de informação.

---

## Esboço do Capítulo

**1.1** Processos de Negócio e Gestão de Processos de Negócio
**1.2** Sistemas de Informação: Conceitos e Definições
**1.3** A Plataforma Global Baseada na Web
**1.4** Pressões nos Negócios, Respostas Organizacionais e o Suporte da TI
**1.5** Por que os Sistemas de Informação São Importantes para Mim?
**1.6** O Plano deste Livro

---

## O que a **TI** pode me proporcionar?

---

## Caso Inicial

### A Tecnologia da Informação pode Salvar uma Ilha Inteira e sua População?

- **O Problema**

Rapa Nui, também conhecida como Ilha de Páscoa, faz parte do território do Chile e está localizada no Oceano Pacífico, a quase quatro quilômetros do povoado mais próximo. Há novecentos anos, os moradores de Rapa Nui cometeram ecocídio, devastando sua ilha e quase destruindo a si mesmos nesse processo. Estima-se que a ilha foi fundada entre 400 e 800 d.C. pelos polinésios. Palmeiras e água fresca cobriam a paisagem. A ilha também era rica em obsidiana,[1] com a qual as pessoas costumavam fazer ferramentas. Os habitantes prosperaram e a população atingiu cerca de 15.000 habitantes. Por volta do século XII, eles começaram a esculpir em uma pedreira o Moai, estátuas de pedras enormes, e, em seguida, arrastavam-nas pela ilha para então erguê-las em torno de

---

1 N.R.T.: Segundo o *Dicionário Houaiss*, obsidiana é "vidro de cor preta ou escura, caracterizado por fratura concoidal, devido a rápido resfriamento de material vulcânico, e por não conter água".

suas aldeias, em homenagem aos seus antepassados. Muito provavelmente, rolaram essas estátuas gigantes nos troncos das enormes palmeiras da ilha.

Uma coisa é certa: por alguma razão, os nativos cortaram todas as árvores, deixando-os incapazes de pescar (sem barcos, varas ou lanças), e causando maciças erosões, o que acabou com a agricultura tradicional. Tendo comido todos os pássaros, os habitantes da ilha voltaram-se para a prática do canibalismo. Um explorador holandês desembarcou na ilha em 1722, e por mais de 200 anos navios ocidentais sequestravam os habitantes, que também foram infectados com varíola, o que dizimou a população, que foi reduzida a 111 pessoas. No século XIX, uma empresa de ovelhas da Escócia assumiu a ilha, escravizou os nativos e importou 70.000 ovelhas, que pastavam na ilha desmatada.

Hoje, no Rapa Nui, Sônia Haoa, uma nativa de 55 anos é coordenadora de monumentos nacionais da ilha. Ela está em uma missão que pesquisa cada peça arqueológica espalhada pelos 165 quilômetros quadrados da ilha.

Sua pátria foi lançada da idade da pedra para a modernidade nas últimas duas décadas, atraindo um número crescente de turistas e debilitando a sua já frágil infraestrutura. Por exemplo, em meados dos anos 80, a NASA construiu uma pista alternativa para o ônibus espacial, permitindo operar aviões de fuselagem larga no país. Hoje, existem voos diários partindo de Santiago, Chile. Os visitantes trazem dinheiro para Rapa Nui, junto com a pressão para que sejam construídos grandes hotéis e restaurantes. Sônia Haoa tornou-se responsável por cuidar dos muitos sítios arqueológicos da ilha.

O trabalho dela envolve caminhar ao redor da ilha registrando os artefatos com alguns jovens pesquisadores. Sua produção tem consistido em materiais físicos, como pilhas de papéis, desenhos e planilhas – um sistema analógico, que vinha rigorosamente impedindo o progresso de Haoa, que pensou que nunca terminaria sua pesquisa sobre a ilha enquanto estivesse viva. Se isso acontecesse, os segredos de seus ancestrais morreriam com ela e os empreendedores destruiriam os insubstituíveis sítios arqueológicos da ilha.

O problema era complexo. Rapa Nui poderia se desenvolver de forma sustentável, melhorando o nível de vida dos seus habitantes, preservando – ao mesmo tempo – a rica história da ilha?

### ■ A Solução da TI

Entra em cena Pete Kelsey, que chegou a Rapa Nui para umas férias em 2006. Kelsey trabalha para uma empresa de software chamada Autodesk (*www.autodesk.com*), a empresa de design de software mais conhecida no mundo da arquitetura. A divisão de Kelsey produz o AutoCAD Civil 3D, software de engenharia civil terrestre, transportes e design ambiental. Nessa visita, ele trouxe um equipamento de posicionamento global (GPS) e um laptop, pois pensou que seria interessante fazer um levantamento de um lugar tão misterioso.

Kelsey encontrou Haoa, ficou intrigado com seu trabalho e decidiu transformar seus desenhos feitos à mão em desenhos digitais. Ele apresentou a ela varredores a laser, receptores de GPS e a versão mais recente do software AutoCAD. Ele lhe ensinou como plotar a localização dos artefatos diretamente no computador e adicionar descrições e posicionamento. Dessa forma, ela agora poderia acompanhar facilmente quais partes da ilha já haviam sido pesquisadas. A coordenadora dos monumentos da ilha trabalhava em duas dimensões, e Kelsey lhe deu uma terceira.

### ■ Os Resultados

Kelsey achou que a complexidade no desenvolvimento de um mapa do terreno que é, ao mesmo tempo, extremamente isolado e cheio de objetos arqueológicos, poderia ensinar a Autodesk como trabalhar em outros ambientes frágeis e de rápido desenvolvimento, como Índia, China e África do Sul. Como resultado, a Autodesk o enviou de volta para outra visita, para criar um mapa-base que permitiria à ilha desenvolver um esquema de planejamento, corrigir o que fosse preciso, identificar a erosão e promover o desenvolvimento sustentável. Ele trouxe uma equipe de oito pessoas da Autodesk, além de escâneres a laser; Pete apanhou as coordenadas do GPS e escaneou a laser os artefatos significativos, colocando-os em um mapa com dados fornecidos por Haoa, sobrepondo ainda informações cadastrais, cartas topográficas e imagens de satélite. (Informações cadastrais incluem a identificação do proprietário do imóvel, localização precisa, dimensões e área, cultivos (se rural) e o valor das frações individuais de terra.)

Quando todas as informações fossem digitalizadas, Sonia Haoa poderia usar o mapa para descobrir padrões que ainda não tinha observado. O departamento nacional de parques poderia monitorar a erosão e os habitantes poderiam simular condições e situações extremas no sistema de drenagem ou os efeitos do desenvolvimento proposto. Os moradores da ilha, treinados por Kelsey no software Autodesk, aprenderam a executar simulações para escoamento de água durante uma forte tempestade e foram capazes de demonstrar como os esforços de reflorestamento poderiam reter o solo superficial. Os médicos da ilha podem rastrear doenças e os nativos podem levar em conta o ângulo da luz do sol durante os meses de verão para permitir a construção de casas que exijam menos energia.

Em 2009, o governo chileno decidiu cortar US$ 60.000 do orçamento anual de Haoa, mas Fred Olsen salvou o projeto. Olsen é o presidente da companhia de energia norueguesa e do conglomerado de cruzeiros Fred Olsen & Company (*www.fredolsen.no*). Ele é um entusiasta da arqueologia e conhecia Sonia Haoa porque esta tinha trabalhado com Thor Heyerdahl, famoso explorador e seu colega norueguês. Olsen criou uma fundação para cobrir os custos de Haoa, que lhe permitirá concluir o trabalho de sua vida. Ele financiou o trabalho dela, porque ambos sentiram que o conhecimento que ele e Haoa adquiriram ao aprender mais sobre seus ancestrais ajudaria as civilizações modernas que enfrentam destinos semelhantes, como a Austrália.

*Fontes*: Compilado de "Easter Island Mapping Project", *www.autodesk.com*, 31 de janeiro de 2009; J. O'Brien, "Saving Easter Island", Fortune, 19 de janeiro de 2009; J. Cornfield, " 'Voluntourism': See the World and Help Conserve It", Scientific American, outubro de 2008; "Autodesk Supports Easter Island Quest", GIM International (*www.gim-international.com*), 19 de novembro de 2007; R. Butler, "Easter Island Mystery Revealed Using Mathematical Model", *www.mongabay.com*, 1 de setembro de 2005; J. Loret e J. Tanacredi, Easter Island, Springer; *www.autodesk.com,www.netaxs.com/~trance/rapanui.html*, acessado em 31 de janeiro de 2009.

## ■ O que Aprendemos com este Caso

O caso da Ilha de Páscoa é um exemplo dos efeitos de longo alcance que a tecnologia da informação (TI) tem sobre os indivíduos, as organizações e o nosso planeta. Embora este livro seja em grande parte dedicado às diversas maneiras como a TI tem transformado organizações modernas, esperamos mostrar que a TI também tem impactos significativos no indivíduo e nas sociedades, na economia global e no nosso ambiente físico.

### Os Impactos Globais da TI

O caso inicial ilustra o impacto que a TI está tendo sobre a preservação de pessoas e do meio ambiente da Ilha de Páscoa. Forneceremos outros exemplos dos efeitos sociais e ambientais da TI no decorrer deste livro. Além disso, a TI está tornando o mundo menor, permitindo que cada vez mais pessoas possam se comunicar, colaborar e competir, nivelando assim o campo de jogo digital.

### Impactos Organizacionais da TI

No decorrer deste livro, forneceremos numerosos exemplos de como a TI está afetando diversas organizações. Os pontos a seguir resumem os impactos:

- Para ter sucesso no ambiente de hoje, muitas vezes é necessário mudar os modelos e as estratégias dos negócios;
- A TI permite que as organizações sobrevivam e prosperem em face às pressões comerciais implacáveis;
- A TI pode exigir um grande investimento por um longo período de tempo;
- As organizações podem usar sua posição para criar novos aplicativos com base na web, em produtos e serviços, bem como para proporcionar um excelente serviço ao cliente.

### Impactos Individuais da TI

Você faz parte da geração mais conectada da história. Você cresceu on-line. Literalmente, está sempre conectado. Usa mais tecnologias da informação (na forma dos dispositivos digitais) para tarefas, é bombardeado com mais informações do que qualquer outra geração na história. O *MIT Technology Review* refere-se a você como o *Homo Conexus*. As tecnologias da informação estão embutidas tão profundamente em sua vida que o seu cotidiano seria quase irreconhecível para um estudante universitário de apenas 20 anos atrás.

Basicamente, você está praticando *computação contínua*, na qual está cercado por uma rede de informação móvel. Sua rede é criada por uma cooperação constante entre os dispositivos digitais que você leva consigo (por exemplo, laptops, players de mídia e smartphones); as redes cabeadas e sem fio que você acessa quando se debruça sobre as ferramentas baseadas na web para encontrar informação, comunicar-se e colaborar com outras pessoas. Sua rede permite que você *pegue* informações sobre praticamente qualquer coisa em qualquer lugar a qualquer momento e *envie* suas ideias de volta à web por um dispositivo móvel.

Então, por que estudar sobre sistemas de informação e tecnologia da informação se você já está tão acostumado a usá-los? A resposta é que, quando você concluir sua graduação, iniciará o próprio negócio ou irá trabalhar para alguma organização, seja ela do setor público, do setor privado, com ou sem fins lucrativos. De qualquer forma, você e sua organização terão de sobreviver e competir em um ambiente que foi radicalmente modificado pela tecnologia da informação. Esse ambiente é global, maciçamente interconectado, altamente competitivo, 24 horas, 7 dias por semana, em tempo real, mudando rapidamente e com muita informação.

Neste capítulo, primeiramente abordaremos os processos de negócio e a gestão de processos de negócio, pois os processos de negócio, literalmente, constituem o que uma organização faz, e o seu gerenciamento é fundamental para o sucesso de qualquer empresa. Em nossa discussão, podemos constatar como os sistemas de informação permitem o gerenciamento dos processos de negócio.

Depois, esclareceremos os conceitos básicos de sistemas de informação nas organizações. No entanto, antes de fazermos isso, precisamos distinguir sistemas de informações gerenciais – também chamado **sistemas de informação**, ou **SI** – de **tecnologia da informação**. A gestão de **sistemas de informações (GSI)** lida com o planejamento e desenvolvimento, a gestão e utilização de ferramentas de tecnologia da informação para ajudar as pessoas a realizar todas as tarefas relacionadas ao processamento e gerenciamento da informação. A **tecnologia da informação (TI)** refere-se a qualquer ferramenta baseada em computador usado pelas pessoas para trabalhar com informações e apoiar as necessidades de informação e processamento de informações de uma organização. Embora estes sejam termos distintos, na prática, geralmente são usados para indicar a mesma coisa. Por exemplo, as organizações referem-se à sua função de GSI como Departamento de Serviços de Informação, Departamento de Sistemas de Informação e Departamento de Tecnologia da Informação, entre outras coisas. Como prática comum, usamos esses termos como sinônimos no decorrer desta obra.

Depois de discutir os conceitos básicos de sistemas de informação, discutiremos sobre o ambiente de negócios global de hoje e como as empresas usam as tecnologias da informação para sobreviver e prosperar nesse ambiente altamente competitivo. Em seguida, voltaremos nossa atenção para analisar com mais detalhes por que os sistemas de informação são importantes para você. Terminaremos o capítulo apresentando o plano deste livro.

## 1.1. Processos de Negócio e Gestão de Processos de Negócio

Um **processo de negócio** é uma coleção de atividades relacionadas que produzem produtos ou serviços que interessam às organizações, aos seus parceiros e/ou aos seus clientes. Um processo tem entradas e saídas, e suas atividades podem ser medidas. Muitos processos perpassam diversas áreas funcionais de uma organização, como o desenvolvimento de produtos, que envolve o design, a engenharia, a manufatura, o marketing e sua distribuição no mercado. Outros processos envolvem apenas uma área funcional. A Tabela 1.1 exemplifica processos de negócio nas áreas funcionais de uma organização.

**Tabela 1.1** Exemplos de processos de negócio

**Processos de Negócio – Contabilidade**

- Contas a pagar
- Contas a receber
- Conciliação bancária
- Cupom fiscal
- Faturas
- Caixa
- Fechamento virtual

**Processos de Negócio – Finanças**

- Cobranças
- Pedidos de empréstimos bancários
- Previsões de negócios
- Aprovação de crédito ao cliente e condições de crédito
- Avaliação sobre impostos sobre imóveis
- Transações com ações
- Relatórios financeiros de fluxo de caixa

**Processos de Negócio – Marketing**

- Pós-venda
- Cobrança de imposto sobre vendas
- Direitos autorais e Marcas Registradas
- Pesquisas de satisfação do consumidor
- Contrato de serviço ao cliente
- Tratamento de reclamações dos clientes
- Produtos devolvidos por clientes
- Liderança de vendas
- Recebimento de pedidos de venda
- Treinamento em vendas
- Feiras de negócio
- Políticas de Garantia e Assistência

**Processos de Negócio – Produção/Operações**

- Lista de materiais
- Fabricação sob encomenda
- Listagem principal de peças e arquivos

- Embalagem, armazenamento e distribuição
- Procedimentos de inventário físico
- Procedimentos de compra
- Controle de qualidade para produtos acabados
- Processo de auditoria da garantia da qualidade
- Recebimento, inspeção e estocagem de peças e materiais
- Remessas e pedidos de frete
- Seleção, arquivos e inspeções de fornecedores

**Processos de Negócio – Recursos Humanos**

- Políticas de emprego de deficientes
- Políticas de contratação de empregado
- Orientação ao empregado
- Família e licença médica/afastamento
- Gerenciamento de arquivos e registros
- Benefícios de assistência à saúde
- Remuneração e folha de pagamento
- Avaliações de desempenho e ajustes salariais
- Demissões e rescisões
- Reembolso de matrícula e mensalidades
- Viagem e entretenimento
- Regras e orientações no local de trabalho
- Segurança no local de trabalho

**Processos de Negócio – Gestão de Sistemas de Informação**

- Programas antivírus
- Relatório de incidentes de segurança relacionados com computador
- Treinamento em informática para usuários e quadros funcional
- Procedimento para recuperação de desastres
- Políticas de uso do correio eletrônico
- Políticas de uso da Internet
- Acordos de serviço e serviços de emergência
- Padrões para estações de trabalho de usuários
- Uso de software pessoal

Os processos de negócio de uma organização podem levar à obtenção de vantagens competitivas se tornarem-se companhias capazes de inovar ou de trabalhar ainda melhor que seus competidores. Processos de negócio também podem ser um risco se impedirem a agilidade e a eficiência das organizações. Como exemplo, considere as companhias aéreas. Tornou-se uma necessidade competitiva para todas as companhias aéreas oferecer a compra de assentos através de seus sites, que precisam ser capazes de responder rapidamente e ter informações mais atualizadas o quanto possível sobre voos e tarifas; de outra forma, um site que forneça informações desatualizadas e imprecisas mais prejudicará do que aumentará os negócios. A Figura 1.1 ilustra o processo de compra eletrônica de bilhetes aéreos.

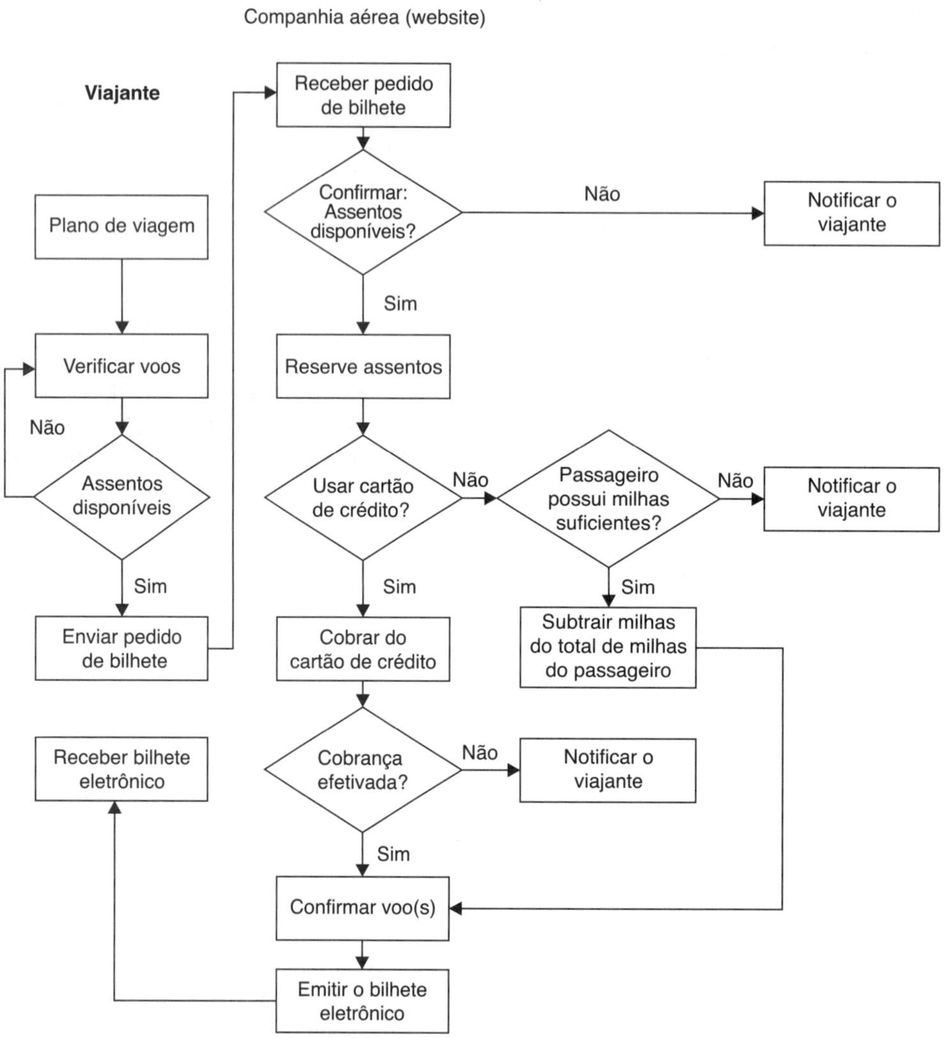

Companhia aérea (website)

**Figura 1.1** Processo de negócios para compra eletrônica de bilhetes do website da companhia aérea.

A excelência dos processos de negócio é amplamente reconhecida como o fundamento de todas as medidas significativas de desempenho competitivo da organização. Considere por exemplo, estas medidas:

- Satisfação do cliente: como resultado da otimização, bem como do alinhamento dos processos de negócio para atender às necessidades do cliente, suas vontades e seus desejos.
- Redução de custos: como resultado da otimização das operações e dos processos dos fornecedores.
- Ciclo e tempo de realização: como resultado da otimização dos processos de produção e logística.
- Qualidade: como resultado da otimização dos processos de design, desenvolvimento do produto e produção.
- Produtividade: como resultado da otimização dos processos de trabalho de cada indivíduo.

A pergunta é: Como uma organização garante a excelência nos processos de negócio?

Em seu livro *Reengineering the Corporation*, Michael Hammer e James Campy afirmaram que os negócios norte-americanos precisavam remodelar radicalmente seus processos de negócio para reduzir custos e aumentar a qualidade, com o intuito de serem mais competitivos. Além disso, os autores afirmaram que a Tecnologia da informação é o fator decisivo para tal mudança. Essa remodelagem radical, chamada no inglês de *Business Process Reengineering* (BPR) ou reengenharia de processos de negócio, é uma abordagem que melhora a eficiência e efetividade dos processos de negócio de uma organização. O ponto-chave do

BPR para empresas é examinar seus processos de negócio a partir da perspectiva "folha em branco" e determinar a melhor maneira de eles poderem reconstruir esses processos para aperfeiçoar suas funções de negócios.

Apesar de algumas empresas terem implementado com sucesso o BPR, para muitas organizações esta remodelagem radical foi muito árdua, radical demais e demasiadamente abrangente. O impacto para os empregados, nas instalações, nos investimentos existentes em sistemas de informação e até na cultura da organização foi esmagador. Apesar de muitas falhas em implementar o BPR, entretanto, o processo foi bem-sucedido em convencer as empresas a organizar o trabalho com base em processos, em vez de em tarefas. Como resultado, uma abordagem menos radical, menos problemática e mais incremental foi desenvolvida, chamada de gestão de processos de negócio (*Business Process Management*, ou simplesmente BPM).

Em grande parte, o desempenho de uma organização depende do quanto ela gerencia seus processos de negócio. Como resultado, as organizações enfatizam a gestão de processos de negócio (BPM), que é uma técnica de gerenciamento com métodos e ferramentas para apoiar o projeto, a análise, a implementação, o gerenciamento e a melhoria dos processos de negócio.

Inicialmente, BPM ajuda na melhora da rentabilidade das empresas ao diminuir os custos e aumentar suas receitas. Com o tempo, o BPM pode criar vantagem competitiva melhorando a flexibilidade organizacional. Para muitas empresas, o BPM pode trazer vantagens de custo, bem como o aumento da satisfação do cliente. Independente dos benefícios trazidos pelo BPM, a estratégia da organização deverá orientar os esforços de BPM, como mostrado no exemplo a seguir.

## EXEMPLO

A Enterprise Rent-A-Car (*www.enterprise.com*) é uma das maiores companhias de aluguel de automóveis do mundo. O departamento de Requisição de Serviços processa, aprova e possibilita a realização das solicitações de pedidos de hardware, software e serviços de tecnologia de informação (TI) de 65.000 empregados localizados em 7.000 escritórios ao redor do mundo. No passado, antes do BPM ser implantado, este departamento costumava utilizar múltiplos sistemas manuais para gerenciamento dessas solicitações e desses chamados, o que poderia não acompanhar o crescimento desses registros de TI como esperado pela companhia. A Enterprise queria melhorar esse processo e optou por usar um produto de BPM da empresa Appian (*www.appian.com*) para o seu projeto de BPM.

Antes de iniciar o projeto, a Enterprise já tinha em mente uma estratégia. A empresa reconheceu que o futuro projeto causaria mudanças com a implementação de um novo processo. Por esse motivo, o departamento de Requisição de Serviços entrou em contato com os principais interessados, sobretudo as pessoas que aprovavam solicitações de produtos e serviços de TI, e também com os solicitantes no início do projeto. A empresa também passou para sua força de trabalho uma visão geral sobre o BPM, além de treiná-la no novo produto da Appian.

A Enterprise eliminou completamente seus processos manuais, e sua força de trabalho agora usa o sistema da Appian para solicitar produtos e serviços de TI. O projeto de BPM teve como resultado menos erros e o preenchimento rápido das solicitações. O novo processo também contém regras de negócio que fornecem restrições apropriadas no preenchimento dessas solicitações (por exemplo, qual hardware, software ou serviço de TI um funcionário pode solicitar?).

*Fontes:* Compilado de B. Violino, "BPM Success at Enterprise", Baseline Magazine, 13 de março de 2009; B. Violino, "BPM Strategy Before Software", CIO Insight, 13 de narço de 2009; D. Byron, "Appian BPM at Enterprise: Can Renting BPM Be Like Renting a Car?" *www.bpminaction.com*, 24 de março de 2008; "Enterprise Rent-A-Car Goes Live with Appian Enterprise", Appian Press Release, 24 de março de 2008; *www.enterprise.com*, acessado em 30 de março de 2009; *www.appian.com*, acessado em 20 de março de 2009.

*Antes de Prosseguir...*
1.  O que é um processo de negócio?
2.  O que é gestão de processos de negócio, e por que o BPM é tão importante para as organizações?

## 1.2. Sistemas de Informação: Conceitos e Definições

Foi dito que o propósito dos sistemas de informação é obter as informações corretas das pessoas certas na hora certa na medida certa e no formato correto. Como os sistemas de informação são projetados para fornecer informações úteis, começamos por definir informação e dois conceitos intimamente relacionados: dados e conhecimentos.

### ■ Dados, Informação e Conhecimento

Um dos primeiros objetivos dos sistemas de informação é transformar dados em informação e conhecimento. Vamos examinar estes conceitos.

**Itens de dados** referem-se a uma descrição de coisas elementares, eventos, atividades e transações que são gravadas, classificadas e armazenadas, mas não são organizadas para transmitir um significado específico. Itens de dados podem ser números, letras, figuras, sons ou imagens. Exemplos de itens de dados pode ser uma aluna em uma turma ou o número de horas que um empregado trabalhou em determinada semana.

**Informação** refere-se aos dados que tenham sido organizados e que têm um significado e um valor para o destinatário. Por exemplo, o Coeficiente de Rendimento (CR), ou média ponderada é um dado, mas o nome do aluno associado ao seu CR é uma informação. O destinatário interpreta o significado e tira conclusões e implicações a partir dessa informação.

**Conhecimento** consiste no dado e/ou informação que tenha sido organizada e processada para transmitir entendimento, experiência, aprendizado acumulado e perícia, os quais são aplicados a um problema de negócios atual. Por exemplo, uma companhia que está recrutando em sua escola concluiu – ao longo do tempo – que alunos com coeficiente de rendimento acima de 7,0 tiveram mais sucesso em seus programas de gestão. Baseada nesta experiência, a companhia pode decidir entrevistar apenas alunos com coeficiente de rendimento acima de 7,0.

O conhecimento organizacional, que reflete a experiência e a perícia de muitas pessoas, tem muito valor para toda a força de trabalho.

Agora que temos uma ideia melhor do que é informação e como ela pode ser organizada para transmitir conhecimento, mudamos nosso foco para a forma como as empresas organizam as informações. Para isso, precisamos olhar de perto para a arquitetura de tecnologia da informação e a infraestrutura de tecnologia da informação de uma organização. Esses conceitos são a base de todos os sistemas de informação em uma empresa.

### ■ Arquitetura de Tecnologia da Informação

A **arquitetura de tecnologia da informação (TI)** de uma empresa é um mapa de alto nível ou plano de ativos de informação em uma organização. Ela é, ao mesmo tempo, um guia para operações em curso e um plano para direções futuras. A arquitetura de TI integra totalmente as demandas de negócio por informação da organização, a infraestrutura de TI (discutida na próxima seção) e todas as aplicações. A arquitetura de TI é análoga à arquitetura de uma casa. Um projeto arquitetônico descreve a maneira que a casa será construída, incluindo a integração de seus vários componentes. Da mesma forma, a arquitetura de TI mostra como todos os aspectos da tecnologia da informação dentro de uma empresa se encaixam. A Figura 1.2 ilustra a arquitetura de TI de uma agência de viagens on-line. Discutiremos cada parte desta figura nos capítulos seguintes.

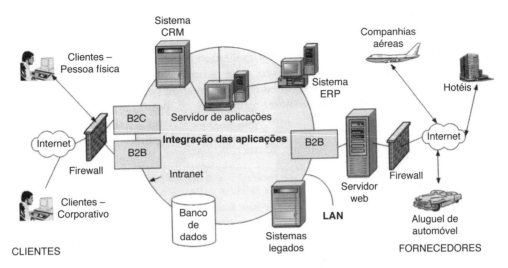

**Figura 1.2** Arquitetura de uma agência de viagens on-line.

▪ **Infraestrutura de Tecnologia da Informação**

A **infraestrutura de tecnologia da informação (TI)** de uma empresa consiste em instalações físicas, componentes e serviços de TI, além de pessoal de TI que presta suporte a toda a organização (veja a Figura 1.3). Iniciando do final da Figura 1.3, podemos ver que os *componentes de TI* são os computadores, programas e tecnologias de comunicação que fornecem a base para todos os sistemas de informação da organização. À medida que subimos na pirâmide, vemos que o *pessoal de TI* utiliza os componentes de TI para produzir *serviços de TI*, os quais incluem gerenciamento de dados, desenvolvimento de programas e segurança da informação.

A infraestrutura de TI de uma organização não deve ser confundida com sua plataforma. Como podemos ver na Figura 1.3, a plataforma de uma organização consiste apenas nos seus componentes de TI. Portanto, uma plataforma é uma parte de uma infraestrutura de TI.

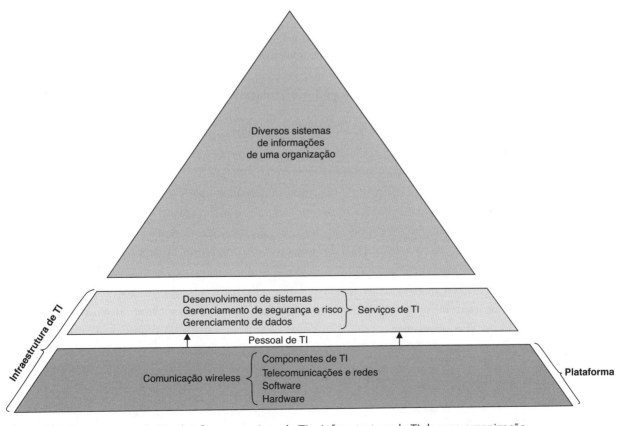

**Figura 1.3** Componentes de TI, plataforma, serviços de TI e infraestrutura de TI de uma organização.

Infraestruturas e plataformas de TI são extremamente importantes para as organizações nos ambientes competitivos atuais. De fato, as organizações modernas operam dentro de uma plataforma global baseada em ambientes web, o que será discutido na próxima seção.

## 1.3. A Plataforma Global Baseada na Web

A plataforma global baseada na web que surgiu recentemente e que atravessa o mundo é melhor representada pela internet e as funcionalidades da *World Wide* Web, a grande teia mundial. Ela permite que as pessoas se conectem, realizem processamento computacional, comuniquem-se, colaborem entre si, possibilitando também que possam competir em toda a parte, em qualquer lugar, a qualquer hora e a todo instante, acessando quantidades sem limites de informações, serviços e entretenimento, seja para trocar conhecimento, seja para produzir e comercializar bens e serviços. Esta plataforma opera sem qualquer preocupação em relação a geografia, tempo, distância e até barreiras impostas por idiomas. Essencialmente, essa plataforma torna a globalização possível. **Globalização** é a integração e interdependência econômica, social, cultural e de aspectos ecológicos da vida, permitindo rápidos avanços na tecnologia da informação. Historicamente, a globalização ocorreu em três fases que examinaremos na próxima seção.

### ▪ As Três Fases da Globalização

Em seu livro *O mundo é plano*, o autor vencedor do prêmio Pulitzer, Thomas Friedman, afirma que o mundo é plano no sentido de que o campo de jogo competitivo global, isto é, o local onde os negócios estão sendo realizados, está sendo nivelado. Friedman identificou três eras de globalização. A primeira era, a Globalização 1.0, vai de 1492 a 1800. Durante essa era, a força por trás da globalização foi o quão forte, potente e enérgico um país poderia ser.

Na segunda era, a Globalização 2.0, que vai de 1800 até 2000, a força por trás da globalização foi as empresas multinacionais, isto é, companhias que têm seus quartéis-generais em um país e operam em diversos outros países. Na primeira metade dessa era, a globalização foi impulsionada pela queda nos custos de transporte, gerada pelo desenvolvimento do motor a vapor e das ferrovias. Na segunda metade desta era, a globalização foi impulsionada pela queda nos custos de telecomunicações, pelo uso dos telégrafos, telefones, computadores, satélites, cabos de fibra ótica e a internet e a *World Wide* Web. A economia global começou a aparecer durante essa era.

Por volta do ano 2000, entramos na Globalização 3.0, que foi impulsionada pela convergência de dez forças que Friedman chama de "niveladores" (discutidos mais adiante). Na era 3.0, apareceu a plataforma global baseada em ambiente web.

Cada era foi caracterizada por um enfoque distinto. A Globalização 1.0 deu enfoque nos países; a Globalização 2.0, nas companhias; e a Globalização 3.0, nos grupos e indivíduos. Essa observação faz a nossa discussão ainda mais importante para cada um dos leitores porque você, quando se formar, estará competindo com pessoas do mundo inteiro. A Tabela 1.2 mostra os dez niveladores que levaram ao surgimento da plataforma global, baseada na web.

Na essência, você está entrando em um mundo plano, sem fronteiras, que se tornou possível graças à plataforma web que descrevemos. Essa plataforma teve um enorme impacto sobre muitas indústrias, como mostra o Quadro 11 de TI e a Empresa.

**Tabela 1.2** Os Dez Niveladores de Friedman

**A queda do muro de Berlim em 9 de novembro de 1989**

- Levou o mundo em direção às economias de livre mercado e, de outra forma, para longe das economias centralizadas.
- Levou à eventual ascensão da União Europeia e do pensamento inicial sobre o mundo como um mercado único global.

**NETSCAPE tornou-se pública em 9 de agosto de 1995**

- Popularizou a internet e a *World Wide Web*.

**Desenvolvimento de software de fluxo de trabalho (*workflow*)**

- Tornou possível que as aplicações trabalhassem umas com as outras sem intervenção humana.
- Possibilitou colaboração e coordenação mais estreita e mais rápida entre a força de trabalho, independente de sua localização.

**Envio de informações (*uploading*)**

- Possibilitou a qualquer um criar conteúdo e publicá-lo na internet.
- Permitiu a transição de uma abordagem de publicação de conteúdo passiva para uma publicação ativa, participativa e colaborativa.

**Terceirização (*outsourcing*)**

- Contratação de outra empresa para executar tarefas específicas que sua empresa executava.
  Por exemplo: direcionar as chamadas dos clientes para centrais de atendimento na Índia.

**Offshoring**

- Mudar de local toda uma operação ou apenas algumas tarefas para outro país,
  por exemplo, uma empresa passar a fabricar seus produtos na China.

**Cadeia de suprimentos**

- A revolução tecnológica levou à criação de uma cadeia composta de empresas, fornecedores e clientes que podem colaborar entre si e compartilhar informações para o aumento da eficiência.

**Contratação interna (*insourcing*)**

- Delegar operações ou tarefas dentro de um setor de uma empresa para outra empresa que se especializara nessas operações, por exemplo, a Dell contrata a Fedex para "assumir" seus processos de logística.

**Informar**

- Sua habilidade para buscar informações, melhor ilustrada pelos sites ou mecanismos de busca.

**Os esteroides** (computação, mensagens instantâneas e compartilhamento de arquivos, tecnologias sem fio, VoIP, videoconferência e computação gráfica)

- Tecnologias que potencializam os outros niveladores.
- Possibilitam que todas as formas de computação e colaboração sejam digitais, móveis e pessoais.

## TI E A EMPRESA

### 1.1. Tecnologia de Informação com Pegada Zero na State Street

State Stree (*www.statestreet.com*) é uma empresa de serviços financeiros de US$ 12 bilhões com escritórios nos quatro continentes e com uma infraestrutura de tecnologia da informação (TI) que processa transações de mais de US$ 1 trilhão por dia. A empresa State Street atende investidores e corporações, fornecendo serviços de contabilidade, câmbio, gestão de fluxo de caixa e empréstimos de títulos.

O objetivo global das iniciativas de TI da State Street é acelerar valor para os clientes e proporcionar uma experiência transparente e sem problemas para todos os usuários.

Essa empresa processa mais de 150.000 transações por dia e conta com mais de 1.500 centrais de aplicações de TI. Para realizar essa enorme quantidade de processamento, a State Street tem-se concentrado em tecnologia de ponta em seus três centros de dados ao redor do mundo e em várias instalações regionais. A empresa criou um arcabouço de negócios

que usa o modelo "pegada zero" de TI, que permite à empresa reagir rapidamente a mudanças.

Por exemplo, a State Street usou seu modelo de pegada zero de TI para criar o novo centro europeu para processamento de transações na Cracóvia, Polônia, na primavera de 2008. A empresa preparou a parte de tecnologia e sistemas para que tudo funcionasse em duas semanas. A instalação de 125.000 metros quadrados responsável pela contabilidade, serviços de retaguarda (BackOffice), além de outras atividades para 150 empregados não possui um único servidor local. (Um servidor, que discutimos no Guia Tecnologia 1, é um computador responsável por fornecer acesso a vários serviços de rede, como dados e comunicações.) Em vez disso, a State Street depende de suas conexões de alto desempenho para conectar o escritório da Cracóvia aos seus centros de dados regionais e ao redor do mundo que hospedam servidores, aplicações de negócios e dados.

De fato, a State Street depende do modelo de pegada zero de TI para muitas de suas instalações ao redor do mundo. A empresa geralmente está apta a empregar seus recursos de modo a ter um escritório ou suas operações funcionando dentro de duas semanas. A empresa consegue reduzir drasticamente a necessidade de infraestrutura de TI ao utilizar seus seguros centros de dados para executar suas aplicações e abrigar os seus servidores. Essa abordagem permite à empresa reagir rapidamente quando houver uma oportunidade de negócio ou quando houver necessidade. Assim, ela precisa focar tão somente no deslocamento de sua equipe de negócios, uma vez que não existem sistemas ou dados que precisem ser deslocados.

O modelo de TI pegada zero também fornece uma operação de negócios ecologicamente correta. Como exemplo, os escritórios na State Street não necessitam de uma grande estrutura de aquecimento, resfriamento e energia elétrica, e precisam de uma equipe de apoio menor, o que reduz ainda mais a pegada de carbono da empresa.

A agilidade e a flexibilidade possibilitadas pela TI têm posicionado a empresa como líder em seu segmento, mesmo em um cenário de profunda recessão global. Além disso, o balanço da State Street revela que os lucros aumentaram 33% entre 2005 e 2007. Em 2008, a empresa anunciou aumento de 28% em suas receitas, apesar das difíceis condições econômicas globais.

*Fontes*: Compilado de S. Greengard, "State Street Puts Agility in the Fast Lane", Baseline Magazine, 8 de janeiro de 2009; C. Sturdevant, "How Green IT Measures Up", eWeek, 22 de outubro de 2008; "The Computerworld Honors Program: State Street Corporation", Computerworld, 2008; R. Jana, "Green IT: Corporate Strategies", BusinessWeek, 11 de fevereiro de 2008; T. Maleshefski, "5 Steps to Green IT", eWeek, 12 de outubro de 2007; "Virtualization in Financial Services", Computerworld, 11 de abril de 2007; *www.statestreet.com*, acessado em 30 de janeiro de 2009.

**PERGUNTAS**

1. Discuta a relação entre o modelo de pegada zero de TI da State Street e a plataforma web.
2. Quais as desvantagens em potencial do modelo de pegada zero de TI da State Street?

Este livro discutirá, explicará e ilustrará as características de um ambiente global dinâmico. Além disso, discutiremos como você e sua organização podem usar a plataforma web para sobreviver e competir neste ambiente.

*Antes de Prosseguir...*

1. Quais são as características de um ambiente de negócios moderno?
2. Descreva a plataforma Web.
3. Descreva a plataforma Web usada pelas organizações modernas.

## 1.4. Pressões nos Negócios, Respostas Organizacionais e o Suporte da TI

As organizações modernas precisam competir em um ambiente desafiador. As empresas precisam reagir rapidamente em relação aos problemas e às oportunidades provenientes de condições extremamente dinâmicas. Nesta seção, examinaremos algumas das maiores pressões enfrentadas pelas organizações modernas e discutiremos como elas estão respondendo a essas pressões.

■   **Pressões nos Negócios**

O ambiente de negócios é uma combinação de fatores sociais, jurídicos, econômicos, físicos e políticos. Mudanças significativas em qualquer um desses fatores provavelmente criarão pressões nos negócios das organizações. Elas normalmente respondem a essas pressões com atividades apoiadas pela TI. A Figura 1.4 nos mostra o relacionamento entre pressões nos negócios, no desempenho e na resposta organizacional e no apoio da TI. Focaremos os três tipos de pressões nos negócios que as organizações enfrentam: mercado, tecnologia e pressões sociais.

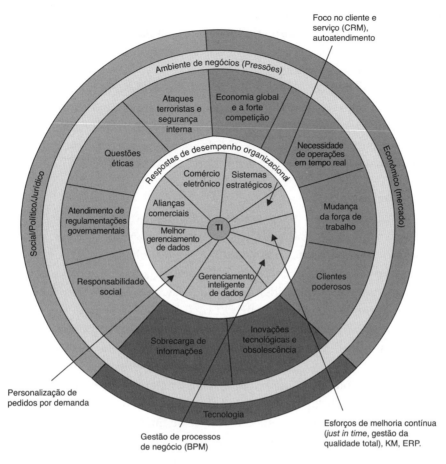

**Figura 1.4** Pressões nos negócios, desempenho e resposta organizacional e o suporte da TI.

***Pressões do Mercado****.* Pressões do mercado são geradas pela economia global e por uma forte competição, pela mudança da natureza da força de trabalho e por clientes fortes. Examinaremos cada um desses fatores ao seu tempo.

***Economia Global e Forte Competição.*** A mudança para uma economia global foi facilitada pelo surgimento da plataforma web. Acordos regionais, como o Acordo de Livre Comércio da América do Norte (*North American Free Trade Agreement,* ou NAFTA), que incluem Estados Unidos, Canadá e México, além da criação do Mercado Comum Europeu, cuja moeda é o euro, têm contribuído para aumentar os negócios mundiais. Além disso, a ascensão da Índia e da China como potências econômicas tem aumentado consideravelmente a concorrência global.

Uma pressão importante que existe nos negócios em um mercado global é o custo da mão de obra, que varia bastante entre os países. Geralmente, esse custo é mais alto em países desenvolvidos, como Estados Unidos e Japão, do que em países em desenvolvimento, como China e El Salvador. Além disso, os países desenvolvidos geralmente oferecem mais benefícios, como plano de saúde, aumentando ainda mais os custos de realização dos negócios. Por esse motivo, muitas indústrias que usam intensamente a mão de obra mudaram suas operações para países que possuem baixo custo desse serviço. Neste ponto, a TI tem papel importante ao permitir que tais mudanças se tornem muito mais fáceis de serem executadas.

***Mudança na Natureza da Força de Trabalho.*** A força de trabalho, especialmente em países desenvolvidos, está se tornando mais diversificada. Cada vez mais mulheres, pais e mães solteiros, minorias e pessoas com deficiências passaram a trabalhar em todo o tipo de cargos. A TI está facilitando a integração desses empregados no mercado de trabalho tradicional, além de estar permitindo que as pessoas trabalhem de suas residências.

***Clientes Fortes.*** A sofisticação e as expectativas dos consumidores aumentam à medida que os clientes tornam-se mais bem informados sobre a disponibilidade e a qualidade de produtos e serviços. Os consumidores podem usar a internet para buscar informações detalhadas sobre produtos e serviços, para comparar preços e comprar itens em leilões eletrônicos.

Organizações reconhecem a importância dos consumidores e têm aumentado seus esforços para conquistá-los e mantê-los. Como resultado, empresas tentam ao máximo possível conhecer seus consumidores para melhor antecipar e suprir suas necessidades. Esse processo, chamado de *intimidade com o cliente* (*customer intimacy*), é uma parte importante da gestão de *relacionamento com o cliente* (CRM), um esforço de toda a organização para maximizar a experiência do cliente. Discutiremos CRM no Capítulo 9.

### ▪ Pressões Tecnológicas

A segunda categoria das pressões nos negócios consiste nas pressões tecnológicas. Duas das grandes pressões relacionadas com a tecnologia são inovação tecnológica e a sobrecarga de informações.

***Inovação e Obsolescência Tecnológica.*** Tecnologias novas e tecnologias rapidamente aprimoradas criam ou ajudam na substituição dos produtos, oferecem opções alternativas de serviços e qualidade excelente. Como resultado, atualmente o que se considera a última palavra em termos de produto amanhã pode ser visto com obsoleto. Por exemplo, com que frequência você ou as pessoas estão trocando o seu modelo de celular por um novo *smart phone*? Com que velocidade temos livros, revistas e jornais substituindo suas versões impressas por versões eletrônicas? Essas mudanças exigem que as empresas acompanhem as exigências dos consumidores.

Quando a TaylorMade Golf (*www.taylormadegolf.com*), uma empresa de produtos esportivos, lançou no mercado um produto chamado "R9 driver", que é a madeira que toca a bola quando o golfista dá uma tacada, esse produto foi o quadragésimo modelo de driver de metal produzido desde 2003. O seu diretor geral referiu-se ao rápido lançamento de novos produtos como "inovação implacável". Ele adotou a ideia do Japão onde, durante uma viagem de negócios em 2000, viu como os fabricantes japoneses de equipamentos de golfe ganhavam vantagem competitiva sobre seus concorrentes americanos fabricando novos produtos com muito mais frequência.

Para competir com sucesso, a TaylorMade mudou seu processo de desenvolvimento de produtos. A companhia dividiu a responsabilidade pelo desenvolvimento dos produtos entre seus 9 executivos seniores e os 40 gerentes abaixo deles. Estas 49 pessoas vieram com ideias, normalmente conflitantes, e um ritmo de trabalho acelerado para torná-las realidade. A esse processo deu-se o nome de tensão criativa.

O resultado? Em 2009, no torneio clássico de golfe "Bob Hope Chrysler", 13 jogadores usaram o driver R9 no torneio. Isto é, mais jogadores usando seu produto, o driver R9, do que outras marcas de driver durante o torneio.

***Sobrecarga de Informações.*** O montante de informações disponíveis na internet quase que duplica a cada ano, sendo em grande parte gratuito. A internet e outras redes de telecomunicações estão trazendo um grande volume de informações para os gerentes. Para tomar decisões eficazes e de forma eficiente, eles precisam estar aptos a acessar, navegar e utilizar esses enormes repositórios de dados, informações e conhecimento. As tecnologias de informação, como os mecanismos de busca (discutidos no Capítulo 5) e a mineração de dados (discutida no Capítulo 11), fornecem um valioso apoio em relação a esses esforços.

### ▪ Pressões Sociais, Políticas e Jurídicas

A terceira categoria de pressões nos negócios inclui a responsabilidade social, regulamentações/desregulamentações governamentais, gastos com programas sociais, gastos com proteção antiterrorismo e ética. Nesta seção, examinamos como todos esses elementos afetam as empresas de hoje.

***Responsabilidade Social.*** Os problemas e as questões sociais que afetam os negócios e os indivíduos variam desde o ambiente físico da empresa até a filantropia individual e a educação. Algumas empresas e pessoas desejam gastar tempo e/ou dinheiro na resolução de problemas sociais. Esses esforços são conhecidos como **responsabilidade social das organizações** ou **responsabilidade social dos indivíduos**.

Um problema social importante é o estado do ambiente físico. Uma iniciativa crescente em TI, chamada **TI verde**, está tratando de questões ambientais, como mostrado no exemplo a seguir.

---

**EXEMPLO**

### ▪ O Poder da Tecnologia da Informação Verde

Um grande número de executivos da tecnologia da informação nas empresas e organizações governamentais está empregando seus conhecimentos técnicos para melhorar o resultado final de suas organizações, bem como o ambiente. Os executivos estão usando centros de dados, virtualização (que usa um único computador para executar múltiplos programas; veja o Guia de Tecnologia 1), gerenciamento centralizado de computadores e dispositivos computacionais que precisam de menos energia e refrigeração. Vejamos alguns desses exemplos.

A companhia de gás Osaka (*www.osakagas.co.jp*), que fornece gás natural para 6,7 milhões de consumidores na região de Kansai, Japão, adotou o produto WebSphere Virtual Enterprise para fornecer virtualização de servidores. O processo de virtualização reduziu os gastos com eletricidade, além de ajudar a proteger o meio ambiente.

A BancMidwest Services (*www.bancmidwest.com*), uma subsidiária do Banco Mainstreet, gerencia ativos de mais de US$ 500 milhões. A companhia centralizou suas operações com armazenamento de dados e usou a virtualização para reduzir gastos e consumo de energia. Ela viu a sua pegada de carbono (a quantidade de dióxido de carbono produzido por uma pessoa, organização ou locação) cair por um fator de 1.000.

A Ares Management (*www.aresmgmt.com*) gerencia US$ 20 bilhões em fundos de participação privada. O sistema elétrico da companhia não poderia manter-se funcional com o calor gerado pelos servidores de seu centro de dados. Como resultado, seus disjuntores desarmavam duas ou três vezes a cada trimestre. Para lidar com esse problema, a Ares virtualizou seu centro de dados. O sistema de ar-condicionado de 3,5 toneladas da empresa, que anteriormente não era suficiente, agora é mais do que adequado, com média de economia de energia de US$ 8.000 por mês.

A cidade de Las Vegas está adotando uma abordagem centralizada para, utilizando a tecnologia, desligar computadores sem uso. A cidade está economizando US$ 50.000 por ano com esse procedimento. Ela também monitora e ajusta os controles internos de climatização e planeja cuidadosamente o remanejamento de servidores no centro de dados para obter o máximo de vantagens dos sistemas de resfriamento. Esse processo reduziu o consumo de energia em 15 por cento.

*Fontes:* Compilado de B. Behtash, "Green IT Beyond Virtualization: Storage Matters", InformationWeek; 9 de novembro de 2008; A. Diana, "The Power of Green", Baseline Magazine, 30 de julho de 2008; J. Duffy, "Nortel Sees Green in Virtualization, Down Economy", Network World, 1 de maio de 2008; T. Jowitt, "VMWare's 'Green' Virtualization", PC World, 27 de maio de 2008; "BancMidwest Services Invests in Green Future with Complellent SAN", Compellent Case Stud, *www.compellent.com*, acessado em 30 de janeiro de 2009.

---

Os problemas sociais em todo o mundo podem ser ajudados com a filantropia corporativa e individual. Em alguns casos, surgem questões como qual percentual de contribuição efetivamente vai parar nas mãos de pessoas e de causas dignas, e qual percentual vai para os custos operacionais da caridade. Outro problema que preocupa o doador é que este muitas vezes não pode escolher qual projeto suas doações beneficiarão. Duas organizações, Kiva e DonorsChoose, usam a tecnologia da informação para ajudar a responder a essas perguntas. O Quadro 1.2 de TI e a Empresa nos mostra de que maneira essas duas organizações estão apoiando uma variedade de necessidades.

## TI E A EMPRESA

### 1.2. A Internet Facilita a Ligação entre Devedores e Credores

Kiva (*www.kiva.org*) é uma fundação sem fins lucrativos que oferece uma maneira de ligar os emprestadores do primeiro mundo com empresários de países em desenvolvimento. No sistema da Kiva, seus usuários obtêm empréstimos sem juros em vez de doações dedutíveis de imposto. Enquanto instituições de caridade tradicionais empregam até 40% em custos administrativos, a Kiva direciona 100% para os tomadores de empréstimo, graças, em parte, ao processamento de pagamentos sem custos pelo Paypal. Para seus custos operacionais, a Kiva acrescenta uma doação opcional de 10% de cada empréstimo.

Até meados de 2009, a Kiva tinha atraído mais de 250.000 emprestadores e distribuído quase US$ 25 milhões ao redor de 40 países. Os doadores da Kiva são homens e mulheres distribuídos uniformemente na faixa etária que vai de 25 aos 60 anos. Além disso, quase dois terços têm salário anual de mais de US$ 50.000. Entretanto, a Kiva tem um limite de doações individuais que incentiva os mais jovens, mais velhos e menos abastados a se inscreverem. Os emprestadores podem retirar seu dinheiro quando a dívida é liquidada. Entretanto, 90% volta a circular seus fundos; dessa forma, o montante que a Kiva tem para emprestar continua aumentando.

A Kiva trata seus emprestadores como clientes de peso, oferecendo um serviço completo de prévia análise de risco e um fluxo constante de informações no pós-investimento. Cada devedor tem uma taxa de risco associada. O número de inadimplências é informado no site da Kiva, que é de aproximadamente 2,5% de todos os empréstimos, ou seja, um número bem pequeno. A organização divulga fraudes imediatamente, além das boas notícias dos próprios empreendedores.

Considere, por exemplo, Peter Mukasa, o proprietário de uma pequena loja de bebidas na cidade de Ugandan, em Makindye. Ele preencheu seu pedido de financiamento na Kiva em meados de novembro de 2008. Dentro de algumas horas, dez pessoas ofereceram o empréstimo de US$ 25 cada para ajudar Mukasa a repor seu estoque. À medida que Mukasa vai operando seus negócios, ele começa a pagar seu empréstimo através da Kiva.

DonorsChoose (*www.donorschoose.org*) é um site voltado para a educação que funciona inteiramente dentro dos Estados Unidos. Os usuários efetuam doações em vez de empréstimos. O DonorsChoose une doadores e beneficiários através da internet. O programa está combatendo um problema enorme – escolas públicas subfinanciadas – dividindo suas necessidades em pequenas partes e deixando os doadores decidirem qual projeto querem apoiar. Com o DonorsChoose, um doador pode alocar 10% da doação para um projeto em especial ou usar 15% para cobrir despesas gerais. Cerca de 90% dos doadores escolhem a segunda opção.

Por exemplo, um professor de biologia em Oregon solicitou uma proposta de empréstimo no valor de US$ 703 para comprar 20 protetores de tórax para estudantes de nível médio, para serem usados em um centro de incubação de salmão no rio Coquille. Um doador em potencial, preocupado com a educação científica e com a diminuição do salmão, pode procurar pela palavra "salmão" e então fazer uma doação para todo o projeto ou doar certa quantia de que ele possa dispor. O DonorsChoose compra os materiais e os entrega ao professor. O professor e os estudantes, em troca, fazem relatórios regularmente sobre o progresso do projeto. Em meados de 2009, o DonorsChoose contou com 10.000 projetos ativos.

*Fontes*: Compilado de J. Nicolai, "Barrett Says Time Is Rigth to Close Digital Divide", Computerworld, 15 de janeiro de 2009; "When Small Loans Make a Big Difference", Forbers, 3 de junho de 2008; J. O'Brien, "The Only Nonprofit That Matters", Fortune, 26 de fevereiro de 2008; "Lending and Philantropy in the Internet Age", InformationWeek, 2 de fevereiro de 2008; *www.kiva.org* e *www.donorschoose.org*, acessado em 2 de fevereiro de 2009.

#### PERGUNTAS

1. Discuta como a internet facilita a ligação entre tomadores de empréstimo e doadores na Kiva e no DonorsChoose.
2. Discuta como a Kiva e o DonorsChoose mantêm o controle de qualidade sobre suas doações.

Outro problema social que afeta os negócios modernos é a **divisa digital**. A divisa **digital** refere-se à grande diferença entre aqueles que têm acesso às tecnologias de informação e às comunicações e aqueles que não as têm. Esse abismo existe tanto dentro de um país, quanto entre países.

Muitos governos e organizações internacionais estão tentando fechar a divisa digital ao redor do mundo. Com o desenvolvimento de tecnologias mais baratas, a velocidade com que esse abismo pode ser fechado tem sido acelerada. Um projeto bem conhecido é o Um Laptop por Criança (OLPC), que se originou no Media Labs do MIT (*http://laptop.media.mit.edu*). OLPC é uma organização sem fins lucrativos dedicada à pesquisa e ao desenvolvimento de um laptop de US$ 100 – uma tecnologia que está revolucionando o modo como educamos as crianças no mundo. No Capítulo 7, veremos como os telefones celulares estão ajudando a encurtar a divisa digital em países em desenvolvimento.

Conformidade Com Regulamentações e Desregulamentações Governamentais. Outras pressões nos negócios estão relacionadas com as regulamentações do governo sobre saúde, segurança, controle ambiental e oportunidades iguais. As empresas tendem a ver as regulamentações do governo como restrições custosas para suas atividades. Geralmente, as desregulamentações do governo intensificam a competição.

No rastro do 9 de setembro e de numerosos escândalos corporativos, o governo dos Estados Unidos aprovou muitas novas leis, incluindo a lei Sarbanes-Oxley, o USA PATRIOT Act, a lei Gramm-Leach-Billey, a portabilidade dos seguros de saúde e a lei da prestação de contas. As organizações precisam operar em conformidade com as regulamentações desses estatutos. O processo de se tornar e permanecer em conformidade é custoso e demorado. Em quase todos os casos, as organizações dependem do apoio da TI para fornecer os controles e informações necessárias para a conformidade.

*Proteção Contra Ataques Terroristas.* A partir de 11 de setembro de 2001, as organizações ficam sob constante pressão para se protegerem contra os ataques terroristas. Além disso, os empregados que estão na reserva militar foram chamados para o serviço ativo, criando problemas pessoais. A tecnologia da informação pode ajudar protegendo negócios ao fornecer sistemas seguros e a possibilidade de identificação de padrões de comportamento, associado a atividades terroristas que ajudarão a prevenir tais ataques, incluindo ciberataques (discutidos no Capítulo 3), contra as organizações.

Um exemplo de proteção contra o terrorismo é o programa US-VISIT do departamento de segurança interna dos Estados Unidos. US-VISIT é uma rede de sistemas de rastreamento biométrico, que conta com leitores de impressão digital e leitura ocular ligados ao banco de dados do governo e a listas de observação para verificar a identidade de milhões de pessoas que entram nos Estados Unidos. O sistema já está funcionando em mais de 300 locais, incluindo os principais portos internacionais de entrada, seja por ar, mar ou terra.

*Aspectos Éticos.* A ética relaciona-se a padrões gerais de certo e errado. A ética da informação se refere especificamente aos padrões de certo e errado nas práticas de processamento de informações. Os aspectos éticos são muito importantes porque, se tratados inadequadamente, podem prejudicar a imagem de uma organização e destruir o moral dos empregados. O uso da TI levanta muitas questões éticas, desde o monitoramento de e-mail até a invasão da privacidade de milhões de clientes, cujos dados são armazenados em bancos de dados privados e públicos. O Capítulo 3 examina os aspectos éticos em detalhes.

Claramente, então, as pressões sobre as organizações estão aumentando, e as organizações precisam estar preparadas para tomar atitudes responsáveis se quiserem ter sucesso. Exploraremos essas respostas organizacionais na próxima seção.

## ■ Respostas Organizacionais

As organizações estão reagindo às pressões que acabamos de discutir implementando TI como sistemas estratégicos, foco no cliente, *make-to-order* (fabricação sob encomenda), customização em massa e *e-business* (negócios eletrônicos). O caso da empresa Santa Cruz Bicycles, no final deste capítulo, ilustra todas essas respostas. Discutiremos cada item detalhadamente nesta seção.

Sistemas Estratégicos. Sistemas estratégicos fornecem às organizações vantagens que lhes permitem aumentar sua participação no seu nicho de mercado e/ou lucro, para negociar melhor com seus fornecedores, ou para prevenir a entrada de novos competidores no seu nicho de mercado. O Quadro 1.3 de TI e a Empresa fornece dois exemplos de sistemas estratégicos. Vemos que sistemas estratégicos necessitam de um alinhamento de perto entre os negócios e a função da tecnologia da informação.

## TI E A EMPRESA

### 1.3. Verizon Communications

A gigante das telecomunicações Verizon Communications (*www.verizon.com*) historicamente foi constituída de múltiplas unidades de negócios, cada uma com a própria estrutura corporativa, colaboradores e sistemas de informação. Essa estrutura resultou em departamentos desnecessários e redundantes, tarefas redundantes e comunicação ineficaz em toda a corporação. Como resultado, a Verizon dividiu suas operações em três unidades: residencial, redes sem fio e negócios.

Nessa nova estrutura, as três unidades de negócio da Verizon compartilham algumas funções centralizadas, incluindo compras, contabilidade e algumas funções de tecnologia da informação. As funções de TI incluem a gestão centralizada de redes corporativas, o *help desk* e o centro de dados. (O centro de dados corporativo é um local que hospeda sistemas de informações de missão crítica que atendem a toda a organização, bem como a sistemas redundantes e sistema de fornecimento de energia, em caso de panes.) Entretanto, cada uma destas três unidades de negócios tem seus executivos de TI, os quais reportam à TI corporativa. Os grupos de TI dentro de cada unidade concentram seus esforços em apoiar as iniciativas de negócios estratégicas de sua unidade.

Para obter informações sobre empresas existentes e operações dos clientes, a equipe de TI da Verizon e os executivos acompanham os técnicos que visitam os clientes para entregar ou instalar produtos e serviços. A Verizon acredita que esse processo é muito eficaz porque permite ao pessoal de TI observar os problemas de negócios dos clientes em primeira mão.

O departamento de TI centralizado da Verizon realiza diversas tarefas básicas, porém críticas. Primeiro, ele é responsável por garantir que as operações de negócios sejam executadas de maneira eficiente e precisa. Segundo, trabalha bem próximo dos executivos seniores em cada unidade de negócios para ajudar a definir a estratégia da empresa por três a cinco anos. Para executar essa atividade, a Verizon deu aos seus executivos de TI acesso a projetos da Verizon, seus planos e objetivos. Finalmente, os executivos de TI exibem novas tecnologias e aconselham os executivos de negócios sobre como essas tecnologias podem ser integradas aos sistemas legados da empresa.

Como resultado da reestruturação e alinhamento entre a TI e as unidades de negócio, a Verizon economizou milhões de dólares em custos de operação. A empresa apresenta agora uma frente única para seus vendedores e fornecedores, tendo desenvolvido um portal para seus consumidores onde os clientes podem tratar suas necessidades em um único local.

*Fontes*: Compilado de "Verizon's Communications and Information Technology Solutions Help Power Retailers", Verizon Press Release, 12 de janeiro de 2009; A. Diana, "Verizon: They Can Hear Customers Now", Baseline Magazine, 29 de setembro de 2008; *www.verizon.com*, acessado em 15 de abril de 2009.

### NetApp

A empresa NetApp (*www.netapp.com*) cria soluções inovadoras de armazenamento e gerenciamento de dados para uma série de clientes em todo o mundo. A empresa informou receitas de US$ 3,3 bilhões em 2008, com 130 escritórios em 46 países. A organização de TI, contando com funcionários próprios e terceirizados, tem suporte para seis centros de dados, três deles nos Estados Unidos e um na Europa, Índia e Hong Kong.

Em 2005, a NetApp percebeu que tinha pouca governança em TI, especialmente em como priorizar seus investimentos em TI. Dessa forma, a empresa decidiu desenvolver um plano estratégico de três anos. O principal objetivo da NetApp para seu plano estratégico de três anos era garantir um alinhamento afinado entre as estratégias de negócios e de TI da empresa.

Para desenvolver uma governança efetiva de TI e alinhá-la estrategicamente com os projetos de negócios, a empresa formou um comitê diretor de TI, composto por seus executivos de TI e de negócios, que prioriza os investimentos de TI da empresa. Para obter fundos para um projeto, os gerentes de negócios e os gerentes e pessoal de TI apresentam um modelo descrevendo o projeto proposto, mostrando seus resultados previstos a esse comitê. Após a conclusão do projeto, os gerentes de projeto devem apresentar os resultados do projeto ao comitê.

Esses processos foram criados para garantir que a NetApp colocasse seus dólares em investimentos de TI apropriadamente e para permitir que os executivos pudessem monitorar e confrontar o progresso do projeto com base nos marcos estratégicos da empresa. Os processos também permitem que a empresa identifique desafios e faça os ajustes necessários no seu plano de TI para tratar de tendências e tecnologias emergentes.

*Fontes*: Compilado de H. McKeerfry, "NetApp: Young Company, Mature IT", Baseline Magazine, 9 de setembro de 2009; C. Preimesberger, "NetApp Reports Strong Financials", eWeek, 21 de maio de 2008; C. Preimesberger, "NetApp Moving Up in Storage Software Market", eWeek, 2007; *www.netapp.com*, acessado em 13 de abril de 2009.

**PERGUNTAS**

1. Considerando as empresas Verizon e NetApp. O que vem primeiro: estratégias de negócio ou tecnologia da informação? Baseie sua resposta em ambos os casos.
2. Defina o alinhamento entre negócios e tecnologia da informação e discuta como cada companhia alinha sua estratégia de negócios e sua função de tecnologia da informação.

*Foco no Cliente*. As tentativas organizacionais de prestar um serviço impecável podem fazer a diferença entre conquistar – e manter – clientes e os perder para os concorrentes. Muitas ferramentas de TI e processos de negócio foram projetados para manter os clientes satisfeitos. Por exemplo, considere a Amazon.com. Após a primeira visita ao site da Amazon, sempre que você visitá-lo novamente, será cumprimentado pelo seu nome e receberá informações sobre livros que você poderia ler, com base em suas compras anteriores. Em outro exemplo, a Dell o conduz através do processo de compra de um computador, apresentando informações e escolhas que o ajudam a tomar uma decisão de compra consciente.

*Make-to-order e Customização em Massa*. **Make-to-order** é uma estratégia de fabricar produtos e serviços personalizados. O problema empresarial é como fabricar produtos personalizados de modo eficiente e a um custo razoavelmente baixo. Parte da solução é mudar do processo de fabricação da produção em massa para a customização em massa. Na produção em massa, uma empresa fabrica uma grande quantidade de itens idênticos. Na customização em massa, ela também fabrica uma grande quantidade de itens, mas os personaliza para atender aos desejos de cada cliente. A Bodymetrics (*www.bodymetrics.com*) é um excelente exemplo de customização em massa de jeans para homens e mulheres.

## EXEMPLO

Encontrar uma calça jeans que vista perfeitamente pode ser um verdadeiro pesadelo. O "escâner de corpo" da Bodymetrics varre o corpo do cliente e captura mais de 150 medidas produzindo uma réplica digitalizada do seu tamanho e do seu corpo. Esse escâner preciso é então usado para fornecer três tipos de serviços: jeans feito sob medida, body-shape jeans[2] e provador on-line virtual.

Com o jeans feito sob medida, essa varredura é usada para criar um padrão para o jeans, o qual é todo costurado à mão tendo em vista as linhas exatas e o contorno do corpo do cliente. De três a seis semanas, o jeans ficará pronto e o cliente fará a prova final com um alfaiate da Bodymetrics.

Baseando-se em sua experiência com jeans feito sob medida, a Bodymetrics identificou três tipos de corpos: em linha reta, semicurvo e curvo. Os body-shape jeans são especificamente criados para cada um deles. Após os clientes serem escaneados, os especialistas em jeans da Bodymetrics os ajudam a estabelecer a forma do seu corpo. Os clientes podem, então, comprar instantaneamente jeans conforme suas medidas corporais na loja.

O provador virtual permite aos clientes que foram escaneados provar jeans virtualmente nos próprios corpos sem prová-los fisicamente em um provador. Esse serviço permite que os clientes "vejam virtualmente" o caimento do jeans.

*Fontes*: Compilado de Asmita, "Custom-Fit Jeans with Bodymetrics", *www.styleguru.com*, 18 de janeiro de 2007; R. Young, "Turning Tailoring Over to a Computer", International Herald Tribune, 15 de janeiro de 2007; *www.bodymetrics.com*, acessado em 1 de março de 2009.

2 Jeans ajustado à forma do corpo.

***E-Business e E-Commerce.*** Fazer negócios eletronicamente é uma estratégia essencial para as empresas em um ambiente de negócios moderno. O Capítulo 6 aborda extensivamente este tópico. Além disso, as aplicações de *e-commerce* (comércio eletrônico) aparecem por todo o livro.

Descrevemos as pressões que afetam as empresas no ambiente comercial moderno e como as organizações agem para lidar essas pressões. Para planejar as medidas mais eficientes, as empresas formulam estratégias. Na nova economia digital, estas se baseiam fortemente na tecnologia da informação, especialmente nos sistemas de informação estratégicos. Discutiremos as estratégias corporativas e sistemas de informações estratégicos no Capítulo 2.

### Antes de Prosseguir...

1. Descreva algumas pressões que caracterizam o ambiente empresarial global moderno.
2. Cite algumas respostas organizacionais a essas pressões. Algumas das respostas são específicas para uma pressão em particular? Se sim, qual ou quais delas?

## 1.5. Por que os Sistemas de Informação São Importantes para Mim?

Os sistemas de informação são importantes para você por uma variedade de motivos. Primeiro, os sistemas de informação e tecnologias de informação fazem parte de sua vida. Segundo, o campo de SI oferece muitas oportunidades de carreira. Por último, todas as áreas funcionais na organização utilizam sistemas de informação.

### ■ Os Sistemas de Informação e Tecnologias de Informação Fazem Parte de sua Vida

Existem muitos exemplos de como os sistemas de informação e as tecnologias de informação estão embutidos em suas vidas. Por exemplo, pense em tudo o que você pode fazer on-line:

- Matricular-se em turmas;
- Ter aulas on-line, e não apenas aulas presenciais na sua universidade;
- Acessar programas de disciplinas, informações, apresentações em PowerPoint e palestras;
- Procurar conteúdo das matérias e apresentações;
- Acessar o seu banco;
- Pagar suas contas;
- Procurar, comprar e vender produtos de empresas e outras pessoas;
- Vender suas coisas;
- Procurar empregos e enviar seus currículos;
- Fazer reservas de viagens (em hotéis, companhias aéreas, aluguel de automóveis).

Além disso, para todas as atividades que você pode fazer on-line, existem exemplos de como os sistemas de informação e as tecnologias de informação são essenciais no seu cotidiano. Por exemplo, você pode não usar regularmente um telefone fixo. Em vez disso, você pode utilizar um *smartphone*, que possui calendário, agenda, calculadora, câmera digital e vários tipos de programas para baixar músicas e filmes. Este telefone permite que você facilmente mude entre diferentes tipos de redes sem fio (Bluetooth, Wi-Fi, rede celular e/ou Wi-Max) para falar, acessar correio eletrônico, trocar mensagens instantâneas e mensagens de texto.

Indo mais longe, você tem o seu blog e posta seus podcasts e videocasts. Tem sua página pessoal no Facebook. Produz e posta vídeos no YouTube. Tira, edita e imprime suas fotografias digitais. Grava seu CD e DVD com músicas selecionadas. Usa RSS feeds para criar seu jornal eletrônico pessoal. E a lista continua. (Nota: caso não esteja familiarizado com alguns destes conceitos ou termos, não se preocupe, pois discutiremos detalhadamente tudo o que mencionamos aqui mais à frente.)

### ■ TI Oferece Oportunidades de Carreira

Ter conhecimento sobre TI pode aumentar suas chances de obter um bom emprego. Embora a computação tenha eliminado certos tipos de funções, ela criou muito mais. A TI também criou muitas oportunidades para você começar seu negócio, como verá no Quadro 1.4 de TI e a Empresa.

## TI E A EMPRESA

### 1.4. Criando sua Empresa Multinacional

A terceirização global não é mais apenas para grandes corporações. Cada vez mais, empresas de pequeno porte estão procurando formas de transferir o desenvolvimento de software, a contabilidade, os serviços de apoio e a criação para outros países. A melhoria de software, mecanismos de busca e novas funcionalidades estão impulsionando a indústria de serviços on-line. Companhias nesse setor incluem Elance (*www.elance.com*), Guru (*www.guru.com*), Brick Work Índia (*www.b2kcorp.com*), DoMyStuff (*www.domystuff.com*), RentACoder (*www.rentacoder.com*) e muitas outras. Como exemplos de recursos adicionais, a Guru lançou um sistema de pagamento que permite aos clientes fazer depósitos como garantia e liberar o dinheiro apenas quando o trabalho contratado for finalizado. A Elance desenvolveu um programa para acompanhar o progresso do trabalho a ser executado e tratar da cobrança, dos pagamentos e dos registros fiscais.

Veja o exemplo de Randy e Nicola Wilburn. Sua casa é sede de uma companhia multinacional. Os Wilburn trabalham com o setor imobiliário, com consultoria, design e também com empresas de comida para bebês de suas casas. Eles realizam esse processo mediante o uso eficaz da terceirização.

Profissionais de todo mundo estão ao seu serviço. Por US$ 300, um artista indiano desenhou a logomarca da empresa de Nicola com as palavras "Baby Fresh Organic Foods" e uma criança olhando para estas palavras. Um autônomo londrino produziu materiais promocionais. Randy contratou "assistentes virtuais" em Jerusalém para transcrever seu correio de voz, atualizar seu site e criar gráficos no PowerPoint. Corretores aposentados da Virgínia e de Michigan lidam com a documentação imobiliária.

Os Wilburn começaram a contratar serviços de design gráfico através da empresa Elance em 2000. Hoje, essa ajuda remota permitiu que Randy trocasse o enfoque com as mudanças da economia. Suas atividades com negócio imobiliário diminuíram, e ele passou a gastar mais tempo aconselhando organizações sem fins lucrativos dos Estados Unidos

a ajudarem os mutuários de casa própria a evitarem que percam seus imóveis. Seus assistentes virtuais lidam com sua correspondência e materiais relativos aos negócios enquanto ele viaja, tudo isso por menos de US$ 10.000 ao ano.

Nicola optou por trabalhar em casa depois de ter tido seu segundo filho. Agora, contrata *freelancers* para fazer trabalho de design, enquanto começa a vender comida orgânica para bebês preparada por ela. Nicola está configurando um site para esse negócio, e ofereceu US$ 500 para quem fizesse esse trabalho. Do total de 20 profissionais que quiseram fazer o trabalho, 18 não eram dos Estados Unidos.

O casal usa duas empresas principais. Uma delas é a GlobeTask (*www.globtask.com*), uma empresa de Jerusalém que trabalha com terceirização e que emprega artistas gráficos, criadores de páginas Web (*web designers*), escritores e assistentes virtuais em Israel, Índia e Estados Unidos. A companhia geralmente cobra US$ 8 por hora. Outra empresa de terceirização é a Kolkata's WebGrity (*www.webgrity.com*), que cobra por volta de US$ 1 por hora trabalhada. Por US$ 125, a empresa Webgrity criou um logotipo para o negócio imobiliário de Randy e que, segundo ele, teria custado algo em torno de US$ 1.000 nos Estados Unidos.

*Fontes*: Compilado de P. Engardio, "Mom-and-pop Multinationals", BusinessWeek, 14 de julho de 2008; T. Ferriss, The 4-Hour WoorkWeek: Escape 9-5, Live Anywhere and Join the New Rich, 2007, Crown Publishing Group; B. McDermott, "Ahoy the Micro--Multinational", Forbes, 14 de setembro de 2007; S. Harris, "Rise of the Micro Giants", San Jose Mercury News, 14 de julho de 2007; A. Campbell, "The Trend of the Micro-Multinationals", Small Business Trends, 20 de fevereiro de 2007; M. Copeland, "The Mighty Micro-Multinational", Business 2.0 Magazine, 28 de julho de 2006; H. Varian, "Technology Levels the Business Playing Field", The New York Times, 25 de agosto de 2005.

### PERGUNTAS

1. Descreva as vantagens e desvantagens de contratar mão de obra terceirizada no exterior.
2. Qualquer um poderia fazer o que Randy e Nicola Wilburn estão fazendo? Isso que o casal está fazendo necessita de qualificações ou conhecimento especial? Indique a base para sua resposta.

Como a tecnologia da informação é vital para o funcionamento da economia moderna, ela oferece muitas oportunidades de emprego. A demanda por uma equipe tradicional de TI – programadores, analistas de negócios, analistas de sistemas, e designers – é considerável. Além disso, muitas vagas bem remuneradas existem em áreas emergentes, como a Internet e o comércio eletrônico, comércio móvel, segurança de redes, programação orientada a objetos (POO), telecomunicações e projeto de multimídia. Para saber mais sobre carreira em TI, consulte *www.computerworld.com/careers* e *www.monster.com*. Além disso, a Tabela 1.3 fornece uma lista de vagas de TI juntamente com a descrição de cada uma delas.

**Tabela 1.3** Empregos em Tecnologia da Informação

| Vaga | Descrição |
|---|---|
| Diretor de Tecnologia de Informação (*Chief Information Officer*) | O mais alto escalão de gerência de SI; responsável pelo planejamento estratégico da organização |
| Diretor de Sistemas de Informação (*IS Director*) | Responsável pelo gerenciamento de todos os sistemas da organização e pelas operações diárias de todos os sistemas de informação |
| Gerente de Centro de Informações | Gerencia os serviços de SI como *help desk*, atendimento telefônico, treinamento e consultoria |
| Gerente de Desenvolvimento de Aplicações | Coordena e gerencia projetos de desenvolvimento de novos sistemas |
| Gerente de Projetos | Gerencia em especial o projeto de desenvolvimento de novos sistemas |
| Gerente de Sistemas | Gerencia um sistema existente em particular |
| Gerente de Operações | Supervisiona diariamente as operações de um centro de dados ou de um centro computacional |
| Gerente de Programação | Coordena todos os esforços de programação de aplicativos |
| Analista de Sistemas | É a interface entre usuários e programadores; determina requisitos de informação e especificações técnicas para novas aplicações |
| Analista de Negócios | Focaliza o desenho de soluções para os problemas de negócios. Faz a interface entre usuários e a TI, mostrando como a TI pode ser inovadora |
| Desenvolvedor de Aplicações | Escreve código de computador para o desenvolvimento de novos aplicativos ou dá manutenção em aplicativos existentes |
| Gerente de Tecnologias Emergentes | Prevê tendências tecnológicas, avalia e testa novas tecnologias |
| Gerente de Redes | Coordena e gerencia a rede de dados e voz de uma organização |
| Administrador de Banco de Dados | Gerencia os bancos de dados da organização e inspeciona o uso de software de gerenciamento de banco de dados |
| Gerente de Auditoria ou Segurança da Informação | Gerencia o uso ético e legal dos sistemas de informação |
| Webmaster | Gerencia o site da organização na World Wide Web |
| Web Designer | Cria sites e páginas Web |

Com a profunda recessão em 2009, um grande número de informações desencontradas foram divulgadas a respeito das carreiras em tecnologia da informação. Vamos analisar quatro destes mitos.

**Mito 1:** Não existem vagas na área de computação. Apesar da recessão, em março de 2009, o mercado de trabalho de TI esteve bastante forte. Por exemplo, o site Dice (*www.dice.com*) listou 56.000 vagas de tecnologia naquele mês.

**Mito 2:** Não existirão vagas em TI quando eu concluir minha graduação. Os quatro postos de trabalho de mais rápido crescimento nos Estados Unidos e que exigem um diploma de bacharel de 2002 a 2012 estão relacionados a TI. São eles (1) engenheiros da computação, (2) funcionários de gestão de sistemas de informação/computação, (3) gerentes de computação e de sistemas de informação e (4) especialistas técnicos de suporte. Veja que os números (2) e (3) se referem a cursos de gestão de sistemas de informação em faculdades de administração.

**Mito 3:** Todas as vagas de TI estão indo para o exterior. De fato, algumas vagas de TI estão no exterior (isto é, em áreas onde a mão de obra oferece baixo custo), mas as vagas de TI que requerem mais qualificação não estão sendo oferecidas no exterior (veja o Quadro 1.3 de TI e a Empresa). Além disso, as oportunidades de TI ligadas às competências essenciais da empresa, a projetos que necessitam de um trabalho junto ao cliente, normalmente não serão exercidas no exterior.

**Mito 4:** Salários de Computação e TI estão baixos devido ao trabalho mais barato no exterior. Os graduados em gestão de sistemas de informação normalmente estão entre os que têm salários iniciais mais altos em qualquer setor importante.

▪ **A TI é Usada por todos os Departamentos**

Resumindo, as organizações não podem simplesmente funcionar sem a tecnologia da informação. Por este motivo, cada gerente e membro de equipe deveria aprender sobre a TI voltada para sua área de atuação, bem como por toda a organização e entre diferentes organizações.

Sistemas de TI são parte integrante de todas as áreas funcionais de uma organização. Nos departamentos de *finanças* e *contabilidade*, por exemplo, os gerentes usam sistemas de TI para prever os lucros e as atividades comerciais, para determinar as melhores fontes e usos de fundos e para realizar auditorias para assegurar que a organização é fundamentalmente sólida e que todos os relatórios e documentos financeiros são precisos.

Nos *departamentos de vendas* e *marketing*, os gerentes usam a tecnologia da informação para realizar as seguintes funções:

- *Análise de produto:* desenvolvendo novos produtos e serviços
- *Análise de local:* determinando o melhor local para instalações de produção e distribuição
- *Análise de promoção:* identificando os melhores canais de propaganda
- *Análise de preço:* definindo preços de produtos para obter as maiores receitas totais

Os gerentes de marketing também usam a TI para administrar o relacionamento com os clientes. Na *produção*, eles utilizam a Tecnologia da Informação para processar pedidos de clientes, desenvolver cronogramas de produção, controlar os níveis de estoque e monitorar a qualidade dos produtos. Os gerentes também usam a TI para projetar e fabricar produtos. Esses processos são chamados de CAD (projeto auxiliado por computador) e CAM (fabricação auxiliada por computador).

Já aqueles que gerenciam os *recursos humanos* usam a TI para administrar o processo de recrutamento, selecionar candidatos a emprego e contratar novos empregados. Gerentes de RH utilizam a TI para ajudar os empregados a gerenciar suas carreiras, aplicar testes de desempenho em funcionários e monitorar a produtividade do trabalho, além de gerenciar remuneração e pacotes de benefícios.

Esses são apenas alguns exemplos dos papéis da tecnologia da informação em vários setores de uma organização. Achamos que é importante os alunos de diferentes setores verem o valor dos sistemas de informação nos seus campos de atuação.

## Antes de Prosseguir...

1. Quais são as principais razões e por que é importante que os trabalhadores de todos os setores se familiarizem com a TI?
2. Por que é importante tornar-se bem informado sobre a TI, se você não é um funcionário de TI?

## 1.6. O Plano deste Livro

O principal objetivo deste livro é ajudá-lo a entender o papel da Tecnologia da Informação nas organizações modernas. Ele também pretende auxiliá-lo a pensar estrategicamente sobre sistemas de informação, tornando-o capaz de olhar para o futuro e ver como essas tecnologias da informação podem ajudar a você, a sua organização e ao seu mundo. Por último, o livro demonstra como a TI oferece suporte para todos os setores de uma organização.

Este capítulo apresentou o ambiente global de negócios e a plataforma baseada na web, usada por pessoas e organizações para competir com sucesso nesse ambiente. O Capítulo 2 lhe apresentará conceitos básicos de tecnologia da informação nas organizações. O Capítulo 3 focaliza três tópicos críticos e oportunos: ética, segurança e privacidade. Escândalos corporativos na Enron, WorldCom, HealthSouth Adelphia, dentre outros, bem como escândalos recentes com bancos, previdência e casa própria (por exemplo, Citigroup e AIG) enfatizam a importância da ética. A grande quantidade de violação de dados em várias instituições (veja o caso de abertura da NASA no Capítulo 3) torna primordial que tenhamos sempre em mente a segurança. Finalmente, a miniaturização e o crescimento de tecnologias para vigilância levam muitas pessoas a questionarem sobre sua privacidade.

A quantidade de dados disponíveis está aumentando exponencialmente, o que nos leva a procurar métodos e ferramentas para gerenciar esse dilúvio. O Capítulo 4 discute como gerenciar dados de forma a serem usados efetivamente na tomada de decisões.

O Capítulo 5 volta-se para as telecomunicações e rede de dados, incluindo a internet. Como a internet é a base para um ambiente global de negócios, a importância da rede de computadores não pode ser menosprezada.

O comércio eletrônico, facilitado pela internet, revolucionou a maneira como as empresas operam hoje. O Capítulo 6 abrange esse tópico importante. Uma das tecnologias que estão impactando os negócios são as comunicações sem fio. Exploraremos esta tecnologia no Capítulo 7. O Capítulo 8 fornece um quadro detalhado de vários tipos de sistemas de informação que são usados nas organizações hoje em dia. Os Capítulos 9 e 10, respectivamente, focalizam dois processos de negócio fundamentais que fazem uso extensivo da tecnologia: gerenciamento do relacionamento com o cliente (CRM) e gerenciamento da cadeia de suprimentos (SCM). O Capítulo 11 discute diversos sistemas de informações que apoiam a tomada de decisões gerenciais e finalmente o Capítulo 12 examina como as organizações adquirem ou desenvolvem novas aplicações.

O Guia de Tecnologia 1 (hardware) e 2 (software) fornecem uma visão detalhada em dois dos componentes de TI mais fundamentais que são a base de todos os sistemas de informação. O Guia de Tecnologia 3 fornece informações de como proteger seus próprios ativos de informação. Finalmente, o Guia de Tecnologia 4 aborda o fundamento das telecomunicações e o Guia de Tecnologia 5 apresenta os fundamentos da internet e da World Wide Web.

## O que a **TI** pode me proporcionar?

Na seção anterior, discutimos a TI em cada uma das áreas ou setores funcionais. Aqui, oferecemos uma visão geral da função da TI.

### ▪ A Função da TI

A função da TI é apoiar diretamente todas as áreas funcionais da organização. Isto é, fornecer, com responsabilidade, a informação que cada área funcional necessita para a tomada de decisões. O objetivo geral da equipe de TI é ajudar usuários a aumentar seu desempenho e resolver problemas de negócios usando a TI. Para conseguir esse objetivo, o pessoal de TI precisa entender tanto das necessidades de informação quanto da tecnologia associada a cada área funcional. Dada sua posição, entretanto, eles precisam primeiramente pensar nas "necessidades de negócio" e depois na "tecnologia".

## Resumo do Capítulo

Neste capítulo você aprendeu a:

**1. Descrever processos de negócio e discutir a gestão de processos de negócio.**

Um processo de negócio é uma coleção de atividades relacionadas que produzem um produto ou serviço de valor para a organização, seus parceiros de negócios e/ou seus clientes. Um processo tem entradas e saídas, e suas atividades podem ser mensuradas. Muitos processos de negócio perpassam diversas áreas funcionais em uma organização, tal qual o processo de desenvolvimento de produto, o qual envolve o projeto, a engenharia, a fabricação e a distribuição. Outros processos envolvem somente uma área funcional.

De uma forma geral, o desempenho de uma organização depende do quanto ela gerencia seus processos de negócio. Como resultado, as organizações enfatizam a gestão de processos de negócio (BPM, na sigla em inglês), que é uma técnica de gerenciamento que inclui métodos e ferramentas para apoiar o projeto, a análise, a implementação, o gerenciamento e a otimização dos processos de negócio.

**2. Diferenciar dados, informação e conhecimento.**

Itens de dados referem-se a uma descrição básica de coisas, eventos, atividades e transações que são gravadas, classificadas e armazenadas, mas não organizadas de forma a carregar qualquer significado. Por outro lado, a informação é um dado organizado para ter significado e valor para alguém. Finalmente, conhecimento consiste de dados e/ou das informações que foram organizadas e processadas e que carregam um entendimento, experiência, conhecimento acumulado ou opinião como se aplicam a um problema de negócios atual.

**3. Diferenciar infraestrutura da tecnologia da informação e arquitetura da tecnologia da informação.**

Uma *arquitetura* de tecnologia da informação de uma organização é o mapa de alto nível ou plano de ativos de informação de uma organização. A arquitetura de TI integra os requisitos de toda a organização ou de todos os usuários, a infraestrutura de TI e todas as aplicações. A *infraestrutura* de tecnologia da informação de uma organização consiste nas instalações físicas, nos componentes e serviços de TI, bem como no gerenciamento de TI que apoia toda a organização.

**4. Descrever a plataforma global baseada na web e seu relacionamento com o ambiente empresarial atual.**

A plataforma global baseada na web consiste em hardware, software e tecnologias de comunicação que englobam a internet e a funcionalidade da World Wide Web. Essa plataforma permite que as pessoas se conectem, processem e colaborem entre si a qualquer hora, em qualquer lugar e a todo instante, e acessem quantidades ilimitadas de informações, serviços e entretenimento. Essa plataforma opera sem preocupações quanto a geografia, tempo, distância ou até mesmo barreiras de linguagem. A plataforma baseada na web criou o ambiente empresarial atual, que é global, massivamente interconectado, intensivamente competitivo, 24 horas, 7 dias por semana, de tempo real, mudando rapidamente e com muita informação.

**5. Discutir os relacionamentos entre pressões dos negócios, respostas organizacionais e sistemas de informação.**

O ambiente de negócios é uma combinação de fatores sociais, jurídicos, econômicos, físicos e políticos que afetam as atividades de negócios. Mudanças significativas em qualquer um desses fatores provavelmente irão gerar pressões nos negócios. As organizações geralmente respondem a essas pressões com atividades apoiadas pela TI, como sistemas estratégicos, foco no consumidor, *make-to-order*, customização em massa e *e-business*.

## Glossário

**arquitetura da tecnologia da informação (TI)** Um mapa ou plano de alto nível de ativos de informação em uma organização.

**cibercafés** Locais públicos em que terminais da internet estão disponíveis, normalmente por uma pequena taxa.

**conhecimento** Dado e/ou informação que foi organizada e processada para levar consigo conhecimento, experiência, aprendizado acumulado e experiência aplicados a um problema ou atividade atual.

**customização em massa** Processo de produção em que itens são fabricados em grandes quantidades, mas são personalizados para atender aos desejos de cada consumidor.

**divisa digital** O abismo entre aqueles que têm acesso à informação e às tecnologias de comunicação e àqueles que não têm acesso.

**gestão de processos de negócio (BPM)** Uma técnica de gerenciamento que inclui métodos e ferramentas para apoiar o projeto, a análise, a implementação, o gerenciamento e a otimização dos processos de negócio.

**gestão de sistemas de informação (ou sistemas de informação)** O planejamento, o desenvolvimento, o gerenciamento e o uso de ferramentas de tecnologia da informação para ajudar pessoas a executar todas as atividades relacionadas como o processamento de informações e seu gerenciamento.

**globalização** A integração e interdependência das vertentes econômica, social, cultural e ecológica da vida, possibilitada por rápidos avanços na tecnologia da informação.

**informações** Dados que foram organizado de modo a terem significado e valor para o receptor.

**infraestrutura da tecnologia da informação (TI)** As instalações físicas, os componentes de TI, serviços de TI e o pessoal de TI que apoia toda a organização.

**itens de dados** Uma descrição básica das coisas, eventos, atividades, transações que são gravadas, classificadas e armazenadas, mas não são organizadas para carregar um significado específico.

*make-to-order* Estratégia de fabricar produtos e serviços personalizados.

**processo de negócios** Uma coleção de atividades relacionadas que produzem produtos ou serviços de valor para a organização, seus parceiros de negócios e/ou seus consumidores.

**responsabilidade social empresarial** (ou **responsabilidade social individual**) Esforços das organizações para resolver diversos problemas sociais.

**responsabilidade social individual** (ver **responsabilidade social empresarial**)

**sistemas de informação** (ver **gestão de sistemas de informação**)

**tecnologia da informação** Qualquer ferramenta baseada em computador que as pessoas utilizam para trabalhar com informações e dar suporte à informação e às necessidades de processamento de informação de uma organização.

## Questões para Discussão

1. Descreva os diversos processos de negócio em sua faculdade ou universidade.
2. Descreva o papel capacitador da TI na gestão de processos de negócio.
3. Descreva como a arquitetura e a infraestrutura de TI se inter-relacionam.
4. A internet é uma infraestrutura, uma arquitetura ou um aplicativo? Explique sua resposta. Se ela não for nenhuma das anteriores, o que ela é então?
5. Como a plataforma global, baseada na Web, afeta a competição?
6. Explique por que a TI é ao mesmo tempo uma pressão nos negócios e um facilitador de atividades de resposta que reage às pressões dos negócios.
7. O que um mundo plano significa para você na sua escolha de sua formação acadêmica? De sua carreira? Você deverá ser um "estudante vitalício"? Por que ou por que não?
8. Qual será o impacto de um mundo plano no seu modo de viver?

## Atividades de Solução de Problemas

1. Visite alguns sites que ofereçam oportunidades de emprego na área de TI. Entre os exemplos mais importantes estão: www.dice.com, www.hotjobs.com, www.monster.com, www.collegerecruiter.com, www.carreerbuilder.com, www.jobcentral.com, www.job.com, www.career.com, www.simplyhired.com e www.truecareers.com. Compare os salários de TI com os salários oferecidos a contadores, pessoal de marketing, pessoal de operações e pessoal de recursos humanos. Para obter outras informações sobre salário de TI, verifique a pesquisa anual de salários da Computerworld.

2. Discuta os impactos da plataforma global, com base na web, no mercado imobiliário voltado para residências. Seja específico com os sites que você usa nos seus exemplos.

3. Acesse o site da UPS (www.ups.com).

a. Descubra quais informações estão disponíveis para consumidores antes que eles enviem um pacote.

b. Procure informações sobre o sistema de "rastreamento de pacotes".

c. Calcule os custos de enviar uma caixa de 25" x 50" x 38" pesando 18 quilos da sua cidade natal para São Paulo, SP (ou para o Rio de Janeiro, RJ, se você mora próximo de São Paulo). Compare a rapidez do envio em relação ao baixo custo.

4. Navegue na internet para obter informações sobre o Departament of Homeland Security. Examine as informações disponíveis e comente o papel das tecnologias de informação nesse departamento.

5. Acesse *www.digitalenterprise.org*. Prepare um relatório considerando os desenvolvimentos mais recentes em comércio eletrônico na era digital.

6. Acesse *www.x-home.com* para obter informações sobre a casa do futuro. Descreva a tecnologia "smart home".

7. Experimente a customização desenhando os próprios calçados em *www.nike.com*, seu carro em *www.jaguar. com*, seu CD em *www.easternrecording.com*, seu cartão de visitas em *www.iprint.com* e seu anel de brilhantes em *www.bluenile.com*. Faça um resumo de suas experiências.

8. Acesse *www.go4customer.com*. O que essa empresa faz e onde ela se localiza? Quem são seus clientes? A quais dos niveladores de Friedman essa empresa se encaixa? Forneça exemplos de como uma empresa dos Estados Unidos usaria seus serviços.

9. Entre na Walmart China (*www.walmartchina.com/english/index.htm*). Como o Walmart China é diferente do seu Walmart local (considere produtos, preços, serviços etc.)? Descreva essas diferenças.

---

## Trabalhos em Equipe

---

1. (a) Crie um grupo on-line para estudar TI ou uma parte dela em que você esteja interessado. Cada membro do grupo precisa ter uma conta de e-mail do Yahoo! (gratuita). Vá até Yahoo!: Groups (*http://groups. yahoo.com*) e, na parte inferior, veja uma seção intitulada "Create Your Own Group" (crie seu grupo).

**Etapa 1:** Clique em "Start a Group Now".

**Etapa 2:** Selecione uma categoria que melhor descreva seu grupo (use as "Search Group Categories" ou use a ferramenta "Browser Group Categories"). Você precisa encontrar uma categoria.

**Etapa 3:** Descreva as finalidades do grupo e lhe dê um nome.

**Etapa 4:** Prepare um endereço de e-mail para enviar mensagens para todos os membros do grupo.

**Etapa 5:** Cada membro precisa se juntar ao grupo (selecionar um "perfil"); clique em "Join this Group".

**Etapa 6:** Vá até a "Word Verification Section"; siga as instruções.

**Etapa 7:** Termine clicando em "Continue".

**Etapa 8:** Selecione um moderador do grupo. Conduza uma discussão on-line de pelo menos dois assuntos de interesse do grupo.

**Etapa 9:** Prepare para que as mensagens dos membros alcancem o moderador pelo menos uma vez por semana.

**Etapa 10:** Ache um grupo semelhante (use o "Find a Group" do Yahoo! e crie uma conexão). Escreva um relatório para o seu instrutor.

(b) Agora siga as mesmas etapas para o Google Groups.

(c) Compare o Yahoo! Groups com o Google Groups.

2. Analise o *Wall Street Journal*, a *Fortune*, a *BusinessWeek* e jornais locais para os três últimos meses e procure histórias sobre o uso de tecnologias baseadas na web nas organizações. Cada grupo preparará um relatório descrevendo cinco aplicações. Os relatórios deverão enfatizar o papel da web e seus benefícios para as organizações. Focalize questões descritas neste capítulo, como produtividade, estratégias competitivas e globalização. Apresente e discuta seu trabalho.

## Caso Final

### Santa Cruz Bicycles

O Problema da Empresa A empresa Santa Cruz Bicycles (*www.santacruzbicycles.com*) foi fundada por três acionistas que também eram entusiastas em *mountain bike*. A empresa passou por um sucesso moderado no decorrer da década de 1990, mas continuou sendo uma oficina relativamente pequena, personalizada, com cerca de US$ 6 milhões em receitas. Depois, em 2001, Rob Roskopp, um dos seus fundadores, apareceu com um projeto de um novo sistema de suspensão – o Virtual Pivot Point (VPP) –, que foi desenvolvido originalmente pela Outland, um pequeno fabricante de bicicletas. A Outland não havia sido capaz de capitalizar o projeto, mas Roskopp viu seu potencial e negociou um acordo para comprar a patente.

A suspensão VPP oferece um meio de absorver os fortes choques enquanto os ciclistas fazem acrobacias ou se movem rapidamente montanha abaixo sem esgotar a energia dos ciclistas por pedalar subindo colinas ou passando por buracos. Ela permite que a roda traseira suba e desça por cerca de 25 cm. Em outras palavras, quando um ciclista faz um salto ou atinge uma pedra no caminho, a roda traseira pode subir 25 cm sem atingir o quadro ou o selim. Essa tecnologia oferece absorção de impacto sem dar ao ciclista a sensação de estar sentado sobre uma mola. Os ciclistas querem que a bicicleta tenha uma "sensação suave", sem quicar muito enquanto eles pedalam.

O primeiro quadro da Santa Cruz Bicycles com suspensão VPP representou mais de três meses de trabalho de desenho e quatro meses de fabricação personalizada por oficinas no exterior. Quando o protótipo chegou ao escritório da empresa, os engenheiros testaram-no imediatamente. O primeiro teste falhou quando o elo superior da junta VPP soltou depois de um salto rápido de uma rampa relativamente baixa.

A falha do primeiro quadro com suspensão VPP mostrou um defeito crítico no processo de pesquisa e desenvolvimento da empresa. Embora a companhia de bicicleta estivesse usando o software de projeto auxiliado por computador AutoCAD, da Autodesk, foi necessário muito tempo para se chegar a novos projetos e, por sua vez, conseguir peças torneadas por oficinas no exterior. Sete meses foi um longo ciclo de desenvolvimento e, se o projeto falhasse, esse seria um problema caro.

A Solução da TI A experiência com o quadro defeituoso fez com que a empresa reformulasse seus processos de desenho e engenharia. Para aproveitar sua tecnologia patenteada e aumentar os negócios, ela tinha que encontrar um modo de retirar os desenhos da prancheta e passar para protótipos mais rapidamente. Para atender a essas necessidades, a empresa decidiu comprar software de gerenciamento do ciclo de vida do produto (PLM – Product Lifecycle Management). Eles por fim selecionaram o Pro/Engineer 3D da Parametric Technology Corporation (*www.ptc.com*).

O Pro/Engineer forneceu aos engenheiros da Santa Cruz capacidades mais poderosas de análise e modelagem. Eles usam suas capacidades de simulação para observar enquanto a suspensão VPP permite que a roda traseira se mova para cima. Isso lhes permite determinar se o pneu se conecta ao quadro ou selim e se a corrente tem flexibilidade suficiente para possibilitar o movimento. Isso também os ajuda a medir os efeitos da suspensão VPP sobre a absorção de impactos. O Pro/Engineer rastreia todas as variáveis relacionadas, de modo que os projetistas e engenheiros podem ver o impacto quando o quadro trabalha fora das especificações do projeto. Quando isso acontece, eles podem rapidamente fazer os ajustes no projeto.

O software também foi capaz de modelar fatores como carga de estresse, para encontrar o ponto de ruptura de uma peça. Usando um gráfico colorido, que mostra as áreas de maior estresse em vermelho, os engenheiros podem "ver" quais peças da bicicleta estão sob o maior perigo de falhar. Essa é uma característica criticamente importante, considerando o abuso que uma *mountain bike* normalmente enfrenta.

A Santa Cruz Bicycles também contratou o criador de quadros Gary Yokota para criar e testar os protótipos em casa. A empresa então adquiriu um Haas Automation Toolroom Mill, uma máquina que pode esculpir uma peça de alumínio em uma peça complexa. O software Pro/Engineer passa as especificações de projeto para o software Pro/Manufacture da Parametric, que envia as especificações à máquina da Haas para fabricar a peça.

Os resultados com seu software de projeto anterior, a Santa Cruz precisava de até sete horas por simulação. Com o Pro/Engineer, ela precisa de menos de cinco minutos. Isso significa que os engenheiros podem fazer centenas de mudanças e executar dezenas de simulações a cada dia. No passado, a empresa gastava em média 28 meses desde o início do projeto de uma nova bicicleta até a entrega. Hoje, usando o software de PLM e trazendo grande parte da construção do protótipo para dentro de casa, ela gasta de 12 a 14 meses. A empresa agora tem um controle de qualidade muito melhor, pois seus engenheiros podem fazer várias mudanças durante o processo de construção.

Em meados de 2009, a Santa Cruz Bicycles contratou cerca de 70 pessoas, produziu uns 10.000 quadros de bicicleta por ano e aumentou suas vendas em mais de 40% por ano. As estimativas de receita anual da empresa privada variaram entre US$ 40 e US$ 60 milhões, e suas bicicletas normalmente são vendidas por US$ 1.500 a US$ 6.500.

*Fontes:* Compilado de "Santa Cruz Bicycles Nearly Doubles Revenues by Improving Digital Model Definition with Pro/Engineer", NxRev, 17 de janeiro de 2009; M. Duvall, "Santa Cruz Bicycles: Not Your Father's Ride", Baseline Magazine, 30 de novembro de 2007; "Extreme Confidence to Build Extreme Bikes", CGWeb, dezembro de 2004; *www.santacruzbicycles.com* e *www.ptc.com,* acessados em 13 de janeiro de 2009.

## PERGUNTAS

1. O software de PLM tem importância estratégica para a Santa Cruz Bicycles? Por que ou por que não?
2. Quais são as vantagens que o software de PLM oferece à Santa Cruz Bicycles na área de atendimento ao cliente? Dica: A Santa Cruz pratica produção em massa ou customização em massa?

**Capítulo 2**

# Sistemas de Informação: Conceitos e Gerenciamento

---

## METAS DE APRENDIZAGEM

1. Descrever os componentes dos sistemas de informação baseados em computador.
2. Descrever os vários tipos de sistemas de informação, de acordo com a extensão do suporte.
3. Identificar os principais sistemas de informação que apoiam cada nível organizacional.
4. Descrever os sistemas de informação estratégicos (SIEs) e explicar suas vantagens.
5. Descrever o modelo das forças competitivas de Porter e como a TI ajuda as empresas a melhorarem suas posições competitivas.
6. Descrever cinco estratégias que as empresas podem usar para obter vantagem competitiva em seus setores.
7. Descrever como os recursos de informação são gerenciados e discutir os papéis do departamento de sistemas de informação e dos usuários finais.

---

## ESBOÇO DO CAPÍTULO

**2.1**  Tipos de Sistemas de Informação
**2.2**  Vantagem Competitiva e Sistemas de Informação Estratégicos
**2.3**  Por que os Sistemas de Informação São tão Importantes para as Organizações e a Sociedade?
**2.4**  Gerenciando Recursos de Informação

---

## O que a **TI** pode me proporcionar?

---

**Caso Inicial**

### Tecnologia da Informação Ajuda a Johnny's Lunch a Expandir

■  **O Problema da Empresa**

Johnny Colera abriu o Johnny's Lunch (*www.johnnyslunch.com*) em Jamestown, Nova York, em 1936. Johnny's Lunch tornou-se uma instituição em Jamestown, servindo cachorros-quentes (Johnny's Hots) pelo valor normal de comida rápida dos hambúrgueres, batatas fritas, salgados e vitaminas. A empresa criou um seguimento forte com seu compromisso com preços baixos, boa comida e um atendimento fantástico, além de algumas ofertas exclusivas, como o arroz-doce caseiro.

Johnny's Lunch há muito tempo tem prestado atenção aos pequenos detalhes. Um Hot do Johnny's, por exemplo, sempre foi feito especialmente de carne da Sugarland Coney. O molho de pimenta próprio é uma mistura cuidadosamente guardada de molho de tomate, carne moída e pimentas. E o Johnny's Lunch sempre teve a promoção "Threebees", para que os clientes comprem seus três itens favoritos com um desconto no preço.

Embora oferecer um bom lanche a preços justos tenha ajudado o Johnny's Lunch a continuar sendo um favorito de Jamestown há mais de 70 anos, isso não foi suficiente para promover o restaurante a uma cadeia importante. Enquanto isso, Colera e seus sucessores observaram o McDonalds expandindo continuamente e tornando-se um nome familiar, com mais de US$ 22 bilhões em vendas anuais.

O desafio é expandir o Johnny's Lunch nacionalmente, retendo seu estilo exclusivo. A empresa não quer que o Johnny's Lunch tenha o estilo de um restaurante típico de comida rápida; ao invés disso, eles desejam que ele tenha um estilo mais pessoal, dando a sensação de intimidade de ir para um local onde todos conhecem seu nome. A empresa está apostando que pode se tornar líder na indústria de franquias de comida rápida dentro do país.

### ▪ A Solução da TI

A empresa empregou uma gama de tecnologias de informação para planejar sua expansão. Essas tecnologias incluem uma tecnologia de mapeamento sofisticada para examinar locais, sistemas de ponto de vendas (PDV) de última geração para agilizar as transações e capturar tendências, e sistemas de gerenciamento de estoque para garantir produtos frescos e reduzir os custos.

O Johnny's Lunch implementou o Pitney Bowes MapInfo (*www.mapinfo.com*), Smart Site Solution para ajudar a identificar uma estratégia de expansão geográfica. Para os insumos da análise, o Pitney Bowes combinou a estratégia do Johnny's Lunch, dados de entrevista com clientes do único restaurante Johnny's Lunch e as suposições e experiência colhidas de outros restaurantes na categoria de restaurante de comida rápida.

O MapInfo's Smart Site Solution usa tecnologia analítica (discutida no Capítulo 11) para localizar mercados em potencial e identificar o número ideal de sites dentro de um mercado para maximizar as vendas. O Smart Site pode examinar qualquer interseção no país e quantificar a demanda nesse local. Usando o MapInfo para dividir os Estados Unidos em áreas de mercado designadas, o Johnny's Lunch divide o país em áreas significativas, de modo que a gerência possa entender o nível de concorrência, suas tendências demográficas, bem como as características e atributos de um local em particular.

Quando o Johnny's Lunch identifica os locais corretos e as pessoas certas para dirigirem os restaurantes, a empresa coloca a tecnologia de PDV correta em suas mãos. Utilizar o sistema de PDV certo é vital para o sucesso e para a competitividade de qualquer restaurante de comida rápida. No ambiente de restaurante, a comida estraga rapidamente e as margens de lucro são pequenas. Portanto, é essencial que os restaurantes controlem os níveis de pedido, desperdício e estoque.

Cada novo restaurante Johnny's Lunch precisará comprar um sistema de PDV MICROS 3700 da MICROS Systems (*www.micros.com*). O sistema da MICROS dá aos restaurantes individuais e à empresa a capacidade de examinar as tendências de vendas e fazer rapidamente as mudanças necessárias. Ele é simples de ser entendido e usado pelos funcionários, um recurso importante em uma atividade que tem alta rotatividade de funcionários. O sistema também ajuda os franqueados a aderirem às regulamentações do governo e outras regras. Os gerentes podem configurar o sistema de modo que sejam alertados se a comida levar muito tempo para ser preparada, se uma lei sobre mão de obra estiver para ser violada, ou se um caixa estornou muitas transações. O sistema também permite que vários dados de venda sejam colhidos e analisados para tendências gerais referentes a itens do cardápio, locais, horários da loja, estoque e desperdício.

Além disso, o sistema de PDV permite que a empresa acompanhe quantos alimentos estão sendo consumidos no estabelecimento contra quantos estão sendo levados para viagem. Restaurantes Johnny's Lunch possuem um tamanho padrão e, se a quantidade de comida servida no interior exceder certo patamar, a empresa precisa considerar se montará restaurantes maiores.

O Johnny's Lunch também está melhorando sua infraestrutura de tecnologia da informação. A empresa planeja acrescentar mais servidores à sua rede com pelo menos um servidor dedicado aos dados de marketing e outro que interligará os sistemas de PDV de todos os locais.

A empresa também pretende atualizar seu site. Haverá um portal, no qual os operadores de franquia locais podem ver tudo que está disponível na empresa – de uniforme a materiais de marketing.

No futuro próximo, o Johnny's Lunch planeja investir em tecnologia que lhe permitirá deixar de terceirizar certas tarefas. Essas tecnologias incluem um sistema de desenho auxiliado por computador para realizar planejamento arquitetônico, bem como software para criar materiais de marketing e anúncios internos de rádio e TV. A empresa também está pesquisando maneiras como a tecnologia pode ajudar a gerenciar e acompanhar os cupons de brinde que ela introduziu recentemente.

▪ **Os Resultados**

Desde 2006, o Johnny's tem se expandido muito lentamente, saindo do seu único restaurante inicial e abrindo cinco novos locais em Michigan e um em Ohio. Seus planos agressivos exigem até 3.000 locais em todo o país nos próximos cinco anos. Em meados de janeiro de 2009, o Johnny's Lunch assinou um acordo de 1.005 lojas para desenvolver toda a Costa Oeste dos Estados Unidos.

*Fontes*: Compilado de "Pitney Bowes MapInfo Customer Johnny's Lunch Wins Ventana Research Leadership Award", BNET.com, 29 de outubro de 2008; "Hot Dog Franchise, Johnny's Lunch Uses 70-Plus Years of Experience to Bring 'HOTS' to Quick-Service Franchise Industry", FranchiseWorks.com, 1 de outubro de 2008; T. Fackler, "Franchises Show Resiliency", Toledo Blade, 20 de março de 2008; "Hot Dog: Franchising with Technology", Baseline Magazine, 30 de abril de 2008; "Johnny's Lunch Enlists the Support of MapInfo to Provide Direction for Expansion and Growth", Business Wire, 22 de março de 2007; "Largest First-Time Franchise Deal Ever!" AllBusiness.com, 30 de janeiro de 2007; *www.johnnyslunch.com*, acessado em 30 de janeiro de 2009.

▪ **O que Aprendemos com este Caso**

O caso do Johnny's Lunch ilustra a importância dos sistemas de informação para as organizações e mostra como o Johnny's Lunch utiliza seus sistemas de informação para dar suporte à estratégia da empresa de rápida expansão nacional.

Neste capítulo, apresentamos os conceitos básicos dos sistemas de informação nas organizações e exploramos como as empresas utilizam-nos em cada faceta de suas operações. Os sistemas de informação coletam, processam, armazenam, analisam e disseminam informações com uma finalidade específica.

Os dois principais determinantes do suporte aos sistemas de informação são a estrutura organizacional e as funções que os empregados desempenham dentro das organizações. Como veremos neste capítulo, os sistemas de informação tendem a seguir a estrutura das organizações e se baseiam nas necessidades de indivíduos e grupos.

Os sistemas de informação estão em toda parte dentro das organizações, bem como entre organizações. Este capítulo examina os tipos de suporte que os sistemas de informação oferecem aos empregados da organização. Demonstramos que qualquer sistema de informação pode ser *estratégico*, o que significa que ele pode oferecer uma vantagem competitiva se for usado corretamente. Ao mesmo tempo, também fornecemos exemplos de sistemas de informação que falharam, normalmente a um custo alto para a empresa. Depois, examinamos por que os sistemas de informação são importantes para as organizações e para a sociedade em geral. Como esses sistemas são tão diversificados, terminamos o capítulo analisando como as organizações gerenciam seus sistemas de TI.

## 2.1. Tipos de Sistemas de Informação

**Atualmente**, as organizações utilizam muitos tipos diferentes de sistemas de informação. A Figura 2.1 ilustra os diferentes tipos dentro das organizações, e a Figura 2.2 mostra os diferentes sistemas entre as organizações. O Capítulo 8 discute sobre sistemas de processamento de transação, sistemas de informação gerenciais, sistemas de planejamento de recursos empresariais (ou sistemas integrados de gestão empresarial), sistemas de intercâmbio eletrônico de dados (EDI) e extranets. O Capítulo 9 discute sobre os sistemas de gerenciamento do relacionamento com o cliente e o Capítulo 10 discute sobre sistemas de gerenciamento da cadeia de suprimentos.

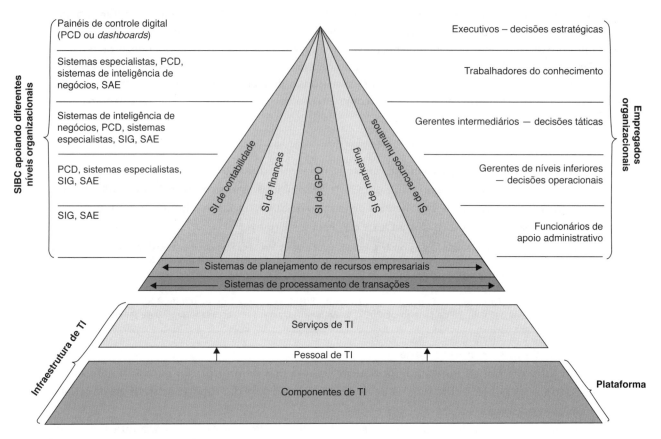

**Figura 2.1**  Tecnologia da informação dentro da sua organização.

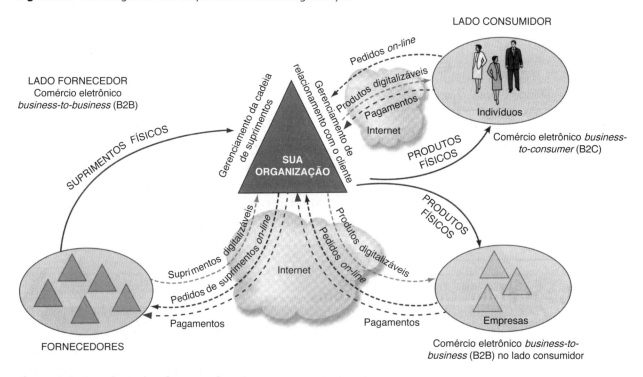

**Figura 2.2**  Tecnologia da informação fora da organização (cadeia de suprimentos).

Discutiremos brevemente os sistemas de informação na próxima seção. Assim, destacamos os muitos e diversos tipos de suporte que eles fornecem, tanto dentro de uma única organização quanto entre organizações.

### ▪ Sistemas de Informação Baseados em Computador

A arquitetura de TI e a infraestrutura de TI fornecem a base para todos os sistemas de informação na organização. Um **sistema de informação (SI)** coleta, processa, armazena, analisa e dissemina informações para um fim específico. Um **sistema de informação baseado em computador (SIBC)** é um sistema de informação que usa a tecnologia de computador para realizar algumas ou todas as tarefas pretendidas. Hoje, a maioria dos sistemas de informação é computadorizada, embora nem todos sejam. Por essa razão, o termo "sistema de informação" normalmente é usado como sinônimo de "sistema de informação baseado em computador". Os componentes básicos dos sistemas de informação são listados a seguir.

- Hardware é um dispositivo, como processador, monitor, teclado e impressora. Juntos, esses dispositivos recebem dados e informações, os processam e os exibem.
- Software é um programa ou conjunto de programas que permite que o hardware processe os dados.
- Um **banco de dados** é uma coleção de arquivos ou tabelas relacionados que contém dados.
- Uma **rede** é um sistema de conexão (com ou sem fio) que permite que diferentes computadores compartilhem recursos.
- **Procedimentos** são um conjunto de instruções sobre como combinar todos os componentes para processar informações e gerar a saída desejada.
- **Pessoas** são os indivíduos que usam o hardware e o software, interagem com eles ou usam sua saída.

Os sistemas de informação baseados em computador possuem muitas capacidades. A Tabela 2.1 resume as mais importantes.

**Tabela 2.1** Principais Capacidades dos Sistemas de Informação

| | |
|---|---|
| ▪ Realizar cálculos numéricos de alta velocidade e alto volume. | ▪ Interpretar grandes quantidades de dados de modo rápido e eficiente. |
| ▪ Fornecer comunicação e colaboração rápidas e precisas dentro da organização e entre organizações. | ▪ Aumentar a eficácia e a eficiência das pessoas trabalhando em grupos em um local ou em vários locais, em qualquer lugar. |
| ▪ Armazenar enormes quantidades de informação em um espaço fácil de acessar embora pequeno. | ▪ Automatizar tanto processos de negócio semiautomáticos quanto tarefas manuais. |
| ▪ Permitir acesso rápido e barato a enormes quantidades de informação em todo o mundo. | |

### ▪ Programas de Aplicação

Um **programa de aplicação** é um programa de computador projetado para realizar uma tarefa ou um processo de negócio específico. Cada área ou departamento funcional dentro de uma organização comercial utiliza dezenas de programas de aplicação. Observe que programas de aplicação são sinônimos de aplicações. Por exemplo, o departamento de recursos humanos algumas vezes usa uma aplicação para selecionar candidatos a cargos e outra para monitorar a rotatividade de empregados. O conjunto de programas de aplicação em um único departamento normalmente é chamado de sistema de informação departamental. Por exemplo, a coleção de programas de aplicação na área de recursos humanos é chamada de **sistema de informação de recursos humanos (SIRH)**. Podemos ver na Figura 2.1 que existem pacotes de programas de aplicação – ou seja, sistemas de informação baseados em computador – também nas outras áreas funcionais, como contabilidade e finanças. O Quadro 2.1 de TI e a empresa mostra como uma variedade de aplicações permite que a National Football League preste serviço satisfatoriamente a seus clientes.

## TI E A EMPRESA

## 2.1. Tecnologia da Informação e a National Football League

A National Football League (NFL, *www.nfl.com*) é uma empresa de entretenimento multibilionária, cujo negócio se baseia em exibições de jogos, vendas de mercadorias, renda de bilheteria, marketing e planejamento, e execução de eventos. As principais tecnologias de informação são preparadas para dar suporte a diversas funções do esporte favorito dos Estados Unidos, incluindo sistemas de posicionamento global (GPS), comércio eletrônico, redes com e sem fio, *Voice over Internet Protocol* (VoIP), segurança de dados, armazenamento de dados e gerenciamento de projetos. Essas tecnologias ajudam a NFL a gerenciar com eficácia as áreas de logística, gerenciamento de relacionamento com o cliente e o armazenamento seguro de dados relacionados à equipe e à mídia. Vejamos dois exemplos.

### Nos Bastidores do Torneio
▪ **O Problema da Empresa**

A Gameday Management Group (*www.game-daymanagement.com*) tem muita experiência com grandes multidões. Além de atuar em 10 torneios, a Gameday tem experiência em Olimpíadas e supervisionou eventos como a visita do Papa Bento XVI aos Estados Unidos. Nos bastidores do torneio, as chances de sucesso ou fracasso para o grande jogo dependem bastante da Gameday. O problema da empresa, nesse caso, é garantir que os ônibus e limusines que transportam os membros do time da NFL, executivos do futebol profissional, celebridades, VIPs corporativos e outros grupos constituintes ao evento estejam operando em perfeito sincronismo com o calendário perfeitamente ajustado do torneio.

▪ **A Solução da TI**

No passado, os mais de 100 funcionários da Gameday trabalhando no jogo tinham que ficar próximos de seus rádios comunicadores para acompanharem a dinâmica de transporte em constante mudança. A Gameday costumava empregar rádios para se comunicar com a polícia, representantes de entretenimento, oficiais das equipes e pessoal corporativo. Agora, eles usam uma solução da U.S. Fleet Tracking, capacitada pela tecnologia de informação da KORE Telematics (*www.koretelematics.com*). A solução da KORE combina a tecnologia de

mapa on-line com sensores de GPS, permitindo que os empregados da Gameday recebam, em seus laptops, informação em tempo real sobre o local de cada veículo importante, no caminho de e para o estádio. Um mapa animado pisca em cada tela, localizando cada ônibus e limusine a caminho. Essa tecnologia baseada em satélite melhora a rapidez e a precisão do fluxo de informações para o pessoal da Gameday.

Os empregados da Gameday agora sabem quando o estádio está pronto para receber um ônibus ou limusine, e podem ver a quantos minutos de distância cada veículo está do estádio. Eles sincronizam todas as chegadas para reduzir a confusão em potencial, garantindo, por exemplo, que os ônibus de equipes adversárias não cheguem ao mesmo tempo.

▪ **Os Resultados**

Graças ao uso da tecnologia da informação pela Gameday, o torneio (e outros grandes eventos) funciona de forma transparente, em uma operação que ninguém nota. É exatamente desse jeito que a Gameday deseja atuar.

### Melhorando a Experiência dos Fãs no University of Phoenix Stadium
▪ **O Problema da Empresa**

Tradicionalmente, os estádios têm implementado redes próprias separadas para operar os sistemas do prédio, vigilância de vídeo, vendas de ingressos, vendas de mercadorias e outras necessidades. Essa situação não otimizava as operações ou a segurança do estádio. Mais importante, porém, ela não otimizava a experiência dos fãs nos eventos. O University of Phoenix Stadium em Glendale, Arizona, usa a tecnologia de informação para resolver esses problemas.

▪ **A Solução da TI**

O University of Phoenix Stadium implantou uma tecnologia das soluções Connected Sports da Cisco (*www.cisco.com/web/strategy/sports/connectedjs-ports.html*), que combina dados, voz, vídeo, redes sem fio e redes sociais para criar uma única rede segura que atende a cada função relacionada ao estádio. Essas funções incluem vigiar possíveis ameaças terroristas, observar filmes de jogos das equipes adversárias, vender ingressos e comercializar itens para os fãs.

A tecnologia se aplica a todos os tipos de eventos. O estádio é uma instalação de múltiplos eventos, que abriga concertos, outros eventos esportivos além do futebol profissional, feiras automobilísticas, feiras de alimentos e todos os tipos de exposições. Qualquer um que visita o estádio pode usar a conexão de rede da Cisco no piso ou em qualquer outro lugar dentro das instalações.

### ■ Os Resultados

Os fãs com telefones Cisco IP (*Internet Protocol*) agora podem tocar em suas telas para obter atualizações de resultados do campeonato, pedir uma cerveja ou um cachorro-quente das concessões ou comprar ingressos para os próximos jogos do pessoal da bilheteria. Os fãs também podem usar Black-Berrys, iPhones e outros dispositivos sem fio para verificar suas estatísticas do Fantasy Football ou tirar uma foto deles no jogo e enviar por e-mail aos seus amigos.

Os técnicos podem enviar filmes de jogos e recursos especiais entre o estádio e a sede do time. Além disso, os policiais fora do estádio e os técnicos de segurança dentro dele podem trocar e-mails entre si com relação a atualizações de tráfego e suspeitas de incidentes.

*Fontes*: Compilado de C. Lynch, "Arizona Cardinals' Stadium Goes High Tech with Wireless", CIO Magazine, 26 de outubro de 2008; D. McCafferty, "How the NFL Is Using Business Technology and Information Technology Together", Baseline Magazine, 29 de agosto de 2008; R. Adams, "The NFL Knows What You Did Last Night", The Wall Street Journal, 2 de fevereiro de 2008; "New Cardinals Stadium Creates Ultimate Wireless Experience for Fans, Media, and Staff", www.mobileaccess.com, 28 de abril de 2007; M. Villano, "An Interview with NFL Films CFO Barry Wolper", CIO.com, 15 de janeiro de 2007; "Gameday Management Scores NFL Deal for Super Bowl XLI", Orlando Business Journal, 3 de agosto de 2006; *www.nfl.com*, *http://www.azcardinals.com/stadium*, acessado em 28 de janeiro de 2009.

### PERGUNTAS

1. Identifique os diversos sistemas de informação baseados em computador usados pela NFL.
2. Qual é a maior vantagem competitiva da NFL em relação a outros esportes importantes, tanto amadores quanto profissionais? Essa vantagem está relacionada a sistemas de informação? Explique sua resposta.
3. A NFL pode sustentar sua vantagem competitiva? Por que ou por que não? Dica: Quais são as barreiras de entrada para a NFL?

### ■ Extensão do Suporte dos Sistemas de Informação

Certos sistemas de informação apoiam partes de organizações, outros apoiam organizações inteiras e outros, ainda, apoiam grupos de organizações. Discutimos cada um desses tipos de sistemas nesta seção.

Como vimos, cada departamento ou área funcional dentro de uma organização possui o próprio acervo de programas de aplicação, ou sistemas de informação. Esses sistemas de informação de área funcional estão localizados no alto da Figura 2.1. Cada sistema de informação apoia uma área funcional específica na organização. Exemplos são SI de contabilidade, SI de finanças, SI de gerenciamento de produção/operações (GPO), SI de marketing e SI de recursos humanos.

Logo abaixo dos SIs de área funcional estão dois sistemas de informação que apoiam a organização inteira: sistemas de planejamento de recursos empresariais (ERP – *Enterprise Resource Planing* também conhecidos como sistemas integrados de gestão empresarial) e sistemas de processamento de transações. Os sistemas de planejamento de recursos empresariais (ERP) são projetados para corrigir a falta de comunicação entre os SIs de área funcional. Os sistemas ERP foram uma importante inovação porque os vários SIs de área funcional frequentemente eram desenvolvidos como sistemas independentes e não se comunicavam de modo eficiente (e, algumas vezes, sequer se comunicavam) uns com os outros. Os sistemas ERP resolvem esse problema integrando intimamente os SIs de área funcional através de um banco de dados comum. Desse modo, eles melhoram as comunicações entre as áreas funcionais de uma organização. Por essa razão, os especialistas creditam aos sistemas ERP o aumento cada vez maior da produtividade organizacional. Quase todos os sistemas ERP são sistemas de processamento de transação (que discutiremos em seguida), mas nem todos os sistemas de processamento de transação são sistemas ERP.

Um **sistema de processamento de transações (SPT)**, por sua vez, apoia o monitoramento, a coleta, o armazenamento e o processamento de dados das transações de negócio básicas da organização, cada uma das quais gera dados. Por exemplo, quando você está no caixa do supermercado, cada vez que ele passa um item pelo leitor de código de barras, isso é uma transação. O SPT coleta dados de modo contínuo, geralmente em

**tempo real** – isto é, assim que os dados são gerados –, e fornece os dados de entrada para os bancos de dados corporativos. Os SPTs são considerados vitais para o sucesso de qualquer empresa, pois apoiam operações essenciais. Discutiremos os SPTs e os sistemas ERP em detalhes no Capítulo 8.

Os sistemas de informação que conectam duas ou mais organizações são chamados de Sistemas de Informação Interorganizacionais (SIIs). Os SIIs apoiam muitas operações interorganizacionais, das quais o gerenciamento da cadeia de suprimentos é o mais conhecido. A **cadeia de suprimentos** de uma organização descreve o fluxo de materiais, informações, dinheiro e serviços, desde os suprimentos de matéria-prima, passando pelas fábricas e depósitos, até os consumidores finais.

Note que a cadeia de suprimentos na Figura 2.2 mostra fluxos físicos e fluxos de informação. Fluxos de informação, fluxos financeiros e produtos digitalizáveis são representados com linhas pontilhadas, enquanto os produtos físicos são representados com linhas sólidas. Produtos digitalizáveis são aqueles que podem ser representados em formato eletrônico, como música e software. Fluxos de informação, fluxos financeiros e produtos digitalizáveis são transferidos pela internet, enquanto os produtos físicos são transportados fisicamente. Por exemplo, quando você faz o pedido de um computador em *www.dell.com*, suas informações vão para a Dell por meio da internet. Quando sua transação está completa (ou seja, seu cartão de crédito é aprovado e seu pedido é processado), a Dell remete o computador fisicamente para você.

Os **sistemas de comércio eletrônico** são outro tipo de sistema de informação interorganizacional. Esses sistemas permitem que as organizações realizem transações, chamadas de comércio eletrônico empresa a empresa (*business-to-business* – B2B) e os consumidores realizem transações com empresas, chamadas de comércio eletrônico empresa a consumidor (*business-to-consumer* – B2C). Essas transações normalmente são baseadas na internet. A Figura 2.2 ilustra o comércio eletrônico B2B e B2C. Os sistemas de comércio eletrônico são tão importantes que serão discutidos detalhadamente no Capítulo 6, com exemplos adicionais ao longo de todo o livro.

### ▪ Apoio para Empregados Organizacionais

Até aqui, nos concentramos nos sistemas de informação que apoiam áreas funcionais e operações específicas. Agora, consideraremos sistemas de informação que apoiam empregados específicos dentro da organização. O lado direito da Figura 2.1 identifica esses empregados. Observe que eles variam de funcionários administrativos até executivos.

*Funcionários de apoio administrativo*, que auxiliam gerentes em todos os níveis da organização, incluem técnicos de contabilidade, secretários, responsáveis por arquivo eletrônico e processadores de sinistros de seguros. *Gerentes de níveis inferiores* manipulam as operações cotidianas da organização, tomando decisões de rotina, como atribuir tarefas a empregados e fazer pedidos de compras. *Gerentes intermediários* tomam decisões táticas, que lidam com atividades como planejamento, organização e controle de curto prazo. Os *trabalhadores do conhecimento* incluem profissionais como analistas financeiros e de marketing, engenheiros, advogados e contadores. Todo trabalhador do conhecimento é especialista em uma área específica. Cria informações e conhecimento e os integram aos negócios. O trabalhador do conhecimento atua como conselheiro para os gerentes intermediários e os executivos. Finalmente, os **executivos** tomam decisões que lidam com situações que podem mudar significativamente a maneira como os negócios são feitos. Exemplos de decisões executivas são o lançamento de uma nova linha de produtos, a aquisição de outras empresas e o remanejamento de operações para um país estrangeiro. O suporte da TI para cada nível de empregado aparece no lado esquerdo da Figura 2.1.

Os **Sistemas de Automação de Escritórios (SAE)** normalmente auxiliam a equipe de apoio administrativo, os gerentes dos níveis inferior e intermediário, e os trabalhadores do conhecimento. Esses empregados usam SAE para desenvolver documentos (software de processamento de textos e editoração eletrônica), recursos de agenda (calendários eletrônicos) e comunicação (e-mail, voice-mail, videoconferência e groupware).

Os sistemas de informação de área funcional sumarizam dados e preparam relatórios, principalmente para gerentes intermediários, mas, algumas vezes, também para gerentes de níveis inferiores. Como esses relatórios geralmente se referem a uma área funcional específica, geradores de relatórios (RPG – *report generators*) são um tipo importante de SI de área funcional.

Os **Sistemas de Inteligência de Negócios (BI – *business intelligence*)** fornecem apoio baseado em computador para decisões especiais e complexas, não rotineiras, principalmente para gerentes intermediários e trabalhadores do conhecimento. (Eles também apoiam gerentes de níveis inferiores, mas em menor grau.) Esses sistemas normalmente são usados com um *data warehouse* (armazém de dados) e permitem que os usuários realizem suas próprias análises de dados. Discutiremos os sistemas de BI no Capítulo 9.

Os **Sistemas Especialistas (SE)** tentam imitar o trabalho dos especialistas humanos aplicando habilidades de raciocínio, conhecimento e experiência dentro de um domínio específico. Esses sistemas são primordialmente projetados para apoiar os trabalhadores de conhecimento. Discutiremos os SEs no Capítulo 11.

Os **Painéis de Controle Digitais (PCD ou *dashboards* digitais)** apoiam os altos gerentes da organização. O SIE fornece acesso rápido a informações oportunas e acesso direto a informações estruturadas na forma de relatórios. Discutiremos os SEs e os SIEs no Capítulo 11. A Tabela 2.2 apresenta um resumo dos diferentes tipos de sistemas de informação usados pelas organizações.

**Tabela 2.2** Tipos de Sistemas de Informações Organizacionais

| Tipo de Sistema | Função | Exemplo |
|---|---|---|
| SI de área funcional | Apoiar as atividades dentro de uma área funcional específica. | Sistema de processamento da folha de pagamentos |
| Sistema de processamento de transações | Processar os dados de transação dos eventos empresariais. | Terminal de ponto de venda no caixa de supermercado |
| Sistema de planejamento de recursos empresariais (ERP) | Integrar todas as áreas funcionais da organização. | Oracle, SAP |
| Sistema de automação de escritório | Apoiar as atividades de trabalho diárias de indivíduos e grupos. | Microsoft Office |
| Sistema de informação gerencial | Produzir relatórios resumidos dos dados de transação, geralmente em uma área funcional. | Relatório sobre as vendas totais de cada cliente |
| Sistema de inteligência de negócios (BI) | Fornecer acesso a dados e a ferramentas de análise. | Análise condicional (*What-if*) das mudanças no orçamento |
| Sistema especialista | Imitar a experiência humana em determinada área e tomar uma decisão. | Análise de aprovação de cartão de crédito |
| Painéis de controle digitais | Apresentar aos executivos informações resumidas e estruturadas sobre aspectos importantes da empresa. | *Status* da produção por produto |
| Sistema de gerenciamento da cadeia de suprimentos | Gerenciar fluxos de produtos, serviços e informações entre organizações. | Sistema Walmart Retail Link conectando fornecedores ao supermercado |
| Sistema de comércio eletrônico | Permitir transações entre organizações e entre organizações e clientes. | *www.dell.com* |

## Antes de prosseguir...

Qual é a diferença entre aplicações e sistemas de informação baseados em computador?

Explique como os sistemas de informação fornecem apoio para os trabalhadores do conhecimento.

À medida que subimos na hierarquia da organização, dos funcionários de apoio administrativo até os executivos, quais são as alterações no tipo de apoio fornecido pelos sistemas de informação?

## 2.2. Vantagem Competitiva e Sistemas de Informação Estratégicos

Uma estratégia competitiva é uma declaração que identifica as estratégias de uma empresa para competir, seus objetivos e os planos e políticas necessários para atingir esses objetivos (Porter, 1985). Por meio de sua estratégia competitiva, uma organização busca uma **vantagem competitiva** em determinado setor. Ou seja, ela busca superar seus concorrentes em alguma área, como custo, qualidade ou velocidade. A vantagem competitiva ajuda uma empresa a controlar um mercado e a gerar lucros acima da média.

A vantagem competitiva é ainda mais importante na economia digital do que na velha economia, como demonstramos em todo este livro. Na maioria dos casos, a economia digital não mudou o *negócio essencial (core business)* das empresas. Ou seja, as tecnologias da informação simplesmente oferecem as ferramentas que podem aumentar o sucesso de uma organização através de suas fontes tradicionais de vantagem competitiva, como baixo custo, serviço excelente ao cliente e gerenciamento superior da cadeia de suprimentos. Os **Sistemas de Informação Estratégicos (SIEs)** proporcionam uma vantagem competitiva que ajuda a organização a implementar suas metas estratégicas e aumentar seu desempenho e produtividade. Qualquer sistema de informação que ajude uma organização a obter uma vantagem competitiva *ou* reduzir uma desvantagem competitiva é um sistema de informação estratégico.

■   **Modelo das Forças Competitivas de Porter**

A estrutura mais conhecida para analisar a competitividade é o **modelo das forças competitivas** de Michael Porter (Porter, 1985). As empresas usam o modelo de Porter para desenvolver estratégias que aumentem sua vantagem competitiva. O modelo de Porter também demonstra como a TI pode tornar uma empresa mais competitiva.

O modelo de Porter identifica cinco grandes forças que podem ameaçar ou beneficiar a posição de uma empresa em determinado setor, conforme destaca a Figura 2.3. Como poderíamos esperar, a web mudou a natureza da concorrência e, de forma significativa, Porter (2001) conclui que o impacto geral da internet deve aumentar a concorrência, o que influi negativamente na lucratividade. Vamos examinar as cinco forças e as maneiras como a web as influencia.

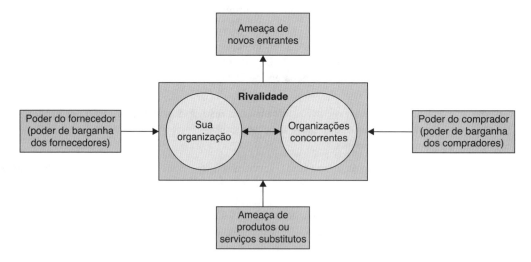

**Figura 2.3** Modelo de forças competitivas.

*A ameaça da entrada de novos concorrentes.* A ameaça de que novos concorrentes entrem no mercado é alta quando a entrada é fácil, e baixa quando existem barreiras significativas à entrada. Uma barreira **de entrada** é uma característica do produto ou serviço que os clientes aprenderam a esperar das organizações em um certo setor. Uma organização concorrente precisa oferecer esse recurso a fim de sobreviver no mercado. Por exemplo, suponha que você queira abrir um posto de gasolina. Para competir nesse setor, você teria que oferecer um serviço de pagamento na bomba para os seus clientes. O pagamento na bomba é uma barreira baseada na TI para a entrada nesse mercado, pois você precisa oferecer isso gratuitamente. O primeiro posto de gasolina que ofereceu esse serviço obteve a vantagem de ser o primeiro e estabeleceu barreiras para a entrada. Contudo, essa vantagem não durou, pois os concorrentes rapidamente ofereceram o mesmo serviço e, assim, contornaram as barreiras para a entrada.

Para a maioria das firmas, a web *aumenta* a ameaça de que novos concorrentes entrem no mercado, reduzindo bruscamente as barreiras para a entrada, como a necessidade de uma força de vendas ou uma loja física para vender produtos e serviços. Hoje, os concorrentes constantemente só precisam montar um site. Essa ameaça de concorrência aumentada é particularmente acentuada em setores que realizam um *papel intermediário*, que é um elo entre compradores e vendedores (por exemplo, corretores de valores e agentes de viagens), além de setores nos quais o produto ou serviço principal é digital (por exemplo, a indústria fonográfica). Além disso, o alcance geográfico da web permite que concorrentes distantes concorram mais diretamente com uma firma existente.

*O poder de barganha dos fornecedores.* O poder do fornecedor é alto, quando os compradores têm poucas escolhas de quem comprar e baixo, quando os compradores têm muitas escolhas. Portanto, as organizações preferem ter mais fornecedores em potencial, de modo que estejam em uma posição mais forte para negociar preço, qualidade e termos de entrega.

O impacto da internet sobre os fornecedores é misto. Por um lado, os compradores podem encontrar fornecedores alternativos e comparar preços mais facilmente, reduzindo o poder de barganha do fornecedor. Por outro lado, como as empresas usam a internet para integrar suas cadeias de suprimentos, os fornecedores participantes dessas cadeias prosperam ao aprisionar nelas os clientes.

*O poder de barganha dos clientes (compradores).* O poder do comprador é alto, quando os compradores têm muitas escolhas de quem comprar e baixo, quando os compradores têm poucas escolhas. Por exemplo, no passado, os alunos tinham poucos lugares para comprar seus livros (normalmente, uma ou duas livrarias no *campus*). Como resultado, os alunos tinham baixo poder de compra. Hoje, a web oferece aos alunos acesso a uma série de fornecedores em potencial, bem como as informações sobre os livros. Como resultado, o poder de compra do aluno aumentou bastante.

Ao contrário, os *programas de fidelidade* reduzem o poder de compra. Como seu nome sugere, os programas de fidelidade recompensam os clientes com base na quantidade de negócios que eles fazem com uma organização em particular (por exemplo, companhias aéreas, hotéis e empresas de aluguel de carro). A tecnologia da informação permite que as empresas rastreiem as atividades e contas de milhões de clientes, reduzindo assim o poder de compra. Ou seja, os clientes que recebem "vantagens" dos programas de fidelidade são menos prováveis de realizar negócios com os concorrentes. (Os programas de fidelidade estão associados ao gerenciamento do relacionamento com o cliente, que discutiremos no Capítulo 9.)

*A ameaça de produtos ou serviços substitutos.* Se houver muitos substitutos para os produtos ou serviços de uma organização, a ameaça de substitutos é alta. Se houver poucos substitutos, a ameaça é baixa. Hoje, as novas tecnologias criam produtos substitutos muito rapidamente. Por exemplo, os clientes podem adquirir telefones sem fio em vez de telefones fixos, serviços de música pela internet no lugar dos tradicionais CDs, e etanol em vez de gasolina nos carros.

Os setores baseados na informação são os mais ameaçados pelos substitutos. Qualquer setor em que informações digitalizadas possam substituir produtos físicos (por exemplo, música, livros, software) precisa ver a internet como uma ameaça, pois a rede pode transmitir essas informações de maneira eficiente e barata, com alta qualidade.

Contudo, as empresas podem criar uma vantagem competitiva quando houver muitos substitutos para seus produtos, aumentando os custos de troca. Os *custos de troca* são os custos, em dinheiro e tempo, de uma decisão para comprar em outro lugar. Por exemplo, os contratos que você tem com seu provedor de *smart phone* normalmente têm uma penalidade substancial por trocar para outro provedor até que o prazo do contrato termine (muitas vezes dois anos). Esse custo de troca é monetário.

Além disso, quando você compra produtos da Amazon, a empresa desenvolve um perfil dos seus hábitos de compra e recomenda produtos conforme as suas preferências. Se você passar para outra livraria, levará algum tempo para que essa empresa desenvolva um perfil sobre seus desejos e necessidades. Assim, o custo de trocar é em termos de tempo.

*A rivalidade entre empresas existentes no setor.* A ameaça da rivalidade é alta quando existe concorrência intensa entre muitas firmas em um setor. A ameaça é baixa quando a concorrência é entre menos empresas e não é tão intensa.

No passado, os sistemas de informação proprietários – sistemas que pertencem exclusivamente a uma única organização – forneceram vantagem estratégica entre firmas em setores altamente competitivos. Hoje, porém, a visibilidade das aplicações da internet na web torna os sistemas proprietários mais difíceis de serem mantidos secretos. Em termos simples, quando eu vejo o novo sistema do meu concorrente on-line, rapidamente procuro equiparar suas características a fim de permanecer competitivo. O resultado são menos diferenças entre os concorrentes, o que leva a uma competição mais intensa em um setor.

Para entender esse conceito, considere o competitivo setor de supermercado, em que Walmart, Extra, Carrefour e outras empresas concorrem basicamente no preço. Algumas dessas empresas possuem programas de fidelidade baseados em TI, em que os clientes recebem descontos e a empresa ganha uma valiosa inteligência de negócios nas preferências de compra dos clientes. As lojas usam essa ferramenta em suas campanhas de marketing e promoção. (Discutiremos a inteligência de negócios no Capítulo 11.)

Os supermercados também estão experimentando tecnologias sem fio, como identificação por radio-frequência (RFID, discutida no Capítulo 7) para agilizar o processo do caixa, rastrear clientes pela loja e notificar os clientes quanto a descontos enquanto eles passam por certos produtos. As empresas de alimentos também usam a TI para integrar mais de perto suas cadeias de suprimentos para o máximo de eficiência e, assim, reduzir os preços para os compradores. (Discutiremos o gerenciamento da cadeia de suprimentos no Capítulo 10.)

A concorrência também está sendo afetada pelo custo variável extremamente baixo dos produtos digitais. Ou seja, depois que o produto é desenvolvido, o custo de produzir "unidades" adicionais aproxima-se de zero. Considere a indústria da música. Quando os artistas gravam, as músicas são capturadas no formato digital. Fabricar produtos físicos, como CDs ou DVDs, para venda em lojas de música envolve custos. Os custos em um canal de distribuição físico são muito mais altos do que os custos envolvidos na distribuição das músicas pela internet na forma digital.

Na verdade, alguns produtos podem ser distribuídos gratuitamente. Por exemplo, alguns analistas preveem que as comissões para negociação de ações on-line chegarão perto de zero, porque os investidores podem acessar as informações necessárias através da internet para tomar suas próprias decisões referentes à compra e venda de ações. Os clientes não precisam mais de corretores para obter informações que eles mesmos podem conseguir praticamente de graça.

## ■ Modelo da Cadeia de Valor de Porter

As organizações usam o modelo das forças competitivas de Porter para projetarem estratégias gerais. Para identificar atividades específicas em que podem usar estratégias competitivas para obter o máximo de impacto, elas usam o modelo da cadeia de valor (1985) (ver Figura 2.4). O **modelo da cadeia de valor** também mostra pontos onde uma organização pode usar a tecnologia da informação para obter vantagem competitiva.

| Administração e gestão | Gestão jurídica, contábil e financeira | Sistemas eletrônicos de escalonamento e mensagens, intranet de fluxo de trabalho colaborativo |
|---|---|---|
| Gestão de Recursos Humanos | Desenvolvimento de pessoal, admissão, treinamento, plano de carreira | Sistemas de planejamento da força de trabalho; intranet de benefícios do empregado |
| Desenvolvimento de produtos e tecnologia | Projeto de produtos e processos, engenharia de produção, pesquisa e desenvolvimento | Sistemas de projeto auxiliado por computador; extranet de desenvolvimento de produtos com parceiros |
| Aquisição | Gestão de fornecedor, recursos financeiros, subcontratação, especificação | Portal web de comércio eletrônico para fornecedores |

*ATIVIDADES DE SUPORTE*

*FIRMA AGREGA VALOR*

| Logística de entrada | Operações | Logística de saída | Marketing e vendas | Serviços ao cliente |
|---|---|---|---|---|
| Controle de qualidade; recebimento; controle de insumos; cronogramas de suprimento | Manufatura; embalagem; controle de produção; controle de qualidade; manutenção | Produtos acabados; manuseio de pedido; despacho; entrega; faturamento | Gestão do cliente; recebimento do pedido; promoção; análise de vendas; pesquisa de mercado | Garantia; manutenção; treinamento; atualizações |
| Sistemas de armazenamento automatizados | Sistemas de produção controlados por computador; manufatura flexível auxiliada por computador | Sistemas automatizados de cronograma de remessa; ponto de vendas on-line e processamento de pedido | Sistemas de pedido computadorizados; marketing direcionado | Sistemas de gerenciamento do relacionamento com o cliente (CRM) |

*ATIVIDADES PRIMÁRIAS*

**Figura 2.4** Modelo da cadeia de valor de Porter.

De acordo com o modelo da cadeia de valor de Porter, as atividades realizadas em qualquer organização podem ser divididas em duas categorias: atividades primárias e atividades de suporte. As **atividades primárias** são as atividades de negócios que se relacionam à produção e distribuição dos produtos e serviços das firmas, agregando assim valor pelo qual os clientes estão dispostos a pagar. As atividades primárias envolvem a compra de materiais, o processamento de materiais em produtos e a entrega de produtos aos clientes. Normalmente, existem cinco atividades primárias:

1. Logística de entrada (entradas).
2. Operações (manufatura e teste).
3. Logística de saída (armazenamento e distribuição).
4. Marketing e vendas.
5. Serviços pós-vendas.

As atividades primárias normalmente ocorrem em uma sequência de 1 a 5. À medida que o trabalho prossegue na sequência, o valor é agregado ao produto em cada atividade. Especificamente, os materiais que chegam (1) são processados (no recebimento, armazenamento etc.) em atividades chamadas de *logística de entrada*. Em seguida, os materiais são usados nas *operações* (2), em que o valor é agregado transformando insumos em produtos. Esses produtos precisam então ser preparados para entrega (embalagem, armazenamento e remessa) nas atividades de *logística de saída* (3). Depois, *marketing e vendas* (4) vendem os produtos aos consumidores, aumentando o valor do produto pela criação de demanda para os produtos da empresa. Finalmente, os *serviços pós-vendas* (5), como o serviço de garantia ou notificação de atualização, são realizados para o cliente, agregando ainda mais valor.

As atividades primárias são apoiadas pelas **atividades de suporte**. Diferente das atividades primárias, as atividades de suporte não agregam valor diretamente para os produtos ou serviços da empresa. Em vez disso, como o nome sugere, elas contribuem para a vantagem competitiva da firma dando suporte às atividades primárias. As atividades de suporte consistem em:

1. A infraestrutura da firma (contabilidade, finanças, administração).
2. Gestão de recursos humanos.
3. Desenvolvimento de produtos e tecnologia (P&D).
4. Aquisições.

Cada atividade de suporte pode ser aplicada a qualquer uma ou a todas as atividades primárias. Além disso, as atividades de suporte também podem dar suporte umas às outras.

A cadeia de valor de uma firma faz parte de um fluxo maior de atividades, que Porter chama de **sistema de valor**. Um sistema de valor, ou uma cadeia de valor do setor, inclui os fornecedores que oferecem os insumos necessários para a firma e suas cadeias de valor. Quando a firma cria produtos, esses produtos passam pelas cadeias de valor dos distribuidores (que também têm suas próprias cadeias de valor), até chegarem aos clientes. Todas as partes dessas cadeias estão incluídas no sistema de valor. Para alcançar e sustentar uma vantagem competitiva, e para dar suporte a essa vantagem com as tecnologias da informação, uma firma precisa entender cada componente desse sistema de valor.

■ **Estratégias para Obter Vantagem Competitiva**

As organizações estão sempre tentando desenvolver estratégias para se contrapor às cinco forças de Porter.

*Estratégia de liderança em custos.* Fabricar produtos e/ou serviços com o menor custo do setor. Um exemplo é o sistema de reposição de estoque automático do Walmart, que permite à loja reduzir as necessidades de armazenamento de estoque. Como resultado, as lojas Walmart usam o espaço físico para vender produtos, não para armazená-los, reduzindo, assim, os custos de estocagem.

*Estratégia da diferenciação.* Oferecer produtos, serviços ou características de produtos diferenciados. A Southwest Airlines, por exemplo, tem se diferenciado como uma empresa aérea expressa de curta distância e de baixo custo. Essa tem sido uma estratégia bem-sucedida para competir no setor altamente competitivo da aviação. A Dell também se diferenciou no mercado de computadores pessoais graças à sua estratégia de customização em massa.

*Estratégia de inovação.* Lançar novos produtos e serviços, acrescentar novos recursos aos produtos e serviços existentes ou desenvolver novas formas de produzi-los. Um exemplo clássico é o lançamento dos caixas automáticos pelo Citibank. A conveniência e os recursos de redução de custos dessa inovação deram ao Citibank uma enorme vantagem sobre os concorrentes. Como muitos produtos inovadores, os caixas automáticos mudaram a natureza da concorrência no setor bancário. Hoje, um caixa eletrônico é uma necessidade competitiva para qualquer banco. Outro tipo de inovação é o desenvolvimento de uma nova linha de produtos, como mostra o Quadro 2.2 de TI e a empresa, sobre a Under Armour.

*Estratégia de eficiência operacional.* Melhorar a maneira como os processos empresariais internos são executados de modo que uma empresa realize atividades semelhantes melhor que as rivais. Essas melhorias aumentam a qualidade, a produtividade e a satisfação do empregado e do consumidor, ao mesmo tempo em que diminuem o tempo de colocação no mercado (*time to market*). O Quadro 2.3 de TI e a empresa ilustra como o Chubb Group usa a TI para melhorar sua eficiência operacional.

*Estratégia de foco no cliente.* Concentrar-se em deixar os consumidores satisfeitos. Os sistemas baseados na web são particularmente eficazes nessa área, pois podem proporcionar uma relação personalizada e individualizada com cada cliente.

## TI E A EMPRESA

### 2.2. Under Armour Entra na Linha dos Calçados para Corrida

Under Armour (*www.underarmour.com*), um fabricante de roupas esportivas em rápido crescimento, é bastante apreciada por meninos e jovens rapazes que praticam esportes em equipe. Apesar disso, ela continua restrita a um nicho do setor. A empresa decidiu desenvolver uma linha de calçados com a estratégia de ampliar sua visibilidade para mulheres, consumidores de mais idade e atletas mais casuais.

Embora a Under Armour tenha anunciado mais de US$ 700 milhões em receitas em 2008, os executivos da empresa sabiam que competir com a Nike (US$ 19 bilhões em receitas em 2008) seria muito difícil. Para conseguir essa façanha, a empresa lançou mão da tecnologia da informação.

Calçados para corrida são logisticamente mais complicados do que roupas. Por exemplo, os calçados vêm em muito mais tamanhos do que simplesmente pequeno, médio e grande. A Under Armour não poderia nem sequer pensar em entrar no negócio de calçados se não tivesse implementado o ERP da SAP (*www.sap.com*). As aplicações da SAP permitiram que a Under Armour administrasse um estoque diversificado e deram à empresa muitas ferramentas, como a capacidade de remeter calçados da fábrica diretamente para os distribuidores. Além disso, o software de gerenciamento de dados ajudou a empresa a descobrir como desenhar calçados de modo a atender metas de lucro e prazos.

Outras tecnologias de informação foram providenciais no projeto de um calçado de corrida melhor. Por exemplo, a Under Armour possui uma esteira mecânica na entrada de sua sede. Ela está ligada a uma câmera digital e um software que registra informações sobre o modo como os pés, pernas e outras partes do corpo se comportam em movimento. Esses dados biométricos ajudaram a empresa a garantir que seus calçados estivessem cumprindo o que deveriam, por exemplo, estabilizar o pé ou impedir a rotação demasiada nas juntas dos pés.

A empresa também usa um software tridimensional para desenhar seus calçados, o que reduz os tempos de produção. A tecnologia 3D mais recente cria imagens tão realistas que a gerência pode tomar decisões sobre estética e outros fatores sem gastar tempo e dinheiro para criar um protótipo.

Infelizmente para a Under Armour, seus concorrentes no setor de calçados de corrida também têm os mesmos tipos de tecnologias, que também estão sendo usados de modo eficaz. O presidente da Road Runner Sports (*www.roadrunnersports.com*), um varejista nacional, não está convencido de que os corredores profissionais trocarão seus calçados favoritos pelos calçados da Under Armour. Contudo, ele planeja trabalhar com estes calçados devido à força da marca da empresa.

A pergunta é: Por que a Under Armour entrou para o mercado de calçados de corrida? A resposta é que a empresa só precisa capturar uma pequena parte do mercado de calçados de corrida – estimado em US$ 5 bilhões apenas nos EUA – para melhorar seu desempenho financeiro.

Contudo, em janeiro de 2009, a empresa informou receita e lucros abaixo do esperado, devido à violenta queda no setor de varejo dos EUA. A Under Armour terá que reavaliar sua estratégia de calçados de corrida devido à recessão.

*Fontes*: Compilado de M. Peer, "Under Armour Pierced by Weak Retail", Forbes, 14 de janeiro de 2009; S. Mehta, "Under Armour Reboots", Fortune, 2 de fevereiro de 2009; M. McCarthy, "Under Armour Makes a Run at Nike with New Footwear Line", USAToday, 9 de dezembro de 2008; R. Sharrow, "Under Armour Trots Out Product Launch for New Running Shoes", Washington Business Journal, 9 de dezembro de 2008; R. Sharrow, "Under Armour to Unveil a Running Shoe in 2009", Baltimore Business Journal, 29 de maio de 2008; *www.underarmour.com*, acessado em 31 de janeiro de 2009.

**PERGUNTAS**

1. A Under Armour está adotando uma estratégia viável ao entrar para o negócio de calçados de corrida? Analise o risco da empresa com essa estratégia. Discuta o impacto da tecnologia da informação sobre o nível de risco que a Under Armour está assumindo.

2. O uso da tecnologia da informação pela Under Armour no desenvolvimento de uma linha de produtos de calçados de corrida levará a uma vantagem competitiva? Por que ou por que não? Justifique sua resposta.

3. O que a Under Armour deveria fazer para decidir se foi a recessão que causou seus fracos resultados financeiros em janeiro de 2009 ou se outros fatores (como a estratégia de calçados de corrida da empresa) contribuíram?

## TI E A EMPRESA

## 2.3. O Chubb Group

O Chubb Group of Insurance Companies (*www.chubb.com*) é uma seguradora de residências, propriedades comerciais e responsabilidade civil com mais de 4.500 agentes e corretores independentes localizados em todos os 50 estados dos Estados Unidos e mais outros 8.500 agentes no mundo inteiro. A marca da Chubb é baseada em pedidos de indenização, e sua reputação depende do seu tratamento eficaz.

Nos últimos 25 anos, a Chubb tem contado com a tecnologia da informação para aumentar sua capacidade de agilizar o processamento de pedidos de indenização e desenvolver um relacionamento mais de perto com seus agentes. A partir de 2004, porém, a Chubb começou a montar um sistema interno de gerenciamento de pedidos para permitir que a empresa compartilhe informações com os agentes, ajudando a Chubb a ganhar vantagem competitiva.

Hoje, a Chubb tem um sofisticado sistema de colaboração on-line para documentos, pedidos e dados em tempo real, que oferece entradas de dados personalizáveis para agentes e corretores. Além disso, o sistema melhorou a capacidade dos agentes de atender ao cliente rapidamente e com precisão. Para a Chubb, o compartilhamento de informações é mais do que uma ferramenta de produtividade, é essencial para os negócios.

Uma plataforma colaborativa própria oferece aos agentes e corretores da firma a capacidade de ver automaticamente informações pessoais e comerciais do pedido de indenização. Os agentes que usam o sistema são capazes de oferecer um serviço de pedidos mais responsivo aos segurados ao longo de todo o processo de pedido: da perda à solução final.

Diversos sistemas – incluindo soluções de atendimento de pedido, *e-applications* (*e-forms* e *e-signatures*) e soluções de *e-business* – surgiram como a base para os negócios e a estratégia de TI da Chubb. O objetivo da empresa é dar aos agentes todas as informações de que precisam à medida que precisam delas.

Novos sistemas tratam de uma série de tarefas relacionadas a pedidos. Eles oferecem aos agentes e corretores atualizações automáticas a cada duas horas, incluindo notificações iniciais da perda, pagamentos, principais atualizações de *status* e mudanças nas tarefas do orientador. Os sistemas também reduzem ligações telefônicas, faxes e trocas de mensagens por escrito entre o centro de atendimento da empresa e os agentes. Por exemplo, usando o módulo eLoss, os agentes podem submeter um formulário de perda e imediatamente receber um número de referência, que automaticamente é passado para o sistema de gerenciamento de uma agência, para referência futura.

A Chubb também simplificou o processo de consulta de pedidos de indenização. Os agentes podem usar uma interface web para ver informações detalhadas sobre o *status* do pedido de um cliente, junto com quaisquer notas que um orientador tenha incluído no sistema. Os agentes podem monitorar informações de pagamento sobre pedidos dentro de 24 horas da emissão de um cheque pela empresa, exibir dados históricos desde 1º de janeiro de 2004 e realizar buscas personalizadas.

Agentes e corretores costumavam ligar para um representante de atendimento ao cliente e tinham que esperar pela informação necessária. Hoje, eles podem obter atendimento imediato por meio dos sistemas de informação da Chubb, e a empresa pode usar o telefone para resolver questões mais estratégicas.

Esses profissionais também podem personalizar as informações que recebem para um formato que lhes atenda melhor. Usando o intercâmbio eletrônico de dados (EDI – *electronic data interchange*), a Chubb conecta os sistemas de um agente a um banco de dados. O agente seleciona a informação desejada, que é baixada para uma caixa de correio central segura. Quando os agentes chegam em seus escritórios pela manhã, têm as informações de pedidos mais atualizadas na ponta dos dedos. A informação é apresentada e eles estão prontos para atuar sobre ela.

ELSEVIER

Apesar de todas as melhorias, a Chubb tem enfrentado desafios na implantação de seus novos sistemas. Um deles é como encorajar todos os seus agentes a adotar os sistemas. Apesar das vantagens bem conhecidas do uso de um sistema quase em tempo real, alguns agentes têm sido lentos em aceitar a tecnologia. Outros tiveram que obter licenças adicionais no site e atualizar o software de gerenciamento da agência, o que pode requerer um investimento significativo.

*Fontes*: Compilado de "Chubb on the 400 Best Big Companies", Forbes, 22 de dezembro de 2008; S. Greengard, "Chubb Insures Customer Satisfaction with Collaboration", Baseline Magazine, 26 de novembro de 2008; "Chubb's Online Business Loss Runs Streamline Process for Agents and Brokers", comunicado da Chubb à imprensa, 11 de novembro de 2008; "Chubb Receives Three Awards for Ease-of-Doing-Business Tools for Insurance Agents and Brokers", comunicado da Chubb à imprensa, 15 de setembro de 2008; "Online Tool Can Help Businesses Determine Business Income and Extra Expense Needs", comunicado da Chubb à imprensa, 10 de junho de 2008; *www.chubb.com*, acessado em 28 de janeiro de 2009.

**PERGUNTAS**

1. Descreva como os sistemas de informação da Chubb têm melhorado o relacionamento entre empresa, agentes e clientes.
2. Que estratégias a Chubb pode usar para encorajar agentes a adotarem os sistemas de informação da empresa?
3. Os sistemas de informação da Chubb podem também ser um exemplo da estratégia de orientação ao cliente? Justifique sua resposta.

## *Antes de Prosseguir...*

1. O que são os sistemas de informação estratégicos?
2. Quais são as cinco forças que, segundo Porter, poderiam ameaçar a posição de uma empresa em seu setor ou mercado?
3. Descreva o modelo de cadeia de valor de Porter. Diferencie as forças competitivas de Porter do seu modelo da cadeia de valor.
4. Que estratégias as empresas podem usar para obter vantagem competitiva?

▪ **Falhas dos Sistemas de Informação**

Até agora, apresentamos muitas histórias de sucesso. Entretanto, você pode perguntar: "A TI é só sucesso?" A resposta é: "Absolutamente não". Existem muitas falhas e podemos aprender tanto com as falhas quanto com os sucessos. Uma falha pode ser tão simples quanto um simples erro, como mostra o exemplo a seguir.

**EXEMPLO**

Em 31 de janeiro de 2009, entre 6h30min e 7h25min no horário padrão do Pacífico, nos Estados Unidos, quase todos os resultados de busca do Google eram marcados com o aviso "Este site poderá danificar seu computador". A vice-presidente do Google emitiu uma declaração no blog da empresa que atribuía o incidente a erro humano.

Ela explicou que o Google mantém uma lista de sites conhecidos por instalar software malicioso sem o conhecimento do usuário. A Google trabalha com uma organização sem fins lucrativos, a StopBadware.org (*www.stopbadware.org*), para desenvolver os critérios para inclusão de sites nessa lista. A Google periodicamente atualiza a lista, e a empresa emitiu uma atualização na manhã em questão. Mas, infelizmente, a atualização continha um erro cometido por um programador do Google.

A equipe de confiabilidade do site do Google de plantão resolveu o problema rapidamente. A Google depois emitiu um pedido de desculpas aos seus usuários e aos proprietários de sites cujas páginas foram rotuladas incorretamente. A importância do Google e o tamanho de sua base de usuários amplificou o problema. Como um analista observou, "Google em um sábado de manhã? Você está lidando com milhões de pessoas".

Embora o erro humano seja impossível de se eliminar completamente, a equipe de confiabilidade do site do Google consertou o erro rapidamente. Além disso, a empresa se comunicou de modo eficaz com seus usuários sobre o problema.

*Fontes*: Compilado de N. Eddy, "Human Error Caused Google Glitch", eWeek, 2 de fevereiro de 2009; L. Robbins, "Google Error Sends Warning Worldwide", The New York Times, 31 de janeiro de 2009; *http://googleblog.blogspot.com/2009/01/this-site-may--harm-your-computer-on.html*, acessado em 3 de fevereiro de 2009.

## Antes de Prosseguir...

1. Por que os SIEs dão suporte a muitas estratégias corporativas?
2. Além da nossa incapacidade de prever o futuro, quais são outros motivos pelos quais os projetos de TI podem falhar?

## 2.3. Por que os Sistemas de Informação São tão Importantes para as Organizações e a Sociedade?

Os sistemas de informação possuem diversos impactos sobre as organizações e sobre a sociedade como um todo. Discutimos alguns dos impactos mais significativos nesta seção.

### ■ A TI Reduzirá o Número de Gerentes Intermediários

A TI torna os gerentes mais produtivos e aumenta o número de empregados que podem estar subordinados a um único gerente. Desse modo, diminui efetivamente o número de gerentes e especialistas. É razoável supor, então, que existirão menos níveis gerenciais em muitas organizações e que haverá menos gerentes de equipe e de linha.

### ■ A TI Mudará a Função do Gerente

Uma das tarefas mais importantes dos gerentes é tomar decisões. Como veremos no Capítulo 11, a TI pode mudar a maneira como muitas decisões são tomadas. Assim, em última análise, pode mudar as funções do gerente.

Muitos gerentes informaram que a TI finalmente lhes deu tempo para sair do escritório e ir para o campo. Eles também afirmam que podem passar mais tempo planejando atividades em vez de ficar "apagando incêndios". Os gerentes agora podem obter informações para a tomada de decisão muito mais rapidamente, usando mecanismos de busca e intranets.

Além disso, a TI tende a reduzir o tempo necessário para completar qualquer etapa no processo de tomada de decisão. Usando a TI corretamente, então, os gerentes podem realizar tarefas de modo mais eficiente e eficaz.

Outro possível impacto na função do gerente é uma mudança nas necessidades gerenciais. O uso da TI pode levar as organizações a reconsiderarem as qualidades que desejam ver em um bom gerente. Por exemplo, muito do trabalho de um empregado normalmente é realizado on-line e armazenado eletronicamente. Para esses empregados, a supervisão eletrônica ou "remota" pode se tornar mais comum. A supervisão remota impõe mais ênfase no trabalho completado e menos nos contatos pessoais e nas políticas de escritório. A supervisão gerencial se torna particularmente difícil quando empregados trabalham em locais geograficamente dispersos, incluindo as próprias casas, distantes de seus supervisores.

ELSEVIER

### ▪ Meu Cargo Será Eliminado?

Uma das maiores preocupações de todo empregado, seja de meio expediente ou tempo integral, é a segurança no emprego. Devido ao contexto economicamente difícil, à maior concorrência global, à demanda por personalização e à maior sofisticação do consumidor, muitas empresas têm aumentado seus investimentos em TI. Na verdade, à medida que os computadores ganham mais inteligência e habilidades, a vantagem competitiva de substituir pessoas por máquinas aumenta rapidamente. Por esse motivo, algumas pessoas acreditam que a sociedade está caminhando em direção a um aumento do desemprego. Outras discordam, afirmando que a TI cria categorias de cargos inteiramente novas, como registros médicos eletrônicos e a nanotecnologia, que poderiam ocasionar uma redução no desemprego.

Outra preocupação de todos os empregados é a terceirização (*outsourcing*) e o *offshoring*. Apresentamos esses termos no Capítulo 1 e os discutiremos em detalhes no Capítulo 12.

### ▪ A TI Influencia Empregados no Trabalho

Muitas pessoas experimentaram uma perda de identidade por causa da informatização. Elas se sentem como "apenas mais um número", porque os computadores reduzem ou eliminam o elemento humano que estava presente nos sistemas não informatizados.

A internet ameaça ter uma influência ainda mais isoladora que os computadores e a televisão. Se as pessoas são incentivadas a trabalhar e fazer compras em suas salas de estar, então, como resultado poderão surgir alguns efeitos psicológicos desagradáveis, como depressão e solidão.

Outro possível impacto psicológico está associado à escolarização doméstica, que é muito mais fácil de realizar através da internet (veja *www.homeschool.com*). Os críticos da escolarização doméstica alegam que a falta de contato social pode prejudicar o desenvolvimento social, moral e cognitivo das crianças em idade escolar, que passam longos períodos trabalhando sozinhas no computador.

A TI Causa Impacto à Saúde e à Segurança dos Empregados. Os computadores e os sistemas de informação são uma parte do ambiente que pode afetar negativamente a saúde e a segurança das pessoas. Para ilustrar essa questão, discutiremos os efeitos do estresse associado ao trabalho, dos monitores de vídeo e do uso prolongado do teclado.

Um aumento da carga de trabalho e/ou das responsabilidades de um empregado pode disparar o *estresse associado ao trabalho*. Embora a informatização tenha beneficiado as organizações aumentando a produtividade, ela também criou uma carga de trabalho cada vez maior para alguns empregados. Alguns trabalhadores se sentem sobrecarregados e ficam cada vez mais ansiosos quanto ao desempenho profissional. Esses sentimentos de estresse e ansiedade podem diminuir sua produtividade e comprometer sua saúde física e mental. A responsabilidade da gerência é ajudar a amenizar esses sentimentos fornecendo treinamento, redistribuindo a carga de trabalho entre os empregados ou contratando mais trabalhadores.

A exposição aos *monitores de vídeo* gera o problema da exposição à radiação, que tem sido associada ao câncer e a outros problemas de saúde. Por exemplo, alguns especialistas afirmam que essa exposição por longos períodos pode danificar a visão da pessoa.

Finalmente, o uso prolongado do teclado pode levar a *Lesões por Esforço Repetitivo (LERs)*, como dores nas costas e tensão muscular nos punhos e dedos. A *Síndrome de Túnel do Carpo* é uma forma especialmente danosa de LER que afeta os punhos e as mãos.

Os designers estão cientes dos problemas potenciais associados ao uso prolongado dos computadores, e para minimizar tais problemas eles têm procurado projetar um ambiente de computação mais confortável. A **ergonomia**, ciência de adaptar máquinas e ambientes de trabalho às pessoas, envolve a criação de um ambiente seguro, bem iluminado e confortável. Por exemplo, telas antirreflexo têm ajudado a aliviar os problemas de visão cansada ou danificada. Além disso, cadeiras que se amoldam ao corpo humano têm ajudado a diminuir as dores nas costas. A Figura 2.5 mostra alguns exemplos de produtos ergonômicos.

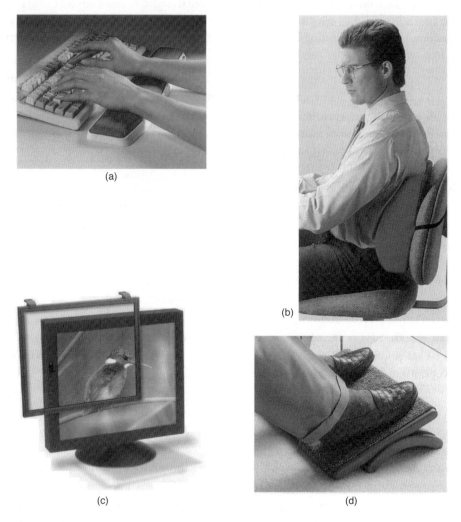

(a) Apoio para punho.
(b) Apoio para coluna.
(c) Filtro de proteção dos olhos.
(d) Descanso de pé ajustável.

**Figura 2.5** Os produtos ergonômicos protegem os usuários de computadores.

*Fonte*: (a), (b) e (d) cortesia da Ergodyne; (c) cortesia da 3M.com.

A TI Oferece Oportunidades para Pessoas com Deficiências. Os computadores podem criar novas oportunidades de emprego para pessoas com necessidades especiais ao integrar habilidades de reconhecimento de voz e visão. Por exemplo, as pessoas que não podem digitar são capazes de usar um teclado operado por voz, e pessoas que não conseguem se deslocar podem trabalhar em casa.

Equipamentos adaptáveis para computadores permitem que pessoas com deficiências realizem tarefas que normalmente não seriam capazes de realizar. A Figura 2.6 mostra um PC para usuários com deficiência visual, um PC para usuários com deficiência auditiva e um PC para usuários com deficiência motora.

  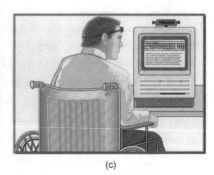

(a)  (b)  (c)

**Figura 2.6** Como permitir que pessoas com deficiências trabalhem com computadores. (a) PC para um usuário com deficiência visual, equipado com uma leitora ótica Oscar e uma impressora em braille, ambos da TeleSensory. A leitora ótica converte texto em código ASCII ou em formato de processamento de texto proprietário. Os arquivos salvos no disco podem, então, ser traduzidos para o braille e enviados para a impressora. Os usuários com deficiência visual também podem ampliar o texto na tela instalando um software de ampliação TSR. (b) O PC para usuários deficientes auditivos é conectado a um telefone por um modem Ultratec InteleModem Baudolt/ASCH. O usuário está enviando e recebendo mensagens para e de alguém em um local remoto que está usando um dispositivo de telecomunicações para surdos (direita). (c) Essa pessoa com deficiência motora está se comunicando com um PC usando um apontador de cabeça ótico da Pointer Systems para acessar todas as funções do teclado em um teclado virtual exibido no monitor do PC. O usuário pode "acionar" uma tecla de duas maneiras. Pode focalizar a tecla desejada por um período de tempo definido pelo usuário (fazendo com que a tecla seja realçada), ou pode clicar um botão adaptado quando escolhe a tecla desejada.

*Fonte*: J. J. Lazzaro, "Computers for the Disabled", *Byte*, junho de 1993.

Devemos observar que a web e as interfaces gráficas com o usuário normalmente dificultam a vida para as pessoas com alguma deficiência visual. A inclusão de dicas de tela audíveis e interfaces de voz para lidar com esse problema simplesmente retornaram a funcionalidade mais ou menos à forma como estava antes que as interfaces gráficas, ricas, se tornassem um recurso padrão.

Outros dispositivos ajudam a melhorar a qualidade de vida de pessoas com necessidades especiais de maneiras mais simples e úteis. Alguns exemplos são telefone de escrita bidirecional, virador de páginas automático, escova de cabelos automática e passeio virtual ao zoológico e ao museu para quem está em uma cama de hospital. Várias organizações são especializadas em TI projetada para pessoas com deficiências.

A TI Melhora a Qualidade de Vida. Em uma escala maior, a TI exerce influência considerável na qualidade de vida. O local de trabalho pode ser expandido do emprego tradicional de 9 às 17 em um escritório no centro da cidade para 24 horas por dia em qualquer local. A TI pode proporcionar aos empregados uma flexibilidade que pode melhorar significativamente a qualidade do tempo de lazer, mesmo que não aumente o tempo total de lazer. Entretanto, a TI também pode colocar empregados em "prontidão permanente" de modo que nunca estejam realmente longe do escritório, mesmo estando de férias.

De fato, uma pesquisa da Associated Press descobriu que 20% dos entrevistados levaram seus computadores portáteis em suas férias mais recentes e 80%, os celulares. 20% dos pesquisados realizavam algum trabalho enquanto estavam de férias e 40% verificavam o e-mail.

Revolução Robótica a Caminho. Antes vistos principalmente nos filmes de ficção científica, os robôs que podem realizar tarefas práticas estão se tornando mais comuns. Na verdade, os cães cibernéticos, os robôs-enfermeiros e outros seres mecânicos, podem se tornar nossos companheiros a qualquer momento. Em todo o mundo, dispositivos semiautomáticos têm se tornado cada vez mais comuns em chãos de fábricas, corredores de hospitais e campos de cultivo.

Em um exemplo de agricultura de precisão, a Carnegie Mellon University, em Pittsburgh, desenvolveu tratores com piloto automático que colhem centenas de hectares de plantação, 24 horas por dia, na Califórnia. Esses tratores "robôs" usam sistemas de posicionamento global (GPS) combinados com processamento de imagens que identificam as filas de plantação não colhidas.

Muitos dispositivos de robótica também estão sendo desenvolvidos para fins militares. Por exemplo, o Pentágono está pesquisando veículos com piloto automático e enxames tipo de abelha com pequenos robôs de vigilância, sendo que cada um contribuiria com uma visão ou ângulo diferente de uma zona de combate. O Predator, um veículo aéreo não tripulado (VANT), tem sido usado no Iraque e no Afeganistão.

Provavelmente haverá um longo tempo antes de vermos robôs tomando decisões por si mesmos, cuidando de situações incomuns e interagindo com pessoas. Entretanto, os robôs são extremamente úteis em vários ambientes, particularmente naqueles que são repetitivos, adversos ou perigosos aos humanos.

Avanços na medicina. A TI trouxe grandes avanços na área de saúde. Os médicos usam a TI para fazer diagnósticos melhores e mais rápidos e para monitorar pacientes com doenças graves de modo mais preciso. A TI também tornou mais eficiente o processo de pesquisa e desenvolvimento de novos medicamentos. Sistemas especialistas agora auxiliam no diagnóstico de doenças, e a visão computacional está aprimorando o trabalho dos radiologistas. Os cirurgiões usam a realidade virtual para planejar cirurgias complexas. Eles também estão usando um robô cirurgião para realizar cirurgias a longa distância, controlando os movimentos do robô. Finalmente, os médicos agora podem discutir casos complexos por videoconferência. Novas simulações por computador recriam o sentido do toque, permitindo que os médicos em treinamento realizem procedimentos virtuais sem risco de danos a um paciente real.

Dos milhares de outros aplicativos relacionados à saúde, é interessante destacar os sistemas administrativos. Esses sistemas variam da detecção de fraudes de seguro e escalas de enfermagem ao gerenciamento de marketing e finanças.

A internet contém grandes quantidades de informações médicas úteis (veja um exemplo em *www.webmd.com*). Em um estudo interessante, os pesquisadores do Princess Alexandra Hospital em Brisbane, Austrália, identificaram 26 casos de diagnóstico difícil publicados no *New England Journal of Medicine*. Eles selecionaram de três a cinco termos de pesquisa de cada caso e realizaram uma pesquisa no Google. Os pesquisadores selecionaram e registraram os três diagnósticos que o Google avaliou como mais proeminentes e que pareciam se encaixar nos sintomas e sinais. Depois, eles compararam esses resultados com os diagnósticos corretos publicados no jornal. Concluíram, então, que suas pesquisas no Google descobriram os diagnósticos corretos em 15 dos 26 casos, uma taxa de sucesso de 57%.

Entretanto, os pesquisadores advertem contra os perigos do autodiagnóstico. Eles afirmam que as pessoas devem usar a informação obtida do Google apenas para participarem de seu tratamento, fazendo perguntas ao seu médico.

## 2.4. Gerenciando Recursos de Informação

Sem dúvida, uma organização moderna processa muitos recursos de informação. Recursos de informação é um termo geral que inclui todo hardware, software (sistemas de informação e aplicações), dados e redes de uma empresa. Além dos recursos de computação, existem inúmeras aplicações e muitas outras estão continuamente sendo desenvolvidas. As aplicações têm enorme valor estratégico. As empresas precisam tanto delas que, em alguns casos, quando não estão funcionando (mesmo por um curto espaço de tempo), uma organização nem consegue operar. Além disso, esses sistemas de informação são muito caros para adquirir, operar e manter. Desse modo, é essencial gerenciá-los corretamente.

Nossa discussão aqui focaliza as funções de SI encontradas em uma grande organização. Empresas menores não têm todas as funções ou tipos de cargos. Na verdade, nas firmas menores, uma pessoa normalmente realiza várias funções.

Contudo, independente do tamanho da organização, está se tornando cada vez mais difícil gerenciar com eficiência os recursos de informação de uma organização. O motivo dessa dificuldade vem da evolução da função de GSI na organização. Quando as empresas começaram a usar computadores, no início da década de 1950, o *departamento de sistemas de informação (DSI)*[1] possuía o único recurso de computação da organização, o *mainframe* e, nessa época, os usuários finais não interagiam diretamente com ele.

---

1  N.R.T.: No Brasil, os nomes mais utilizados para o departamento que concentra a função de sistemas de informação são: departamento de tecnologia de informação ou departamento de informática.

Hoje, os computadores estão em toda parte da organização, e a maioria dos empregados os utiliza no trabalho. Esse sistema é conhecido como **computação para o usuário final**. Em resposta à computação para o usuário final, desenvolveu-se uma parceria entre o DSI e os usuários finais. O DSI agora age mais como um consultor para esses usuários, vendo-os como clientes. Na verdade, a principal função do DSI é usar a TI para resolver problemas de negócio dos usuários finais. Como resultado dessas mudanças, o DSI não possui mais os recursos de informação da organização, e a tarefa de gerenciar esses recursos tornou-se muito mais complicada.

### ■ Que Recursos de TI São Gerenciados e por Quem?

Como acabamos de dizer, a responsabilidade por gerenciar recursos de informação agora está dividida entre o DSI e os usuários finais. Esse arranjo levanta várias questões importantes: que recursos são gerenciados por quem? Qual o papel do DSI, sua estrutura e seu lugar dentro da organização? Qual é a relação correta entre o DSI e os usuários finais? Nesta seção, forneceremos respostas breves a essas questões.

Existem muitos tipos de recursos de sistemas de informação. Além disso, seus componentes podem vir de vários fornecedores e ser de diferentes marcas. As principais categorias de recursos de informação são hardware, software, bancos de dados, redes, procedimentos, ferramentas de segurança e instalações físicas. Esses recursos estão espalhados por toda a empresa e alguns deles mudam frequentemente. Portanto, podem ser difíceis de gerenciar.

Para complicar ainda mais a situação, não há nenhum menu-padrão definindo de como dividir entre o DSI e os usuários finais a responsabilidade para desenvolver e manter recursos de informação. Em vez disso, essa divisão depende de muitos fatores: o tipo e a natureza da organização, a quantidade e o tipo dos recursos de TI, as atitudes da organização em relação à computação, as atitudes do gerente-geral em relação à computação, o nível de maturidade da tecnologia, a quantidade e a natureza do trabalho de TI terceirizado e até mesmo o país em que a empresa opera. Falando de modo geral, o DSI é responsável pelos recursos em nível corporativo e compartilhados, e os usuários finais são responsáveis pelos recursos departamentais.

É importante que o DSI e os usuários finais trabalhem juntos e cooperem independentemente de quem está fazendo o quê. Vamos começar vendo o papel do DSI dentro da organização (Tabela 2.3).

**Tabela 2.3** A Mudança de Papel do Departamento de Sistemas de Informação

| **Principais Funções Tradicionais de SI** | |
|---|---|
| ■ Administrar o desenvolvimento de sistemas e gerenciar projetos de sistemas. | ■ Incorporar a internet e o comércio eletrônico aos negócios. |
| ■ Administrar as operações dos computadores, inclusive o centro de computação. | ■ Gerenciar a integração entre sistemas, incluindo internet, intranet e extranets. |
| ■ Contratar, treinar e desenvolver funcionários com habilidades de SI. | ■ Ensinar TI aos gerentes de outros departamentos. |
| ■ Prestar serviços técnicos. | ■ Educar a equipe de TI sobre os negócios. |
| ■ Planejar, desenvolver e controlar a infraestrutura. | ■ Apoiar a computação de usuário final. |
| | ■ Trabalhar em parceria com os executivos. |
| **Principais Funções Novas (de Consultoria) de SI** | ■ Administrar a terceirização. |
| ■ Iniciar e projetar sistemas de informação estratégicos específicos. | ■ Usar proativamente o conhecimento técnico e de negócios para semear ideias inovadoras sobre a TI. |
| | ■ Criar alianças comerciais com fornecedores e departamentos de SI de outras organizações. |

### ■ O Papel do Departamento de SI

A função do diretor do DSI está mudando de um gerente técnico para um executivo sênior, que normalmente é chamado de CIO (*Chief Information Officer*). Como mostra a Tabela 2.3, o papel do DSI também está mudando de um puramente técnico para um mais administrativo e estratégico. Por exemplo, o DSI agora é responsável por gerenciar a terceirização de projetos e por criar alianças comerciais com fornecedores e departamentos de SI de outras organizações. Como seu papel se expandiu muito, o DSI agora está diretamente subordinado a um vice-presidente sênior da administração ou mesmo ao CEO. (Antes ele estava subordinado a um departamento funcional, como contabilidade.) Em seu novo papel, o DSI precisa ser capaz de trabalhar de perto com organizações externas como fornecedores, parceiros comerciais, consultores, instituições de pesquisa e universidades.

Dentro da organização, o DSI e as unidades de usuários finais precisam ser parceiros próximos. O DSI tem a responsabilidade de definir padrões para compras de hardware e software, bem como para a segurança da informação. O DSI também monitora compras de hardware e software de usuário e serve como guardião em relação ao licenciamento de software e downloads ilegais (por exemplo, arquivos de música). O Quadro 2.4 de TI e a empresa, ilustra como a Pitney Bowes administra sua função de tecnologia da informação.

## TI E A EMPRESA

### 2.4. Pitney Bowes

Arthur Pitney e Walter Bowes criaram o primeiro medidor de postagem aprovado pelos Correios. Dessa colaboração, a Pitney Bowes (PB, *www.pb.com*) apareceu em 1920. Hoje, a empresa tem 36.000 funcionários em 130 países e mantém aproximadamente 3.500 patentes ativas. O departamento de TI tem 200 empregados, além de outras 427 pessoas que trabalham nos projetos da Pitney Bowes através da Wipro Technologies (*www.wipro.com*), um parceiro de serviços sediado em Bangalore, Índia, e East Brunswick, Nova Jersey.

A empresa começou a mudar a visão estratégia de seu departamento de TI a partir do ano 2000. Antes disso, o grupo da TI demonstrava excelência operacional, mas quase não inovava. A Pitney Bowes começou a transformar a TI juntando todas as partes distintas do departamento de TI em uma única organização global. A organização de TI centralizada oferece suporte para todas as unidades de negócios. Os objetivos da nova organização de TI foram oferecer aos clientes internos uma prestação de serviços confiável e eficiente; encontrar maneiras de resolver mais problemas de negócios; e usar a TI para agregar mais valor aos seus clientes externos.

O CIO da empresa tem a responsabilidade por toda a TI da Pitney Bowes no mundo inteiro, incluindo a implantação de sistemas, infraestrutura de TI, avaliações de tecnologia, parcerias e aprovação de gastos. Subordinados ao CIO estão os líderes das diversas áreas de tecnologia (incluindo infraestrutura, sistemas corporativos, gerenciamento do relacionamento com o cliente, governança e planejamento, aquisições e qualidade), além dos gerentes de TI para cada uma das áreas geográficas.

Em cada projeto de TI, o departamento da TI monta um caso de negócios para mostrar que um novo sistema dará suporte a uma necessidade de negócios atual ou emergente. Por exemplo, um novo sistema deverá, de um modo mensurável, reduzir os custos ou oferecer a capacidade de processar mais transações sem um aumento correspondente nos custos. Para ter um quadro abrangente das necessidades da empresa, o departamento de TI realiza uma revisão mensal das operações com seus clientes internos, incluindo unidades de negócios e equipes de técnicos de atendimento em campo no mundo inteiro. Além disso, as reuniões de revisão de projeto garantem que os projetos continuem a aderir aos objetivos corporativos e as reuniões de prioridade de investimento decidem a ordem em que projetos importantes da TI são implantados. Em particular, o departamento de TI está se concentrando em aplicações como planejamento de recursos empresariais, gerenciamento de relacionamento com o cliente, capacidades de mobilidade e maior uso da web.

A Pitney Bowes também emprega bastante terceirização. A empresa concedeu à sua parceira, a Wipro, grande parte de suas atividades de desenvolvimento e manutenção de aplicações. A parceria com a Wipro ofereceu à PB economias de custo, acesso a um maior leque de mão de obra e habilidades, e um produto final com maior qualidade. A Wipro também fez com que a PB adotasse medidas de qualidade de software mais rigorosas, pois a Wipro possui certificação CMMI (Capability Maturity Model Integration, *www.sei.cmu.edu/cmmi*).

Potencializando uma combinação de inovação tecnológica, forte planejamento, colaboração e terceirização estratégica em seu departamento de TI, a Pitney Bowes está vendo benefícios em termos de crescimento dos negócios. Seus resultados em meados de 2008 mostram receitas de US$ 3,2 bilhões, maiores que os US$ 2,9 bilhões no mesmo período em 2007.

*Fontes*: Compilado de "Pitney Bowes MapInfo Integrates GroundView Demographics with AnySite", Reuters, 5 de janeiro de 2009; "Pitney Bowes Receives 'Strong Positive' Rating in Leading Industry Analyst Firm's MarketScope", All Business, 16 de dezembro de 2008; H. McKeefry, "Pitney Bowes: Stamp of Approval", Baseline Magazine, 29 de setembro de 2008; *www.pb.com*, acessado em 1 de fevereiro de 2009.

**PERGUNTAS**

1. Descreva o papel do departamento de TI da Pitney Bowes. O departamento de TI tem importância estratégica para a empresa? Justifique sua resposta.

2. Qual é o relacionamento entre o departamento de TI da Pitney Bowes e a Wipro? A Wipro tem importância estratégica para a Pitney Bowes? Qual é a função do departamento de TI da Pitney Bowes com relação à Wipro?

## Antes de Prosseguir...

1. Qual a importância dos usuários finais para o gerenciamento dos recursos de informação da organização?
2. Onde você acha que a equipe de TI deveria estar localizada? Descentralizada nas áreas funcionais? Centralizada no nível empresarial? Uma combinação dos dois? Explique sua resposta.

## O que a **TI** pode me proporcionar?

### ▪ Para o Setor de Contabilidade

Dados e informações são a alma da contabilidade. Os sistemas de processamento de transações – que agora são baseados na web – capturam, organizam, analisam e disseminam dados e informações por toda a organização, normalmente por meio de intranets corporativas. A internet aumentou significativamente o número de transações (especialmente globais) em que se envolvem as empresas modernas. Transações como cobrar clientes, preparar folhas de pagamento e comprar e pagar materiais geram dados que o departamento de contabilidade precisa registrar e controlar. Essas transações, particularmente com clientes e fornecedores, agora costumam ocorrer on-line, através de extranets. Além disso, os sistemas de informação de contabilidade precisam compartilhar informações com sistemas de informação de outras partes de uma grande organização. Por exemplo, informações transacionais de um SI de vendas ou marketing agora são também entrada para o sistema de contabilidade.

### ▪ Para o Setor de Finanças

O mundo financeiro moderno depende da velocidade, do volume e da precisão do fluxo de informações. Os sistemas de informação e as redes tornam tudo isso possível. Os departamentos de finanças usam sistemas de informação para monitorar mercados financeiros mundiais e para fornecer análises quantitativas (por exemplo, para projeções e previsão de fluxo de caixa). Usam sistemas de apoio à decisão para apoiar a tomada de decisões financeiras (por exemplo, gerenciamento de portfólio). Os gerentes financeiros agora usam software de inteligência de negócios para analisar informações em armazéns de dados (*data warehouses*). Finalmente, sistemas de informação de grande porte (por exemplo, pacotes ERP) integram intimamente as finanças com todas as outras áreas funcionais dentro de uma empresa.

### ▪ Para o Setor de Marketing

O marketing agora usa bancos de dados de clientes, sistemas de apoio à decisão, automação de vendas, armazéns de dados (*data warehouses*) e software de inteligência empresarial para executar suas funções. A internet criou um canal global inteiramente novo para o marketing através do *business-to-business* (empresa a empresa) e do *business-to-consumer* (empresa a consumidor). Ela também aumentou consideravelmente a quantidade de informação disponível aos consumidores, que, agora, podem comparar preços de modo rápido e abrangente. Como resultado, os vendedores se tornaram mais bem informados e sofisticados. Os gerentes de marketing, por sua vez, precisam dedicar-se mais para conquistar e manter clientes. Para atingir esse objetivo, agora usam software de gerenciamento do relacionamento com o cliente. A internet ajuda nisso porque permite um contato muito mais próximo entre o consumidor e o fornecedor.

### ▪ Para o Setor de Produção/Operações

As organizações estão competindo em termos de preço, qualidade, tempo (velocidade) e serviço ao cliente – gerando preocupações para o gerente de produção e operações. Cada processo nas operações de uma empresa que agrega valor a um produto ou serviço (por exemplo, adquirir estoque, controlar qualidade, receber matérias-primas e despachar produtos) pode ser aprimorado pelo uso de sistemas de informação baseados na web. Além disso, os sistemas de informação têm permitido que a função de produção e operações vincule a organização com outras organizações na cadeia de suprimentos da empresa. Desde o projeto auxiliado por computador e fabricação auxiliada por computador até os sistemas de pedido baseados na web, os sistemas de informação apoiam a função de produção e operações.

### ▪ Para o Setor de Recursos Humanos

Os sistemas de informação fornecem um valioso apoio para o gerenciamento de recursos humanos. Por exemplo, a manutenção de registros está significativamente melhor em termos de velocidade, conveniência e precisão, como resultado da tecnologia. Além disso, disseminar informações de RH através da empresa via intranets permite que os empregados recebam informações coerentes e manipulem, eles próprios, muitos de seus interesses pessoais (como, por exemplo, configurar os próprios benefícios), sem ajuda do pessoal de RH. A internet disponibiliza uma enorme quantidade de informações para quem procura emprego, aumentando a fluidez do mercado de trabalho. Finalmente, muitas carreiras exigem experiência no uso de sistemas de informação. Os profissionais de RH precisam ter conhecimento desses sistemas e habilidades para lidar com contratação, treinamento e retenção dentro de uma organização.

### ▪ Para o Setor de TI

Alguns empregados de TI realmente escrevem programas de computador. Contudo, é mais comum que eles atuem como analistas, provendo uma interface entre usuários da empresa de um lado e os programadores do outro. Por exemplo, se um gerente de marketing precisar analisar dados que não estejam no armazém de dados (*data warehouse*) da empresa, ele deverá encaminhar seus requerimentos a um analista de sistemas. O analista, então, trabalharia com o pessoal de banco de dados de TI para obter os dados necessários e inseri-los no armazém de dados.

---

## Resumo do Capítulo

Neste capítulo você aprendeu a:

**1. Descrever os componentes dos sistemas de informação baseados em computador.**

Um sistema de informação baseado em computador (SIBC) é um sistema de informação que usa tecnologia de computador para realizar algumas ou todas as tarefas pretendidas. Os componentes básicos de um SIBC são hardware, software, bancos de dados, redes de telecomunicações, procedimentos e pessoas. Hardware é um conjunto de dispositivos que recebe dados e informações, os processa e os exibe. Software é um conjunto de programas que permite que o hardware processe os dados. Um banco de dados é uma coleção de arquivos relacionados, tabelas, relacionamentos etc., que armazena dados e as associações entre eles. Uma rede é um sistema de conexão (com ou sem fio) que permite que diferentes computadores compartilhem recursos. Os procedimentos são o conjunto de instruções sobre como combinar todos os componentes para processar informações e gerar a saída desejada. As pessoas são os indivíduos que trabalham com o sistema de informação, interagem com ele ou usam sua saída.

**2. Descrever os vários tipos de sistemas de informação, de acordo com a extensão do suporte que oferecem.**

Cada um dos sistemas de informação departamentais, também conhecidos como sistemas de informação de área funcional, apoia uma área funcional específica na organização. Dois sistemas de informação apoiam a organização inteira: os sistemas de planejamento de recursos empresariais (ERP) e os sistemas de processamento de transações (SPTs). Os sistemas ERP integram intimamente os SIs de área funcional através de um banco de dados comum, melhorando as comunicações entre as áreas funcionais de uma organização. Um SPT apoia o monitoramento, a coleta, o armazenamento e o processamento de dados das transações de negócio básicas da organização. Os sistemas de informação que conectam duas ou mais organizações são chamados de sistemas de informação interorganizacionais (SIIs). Os SIIs apoiam muitas operações desse tipo, das quais o gerenciamento da cadeia de suprimentos é a mais conhecida. Os sistemas de comércio eletrônico permitem que organizações realizem comércio eletrônico *business-to-business* (B2B) e *business-to-consumer* (B2C). Eles normalmente são baseados na internet.

**3. Identificar os principais sistemas de informação que apoiam cada nível organizacional.**

No nível de apoio administrativo, os empregados são auxiliados por sistemas de automação de escritório e sistemas de informações de área funcional. No nível operacional, os gerentes são auxiliados por sistemas de automação de escritório, sistemas de informações de área funcional, sistemas de apoio à decisão e sistemas de inteligência de negócios. No nível gerencial, os sistemas de informações de área funcional fornecem o principal apoio. Os gerentes intermediários também recebem apoio de sistemas de automação de escritório, sistemas de apoio à decisão e sistemas de inteligência de negócios. No nível dos trabalhadores do conhecimento, os sistemas especialistas, os sistemas de apoio à decisão e os sistemas de inteligência de negócios fornecem apoio. Os executivos são apoiados, principalmente, por painéis de controle digitais (*dashboards*).

**4. Descrever os sistemas de informação estratégicos (SIEs) e explicar suas vantagens.**

Os sistemas de informação estratégicos apoiam ou modelam a estratégia competitiva de uma unidade empresarial. Um SIE pode mudar significativamente a maneira como os negócios são realizados para ajudar a empresa a obter uma vantagem competitiva ou reduzir uma desvantagem competitiva.

**5. Descrever o modelo das forças competitivas de Porter e como a TI ajuda as empresas a melhorarem suas posições competitivas.**

As empresas usam o modelo de forças competitivas de Porter para desenvolver estratégias para obter vantagem competitiva. O modelo de Porter também demonstra como a TI pode aumentar a competitividade de uma empresa, identificando cinco grandes forças que podem colocar em risco sua posição em determinado setor: (1) a ameaça de entrada de novos concorrentes no mercado; (2) o poder de barganha dos fornecedores; (3) o poder de barganha dos clientes (compradores); (4) a ameaça de produtos ou serviços substitutos; e (5) a rivalidade entre empresas existentes no setor.

Embora o modelo de forças competitivas de Porter seja útil para identificar estratégias gerais, as organizações utilizam seu modelo de cadeia de valor para identificar atividades específicas que podem usar estratégias competitivas para aumentar o impacto. O modelo de cadeia de valor também mostra pontos em que a organização pode usar a tecnologia da informação para conseguir vantagem competitiva.

De acordo com o modelo da cadeia de valor de Porter, as atividades realizadas em qualquer organização podem ser divididas em duas categorias: atividades primárias e atividades de suporte. As atividades primárias são aquelas atividades empresariais que se relacionam à produção e à distribuição dos produtos e serviços da empresa. As atividades primárias são apoiadas pelas atividades de suporte. Diferente das atividades primárias, as atividades de suporte não agregam valor diretamente para os produtos ou serviços da firma. Ao invés disso, como o nome sugere, elas contribuem para a vantagem competitiva da firma dando suporte às atividades primárias.

A internet mudou a natureza da concorrência. Porter conclui que o impacto geral da internet é aumentar a concorrência, o que produz um impacto negativo sobre a lucratividade.

6. **Descrever cinco estratégias que as empresas podem usar para obter vantagem competitiva em seus setores.**

As cinco estratégias são: (1) *estratégia de liderança em custos* – fabricar produtos e/ou serviços com o menor custo do setor; (2) *estratégia da diferenciação* – oferecer produtos, serviços ou características de produtos diferenciados; (3) *estratégia de inovação* – introduzir novos produtos e serviços, acrescentar novos recursos nos produtos e serviços existentes ou desenvolver novas formas de produzi-los; (4) *estratégia de eficiência operacional* – melhorar a maneira como os processos empresariais internos são realizados de modo que uma empresa realize atividades semelhantes melhor que as rivais; e (5) *estratégia de foco no cliente* – concentrar-se em deixar os consumidores satisfeitos.

7. **Descrever como os recursos de informação são gerenciados e discutir os papéis do departamento de sistemas de informação e dos usuários finais.**

A responsabilidade por gerenciar recursos de informação é dividida entre duas entidades organizacionais: o departamento de sistemas de informação (DSI), que é uma entidade corporativa, e os usuários finais, que estão espalhados por toda a organização. De modo geral, o DSI é responsável pelos recursos compartilhados e no nível corporativo, enquanto os usuários finais são responsáveis pelos recursos departamentais.

## Glossário

**atividades de suporte** Atividades empresariais que não agregam valor diretamente para os produtos ou serviços da firma em consideração, mas dão suporte para as atividades primárias que agregam valor.

**atividades primárias** As atividades empresariais relacionadas à produção e distribuição dos produtos e serviços da empresa, desse modo, agregando valor.

**barreira de entrada** Característica do produto ou serviço que os clientes esperam das organizações em um certo setor; uma organização tentando entrar nesse mercado precisa, no mínimo, oferecer esse produto ou serviço para poder competir.

**cadeia de suprimentos** O fluxo de materiais, informações, dinheiro e serviços, desde os fornecedores de matéria-prima, passando pelas fábricas e pelos depósitos, até os consumidores finais.

*Chief Information Officer* **(CIO)** Executivo responsável pelo departamento de sistemas de informação em uma organização.

**ergonomia** Ciência de adaptar máquinas e ambientes de trabalho às pessoas, envolve a criação de um ambiente seguro, bem iluminado e confortável.

**hardware** Conjunto de dispositivos (como processador, monitor, teclado e impressora) que, juntos, recebem dados e informações, os processam e os exibem.

**modelo da cadeia de valor** Modelo que mostra as atividades primárias que agregam valor sequencialmente à margem de lucro; também mostra as atividades de suporte.

**modelo das forças competitivas** Arcabouço de negócios criado por Michael Porter, que analisa a competitividade reconhecendo cinco grandes forças que poderiam ameaçar a posição de uma empresa.

**painéis de controle digitais (PCDs** ou *dashboards* **digitais)** Sistemas de informação que apoiam os altos gerentes da organização, fornecendo acesso rápido, informações oportunas e acesso direto a informações estruturadas na forma de relatórios.

**pessoas** Indivíduos que usam o hardware e software, interagem com eles ou usam sua saída.

**procedimentos** Conjunto de instruções sobre como combinar os componentes dos sistemas de informação para processar informações e gerar a saída desejada.

**programa de aplicação** (também chamado de **programa**) Programa de computador projetado para realizar uma tarefa ou processo de negócio específico.

**rede** Sistema de conexão (com ou sem fio) que permite que diferentes computadores compartilhem suas informações.

**sistema de informação (SI)** Programa que coleta, processa, armazena, analisa e dissemina informações para um fim específico; a maioria dos SIs é computadorizada.

**sistema de informação baseado em computador (SIBC)** Sistema de informação que usa tecnologia de computador para realizar algumas ou todas as tarefas pretendidas.

**sistema de processamento de transações (SPT)** Sistema de informação que apoia o monitoramento, a coleta, o armazenamento, o processamento e a disseminação de dados das transações de negócio básicas da organização.

**sistema de valor** Inclui os produtores, fornecedores, distribuidores e compradores, todos com suas cadeias de valor.

**sistemas de automação de escritórios (SAEs)** Sistemas de informação que normalmente apoiam a equipe de apoio administrativo, os gerentes dos níveis inferior e intermediário, e os trabalhadores do conhecimento.

**sistemas de comércio eletrônico** Um tipo de sistema de informação interorganizacional que permite que as organizações realizem transações com outras empresas e com clientes.

**sistemas de informação estratégicos (SIEs)** Sistemas que ajudam uma organização a ganhar vantagem competitiva dando suporte às suas metas estratégicas e/ou aumentando seu desempenho e produtividade.

**sistemas de inteligência de negócios (BI)** Sistemas de informação que fornecem apoio baseado em computador para decisões complexas e especiais, principalmente para gerentes intermediários e trabalhadores do conhecimento.

**sistemas especialistas (SE)** Sistemas de informação que tentam imitar o trabalho dos especialistas humanos aplicando habilidades de raciocínio, conhecimento e experiência dentro de um domínio específico.

**software** Conjunto de programas que permite que o hardware processe os dados.

**trabalhadores do conhecimento** Profissionais que são especialistas em uma área específica e que criam informações e conhecimento.

**vantagem competitiva** Vantagem de algum tipo sobre os concorrentes, como custo, qualidade ou rapidez; leva ao controle do mercado e a lucros acima da média.

## Questões para discussão

1. Discuta a lógica de criação de sistemas de informação de acordo com a estrutura hierárquica da organização.

2. Os trabalhadores do conhecimento formam o maior segmento da mão de obra nas empresas norte-americanas hoje. Entretanto, muitos setores precisam de pessoal capacitado que não é trabalhador do conhecimento. Cite alguns exemplos desses setores. O que (pessoas, máquinas ou ambos) poderia substituir esse pessoal capacitado? Em que situações a economia dos Estados Unidos poderia precisar de mais pessoal capacitado do que de trabalhadores do conhecimento?

3. Usando a Figura 2.2 como guia, desenhe um modelo de uma cadeia de suprimentos tendo sua universidade como foco central. Tenha em mente que toda universidade possui fornecedores e clientes.

4. A TI é uma arma estratégica ou uma ferramenta de sobrevivência? Faça uma análise.

5. Por que poderia ser difícil justificar um sistema de informação estratégico?

6. Descreva as cinco forças do modelo das forças competitivas de Porter e explique como a internet afetou cada uma.

7. Descreva o modelo da cadeia de valor de Porter. Qual é a relação entre o modelo das forças competitivas e o modelo da cadeia de valor?

8. Por que a internet foi chamada de criadora de novos modelos de negócios?

9. Discuta a ideia de que um sistema de informação por si só raramente pode oferecer uma vantagem competitiva sustentável.

10. Discuta as razões por que alguns sistemas de informação falham.

## Atividades de Solução de Problemas

1. Caracterize cada um dos seguintes sistemas como um (ou mais) dos sistemas de apoio de TI:
   a. Um sistema de registro de alunos em uma universidade
   b. Um sistema que aconselha médicos sobre qual antibiótico usar em determinada infecção
   c. Um sistema de admissão de pacientes em um hospital
   d. Um sistema que fornece a um gerente de recursos humanos relatórios sobre a remuneração de empregados por anos de serviço.
   e. Um sistema de robótica que pinta carros em uma fábrica

2. Compare as duas empresas, Google e Amazon, em relação às suas estratégias, seus modelos de negócios, suas infraestruturas de TI, suas ofertas de serviço e seus produtos. Depois que terminar sua análise, explique por que o Google tem uma capitalização de mercado maior do que a Amazon e é mais lucrativa.

3. Aplique o modelo da cadeia de valor de Porter à Costco (*www.costco.com*). Qual é a estratégia competitiva da Costco? Quais são os maiores concorrentes da Costco? Descreva o modelo de negócios da Costco. Descreva as tarefas que a Costco precisa realizar para cada atividade principal da cadeia de valor. Como os sistemas de informação da Costco contribuiriam para a sua estratégia competitiva, dada a natureza de seu negócio?

4. Aplique o modelo da cadeia de valor de Porter à Dell (*www.dell.com*). Qual é a estratégia competitiva da Dell? Quais são os maiores concorrentes da Dell? Descreva o modelo de negócios da Dell. Descreva as tarefas que a Dell precisa realizar para cada atividade principal da cadeia de valor. Como os sistemas de informação da Dell contribuiriam para a estratégia competitiva da Costco, dada a natureza de seu negócio?

5. O mercado de copiadoras óticas está diminuindo rapidamente. Espera-se que, em 2010, até 90 por cento de todos os documentos duplicados sejam feitos em impressoras de computador. Uma empresa como a Xerox Corporation pode sobreviver a isso?

   a. Leia sobre os problemas e as soluções da Xerox de 2000-2010 em www.*fortune.com*, www.*findarticles. com* e *www.google.com*.

   b. Identifique todas as pressões de negócios na Xerox.

   c. Ache algumas das estratégias de resposta da Xerox (ver *www.xerox.com*, *www.yahoo.com* e *www. google.com*).

   d. Identifique o papel da TI como colaboradora para as pressões tecnológicas da empresa (por exemplo, obsolescência).

   e. Identifique o papel da TI como facilitadora das atividades de resposta crítica da Xerox.

6. Acesse *www.dell.com* e descubra quais são os sistemas de informação atuais usados pela empresa. Explique como as inovações dos sistemas contribuem para o sucesso da Dell.

7. Acesse a Truste (*www.truste.org*) e encontre as diretrizes que os sites exibindo seu logotipo deverão seguir. Quais são as diretrizes? Por que é importante que os sites possam exibir o logotipo da Truste em seus sites?

8. Acesse *www.cio.com* e procure informações recentes sobre a função em constante mudança do CIO e do DSI. Qual é a função do CIO nas organizações hoje?

---

## Trabalhos em Equipe

1. Observe o caixa do supermercado mais próximo. Procure material na web que descreva como o código escaneado é traduzido para o preço que os consumidores pagam. Dica: Procure em www.howstuffworks. com.

   a. Identifique os seguintes componentes do sistema do supermercado: entradas, processos e saídas.

   b. Que tipo de sistema é o escâner (SPT, BI, PCD, ERP etc.)? Por que você o classificou dessa forma?

   c. Ter a informação eletronicamente no sistema pode oferecer oportunidades para outros usos gerenciais dessa informação. Identifique esses usos.

   d. Os sistemas de caixa agora estão sendo substituídos por quiosques de caixa com autoatendimento e escâneres. Compare os dois em termos de velocidade, facilidade de uso e problemas que podem surgir (por exemplo, um item que o escâner não reconhece).

2. Defina membros de equipes para UPS (*www.ups.com*), FedEx (*www.fedex.com*), DHL (*www.dhl.com*) e o U.S. Postal Service (*www.usps.com*). Peça que cada equipe estude as estratégias de comércio eletrônico de uma organização. Depois, peça que os membros apresentem a organização, explicando por que ela é a melhor.

3. Divida a turma em equipes. Cada equipe selecionará o governo de um país e visitará seu site oficial (por exemplo, experimente os Estados Unidos, Austrália, Nova Zelândia, Cingapura, Noruega, Canadá, o Reino Unido, Holanda, Dinamarca, Alemanha e França). Por exemplo, o portal web oficial para o governo dos EUA é *www.firstgov.gov*. Analise e compare os serviços oferecidos por cada país. Em que ordem os Estados Unidos se encontram? Você está surpreso com o número de serviços oferecidos pelos países através dos sites? Que país oferece mais serviços? E qual oferece menos?

---

## Caso Final

---

### Inovação com Tecnologia da Informação na New York Life

O Problema da Empresa Fundada em 1845, a New York Life Insurance Company (*www.newyorklife.com*) é a maior companhia de seguro de vida mútuo nos Estados Unidos, com 15.000 empregados e 50.000 agentes no mundo inteiro. O seguro mútuo é um tipo de seguro em que os protegidos (os segurados) têm a capacidade de decidir sobre o gerenciamento da organização e participar em uma distribuição de quaisquer ativos líquidos ou excedentes de capital se a organização deixar de fazer negócios. A empresa luta para atender seus clientes e expandir seus negócios encorajando e patrocinando iniciativas criativas de negócios e tecnologia.

O CIO da New York Life é responsável pelo Departamento de Informações Corporativas, que tem uma equipe de 1.300 profissionais de tecnologia da informação em seis locais nos Estados Unidos e oferece serviços de tecnologia para os clientes, empregados e agentes da empresa. O CIO também é responsável pelas áreas estratégicas Corporate Internet e Business Resilience (resiliência de negócios). Corporate Internet desenvolve e lidera a implementação da estratégia de internet e intranet da empresa. Business Resilience é responsável por proteger empregados, bem como ativos da empresa e do cliente, no caso de um desastre; minimizar o impacto das interrupções nos negócios; e gerenciar registros de acordo com os ambientes comercial, legal e normativo.

A New York Life tem três problemas de negócio:

1. Como usar a tecnologia da informação para dar suporte eficaz aos agentes?
2. Como usar a tecnologia da informação para apoiar e colaborar com os clientes existentes, além de engajar potenciais clientes?
3. Como usar a tecnologia da informação para gerenciar tecnologias legadas quando os funcionários conhecedores dessas tecnologias estão começando a se aposentar?

▪ **A Solução da TI**

**Suporte para agentes.** A New York Life tem uma força de trabalho dedicada para vender seus produtos. Os agentes da seguradora recebem tecnologia da informação para ajudá-los a realizar seus negócios. A tecnologia mais recente para os agentes é um sistema de portal web desenvolvido exclusivamente para eles.

O portal web dá aos agentes acesso a muitas aplicações que oferecem uma grande variedade de informações, como dados de contabilidade, pontuações de vendas, notícias e e-mail. O portal também possui uma plataforma de colaboração. Os agentes usam a plataforma para acessar e enviar documentos, realizar reuniões eletrônicas e compartilhar casos de negócios. Tudo na plataforma tem uma trilha de auditoria e é autenticado. Além disso, o portal web oferece um sistema de contato e calendário baseado na web para os agentes nos EUA.

A seguradora está trabalhando com seus agentes para implementar a tecnologia Wi-Fi nas áreas comuns dos escritórios da agência. Inicialmente, a empresa teve reservas quanto à segurança do Wi-Fi. Hoje, porém, ela acredita que as questões de segurança são administráveis.

O CIO da New York Life afirma que a empresa deseja oferecer qualquer tecnologia que ela tenha nos Estados Unidos aos seus agentes globais, mas há muito trabalho para ser feito para que isso aconteça. Existem aproximadamente 40.000 agentes internacionais e esse número está crescendo rapidamente.

**Lidando com clientes novos e existentes.** A New York Life introduziu a funcionalidade da Web 2.0 (discutida no Capítulo 5) em seu site, permitindo que os clientes ofereçam feedback em tempo real e avaliem os artigos individuais no site. Os clientes também podem usar links para acessar os principais sites de rede social. Eles também podem criar marcadores e compartilhar informações entre si. Outro recurso novo, Read This Page (ler esta página), permite que os visitantes do site com deficiência visual ouçam o conteúdo web em voz audível.

Essa funcionalidade coloca a seguradora em contato mais próximo com os clientes e potenciais clientes da empresa. O site também funciona como um site de geração de chamada, tanto para atrair novos clientes quanto para recrutar novos agentes.

**A mudança da força de trabalho.** Assim como em muitas outras organizações estabelecidas, a New York Life ainda está usando tecnologias legadas de várias décadas, que não serão substituídas tão cedo. O problema é que as pessoas que sabem como usar esses sistemas estão começando a se aposentar. Portanto, a empresa criou um programa para treinar os funcionários nas tecnologias mais antigas. Para que esse treinamento seja mais eficaz, a empresa está usando redes sociais.

O CIO vê as redes sociais como um modo de obter informações sobre as tecnologias mais antigas da empresa, documentadas de modo que estejam lá para que todos os empregados utilizem. A seguradora planeja apanhar o conhecimento adquirido dos funcionários que trabalham nos sistemas legados, documentá-lo e colocá-lo em sites de rede social internos.

Os resultados A New York Life continua sendo a maior empresa de seguro de vida mútuo dos Estados Unidos, com ativos totalizando quase US$ 180 bilhões. A New York Life também tem o maior índice de satisfação dos clientes americanos (*www.theacsi.org*) em seu setor.

Em meados de 2009, a economia lenta que estava retraindo os investimentos em tecnologia em muitas organizações não estava afetando a New York Life. A empresa planeja continuar em sua missão de "fazer as coisas certas" para seus segurados, o que exige ideias, processos e tecnologias inovadoras.

*Fontes*: Compilado de "New York Lire Utters Interactive Voice Response in 10 Languages", The Financial Express, 19 de dezembro de 2008; E. Feretic, "Bringing Innovation to Insurance", Baseline Magazine, 30 de julho de 2008; "New York Life Adds Consumer--Friendly Features to Web site", redOrbit, 29 de abril de 2008; "Standard and Poor Upgrades New York Life's Ratings to AAA, the Agency's Highest", *www2.standardandpoors.com*, 16 de agosto de 2007; *www.newyorklife.com*, acessado em 22 de janeiro de 2009.

## PERGUNTAS

1. O portal web da New York Life é um sistema de informação estratégico? Por que ou por que não? Justifique sua resposta.

2. Discuta os motivos pelos quais existe tanto trabalho a ser feito para dar aos agentes internacionais a tecnologia que os agentes nos EUA possuem.

# Capítulo 3
# Ética, Privacidade e Segurança da Informação

## Metas de Aprendizagem

1. Descrever as principais questões éticas relacionadas à tecnologia da informação e identificar as situações em que elas ocorrem.
2. Identificar as muitas ameaças à segurança da informação.
3. Entender os vários mecanismos de defesa usados para proteger os sistemas de informação.
4. Explicar a auditoria e o planejamento de TI para a recuperação de acidentes.

## Esboço do Capítulo

**3.1** Questões Éticas
**3.2** Ameaças à Segurança da Informação
**3.3** Protegendo Recursos de Informação

## O que a TI pode me proporcionar?

## Caso Inicial

### NASA Perde Informações Secretas há Anos
- **O Problema da Empresa**

Durante a última década, as agências do governo dos Estados Unidos foram vítimas de uma quantidade de ciberataques sem precedentes. Um oficial do governo observou: "Isso é espionagem em grande escala." As agências do governo relataram quase 13.000 incidentes de segurança ao U.S. Homeland Security Department durante o ano fiscal de 2008, o triplo da quantidade existente dois anos antes.

A National Aeronautics and Space Administration (NASA) (*www.nasa.gov*) é uma das agências mais atingidas. A agência do governo responsável pelo programa espacial público da nação, NASA, tem sido o alvo de ciberespionagem desde o final da década de 1990. Durante esses anos, a organização tem perdido inúmeras informações secretas. A extensão da linha de tempo dos ataques é surpreendente.

Em 1998, um satélite dos Estados Unidos-Alemanha, conhecido como ROSAT, usado para pesquisa no espaço profundo, de repente se virou para o sol sem qualquer motivo. Essa manobra danificou um sensor ótico crítico, inutilizando o satélite. O incidente foi ligado a uma invasão anterior e bem-sucedida na rede do Goddard Space Flight Center, em Maryland. A informação roubada de Goddard possivelmente foi enviada aos computadores em Moscou e usada para controlar o satélite.

Em 2002, invasores penetraram na rede de computadores do Marshall Space Flight Center em Huntsville, Alabama, e permaneceram sem ser detectados por quatro dias. Os intrusos roubaram dados secretos sobre projetos de motor de foguete. O pessoal da segurança acredita que essa informação foi enviada à China.

Em 2004, os invasores comprometeram os computadores no Ames Research Center da NASA, no Vale do Silício. Um técnico teve que desconectar fisicamente os cabos de fibra ótica ligando os supercomputadores da instalação à internet para limitar a perda de dados secretos. Os supercomputadores continuaram off-line por mais de quatro semanas. Os invasores aparentemente quebraram a senha de um funcionário no Goddard Center em Maryland e a usaram para penetrar no Ames Research Center.

Em abril de 2005, um intruso instalou um programa de software malicioso dentro da rede digital do Kennedy Space Center da NASA e colheu dados dos computadores no Vehicle Assembly Building (prédio de montagem de veículos), onde o ônibus espacial passa por manutenção. A rede é administrada por um empreendimento conjunto pertencente aos contratados da NASA Boeing (*www.boeing.com*) e Lockheed Martin (*www.lockheedmartin.com*). Sem que fossem detectados pela NASA ou pelas duas empresas, o programa enviou uma quantidade ainda não determinada de informações sobre o ônibus espacial para um sistema de computação em Taiwan. O pessoal da segurança teve que interromper todo o trabalho *no Vehicle Assembly Building* por vários dias para examinar centenas de sistemas de computação em busca do software malicioso. De acordo com os especialistas de segurança dos Estados Unidos, Taiwan normalmente é usada pelo governo chinês como um ponto de transferência digital – como uma fachada para suas atividades de ciberespionagem.

Por volta de dezembro de 2005, o ataque tinha se espalhado para um complexo de controle de satélite da NASA, em Maryland, e para o Johnson Space Center, em Houston, lar do Controle da Missão. Pelo menos 20 gigabytes de dados compactados – o equivalente a 30 milhões de páginas – foram enviados ao mesmo sistema em Taiwan.

Em 2006, os diretores da NASA foram induzidos a abrir um e-mail falso e clicar no link de um site aparentemente autêntico. O site inseriu um software malicioso nos computadores da agência que explorou uma vulnerabilidade anteriormente desconhecida, comprometendo 12 computadores na sede da NASA, em Washington. Pelo disco rígido do então diretor financeiro, os hacker*s* baixaram todo o orçamento e informações financeiras da agência. Os dados continham informações sobre cada projeto de pesquisa da NASA, implantação do veículo espacial e tecnologia de satélite. Novamente, o pessoal da segurança descobriu que os dados foram para endereços IP (Internet Protocol) em Taiwan.

Em 2007, o Goddard Center foi comprometido novamente. Dessa vez, o ataque afetou as redes que processam dados do Earth Observing System, uma série de satélites que permitem que os cientistas estudem os oceanos, massas terrestres e atmosfera.

A NASA tem dois problemas fundamentais que contribuíram para a vulnerabilidade demonstrada da agência. Primeiro, muitos de seus computadores e sites são construídos para serem acessíveis para pesquisadores e contratados de fora. Segundo, as unidades de pesquisa e operação semiautônomas da agência não informam todos os incidentes de segurança de TI à sede. Muitas unidades desejam manter esses acidentes para si mesmas, evitando o embaraço decorrente disso ou ter que depor diante do Congresso.

### ▪ Tentativas de Solução

A NASA sabe que tem um problema de segurança há mais de uma década. Desde 1998, o administrador da agência advertiu o pessoal que ameaças aos ativos de informação da agência estavam aumentando, tanto em números quanto em sofisticação.

Em julho de 1998, o Departamento de Justiça dos Estados Unidos aprovou o monitoramento eletrônico de transmissões ilícitas a partir de redes da NASA. Essa aprovação permitiu que os agentes da NASA, o FBI e a U.S. Air Force Office of Special Investigations (Escritório da Força Aérea de Investigações Especiais) seguissem o rastro de um incidente na agência espacial para dezenas de endereços IP associados a computadores próximos de Moscou.

No início de 1999, um diretor sênior de cibersegurança da NASA escreveu um informe descrevendo os ciberataques contra a agência. Cinco meses após seu informe ter sido escrito, o Government Accountability Office (GAO), o braço investigador do Congresso, emitiu um informe público reiterando suas preocupações sobre a segurança da NASA, porém de acordo com a agência de segurança "nada mudou muito".

Na verdade, as investigações das brechas da NASA, segundo se informa, têm sido adiadas por oficiais de alto escalão do governo, que procuram minimizar o fato de que os incidentes têm comprometido a segurança nacional. Uma investigação da NASA pelo Presidents Council on Integrity and Efficiency (Conselho Presidencial de

Integridade e Eficiência) examinou 78 alegações de que os executivos da NASA teriam retaliado contra informantes que advertiram sobre as ameaças de segurança, em vez de investigarem os incidentes que potencialmente poderiam embaraçar a NASA. Um porta-voz da agência espacial assegurou que, dentro das diretrizes do Federal Information Security Management Act (Ato Federal de Gerenciamento de Segurança da Informação), a NASA "trabalha para proteger seus ativos de informação com medidas que incluem a instalação de nova tecnologia, aumento de recursos investigativos, aumento da conscientização dos funcionários e trabalho com outras agências federais".

Em meados de 2009, a NASA relatou ao Congresso sobre sua capacidade de detectar e monitorar o acesso a informações sobre suas redes; sobre sua capacidade de autorizar acessos físicos às suas redes; e sobre sua capacidade de criptografar dados confidenciais de pesquisa e de missão. Além disso, o GAO agora testa a rede da NASA em busca de vulnerabilidades e informa os resultados aos comitês de supervisão da agência no Congresso. Ela também precisa detalhar as ações corretivas tomadas para impedir mais invasões. No início de 2009, a NASA contratou a SecureInfo (*www.secureinfo.com*) para fornecer software para o sistema de gerenciamento de risco da agência, que ela usa por compatibilidade com essas diretivas e com o Federal Information Security Management Act.

O problema de segurança é tão crítico que o governo federal iniciou uma operação confidencial chamada *Byzantine Foothold*, para detectar, rastrear e desarmar intrusões das redes do governo, entre elas as redes da NASA. No início de 2008, o presidente George W. Bush assinou um decreto conhecido como *Cyber Initiative*, para reestruturar as ciberdefesas dos Estados Unidos. Essa iniciativa estabelecia 12 metas, e uma delas é que, por volta de junho de 2008, todas as agências do governo deveriam ter reduzido o número de canais de comunicação, através dos quais suas redes se conectam à internet de mais de 4.000 para menos de 100 portas de acesso. Essa diretiva ilustra a extensão dos problemas de segurança do governo.

### ▪ Os Resultados

Considerando o pior, os países estrangeiros agora possuem desenhos e especificações detalhadas para motores de foguete de alto desempenho e o ônibus espacial. Se isso for verdade, um país estrangeiro poderia iniciar ou acelerar o desenvolvimento avançado de motores de foguete e ônibus espaciais. Os governos estrangeiros também podem ser capazes de manipular os satélites dos Estados Unidos. Dito isso, a tecnologia perdida da NASA tem custado aos contribuintes dos Estados Unidos um valor estimado de US$ 1,9 bilhões, cifra que ainda não leva em conta as lições aprendidas e o conhecimento obtido com 50 anos de pesquisa da NASA.

Quaisquer resultados dentro da NASA são difíceis ou quase impossíveis de serem vistos. A alta direção da NASA tem coerentemente deixado de responder a pedidos de informação. Um executivo da NASA afirmou que a discussão sobre ciberespionagem poderia violar a lei federal.

O que realmente perturba os especialistas em cibersegurança é que a própria internet pode ter se tornado impossível de proteger. Os oficiais do governo dos Estados Unidos dizem que muitos dos novos invasores são profissionais treinados, com o suporte de governos estrangeiros e que a sofisticação de novos ataques está superando a capacidade de salvaguardas para proteção contra tais ataques.

*Fontes:* Compilado de "Cybergeddori Fear Stalks US: FBI", Physorg.com, 6 de janeiro de 2009; P. Wait, "NASA Hires Secure-Info for IT Security Compliance Assistance", Government Computer News, 2 de janeiro de 2009; K. Epstein, "U.S. Is Losing Global Cyberwar, Commission Says", BusinessWeek, 7 de dezembro de 2008; K. Epstein e B. Elgin, "The Taking of NASA's Secrets", BusinessWeek, 1 de dezembro de 2008; B. Grow, C. C. Tschang, C. Edwards e B. Burnsed, "Dangerous Fakes", BusinessWeek, 2 de outubro de 2008; M. Mosquera, "Lawmakers Want Stronger NASA IT Security", Federal Computer Week, 30 de maio de 2008; B. Grow, K. Epstein e C. C. Tschang, "The New E-Spionage Threat", BusinessWeek, 10 de abril de 2008; K. Epstein, "Defenseless on the Net", BusinessWeek, 18 de abril de 2008; T. Claburn, "RSA: Chertoff Likens U.S. Cyber Security to 'Manhattan Project', " InformationWeek, 8 de abril de 2008.

### ▪ O que Aprendemos com Este Caso

As lições que podemos aprender com as falhas de segurança na NASA dizem respeito aos três aspectos principais discutidos neste capítulo: ética, privacidade e segurança. Cada um desses aspectos está intimamente relacionado à TI e levanta questões significativas. Por exemplo, é ético para a NASA recusar-se a discutir os muitos incidentes de ciberespionagem com base em alegações de segurança nacional? Essa prática seria uma infração do direito de saber dos contribuintes dos Estados Unidos, afinal esses mesmos contribuintes patrocinam a NASA. A agência espacial americana mostrou diligência adequada na proteção de informações sensíveis, confidenciais? As falhas de segurança foram causadas por sua cultura, estrutura descentralizada, defesas de segurança fracas ou alguma combinação desses fatores? Como a NASA deveria proteger suas informações com maior eficácia? Uma proteção melhor na NASA envolve tecnologia, política ou ambos? A questão mais importante levantada pelo caso da NASA, porém, é se proteger a internet é possível. A resposta para essa pergunta afeta cada um de nós.

As respostas para essas e outras perguntas não são claras. Conforme discutimos ética, privacidade e segurança no contexto da Tecnologia da Informação, você adquirirá um conhecimento melhor acerca dessas questões, sua importância, seus relacionamentos e suas opções.

As tecnologias da informação, usadas corretamente, podem ter benefícios enormes para os indivíduos, organizações e sociedades inteiras. Nos dois primeiros capítulos, discutimos as diversas maneiras como a TI tornou os negócios mais produtivos, eficientes e responsivos aos consumidores. Também exploramos áreas como medicina e filantropia, em que a TI tem melhorado a saúde e o bem-estar das pessoas. Infelizmente, as tecnologias da informação também podem ser mal utilizadas, normalmente com consequências devastadoras. Considere o seguinte:

- Os indivíduos podem ter suas identidades roubadas.
- As organizações podem ter informações de cliente roubadas, gerando perdas financeiras, redução da confiança do cliente e ação legal.
- Os países enfrentam a ameaça de ciberterrorismo e ciberguerra. Vimos no caso inicial que a ciberguerra é um problema crítico para o governo dos Estados Unidos. Na verdade, o pacote de estímulo de 2009 do presidente Obama contém bilhões de dólares para atualizar as defesas digitais do governo.

Na verdade, o mau uso das tecnologias da informação tem ocupado o primeiro plano de qualquer discussão da TI. Por exemplo, o Ponemon Institute (*www.ponemon.org*), uma firma de pesquisa, estudou 43 organizações que relataram uma violação de segurança nos dados em 2008 e descobriu que aproximadamente US$ 202 eram gastos em cada registro de cliente que era comprometido. O número médio de registros de cliente expostos em cada violação foi de cerca de 33.000. Portanto, o custo médio de uma violação era US$ 6,6 milhões.

O estudo mediu os custos diretos de uma violação de dados, como a contratação de especialistas forenses; a notificação dos clientes; a preparação de linhas telefônicas adicionais para consultas dos clientes preocupados ou afetados; oferta de assinaturas gratuitas de monitoramento de crédito; e oferta de descontos para produtos e serviços futuros. O estudo também mediu custos mais intangíveis de uma violação, como a perda de negócios pela maior rotatividade de clientes (chamado de agitação do cliente) e quedas na confiança do cliente.

De acordo com o estudo, a negligência de funcionários causou 88% das violações de dados, o que confirma que eles são o elo mais fraco na segurança da informação. Como resultado, é muito importante que você aprenda sobre a segurança da informação para que esteja bem preparado quando ingressar na força de trabalho.

Os Capítulos 1 e 2 serviram para que você se acostumasse com as principais capacidades da TI. Na próxima seção, discutimos as questões complexas de ética, privacidade e segurança.

## 3.1. Questões Éticas

**Ética** refere-se aos princípios do certo e do errado que os indivíduos utilizam para fazer escolhas para guiar seus comportamentos. Decidir o que é certo ou errado nem sempre é fácil ou óbvio. Por esse motivo, muitas empresas e organizações profissionais desenvolvem seus próprios códigos de ética. Um **código de ética** é uma coleção de princípios que servem para orientar a tomada de decisão pelos membros da organização. Por exemplo, a Association for Computing Machinery (*www.acm.org*), uma organização de profissionais de computação, tem um código de ética cuidadoso para seus membros (ver *http://www.acm.org/constitution/ code.html*).

Os princípios fundamentais da ética incluem obrigatoriedade, responsabilidade e imputabilidade. **Responsabilidade** significa que você aceita as consequências de suas decisões e ações. **Responsabilização** (*accountability*) refere-se a determinar quem é responsável pelas ações que foram tomadas. **Imputabilidade ou responsabilidade legal** (*liability*) é um conceito jurídico que dá aos indivíduos o direito de recuperar os danos causados a eles por outros indivíduos, organizações ou sistemas.

Antes de prosseguirmos, é muito importante que você entenda que o que é *antiético* não é necessariamente *ilegal*. Na maioria dos casos, então, um indivíduo ou organização que enfrenta uma decisão ética não está considerando se quebra a lei. Isso não significa, porém, que as decisões éticas não possuem consequências sérias para os indivíduos, as organizações ou a sociedade em geral.

Infelizmente, temos visto um grande número de decisões éticas extremamente fracas, sem falar no comportamento totalmente criminoso. Durante 2001 e 2002, três fiascos altamente publicados ocorreram na Enron, WorldCom e Tyco. Em cada empresa, os executivos foram declarados culpados por vários tipos de fraude usando práticas contábeis ilegais. Esses atos ilegais resultaram, pelo menos em parte, na aprovação da Lei Sarbanes-Oxley em 2002, que exige que empresas públicas implementem controles financeiros e, para garantir a responsabilização, os executivos precisam pessoalmente certificar os relatórios financeiros.

Mais recentemente, a crise do financiamento imobiliário tornou-se aparente em 2007, expondo práticas de empréstimo antiéticas pelo setor imobiliário. A crise também mostrou a fraqueza generalizada na regulamentação do setor financeiro e no sistema financeiro global, levando, pelo menos em parte, a uma profunda recessão na economia global.

Melhorias nas tecnologias de informação estão causando um número cada vez maior de problemas éticos. O poder do processamento da computação dobra a cada dois anos, significando que as organizações estão mais dependentes do que nunca dos seus sistemas de informação. Quantidades de dados cada vez maiores podem ser armazenadas com custo cada vez menor, significando que as organizações podem armazenar mais dados sobre indivíduos por maiores períodos de tempo. Redes de computador, particularmente a internet, permitem que as organizações coletem, integrem e distribuam enormes quantidades de informações sobre indivíduos, grupos e instituições. Como resultado, problemas éticos estão surgindo sobre o uso apropriado da informação do cliente, privacidade pessoal e a proteção da propriedade intelectual.

Todos os funcionários têm a responsabilidade de encorajar os usos éticos da informação e da tecnologia da informação. A maioria, se não todas as decisões de negócios que você enfrentará no trabalho, terá uma dimensão ética. Considere estas decisões que você pode ter que tomar:

- As organizações devem monitorar a navegação na web e o e-mail?
- As organizações devem vender informações do cliente para outras empresas?
- As organizações devem fazer auditoria nos computadores dos funcionários em busca de software não autorizado ou arquivos de música ou vídeo baixados ilegalmente?

A diversidade e o uso cada vez mais difundido de aplicações de TI criaram diversos aspectos éticos. Esses aspectos se encaixam em quatro categorias gerais: privacidade, exatidão, propriedade e acessibilidade.

1. Os aspectos de *privacidade* envolvem coletar, armazenar e disseminar informações sobre pessoas.
2. Os aspectos de *exatidão* envolvem a autenticidade, a fidelidade e a correção das informações coletadas e processadas.
3. Os aspectos de *propriedade* envolvem a propriedade e o valor das informações.
4. Os aspectos de *acessibilidade* envolvem quem deve ter acesso às informações e se essas pessoas devem pagar por esse acesso.

A Tabela 3.1 relaciona questões e aspectos representativos para cada uma dessas categorias, e o Quadro 3.1 de TI e a empresa apresenta uma situação interessante da vida real que envolve muitas questões éticas e legais.

Além disso, o Apêndice on-line W3.1 apresenta 14 cenários éticos para você considerar situações que envolvem comportamento ético e antiético. Na próxima seção, discutimos as questões de privacidade com mais detalhes, e adiante as questões relativas à propriedade.

**Tabela 3.1** Um Arcabouço para as Questões Éticas

### Aspectos de privacidade

- Que informações sobre alguém um indivíduo deve ser obrigado a revelar a outras pessoas?
- Que tipo de vigilância um empregador pode exercer sobre seus empregados?
- O que as pessoas podem guardar para si mesmas, sem serem obrigadas a revelar a outras pessoas?
- Que informações sobre indivíduos devem ser mantidas em bancos de dados e qual o nível de segurança dessas informações?

### Aspectos de exatidão

- Quem é responsável pela autenticidade, fidelidade e exatidão das informações coletadas?
- Como se pode garantir que as informações serão processadas corretamente e apresentadas com precisão aos usuários?
- Como se pode garantir que os erros em bancos de dados, transmissões de dados e processamento de dados são acidentais, e não intencionais?
- Quem deve ser responsabilizado pelos erros de informação e como as partes prejudicadas devem ser compensadas?

### Aspectos de propriedade

- Quem é o proprietário das informações?
- Quais são os preços justos para sua troca?
- Como se deve tratar a pirataria de software (cópia de software registrado)?
- Sob que circunstâncias se podem usar bancos de dados proprietários?
- Os computadores corporativos podem ser usados para fins particulares?
- Como devem ser remunerados os especialistas que contribuem com seu conhecimento para criar sistemas especialistas?
- Como o acesso aos canais de informação deve ser alocado?

### Aspectos de acessibilidade

- Quem tem permissão para acessar as informações?
- Quanto deve ser cobrado para permitir acesso às informações?
- Como se pode proporcionar o acesso de empregados portadores de deficiências a computadores?
- A quem será fornecido o equipamento necessário para acessar informações?
- Que informações uma pessoa ou organização tem o direito ou privilégio de obter, e sob que condições e com que restrições?

## TI E A EMPRESA

### 3.1. Você é o Juiz

Terry Childs trabalhou no departamento de Tecnologia da Informação de São Francisco por cinco anos como um administrador de rede altamente considerado. Childs, que possui certificação *Cisco Certified Internetwork Expert*, o nível mais alto oferecido pela Cisco, montou a multimilionária nova rede de computadores de São Francisco, a FiberWAN. Ele tratou da maior parte da implementação, incluindo a aquisição, configuração e instalação de todos os roteadores e *switches* que compreendem a rede. A FiberWAN contém informações essenciais da cidade, como e-mails dos dirigentes, arquivos de pagamento do município, documentos confidenciais de imposição da lei e informações de registro de presidiários.

Em 13 de julho de 2008, Childs foi preso e acusado de quatro crimes capitais de uso ilegal de computadores. As autoridades o acusaram de sequestrar a FiberWAN criando senhas que lhe concediam acesso exclusivo ao sistema. Além de se recusar a dar aos oficiais da cidade as senhas necessárias para acessar a FiberWAN, Childs é acu-

sado de outras ações. As autoridades alegam que ele instalou um sistema de rastreamento para monitorar o que os administradores estavam dizendo e fazendo. Descobriram modems discados e DSL (*Digital Subscriber Line*), discutidos no Capítulo 5, que permitiriam que um usuário não autorizado se conectasse à FiberWAN. Eles também descobriram que Terry Childs havia colocado um comando em vários dispositivos na rede que apagaria dados de configuração críticos se alguém tentasse restaurar o acesso administrativo aos dispositivos. Além disso, ele supostamente coletou páginas de nomes de usuário e senhas, incluindo as do seu supervisor, para usar sua informação de *login* na rede, e supostamente baixou *terabytes* de dados da cidade para um dispositivo de armazenamento criptografado pessoal. A extensão das atividades de Child não era conhecida até que foi feita uma auditoria computacional em junho de 2008.

Childs foi disciplinado na função durante os meses que levaram à sua prisão, e seus supervisores tentaram demiti-lo. Essas tentativas não tiveram sucesso, em parte por causa de seu conhecimento exclusivo da FiberWAN da cidade.

Após sua prisão, Childs manteve as senhas necessárias por 10 dias e depois as deu ao prefeito de São Francisco em um acordo secreto na prisão municipal. O que ele estava pensando? Ele se tornou um funcionário delinquente? Seu advogado pinta uma imagem diferente do homem e de sua situação.

Childs parece ter levado seu emprego muito a sério, ao ponto da arrogância. Ele trabalhava muito, incluindo às noites e aos fins de semana, e raramente tirava férias. Como a FiberWAN era muito complexa e, também como ele, não envolvia os outros engenheiros de rede em sua unidade, Childs era a única pessoa que entendia totalmente a configuração da rede. Ele aparentemente não confiava em ninguém além de si mesmo com os detalhes da rede, incluindo sua configuração e informações de *login*.

Terry Childs tinha um relacionamento fraco com seus superiores, que eram todos administradores e não técnicos. Ele achava que seu supervisor direto era intrometido, incompetente e obstrutivo, e que os gerentes acima dele não tinham uma ideia real do que estava acontecendo com a FiberWAN. Na verdade, ele achava que seus superiores estavam mais interessados em política de escritório do que em realizar alguma coisa. Também reclamava que trabalhava demais e que muitos de seus colegas eram parasitas incompetentes.

O advogado de Childs afirmava que seu cliente havia sido vítima de um esforço de má-fé para forçá-lo a sair de seu posto por funcionários públicos incompetentes, cuja intromissão estava prejudicando a rede que Childs havia criado. Seu advogado continuou dizendo que seus supervisores e colegas de trabalho no passado tinham danificado a FiberWAN, prejudicado a capacidade de Childs de mantê-la e mostrado completa indiferença à sua manutenção.

Childs era a única pessoa no departamento capaz de operar a FiberWAN. Apesar desse fato, o departamento não havia estabelecido políticas sobre quais pessoas deveriam receber senhas. Childs afirma que nenhuma das pessoas que solicitaram as senhas dele estava qualificada para obtê-las.

O advogado levanta a questão: "Como o departamento poderia dizer que seu desempenho era fraco quando ele havia feito o que nenhum outro seria capaz ou estaria disposto a fazer?" O interessante é que a FiberWAN continuou funcionando tranquilamente enquanto Childs estava mantendo as senhas.

Hoje, os funcionários municipais de São Francisco dizem que gastaram quase US$ 200.000 em contratados da Cisco para resolver os problemas com a FiberWAN. A cidade contratou uma firma de consultoria, a Secure DNA (*www.secure-dna.com*), para realizar uma avaliação de vulnerabilidade de sua rede, e separou mais US$ 800.000 para resolver problemas existentes em potencial.

Em fevereiro de 2009, Childs permanecia na prisão, mantendo uma fiança de US$ 5 milhões. Após a audiência preliminar, o juiz da Corte Superior, Paul Alvarado, em 7 de janeiro de 2009, decretou que os promotores haviam produzido evidência suficiente da provável culpa de Childs para mantê-lo em julgamento sob as acusações. Ele passará sete anos na prisão, se for condenado.

*Fontes:* Compilado de J. Van Derbeken, "*S.F.* Officials Locked Out of Computer Network", SFGate.com, 15 de julho de 2008; Z. Church, "San Francisco IT Hack Story Looks a Bit Too Much Like *Chinatown*", SearchCIO-Midmarket.com, 16 de julho de 2008; P. Venezia, "Why San Francisco's Network Admin Went Rogue", InfoWorld, 18 de julho de 2008; J. Van Derbeken, "Lawyer Says Client Was Protecting City's Code", SFGate.com, 23 de julho de 2008; R. McMillan e P. Venezia, "San Francisco's Mayor Gets Back Keys to the Network", Network World, 23 de julho de 2008; R. McMillan, "Parts of San Francisco Network Still Locked Out", Network World, 23 de julho de 2008; J. Vijayan, "City Missed Steps to Avoid Network Lockout", Computerworld, 28 de julho de 2008; A. Surdin, "San Francisco Case Shows Vulnerability of Data Networks", Washington Post, 11 de agosto de 2008; R. McMillan, "San Francisco Hunts for Mystery Device on City Network", Computerworld, 11 de setembro de 2008; B. Egelko, "S.F. Computer Engineer to Stand Trial", SFGate.com, 27 de dezembro de 2008.

**PERGUNTAS**
1. Childs é culpado das acusações contra ele, ou seja, uso ilegal de computadores?
   a. Discuta esse caso do ponto de vista do promotor da cidade de São Francisco.
   b. Discuta esse caso do ponto de vista do advogado de defesa de Childs.
   c. Os alunos da turma atuarão como jurados e votarão sobre a inocência ou culpa de Childs após a discussão.

   Não se esqueça de incluir os princípios de responsabilidade, responsabilização e imputabilidade na discussão. Diferencie também entre comportamento ético e comportamento legal na discussão.

2. Um ponto único de falha é uma parte de um sistema que, se falhar, interromperá o funcionamento do sistema inteiro. Um ponto único de falha é indesejável, seja ele uma pessoa, rede ou aplicação. Childs é um exemplo de um ponto único de falha? Por que ou por que não? Se for, como a cidade de São Francisco (ou qualquer organização) deveria se proteger contra tal pessoa?

### ■ Protegendo a Privacidade

Em geral, **privacidade** é o direito de ficar em paz e de estar livre de invasões pessoais injustificáveis. A *privacidade das informações* é o direito de determinar quando e até que ponto as informações sobre você podem ser coletadas e/ou comunicadas a outros indivíduos. Os direitos de privacidade se aplicam a pessoas, grupos e instituições. A definição de privacidade pode ser interpretada de maneira muito ampla. Entretanto, as decisões judiciais em muitos países têm seguido duas regras praticamente à risca:

1. O direito de privacidade não é absoluto. A privacidade precisa ser contrastada com as necessidades da sociedade.
2. O direito de saber do público está acima do direito de privacidade do indivíduo.

Essas duas regras mostram por que é difícil, em alguns casos, determinar e fazer cumprir leis de privacidade. O direito à privacidade é reconhecido, hoje, em todos os estados norte-americanos e pelo governo federal dos Estados Unidos, seja por estatuto ou por lei comum.

Rápidos avanços nas tecnologias da informação tornaram muito mais fácil coletar, armazenar e integrar dados sobre indivíduos em grandes bancos de dados. Em um dia normal, você gera dados sobre si mesmo de muitas maneiras: câmeras de vigilância em estradas com pedágio, em lugares públicos e no trabalho; transações de cartão de crédito; ligações telefônicas (de fixo e celular); transações bancárias; consultas em mecanismos de busca; e registros do governo (incluindo registros policiais). Esses dados podem ser integrados para produzir um **dossiê digital**, que é uma descrição eletrônica sobre você e seus hábitos. O processo de formar um dossiê digital é chamado de **traçar o perfil** (*profiling*).

Agregadores de dados, como o LexisNexis (*www.lexisnexis.com*), ChoicePoint (*www.choicepoint.com*) e Acxiom (*www.acxiom.com*) são bons exemplos de traçadores de perfis. Essas empresas coletam dados públicos, como registros imobiliários e números de telefone publicados, além de informações não públicas, como números de Seguro Social, dados financeiros e registros policiais, criminais e de veículos motorizados.

Essas empresas, então, integram esses dados para formar dossiês digitais, ou perfis, sobre a maioria dos adultos nos Estados Unidos. Elas vendem esses dossiês para agências de imposição da lei e empresas realizando verificação de antecedentes sobre funcionários em potencial. Elas também vendem esses dossiês para empresas que desejam conhecer melhor seus clientes, um processo chamado *intimidade com o cliente*.

Entretanto, os dados sobre indivíduos podem ser usados de uma maneira questionável. Por exemplo, um novo mapa controvertido na Califórnia identifica os endereços de doadores que patrocinaram a Proposição 8, o referendo que recusou o casamento de pessoas do mesmo sexo na Califórnia (ver *www.eightmaps.com*). Os ativistas homossexuais criaram um mapa combinando a tecnologia de mapeamento por satélite do Google com registros de campanha, disponíveis publicamente, listando os doadores da Proposição 8 que contribuíram com US$ 100 ou mais. Esses doadores se sentiram ultrajados, dizendo que o mapa invade sua privacidade e os faz sentir "vulneráveis" a retaliações.

Vigilância Eletrônica. Segundo a American Civil Liberties Union (ACLU, União Americana de Liberdades Civis), monitorar as atividades das pessoas com o auxílio de computadores se tornou um grande problema relacionado à privacidade. A ACLU observa que esse monitoramento, ou **vigilância eletrônica**, está aumentando rapidamente, sobretudo com o surgimento de novas tecnologias. Esse monitoramento é feito por empresas, órgãos governamentais e outras instituições.

Em geral, os empregados têm pouca proteção contra a vigilância dos empregadores. A lei parece apoiar o direito dos empregadores de lerem os e-mails e outros documentos eletrônicos dos empregados, bem como de monitorar o uso da internet. Hoje, mais de três quartos das organizações estão monitorando o uso da internet pelos funcionários. Além disso, dois terços das organizações utilizam software para bloquear conexões com sites impróprios, uma prática chamada *filtragem de URL*. As organizações estão instalando software de monitoramento e filtragem para aprimorar a segurança, impedindo o software malicioso e melhorando a produtividade do funcionário, desencorajando o desperdício de tempo.

Em uma organização, antes de implementar um produto de filtragem de URL, o CIO monitorou cerca de 13.000 pessoas por três meses para determinar o tipo de tráfego em que eles estavam engajados na rede. Depois, eles passaram os dados para o CEO e os diretores dos departamentos de recursos humanos e jurídico. Eles ficaram abalados com os sites questionáveis que os funcionários estavam visitando, bem como a quantidade de tempo que eles gastavam nesses sites. Os executivos rapidamente tomaram a decisão de implementar o produto de filtragem.

A vigilância também é uma preocupação para os indivíduos, seja realizada por empresas, órgãos governamentais ou criminosos. Muitos norte-americanos ainda estão tentando determinar o equilíbrio ideal entre privacidade pessoal e vigilância eletrônica, especialmente nas áreas em que há envolvimento de ameaças à segurança nacional.

Informações Pessoais em Bancos de Dados. Informações sobre indivíduos estão sendo mantidas em muitos bancos de dados. Talvez os locais mais visíveis desses registros sejam as agências de proteção ao crédito. Outras instituições que armazenam informações pessoais incluem bancos e instituições financeiras, empresas de TV a cabo, telefonia e utilidades públicas, empregadores, imobiliárias, empresas de hipoteca, hospitais, escolas, universidades, estabelecimentos de varejo, agências governamentais (órgãos públicos, o estado e o município em que você reside) e muitos outros.

Existem várias preocupações quanto às informações que você fornece a esses guardadores de registros. As principais são:

- Você sabe onde os registros estão armazenados?
- Os registros estão corretos?
- Você pode alterar dados incorretos?
- Quanto tempo levará para fazer uma alteração?
- Sob que circunstâncias os dados pessoais serão liberados?
- De que maneira os dados são usados?
- Para quem eles são entregues ou vendidos?
- Até que ponto os dados estão protegidos contra acesso de pessoas não autorizadas?

Informações em fóruns, grupos de discussão e sites de rede social da internet. Todos os dias vemos na internet cada vez mais *fóruns, grupos de discussão* e *conversas eletrônicas*, como salas de bate-papo, e sites *de redes sociais* (discutidos no Capítulo 5). Esses sites aparecem na internet, dentro de intranets corporativas e em blogs. Um blog (abreviação de weblog) é um diário pessoal informal que é frequentemente atualizado e destinado à leitura do público em geral. Como a sociedade evita que os donos de grupos de discussão disseminem informações que podem ser ofensivas aos leitores ou simplesmente mentirosas? Esse é um problema difícil porque envolve o conflito entre a liberdade de expressão de um lado e a privacidade do outro. Esse conflito é um problema ético fundamental e contínuo na sociedade norte-americana.

Não há melhor ilustração do conflito entre liberdade de expressão e privacidade do que a internet. Muitos sites contêm informações anônimas, difamadoras, sobre indivíduos que normalmente têm pouco recurso no assunto. Aproximadamente metade das empresas nos Estados Unidos utiliza a internet para examinar candidatos a emprego, incluindo verificação a respeito do candidato no Google e em redes sociais. Informações difamadoras que possam ser encontradas na internet podem reduzir as chances do pretendente. O problema tornou-se tão sério que uma empresa, chamada Reputation Defender (*www.reputationdefender. com*) procura conteúdo difamador on-line e o destrói em favor de seus clientes.

Códigos e políticas de privacidade. **Políticas de privacidade** ou **códigos de privacidade** são as diretrizes de uma organização com respeito à proteção da privacidade dos consumidores, clientes e empregados. Em muitas empresas, a gerência sênior começou a entender que, quando coletam grandes quantidades de informação, é preciso protegê-las. Muitas organizações oferecem opções de saída para seus clientes. O **modelo de opção de saída** do consentimento informado permite que a empresa colete informações pessoais até que o cliente especificamente solicita que os dados não sejam coletados. Os defensores da privacidade preferem o **modelo de opção de entrada** do consentimento informado, em que uma empresa é proibida de coletar qualquer informação pessoal a menos que o cliente a autorize especificamente.

A Plataforma de Preferências de Privacidade (P3P) automaticamente comunica as diretrizes de privacidade entre um site de comércio eletrônico e os visitantes desse site. A P3P permite que os visitantes determinem os tipos de dados pessoais que podem ser extraídos pelos sites que eles visitam. Ela também permite que os visitantes comparem a política de privacidade com as preferências dos visitantes ou com outros padrões, como *Fair Information Practices Standard* (Padrão de Práticas de Informação Justas) ou *European Directive on Data Protection* (Diretiva Europeia sobre Proteção de Dados), da Federal Trade Commission (FTC, Comissão Federal de Comércio)

A Tabela 3.2 apresenta um exemplo de diretrizes de política de privacidade. Você pode acessar a política de privacidade do Google em *www.google.com/privacypolicy.html.*

**Tabela 3.2** Exemplo de Diretrizes de Política de Privacidade

### Coleta de Dados

- Dados sobre indivíduos só devem ser coletados com a finalidade de alcançar um objetivo de negócios legítimo.
- Os dados devem ser adequados, relevantes e não excessivos em relação ao objetivo de negócios.
- As pessoas precisam dar consentimento antes que os dados sejam coletados. Esse consentimento pode estar implícito nas ações do indivíduo (por exemplo, propostas de crédito, seguro ou emprego).

### Exatidão dos dados

- Dados sensíveis coletados de indivíduos devem ser verificados antes de serem inseridos no banco de dados.
- Sempre que necessário, os dados devem ser atualizados.
- O arquivo deve ficar disponível para que a pessoa possa se certificar de que estão corretos.

- Se houver uma discordância quanto à exatidão dos dados, a versão do indivíduo deve ser observada e incluída em qualquer exibição do arquivo.

### Sigilo dos dados

- Procedimentos de segurança em computadores devem ser implementados para evitar a exposição não autorizada dos dados. Devem incluir medidas de segurança física, técnica e administrativa.
- Empresas terceirizadas não devem ter acesso aos dados sem o conhecimento ou permissão do indivíduo, exceto quando exigido por lei.
- Revelações dos dados, além das rotineiras, devem ser registradas e mantidas pelo tempo em que os dados forem armazenados.
- Os dados não devem ser revelados por razões incompatíveis com o objetivo de negócios para o qual foram coletados.

## ▪ Aspectos Internacionais de Privacidade

À medida que o número de usuários on-line aumenta globalmente, os governos têm decretado uma grande quantidade de leis incoerentes sobre privacidade e segurança. Essa estrutura legal global, altamente complexa, está causando problemas de regulamentação para as empresas. Aproximadamente 50 países possuem alguma forma de lei de proteção dos dados. Muitas dessas leis entram em conflito com as leis de outros países ou exigem medidas de segurança específicas. Outros países não possuem lei de privacidade alguma.

A ausência de padrões coerentes ou uniformes para privacidade e segurança obstrui o fluxo de informações entre países. A União Europeia (UE), por exemplo, tomou atitudes para resolver esse problema. Em 1998, a Comissão da Comunidade Europeia (CCE) publicou diretrizes para todos os seus países-membros com relação aos direitos dos indivíduos de acessarem informações sobre si mesmos. As leis de proteção de dados da UE são mais rígidas que as leis dos Estados Unidos e, portanto, podem criar problemas para empresas multinacionais, que podem enfrentar processos por violação de privacidade.

A transferência de dados para o interior ou o exterior de uma nação sem o conhecimento das autoridades ou dos indivíduos envolvidos traz à tona vários aspectos relacionados à privacidade. Que leis têm jurisdição quando registros são roubados em um país diferente para fins de reprocessamento ou retransmissão? Por exemplo, se dados forem transmitidos por uma empresa polonesa através de um satélite norte-americano para uma empresa inglesa, as leis de privacidade de qual país controlam os dados? Quando? Questões como essas se tornarão mais complexas e frequentes com o passar do tempo. Os governos precisam fazer um esforço para desenvolver leis e padrões para lidar com as tecnologias da informação altamente dinâmicas, a fim de resolver alguns desses problemas de privacidade.

Os Estados Unidos e a União Europeia compartilham a meta de proteção da privacidade de seus cidadãos, mas os Estados Unidos utilizam uma técnica diferente daquela utilizada na UE. Para compatibilizar as diferenças nas técnicas de privacidade, o Departamento de Comércio dos Estados Unidos, em consulta com a UE, desenvolveu uma estrutura de "Porto Seguro" para regulamentar o modo como as empresas nos

Estados Unidos exportam e lidam com dados pessoais (como nomes e endereços) de cidadãos europeus. Visite *www.export.gov/safeharbor* e *http://ec.europa.eu/justice_home/fsj/privacy/index_en.htm.*

## Antes de Prosseguir...

1. Defina ética e cite as quatro categorias éticas que se aplicam à TI.
2. Descreva a questão da privacidade no que se refere à TI.
3. O que contém um código de ética?
4. Descreva a relação entre TI e privacidade.

## 3.2. Ameaças à Segurança da Informação

Vários fatores estão contribuindo para o aumento da vulnerabilidade das informações da empresa. Antes de discutirmos esses fatores, vamos listá-los aqui.

- O ambiente de negócios de hoje, interconectado, interdependente, conectado por redes sem fio.
- Legislação do governo.
- Computadores e dispositivos de armazenamento menores, mais rápidos e mais baratos.
- Menos habilidade necessária para ser um hacker de computador.
- Crime organizado internacional assumindo o cibercrime.
- Responsabilidade legal em cascata.
- Maior uso, por funcionários, de dispositivos não controlados.
- Falta de apoio da gerência.

O primeiro fator é a evolução do recurso de tecnologia da informação desde o mainframe somente até o ambiente de negócios de hoje, altamente complexo, interconectado, interdependente e conectado por redes sem fio. A internet agora permite que milhões de computadores e redes de computadores se comuniquem de modo livre e transparente uns com os outros. Organizações e pessoas são expostas a um mundo de redes não confiáveis e invasores em potencial. Uma *rede confiável*, em geral, é qualquer rede dentro da sua organização. Uma *rede não confiável*, em geral, é qualquer rede externa à sua organização. Além disso, as tecnologias sem fio permitem que os funcionários realizem computação, se comuniquem e acessem a internet de qualquer lugar e a qualquer hora. De modo significativo, a tecnologia sem fio é um meio de comunicação por difusão (*broadcast*) inerentemente inseguro.

O segundo fator, a legislação do governo, exige que muitos tipos de informação devem ser protegidos por lei. Nos Estados Unidos, o Gramm-Leach-Bliley Act exige que as empresas notifiquem aos consumidores quanto às suas políticas de privacidade e ofereçam meios de opção de saída para os consumidores que não desejam que suas informações pessoais sejam distribuídas para fora da empresa. Essa lei também protege dados financeiros privados. O Health Insurance Portability and Accountability Act (HIPAA, Ato de Portabilidade e Responsabilização sobre seguros de Saúde) protege todos os registros médicos e outras informações de saúde identificáveis individualmente.

O terceiro fator reflete o fato de que os computadores e dispositivos de armazenamento modernos (por exemplo, HDs portáteis e *pen drives*) continuam a se tornar menores, mais rápidos, mais baratos e mais portáteis, com maior capacidade de armazenamento. Essas características tornam muito mais fáceis roubar ou perder um computador ou dispositivo de armazenamento que contém grandes quantidades de informações confidenciais. Além disso, muito mais pessoas conseguem adquirir computadores poderosos e se conectar à internet sem grandes custos, aumentando assim o potencial de um ataque às informações.

O quarto fator é que as habilidades de computação necessárias para ser um hacker estão *diminuindo*. O motivo é que a internet contém informações e programas de computador, chamados *scripts*, que os usuários com poucas habilidades podem baixar e usar para atacar qualquer sistema de informação conectado à internet. (Os especialistas em segurança também podem usar esses *scripts* para fins legítimos, como testar a segurança de diversos sistemas.)

O quinto fator é que o crime organizado internacional está assumindo o cibercrime. **Cibercrime** refere-se às atividades ilegais que ocorrem por redes de computadores, particularmente a internet. iDefense (http://

labs.idefense.com) é uma empresa especializada em oferecer informação de segurança a governos e às maiores empresas. A empresa afirma que grupos de criminosos bem organizados assumiram o controle de uma rede criminosa global bilionária. A rede, controlada por hackers habilidosos, visa às brechas de segurança conhecidas no software. Esses crimes normalmente não são violentos, porém são muito lucrativos. Por exemplo, as perdas de roubos com arma rendem em média centenas de dólares, enquanto os crimes de colarinho branco rendem dezenas de milhares de dólares. Ao contrário, as perdas provenientes de crimes de computador são de centenas de milhares de dólares em média. Além disso, esses crimes podem ser cometidos em qualquer lugar do mundo, a qualquer momento, efetivamente oferecendo um porto seguro internacional para os cibercriminosos. Os crimes baseados em computador causam danos de bilhões de dólares às empresas a cada ano, incluindo os custos para reparar os sistemas de informação e os custos de negócios perdidos.

Os especialistas de segurança na Verizon Business (*www.verizonbusiness.com*), uma firma contratada pelas maiores empresas para investigar brechas de dados, responderam a aproximadamente 100 brechas de dados em 2008 envolvendo uns 285 milhões de registros de cliente. Esse grande número excede o total combinado de registros de cliente comprometidos de 2004 a 2007. Os investigadores da Verizon descobriram que os grupos do crime organizado na Europa Oriental causaram mais de 50% das brechas em 2008.

O sexto fator é a *responsabilidade legal em cascata*, que ocorre da seguinte maneira: se os sistemas de informação da Empresa A fossem comprometidos por um invasor e usados para atacar os sistemas da Empresa B, então a Empresa A poderia ser responsável pelos danos à Empresa B. Observe que a Empresa B está "em cascata" em relação à Empresa A nesse cenário de ataque. Um processo por responsabilidade legal em cascata levaria as políticas e as operações de segurança da Empresa A para juízo. Sob a lei de responsabilidade civil, o reclamante (parte prejudicada, ou Empresa B) teria que provar que a empresa ofensora (Empresa A) tinha o dever de manter seus computadores protegidos e deixou de fazer isso, em comparação com padrões e práticas geralmente aceitas.

Os especialistas legais acham que é apenas uma questão de tempo até que as vítimas de crime de computador comecem a processar os donos dos sistemas e redes usados como trampolins nos ciberataques. O primeiro processo por responsabilidade legal em cascata da segurança da informação provavelmente virá de uma catástrofe, por exemplo, um comerciante on-line pode ser atingido com um ataque devastador que interrompe suas atividades.

Em algum ponto, todas as empresas terão um conjunto mínimo de padrões que elas terão de atender quando estiverem operando sistemas de informação que se conectam à internet. Já existem modelos na forma de regulamentações e leis (por exemplo, o Gramm-Leach-Bliley Act e o HIPAA). Obrigações contratuais de segurança, principalmente *acordos de nível de serviço* (conhecidos pela sigla em inglês SLA de *service-level agreement*), que descrevem requisitos muito específicos, também poderiam ajudar a estabelecer um padrão de segurança. Tribunais e o poder legislativo poderiam citar termos de SLA típicos, como manter o software antivírus atualizado, patches de software e firewall*s*, na composição das responsabilidades mínimas com a segurança.

Uma empresa sendo processada por responsabilidade legal em cascata terá de convencer um juiz ou jurados de que suas medidas de segurança foram razoáveis. Ou seja, a empresa precisa demonstrar que praticou a devida diligência na segurança da informação, que pode ser definida em parte por aquilo que os seus concorrentes estão fazendo, o que define as melhores práticas.

A Verizon aprendeu sobre a devida diligência em abril de 2003, quando a Comissão de Utilidade Pública do Maine rejeitou seu pedido de liberação de US$ 62.000 em indenizações devidas a companhias locais depois que o *worm SQL Slammer* interrompeu o funcionamento de suas redes. A Verizon solicitou uma quebra brusca nas indenizações devidas sob seu acordo de serviço, argumentando que o *worm* "foi um evento que estava além de seu controle" (como um relâmpago). A rejeição da comissão se baseou em parte nos comentários submetidos por concorrentes como WorldCom (agora MCI) e AT&T. Eles afirmaram que trataram do Slammer com o mínimo de interrupção, pois fizeram um trabalho melhor tapando furos em seus sistemas do que a Verizon. Por que a Verizon, ou potencialmente qualquer empresa, deveria ser uma exceção?

O sétimo fator é o maior uso, por funcionários, de dispositivos não controlados pelo departamento de TI. Esses dispositivos incluem computadores do cliente, dispositivos móveis de parceiros de negócios, computadores disponíveis nos hotéis e muitos outros.

O oitavo e último fator é o apoio da gerência. Para que a organização inteira leve a sério as políticas e os procedimentos de segurança, a alta gerência precisa estabelecer o tom. Em última instância, no entanto, os gerentes de nível inferior podem ser ainda mais importantes, pois estão em contato mais de perto com os funcionários a cada dia e, assim, podem verificar se seus subordinados estão seguindo procedimentos de segurança.

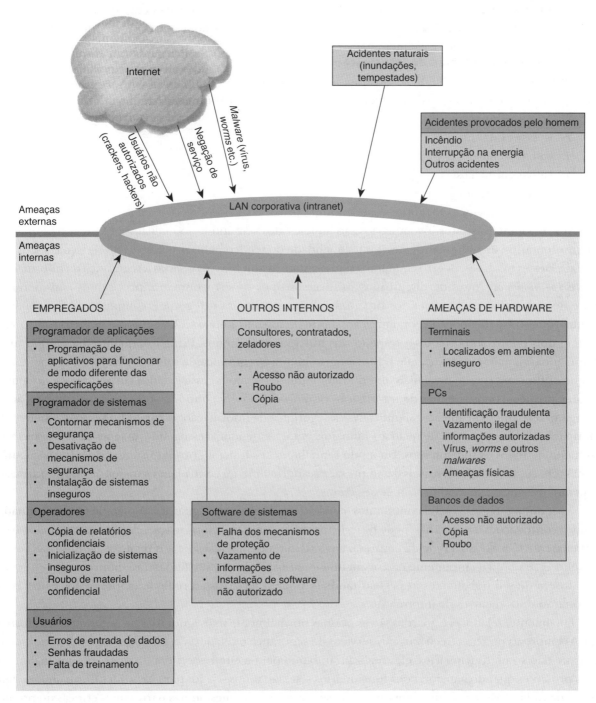

**Figura 3.1** Ameaças à segurança.

Antes de discutirmos as muitas ameaças aos recursos de informação de uma organização, vejamos alguns termos importantes. As organizações possuem muitos recursos de informação (por exemplo, computadores e as informações neles contidas, sistemas de informação e aplicações, bancos de dados etc.). Esses recursos estão sujeitos a uma grande quantidade de ameaças. Uma **ameaça** a um recurso de informação é qualquer perigo ao qual um sistema pode estar exposto. A **exposição** de um recurso de informação diz respeito ao prejuízo, à perda ou ao dano que podem ocorrer se uma ameaça comprometer esse recurso. A **vulnerabilidade** de um sistema é a possibilidade de ele sofrer algum dano devido a uma ameaça. **Risco** é a probabilidade de uma ameaça ocorrer. Os **controles de sistemas de informação** são os procedimentos, dispositivos ou software destinados a evitar o comprometimento do sistema. Examinaremos esses controles na Seção 3.3.

Os sistemas de informação são vulneráveis a diversos perigos ou ameaças em potencial. A Figura 3.1 ilustra as principais ameaças à segurança de um sistema de informação. Como existem muitas ameaças, o resumo a seguir ajudará você a acompanhar nossa discussão.

■ **Ameaças aos Sistemas de Informação**

Whitman e Mattord (2003) classificaram as ameaças em cinco categorias gerais para nos ajudar a entender melhor a complexidade do problema da ameaça. Suas categorias são:

1. Atos involuntários
2. Desastres naturais
3. Falhas técnicas
4. Falhas gerenciais
5. Atos deliberados

Discutiremos as cinco categorias de ameaça nas próximas seções.

Atos involuntários. Atos involuntários são aqueles atos sem intenção maliciosa. Existem três tipos de atos involuntários: erros humanos, desvios na qualidade do serviço pelos provedores do serviço e riscos ambientais. Desses três tipos, os erros humanos representam as ameaças mais sérias à segurança da informação.

***Erros humanos.*** Antes de discutirmos os diversos tipos de erro humano, precisamos considerar as diferentes categorias de funcionários organizacionais. A primeira categoria é composta de funcionários comuns, que se espalha por toda organização, desde mensageiros até o CEO, em todas as áreas funcionais. Existem dois pontos importantes a respeito dos funcionários comuns. Primeiro, quanto mais alto o nível do funcionário, maior a ameaça que o funcionário impõe à segurança da informação. Essa situação existe porque os funcionários de nível mais alto normalmente têm maior acesso a dados corporativos e gozam de maiores privilégios nos sistemas de informação organizacionais. Segundo, os funcionários em duas áreas da organização impõem ameaças significativas à segurança da informação: recursos humanos e sistemas de informação. Os funcionários de recursos humanos geralmente têm acesso a informações pessoais sensíveis a respeito de todos os funcionários. De modo semelhante, os funcionários de sistemas de informação não apenas têm acesso a dados sensíveis da empresa, mas normalmente controlam os meios de criação, armazenamento, transmissão e modificação desses dados.

A segunda categoria inclui contratados, consultores e zeladores e guardas. A mão de obra contratada, como as contratações temporárias, pode ficar de fora na segurança da informação. Porém, esses funcionários normalmente têm acesso à rede da empresa, aos sistemas de informação e aos recursos de informação. Os consultores, embora tecnicamente não sejam funcionários, realizam trabalho para a empresa. Dependendo da natureza de seu trabalho, essas pessoas também podem ter acesso à rede da empresa, aos sistemas de informação e aos recursos de informação.

Finalmente, zeladores e guardas são as pessoas normalmente mais ignoradas na segurança da informação. As empresas podem terceirizar seus serviços de segurança e zeladoria e, embora esses indivíduos tecnicamente não sejam funcionários, eles realizam trabalho para a empresa. Além do mais, eles normalmente estão presentes quando a maioria dos funcionários – se não todos – já foi para casa. Eles normalmente têm chaves de cada escritório, e ninguém questiona sua presença até mesmo nas partes mais críticas do prédio. Na verdade, um artigo da edição de inverno de 1994 de *2600: The* Hacker *Quarterly* descreveu como conseguir um emprego de zelador para obter acesso físico a uma organização.

Erros humanos ou enganos cometidos por funcionários são um grande problema resultante da preguiça, do descuido ou da falta de conscientização com relação à segurança da informação. Essa falta de conscientização vem de poucos esforços de educação e treinamento por parte da organização. Erros humanos se manifestam de muitas maneiras diferentes, como vemos na Tabela 3.3.

**Tabela 3.3** Erros humanos

| Erro humano | Descrição e Exemplos |
|---|---|
| Pegar carona (*tailgating*) | Uma técnica projetada para permitir que o transgressor entre em áreas restritas que são controladas com cadeados ou entrada por cartão. O transgressor acompanha de perto um funcionário legítimo e, quando este ganha acesso, pede que ele "segure a porta". |
| Espionar sobre os ombros | O transgressor observa a tela de computador dos funcionários sobre seus ombros. Essa técnica é particularmente bem-sucedida em áreas públicas, como aeroportos, trens ou aviões. |
| Descuido com laptops | Perder laptops, deixá-los fora do lugar, esquecê-los em táxis e assim por diante. |
| Descuido com dispositivos portáteis | Perder ou deixar esses dispositivos fora do lugar, ou usá-los descuidadamente, de modo que um vírus seja introduzido na rede de uma organização. |
| Leitura de e-mails questionáveis | Abrir e-mails de alguém desconhecido ou clicar em links embutidos nos e-mails (ver ataques de phishing a seguir). |
| Navegação descuidada na internet | Acessar sites questionáveis; pode resultar em vírus e/ou software clandestino sendo introduzido na rede da organização. |
| Má seleção e mau uso de senha | Escolher e usar senhas fracas (ver senhas fortes a seguir). |
| Descuido no escritório | Mesas e arquivos destrancados quando os funcionários vão para casa à noite; não fazer o *logoff* da rede da empresa quando saem do escritório por algum período de tempo estendido. |
| Descuido usando dispositivos não controlados | Dispositivos não controlados são aqueles fora do controle do departamento de TI de uma organização e dos procedimentos de segurança da empresa. Esses dispositivos incluem computadores pertencentes a clientes e parceiros comerciais, computadores disponíveis nos hotéis e computadores em redes de lanchonetes. |
| Descuido com equipamento descartado | Descartar hardware e dispositivos de computador antigos sem limpar completamente a memória; inclui computadores, telefones celulares, Blackberries e impressoras e copiadoras digitais. |

Os erros humanos que acabamos de discutir são involuntários por parte do funcionário. Porém, os funcionários também podem cometer erros como resultado de ações deliberadas por um invasor. Essas ações deliberadas se encaixam em três categorias: engenharia social, engenharia social reversa e mineração de dados sociais.

***Engenharia social, engenharia social reversa e mineração de dados sociais.*** A primeira é um ataque em que o transgressor usa habilidades sociais para enganar ou manipular um funcionário legítimo para oferecer informações confidenciais da empresa, como senhas. O exemplo mais comum de engenharia social ocorre quando o invasor se passa por outra pessoa ao telefone, como um gerente da empresa ou um funcionário de sistemas de informação. O invasor afirma que esqueceu sua senha e pede que o funcionário legítimo lhe dê uma senha para usar. Outros ataques comuns incluem passar-se por um dedetizador, um técnico de ar-condicionado ou um bombeiro. Existem muitos exemplos de engenharia social.

Em certa empresa, um transgressor entrou em um prédio da empresa usando um crachá de identificação da empresa que parecia ser legítimo. Ele deu algumas voltas e colocou cartazes dizendo: "O número de telefone do apoio mudou. O novo número é 555-1234". Depois, ele saiu do prédio e começou a receber ligações de funcionários legítimos achando que estavam ligando para o serviço de apoio da empresa. Naturalmente, a primeira coisa que o transgressor perguntava era o nome de usuário e a senha. Agora, ele tinha informações necessárias para acessar os sistemas de informação da empresa.

Em outra empresa, um invasor carregou um programa de cavalo de Troia (discutido mais adiante neste capítulo) em 20 *pen drives*. O cavalo de Troia foi preparado para coletar senhas e informações de *login* do computador de um funcionário e depois enviar a informação por e-mail para o invasor. Bem cedo, em uma manhã, ele espalhou os *pen drives* no estacionamento, em áreas designadas para fumantes e em calçadas próximas da empresa alvo. Os funcionários acharam 15 deles e os conectaram nos computadores da empresa sem primeiro passar um software de segurança. O software de cavalo de Troia transmitiu seus nomes de usuário e senhas para o invasor e permitiu que ele comprometesse outros sistemas na empresa.

Na engenharia social, o invasor se aproxima de funcionários legítimos. Na **engenharia social reversa**, os funcionários se aproximam do invasor. Por exemplo, o invasor é contratado em uma empresa e, em conversas informais com seus colegas, demonstra que ele é "bom com computadores". Como normalmente acontece, eles lhe pedem ajuda com seus problemas no computador, e enquanto ele os ajuda, também carrega cavalos de Troia em seus computadores, que lhe enviam e-mail com suas senhas e informações sobre suas máquinas.

A **mineração de dados sociais**, também denominada *buddy mining*, ocorre quando os invasores buscam descobrir quem conhece quem em uma organização, e como. Se os invasores tiverem um conhecimento dos relacionamentos de confiança dentro de uma empresa, eles podem explorar esse conhecimento para implantar vírus e adquirir dados confidenciais.

Como um atacante pode obter o organograma de uma empresa que ele deseja atacar? Existem muitas maneiras. Por exemplo, considere a simples consulta ao Google: "at site:linkedin.com". Isso retornará uma lista de perfis LinkedIn públicos, e cada resultado especificará o nome da pessoa trabalhando na empresa especificada, seu cargo e talvez até mesmo uma lista de seus colegas. Um invasor que conheça as convenções de formatação de endereço de e-mail dentro de uma empresa automaticamente saberia os endereços de e-mail de muitas vítimas em potencial.

*Desvios na qualidade de serviço por provedores de serviço.* Esta categoria consiste em situações em que um produto ou serviço não é entregue à organização conforme esperado. Existem muitos exemplos desses desvios na qualidade de serviço. Por exemplo, um equipamento pesado em um local de construção corta uma linha de fibra ótica do seu prédio ou seu provedor de serviço de internet tem problemas de disponibilidade. As organizações também podem experimentar interrupções de serviço de vários provedores, como comunicações, eletricidade, telefone, água, esgoto, coleta de lixo, cabo e gás natural.

*Riscos ambientais.* Os riscos ambientais incluem sujeira, poeira, umidade e eletricidade estática. Esses riscos são prejudiciais à operação segura do equipamento de computação.

Desastres Naturais. Os desastres naturais incluem inundações, terremotos, furacões, tornados, relâmpagos e, em alguns casos, incêndios. Em muitos casos, esses desastres – às vezes chamados de atos de Deus – podem causar perdas catastróficas de sistemas e dados. Para evitar tais perdas, as empresas precisam se envolver em um planejamento apropriado para backup e recuperação de sistemas de informação e dados, um assunto que discutiremos mais adiante neste capítulo.

Falhas Técnicas. Falhas técnicas incluem problemas com hardware e software. O problema de hardware mais comum é uma falha de uma unidade de disco rígido. Um problema de hardware digno de nota ocorreu quando a Intel lançou o chip Pentium com um defeito que fez com que o chip realizasse alguns cálculos matemáticos incorretamente.

O problema de software mais comum são os erros – chamados de *bugs* – nos programas de computador. Os *bugs* do software são tão comuns que sites inteiros são dedicados a documentá-los. Por exemplo, ver *www. bug-track.com* e *www.bugaware.com*.

Falhas Gerenciais. As falhas gerenciais envolvem uma falta de patrocínio para os esforços de segurança da informação e uma falta de interesse nesses esforços. Essa falta de liderança prejudicará a segurança da informação da organização.

Atos deliberados. Atos deliberados por funcionários da organização (ou seja, internos) são responsáveis por um grande número de brechas à segurança da informação. Existem tantos tipos de atos deliberados que oferecemos apenas uma breve lista aqui para guiar nossa discussão.

- Espionagem ou invasões.
- Extorsão de informações.
- Sabotagem ou vandalismo.
- Roubo de equipamento ou informação.
- Roubo de identidade.

- Transgressões à propriedade intelectual.
- Ataques com software.
- Ataques de controle de supervisão e aquisição de dados (SCADA).
- Ciberterrorismo e ciberguerra.

***Espionagem ou invasões.*** Espionagem ou invasão ocorre quando uma pessoa não autorizada tenta obter acesso ilegal à informação da organização. Quando discutimos sobre invasão, é importante distinguirmos entre inteligência competitiva e espionagem industrial. A inteligência competitiva consiste em técnicas de coleta de informações legais, como estudar o site e comunicados à imprensa de uma empresa, participar de feiras do setor e assim por diante. Ao contrário, a espionagem industrial cruza a fronteira legal.

***Extorsão de informações.*** A extorsão de informações ocorre quando um invasor ameaça roubar, ou realmente rouba, informações de uma empresa. O transgressor exige pagamento para não roubar a informação, para retornar a informação roubada ou para concordar em não divulgar a informação.

***Sabotagem ou vandalismo.*** Sabotagem e vandalismo são atos deliberados que envolvem desfigurar o site de uma organização, possivelmente fazendo com que a organização perca sua imagem e experimente uma perda de confiança por seus clientes. Por exemplo, MySpace (*www.myspace.com*) está tendo problemas com cibervândalos (conhecidos como *trolls*) que estão atacando uma série de grupos do MySpace com comentários e fotografias ofensivas. Grupos direcionados incluem aqueles dedicados a interesses como produção de cerveja caseira, bem-estar dos animais e questões de direitos de homossexuais.

Esses *trolls* estão tirando proveito de alguns problemas no site MySpace. Um desses problemas permite que os *trolls* postem comentários em um grupo quando não são membros aprovados. Esse problema leva a um ataque de *trolls* conhecido como bombardeio, no qual dezenas de comentários vazios podem ser postados na área de discussão de um grupo, usando um programa de computador. As caixas vazias criam centenas de páginas de comentário vazias, empurrando para baixo os comentários reais dos membros do grupo e atrapalhando a conversação.

Um tipo comum de sabotagem on-line são as atividades *hacktivistas* ou *ciberativistas*. São casos de desobediência civil usando alta tecnologia para protestar contra operações, políticas ou ações de um indivíduo, uma organização ou um órgão governamental. Um exemplo aqui é o grupo do MySpace para seguidores do Partido Democrático dos Estados Unidos. Esse grupo frequentemente tem sido foco de ataques de bombardeio pelos *trolls*.

***Roubo de equipamento ou informação.*** Dispositivos de computação e de armazenamento estão se tornando cada vez menores, embora mais poderosos, com cada vez mais capacidade de armazenamento (por exemplo, laptops, Blackberries, assistentes pessoais digitais, *smart phones*, câmeras digitais, *pen drives* e iPods). Como resultado, esses dispositivos estão se tornando mais fáceis de roubar e mais fáceis para os invasores usarem para roubar informações.

A Tabela 3.3 mostra que um tipo de erro humano é o descuido com laptops. Na verdade, esse descuido normalmente leva ao roubo de um laptop. O Ponemon Institute (*www.ponemon.org*) descobriu que 10% de todos os laptops são roubados e 88% desses laptops roubados nunca são recuperados. Além do mais, o custo médio de um aparelho roubado para uma organização é de aproximadamente US\$ 50.000, que inclui a perda de dados (80% do custo), a perda de propriedade intelectual (11%), troca de laptop, custos legais e regulamentares, custos de investigação e perda de produtividade.

A proliferação descontrolada de dispositivos portáteis nas empresas levou a um tipo de ataque chamado de *pod slurping*. No *pod slurping*, os transgressores conectam dispositivos portáteis em uma porta USB de um computador e baixam grandes quantidades de informação, rápida e facilmente. Um iPod, por exemplo, contém 60 gigabytes de armazenamento e pode baixar a maior parte do disco rígido de um computador em questão de minutos.

Outra forma de roubo, conhecida como *dumpster diving* (mergulho na lixeira), envolve a prática de mexer no lixo comercial ou residencial para encontrar informações que foram descartadas. Arquivos de papel, cartas, memorandos, fotografias, identificações, senhas, cartões de crédito e outras formas de informação podem ser encontradas nos cestos de lixo. Infelizmente, muitas pessoas nunca consideram que itens confidenciais que elas jogam no lixo possam ser recuperados. Essa informação, quando recuperada, pode ser usada para fins fraudulentos.

*Dumpster diving* não é necessariamente roubo, pois a legalidade desse ato varia. Como os cestos de lixo normalmente estão localizados em instalações particulares, o ato é ilegal em algumas partes dos Estados Unidos. Porém, mesmo nesses casos, essas leis são impostas com graus de rigor variáveis.

***Roubo de identidade.*** É assumir deliberadamente a identidade de outra pessoa, normalmente para obter acesso as suas informações financeiras ou para forjar um crime. As técnicas para obter informações incluem:

- roubar correspondência ou *dumpster diving;*
- roubar informações pessoais em bancos de dados de computador;
- infiltrar-se em organizações que armazenam grandes quantidades de informações pessoais (por exemplo, agregadores de dados, como Acxiom) (*www.acxiom.com*);
- personificar uma organização confiável em uma comunicação eletrônica (*phishing*).

Recuperar-se de um roubo de identidade é caro, demorado e difícil. Um estudo do Identity Theft Resource Center (*www.idtheftcenter.org*) descobriu que as vítimas gastam 330 horas reparando os danos. As vítimas também informaram dificuldades na obtenção de crédito e na conquista ou manutenção de um emprego, bem como efeitos adversos sobre seguro ou taxas de crédito. Além disso, as vítimas afirmaram que foi difícil remover informações negativas de seus registros, como seus relatórios de crédito.

Suas informações pessoais podem ser comprometidas de outras maneiras. Por exemplo, em 2006, a AOL divulgou dados detalhados de busca de palavra-chave para aproximadamente 658.000 usuários anônimos. A AOL afirmou que a divulgação dos dados, que chegou a cerca de 20 milhões de consultas, foi uma tentativa inocente de ajudar os pesquisadores acadêmicos interessados em buscas. Os dados, que foram espalhados em diversos sites, representavam uma seleção aleatória de buscas realizadas por um período de três meses. Eles incluíram ID do usuário, a consulta real, a hora da busca e o domínio de destino visitado. Em alguns casos, os dados incluíram nomes pessoais, endereços e números de Seguro Social.

Embora a AOL tenha se desculpado pelo erro e retirado o site, o dano já havia sido feito. A capacidade de analisar todas as buscas por um único usuário pode permitir que um criminoso identifique quem é o usuário e o que ele está fazendo. Como um exemplo, o *The New York Times* rastreou uma pessoa em particular com base unicamente em suas pesquisas na AOL.

***Transgressões à propriedade intelectual.*** Proteger a propriedade intelectual é um fator imprescindível para as pessoas que atuam no campo do conhecimento. A **propriedade intelectual** é a propriedade criada por indivíduos ou organizações que é protegida por leis de segredo comercial, patente e direito autoral.

Um **segredo comercial** é um trabalho intelectual, como um plano de marketing, que a empresa mantém sob segredo e não se baseia em informações públicas. Um exemplo é um plano estratégico empresarial. Uma **patente** é um documento que concede ao proprietário direitos exclusivos sobre uma invenção ou processo durante 20 anos. **Direito autoral** é uma concessão legal que fornece aos criadores do produto intelectual a sua propriedade durante a vida do criador e mais 70 anos. Os proprietários têm o direito de cobrar taxas de qualquer um que queira copiar a propriedade.

A propriedade intelectual mais comum relacionada à TI diz respeito ao software. O U.S. Federal Computer Software Copyright Act (1980) fornece proteção para *códigos-fonte* e *códigos-objeto* do software de computador, mas a lei não identifica claramente o que é passível de proteção. Por exemplo, a lei de direito autoral não protege conceitos, funções e recursos gerais semelhantes, como menus suspensos, cores e ícones. Entretanto, copiar um programa de software sem pagar ao proprietário – incluindo emprestar um CD a um amigo para instalar software no computador dele – é uma violação do direito autoral. Não é de surpreender que essa prática, chamada **pirataria**, seja um grande problema para os fornecedores de software. O comércio global de software pirata totaliza centenas de bilhões de dólares.

A Business Software Alliance (BSA; *www.bsa.org*) é uma organização que representa a indústria mundial de software comercial, que promove o software legal e realiza pesquisas sobre pirataria de software em um esforço para eliminá-la. De acordo com a BSA, as perdas estimadas para fornecedores de software da pirataria de software foram responsáveis por mais de US\$ 50 bilhões em 2009. A BSA estimou que 20 por cento do software de computador pessoal nos Estados Unidos é pirateado, a menor taxa do mundo.

*Ataques com* software. Ataques com software evoluíram de uma era de epidemia, em que o software malicioso tentava infectar o máximo de computadores possíveis no mundo, para os ataques de hoje que visam ao lucro e são baseados na web. Os cibercriminosos estão bastante envolvidos com ataques de vírus para ganhar dinheiro, e eles usam ataques sofisticados, combinados, normalmente pela web. A Tabela 3.4 mostra uma série de ataques de software e o Quadro 3.2 de TI e a Empresa contém um exemplo desse tipo de ataque.

**Tabela 3.4** Tipos de ataques com software

| Ataque de software | Descrição |
|---|---|
| Vírus | Segmento de código de computador que realiza ações maliciosas conectando a outro programa de computador. |
| *Worm* | Segmento de código de computador que realiza ações maliciosas e se replicará ou espalhará por si só (sem exigir outro programa de computador). |
| Cavalo de Troia | Programas de software que se escondem em outros programas de computador e revelam seu comportamento projetado apenas quando são ativados. |
| Porta dos fundos (*back door*) | Normalmente uma senha, conhecida apenas pelo invasor, que lhe permite acessar um sistema de computação qualquer, sem ter que passar por quaisquer procedimentos de segurança (também chamada de *trap door*). |
| Ataque misto | Um ataque usando vários métodos de entrega (por exemplo, e-mail e web) e que combina vários componentes, como *phishing*, *spam*, *worms* e cavalos de Troia em um só ataque. |
| Bomba lógica | Segmento de código de computador que é embutido nos programas de computador existentes em uma organização e é projetado para ativar e realizar uma ação destrutiva em certa hora ou data. |
| **Ataques de senha** | |
| Ataque de dicionário | Ataque que tenta fazer combinações de letras e números que são mais prováveis de ter sucesso, como todas as palavras de um dicionário. |
| Ataque de força bruta | Ataque que usa recursos de computação maciços para experimentar cada combinação possível de opções de senha, a fim de descobrir uma senha. |
| Ataque de negação de serviço (DoS – Denial-of-Service) | O invasor envia tantas requisições de informação para um sistema de computação alvo que este não pode tratá-las com sucesso, e normalmente fica paralisado (deixa de funcionar). |
| Ataque de negação de serviço distribuída (DDoS) | Um invasor primeiro compromete muitos computadores, normalmente usando software malicioso. Esses computadores são chamados de zumbis ou *bots*. O invasor utiliza esses *bots* (que formam uma *botnet*) para lançar um fluxo coordenado de requisições de informação para um computador-alvo, fazendo com que ele seja paralisado. |
| Ataque de *phishing* | Ataques de *phishing* usam um logro para adquirir informações pessoais valiosas, aparentando ser e-mails ou mensagens instantâneas verdadeiras. |
| Ataque de *spear phishing* | Ataques de *phishing* visam grandes grupos de pessoas. Nos ataques de *spear phishing*, os criminosos descobrem o máximo possível de informações sobre um indivíduo para melhorar suas chances de que as técnicas de *phishing* consigam obter informações pessoais valiosas. |
| Ataque do dia zero | Um ataque do dia zero tira proveito de uma vulnerabilidade recém-descoberta, anteriormente desconhecida, em um produto de software. Os criminosos atacam a vulnerabilidade antes que o fornecedor do software possa preparar um reparo para ela. |

## TI E A EMPRESA

### 3.2. CheckFree Sequestrada

CheckFree (*www.checkfree.com*), que controla entre 70 a 80 por cento do mercado de pagamento de contas on-line dos Estados Unidos, afirma que quase 25 milhões de pessoas usam seus serviços. Clientes CheckFree podem pagar 330 tipos de contas, incluindo contas de crédito militar, contas de serviços públicos, pagamentos de seguro, hipoteca e empréstimos.

Em dezembro de 2008, hackers sequestraram o site da CheckFree. Os invasores redirecionaram um número desconhecido de visitantes para um endereço web que tentava instalar software de captura de senha nos computadores dos visitantes. O ataque começou às 0h35 de 2 de dezembro, quando a página principal da CheckFree e a página de *login* de clientes foram redirecionadas para uma página em branco que tentava instalar o vírus. A CheckFree readquiriu o controle do seu site aproximadamente às 10h10 do mesmo dia. A análise do vírus indicou que ele era um novo tipo de programa de cavalo de Troia criado para roubar nomes de usuário e senhas.

Parece que os hackers conseguiram sequestrar o site da CheckFree roubando o nome e senha de um usuário necessários para fazer mudanças de conta no site da Network Solutions (*www.networksolutions.com*), registrador de domínio da CheckFree. O nome de usuário e senha poderiam ter sido roubados depois que o computador de um funcionário da CheckFree foi infectado com vírus de roubo de senha. Outra possibilidade é que um funcionário tivesse sido enganado para dar seu nome de usuário e senha por meio de um golpe de *phishing*.

O ataque começou quando os invasores fizeram o *login* com sucesso no site da Network Solutions usando as credenciais de empresa da CheckFree. Então, eles mudaram o endereço dos servidores do sistema de nome de domínio (DNS) da CheckFree para que os visitantes apontassem para um endereço da internet na Ucrânia. Os servidores de DNS servem como um tipo de catálogo telefônico para o tráfego na internet, traduzindo endereços de site em endereços

numéricos, que são mais fáceis para os computadores entenderem. Um porta-voz da Network Solutions enfatizou que alguém havia roubado as credenciais de conta da CheckFree e conseguiu fazer o login, significando que não houve brecha nos sistemas da Network Solutions.

A CheckFree não foi o único site que os invasores sequestraram e redirecionaram para o servidor na Ucrânia. internet Identity (*www.internetidentity.com*), uma empresa *antiphishing*, descobriu pelo menos 71 ouros domínios apontando para o mesmo endereço de internet na Ucrânia durante o período do ataque à CheckFree.

A CheckFree não disse quantos de seus clientes e empresas para os quais ela cuida dos pagamentos podem ter sido afetados pelo ataque, mas está alertando cerca de 5 milhões deles. A CheckFree diz que está implementando um plano de alcance agressivo para ajudar os usuários afetados a avaliarem seus computadores e limpar o software malicioso se seus computadores tiverem sido infectados. Os usuários potencialmente afetados receberão software antivírus complementar da McAfee (*www.mcafee.com*) e o serviço de monitoramento de crédito Deluxe ID TheftBlock (*www.deluxeidtheftblock.com*).

*Fontes:* Compilado de R. McMillan, "CheckFree Warns 5 Million Customers After Hack", Computer-world, 9 de janeiro de 2009; B. Krebs, "Hackers Hijacked Large E-Bill Payment Site", Washington Post, 3 de dezembro de 2008; B. Krebs, "Digging Deeper into the CheckFree Attack", Washington Post, 6 de dezembro de 2008; "SSAC Advisory on Registrar Impersonation Phishing Attacks", ICANN Security and Stability Advisory Committee, maio de 2008.

**PERGUNTAS**

1. Que empresa, CheckFree ou Network Solutions, falhou nesse ataque bem-sucedido? Justifique sua resposta. Inclua em sua resposta uma discussão sobre se cada empresa está praticando a devida diligência com suas medidas de segurança da informação.
2. Como as duas empresas, trabalhando juntas, deveriam impedir mais ataques dessa natureza?

Software *clandestino.* Muitos computadores pessoais possuem e estão executando software clandestino (também chamado de *alien* software ou *pestware*) dos quais os proprietários não têm conhecimento. O software **clandestino** é um software que é instalado no PC através de canais não confiáveis. O software clandestino normalmente não é tão malicioso quanto os vírus, *worms* ou cavalos de Troia, mas consome recursos valiosos do sistema. Além disso, pode informar seus hábitos de navegação na internet e outras condutas pessoais.

Uma indicação clara de que o software é um *pestware* é que ele não vem com um programa desinstalador. Um *desinstalador* é um programa automatizado que remove um pacote de software específico total e sistematicamente. Os diferentes tipos de software clandestino incluem *adware, spyware, spamware* e *cookies*.

A maioria dos *pestwares* é um **adware** – software projetado para ajudar a exibir anúncios *pop-up* no computador. O *adware* é muito comum porque ele funciona. De acordo com as agências de propaganda, para cada 100 pessoas que excluem tal anúncio, três clicam nela. Essa "taxa de acerto" é extremamente alta para anúncios pela internet.

*Spyware* é um software que coleta informações pessoais sobre os usuários sem seu consentimento. Discutimos dois tipos de *spyware* aqui: *keyloggers* e capturadores de tela.

**Keyloggers** (ou registradores de toques de tecla) registram seus toques de tecla e seu histórico de navegação na internet. As finalidades variam desde crimes (por exemplo, roubo de senhas e informações pessoais como números de cartão de crédito) até incômodo (por exemplo, registrar seu histórico de busca na internet para anúncios direcionados).

As empresas têm tentado combater os *keyloggers* passando a autenticação para outras formas de entrada. Por exemplo, todos nós já fomos forçados a olhar para letras onduladas, distorcidas, e digitá-las corretamente em uma caixa. Essa sequência de letras é chamada de CAPTCHA e é um teste. A finalidade da CAPTCHA é que a leitura dessas letras distorcidas é algo que os computadores não podem fazer com precisão (ainda). O fato de que você pode transcrevê-las significa que você provavelmente não é um programa de software executado por uma pessoa não autorizada, como um *spammer*. Como resultado, os invasores passaram a usar **capturadores de tela**. Esse software registra um "filme" contínuo do conteúdo de uma tela, em vez de simplesmente registrar toques de tecla.

*Spamware* é um *pestware* projetado para usar seu computador como um trampolim para os *spammers*. **Spam** é um e-mail não solicitado, normalmente para fins de propaganda de produtos e serviços. Quando o seu computador é usado dessa maneira, os e-mails dos *spammers* parecem ter vindo de você. Pior ainda, o spam será enviado para todos os que estiverem no seu catálogo de endereços de e-mail.

O *spam* não apenas é um incômodo, mas desperdiça tempo e dinheiro. O *spam* custa às empresas dos Estados Unidos mais de US$ 20 bilhões por ano. Esses custos vêm de perdas de produção, sistemas de e-mail abarrotados, armazenamento adicional, suporte ao usuário e software antispam. O *spam* também transporta vírus e *worms*, tornando-o ainda mais perigoso.

**Cookies** são pequenas quantidades de informação que os sites armazenam em seu computador, temporariamente ou quase permanentemente. Em muitos casos, os *cookies* são úteis e inofensivos. Por exemplo, alguns *cookies* são senhas e IDs (*login*) de usuário que você não precisa digitar toda vez que carrega uma nova página no site que emitiu o *cookie*. Os *cookies* também são necessários se você quiser fazer compras on-line, já que são usados para os carrinhos de compra em várias lojas virtuais.

**Cookies de rastreamento**, porém, podem ser usados para rastrear seu caminho por um site, o tempo que você gasta lá, em que *links* você clica e outros detalhes que a empresa deseja registrar, normalmente para fins de marketing. Os *cookies* de rastreamento também podem combinar essa informação com suas informações de nome, compras, cartão de crédito e outros dados pessoais, para desenvolver um perfil invasivo dos seus hábitos de compra.

A maioria dos *cookies* pode ser lida apenas pela parte que os criou. Entretanto, algumas empresas que gerenciam propagandas on-line são, em essência, gangues de compartilhamento de *cookies*. Essas empresas podem monitorar informações como que páginas você carrega e em que anúncios você clica. Elas também compartilham essas informações com todos os seus sites clientes (que podem chegar a milhares). Para ver uma demonstração de *cookies*, visite http://privacy.net/track/.

***Ataques de controle de supervisão e aquisição de dados (SCADA).*** **SCADA** refere-se a um sistema de medição e controle em grande escala, distribuído. Sistemas SCADA são usados para monitorar ou controlar processos químicos, físicos ou de transporte, como refinarias de óleo, estações de tratamento de água e esgoto, geradores elétricos e usinas nucleares.

Sistemas SCADA consistem em múltiplos sensores, um computador mestre e infraestrutura de comunicações. Os sensores se conectam a equipamento físico. Eles lêem os dados de status, como o status de aberto/fechado de uma chave ou válvula, bem como medições de pressão, fluxo, voltagem e corrente. Enviando sinais ao equipamento, os sensores controlam esse equipamento, como a abertura ou fechamento de uma chave ou válvula, ou a definição da velocidade de uma bomba.

Os sensores são conectados em uma rede, e cada sensor normalmente tem um endereço IP (Internet Protocol). (Discutimos sobre endereços IP no Guia de Tecnologia 5.) Se um invasor puder obter acesso à rede, ele poderá interromper a energia de uma grande área ou paralisar as operações de uma grande fábrica química. Tais ações poderiam ter resultados catastróficos, como vemos no Quadro 3.3 de TI e a Empresa.

## TI E A EMPRESA

### 3.3. Vulnerabilidades em sistemas de controle de supervisão e aquisição de dados

Sistemas *Supervisory Control and Data Acquisition* (SCADA) são vulneráveis a erros do sistema de computador e ciberataques. Considere os seguintes exemplos.

Em junho de 1999, uma tubulação de gás feita de aço se rompeu perto de Bellingham, Washington, causando fatalidades. A investigação descobriu que uma falha no computador imediatamente antes do acidente travou os sistemas de controle centrais operando na tubulação, impedindo que os técnicos aliviassem a pressão na tubulação.

Em agosto de 2006, a unidade 3 da usina nuclear de Browns Ferry em Athens, Alabama, foi paralisada depois que duas bombas de recirculação de água falharam. Uma investigação descobriu que os controladores para as bombas travaram devido a uma inundação de tráfego de dados no computador na rede do sistema de controle interno da fábrica.

Em março de 2008, uma usina nuclear na Georgia foi forçada a uma parada de emergência por 48 horas depois que uma atualização de software foi instalada em um único computador. O incidente ocorreu na Unidade 2 da Hatch Nuclear Power Plant, próxima de Baxley, Georgia. O problema começou depois que um engenheiro da Southern Company, que administra as operações de tecnologia para a usina, instalou uma atualização de software em um computador operando na rede de negócios da fábrica.

O computador em questão era usado para monitorar dados químicos e de diagnóstico de um dos principais sistemas de controle da instalação, e a atualização de software foi planejada para sincronizar dados nos dois sistemas. Quando o computador atualizado foi reiniciado, ele inicializou os dados no sistema de controle, fazendo com que os sistemas de segurança incorretamente interpretassem a falta de dados como uma queda nos reservatórios de água que resfriam as varetas de material nuclear radioativo da usina. Como resultado, os sistemas de segurança automatizados na usina iniciaram um desligamento.

A Tennessee Valley Authority (TVA) é a maior companhia de energia pública dos Estados Unidos, operando redes que cobrem 207.000 quilômetros quadrados no sudeste do país. A Authority opera 11 usinas térmicas, 8 usinas com turbinas a combustão, 3 usinas nucleares e 29 barragens hidrelétricas, que oferecem eletricidade para quase 9 milhões de pessoas. Embora a TVA não tenha relatado invasões, o GAO informou em maio de 2008 que a gigante companhia utilitária é vulnerável a ciberataques que poderiam sabotar sistemas críticos. Além disso, a segurança física em vários locais não foi suficiente para proteger sistemas de controle críticos.

Em 2008, a Central Intelligence Agency (CIA) informou que ciberatacantes invadiram os sistemas de computação de empresas de energia fora dos Estados Unidos. Em um dos casos, a invasão causou uma interrupção de energia que afetou várias cidades. Todos os ciberataques envolveram invasões pela internet, e todos foram para fins de extorsão. A CIA não divulgou o local dos ataques.

Em 2008, uma companhia de eletricidade dos Estados Unidos contratou um consultor para teste de infiltração, a fim de testar a segurança de sua rede e sua malha elétrica. Em apenas um dia, o consultor e sua equipe tomaram o controle de vários computadores na empresa, dando à equipe o controle da rede que supervisiona a produção e distribuição de energia. A equipe começou navegando pelos grupos de usuários da empresa na internet, onde coletou os endereços de e-mail de pessoas que trabalhavam para a empresa. Eles enviaram um e-mail a esses funcionários sobre um plano para reduzir seus benefícios e incluíram um *link* para um site onde os funcionários poderiam descobrir mais informações. Quando os funcionários clicavam no *link*, eles eram direcionados a um servidor web preparado pelo consultor e sua equipe. O computador do funcionário exibia uma mensagem de erro e o servidor baixava um vírus para permitir que a equipe assumisse o comando dos computadores.

Por que os sistemas SCADA são tão vulneráveis a erros e ataques aos sistemas de computação, e o que pode ser feito sobre esse problema? O problema começa com o fato de que os sistemas de controle utilitários foram desenvolvidos originalmente como sistemas próprios, fechados, sem conexão com sistemas fora da organização. Além do mais, esses sistemas de controle foram desenvolvidos sem qualquer consideração de segurança. Portanto, eles eram operados com "segurança pela obscuridade". Hoje, porém, as organizações estão conectando seus sistemas de controle a sistemas SCADA, que são acessíveis por redes corporativas e pela internet. A mudança para sistemas SCADA aumenta a eficiência nas companhias, pois permite que os trabalhadores operem o equipamento remotamente. Contudo, ao mesmo tempo, isso expõe esses sistemas ora fechados aos ciberataques. Os exemplos acima mostram as vulnerabilidades que ocorrem quando os sistemas de tecnologia da informação da empresa são interconectados com sistemas de controle industrial sem considerações de projeto adequadas.

Em 2005, o Congresso dos Estados Unidos autorizou a Federal Energy Regulatory Commission (FERC) a impor padrões de confiabilidade. A FERC deseja que o Congresso amplie a autoridade da comissão para proteger a malha elétrica contra ciberataques. Em meados de 2009, o Congresso estava considerando a legislação para fortalecer a autoridade da FERC para o caso de tais ataques.

*Fontes:* Compilado de B. Krebs, "Cyber Incident Blamed for Nuclear Power Plant Shutdown", Washington Post, 5 de junho de 2008; B. Krebs, "TVA Power Plants Vulnerable to Cyber Attacks, GAO Finds", Washington Post, 21 de maio de 2008; T. Greene, "Experts Hack Power Grid in No Time", Network World, 9 de abril de 2008; R. McMillan, "CIA Says Hackers Have Cut Power Grid", PC World, 19 de janeiro de 2008; "Paller: Government Cybersecurity Gets an F: SCADA Attacks Are Latest Proof of Vulnerable Infrastructure", InfoWorld, 11 de setembro de 2006; www.irawinkler.com, acessado em 15 de janeiro de 2009.

### PERGUNTAS

1. A legislação pode ser suficiente para fortalecer as defesas dos sistemas SCADA contra ciberataques? Justifique sua resposta. Se não, o que você acha que as companhias utilitárias deverão fazer para proteger seus sistemas SCADA?

2. Discuta os prós e os contras para as companhias utilitárias entre ter seus sistemas de controle conectados aos seus sistemas de negócios ou não.

*Ciberterrorismo e ciberguerra.* Com o **ciberterrorismo** e a **ciberguerra**, os invasores usam os sistemas de computador de um alvo, particularmente pela internet, para causar danos físicos, do mundo real, ou grave interrupção, normalmente para executar um projeto político. O ciberterrorismo e a ciberguerra variam desde a coleta de dados ao ataque à infraestrutura crítica (via sistemas SCADA). Aqui, discutimos os dois tipos de ataques como sendo sinônimos, embora o ciberterrorismo normalmente seja executado por indivíduos ou grupos, enquanto a ciberguerra envolve nações. Aqui, examinamos os ciberataques contra a Estônia e a República da Geórgia.

Em 2007, uma onda maciça de ciberataques de negação de serviço distribuída (DDoS) por três semanas contra o país báltico da Estônia desativou os sites dos ministérios do governo, partidos políticos, jornais, bancos e empresas. Uma das sociedades mais interconectadas da Europa, a Estônia, é pioneira no *e-government*. Como resultado, o país é altamente vulnerável a ciberataques. Na fase inicial do ataque de DDoS, alguns invasores foram identificados por seus endereços IP. Muitos eram russos, e alguns deles eram de instituições do estado russo.

Em agosto de 2008, as tropas russas entraram na província de Ossetia do Sul da República da Geórgia para exterminar uma tentativa georgiana de controlar uma separação nessa região. Os ataques de DDoS nos sites georgianos foram aparentemente sincronizados com a invasão russa. O ciberataque fechou o site do presidente georgiano, Mikheil Saakashvilli, por 24 horas, e desfigurou o site do parlamento da Geórgia ao colocar imagens de Adolph Hitler. Saakashvilli culpou a Rússia pelos ataques, mas o governo russo negou as acusações.

Os grupos terroristas em todo o mundo têm expandido suas atividades na internet, aumentando a sofisticação e o volume de seus vídeos e mensagens, em um esforço para recrutar novos membros e obter dinheiro. Em resposta, os militares dos Estados Unidos estão expandindo suas capacidades ofensivas para atacar os sites dos terroristas, em vez de apenas monitorá-los.

Os Estados Unidos sofreram ataques coordenados em sua infraestrutura de tecnologia da informação. Uma série de ataques foi iniciada em 1999. O governo dos Estados Unidos rastreou os ataques até a Rússia, mas não se sabe se o ataque foi originado de lá.

### ▪ O que as Empresas Estão Fazendo

Por que é tão difícil impedir os cibercriminosos? Um motivo é que o setor de comércio on-line não está particularmente disposto a instalar proteções que tornariam mais difícil completar transações. Seria possível, por exemplo, exigir senhas ou números de identificação pessoal para todas as transações de cartão de crédito. Porém, esses requisitos poderiam desencorajar as pessoas a comprarem on-line. Além disso, existe pouco incentivo para empresas como AOL compartilharem sinais de atividade criminosa entre si ou com o FBI. Para as empresas de cartão de crédito, é mais barato bloquear um cartão de crédito roubado do que investir tempo e dinheiro em um processo.

Apesar dessas dificuldades, a área de segurança da informação está contra-atacando. As empresas estão desenvolvendo softwares e serviços que distribuem avisos antecipados de problemas na internet. Diferentemente dos softwares antivírus tradicionais, que são reativos, os sistemas de avisos antecipados são proativos e varrem a web em busca de novos vírus para alertar as empresas em relação ao perigo.

Os novos sistemas estão surgindo em resposta aos criadores de vírus cada vez mais eficientes. À medida que os criadores de vírus se tornam mais especializados, o espaço entre o momento em que descobrem as vulnerabilidades e o momento em que as exploram está diminuindo rapidamente. Os hackers agora estão produzindo novos vírus e *worms* em questão de horas (veja os ataques do dia zero).

Os técnicos da TruSecure (*www.cybertrust.com*) e da Symantec (*www.symantec.com*) trabalham 24 horas por dia para monitorar o tráfego na web. A equipe da Symantec usa 20.000 sensores colocados em hubs da internet em 180 países para detectar e-mails e outros pacotes de dados que parecem transportar vírus. A TruSecure envia técnicos que se fazem passar por hackers a salas de bate-papo de criadores de vírus para descobrir o que eles estão planejando.

Além disso, muitas empresas contratam especialistas em segurança da informação para atacar seus próprios sistemas. Esses ataques surpresa são chamados de testes de infiltração. Um **teste de infiltração** é um método de avaliar a segurança de um sistema de informação, simulando um ataque por um invasor malicioso, cuja ideia é descobrir as deficiências de modo proativo, antes que os invasores reais as explorem.

Apesar das dificuldades de se defender de ataques, as organizações gastam uma grande quantidade de tempo e dinheiro protegendo seus recursos de informação. Discutiremos os métodos de proteção na próxima seção.

### Antes de Prosseguir...
1. Dê um exemplo de ameaça involuntária a um sistema de computador.
2. Descreva os vários tipos de ataques com software.
3. Descreva a questão da proteção da propriedade intelectual.

## 3.3. Protegendo Recursos de Informação

Antes de gastar dinheiro para aplicar controles, as organizações têm de realizar o gerenciamento de riscos. Conforme discutimos anteriormente no capítulo, um risco é a probabilidade de uma ameaça causar impacto a um recurso de informação. O objetivo do **gerenciamento de riscos** é identificar, controlar e minimizar o impacto das ameaças. Em outras palavras, o gerenciamento de riscos busca reduzir o risco a níveis aceitáveis. Existem três processos no gerenciamento de riscos: análise de risco, mitigação de risco e avaliação dos controles. Consideramos cada um deles a seguir.

### ▪ Gerenciamento de Riscos

A **análise de risco** é o processo pelo qual uma organização avalia o valor de cada recurso a ser protegido, estima a probabilidade de cada recurso ser comprometido e compara os custos prováveis do comprometimento de cada um com os custos de protegê-lo. As organizações realizam análises de risco para garantir que seus programas de segurança de sistemas de informação tenham um custo viável. O processo de análise de risco prioriza os recursos a serem protegidos com base no valor de cada recurso, na probabilidade de ele ser comprometido e no custo estimado da proteção. A organização, então, analisa como reduzir o risco.

Na **mitigação de risco**, a organização executa ações concretas contra os riscos. A redução de risco possui duas funções: (1) implementar controles para prevenir a ocorrência de ameaças identificadas; e (2) desenvolver um meio de recuperação se a ameaça se tornar realidade. Existem várias estratégias de redução de risco que as organizações podem adotar. As três mais comuns são aceitação do risco, limitação do risco e transferência do risco.

- **Aceitação do risco:** aceitar o risco potencial, continuar operando sem controle e absorver quaisquer danos que ocorram.
- **Limitação do risco:** limitar o risco por meio da implementação de controles que minimizem o impacto da ameaça.
- **Transferência do risco:** transferir o risco usando outros meios para compensar a perda, como a contratação de seguros.

Na **avaliação dos controles**, a organização identifica problemas na segurança e calcula os custos da implementação de medidas de controle adequadas. Se os custos de implementar um controle forem mais altos que o valor do recurso a ser protegido, o custo do controle não é viável.

Por exemplo, os computadores *mainframe* de uma organização são valiosos demais para se aceitar o risco. Como resultado, as organizações limitam o risco aos *mainframes* por meio de controles, como controles de acesso. As organizações também usam a transferência de risco para os *mainframes*, pela contratação de seguros e pela realização de *backups* em locais externos.

### ▪ Controles

As organizações protegem seus sistemas de muitas maneiras. Nos Estados Unidos, uma das principais estratégias é se unir ao FBI para formar o *National Infraestructure Protection Center (NIPC)*. Essa parceria entre o governo e o setor privado se destina a proteger a infraestrutura da nação – telecomunicações, energia, transporte, sistema financeiro, emergência e operações governamentais. O FBI também estabeleceu *Regional Computer Intrusion Squads*, que se concentram nas invasões às redes de telefone e computador, violações de privacidade, espionagem industrial, pirataria de software de computador e outros cibercrimes. Outra organização é o *Computer Emergency Response Team* (CERT) na Carnegie Mellon University (*www.cert.org*).

A Tabela 3.5 relaciona as principais dificuldades envolvidas na proteção de informações. Como isso é muito importante para toda a empresa, organizar um sistema de defesa apropriado é uma das principais atividades de qualquer CIO prudente e dos gerentes funcionais que controlam os recursos de informação. Na verdade, a segurança da TI é responsabilidade de **todos** em uma organização.

**Tabela 3.5** As dificuldades de proteger recursos de informação

| | |
|---|---|
| ▪ Existem centenas de ameaças potenciais.<br>▪ Os recursos de computação podem estar situados em muitos locais.<br>▪ Muitos indivíduos controlam os recursos de informação.<br>▪ As redes de computador podem estar fora da organização e serem difíceis de proteger.<br>▪ As rápidas mudanças tecnológicas tornam obsoletos alguns controles tão logo são instalados.<br>▪ Muitos crimes por computador não são detectados por um longo período de tempo, dificultando o aprendizado pela experiência. | ▪ As pessoas costumam violar procedimentos de segurança porque estes são inconvenientes.<br>▪ A quantidade de conhecimento de computação necessário para cometer crimes de computador normalmente é mínima. Na verdade, é possível aprender técnicas de *hacking* sem custo algum pela internet.<br>▪ O custo de prevenir danos pode ser muito alto. Portanto, a maioria das organizações simplesmente não tem condições de se proteger contra todos os danos possíveis.<br>▪ É difícil realizar uma justificativa de custo-benefício para todos os controles antes de um ataque ocorrer porque é difícil avaliar o valor de um ataque hipotético. |

Para proteger suas informações, as organização implementam **controles**, ou mecanismos de defesa (também chamados de *salvaguardas*). Os *controles de segurança* se destinam a proteger todos os componentes de um sistema de informação, mais especificamente dados, software, hardware e redes. Como existem muitas ameaças diferentes, as organizações utilizam camadas de controles, ou defesa em profundidade.

Os controles se destinam a prevenir danos acidentais, deter ações intencionais, solucionar problemas o mais rapidamente possível, melhorar a recuperação de danos e corrigir problemas. Antes de discutirmos sobre os controles com mais detalhes, enfatizamos que o controle isolado mais eficaz é a educação e o treinamento do usuário, levando a uma conscientização maior da importância vital da segurança da informação por parte de cada funcionário da organização.

Existem quatro categorias principais de controles: controles físicos, controles de acesso, controles de comunicação e controles de aplicação. A Figura 3.2 ilustra esses controles.

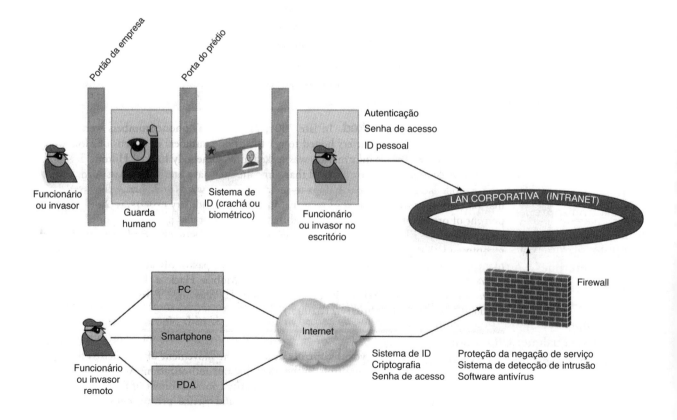

**Figura 3.2** Onde estão localizados os mecanismos de defesa.

Controles Físicos Os **controles físicos** evitam que indivíduos não autorizados tenham acesso às instalações onde se encontram os computadores de uma empresa. Os controles físicos comuns incluem paredes, portas, cercas, portões, fechaduras, crachás, guardas e sistemas de alarme. Controles físicos mais sofisticados incluem sensores de pressão, sensores de temperatura e detectores de movimento. Uma fraqueza dos controles físicos é que eles podem ser inconvenientes para os funcionários.

Os guardas merecem menção especial porque eles têm tarefas muito difíceis pelo menos por dois motivos. Primeiro, seus empregos são chatos e repetitivos, e geralmente não são muito bem pagos. Segundo, se eles fizerem seu trabalho totalmente, outros funcionários os embaraçam, particularmente se sua conscientização atrasar o processo de entrada na instalação.

As organizações também dispõem de outras considerações de segurança. Esses controles limitam os usuários a horários e locais de *login* aceitáveis. Esses controles também limitam o número de tentativas de *login* sem sucesso, e exigem que todos os funcionários efetuem o *logoff* de seus computadores quando saírem ao final do dia. Além disso, os computadores são preparados para efetuar o *logoff* automático após certo período sem utilização.

Controles de Acesso Os **controles de acesso** restringem os indivíduos não autorizados de usarem recursos de informação. Esses controles envolvem duas funções principais: autenticação e autorização.

**Autenticação** determina a identidade da pessoa pedindo acesso. Ao contrário, a **autorização** determina quais ações, direitos ou privilégios a pessoa tem com base na identidade verificada. As organizações utilizam muitos métodos para identificar o pessoal autorizado (ou seja, para autenticar alguém). Esses métodos incluem algo que o usuário é, algo que o usuário tem, algo que o usuário faz e algo que o usuário sabe.

*Algo Que o Usuário É.* Também conhecidos como **biométricos**, esses controles de acesso examinam as características físicas inatas de uma pessoa. As aplicações biométricas comuns são leitura de impressão digital, leitura da palma, leitura da retina, reconhecimento da íris e reconhecimento facial. Desses, a impressão digital, a leitura da retina e o reconhecimento da íris fornecem a identificação mais definitiva.

*Algo Que o Usuário Tem.* Esses mecanismos de autenticação incluem cartões de identificação, cartões inteligentes (*smart cards*) e *tokens*. Os **cartões de identificação**, ou **cartões burros (*dumb cards*)**, normalmente possuem uma fotografia do usuário e, provavelmente, a assinatura. Os **cartões inteligentes (*smart cards*)** possuem chip*s* embutidos com informações pertinentes sobre o usuário. (Cartões inteligentes usados para identificação diferem dos cartões inteligentes usados em comércio eletrônico [ver Capítulo 6]. Os dois tipos de cartão possuem chip*s* embutidos, mas eles são usados para finalidades diferentes). *Tokens* possuem chip*s* embutidos e um visor digital que apresenta um número de *login* que o empregado usa para obter acesso à rede da organização. O número muda a cada *login*.

*Algo Que o Usuário Faz.* Esses mecanismos de autenticação incluem reconhecimento de voz e assinatura. No **reconhecimento de voz**, o usuário fala uma frase (por exemplo, seu nome e departamento) que foi previamente gravada. O sistema de reconhecimento de voz compara os dois sinais de voz.

No **reconhecimento de assinatura**, o usuário assina o nome e o sistema compara a assinatura com a previamente registrada, sob condições controladas e monitoradas. Os sistemas de reconhecimento de assinatura também comparam a velocidade e a pressão da assinatura.

*Algo Que o Usuário Sabe.* Esses mecanismos de autenticação incluem senhas e frases de acessso (*passphrases*). As senhas apresentam um grave problema de segurança da informação em todas as organizações. Todos os usuários precisam usar senhas eficientes para que ela não possa ser descoberta por um ataque de senha, que discutimos anteriormente. Uma **senha eficiente** tem as seguintes características:

- Deve ser difícil de descobrir.
- Deve ser longa em vez de curta.
- Deve usar letras maiúsculas, letras minúsculas, números e caracteres especiais.
- Não deve ser uma palavra reconhecível.
- Não deve ter o nome de nada ou ninguém familiar, como sua família ou animais de estimação.
- Não deve ter uma sequência de números reconhecíveis, como CPF ou data de nascimento.

Infelizmente, as senhas eficientes são irritantes. Se a organização exibir senhas maiores (mais eficientes) e/ou mudanças de senha frequentes, elas se tornarão mais difíceis de lembrar, fazendo com que os funcionários as escrevam. O que é necessário é um modo de um usuário criar uma senha forte que seja fácil de lembrar. Uma frase de acesso (*passphrase*) pode ajudar, sendo ela uma senha por si só ou ajudando-o a criar uma senha eficiente.

Uma **frase de acesso** é uma série de caracteres mais longa que uma senha, mas pode ser memorizada com facilidade. Exemplos: "Queapazestejasemprecomvoce", "vaemfrentelutecomgarra" e "vidalongaeprospera". Um usuário pode transformar uma *frase de acesso* em uma senha forte da seguinte maneira: comece com a primeira frase de acesso acima e use a primeira letra de cada palavra. Você terá qapescv. Depois, passe as letras para maiúsculas alternadamente, para obter QaPeScV. Depois inclua caracteres especiais e números, para obter 9QaPeScV//*. Agora, você tem uma senha eficiente e que poderá se lembrar.

*Autenticação multifator.* Muitas organizações estão usando a autenticação multifator para identificar com maior eficiência e eficácia os usuários autorizados. Esse tipo de autenticação é particularmente importante quando os usuários estão efetuando o *login* de locais remotos.

A autenticação de único fator, que é notoriamente fraca, normalmente consiste simplesmente em uma senha. A autenticação de fator dois consiste em uma senha mais um tipo de identificação biométrica (por exemplo, uma impressão digital). A autenticação de fator três é qualquer combinação de três métodos de autenticação. Devemos nos lembrar que a autenticação mais eficiente é mais cara e também pode ser irritante para os usuários.

Quando os usuários tiverem sido devidamente autenticados, os direitos e privilégios que eles têm sobre os sistemas da organização são estabelecidos, um processo chamado de autorização. As empresas usam os princípios do menor privilégio para fins de autorização. Um **privilégio** é uma coleção de operações relacionadas no sistema de computação que podem ser realizadas por usuários do sistema. O **menor privilégio** é um princípio que os usuários recebem o privilégio para alguma atividade apenas se houver uma necessidade justificável de conceder essa autorização. Conforme mostra o Quadro 3.4, conceder o menor privilégio nas organizações pode ser algo complicado.

## TI E A EMPRESA

### 3.4. Abordagem da Cigna para o Menor Privilégio

A companhia de seguro de saúde Cigna Corporation (*www.cigna.com*) tem cobertura para 47 milhões de pessoas no mundo inteiro. A companhia trabalha com cerca de 500.000 médicos, 85.000 dentistas, 57.000 farmácias e 55.000 provedores de saúde comportamental, e tem negócios com 9 das 10 maiores empresas norte-americanas. A Cigna não apenas tem uma quantidade tremenda de recursos de informação para proteger, mas as empresas são altamente regulamentadas, tanto em questões de saúde quanto financeiras.

A política da Cigna é que seus funcionários devem ter acesso aos dados de que precisam para realizar suas funções, mas só devem ter acesso ao que eles precisam. No passado, a Cigna usou uma abordagem do tipo "modele-me seguindo alguém" para determinar a quais aplicações seus funcionários tinham acesso. Essa prática definia o acesso de um novo funcionário aos sistemas, modelando-o conforme um funcionário que realiza aproximadamente a mesma função. Porém, como os funcionários antigos normalmente trazem consigo seus direitos de acesso passados para os sistemas junto com um novo cargo, essa abordagem não funcionava bem, pois dava aos funcionários muito acesso impróprio aos sistemas.

Para corrigir esse problema e seguir uma abordagem do "menor privilégio", a Cigna adotou o controle de acesso baseado em papéis. O controle de acesso baseado em papéis começa com a empresa, e não a tecnologia da informação, definindo papéis de trabalho e o acesso necessário para realizar esse trabalho. Os funcionários são identificados pelos papéis que eles realizam, para garantir que obtenham acesso a todos os sistemas e aplicações de que precisam para realizar suas funções, mas somente aqueles que eles precisam. A Cigna tem 27.000 funcionários, mais de 300 aplicações e milhões de direitos de acesso. Atualmente, a força de trabalho da Cigna compreende 1.800 papéis, cerca de 2.400 subpapéis e uma categoria chamada "*out of role*" (sem papel) para os funcionários engajados em projetos especiais por um tempo especificado.

A Cigna desenvolveu um software de fluxo de trabalho personalizado, que inicia o acesso aos sistemas à medida que as pessoas são contratadas ou mudam de cargo. Contudo, o software não tinha um modo de verificar os direitos de acesso dos funcionários com o tempo. A empresa precisava garantir que o que ela achava que fosse permitido realmente era permitido. Como resultado, a Cigna escolheu uma tecnologia da Aveksa (*www.aveksa.com*), um provedor de governança de acesso corporativa, para automatizar e verificar o processo de acesso. A Aveksa é especializada em tecnologia para gerenciar a segurança, a compatibilidade e os riscos regulamentares associados ao gerenciamento impróprio do acesso à informação.

A Cigna escolheu a tecnologia da Aveksa por dois motivos. Primeiro, a Aveksa forneceu uma ferramenta que tornava fácil para os gerentes assumirem a responsabilidade por manter atualizadas as definições de papéis e certificá-los regularmente. Segundo,

o exigente clima de regulamentações de hoje requer uma ferramenta que possa fazer determinações de acesso minuciosas dentro das aplicações. Por exemplo, dentro de uma aplicação de planejamento de recursos empresariais (ERP), um funcionário que tem privilégios de acesso para emitir uma fatura não deverá ter privilégios de acesso para pagar essa fatura.

O processo de acesso pelo menor privilégio na Cigna reflete uma mudança fundamental no gerenciamento de acesso, da tecnologia da informação para o negócio. A Cigna agora tem seus gerentes de negócio novamente com a propriedade do acesso aos sistemas, pois eles são as autoridades em suas áreas.

*Fontes:* Compilado de S. Hildreth, "Get a Grip on User Accounts with Role Management", Computerworld, 23 de setembro de 2008; L. Tucci, "Identity Management Begins with the Roles People Play", SearchCIO.com, 17 de setembro de 2008; "Cigna Automates IT Access Governance Using Aveksa Technology", Business Wire, 18 de junho de 2007; www.cigna.com e www.aveksa.com, acessado em 15 de janeiro de 2009.

**PERGUNTAS**

1. Por que é importante que as organizações ofereçam o menor privilégio aos funcionários?
2. Quais são as possíveis desvantagens do menor privilégio?

Controles de Comunicações Os **controles de comunicações** (**rede**) protegem a movimentação de dados através de redes. Eles consistem em firewalls, controles de vírus, listagem branca e listagem negra, controles de detecção de intrusão, criptografia, redes privadas virtuais (VPN*), Secure Socket Layer* (SSL) e sistemas de gerenciamento de vulnerabilidade.

Firewall*s*. Um firewall é um sistema que evita que um tipo específico de informação se movimente entre redes não confiáveis, como a internet, e redes privadas, como a rede de uma empresa. Basicamente, os firewall*s* impedem que usuários da internet não autorizados acessem redes privadas. Os firewall*s* podem consistir em hardware, software ou uma combinação dos dois. Todas as mensagens que entram ou saem da rede de uma empresa passam pelo firewall. O firewall, então, verifica cada mensagem e bloqueia aquelas que não atendem aos critérios de segurança previamente especificados.

Os firewall*s* variam desde os simples, para uso doméstico, aos muito complexos, para uso nas organizações. A Figura 3.3a mostra um firewall básico para um computador doméstico. Nesse caso, o firewall é implementado como software no próprio computador doméstico. A Figura 3.3b mostra uma organização que implementou um firewall externo e um firewall interno voltado para a rede da empresa. Uma **zona desmilitarizada** (**DMZ**) está localizada entre os dois firewalls. As mensagens da internet precisam, primeiro, passar pelo firewall externo. Se estiverem de acordo com as regras definidas, as mensagens são enviadas aos servidores da empresa localizados na DMZ. Esses servidores normalmente manipulam requisições de páginas web e e-mails. Quaisquer mensagens destinadas à rede interna da empresa (por exemplo, a intranet) precisam atravessar o firewall interno, novamente com suas próprias regras de segurança definidas, para ter acesso à rede privada da empresa.

O perigo de vírus e *worms* é tão grave que muitas organizações estão colocando firewalls em pontos estratégicos *dentro* de suas redes privadas. Desse modo, se um vírus ou *worm* passar pelos firewall*s* externo e interno, o dano interno poderá ser contido.

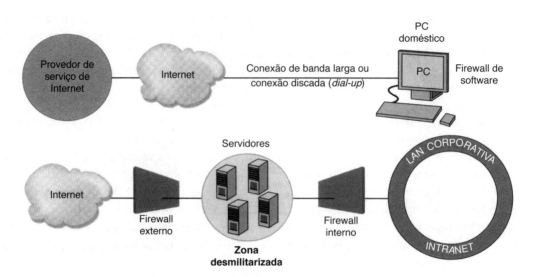

**Figura 3.3** (a) Firewall básico para computador pessoal. (b) Organização com dois firewalls e zona desmilitarizada.

*Sistemas Antivírus.* Os **sistemas antivírus**, também chamados de software AV ou antivírus, são pacotes de software que tentam identificar e eliminar vírus, *worms* e outros tipos de software malicioso. Esse software é implementado no nível organizacional pelo departamento de Sistemas de Informação. Atualmente existem centenas de pacotes de software antivírus à disposição. Entre os mais conhecidos estão o Norton Antivirus (*www.symantec.com*), McAfee Virusscan (*www.mcafee.com*), e Trend Micro PC-cillin *(www.trendmicro.com).*

Os sistemas antivírus geralmente são reativos. Eles atuam criando definições, ou assinaturas, de vários tipos de vírus, e depois atualizam essas assinaturas em seus produtos. O software antivírus, então, examina o código de computador suspeito para ver se ele combina com uma assinatura conhecida. Se combinar, o software antivírus o removerá. É por isso que as organizações atualizam suas definições de vírus com tanta frequência.

Como o vírus é um problema tão sério, os principais fornecedores estão rapidamente desenvolvendo sistemas antivírus que funcionam de modo proativo, além de reativo, e avaliam o comportamento, em vez de contar com a verificação de assinatura. Teoricamente, portanto, é possível apanhar o vírus antes que ele possa infectar os sistemas. A Cisco, por exemplo, lançou um produto chamado Cisco Security Agent. Esse produto funciona de modo proativo, analisando o código do computador para ver se ele funciona como vírus (ver *www.cisilion.com*). Prevx é outro fornecedor que oferece esse tipo de sistema de vírus proativo (*www.prevx.com*).

*Listagem branca e listagem negra.* Um relatório do Yankee Group (*www.yankeegroup.com*), uma firma de pesquisa e consultoria tecnológica, afirmou que 99% das organizações tinham sistemas antivírus instalados, mas 62% delas ainda sofriam de ataques de vírus bem-sucedidos. Conforme discutimos, os sistemas antivírus normalmente são reativos, e o vírus continua a infectar as empresas.

Uma solução para esse problema é a **listagem branca**. Listagem branca (ou *whitelisting*) é um processo em que uma empresa identifica o software que permitirá executar e não tenta reconhecer o vírus. A listagem branca permite que o software aceitável seja executado e impedindo qualquer outro de ser executado, ou permite que novo software seja executado em um ambiente de quarentena até que a empresa possa verificar sua validade.

Enquanto a listagem branca não permite a execução, a menos que esteja na lista branca, a listagem negra (ou *blacklisting*) permite que tudo seja executado, menos aqueles que estejam nela. Uma **lista negra**, então, inclui certos tipos de software que não podem ser executados no ambiente da empresa. Por exemplo, uma empresa poderia incluir na lista negra o compartilhamento de arquivos *peer-to-peer* (ponto-a-ponto) em seus sistemas. Além do software, pessoas, dispositivos e sites também podem ser incluídos em listas brancas e negras.

*Sistemas de detecção de intrusão.* Os **sistemas de detecção de intrusão** são preparados para detectar todos os tipos de tráfego de rede e uso de computador malicioso, que não podem ser detectados por um firewall. Esses sistemas capturam todos os fluxos de tráfego da rede e examinam o conteúdo de cada pacote em busca de tráfego malicioso. Um exemplo desse tipo de tráfego malicioso é um ataque de negação de serviço (discutido anteriormente).

*Criptografia.* Quando as organizações não possuem um canal seguro para enviar informações, elas usam a criptografia para impedir bisbilhoteiros não autorizados. A **criptografia** é o processo de converter uma mensagem para uma forma que não possa ser lida por qualquer um, exceto o destinatário intencionado.

Todos os sistemas de criptografia usam uma chave, que é o código que codifica e depois decodifica as mensagens. A maior parte dos sistemas de criptografia utiliza a criptografia de chave pública. A **criptografia de chave pública** – também conhecida como *criptografia assimétrica* – usa duas chaves diferentes: uma **chave pública** e uma **chave privada** (ver Figura 3.4). A chave pública e a privada são criadas simultaneamente com a mesma fórmula matemática (algoritmo). Como as duas chaves estão matematicamente relacionadas, os dados cifrados com uma chave podem ser decifrados usando-se a outra chave. A chave pública fica publicamente disponível em um diretório que todos podem acessar. A chave privada é mantida em segredo, nunca é compartilhada com ninguém e nunca é enviada pela internet. Por exemplo, se Alice deseja enviar uma mensagem a Bob, ela primeiro obtém a chave pública de Bob, que utiliza para cifrar (embaralhar) a mensagem. Quando Bob recebe a mensagem de Alice, ele usa sua chave privada para decifrar (desembaralhar) a mensagem.

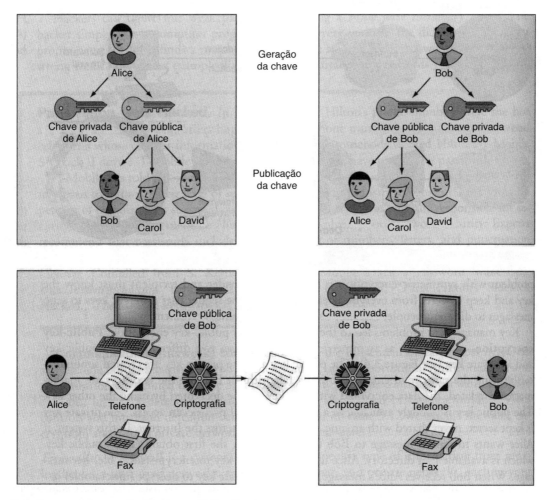

**Figura 3.4** Como a criptografia de chave pública funciona.

*Fonte*: Omnisec AG.

Os sistemas de chave pública também mostram se uma mensagem é autêntica; ou seja, se você cifra uma mensagem usando sua chave privada, ela também foi "assinada" eletronicamente. O destinatário pode verificar se a mensagem veio de você usando sua chave pública para decifrá-la.

Embora esse sistema seja adequado para informações pessoais, organizações fazendo negócios através da internet exigem um sistema mais complexo. Nesse caso, uma terceira parte, chamada **autoridade de certificação**, age como intermediário confiável entre as empresas. Como tal, a autoridade de certificação emite certificados digitais e verifica o valor e a integridade deles. Um **certificado digital** é um documento eletrônico anexado a um arquivo certificando que esse arquivo vem da organização que alega e que não foi modificado em seu formato original. Como você pode ver na Figura 3.5, a Sony solicita um certificado digital da Verisign, uma autoridade de certificação, e usa esse certificado para fazer negócios com a Dell. Observe que o certificado digital contém um número de identificação, o emissor, as datas de validade e a chave pública do solicitante. Para ver exemplos de autoridades de certificação, visite *www.entrust.com, www.verisign.com, www.cybertrust.com, www.secude.com* e *www.thawte.com*.

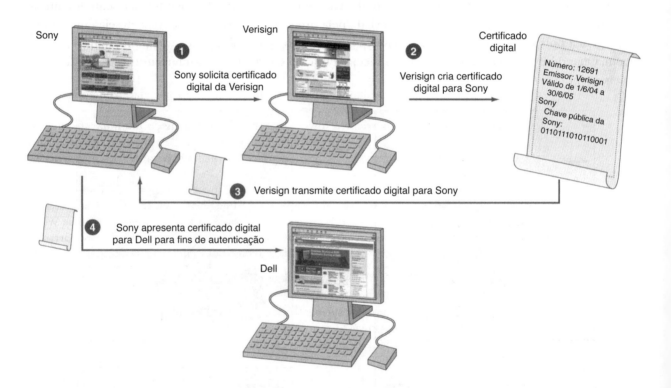

**Figura 3.5** Como os certificados digitais funcionam. Sony e Dell, parceiros comerciais, usam um certificado digital da Verisign para autenticação.

*Redes privadas virtuais.* Uma **rede privada virtual** (**VPN**) é uma rede particular que usa uma rede pública (normalmente a internet) para conectar usuários. Assim, as VPNs integram a conectividade global da internet com a segurança de uma rede privada e, portanto, estendem o alcance das redes da organização.

VPNs são chamadas de "virtuais" porque as conexões (entre organizações, entre locais remotos de uma organização ou entre uma organização e seus funcionários distantes) são criadas quando uma transmissão precisa ser feita e depois terminadas depois que a transmissão tiver sido enviada. VPNs são tratadas por prestadoras comuns (ou seja, provedores de serviço de telefonia).

VPNs possuem diversas vantagens. Primeiro, elas permitem que os usuários remotos acessem a rede da empresa. Segundo, elas permitem flexibilidade, ou seja, os usuários móveis podem acessar a rede da organização a partir de dispositivos remotos devidamente configurados. Terceiro, as organizações podem impor suas políticas de segurança através de VPNs. Por exemplo, uma organização pode ditar que somente aplicações de e-mail corporativas estão disponíveis aos usuários quando eles se conectarem de dispositivos não controlados.

Para oferecer transmissões seguras, as VPNs usam um processo denominado tunelamento. O **tunelamento** cifra cada pacote de dados a ser enviado e o coloca cifrado dentro de outro pacote. Dessa maneira, o pacote pode atravessar a internet com confidencialidade, autenticação e integridade. A Figura 3.6 ilustra uma VPN e o tunelamento.

**Figura 3.6** Rede privada virtual e tunelamento.

*Secure Socket Layer* (**SSL**). A **camada de** *socket* **segura**, agora denominada **segurança da camada de transporte (TLS –** *Transport Layer Security*), é um padrão de criptografia usado para proteger transações como compras com cartão de crédito e transações bancárias on-line. TLS é indicada por um URL que começa com https ao invés de http, e normalmente tem um pequeno ícone de cadeado na barra de status do navegador. TLS cifra e decifra dados de ponta a ponta entre um servidor web e um navegador.

*Sistemas de Gerenciamento de Vulnerabilidade.* Os usuários precisam acessar a rede de sua organização a partir de qualquer lugar e a qualquer momento. Para acomodar essas necessidades, os **sistemas de gerenciamento de vulnerabilidade**, também denominados *segurança por demanda*, estendem o perímetro de segurança que existe para os dispositivos controlados da organização, ou seja, os sistemas de gerenciamento de vulnerabilidade tratam das vulnerabilidades de segurança ou dispositivos remotos não controlados. Lembre-se do que discutimos anteriormente sobre os perigos inerentes no uso de dispositivos não controlados. Os fornecedores de software de gerenciamento de vulnerabilidade incluem Symantec (*www.symantec.com*), Trend Micro (*www.trendmicro.com*), McAfee (*www.mcafee.com*) e Qualys (*www.qualys.com*).

Os sistemas de gerenciamento de vulnerabilidade varrem o sistema remoto e decidem se irão permitir que o usuário o acesse. Também permitem que o usuário baixe software antivírus para o computador remoto para sua proteção. Os sistemas também implementarão sessões virtuais de usuário no computador remoto. Essas sessões separam e cifram dados, aplicações e redes do sistema principal do computador não controlado. Depois que o usuário termina a sessão, o sistema de gerenciamento de vulnerabilidade limpa o cache do navegador e os arquivos temporários no computador não controlado.

*Sistemas de Monitoramento de Empregado.* Algumas empresas estão realizando uma tática proativa para proteger suas redes contra o que eles veem como uma de suas maiores ameaças à segurança: os erros do empregado. Essas empresas estão implementando **sistemas de monitoramento de empregado**, que monitoram computadores, atividades de e-mail e navegação na internet por seus empregados. Tais produtos são úteis para identificar empregados que gastam muito tempo navegando na internet por motivos pessoais, que visitam sites questionáveis ou que baixam música ilegalmente. Os fornecedores que oferecem software de monitoramento incluem SpectorSoft (*www.spectorsoft.com*) e Websense (*www.websense.com*).

Controles de aplicação Os **controles de aplicação**, como o nome sugere, são salvaguardas que protegem aplicações específicas. Os controles de aplicação incluem três categorias principais: controles de entrada, controles de processamento e controles de saída.

Os controles de entrada incluem rotinas programadas que são realizadas para evitar erros nos dados de entrada antes de eles serem processados. Por exemplo, os números de CPF não devem conter caracteres alfabéticos.

Os controles de processamento são rotinas programadas que monitoram a operação das aplicações. Por exemplo, eles podem comparar cartões de ponto de empregados com o arquivo principal da folha de pagamento e informar sobre cartões de ponto ausentes ou duplicados. Os controles de processamento também comparam o número total de transações processadas com o número total de entradas e saídas de transações.

Finalmente, os controles de saída são rotinas programadas que editam os dados de saída em busca de erros. Um exemplo de controle de saída é uma documentação que especifica quais destinatários autorizados receberam relatórios, contracheques ou outros documentos importantes.

### ■ Plano de Continuidade dos Negócios, *Backup* e Recuperação

Uma estratégia importante para as organizações é estar preparado para qualquer eventualidade. Um elemento crítico em qualquer sistema de segurança é um plano de continuidade dos negócios, também conhecido como plano de recuperação de desastres.

A continuidade dos negócios é a cadeia de eventos vinculando o planejamento à proteção e à recuperação. A finalidade do plano de continuidade dos negócios é manter a empresa operando após a ocorrência de um desastre. O plano prepara, reage e se recupera de eventos que afetem a segurança dos recursos de informação, e subsequentemente restaura as operações normais da empresa. O plano garante que as funções críticas da empresa prossigam.

No caso de um grande desastre, as organizações podem empregar diversas estratégias para a continuidade dos negócios, como: *hot* sites, *warm* sites, *cold* sites e armazenamento de dados remoto. Um **hot** site é uma instalação de computador totalmente configurada, com todos os serviços, enlaces de comunicação e operações físicas. Um *hot* site duplica os recursos de computação, periféricos, sistemas de telefonia, aplicações e estações de trabalho. Um **warm** site oferece muitos dos mesmos serviços e opções do hot site. Porém, um *warm* site normalmente não inclui as aplicações reais que a empresa precisa. Um *warm* site inclui equipamento de computação como servidores, mas normalmente não inclui estações de trabalho do usuário. Um **cold** site oferece apenas serviços e instalações rudimentares, como um prédio ou sala com controle de aquecimento, ar-condicionado e umidade. Esse tipo de local não oferece hardware de computador ou estações de trabalho do usuário. O **armazenamento de dados remoto** é um serviço que permite que as empresas armazenem dados valiosos em um local seguro, geograficamente distante do centro de dados da empresa.

Os *hot* sites reduzem o risco ao máximo, mas são a opção mais cara. De modo oposto, os *cold* sites são os que menos reduzem o risco, mas são a opção mais econômica.

### ■ Auditoria de Sistemas de Informação

As empresas implementam controles de segurança para garantir que os sistemas de informação funcionem corretamente. Eles podem ser instalados no sistema original ou podem ser acrescentados depois que o sistema já está em operação. A instalação de controles é necessária, mas não suficiente para proporcionar a segurança adequada. Além disso, as pessoas responsáveis pela segurança precisam responder a perguntas como:

- Todos os controles estão instalados do modo pretendido?
- Eles são eficazes?
- Ocorreu alguma falha na segurança?
- Nesse caso, que ações são necessárias para evitar futuras falhas?

Essas questões podem ser respondidas por observadores independentes e imparciais, que realizam a tarefa de *auditoria de sistemas de informação*. Em um ambiente de SI, **auditoria** é uma verificação dos sistemas de informação, suas entradas, saídas e processamento.

Tipos de Auditores e Auditorias Existem dois tipos de auditores e auditorias: internos e externos. A auditoria de SI geralmente é parte da **auditoria interna** da contabilidade, e frequentemente é realizada por auditores internos da empresa. Um *auditor externo* examina tudo que a auditoria interna descobriu, bem como as entradas, o processamento e as saídas dos sistemas de informação. A auditoria externa dos sistemas de informação normalmente é parte da auditoria externa geral realizada por uma empresa de contabilidade pública certificada.

Como a auditoria de SIs é um assunto amplo, apresentamos aqui apenas os aspectos essenciais. A auditoria considera todos os riscos potenciais e os controles nos sistemas de informação. Envolve tópicos como operações, integridade de dados, aplicações de software, segurança e privacidade, orçamentos e despesas, controle de custos e produtividade. Existem diretrizes disponíveis para auxiliar os auditores nessas tarefas, como as do Institute of Internal Auditors (*www.theiia.org*).

Como a Auditoria é Executada? Os procedimentos de auditoria de SIs se encaixam em três categorias: (1) auditoria em torno do computador; (2) auditoria através do computador; e (3) auditoria com o computador.

*Auditoria em torno do computador* significa verificar o processamento procurando saídas conhecidas que usam entradas específicas. Esse método funciona melhor em sistemas com saídas limitadas. Na *auditoria através do computador*, entradas, saídas e processamento são verificados. Os auditores conferem a lógica dos programas e testam os dados. A *auditoria com o computador* significa usar uma combinação de dados do cliente, software da auditoria e hardware do cliente e da auditoria. Ela permite que o auditor realize tarefas como simular a lógica do programa de folha de pagamento usando dados reais.

## Antes de Prosseguir...

1. Descreva os dois principais tipos de controle para sistemas de informação.
2. O que é auditoria de sistemas de informação?
3. Qual é a finalidade de um plano de recuperação de desastres?

## O que a TI pode me proporcionar?

▪ **Para o Setor de Contabilidade**

Empresas públicas, seus contadores e seus auditores possuem responsabilidades significativas na segurança da informação. Contadores agora estão sendo considerados profissionalmente responsáveis por reduzir o risco, garantir a conformidade, eliminar a fraude e aumentar a transparência das transações de acordo com os Princípios Fundamentais da Contabilidade. A *Securities and Exchange Commission* (SEC) e a *Public Company Accounting Oversight Board* (PCAOB), entre outras agências reguladoras, exigem segurança da informação, prevenção e detecção de fraude e controles internos sobre relatórios financeiros. A contabilidade forense, uma combinação de contabilidade e segurança da informação, é atualmente uma das áreas de maior crescimento na contabilidade.

▪ **Para o Setor de Finanças**

Como a segurança da informação é essencial para o sucesso das organizações de hoje, esse não é mais apenas o problema do CIO. Como resultado dos requisitos reguladores globais e a aprovação da Lei Sarbanes-Oxley, a responsabilidade pela segurança da informação está com o *Chief Executive Officer* CEO e o *Chief Financial Officer* (CFO). Consequentemente, todos os aspectos da auditoria de segurança, incluindo a segurança de informações e sistemas de informação, são uma questão fundamental para os gerentes financeiros.

Além disso, os CFOs e os tesoureiros estão cada vez mais envolvidos com investimentos em tecnologia da informação, pois sabem que uma falha de segurança, de qualquer tipo, pode ter efeitos financeiros devastadores sobre uma empresa. As instituições bancárias e financeiras são os principais alvos dos cibercriminosos. Um problema relacionado é a fraude envolvendo ações e títulos vendidos pela internet. O pessoal de finanças precisa estar atento tanto aos riscos quanto aos controles disponíveis associados a essas atividades.

▪ **Para o Setor de Marketing**

Os profissionais de marketing têm novas oportunidades de coletar dados sobre clientes, por exemplo, através do comércio eletrônico *business-to-consumer* (B2C). A ética de negócios afirma claramente que esses dados devem ser usados dentro da empresa, e não vendidos para outras pessoas ou empresas. Os profissionais de marketing com certeza não querem ser processados por invasão de privacidade nos dados coletados para o banco de dados de marketing.

Os clientes esperam que seus dados sejam devidamente protegidos. Contudo, os criminosos motivados por lucro querem esses dados. Portanto, os gerentes de marketing devem analisar o risco de suas operações. Deixar de proteger dados corporativos ou do cliente causará problemas significativos de relações públicas e deixará os clientes muito zangados. As operações de CRM e o rastreamento dos hábitos de compra on-line dos clientes podem expor dados ao uso indevido (se não forem protegidos com criptografia) ou resultar em violações de privacidade.

### ■ Para o Setor de Produção/Operações

Cada processo nas operações de uma empresa – compra de estoque, recebimento, controle de qualidade, produção e remessa – pode ser prejudicado por uma falha de segurança na tecnologia da informação ou uma falha de segurança de TI em um parceiro de negócios. Qualquer elo fraco nos sistemas de gestão da cadeia de suprimentos ou de gerenciamento de recursos empresariais põe em risco a cadeia inteira. As empresas podem ser responsabilizadas pelas falhas de segurança de TI que afetam outras empresas.

Os profissionais que atuam na área de gerência operacional e de produção decidem se devem terceirizar as operações de fabricação. Em alguns casos, essas operações são enviadas para países que não possuem leis trabalhistas rígidas. Essa situação traz à tona sérias questões éticas. Por exemplo, é ético contratar empregados em países com más condições de trabalho para reduzir os custos trabalhistas? Os gerentes operacionais e de produção precisam responder a outras perguntas difíceis: até que ponto os esforços de segurança reduzem a produtividade? As melhorias incrementais na segurança valem os custos adicionais?

### ■ Para o Setor de Recursos Humanos

A ética é de suma importância para os gerentes de recursos humanos. As políticas de RH descrevem o uso apropriado das tecnologias da informação no local de trabalho. Algumas questões que surgem são: os empregados podem usar a internet, sistemas de e-mail ou bate-papo para fins pessoais enquanto estão no trabalho? É ético monitorar os empregados? Em caso positivo, como isso deve ser feito? Até que ponto? Com que frequência? Os gerentes de RH precisam formular e fazer cumprir essas políticas ao mesmo tempo em que mantêm relações de confiança entre empregados e gerentes.

Os gerentes de RH também têm responsabilidades de proteger dados confidenciais do funcionário e oferecer um ambiente de trabalho amigável. Além disso, eles precisam garantir que todos os funcionários demonstrem explicitamente que entendem as políticas e procedimentos de segurança da informação da empresa.

### ■ Para o Setor de TI

A ética pode ser mais importante para o pessoal de TI que para qualquer outro na organização, pois eles têm controle dos recursos de informação. Eles também controlam uma grande quantidade de informações pessoais sobre todos os empregados. Como resultado, a função de TI precisa ser conduzida nos mais altos padrões éticos.

A função de TI estabelece a infraestrutura de segurança que protege os recursos de informação da organização. Essa função é fundamental para o sucesso da organização, embora seja quase invisível até que um ataque ocorra. Todo o desenvolvimento de aplicação, implantação de rede e introdução de novas tecnologias de informação precisam ser dirigidos pelas considerações de segurança da TI. O pessoal de TI precisa personalizar o modelo de segurança de exposição de risco para ajudar a empresa a identificar riscos de segurança e preparar respostas aos incidentes e desastres de segurança.

Os altos executivos procuram na função de TI ajuda para cumprir os requisitos da Lei Sarbanes-Oxley, principalmente para detectar "deficiências significativas" ou "deficiências materiais" nos controles internos e remediá-las. Outras áreas funcionais também procuram a função de TI para ajudá-las a cumprir suas responsabilidades com a segurança.

## Resumo do Capítulo

Neste capítulo você aprendeu a:

1. **Descrever as principais questões éticas relacionadas à tecnologia da informação e identificar as situações em que elas ocorrem.**

   As principais questões éticas relacionadas à TI são privacidade, exatidão, propriedade (incluindo propriedade intelectual) e acessibilidade à informação. A privacidade pode ser violada quando dados são mantidos em bancos de dados ou transmitidos por redes. As políticas de privacidade que lidam com problemas de coleta de dados, exatidão dos dados e sigilo dos dados podem ajudar as organizações a evitar problemas legais. A propriedade intelectual é a propriedade intangível criada por indivíduos ou organizações, e é protegida por leis de segredo comercial, patente e direitos autorais. A propriedade intelectual mais comum relacionada à TI diz respeito ao software. Copiar software sem pagar ao proprietário é uma violação dos direitos autorais e é um grande problema para os fornecedores de software.

2. **Identificar as muitas ameaças à segurança da informação.**

   Existem inúmeras ameaças à segurança da informação que podem se encaixar nas categorias gerais de involuntárias e intencionais. As ameaças involuntárias incluem erros humanos, riscos ambientais e falhas no sistema de computação. As falhas intencionais incluem espionagem, extorsão, vandalismo, roubo, ataques com software e transgressões à propriedade intelectual. Os ataques com software incluem vírus, *worms*, cavalos de Troia, bombas lógicas, *back doors*, negação de serviço, software clandestino, *phishing* e *pharming*. Uma ameaça crescente é o cibercrime, que inclui roubo de identidade e ataques de *phishing*.

3. **Entender os vários mecanismos de defesa usados para proteger os sistemas de informação.**

   Os sistemas de informação são protegidos por uma ampla variedade de controles, como procedimentos de segurança, guardas físicos e software de detecção. Podem ser classificados como controles usados para prevenção, detenção, detecção, controle de danos, recuperação e correção de sistemas de informação. Os principais tipos de controles gerais incluem controles físicos, controles de acesso, controles de segurança de dados, controles administrativos e controles de comunicações. Os controles de aplicação incluem controles de entrada, processamento e saída.

4. **Explicar a auditoria e o planejamento de TI para a recuperação de desastres.**

   A auditoria em sistemas de informação é feita de maneira semelhante à auditoria de contabilidade/ finanças – em torno, através e com o computador. Uma auditoria de TI interna e externa detalhada pode envolver centenas de fatores e pode ser apoiada por software e listas de verificação. A auditoria de TI é relacionada à preparação para a recuperação de acidentes, que trata especificamente de como evitar, se preparar e se recuperar rapidamente de um acidente.

## Glossário

**aceitação do risco** Atitude em que as organizações aceitam o risco potencial, continuam operando sem controle e absorvem quaisquer danos que ocorram.

*adware* Software clandestino projetado para ajudar a exibir anúncios *pop-up* na tela de um computador.

**ameaça** Perigo ao qual um recurso de informação pode estar exposto.

**análise de risco** Processo pelo qual uma organização avalia o valor de cada recurso a ser protegido, estima a probabilidade de cada recurso ser comprometido e compara os custos prováveis do comprometimento de cada um com os custos de protegê-lo.

**armazenamento de dados remoto** Um serviço que permite que as empresas armazenem dados valiosos em um local seguro, geograficamente distante do centro de dados da empresa.

**ataques de dicionário** Ataques que experimentam combinações de letras e números que possuem mais chance de sucesso, como todas as palavras de um dicionário.

**ataques de força bruta** Ataques que usam recursos de computação maciços para experimentar toda combinação possível de opções de senha para descobrir uma senha.

**ataque de negação de serviço (DoS)** Ciberataque em que um atacante envia uma grande quantidade de pacotes de dados para um sistema-alvo, com o objetivo de sobrecarregar os recursos.

**ataque de senha** (ver ataque de força bruta e ataque de dicionário.)

**ataque do dia zero** Um ataque que tira proveito de uma vulnerabilidade recém-descoberta, anteriormente desconhecida, em um produto de software; os criminosos atacam a vulnerabilidade antes que o fornecedor do software possa preparar um reparo para ela, ou até mesmo antes que o fornecedor esteja ciente da vulnerabilidade.

**auditoria** Verificação dos sistemas de informação, suas entradas, saídas e processamento.

**autenticação** Um processo que determina a identidade da pessoa solicitando acesso.

**autoridade de certificação** Terceiro que age como intermediário confiável entre computadores (e empresas) por meio da emissão de certificados digitais e da verificação do valor e da integridade dos certificados.

**autorização** Um processo que determina quais ações, direitos ou privilégios a pessoa tem, com base na identidade verificada.

**avaliação dos controles** Processo pelo qual a organização identifica problemas na segurança e calcula os custos da implementação de medidas de controle adequadas.

***back door*** (ou ***trap door***) Normalmente, uma senha, conhecida apenas pelo atacante, que lhe permite acessar o sistema à vontade, sem precisar executar quaisquer procedimentos de segurança.

**biometria** Ciência e tecnologia da autenticação (ou seja, estabelecer a identidade de um indivíduo), por meio da medição de características fisiológicas ou comportamentais do indivíduo.

**bomba lógica** Segmento de código de computador que é embutido dentro dos programas existentes em uma organização.

**capturadores de tela.** Software que registra um "filme" contínuo do conteúdo de uma tela, em vez de simplesmente registrar toques de tecla.

**cartão de identificação** Um cartão de identificação que normalmente tem a foto da pessoa e, provavelmente, sua assinatura.

**cartão inteligente (*smart card*)** Cartão com um chip embutido com informações pertinentes sobre o usuário.

**cavalo de Troia** Programa de software com uma função oculta que apresenta um risco à segurança.

**certificado digital** Documento eletrônico anexado a um arquivo certificando que esse arquivo vem da organização que alega e que não foi modificado em seu formato ou conteúdo original.

**cibercrimes** Atividades fraudulentas executadas na internet.

**ciberguerra** Guerra em que os sistemas de informação de um país poderiam ser paralisados por um ataque em massa de software destrutivo.

**ciberterrorismo** Ataque premeditado e com motivação política contra informações, sistemas de computação, programas de computador e dados, que resulta em violência contra alvos civis por grupos subnacionais ou agentes clandestinos.

**código de ética** Conjunto de princípios destinados a guiar a tomada de decisões pelos membros da organização.

**código de privacidade** (ver política de privacidade.)

***cold* site** Um local de reserva que oferece apenas serviços e instalações rudimentares.

**controles** Mecanismos de defesa (também chamados de **salva-guardas**)

**controles de acesso** Controles que evitam que indivíduos não autorizados usem recursos de informação e se dedicam à identificação do usuário.

**controles de aplicação** Controles que protegem aplicações específicas.

**controles de comunicações** Controles que lidam com a movimentação de dados pelas redes.

**controles de rede** (ver controles de comunicações.)

**controles de sistemas de informação** Procedimentos, dispositivos ou software destinados a evitar o comprometimento do sistema.

**controles físicos** Controles que impedem que indivíduos não autorizados tenham acesso aos recursos computacionais de uma empresa.

***cookie*** Pequenas quantidades de informação que os sites armazenam em seu computador, temporariamente ou quase permanentemente.

**criptografia de chave pública** (também conhecida como **criptografia assimétrica**) Tipo de criptografia que usa duas chaves diferentes: uma chave pública e uma privada.

**criptografia** Processo de converter uma mensagem original em um formato que não pode ser lido por ninguém, exceto o destinatário pretendido.

**direito autoral** Concessão legal que cede aos criadores do produto intelectual a sua propriedade durante a vida do criador e mais 70 anos.

**dossiê digital** Uma descrição eletrônica de um usuário e seus hábitos.

**engenharia social** Contornar os sistemas de segurança enganando usuários de computador dentro de uma empresa para que revelem informações confidenciais ou para obter privilégios de acesso não autorizados.

**engenharia social reversa** Um tipo de ataque em que os funcionários se aproximam do invasor.

**ética** Um termo que se refere aos princípios do certo e errado que os indivíduos utilizam para fazer escolhas que orientam seus comportamentos.

**exposição** Prejuízo, perda ou dano que pode resultar se uma ameaça comprometer esse recurso.

**firewall** Sistema (hardware, software ou uma combinação de ambos) que evita que um tipo específico de informação se movimente entre redes não confiáveis, como a internet, e redes privadas, como a rede de uma empresa.

**gerenciamento de riscos** Processo que identifica, controla e minimiza o impacto das ameaças em um esforço para reduzir o risco a níveis controláveis.

***hot* site** Sistema de computação totalmente configurado, com todos os recursos e serviços de informação, links de comunicações e operações físicas das instalações, que duplicam os recursos de computação de uma empresa e proporcionam uma recuperação quase em tempo real das operações de TI.

**imputabilidade** Um conceito legal significando que os indivíduos têm o direito de recuperar os dados causados a eles por outros indivíduos, organizações ou sistemas.

**limitação do risco** Atitude segundo a qual a organização limita o risco por meio da implementação de controles que minimizem o impacto da ameaça.

**listagem branca** Um processo em que uma empresa identifica o software aceitável e permite que ele seja executado, e impede que algo mais trabalhe simultaneamente, ou permite que um novo software seja executado em um ambiente de quarentena até que a empresa possa verificar sua validade.

**listagem negra** Um processo em que uma empresa identifica certos tipos de software que não têm permissão para serem executados no ambiente da empresa.

*malware* Software malicioso como vírus e *worms*.

**menor privilégio** Um princípio que os usuários recebem o privilégio para alguma atividade apenas se houver uma necessidade justificável de conceder essa autorização.

**mineração de dados sociais** (*buddy mining*) Um ataque que ocorre quando os invasores buscam descobrir quem conhece quem em uma organização e como, a fim de explorar indivíduos específicos.

**mitigação de risco** Processo em que a organização executa ações concretas contra os riscos, como implementar controles e desenvolver um plano de recuperação de acidentes.

**modelo de opção de entrada** Um modelo de consentimento informado em que uma empresa é proibida de coletar qualquer informação pessoal a menos que o cliente autorize isso especificamente.

**modelo de opção de saída** Um modelo de consentimento informado que permite que a empresa colete informações pessoais até que o cliente especificamente solicite que os dados não sejam coletados.

**negação de serviço distribuída** (**DDoS**) Ataque de negação de serviço que envia simultaneamente um fluxo coordenado de pacotes de dados a partir de muitos computadores comprometidos.

*passphrase* Série de caracteres mais longa que uma senha, mas que pode ser memorizada com facilidade.

**patente** Documento que concede ao proprietário direitos exclusivos sobre uma invenção ou processo durante 20 anos.

*phishing* Ataque que usa o logro para adquirir informações pessoais valiosas, como números e senhas de contas, aparentando ser um e-mail autêntico.

**pirataria** Copiar um programa de software sem pagar ao proprietário.

**política de privacidade** (também chamada de **código de privacidade**) Diretrizes de uma organização em relação à proteção da privacidade dos consumidores, clientes e empregados.

**privacidade** Direito de ficar em paz e de estar livre de invasões pessoais injustificáveis.

**privilégio** Uma coleção de operações relacionadas do sistema de computação que podem ser realizadas pelos usuários do sistema.

**propriedade intelectual** Propriedade intangível criada por indivíduos ou organizações que é protegida por leis de segredo comercial, patente e direito autoral.

**reconhecimento de assinatura** O usuário assina seu nome e o sistema compara essa assinatura com uma registrada anteriormente sob condições controladas, monitoradas.

**reconhecimento de voz** O usuário fala uma frase que foi previamente gravada sob condições controladas, monitoradas, e o sistema de reconhecimento de voz compara os dois sinais de voz.

**rede privada virtual** (**VPN**) Rede particular que usa uma rede pública (normalmente a internet) para conectar usuários com segurança por meio de criptografia.

**registradores de toques de tecla** (*keyloggers*) Hardware ou software que pode detectar todos os toques de tecla feitos em um computador comprometido.

**responsabilidade** Um termo que significa que você aceita as consequências de suas decisões e ações.

**responsabilização** (*accountability*) Um termo que significa uma determinação de quem é responsável pelas ações que foram tomadas.

**risco**: probabilidade de uma ameaça se concretizar.

**roubo de identidade** Crime em que alguém usa as informações pessoais de outrem para criar uma identidade falsa que, então, é usada para cometer uma fraude.

**Secure Socket Layer** (SSL) (ver Transport Layer Security.)

**segredo comercial** Trabalho intelectual, como um plano de marketing, que configura um segredo comercial e não é baseado em informações públicas.

**senha** Combinação particular de caracteres que somente o usuário deve conhecer.

**senha forte** Senha difícil de se descobrir, mais longa que curta, contém letras maiúsculas e minúsculas, números e caracteres especiais e não é uma palavra ou sequência de números reconhecíveis.

**sistema de detecção de intrusão** Um sistema projetado para detectar todos os tipos de tráfego de rede e uso de computador maliciosos, que não podem ser detectados por um firewall.

**sistema de gerenciamento de vulnerabilidade** Um sistema que trata das vulnerabilidades de segurança ou dispositivos remotos não controlados e, ao fazer isso, estende o perímetro de segurança que existe para os dispositivos controlados da organização.

**sistemas antivírus** (**software antivírus**) Pacotes de software que tentam identificar e eliminar vírus, *worms* e outros tipos de software malicioso.

**sistemas de monitoramento de empregado** Sistemas que monitoram as atividades dos empregados com computadores, e-mail e navegação na internet.

**software clandestino** Software invasivo que é instalado no seu computador através de métodos fraudulentos.

**spam** E-mail não solicitado.

*spamware* Software clandestino que usa o computador alheio para enviar spam.

*spyware* Software clandestino que pode registrar os toques no teclado e/ou capturar senhas.

**teste de infiltração** Um método de avaliar a segurança de um sistema de informação, simulando um ataque por um invasor malicioso.

*token* Dispositivos com *chips* embutidos e um visor digital que apresenta um número de *login* que o empregado usa para obter acesso à rede da organização.

**traçar o perfil** (*profiling*) O processo de formar um dossiê digital de uma pessoa.

**transferência do risco**: atitude em que a organização transfere o risco usando outros meios para compensar a perda, como a contratação de seguros.

***Transport Layer Security* (TLS)** Um padrão de criptografia usado para proteger transações como compras com cartão de crédito e transações bancárias on-line.

***trap door*** (ver *back door*.)

**tunelamento** Um processo que cifra com criptografia cada pacote de dados a ser enviado e coloca cada pacote cifrado dentro de outro pacote.

**vigilância eletrônica** Monitorar ou rastrear as atividades das pessoas com o auxílio de computadores.

**vírus** Software malicioso que pode se anexar a (ou "infectar") outros programas de computador sem que o proprietário do programa fique ciente da infecção.

**vulnerabilidade** Possibilidade de o sistema sofrer algum dano devido a uma ameaça.

***warm* site** Um local que oferece muitos dos mesmos serviços e opções do hot site, mas não inclui as aplicações da empresa.

***worm*** Programa destrutivo que se duplica sem a necessidade de qualquer outro programa para garantir um ambiente seguro para a duplicação.

**zona desmilitarizada (DMZ)** Uma rede local separada da organização que está localizada entre a rede interna de uma organização e uma rede externa, normalmente a internet.

## Questões para Discussão

1. Por que os sistemas de computação são tão vulneráveis?
2. Por que a segurança da informação deverá ser uma preocupação importante para a gerência?
3. A segurança é uma questão técnica? Uma questão empresarial? Ambos? Justifique sua resposta. Dica: Leia Kim Nash, *Why Technology Isn't the Answer to Better Security*, CIO (*www.cio.com*), 15 de outubro de 2008.
4. Compare a segurança da informação em uma organização com o seguro de uma casa.
5. Por que a autenticação e a autorização são importantes para o comércio eletrônico?
6. Por que o cibercrime entre fronteiras está se expandindo rapidamente? Discuta as possíveis soluções.
7. Discuta por que a lei Sarbanes-Oxley está tendo um impacto sobre a segurança da informação.
8. Em 2008, a Massachusetts Bay Transportation Authority (MBTA) obteve um pedido de restrição temporário impedindo três alunos do Massachusetts Institute of Technology de mostrar o que eles afirmavam ser um modo de conseguir "viagens de metrô gratuitas por toda a vida". Um mandado judicial de 10 dias proibiu os alunos de revelarem as vulnerabilidades do bilhete da MBTA. Os alunos foram agendados para apresentar suas descobertas em Las Vegas, na conferência de *hacking* de computação Defcon. As ações dos alunos são lícitas? Suas ações são éticas? Discuta sua resposta do ponto de vista dos alunos e depois do ponto de vista da MBTA.
9. Que tipos de autenticação do usuário são usados na sua universidade e/ou local de trabalho? Essas medidas de autenticação parecem ser eficazes? E se um nível de autenticação mais alto fosse implementado? Ele valeria a pena ou diminuiria a produtividade?

## Atividades de Solução de Problemas

1. Uma gerente de segurança da informação monitorou a navegação na web dos empregados de sua empresa. Ela descobriu que muitos empregados estavam visitando os sites dos "seis imorais". (Nota: Os seis imorais são sites com material relacionado a pornografia, jogos, ódio, atividades ilegais, mau gosto e violência). Então ela preparou uma lista dos funcionários e seus históricos de navegação e entregou a lista à gerência. Alguns gerentes puniram seus empregados. Alguns empregados, por sua vez, se opuseram ao monitoramento, afirmando que eles deveriam ter direito à privacidade.
   a. O monitoramento da navegação web pelos gerentes é ético? (Não é ilegal.) Justifique sua resposta.
   b. A navegação web nos "seis imorais" pelo empregado é ética? Justifique sua resposta.
   c. A entrega da lista de violadores pelo gerente de segurança à gerência superior é ética? Por que ou por que não?
   d. A punição dos violadores é ética? Por que ou por que não? Se for, então que tipos de punição seriam aceitáveis?
   e. O que a empresa deve fazer para melhorar essa situação?

2. Frank Abignale, o criminoso vivido por Leonardo Di Caprio no filme *Prenda-me se for capaz*, terminou na prisão. Entretanto, ao sair da cadeia, foi trabalhar como consultor para diversas empresas em questões de fraudes.

    a. Por que muitas empresas não relatam crimes relacionados a computadores?

    b. Por que essas empresas contratam os criminosos (se apanhados) como consultores? Você acha que isso é uma boa ideia?

    c. Você é o CEO de uma empresa. Discuta as implicações éticas de contratar Frank Abignale como consultor para sua empresa.

3. Um problema crítico é avaliar até que ponto uma empresa é legalmente obrigada a ir para proteger dados pessoais. Como não existe uma segurança perfeita (ou seja, há sempre mais que você pode fazer), resolver essa questão pode afetar significativamente o custo.

    a. Quando as medidas de segurança que uma empresa implementa são suficientes para cumprir com suas obrigações?

    b. Existe algum modo de uma empresa saber se suas medidas de segurança são suficientes? Você pode imaginar um método para qualquer organização determinar se suas medidas de segurança são suficientes?

4. Suponha que a probabilidade diária de um grande terremoto em Los Angeles seja 0,07%. A chance de o seu centro de computação ser danificado durante tal terremoto é de 5%. Se o centro for danificado, o dano médio estimado será de US$ 4 milhões.

    a. Calcule a perda esperada em dólares.

    b. Um agente de seguros deseja segurar sua instalação por uma taxa anual de US$ 25.000. Analise a oferta e discuta se você a aceitaria.

5. Uma empresa recebe 50.000 mensagens a cada ano. Atualmente, a organização não possui firewalls. Na média, há duas invasões bem-sucedidas a cada ano. Cada invasão bem-sucedida resulta em uma perda para a companhia de cerca de US$ 150.000. Um firewall é proposto a um custo inicial de US$ 75.000 e uma taxa de manutenção anual de US$ 6.000. A vida útil estimada é de três anos. A chance de um invasor passar por esse firewall é de 0,00002. Nesse caso, existe uma chance de 30% de que o dano totalize US$ 100.000, uma chance de 50% de que totalize US$ 200.000 e uma chance de 20% de que não haja dano algum.

    a. A gerência deverá comprar esse firewall?

    b. Um firewall melhorado, que seja 99,9988% eficaz e que custa US$ 90.000, com uma vida útil de três anos e um custo de manutenção anual de US$ 18.000, está disponível. A empresa deveria adquirir esse firewall em vez do primeiro?

6. Complete o teste de ética de computador em *http://web.cs.bgsu.edu/maner/xxicee/html/welcome.htm*.

7. Visite *www.scambusters.org*. Descubra o que a organização faz. Aprenda sobre fraudes de e-mail e fraudes de site. Informe suas descobertas.

8. Visite *www.dhs.gov/dhspublic* (Department of Homeland Security). Procure por "National Strategy to Secure Cyberspace" no site e escreva um relatório sobre sua agenda e realizações até o momento.

9. Visite *www.alltrustnetworks.com* e outros fornecedores de biometria. Encontre os dispositivos que eles fabricam que podem ser usados para controlar o acesso nos sistemas de informação. Prepare uma lista de produtos e principais capacidades de cada um.

10. Acesse o site do Computer Ethics Institute no endereço *www.cpsr.org/issues/ethics/cei*. Essa página contém os "Dez Mandamentos da Ética da Computação". Estude essas 10 regras e decida se quaisquer outras deveriam ser incluídas.

11. A pirataria de software é um problema global. Acesse os sites a seguir: *www.bsa.org* e *www.microsoft.com/piracy*. O que as organizações podem fazer para reduzir esse problema? Algumas organizações estão lidando com o problema melhor do que outras?

12. Acesse *www.eightmaps.com*. O uso dos dados nesse site é ilegal? Antiético? Justifique sua resposta.

## Trabalhos em Equipe

1. Acesse *www.ftc.gov/sentinel* para descobrir mais sobre como as agências de imposição da lei do mundo inteiro trabalham juntas para combater a fraude ao consumidor. Cada equipe deverá obter as estatísticas atuais sobre uma das cinco maiores categorias de reclamação do consumidor e preparar um relatório. Existem categorias crescendo mais do que outras? Existem categorias mais prevalentes em certas partes do mundo?

2. Leia "In the Matter of BJ's Wholesale Club, Inc., Agreement containing Consent Order" FTC File Nº. 042 3160, 16 de junho de 2005, em *www.ftc.gov/opa/2005/06/bjswholesale.htm*. Descreva a brecha de segurança no BJ's Wholesale Club. Qual foi o motivo para esse acordo? Identifique algumas das causas da falha de segurança e como o BJ's pode se defender melhor contra hackers e responsabilidade legal.

3. Leia o artigo: "The Security Tools You Need" em *http://www.pcworld.com/downloads/collection/collid1525/files.html*. Cada equipe deverá baixar um produto e discutir seus prós e contras para a turma. Não se esqueça de examinar todos os comentários postados sobre esse artigo.

## Caso final

### Segurança da Informação no Fundo Internacional para o Bem-estar Animal

O Problema da Empresa O Fundo Internacional para o Bem-estar Animal (IFAW, International Fund for Animal Welfare, *www.ifaw.org*) é a maior organização internacional para o bem-estar dos animais. A pequena organização sem fins lucrativos afirma que "o destino e o futuro de todos os animais da Terra são insoluvelmente ligados à humanidade". A IFAW tem aproximadamente 375 veteranos experientes, especialistas legais e políticos e cientistas internacionalmente aclamados, trabalhando em escritórios de 15 países. A organização visa tudo desde caças de focas no Canadá até o comércio ilegal de presas de elefante e chifres de rinoceronte na África.

A IFAW tem três características que afetam a segurança da informação das organizações. Primeiro, como uma organização extremamente dispersa, a IFAW precisa lidar com a segurança da informação em uma grande escala internacional. Segundo, os usuários móveis da IFAW carregam laptops que precisam ser protegidos para uso fora da rede da IFAW, ainda permanecendo seguros o suficiente para retornar à rede sem causar danos quando o usuário retornar de viagens. Terceiro, a IFAW é uma força controversa na conservação, e portanto é alvo de indivíduos, organizações e até mesmo governos que se opõem às atividades da organização.

Em um caso, durante a caça às focas canadenses, a IFAW tentou sondar os ataques contra os laptops de seus usuários quando eles participavam da missão de observação na ilha Prince Edward. Em outro caso, a IFAW encontrou ataques de negação de serviço de dezenas de servidores japoneses porque os operadores da IFAW estavam realizando análise de DNA da carne de baleia encontrada em uma peixaria em Tóquio, no apoio à posição anticaça de baleias das organizações. A IFAW também tem sido visada por software malicioso personalizado, criado para atacar a organização. O vírus foi enviado de alguns governos especificamente com a finalidade de espiar as operações da IFAW.

A Solução Como a IFAW tem sido alvo de ataques personalizados, a organização está ciente dos problemas associados a contar exclusivamente com software antivírus para proteger seus computadores. Infelizmente, o software antivírus oferece pouca proteção contra vírus desconhecido, pois ele conta com assinaturas digitais de vírus conhecidos, descobertos por pesquisadores de segurança. Se o vírus permanecer não descoberto por pesquisadores, nenhuma assinatura digital é capturada e o cliente permanece desprotegido.

Para proteger seus recursos de informação, a IFAW ainda usa software antivírus comercial, apesar de suas limitações. Porém, a IFAW também usa software de detecção de intrusão da SourceFire (*www.sourcefire.com*) e instalou software de controle de acesso de rede chamado Procurve, da Hewlett-Packard (*www.procurve.com*). A defesa mais eficaz da IFAW, porém, tem sido a tecnologia de listagem branca. Ao invés de bloquear os vírus conhecidos e perder todos os vírus desconhecidos, a listagem branca permite que apenas os programas de software conhecidos como sendo "bons" sejam executados, impedindo a execução de todos os outros. A IFAW selecionou o Endpoint Security da Check Point (*www.checkpoint.com*) para implementar a listagem branca.

Os Resultados Usando o software da Check Point, a IFAW implementou controles muito restritivos sobre os programas de software que ela permite executar em seu hardware. Para que o software de listagem branca funcione, a organização teve que decidir sobre cada aplicação que precisava ser executada em qualquer um de seus computadores. Se um programa não estiver na lista branca, ele não será executado até que alguém no departamento de TI da IFAW permita que ele seja executado.

Um resultado esperado foi que a IFAW foi capaz de usar o sistema de listagem branca para identificar e segregar vírus não reconhecido pelo software antivírus da IFAW. O sistema de listagem branca imediatamente reduziu o número de infecções e explorações de vulnerabilidades de segurança nos computadores da organização. Na verdade, os incidentes de segurança caíram cerca de 75%. Além disso, o sistema de listagem branca permitiu que a IFAW melhore sua compatibilidade de licenciamento de software, pois a organização agora sabia exatamente que software estava sendo executado em seus computadores.

Restava um problema. Embora a IFAW tivesse sucesso com suas várias defesas, a organização ainda tinha que gerenciar os computadores que ela não possuía. Muitos usuários que pertencem a organizações parceiras precisam se conectar à rede da IFAW. Como resultado, as diretrizes da IFAW equilibram acesso à rede com segurança. A IFAW agora oferece aos seus parceiros o mínimo de acesso necessário à sua rede, e monitora de perto os usuários de suas organizações parceiras.

*Fontes:* Compilado de M. Cobb, "The Value of Application Whitelists", www.searchsecurity.com, 12 de novembro de 2008; E. Chickowski, "Wildlife Organization Tames Security Endpoints", Baseline Magazine, 18 de junho de 2008; "IFAW Captures Total Security with Check Point Endpoint Security", Check Point Case Study, www.checkpoint.com; M. Hamblen, "Survey: eBay Auctions Allow Elephant Ivory Trading", Computerworld, 17 de maio de 2007; www.ifaw.org, acessado em 15 de janeiro de 2009.

## PERGUNTAS

1. O processo de listagem branca aumenta o peso sobre o grupo de TI na IFAW? Por que ou por que não? Justifique sua resposta.
2. Analise o risco da IFAW ao permitir que os usuários de suas organizações parceiras acessem sua rede.

# Capítulo 4

# Gerenciamento de Dados e Gestão do Conhecimento

---

## Metas de Aprendizagem

1. Reconhecer a importância dos dados, os problemas envolvidos em seu gerenciamento e seu ciclo de vida.
2. Descrever as fontes de dados e explicar como eles são coletados.
3. Explicar as vantagens da abordagem de banco de dados.
4. Explicar o funcionamento do *data warehousing* e seu papel no apoio à decisão.
5. Definir a governança de dados e explicar como ela ajuda a produzir dados de alta qualidade.
6. Definir conhecimento e diferenciar entre conhecimento explícito e tácito.

---

## Esboço do Capítulo

---

## O que a **TI** pode me proporcionar?

---

## Caso Inicial

**Mediatech Direct Trabalha para Remover Erros de Dados**
- **O Problema da Empresa**

Sua *sombra de dados* é uma coleção de dados rastreáveis que foram deixados para trás depois que você passou a usar tecnologias como cartões de crédito, cartões de débito, cabines de pedágio, telefones inteligentes e a internet. À medida que você usa essas tecnologias ao longo do tempo, sua sombra de dados aumenta constantemente. Por exemplo, quando você visita um site popular como a Amazon e efetua uma compra com cartão de crédito, vários dados sobre suas transações são capturados, armazenados e permanecem como um registro digital da atividade. Os dados que são preservados podem ser utilizados para qualquer número de propósitos relacionados aos negócios.

Para a Mediatech Direct (*www.mediatechdirect.co.uk*), uma empresa de envio de mala direta, o uso mais comum das sombras de dados de seus clientes envolve marketing de mala direta. Portanto, os dados mais importantes nos sistemas de Mediatech estão relacionados com as informações de contato dos clientes – endereços, números de telefone e endereços de e-mail. A Mediatech usa esses dados para estabelecer pontos de contato com seus clientes. Esses dados constituem o elo vital que oferece oportunidades de vendas e, finalmente, receitas para a empresa. Claramente, então, manter dados precisos é fundamental para o sucesso da Mediatech.

Em 2008, a Mediatech expandiu significativamente sua capacidade e o alcance das suas operações. Embora essa expansão tenha criado um novo potencial de lucro, ela também contribuiu para inúmeros erros de dados. A empresa descobriu que grande parte dos dados do seu cliente tinha se degradado, ou seja, os dados estavam incompletos ou obsoletos. Em muitos casos, o *data warehouse* da Mediatech continha várias entradas para o mesmo cliente, com diferentes endereços, telefones e contatos de e-mail. Em outros casos, dados dos contatos com os clientes estavam incompletos, faltando endereços postais, ou continham apenas endereços de e-mail parciais. Em todos os casos, os resultados foram os mesmos, ou seja, um ponto de perda de contato e, portanto, uma oportunidade perdida de vendas. Uma análise no *data warehouse* da Mediatech estimou que quase cinco por cento dos dados sofrem degradação a cada mês. Se essa taxa de erro for desconsiderada, no prazo de um ano, aproximadamente metade de todas as informações de contato dos clientes estaria totalmente deteriorada.

### ▪ A Solução da TI

A Mediatech enfrentou uma decisão de negócio difícil, mas muito comum. A empresa deveria continuar a alocar seus recursos para alcançar uma alta taxa de crescimento ou deveria redirecionar alguns desses recursos para resolver problemas de dados internos que, se não forem controlados, podem reduzir a lucratividade futura?

A Mediatech escolheu tratar seus erros de dados. A empresa terceirizou a solução com a Capscan (*www. capscan.com*), um serviço de integridade de dados internacionais. A Capscan aplicou um serviço completo de dados e correspondência no *data warehouse* da Mediatech. O sistema da Capscan identificou dados redundantes, fragmentados e incorretos, removendo-os do *data warehouse*.

### ▪ Os Resultados

Na primeira rodada de limpeza de dados, a Capscan reconciliou mais de 3.000 registros de clientes em apenas um arquivo de dados de cliente. Cada registro que foi reconciliado continha informações de contato do cliente incompletas ou incorretas. A Mediatech estimou que reconciliar os dados nesse arquivo único economiza para a empresa mais de US$ 250.000 por ano. Os projetos propiciaram uma economia de custos semelhante em cada um dos outros 12 arquivos de dados do cliente. De fato, a empresa estima que a economia total através da eliminação de erros de dados poderia chegar a US$ 3 milhões por ano.

---

### ▪ O que Aprendemos com este Caso

O caso da Mediatech Direct representa um problema muito real que quase todas as empresas enfrentam, ou seja, erros em um dos seus mais valiosos recursos – seus dados. Esse problema se torna ainda mais evidente quando consideramos o crescimento incrivelmente rápido na quantidade de dados que as organizações capturam e armazenam. A probabilidade é a dos erros nos dados aumentarem exponencialmente à medida que os negócios se expandem. Todas as empresas, assim como a Mediatech, precisam identificar e eliminar erros de dados de modo que possam depender de seus recursos de dados para melhor apoiar os processos de negócio e, finalmente, melhorar a rentabilidade.

*Fontes:* Compilado de J. Buchanan, "Mediatech Direct", Direct Response, julho/agosto de 2007; "Data Quality", www.bcs.org, agosto de 2007; R. Whiting, "Hamstrung by Defective Data" InformationWeek, 8 de maio de 2006; "Poor Quality Data Biggest CIO Headache", BusinessWeek, 4 de maio de 2006; S. Stahl, "Data Quality Is Everyone's Problem", InformationWeek, 30 de agosto de 2004; "Mediatech Direct", Capscan Customer Case Study, www.capscan.com, acessado em 11 de março de 2009; "IBM Cognos Data Quality Rapid Assessment Service", www.cognos.com, acessado em 19 de março de 2009.

Entre 2006-2010, a quantidade de informações digitais criadas, capturadas e replicadas a cada ano somou cerca de 18 milhões de vezes a quantidade de informação que existe atualmente em todos os livros já escritos. As imagens capturadas por mais de 1 bilhão de dispositivos no mundo inteiro, desde câmeras digitais e telefones com câmera até scâneres médicos e câmeras de segurança, compreende o maior componente dessa informação digital.

Estamos acumulando dados e informações a um ritmo frenético, vindos de fontes tão diversificadas quanto documentos das empresas, e-mails, páginas web, uso de cartões de crédito, mensagens por telefone, negociações de ações, memorandos, agendas e varreduras de radiologia. Novas fontes de dados e informações incluem blogs, *podcasts*, *videocasts* (pense no YouTube), vigilância por vídeo digital e etiquetas de identificação por radiofrequência (RFID) e outros sensores sem fio (discutidos no Capítulo 7). Somos inundados com dados e precisamos gerenciá-los e conseguir dar sentido a eles. Para lidar com o crescimento e a natureza diversificada dos dados digitais, as organizações precisam empregar técnicas sofisticadas para o gerenciamento de informações.

As tecnologias e sistemas de informação dão suporte às organizações no gerenciamento – ou seja, aquisição, organização, armazenamento, acesso, análise e interpretação – de dados. Conforme discutimos no Capítulo 1, quando esses dados são gerenciados corretamente, eles primeiro se tornam *informação* e depois *conhecimento*. Conforme vimos, a informação e o conhecimento são recursos de informação valiosos, que podem oferecer uma vantagem competitiva. Neste capítulo, exploramos o processo pelo qual os dados são transformados primeiro em informação e depois em conhecimento.

Poucos profissionais de negócios estão acostumados a tomar ou justificar decisões de negócios que não são baseadas em informações sólidas. Isso é especialmente verdadeiro hoje, quando os sistemas de informação modernos tornam o acesso a essa informação fácil e rápido. Por exemplo, temos tecnologia pronta para colocar dados em um formato que gerentes e analistas possam facilmente entender. Esses profissionais podem, então, acessar esses dados, analisando-os de acordo com suas necessidades, usando uma série de ferramentas, produzindo, assim, informação. Eles podem, ainda, aplicar sua experiência para usar essa informação a fim de resolver um problema da empresa, produzindo assim conhecimento. A gestão do conhecimento, habilitada pela tecnologia da informação, captura e armazena conhecimento em formas que todos os funcionários da organização possam acessar e aplicar, criando a "organização que aprende" flexível e poderosa.

Mas por que você deveria aprender sobre gerenciamento de dados? O motivo é que você terá um papel importante no desenvolvimento das aplicações de banco de dados. A estrutura e o conteúdo do banco de dados de sua organização depende de como os usuários percebem suas atividades na empresa. Por exemplo, quando os desenvolvedores de banco de dados no grupo de TI da empresa montam um banco de dados, eles usam uma ferramenta chamada modelagem de entidade-relacionamento (ER). Essa ferramenta cria um modelo de como os usuários veem uma atividade da empresa. Você precisa entender como interpretar um modelo ER de modo que possa examinar se os desenvolvedores capturaram sua atividade na empresa corretamente.

Iniciamos este capítulo discutindo os diversos problemas envolvidos no gerenciamento de dados e a técnica de banco de dados que as organizações utilizam para solucionar esses problemas. Depois, mostramos como os sistemas de gerenciamento de banco de dados permitem que as organizações acessem e usem os dados nos bancos de dados. Os *data warehouses* se tornaram cada vez mais importantes, porque oferecem os dados que os gerentes precisam a fim de tomar decisões. Encerramos o capítulo com um estudo da gestão do conhecimento.

## 4.1. Gerenciando Dados

**Como** vimos até aqui neste livro, as aplicações de TI precisam de dados. Os dados devem ser de alta qualidade, o que significa que devem ser precisos, completos, oportunos, coerentes, acessíveis, relevantes e concisos. Entretanto, existem dificuldades cada vez maiores em coletar, manter e gerenciar dados.

### ■ As Dificuldades de Gerenciar Dados

Como os dados são processados em várias etapas e, frequentemente, em locais diferentes, podem estar sujeitos a alguns problemas e dificuldades. O gerenciamento de dados nas organizações é difícil por várias razões.

Primeiro, a quantidade de dados aumenta exponencialmente com o tempo. Muitos dados históricos precisam ser mantidos por um longo tempo e novos dados são acrescentados rapidamente. Por exemplo, para dar suporte a milhões de clientes, grandes varejistas precisam gerenciar muitos *terabytes* de dados.

Além disso, os dados também ficam dispersos nas organizações e são coletados por muitos indivíduos que utilizam vários métodos e dispositivos. Os dados frequentemente são armazenados em inúmeros servidores e locais e em diferentes sistemas de computação, bancos de dados, formatos e linguagem humana e de computador.

Outro problema é que os dados vêm de várias fontes: fontes internas (bancos de dados corporativos), fontes pessoais (pensamentos, opiniões e experiências pessoais) e de fontes externas (bancos de dados comerciais, relatórios governamentais, sites corporativos). Os dados também vêm da web na forma de dados *clickstream*. **Dados *clickstream*** são aqueles que visitantes e clientes produzem quando visitam um site e clicam em *hiperlinks* (descritos no Guia de Tecnologia 2). Os dados *clickstream* fornecem um rastro das atividades dos usuários no site, incluindo o comportamento e os padrões de navegação.

Aumentando esses problemas está o fato de que novas fontes de dados, como blog*s*, *podcasts*, *videocasts* e etiquetas RFID e outros sensores sem fio estão constantemente sendo desenvolvidos. Grande parte desses novos dados é desestruturada, significando que seu conteúdo não pode ser verdadeiramente representado em um registro de computador. Alguns exemplos de dados desestruturados são imagens digitais, vídeo digital, pacotes de voz e notas musicais em um arquivo de iPod.

Como vimos no caso inicial do capítulo, os dados se degradam com o tempo. Por exemplo, os clientes passam para novos endereços e mudam seus nomes, as empresas são fechadas ou compradas, novos produtos são desenvolvidos, empregados são contratados ou demitidos, empresas se expandem para novos países, e assim por diante.

Os dados também estão sujeitos a *deterioração*. Deterioração de dados refere-se principalmente a problemas com os meios nos quais os dados são armazenados. Com o tempo, temperatura, umidade e exposição à luz podem causar problemas físicos com os meios de armazenamento e, portanto, dificultam o acesso aos dados. O segundo aspecto da deterioração dos dados é que encontrar as máquinas necessárias para acessar os dados pode ser algo difícil. Por exemplo, se você tem fitas de 8 pistas, é quase impossível encontrar aparelhos para acessar seus dados.

A segurança, qualidade e integridade dos dados são fundamentais, embora sejam facilmente postas em risco. Além disso, as exigências legais relacionadas aos dados diferem entre países e setores e mudam frequentemente.

Como os dados são difíceis de gerenciar, as organizações estão usando bancos de dados e *data warehouses* para gerenciar seus dados com mais eficiência e eficácia. A seguir, discutiremos o ciclo de vida dos dados, que lhe mostra como as organizações processam e gerenciam dados para tomar decisões, gerar conhecimento e utilizar em uma série de aplicações.

### ■ O Ciclo de Vida dos Dados

As empresas utilizam dados que foram processados em informações e conhecimento. Então, os gerentes aplicam esse conhecimento a problemas e oportunidades empresariais. As empresas transformam dados em conhecimento e soluções de várias maneiras. O processo geral é mostrado na Figura 4.1. Ele se inicia com a coleta de dados de várias fontes. Os dados são armazenados em um banco de dados. Os dados selecionados dos bancos de dados da organização são processados para se adequarem ao formato de um *data warehouse* ou *data mart*. Os usuários, então, acessam os dados no *data warehouse* ou no *data mart* para análise. A análise é feita com ferramentas de análise de dados, que procuram padrões, e com sistemas inteligentes, que apoiam a interpretação dos dados. Discutiremos cada um desses conceitos neste capítulo.

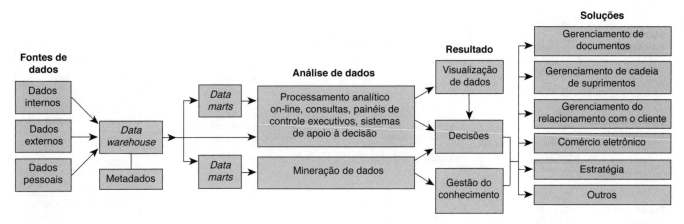

**Figura 4.1** Ciclo de vida dos dados.

Essas atividades, em última análise, geram conhecimento que pode ser usado para apoiar a tomada de decisões. Tanto os dados (em vários momentos durante o processo) quanto o conhecimento (gerado no final do processo) precisam ser apresentados aos usuários. Essa apresentação pode ser feita com diferentes ferramentas de visualização. O conhecimento criado também pode ser armazenado em uma base de conhecimento organizacional e depois utilizado em conjunto com ferramentas de apoio à decisão para fornecer soluções para problemas organizacionais. As seções restantes deste capítulo examinarão os elementos e o processo mostrado na Figura 4.1 em mais detalhes.

### Antes de Prosseguir...
1. Cite algumas dificuldades envolvidas no gerenciamento de dados.
2. Descreva o ciclo de vida dos dados.
3. Quais são as várias fontes de dados?

## 4.2. A Abordagem de Banco de Dados

O uso de bancos de dados eliminou muitos problemas causados pelos métodos anteriores de armazenar e acessar dados. Os bancos de dados são organizados de modo que um conjunto de programas de software – o sistema de gerenciamento de banco de dados – ofereça a todos os usuários acesso a todos os dados. (Discutiremos os sistemas de gerenciamento de banco de dados mais adiante neste capítulo.) Esse sistema minimiza os seguintes problemas:
- *Redundância de dados*: Os mesmos dados são armazenados em diversos locais.
- *Isolamento de dados*: As aplicações não podem acessar dados associados a outras aplicações.
- *Incoerência dos dados*: Várias cópias dos dados não coincidem.

Além disso, os sistemas de banco de dados maximizam os seguintes aspectos:
- *Segurança dos dados*: Como os dados são essenciais às organizações, os bancos de dados possuem medidas de segurança extremamente altas para impedir erros e ataques (lembre-se da nossa discussão no Capítulo 3).
- *Integridade dos dados*: Os dados obedecem a certas restrições, como a proibição de caracteres alfabéticos em um campo CPF.
- *Independência dos dados*: As aplicações e os dados são independentes um do outro (ou seja, as aplicações e os dados não são vinculados um ao outro, o que significa que todas as aplicações são capazes de acessar os mesmos dados).

A Figura 4.2 ilustra um banco de dados de universidade. Observe que as aplicações da universidade utilizadas pelo escritório de matrículas, o departamento de contabilidade e o departamento de atletismo acessam dados através do sistema de gerenciamento de banco de dados.

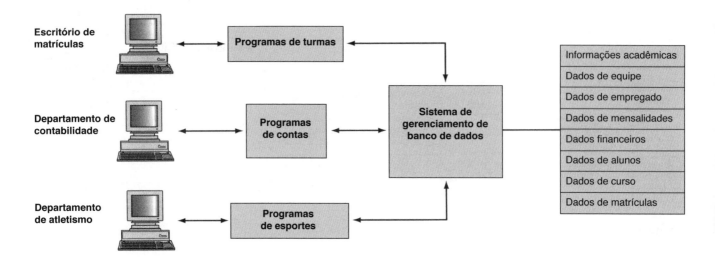

**Figura 4.2** Um sistema de gerenciamento de banco de dados (SGBD) oferece acesso a todos os dados no banco de dados.

Um banco de dados pode conter grandes quantidades de dados. Para tornar esses dados mais inteligíveis e úteis, eles são arrumados em uma hierarquia. Na próxima seção, discutiremos a hierarquia dos dados. Depois, voltamos nossa atenção para como os bancos de dados são projetados.

■  **A Hierarquia dos Dados**

Os dados são organizados em uma hierarquia que começa nos bits e continua até os bancos de dados (ver a Figura 4.3). Um **bit** (dígito binário) representa a menor unidade de dados que um computador pode processar. O termo "binário" significa que um bit é formado apenas por um 0 ou um 1. Um grupo de oito bits, chamado **byte**, representa um único caractere. Um byte pode ser uma letra, um número ou um símbolo. Um agrupamento lógico dos caracteres para formar uma palavra, um pequeno grupo de palavras ou um número de identificação é chamado de **campo**. Por exemplo, o nome de um aluno nos arquivos digitais de uma universidade apareceria no campo "nome", e o número do CPF apareceria no campo "CPF". Um agrupamento lógico de campos relacionados, como o nome do aluno, as disciplinas cursadas, a data e o período, formam um **registro**. Um agrupamento lógico de registros relacionados é chamado de **arquivo** ou **tabela**. Por exemplo, os registros de determinada disciplina, consistindo no número da disciplina, no professor e nas notas dos alunos, formariam um arquivo de dados dessa disciplina. Um agrupamento lógico de arquivos relacionados constituiria um **banco de dados**. Usando o mesmo exemplo, o arquivo dos alunos de cada disciplina seria agrupado com arquivos sobre históricos pessoais e financeiros dos alunos para criar um banco de dados de alunos.

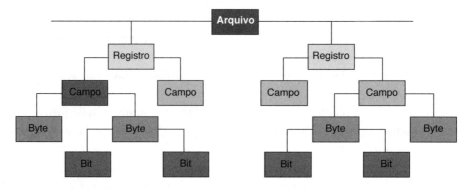

**Figura 4.3** Hierarquia de dados para um arquivo baseado em computador.

Depois de termos explicado como os dados são organizados em um banco de dados, veremos em seguida como esses bancos são projetados. Focalizaremos a modelagem de entidade-relacionamento (ER) e os procedimentos de normalização.

### ▪ Projetando o Banco de Dados

Para ter valor, um banco de dados precisa ser organizado de modo que os usuários possam recuperar, analisar e compreender os dados de que precisam. A chave para se projetar um banco de dados com eficácia é o modelo de dados. Um **modelo de dados** é um diagrama que representa entidades no banco de dados e os relacionamentos entre elas. Uma **entidade** pode ser uma pessoa, lugar, coisa ou evento – tal como um cliente, empregado ou produto – sobre o qual se mantêm informações. As entidades normalmente podem ser identificadas no ambiente de trabalho do usuário. Um registro geralmente descreve uma entidade. Cada característica ou qualidade de uma entidade específica é denominada um **atributo**. Usando os exemplos anteriores, nome do cliente, número do empregado e cor do produto seriam considerados atributos.

Cada registro em um arquivo precisa conter pelo menos um campo que identifique exclusivamente esse registro para que ele possa ser recuperado, atualizado e classificado. Esse campo identificador é chamado de **chave primária**. Por exemplo, um registro de aluno em uma faculdade provavelmente usaria o número do CPF como chave primária. Em alguns casos, localizar um registro específico requer o uso de chaves secundárias. As **chaves secundárias** são outros campos que possuem algumas informações de identificação, mas normalmente não identificam o arquivo com precisão absoluta. Por exemplo, o curso do aluno pode ser uma chave secundária se um usuário quiser encontrar todos os alunos de determinado curso. Não deveria ser a chave primária, já que mais de um aluno pode frequentar o mesmo curso.

Modelagem de Entidade-Relacionamento Os projetistas de banco de dados planejam a estrutura do banco de dados em um processo chamado **modelagem de entidade-relacionamento**, usando um **diagrama de entidade-relacionamento (ER)**. Os diagramas de ER consistem em entidades, atributos e relacionamentos. As entidades são representadas em retângulos, e os relacionamentos são mostrados em losangos. Os atributos de cada entidade são relacionados ao lado da entidade e a chave primária é sublinhada. As Figuras 4.4a e 4.4b mostram um diagrama de entidade-relacionamento.

Como definido anteriormente, **entidade** é algo que pode ser identificado no ambiente de trabalho dos usuários. Por exemplo, considere a matrícula de alunos em uma universidade. Os alunos se matriculam em disciplinas e registram seus carros para obter passes de estacionamento. Nesse exemplo, ALUNO, PASSE_ESTAC, DISCIPLINA e PROFESSOR são entidades, como mostra a Figura 4.4.

As entidades de determinado tipo são agrupadas em **classes de entidades**. Em nosso exemplo, ALUNO, PASSE_ESTAC, DISCIPLINA e PROFESSOR são classes de entidades. Uma **instância** de uma classe de entidades é a representação de uma entidade específica. Portanto, um aluno específico (João da Silva, 145-89-7123) é uma instância da classe de entidades ALUNO; um passe de estacionamento específico (91778) é uma instância da classe de entidades PASSE_ESTAC; uma disciplina específica (76890) é uma instância da classe de entidades DISCIPLINA; e um professor específico (Margarete Souza, 115-65-7632) é uma instância da classe de entidades PROFESSOR.

As instâncias de entidade possuem **identificadores**, que são atributos exclusivos dessa instância de entidade. Por exemplo, as instâncias de ALUNO podem ser identificadas por NúmeroIdAluno; as instâncias de PASSE_ESTAC podem ser identificadas por NúmeroPasse; as instâncias de DISCIPLINA podem ser identificadas por NúmeroDisciplina; e as instâncias de PROFESSOR podem ser identificadas por NúmeroIdProfessor. Esses identificadores (ou chaves primárias) são sublinhados nos diagramas de ER, como mostra a parte (b) da Figura 4.4.

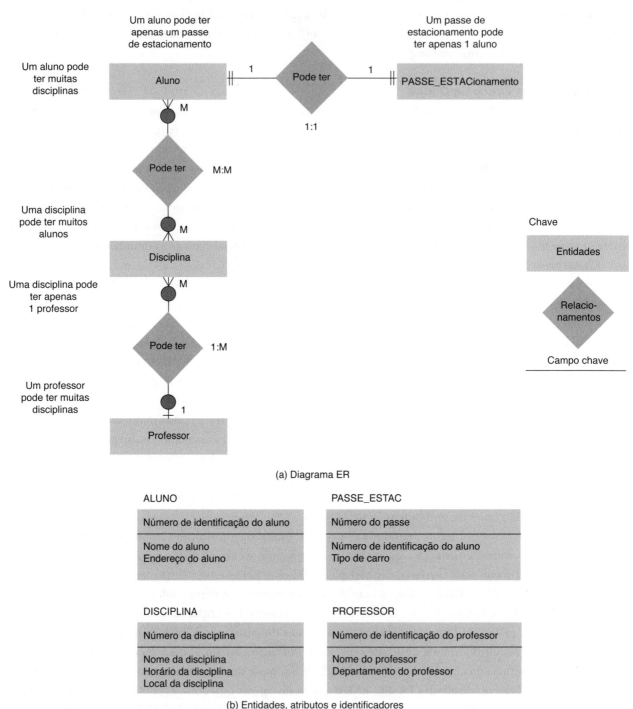

(a) Diagrama ER

**ALUNO**

| Número de identificação do aluno |
| --- |
| Nome do aluno<br>Endereço do aluno |

**PASSE_ESTAC**

| Número do passe |
| --- |
| Número de identificação do aluno<br>Tipo de carro |

**DISCIPLINA**

| Número da disciplina |
| --- |
| Nome da disciplina<br>Horário da disciplina<br>Local da disciplina |

**PROFESSOR**

| Número de identificação do professor |
| --- |
| Nome do professor<br>Departamento do professor |

(b) Entidades, atributos e identificadores

**Figura 4.4** Modelo de diagrama de entidade-relacionamento.

As entidades possuem atributos, ou propriedades, que descrevem as características da entidade. Em nosso caso, exemplos de atributos para ALUNO seriam NúmeroIdAluno, NomeAluno, e EnderecoAluno. Exemplos de atributos para PASSE_ESTAC seriam NúmeroPasse, NomeAluno, NúmeroIdAluno e TipoCarro. Exemplos de atributos para DISCIPLINA seriam NúmeroDisciplina, NomeDisciplina e LocalDisciplina. Exemplos de atributos para PROFESSOR seriam NúmeroIdProfessor, NomeProfessor e DeptoProfessor. (Note que cada disciplina nessa universidade possui um professor – não há ensino em equipe.)

Por que o atributo NúmeroIdAluno é um atributo tanto da classe de entidades ALUNO quanto de PASSE_ESTAC? Ou seja, por que precisamos da classe de entidades PASSE_ESTAC? Se você considerar todos os sistemas de universidade interligados, a classe de entidades PASSE_ESTAC é necessária para outras aplicações, como, pagamento de taxas, tíquetes de estacionamento e ligações externas com o departamento de veículos estadual.

As entidades são associadas umas às outras por meio de relacionamentos, que podem incluir muitas entidades. (Lembre-se de que os relacionamentos são indicados por losangos nos diagramas de ER.) O número de entidades em um relacionamento é o grau do relacionamento. Os relacionamentos entre dois itens são chamados de *relacionamentos binários*. Existem três tipos de relacionamentos binários: um para um, um para muitos e muitos para muitos. Discutiremos cada um deles a seguir.

Em um relacionamento *um para um* (*1:1*), uma instância de entidade única de um tipo está relacionada a uma instância de entidade única de outro tipo. A Figura 4.4 mostra ALUNO-PASSE_ESTAC como um relacionamento 1:1 que relaciona um único ALUNO com um único PASSE_ESTAC. Ou seja, nenhum aluno possui mais de um passe de estacionamento, e nenhum passe de estacionamento serve para mais de um aluno.

O segundo tipo de relacionamento, *um para muitos* (*1:M*), é representado pelo relacionamento DISCIPLINA-PROFESSOR na Figura 4.4. Esse relacionamento significa que um professor pode lecionar muitas disciplinas, mas cada disciplina pode ter apenas um professor.

O terceiro tipo de relacionamento, *muitos para muitos* (*M:M*), é representado pelo relacionamento ALUNO-DISCIPLINA. Esse relacionamento M:M significa que um aluno pode cursar muitas disciplinas, e uma disciplina pode ter muitos alunos.

A modelagem de entidade-relacionamento é valiosa porque o processo permite que os projetistas de banco de dados falem com os usuários de toda a organização para garantir que todas as entidades e os relacionamentos entre elas sejam representados. Esse processo ressalta a importância de todos os usuários no projeto de bancos de dados organizacionais. Observe que todas as entidades e relacionamentos, no nosso exemplo, encontram-se em termos que os usuários podem entender. Agora que examinamos o projeto de banco de dados, voltemos nossa atenção para os sistemas de gerenciamento de banco de dados.

*Antes de prosseguir...*

1. O que é um modelo de dados?
2. O que é uma chave primária? E uma chave secundária?
3. O que é uma entidade? E um relacionamento?

## 4.3. Sistemas de Gerenciamento de Banco de Dados

Um **sistema de gerenciamento de banco de dados** (**SGBD**) é um conjunto de programas que oferece aos usuários ferramentas para acrescentar, excluir, acessar e analisar dados armazenados em um local. Uma organização pode acessar os dados usando ferramentas de consulta e relatório que fazem parte do SGBD ou usando programas de aplicação especificamente escritos para acessar os dados. Os SGBDs também apresentam os mecanismos para manter a integridade dos dados armazenados, gerenciar a segurança e o acesso dos usuários, bem como recuperar informações em caso de falha do sistema. Como os bancos de dados e os SGBDs são essenciais para todas as áreas da empresa, eles precisam ser gerenciados com cuidado.

Existem diversas arquiteturas de banco de dados diferentes, mas nos concentraremos no modelo de banco de dados relacional, devido a sua popularidade e facilidade de uso. Outros modelos de banco de dados (por exemplo, hierárquico e de rede) são responsabilidade da função de TI e não são usados pelos empregados da organização. Exemplos comuns de bancos de dados relacionais são o Microsoft Access e o Oracle.

### ▪ O Modelo de Banco de Dados Relacional

A maioria dos dados empresariais – especialmente os contábeis e financeiros – tradicionalmente eram organizados em tabelas simples, compostas de colunas e linhas. As tabelas permitem que as pessoas comparem informações rapidamente por linha ou coluna. Além disso, é fácil recuperar itens encontrando-se o ponto de interseção de uma linha com uma coluna específica.

O **modelo de banco de dados relacional** baseia-se no conceito de tabelas bidimensionais. Um banco de dados relacional geralmente não é uma única tabela grande – geralmente chamada de **arquivo plano** – que contém todos os registros e atributos. Tal projeto geraria muita redundância de dados. Em vez disso, um banco de dados relacional normalmente é projetado com várias tabelas relacionadas. Cada uma dessas tabelas contém registros (listados em linhas) e atributos (listados em colunas).

Essas tabelas relacionadas podem ser vinculadas quando contêm colunas em comum. A exclusividade da chave primária diz ao SGBD quais registros estão vinculados a outros nas tabelas relacionadas. Esse recurso permite aos usuários grande flexibilidade na variedade das consultas que podem fazer. Entretanto, esse modelo tem algumas desvantagens. Como os bancos de dados de grande porte podem ser compostos de muitas tabelas inter-relacionadas, o projeto geral pode ser complexo e, portanto, apresentar lentidão no tempo de pesquisa e acesso.

Considere o exemplo de banco de dados relacional de alunos mostrado na Figura 4.5. A tabela contém dados sobre a entidade chamada alunos. Os atributos da entidade são nome, curso de graduação e nota média. As linhas são os registros sobre Sally Adams, John Jones, Jane Lee, Kevin Durham, Juan Rodriguez, Stella Zubnicki e Ben Jones. Evidentemente, sua universidade mantém muito mais dados sobre você do que nosso exemplo mostra. Na verdade, o banco de dados de alunos da sua universidade mantém centenas de atributos de cada aluno.

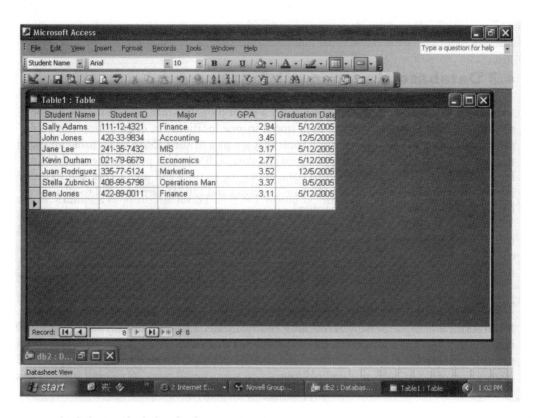

**Figura 4.5** Exemplo de banco de dados de alunos.

Linguagens de consulta Requisitar informações de um banco de dados é a operação mais comum. A **Structured Query Language** (**SQL**) é a linguagem de consulta mais popular para requisitar informações. A SQL permite que as pessoas realizem consultas complexas usando instruções ou palavras-chave relativamente simples. Palavras-chave comuns são SELECT (para especificar um atributo desejado), FROM (para especificar a tabela a ser usada) e WHERE (para especificar as condições a serem aplicadas na consulta).

Para entender como a SQL funciona, imagine que uma universidade queira saber os nomes dos alunos que vão se formar com louvor em maio de 2009. A equipe de TI da universidade consultaria o banco de dados relacional com uma instrução SQL como: SELECT (Nome Aluno), FROM (Banco de Dados Aluno), WHERE (Nota Média > 3,40 e < 3,59). A consulta SQL retornaria: John Jones e Juan Rodriguez.

Outra maneira de encontrar informações em um banco de dados é usando o Query By Example (QBE, consulta por exemplo). No QBE, o usuário preenche uma grade ou modelo (também conhecido como formulário) para construir um exemplo ou descrição dos dados que deseja. Os usuários podem construir uma consulta de modo rápido e fácil usando o recurso de arrastar e soltar em um SGBD como o Microsoft Access. Realizar consultas dessa maneira é mais simples do que digitar comandos SQL.

Dicionário de Dados Quando um modelo relacional é criado, o **dicionário de dados** define o formato necessário para inserir os dados no banco de dados. O dicionário de dados fornece informações sobre cada atributo, como nome, se é uma chave ou parte de uma chave, o tipo de dados esperado (alfanumérico, numérico, data etc.) e os valores válidos. Os dicionários de dados também podem apresentar informações sobre a frequência com que o atributo deve ser atualizado, por que ele é necessário no banco de dados, e que funções comerciais, aplicações, formulários e relatórios usam o atributo.

Os dicionários de dados oferecem muitas vantagens para a organização. Por fornecerem nomes e definições-padrão para todos os atributos, eles reduzem as chances de o mesmo atributo ser usado com um nome diferente em aplicações diferentes. Além disso, os dicionários de dados permitem que os programadores desenvolvam programas mais rapidamente porque não precisam criar novos nomes de dados.

Normalização Para usar um sistema de gerenciamento de banco de dados relacional de maneira eficaz, os dados precisam ser analisados para eliminar elementos redundantes dos dados. A **normalização** é um método para analisar e reduzir um banco de dados relacional à sua forma mais eficaz para minimizar a redundância, maximizar a integridade dos dados e melhorar o desempenho de processamento. Quando os dados são *normalizados*, os atributos na tabela dependem apenas da chave primária.

Como exemplo de normalização, considere uma oficina de automóveis. Esse negócio recebe pedidos de clientes que querem consertar carros. Nesse exemplo, PEDIDO, PEÇA, FORNECEDOR e CLIENTE são entidades. Existem muitas PEÇAS em um PEDIDO, mas cada PEÇA pode vir apenas de um FORNECEDOR. Em uma relação não normalizada chamada PEDIDO (ver a Figura 4.6), cada PEDIDO teria que repetir o nome, a descrição e o preço de cada PEÇA necessária para atender ao PEDIDO, bem como o nome e endereço de cada FORNECEDOR. Essa relação contém grupos repetidos e descreve diversas entidades.

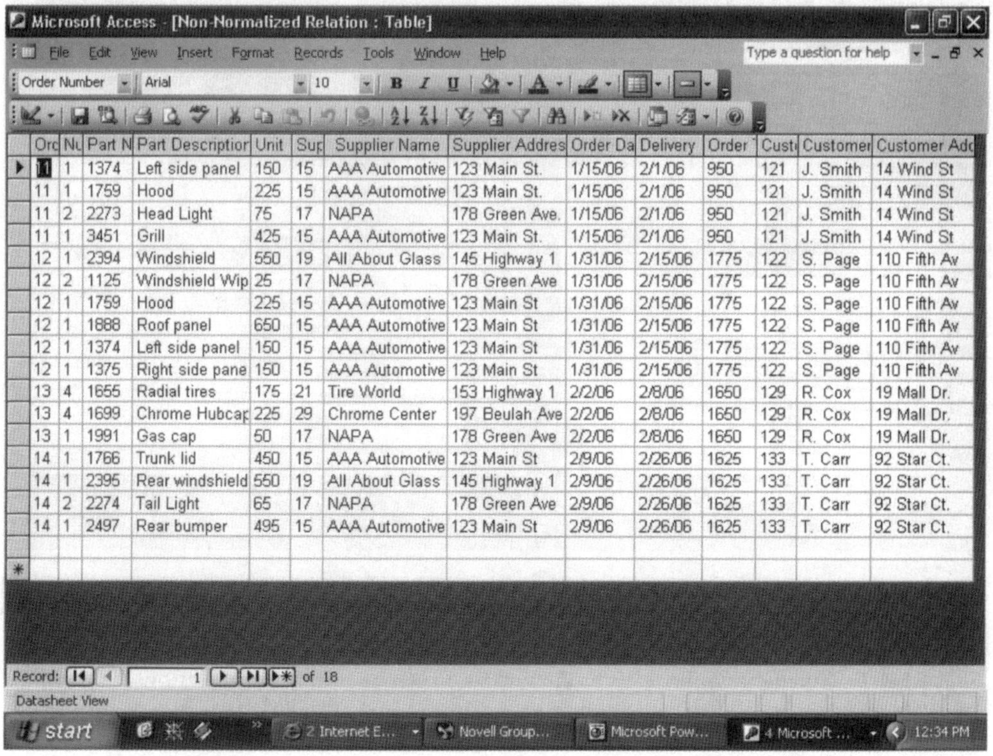


| Ord | Nu | Part N | Part Descriptior | Unit | Sup | Supplier Name | Supplier Addres | Order Da | Delivery | Order | Cust | Customer | Customer Add |
|---|---|---|---|---|---|---|---|---|---|---|---|---|---|
| 11 | 1 | 1374 | Left side panel | 150 | 15 | AAA Automotive | 123 Main St. | 1/15/06 | 2/1/06 | 950 | 121 | J. Smith | 14 Wind St |
| 11 | 1 | 1759 | Hood | 225 | 15 | AAA Automotive | 123 Main St. | 1/15/06 | 2/1/06 | 950 | 121 | J. Smith | 14 Wind St |
| 11 | 2 | 2273 | Head Light | 75 | 17 | NAPA | 178 Green Ave. | 1/15/06 | 2/1/06 | 950 | 121 | J. Smith | 14 Wind St |
| 11 | 1 | 3451 | Grill | 425 | 15 | AAA Automotive | 123 Main St. | 1/15/06 | 2/1/06 | 950 | 121 | J. Smith | 14 Wind St |
| 12 | 1 | 2394 | Windshield | 550 | 19 | All About Glass | 145 Highway 1 | 1/31/06 | 2/15/06 | 1775 | 122 | S. Page | 110 Fifth Av |
| 12 | 2 | 1125 | Windshield Wip | 25 | 17 | NAPA | 178 Green Ave | 1/31/06 | 2/15/06 | 1775 | 122 | S. Page | 110 Fifth Av |
| 12 | 1 | 1759 | Hood | 225 | 15 | AAA Automotive | 123 Main St | 1/31/06 | 2/15/06 | 1775 | 122 | S. Page | 110 Fifth Av |
| 12 | 1 | 1888 | Roof panel | 650 | 15 | AAA Automotive | 123 Main St | 1/31/06 | 2/15/06 | 1775 | 122 | S. Page | 110 Fifth Av |
| 12 | 1 | 1374 | Left side panel | 150 | 15 | AAA Automotive | 123 Main St | 1/31/06 | 2/15/06 | 1775 | 122 | S. Page | 110 Fifth Av |
| 12 | 1 | 1375 | Right side pane | 150 | 15 | AAA Automotive | 123 Main St | 1/31/06 | 2/15/06 | 1775 | 122 | S. Page | 110 Fifth Av |
| 13 | 4 | 1655 | Radial tires | 175 | 21 | Tire World | 153 Highway 1 | 2/2/06 | 2/8/06 | 1650 | 129 | R. Cox | 19 Mall Dr. |
| 13 | 4 | 1699 | Chrome Hubcap | 225 | 29 | Chrome Center | 197 Beulah Ave | 2/2/06 | 2/8/06 | 1650 | 129 | R. Cox | 19 Mall Dr. |
| 13 | 1 | 1991 | Gas cap | 50 | 17 | NAPA | 178 Green Ave | 2/2/06 | 2/8/06 | 1650 | 129 | R. Cox | 19 Mall Dr. |
| 14 | 1 | 1766 | Trunk lid | 450 | 15 | AAA Automotive | 123 Main St | 2/9/06 | 2/26/06 | 1625 | 133 | T. Carr | 92 Star Ct. |
| 14 | 1 | 2395 | Rear windshield | 550 | 19 | All About Glass | 145 Highway 1 | 2/9/06 | 2/26/06 | 1625 | 133 | T. Carr | 92 Star Ct. |
| 14 | 2 | 2274 | Tail Light | 65 | 17 | NAPA | 178 Green Ave | 2/9/06 | 2/26/06 | 1625 | 133 | T. Carr | 92 Star Ct. |
| 14 | 1 | 2497 | Rear bumper | 495 | 15 | AAA Automotive | 123 Main St | 2/9/06 | 2/26/06 | 1625 | 133 | T. Carr | 92 Star Ct. |

**Figura 4.6** Relação não normalizada.

O processo de normalização, ilustrado na Figura 4.7, desmembra a relação PEDIDO em relações menores: PEDIDO, FORNECEDOR e CLIENTE (Figura 4.7a) e PEÇAS_PEDIDAS e PEÇA (Figura 4.7b). Cada uma dessas relações descreve uma única entidade. Esse processo é conceitualmente mais simples e elimina os grupos repetidos. Por exemplo, considere um pedido na oficina de automóveis. As relações normalizadas podem gerar o pedido da seguinte maneira (ver a Figura 4.8).

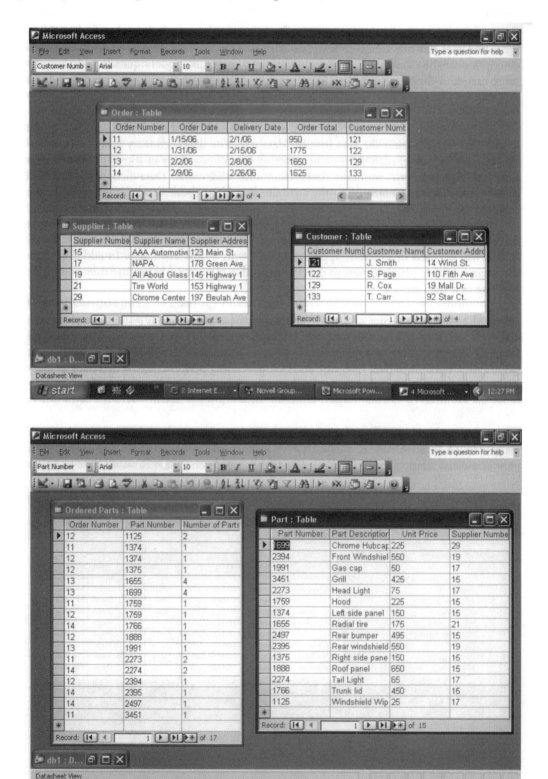

**Figura 4.7** Relações menores desmembradas de relações não normais. (a) Pedido, Fornecedor, Cliente. (b) Peças Pedidas, Peças.

- A relação PEDIDO fornece NúmeroPedido (a chave primária), DataPedido, DataEntrega, Total-Pedido e NúmeroCliente.
- A chave primária da relação PEDIDO (NúmeroPedido) apresenta uma associação com a relação PEÇAS_PEDIDAS (a associação de número 1 na Figura 4.8).
- A relação PEÇAS_PEDIDAS fornece a informação NúmeroDePeças para PEDIDO.
- A chave primária da relação PEÇAS_PEDIDAS é uma chave composta que consiste em NúmeroPedido e NúmeroDePeças. Portanto, o componente NúmeroDePeças da chave primária apresenta uma associação com a relação PEÇA (a associação de número 2 na Figura 4.8).
- A relação PEÇA fornece DescriçãoPeça, PreçoUnitário e NúmeroFornecedor para PEDIDO.
- O NúmeroFornecedor na relação PEÇA apresenta uma associação com a relação FORNECEDOR (a associação de número 3 na Figura 4.8).
- A relação FORNECEDOR fornece NomeFornecedor e EndereçoFornecedor para PEDIDO.
- O NúmeroCliente em PEDIDO apresenta uma associação com a relação CLIENTE (a associação de número 4 na Figura 4.8).

A relação CLIENTE fornece NomeCliente e EndereçoCliente para PEDIDO.

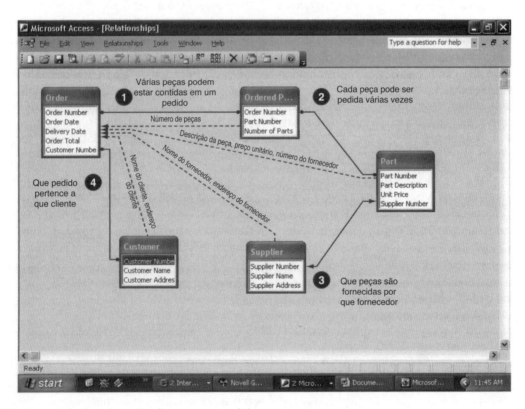

**Figura 4.8** Como relações normalizadas geram o pedido.

■ **Bancos de Dados em Ação**

É seguro dizer que quase todas as organizações têm um ou mais bancos de dados. Além do mais, existe um grande número de aplicações de banco de dados interessantes. O Quadro 4.1 ilustra como o Walmart está usando a tecnologia de banco de dados para oferecer melhor plano de saúde para seus empregados.

*Antes de Prosseguir...*

1. Quais são as vantagens e desvantagens dos bancos de dados relacionais?
2. Quais são os benefícios dos dicionários de dados?
3. Descreva como funciona a SQL.

## TI E A EMPRESA

### 4.1 Um Banco de Dados para Registros Médicos Eletrônicos

Uma vez difamado por seus benefícios de saúde mesquinhos, o Walmart (*www.walmart.com*) tornou-se um líder no esforço para oferecer assistência médica acessível aos seus empregados sem falir a empresa, os empregados ou os contribuintes no processo. O Walmart tem implementado uma inovação que, segundo os especialistas, conduzirá a assistência médica com maior qualidade e eficiência, ou seja, os registros médicos eletrônicos (RMEs). Os especialistas afirmam que o RME pode ajudar a eliminar a duplicação de exames médicos e informações incorretas ou perdidas, reduzindo os custos administrativos e ajudando a prevenir várias doenças graves ou mortes resultantes da prescrição ou de erros médicos a cada ano. Por exemplo, exames médicos ou raios X não precisam ser repetidos se os resultados originais forem perdidos ou extraviados.

No outono de 2008, o Walmart, em parceria com a Dossia (*www.dossia.org*), começou a oferecer aos seus funcionários acesso aos RMEs. O Dossia, um consórcio sem fins lucrativos das grandes empresas comprometidas em fornecer os RMEs aos empregados, trabalha com seus fundadores para proporcionar aos seus empregados o acesso aos seus registros médicos através da internet. O grupo de fundadores do Dossia inclui AT & T, Applied Materials, BP América, Cardinal Health, Intel, Pitney Bowes, Sanofi-Aventis e Walmart. O Dossia reúne dados sobre a saúde de várias fontes, tais como médicos e clínicas, a pedido dos funcionários e outros indivíduos qualificados que fazem parte do programa.

O consórcio Dossia coloca esses dados em um banco de dados seguro, são continuamente atualizados e disponibilizados aos usuários por toda a vida, mesmo que os usuários alterem os empregadores, seguradoras ou médicos. Embora o Dossia não esteja sujeito às regulamentações do Health Insurance Portability and Accountability Act (HIPAA, Ato de Portabilidade e Responsabilização de Seguros de Saúde), está sujeito às leis de defesa do consumidor que governam as informações confidenciais de saúde fora do âmbito do HIPAA. Além disso, grande parte dos dados que o Dossia armazena vem de organizações que devem cumprir com as regulamentações do HIPAA. Por exemplo, todos os dados no banco de dados do Dossia são cifrados usando criptografia.

A participação dos trabalhadores no Dossia é voluntária, e os usuários têm controle total sobre quem vê suas informações. Os funcionários que se inscreveram para o programa podem acessar seus registros de saúde através de um nome de usuário e uma senha. Um empregador, como o Walmart é responsável pela autenticação de que um indivíduo é realmente um funcionário da empresa. Os usuários decidem exatamente quais informações serão armazenadas em seus registros pessoais de saúde, quem pode inserir informações em seu arquivo, e quem pode ter acesso a elas.

Os registros pessoais de saúde estão disponíveis para os indivíduos, mas não para as empresas. No entanto, apesar de o Walmart não ter acesso aos dados individuais de saúde, a empresa é capaz de visualizar relatórios sobre os dados agregados do Dossia e WebMD. Estes dados permitem que a empresa tenha um enfoque melhor na saúde dos trabalhadores.

Os empregadores podem também oferecer uma "experiência avançada" para os usuários. Por exemplo, o Walmart oferece acesso a ferramentas e aplicativos no site WebMD (*http://www.webmd.com*) e informações específicas sobre o WebMD podem ser adaptadas para usuários individuais com base em suas necessidades de assistência médica.

Os resultados? Mais de 50.000 funcionários do Walmart inscritos no programa EMR, em seus primeiros seis meses.

*Fontes*: Compilado de B. Violino, "Dossia *Versus* the Health-care Monster", CIO Insight, 31 de março de 2009; B. Violino, "10 Ways Wal-Mart Uses IT to Improve Healthcare", Baseline Magazine, 15 de mçaro de 2009; C. Connolly, "At Wal-Mart, a Health-Care Turnaround", The Washington Post, 13 de fevereiro de 2009; R. Jana, "Wal-Mart Launches E-Health Program", BusinessWeek, 26 de novembro de 2008; "Wal-Mart, Partners Pilot Dossia PHR", FierceHealthIT, 28 de janeiro de 2008; J. Hoover, "Wal-Mart, Intel, Others to Create Massive Health Records Database", Information Week, 6 de dezembro de 2006; *www.dossia.org*, acessado em 29 de março de 2009; *www.walmart.com*, acessado 21 de março de 2009.

### PERGUNTAS

1. Quais as vantagens adicionais de armazenar seus registros de saúde on-line em um banco de dados? Dê exemplos.
2. Quais são as desvantagens de armazenar seus registros de saúde on-line em um banco de dados? Dê exemplos.

## 4.4. *Data Warehousing*

Hoje, as empresas mais bem-sucedidas são aquelas que podem responder de maneira rápida e flexível às mudanças e oportunidades do mercado. Um dos segredos para essa resposta é o uso eficiente e eficaz dos dados e das informações por analistas e gerentes. O problema surge no fornecimento de acesso a dados corporativos de modo que os usuários possam analisá-los. Vejamos um exemplo.

Se a gerente de uma livraria quisesse saber sua margem de lucro sobre livros usados, poderia descobrir através de um banco de dados, usando SQL ou QBE. Entretanto, se precisasse saber a tendência nas margens de lucro sobre livros usados ao longo dos últimos 10 anos, ela teria de construir uma consulta muito difícil em SQL ou QBE.

O exemplo nos mostra duas razões por que as organizações estão construindo *data warehouses* (armazéns de dados). Primeiro, os bancos de dados da organização possuem as informações necessárias para responder à consulta, mas elas não são organizadas de modo a facilitar a procura de informações necessárias e *insights*. Além disso, os bancos de dados da organização são projetados para processar milhões de transações por dia. Portanto, consultas complexas podem levar muito tempo para serem respondidas e podem diminuir o desempenho dos bancos de dados. Como resultado desses problemas, as empresas estão usando *data warehouse* e ferramentas de mineração de dados (*data mining*) para facilitar e acelerar o acesso, a análise e a consulta aos dados. As ferramentas de mineração de dados (discutidas no Capítulo 11) permitem que os usuários pesquisem ou "detalhem" informações comerciais valiosas em um grande banco de dados ou *data warehouse*.

▪ **Descrevendo o *Data Warehouse***

*Data warehouse* é um depósito de dados históricos organizados por assunto para apoiar os tomadores de decisões na organização. Os *data warehouses* facilitam as atividades de processamento analítico, como mineração de dados e apoio à decisão (discutidas no Capítulo 11). As características básicas de um *data warehouse* incluem:

- *Organização por dimensão empresarial ou assunto*. Os dados são organizados por assunto (por exemplo, por cliente, fornecedor, produto, nível de preço e região) e contêm informações relevantes para o apoio à decisão e à análise de dados.
- *Coerência*. Os dados em diversos bancos de dados podem ser codificados diferentemente. Por exemplo, dados de gênero podem ser codificados como 0 e 1 em um sistema operacional, e "m" e "f" em outro. No *data warehouse*, porém, eles têm de ser codificados de modo coerente.
- *Histórico*. Os dados são mantidos por muitos anos para serem usados para calcular tendências, fazer projeções e gerar comparações ao longo do tempo.
- *Não ser volátil*. Os dados não são atualizados depois de inseridos no *warehouse*.
- *O uso de processamento analítico* on-line. Normalmente, os bancos de dados organizacionais são orientados para manipular transações. Ou seja, os bancos de dados usam **processamento de transações** on-line (**OLTP**), no qual as transações comerciais são processadas on-line tão logo ocorrem. O objetivo é a velocidade e a eficiência, fatores essenciais para uma operação comercial na internet bem-sucedida. Os *data warehouses*, que não são projetados para suportar OLTP, mas para apoiar os tomadores de decisões, usam processamento analítico. O **processamento analítico** on-line (**OLAP**) envolve a análise dos dados acumulados pelos usuários finais.
- *Multidimensionalidade*. Em geral, o *data warehouse* usa uma estrutura de dados multidimensional. Lembre-se de que os bancos de dados relacionais armazenam dados em tabelas bidimensionais. Os *data warehouses*, no entanto, armazenam dados em mais de duas dimensões. Por essa razão, diz-se que os dados são armazenados em uma **estrutura multidimensional**. Uma representação comum para essa estrutura multidimensional é o **cubo de dados**.

Os dados no *data warehouse* são organizados por **dimensões empresariais**, que são as laterais do cubo de dados e consistem em assuntos como área funcional, distribuidor, produto, área geográfica ou período de tempo. Se dermos uma olhada rápida na Figura 4.11 para obter um exemplo de um cubo de dados, veremos que a dimensão do produto é composta de portas, parafusos, e arruelas; a dimensão da área geográfica é composta de leste, oeste e central; e a dimensão do período de tempo é composta de 2007, 2008 e 2009. Os usuários podem ver e analisar dados a partir da perspectiva dessas várias dimensões empresariais. Essa análise é intuitiva porque as dimensões refletem termos da empresa, facilmente entendidos pelos usuários.

- *Relacionamento com bancos de dados relacionais*. Os dados no *data warehouses* vêm dos bancos de dados operacionais da empresa, que podem ser bancos de dados relacionais. A Figura 4.9 ilustra o processo de construção e uso de um *data warehouse*. Os dados da organização são armazenados nos sistemas operacionais (lado esquerdo da figura). Usando um tipo de software especial chamado Extract, Transform and Load (ETL, extração, transformação e carga), o sistema processa dados e, depois, armazena-os em um *data warehouse*. Nem todos os dados são necessariamente transferidos para o *data warehouse*. Muitas vezes, apenas um resumo dos dados é transferido. Dentro do *data warehouse*, os dados são organizados de modo a facilitar o acesso dos usuários finais.

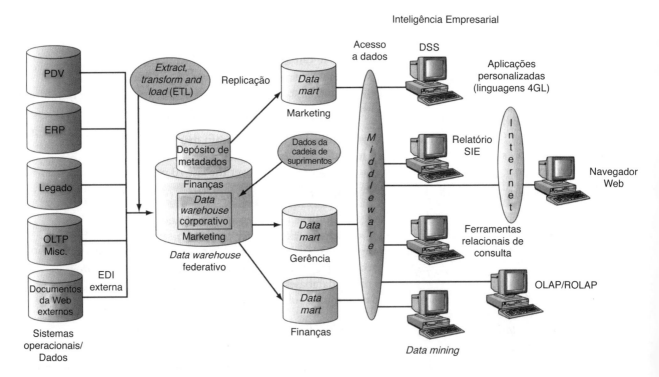

**Figura 4.9** Estrutura e visões do *data warehouse*.

Para diferenciar entre bancos de dados relacionais e multidimensionais, suponha que uma empresa tem quatro produtos – porcas, parafusos, ferrolhos e arruelas – que foram vendidos em três regiões – Leste, Oeste e Centro – nos três anos anteriores – 2007, 2008 e 2009. Em um banco de dados relacional, esses dados de vendas seriam parecidos com as Figuras 4.10a, b e c. Em um banco de dados multidimensional, esses dados seriam representados por uma matriz tridimensional (ou cubo de dados), como mostra a Figura 4.11. Poderíamos dizer que essa matriz representa vendas *dimensionadas por* produtos, regiões e anos. Observe que, na Figura 4.10a, podemos ver apenas as vendas de 2007. Portanto, as vendas de 2008 e 2009 aparecem nas Figuras 4.10b e 4.10c, respectivamente. A Figura 4.12 mostra a equivalência entre esses bancos de dados relacionais e multidimensionais.

(a) 2007

| Produto | Região | Vendas |
|---------|--------|--------|
| Porcas | Leste | 50 |
| Porcas | Oeste | 60 |
| Porcas | Centro | 100 |
| Parafusos | Leste | 40 |
| Parafusos | Oeste | 70 |
| Parafusos | Centro | 80 |
| Ferrolhos | Leste | 90 |
| Ferrolhos | Oeste | 120 |
| Ferrolhos | Centro | 140 |
| Arruelas | Leste | 20 |
| Arruelas | Oeste | 10 |
| Arruelas | Centro | 30 |

(b) 2008

| Produto | Região | Vendas |
|---------|--------|--------|
| Porcas | Leste | 60 |
| Porcas | Oeste | 70 |
| Porcas | Centro | 110 |
| Parafusos | Leste | 50 |
| Parafusos | Oeste | 80 |
| Parafusos | Centro | 90 |
| Ferrolhos | Leste | 100 |
| Ferrolhos | Oeste | 130 |
| Ferrolhos | Centro | 150 |
| Arruelas | Leste | 30 |
| Arruelas | Oeste | 20 |
| Arruelas | Centro | 40 |

(c) 2009

| Produto | Região | Vendas |
|---------|--------|--------|
| Porcas | Leste | 70 |
| Porcas | Oeste | 80 |
| Porcas | Centro | 120 |
| Parafusos | Leste | 60 |
| Parafusos | Oeste | 90 |
| Parafusos | Centro | 100 |
| Ferrolhos | Leste | 110 |
| Ferrolhos | Oeste | 140 |
| Ferrolhos | Centro | 160 |
| Arruelas | Leste | 40 |
| Arruelas | Oeste | 30 |
| Arruelas | Centro | 50 |

**Figura 4.10** Bancos de dados relacionais.

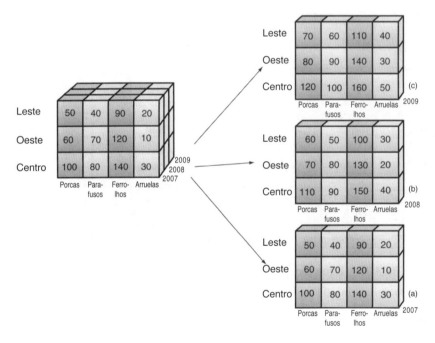

**Figura 4.11** Cubo de dados.

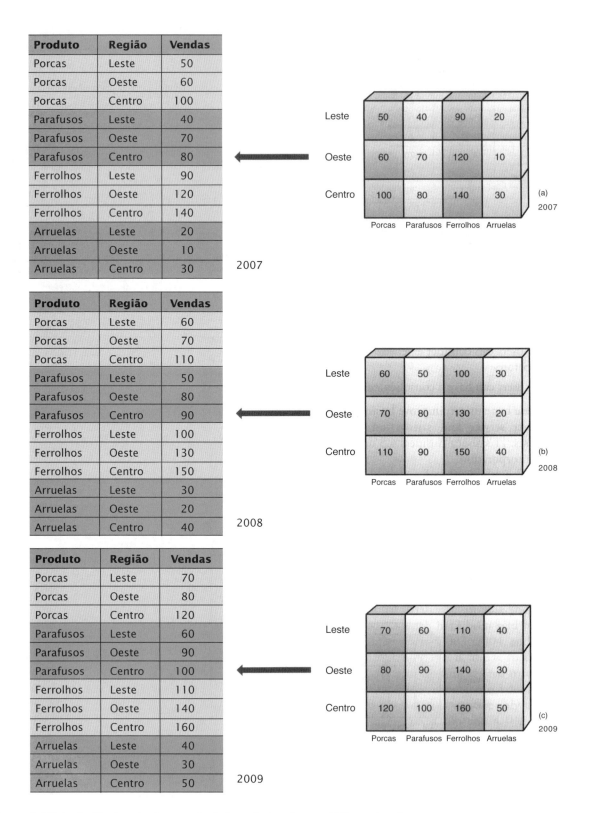

| Produto | Região | Vendas |
|---|---|---|
| Porcas | Leste | 50 |
| Porcas | Oeste | 60 |
| Porcas | Centro | 100 |
| Parafusos | Leste | 40 |
| Parafusos | Oeste | 70 |
| Parafusos | Centro | 80 |
| Ferrolhos | Leste | 90 |
| Ferrolhos | Oeste | 120 |
| Ferrolhos | Centro | 140 |
| Arruelas | Leste | 20 |
| Arruelas | Oeste | 10 |
| Arruelas | Centro | 30 |

2007

| Produto | Região | Vendas |
|---|---|---|
| Porcas | Leste | 60 |
| Porcas | Oeste | 70 |
| Porcas | Centro | 110 |
| Parafusos | Leste | 50 |
| Parafusos | Oeste | 80 |
| Parafusos | Centro | 90 |
| Ferrolhos | Leste | 100 |
| Ferrolhos | Oeste | 130 |
| Ferrolhos | Centro | 150 |
| Arruelas | Leste | 30 |
| Arruelas | Oeste | 20 |
| Arruelas | Centro | 40 |

2008

| Produto | Região | Vendas |
|---|---|---|
| Porcas | Leste | 70 |
| Porcas | Oeste | 80 |
| Porcas | Centro | 120 |
| Parafusos | Leste | 60 |
| Parafusos | Oeste | 90 |
| Parafusos | Centro | 100 |
| Ferrolhos | Leste | 110 |
| Ferrolhos | Oeste | 140 |
| Ferrolhos | Centro | 160 |
| Arruelas | Leste | 40 |
| Arruelas | Oeste | 30 |
| Arruelas | Centro | 50 |

2009

**Figura 4.12** Equivalência entre bancos de dados relacionais e multidimensionais.

Centenas de aplicações bem-sucedidas de *data warehousing* têm sido relatadas. Por exemplo, você pode ler histórias de sucesso de clientes e estudos de caso nos sites de fornecedores como NCR Corp. (*www.ncr. com*) e Oracle (*www.oracle.com*). Para ver uma discussão mais detalhada, visite o Data Warehouse Institute (*www.tdwi.org*). Alguns dos benefícios do *data warehousing* incluem:

- Os usuários finais podem acessar os dados necessários de modo rápido e fácil através de navegadores web porque os dados estão em um só lugar.
- Os usuários finais podem realizar análises extensas com dados de maneiras que talvez não fossem possíveis antes.
- Os usuários podem ter uma perspectiva consolidada dos dados organizacionais.

Essas vantagens podem melhorar o conhecimento empresarial, gerar vantagem competitiva, aprimorar o serviço e a satisfação do cliente, facilitar a tomada de decisões e tornar os processos comerciais mais eficazes. O Quadro 4.2 apresenta os benefícios do *data warehousing* na Unum.

## TI E A EMPRESA

### 4.2. O Grupo Unum

Fusões e aquisições são comuns no atual ambiente de negócios global. A Unum (*www.unum.com*) é a líder na indústria de seguro de invalidez e um grande fornecedor de benefícios voluntários, seguro de vida e produtos de seguros de saúde de longo prazo. A empresa emprega cerca de 10.000 pessoas no mundo e entregou mais de US$ 5 bilhões em benefícios aos clientes em 2008. Como muitas outras grandes organizações mundiais, a Unum é produto de uma série de fusões.

Primeiro, a Provident Insurance fundiu-se com a empresa Paul Revere Seguros para formar a Provident Companies. Depois, a Provident Companies fundiu-se com a Unum Corporation. A rápida integração de três organizações bem estabelecidas criou uma poderosa indústria. No entanto, como cada empresa tem seus próprios sistemas operacionais e uma abordagem própria para estruturação de dados corporativos, essas fusões também geraram uma série de desafios de gestão e integração. Especificamente, a Unum precisou consolidar, integrar e padronizar os dados dos clientes distribuídos entre seus 34 sistemas de política e administração de crédito, muitos dos quais continham informações isoladas e redundantes em seus locais de armazenamento de dados.

A Unum percebeu que precisava de um *data warehouse* para apoiar a integração de dados, relatórios centralizados e um conjunto coerente de métricas de desempenho entre as empresas combinadas. A administração tinha de ser capaz de acompanhar as vendas e uma série de outras atividades e medidas de rentabilidade, a fim de melhorar a sua compreensão do desempenho de produtos e canais de distribuição para a nova empresa gerada pela fusão. Em última análise, o escopo das empresas combinadas levou à decisão de misturar todas as linhas de negócios da companhia em um *data warehouse* da Teradata (*www.teradata.com*), que ajuda as organizações a agregar, padronizar e controlar os dados de seus clientes.

O Teradata Warehouse da Unum cumpre agora dois papéis muito diferentes para a empresa. Uma função diz respeito ao desempenho, enquanto a outra tem natureza operacional. No seu papel de desempenho, o *data warehouse* tornou-se a plataforma de *business intelligence* para o negócio da empresa. Ela fornece fixação de preços, avaliação e análise de previsão. Em seu papel operacional, ele desempenha um papel importante no atendimento ao cliente. Em suma, o *data warehouse* da Teradata é o ativo tecnológico mais importante para o crescimento corporativo da Unum.

*Fontes*: Compilado de B. Tobey, "Integrated Insights", Teradata Magazine, *www.teradata.com*, acessado em 22 de março de 2009; J. Soat, "Quality is Job One for CIOs", InformationWeek, 17 de agosto de 2007; T. Wailgum, "The Quest for Customer Data Integration", CIO Magazine, 1 de agosto de 2006; T. Kemp, "Bad Data Thwarting *Data warehouses*", InformationWeek, 25 de fevereiro de 2005; www.unum.com, acessado em 23 de março de 2009.

**PERGUNTAS**

1. Por que foi necessário para a Unum desenvolver um *data warehouse*?
2. Descreva os dois papéis do *data warehouse* Teradata da Unum.

Apesar de seus muitos benefícios, os *data warehouses* têm problemas. Primeiro, podem ser muito caros para construir e manter. Segundo, pode ser difícil e caro incorporar dados de sistemas obsoletos de *mainframe*. Finalmente, as pessoas de um departamento podem relutar em compartilhar dados com outros departamentos.

■ ***Data marts***

Como são muito caros, os *data warehouses* são usados principalmente por grandes empresas. Muitas outras empresas utilizam uma versão reduzida e mais barata do *data warehouse*, chamada *data mart*. Um **data mart** é um *data warehouse* pequeno, projetado para as necessidades do usuário final em uma unidade estratégica de negócios (UEN) ou um departamento.

Como dito anteriormente, os *data marts* são muito mais baratos que os *data warehouses*. Um *data mart* típico custa algo em torno de R$ 100.000, enquanto que essa cifra sobe para a casa de R$ 1 milhão ou mais para os *data warehouses*. Além disso, os *data marts* podem ser implementados mais rapidamente; em geral, em menos de 90 dias. Além disso, como contêm menos informações que um *data warehouse*, os *data marts* fornecem uma resposta mais rápida e são mais fáceis de entender e navegar. Finalmente, eles apoiam o controle local em vez de central, conferindo poder ao grupo de usuários. Os *data marts* também permitem que uma UEN construa seus próprios sistemas de apoio à decisão sem se apoiar em um departamento de TI centralizado.

Até aqui, discutimos sobre bancos de dados, *data warehouses* e *data marts* como sistemas para gerenciar os dados da organização. Contudo, as empresas estão descobrindo que, até mesmo com essas ferramentas, seus dados desenvolveram problemas com o tempo. Para resolver esses problemas, as empresas precisam desenvolver uma técnica por toda a empresa para gerenciar seus dados. Essa técnica, que discutimos na próxima seção, é chamada de governança de dados.

## 4.5. Governança de Dados

No início deste capítulo, discutimos os muitos motivos pelos quais o gerenciamento de dados é tão difícil. Outro problema surge do fato de que, com o tempo, as organizações têm desenvolvido sistemas de informação para processos de negócio específicos, como processamento de transação, gerenciamento da cadeia de suprimentos, gestão do relacionamento com o cliente e outros processos. Os sistemas de informação que admitem especificamente esses processos impõem requisitos exclusivos sobre os dados, o que resulta na repetição e conflitos dentro de uma organização. Por exemplo, a função de marketing poderia manter informações sobre clientes, territórios de vendas e mercados, que duplicam os dados dentro das funções de cobrança ou atendimento ao cliente. Essa situação produz dados inconsistentes na empresa. Os dados inconsistentes impedem que uma empresa desenvolva uma visão unificada de suas principais informações – dados referentes a clientes, produtos, finanças etc. – por toda a organização e seus sistemas de informação.

Dois outros fatores complicam o gerenciamento dos dados. Primeiro, as regulamentações federais (por exemplo, Sarbanes-Oxley) tornaram uma prioridade importante para as empresas considerarem melhor como a informação está sendo gerenciada em suas organizações. A lei Sarbanes-Oxley exige que (1) as empresas públicas avaliem e divulguem a eficácia de seus controles financeiros internos e (2) auditores independentes para essas empresas concordem com sua divulgação. A lei também mantém CEOs e CFOs pessoalmente responsáveis por tal divulgação. Se essas empresas não tiverem políticas de gerenciamento de dados satisfatórias e houver fraude ou falhas de segurança, elas podem ser pessoalmente responsabilizadas, enfrentando processos.

Em segundo lugar, as empresas estão afundando em dados, muitos deles não estruturados. Como já vimos, a quantidade de dados está aumentando exponencialmente. Para serem lucrativas, as empresas precisam desenvolver uma estratégia para gerenciar esses dados de forma eficiente.

Por esses motivos, as organizações estão se voltando para a governança de dados. **Governança de dados** é uma técnica para gerenciar informações por toda a organização. Ela envolve um conjunto formal de processos e políticas de negócio que são projetados para garantir que os dados sejam tratados em um certo padrão bem definido. Ou seja, a organização segue regras não ambíguas para criação, coleta, tratamento e proteção de suas informações. O objetivo é tornar a informação disponível, transparente e útil para as pessoas autorizadas a acessá-la, do momento em que ela entra na organização até o ponto em que ela esteja desatualizada e seja excluída.

Uma estratégia para implementar a governança de dados é dominar o gerenciamento de dados. **Dominar o gerenciamento de dados** é um processo que se espalha por todos os processos de negócio e aplicações da organização. Ele oferece às empresas a capacidade de armazenar, manter, trocar e sincronizar uma "única versão da verdade" coerente, precisa e oportuna para os dados mestres da empresa.

**Dados mestres** são um conjunto de dados centrais, como cliente, produto, funcionário, vendedor, local geográfico etc., que se espalham pelos sistemas de informação da empresa. É importante distinguir entre dados mestres e dados de transação. **Dados de transação**, que são gerados e capturados pelos sistemas operacionais, descrevem as atividades (ou transações) da empresa. Ao contrário, os dados mestres são aplicados a várias transações e são usados para categorizar, agregar e avaliar os dados da transação.

Vejamos um exemplo de uma transação. A transação é: Você (Maria José) compra um televisor de plasma de 42 polegadas da marca X, peça número 6345, de Bruno Roberto na Cidade Circuito, por R$ 3.000, em 20 de abril de 2010. Nesse exemplo, os dados mestres são "produto vendido", "fornecedor", "vendedor", "loja", "número de peça", "preço de venda" e "data". Quando valores específicos são aplicados aos dados mestres, então uma transação é representada. Portanto, os dados da transação seriam "televisor de plasma de 42 polegadas", "marca X", "Bruno Roberto", "Cidade Circuito", "6345", "R$ 3000" e "20 de abril de 2010", respectivamente.

Um exemplo de gerenciamento de dados mestres é a cidade de Dallas, no Texas, que implementou um plano para digitalizar registros públicos e privados, como documentos em papel, imagens, desenhos e conteúdo de vídeo e áudio, que são mantidos pela cidade. O banco de dados mestre pode ser acessado por qualquer um dos 38 departamentos do governo que possuem acesso apropriado. A cidade está integrando seus processos financeiros e de cobrança com seu programa de gestão do relacionamento com o cliente. (Discutiremos a gestão do relacionamento com o cliente no Capítulo 9.)

Como a cidade de Dallas utilizará esse sistema? Imagine que a cidade experimente uma falta de água séria. Antes que ela empregasse o sistema, o pessoal de reparo tinha que pesquisar na prefeitura os registros que foram arquivados fora de ordem. Quando os funcionários encontrassem os modelos, eles os levariam para o local e, depois de examiná-los manualmente, decidiriam sobre um plano de ação. Por outro lado, o novo sistema permite que os modelos sejam acessados sem fio pelos laptops do pessoal em campo, que podem ampliar ou destacar áreas de problema para gerar uma resposta rápida. Esse processo reduz em várias horas o tempo gasto para responder a uma emergência.

## 4.6. Gestão do Conhecimento

Como discutimos em todo este livro, os dados e as informações são recursos organizacionais de suma importância. O conhecimento também é um recurso vital. Os gerentes bem-sucedidos sempre usaram os recursos intelectuais e reconheceram seu valor. Mas esses esforços não eram sistemáticos e não garantiam que o conhecimento fosse compartilhado e disseminado de modo a beneficiar a organização como um todo. Além do mais, os analistas da área estimam que a maioria dos recursos de conhecimento de uma empresa não está confinada em bancos de dados relacionais. Em vez disso, estão espalhados em e-mails, documentos do Word, planilhas e apresentações em computadores individuais. Esse arranjo dificulta sobremaneira o acesso e a integração desse conhecimento nas empresas. O resultado quase sempre é uma tomada de decisão menos eficaz.

### ▪ Conceitos e Definições

**Gestão do conhecimento** é um processo que ajuda as organizações a manipularem o conhecimento importante, que é parte da memória da organização, normalmente em um formato não estruturado. Para contribuir para o sucesso organizacional, o conhecimento, como uma forma de capital, precisa existir em um formato que possa ser trocado entre as pessoas. Além disso, precisa ser capaz de crescer.

Conhecimento No contexto da tecnologia da informação, o conhecimento é muito diferente dos dados e da informação. Os dados são uma coleção de fatos, medidas e estatísticas; informações são dados organizados ou processados que são oportunos e precisos. Conhecimento é uma informação contextual, relevante e acionável. Dito de forma simples, conhecimento é a informação em ação. **Capital intelectual** (ou recursos **intelectuais**) é outro termo frequentemente usado como sinônimo de conhecimento.

Para ilustrar com um exemplo, um boletim que lista todas as disciplinas oferecidas por sua universidade durante um semestre poderia ser considerado dados. Quando você se matricula, processa os dados do boletim para criar sua grade de disciplinas para o semestre. A grade de disciplinas seria considerada informação. A consciência da sua grade de trabalho, de sua área de especialização, da rotina social desejada e as características dos diferentes membros da faculdade poderiam ser consideradas conhecimento, pois podem afetar a forma como você constrói sua grade. Vemos que essa consciência é contextual e relevante (para desenvolver uma grade ótima de disciplinas), bem como acionável (pode levar a mudanças na grade). A implicação é que o conhecimento possui fortes elementos experienciais e reflexivos que o distinguem da informação em determinado contexto. Diferentemente da informação, o conhecimento pode ser usado para resolver um problema.

Existem diversas teorias e modelos que classificam diferentes tipos de conhecimento. Aqui, focalizamos a distinção entre o conhecimento explícito e o conhecimento tácito.

Conhecimento Explícito e Tácito O **conhecimento explícito** lida com o conhecimento racional e técnico mais objetivo. Em uma organização, o conhecimento explícito consiste nas políticas, normas procedimentais, relatórios, produtos, estratégias, metas, competências essenciais da empresa e na infraestrutura de TI. Em outras palavras, conhecimento explícito é o conhecimento que foi codificado (documentado) em um formato que pode ser distribuído a outros ou transformado em processo ou estratégia. Uma descrição de como processar uma solicitação de emprego que está documentada no manual de política de recursos humanos de uma empresa é um exemplo de conhecimento explícito.

Por outro lado, o **conhecimento tácito** é o depósito cumulativo da aprendizagem subjetiva ou experiencial. Em uma organização, o conhecimento tácito consiste nas experiências, ideias, especialização, *know-how*, segredos comerciais, habilidades, entendimento e aprendizado. Também inclui a cultura organizacional, que reflete as experiências passadas e presentes das pessoas e dos processos de uma organização, bem como os valores predominantes. O conhecimento tácito geralmente é lento, impreciso e difícil de transferir. Também é altamente pessoal. Finalmente, como não é estruturado, o conhecimento tácito é difícil de ser formalizado ou codificado. Por exemplo, vendedores que trabalharam com clientes específicos por muito tempo conhecem muito bem as necessidades desses clientes. Esse conhecimento normalmente não é registrado. Na verdade, pode ser difícil um vendedor colocar isso por escrito.

## ▪ Sistemas de Gestão do Conhecimento

O objetivo da gestão do conhecimento é ajudar uma organização a fazer o uso mais eficaz possível do conhecimento que possui. Historicamente, os sistemas de informação têm se concentrado na captura, armazenamento, gerenciamento e relatório do conhecimento explícito. As organizações agora reconhecem a necessidade tanto do conhecimento explícito, quanto do tácito nos sistemas de informação formais. Os **sistemas de gestão do conhecimento** (SGCs) se referem ao uso de tecnologias da informação modernas – internet, intranets, extranets, LotusNotes, *data warehouses* – para sistematizar, aprimorar e disseminar a gestão do conhecimento dentro da empresa e entre empresas. Os SGCs se destinam a ajudar uma organização a lidar com a rotatividade, a mudança rápida e o *downsizing*, tornando a experiência do capital humano da organização amplamente acessível. O Quadro 4.3 descreve um sistema de gestão do conhecimento usado pela companhia de seguros CNA.

## TI E A EMPRESA

### 4.3. Gestão do Conhecimento Transforma a CNA

A CNA (*www.cna.com*) é uma das maiores empresas de seguro do mundo, com mais de 50 marcas de produtos de seguro e 19.000 funcionários em 175 localidades dos Estados Unidos e do Canadá. Como uma empresa desse porte é muito difícil de gerenciar, a CNA está organizada em 35 unidades estratégicas de negócios (UEN), que funcionam de forma independente e ajustam suas operações de acordo com as exigências do mercado para seus produtos. Ou seja, cada unidade funciona como sua própria organização, com seus próprios sistemas, processos e declarações de lucros e perdas. Historicamente, as UEN não se comunicam e nem compartilham conhecimentos de forma eficaz. No entanto, os executivos das empresas quiseram reunir os conhecimentos das UENs e torná-los disponíveis para toda a organização, para que a companhia pudesse se capitalizar com a oportunidade de venda cruzada de produtos. Como resultado, a CNA iniciou uma nova estratégia corporativa: "Transformar a organização de um conjunto de empresas em uma carteira de competências".

O desafio não seria fácil. O grande número de UENs tornou o compartilhamento de informações internas entre os funcionários quase impossível. Por exemplo, um único cliente em busca de respostas às suas diferentes necessidades de seguro precisaria – talvez – percorrer uma série de departamentos.

A CNA quis mais do que apenas um banco de dados de informação em que os funcionários poderiam lançar mão quando precisassem. A empresa queria conectar os seres humanos, para permitir que os funcionários pudessem utilizar os conhecimentos de outros empregados localizados tanto em suas unidades de negócio próprias, quanto em outras unidades. A CNA sabia que tinha de conceder aos seus empregados, muitos dos quais haviam se concentrado apenas em nichos de mercado, um conhecimento muito mais amplo de todos os produtos da empresa.

Para atingir essas metas, a CNA contratou a AskMe (*www.askme.com*), uma empresa especializada em gestão do conhecimento e estratégias de compartilhamento de conhecimento para desenvolver

um sistema baseado em conhecimento. Para que o novo sistema fosse eficaz, cada funcionário tinha que adicionar os seus produtos especializados e sua experiência de mercado na base de conhecimento da empresa.

O novo sistema, chamado Knowledge Network, permite que aos funcionários da CNA utilizem o software para conectá-los com um especialista humano em qualquer parte da empresa em qualquer área que desejarem. O sistema captura automaticamente todas as trocas de conhecimento e as armazena em uma base de conhecimento pesquisável. Ele também integra o conhecimento existente e documentado da empresa, gerando relatórios em tempo real e análises da profundidade e amplitude de conhecimentos disponíveis.

A CNA implantou a Knowledge Network em toda a empresa. O sistema está agora sendo utilizado ativamente por 4.000 funcionários. Os funcionários que se identificaram como especialistas no assunto são conhecidos como fontes de conhecimento.

A CNA espera que seu novo sistema aumente a sua rentabilidade, permitindo uma tomada firme de forma mais rápida e com qualidade superior. No entanto, a empresa considera difícil mensurar o impacto financeiro do novo sistema. O CEO afirmou que o novo sistema é "flexível, baseado em ideias", por isso, é difícil quantificar seus benefícios.

*Fontes*: Compilado de M. Santosus, "How CNA Insurance Created a KM Culture", CIO, 1 de setembro de 2002; C. Pryer, "Show Me the Knowledge: CNA Employs Hi-Tech Knowledge Sharing Solution", Outsourcing Center, março de 2002; *www.cna.com* acessado em 29 de março 2009; *www.askme.com*, acessado em 28 de março de 2009.

**PERGUNTAS**

1. Que aspectos da cultura corporativa são particularmente importantes para o sucesso da implementação de um programa de gestão do conhecimento como o da CNA?
2. Se é difícil quantificar os benefícios do novo KMS na CNA, que outras medidas a empresa poderia utilizar para medir os seus benefícios?

As organizações podem perceber muitos benefícios dos SGCs. O mais importante é que eles tornam as **melhores práticas** – as maneiras mais eficientes e eficazes de fazer as coisas – prontamente disponíveis a uma ampla gama de empregados. Ter mais acesso ao conhecimento das melhores práticas aprimora o desempenho geral da organização. Por exemplo, os gerentes de conta agora podem disponibilizar seu conhecimento tácito sobre a melhor maneira de lidar com grandes contas. Esse conhecimento pode, então, ser usado para treinar novos gerentes de conta. Outros benefícios incluem melhor serviço ao cliente, desenvolvimento mais eficiente de produtos e aumento no moral e na retenção de funcionários.

Ao mesmo tempo, no entanto, existem dificuldades para implementar SGCs eficazes. Primeiro, os empregados precisam estar dispostos a compartilhar seu conhecimento tácito pessoal. Para estimular essa atitude, as organizações precisam criar uma "cultura de gestão do conhecimento" que recompense os empregados que adicionem sua experiência à base de conhecimento. Segundo, a base de conhecimento precisa passar por manutenção e atualização constantes. Novos conhecimentos têm de ser acrescentados, e os conhecimentos antigos e obsoletos têm de ser excluídos. Finalmente, as empresas precisam estar dispostas a investir nos recursos necessários para realizar essas operações.

### ■ O Ciclo do Sistema de Gestão do Conhecimento

Um SGC funcional segue um ciclo que consiste em seis etapas (ver a Figura 4.13). O sistema é cíclico porque o conhecimento é refinado dinamicamente ao longo do tempo. O conhecimento em um SGC eficaz nunca é finalizado porque o ambiente muda com o tempo, e o conhecimento precisa ser atualizado para refletir essas mudanças. O ciclo funciona assim:

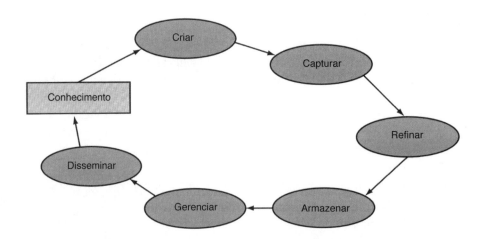

**Figura 4.13** Ciclo da gestão do conhecimento.

1. *Criar o conhecimento*. O conhecimento é criado conforme as pessoas determinam novas maneiras de fazer as coisas ou desenvolvem *know-how*. Algumas vezes, acrescenta-se conhecimento externo.
2. *Coletar o conhecimento*. O novo conhecimento precisa ser identificado como valioso e ser representado de maneira adequada.
3. *Refinar o conhecimento*. O novo conhecimento precisa ser colocado no contexto para que seja acionável. É aqui que as qualidades tácitas (*insights* humanos) precisam ser coletadas juntamente com os fatos explícitos.
4. *Armazenar o conhecimento*. O conhecimento útil precisa, então, ser armazenado em um formato apropriado em um depósito de conhecimento para que outras pessoas na organização possam acessá-lo.
5. *Gerenciar o conhecimento*. Assim como uma biblioteca, o conhecimento precisa estar atualizado. Precisa ser revisto regularmente para assegurar que esteja relevante e correto.
6. *Disseminar o conhecimento*. O conhecimento precisa se tornar disponível em um formato útil para qualquer pessoa na organização que precise dele, em qualquer lugar e a qualquer hora.

*Antes de Prosseguir...*
1. O que é gestão do conhecimento?
2. Qual a diferença entre conhecimento tácito e conhecimento explícito?
3. Descreva o ciclo do sistema de gestão do conhecimento.

## O que a [TI] pode me proporcionar?

### ▪ Para o Setor de Contabilidade

A função de contabilidade está intimamente envolvida no registro de transações e nos controles internos de uma organização. *Data warehouses* e *data mining* modernos permitem que os contadores desempenhem essas funções de modo mais eficaz. Os *data warehouses* ajudam os contadores a gerenciar o fluxo de dados nas organizações atuais, de forma a manter as empresas em conformidade com os novos padrões impostos pela Lei Sarbanes-Oxley.

Os contadores também desempenham um papel na justificativa de custos para criar uma base de conhecimento e, depois, auditar a relação custo-benefício. Além disso, se você trabalha para uma grande empresa de contabilidade pública que presta serviços de consultoria ou vende conhecimento, muito provavelmente usará algumas das melhores práticas da empresa que estarão armazenadas em uma base de conhecimento.

### ▪ Para o Setor de Finanças

Os diretores financeiros fazem uso intenso de bancos de dados computadorizados externos à organização, como CompuStat ou Dow Jones, para obter dados financeiros sobre as organizações do setor. Eles podem usar esses dados para determinar se uma organização atende aos *benchmarks* do setor em termos de retorno do investimento, gerenciamento do fluxo de caixa e outras relações financeiras.

Os gerentes financeiros, que produzem os relatórios financeiros da organização, também estão profundamente envolvidos com a Lei Sarbanes-Oxley. Os *data warehouses* ajudam esses gerentes a se adequarem aos novos padrões.

### ▪ Para o Setor de Marketing

Os *data warehouses* e *data mining* ajudam os gerentes de marketing a descobrir muitas relações imprevistas entre algum aspecto do "perfil" do comprador, o produto e as campanhas de marketing e publicitárias. Explorando essas relações, as empresas podem aumentar as vendas substancialmente. De fato, a pesquisa de marketing é uma das aplicações mais comuns do *data mining*. O conhecimento sobre os clientes pode significar a diferença entre sucesso e fracasso. Em muitos *data warehouses* e bases de conhecimento, a maior parte das informações e do conhecimento se refere a clientes, produtos, vendas e marketing. Os gerentes de marketing certamente usam a base de conhecimento de uma organização e frequentemente participam dessa criação.

### ▪ Para o Setor de Produção/Operações

O pessoal de produção/operações acessa dados organizacionais para determinar níveis ótimos de estoque de peças em um processo de produção. Os dados históricos de produção permitem que o pessoal de GPO determine a configuração ideal para as linhas de montagem. As empresas também mantêm dados sobre qualidade que os informem não só sobre a qualidade dos produtos acabados, mas também sobre problemas de qualidade com matérias-primas recebidas, irregularidades na produção, entrega e logística, e uso e manutenção pós-venda do produto.

A gestão do conhecimento é extremamente importante para a realização de operações complexas. O conhecimento acumulado referente à programação, logística, manutenção e outras funções é muito valioso. Ideias inovadoras são necessárias para melhorar as operações e podem ser apoiadas pela gestão do conhecimento.

### Para o Setor de Recursos Humanos

As organizações mantêm dados extensos sobre empregados, incluindo sexo, idade, raça, descrições de cargo atual e anteriores e avaliações de desempenho. O pessoal de recursos humanos acessa esses dados para fornecer às agências governamentais relatórios referentes à conformidade com as diretrizes federais de igualdade de oportunidade. Os gerentes de RH também usam esses dados para avaliar práticas de contratação, avaliar estruturas salariais e gerenciar quaisquer queixas de discriminação ou processos contra a empresa.

Os *data warehouses* ajudam os gerentes de RH a prestar assistência a todos os empregados, já que cada vez mais decisões sobre planos de saúde e previdência são delegadas aos próprios empregados. Os empregados podem usar os *data warehouses* para ajudar a escolher a composição ideal entre essas decisões críticas.

Os gerentes de recursos humanos frequentemente precisam usar uma base de conhecimento para descobrir como casos anteriores foram tratados. A coerência em como os empregados são tratados não só é importante, mas também protege a empresa contra ações judiciais. Além disso, o treinamento para construir, manter e usar o sistema de gestão do conhecimento às vezes é responsabilidade do departamento de RH. Finalmente, o departamento de RH pode ser responsável por recompensar empregados que contribuem com seu conhecimento.

### Para o Setor de TI

A função de TI gerencia os dados da organização, bem como os bancos de dados, os *data warehouses* e os *data marts* onde eles são armazenados. Os administradores de banco de dados da TI padronizam nomes de dados usando o dicionário de dados. Isso garante que todos os usuários entendam quais dados estão no banco de dados. O pessoal de banco de dados também fornece dados para o *data warehouse*, bem como as ferramentas de *data mining* para ajudar os usuários a acessarem e analisarem os dados necessários. Os funcionários de TI – e os usuários também – agora podem, com o uso de ferramentas de consulta, gerar relatórios muito mais rapidamente do que era possível usando os antigos sistemas de *mainframe* escritos em COBOL.

---

### Resumo do Capítulo

Neste capítulo você aprendeu a:

**1. Reconhecer a importância dos dados, os problemas envolvidos em seu gerenciamento e ciclo de vida.**

As aplicações de TI não podem ser feitas sem o uso de dados. Os dados devem ser precisos, completos, oportunos, coerentes, acessíveis, relevantes e concisos. Gerenciar dados nas organizações é difícil por várias razões: (1) a quantidade de dados aumenta com o tempo; (2) os dados são armazenados em vários sistemas, bancos de dados, formatos e linguagens; e (3) a segurança, a qualidade e a integridade dos dados frequentemente são comprometidas.

O ciclo de vida dos dados começa com a coleta de dados. Os dados são armazenados em um banco de dados e, depois, processados para se adequarem ao formato de um *data warehouse* ou *data mart*. Os usuários, então, acessam os dados através do *data warehouse* ou *data mart* para analisá-los. As ferramentas de análise de dados e *data mining* procuram padrões, e sistemas inteligentes apoiam a interpretação dos dados. O resultado de todas essas atividades é a geração de conhecimento e de apoio à decisão.

**2. Descrever as fontes de dados e explicar como eles são coletados.**

As fontes de dados podem ser internas, pessoais, *clickstream* (fluxos de cliques das transações da empresa na web) e externas (particularmente da internet). Os dados internos normalmente são localizados em bancos de dados corporativos e, em geral, são acessíveis através da intranet de uma organização. Os usuários de SI criam dados pessoais documentando sua experiência. Esses dados podem residir no PC do usuário ou podem ser colocados em bancos de dados corporativos ou em bases de conhecimento corporativas. As fontes de dados externas variam de bancos de dados comerciais a sensores e satélites. Relatórios governamentais constituem uma importante fonte de dados externa. Milhares de bancos de dados em todo o mundo podem ser acessados pela internet.

**3. Explicar as vantagens da abordagem de banco de dados.**

Em um banco de dados, que é um conjunto de arquivos logicamente relacionados, os dados são integrados e relacionados de modo que um conjunto de programas de software proporciona acesso a todos os dados. Portanto, a redundância, o isolamento e a incoerência dos dados são minimizados, e os dados podem ser compartilhados entre todos os usuários. Além disso, a segurança e a integridade dos dados são melhoradas, e as aplicações se tornam independentes dos dados.

**4. Explicar o funcionamento do *data warehousing* e seu papel no apoio à decisão.**

Um *data warehouse* é um armazém de dados históricos orientados por assunto organizados para estarem acessíveis em um formato prontamente aceitável para atividades de processamento analítico. Os usuários finais podem acessar os dados necessários em um *data warehouse* de maneira rápida e fácil por meio de navegadores web. Eles podem realizar análises extensas com os dados e podem ter uma visão consolidada dos dados organizacionais. Esses benefícios podem melhorar o conhecimento empresarial, gerar vantagem competitiva, melhorar o serviço e a satisfação do consumidor, facilitar a tomada de decisões e ajudar a tornar os processos empresariais mais eficazes.

**5. Definir a governança de dados e explicar como ela ajuda a produzir dados de alta qualidade.**

A governança de dados é uma técnica para gerenciar informações por toda a organização. Ela garante que os dados sejam tratados em um padrão certo, bem definido. Ou seja, a organização segue regras não ambíguas para criação, coleta, tratamento e proteção de informações.

**6. Definir conhecimento e diferenciar entre conhecimento explícito e tácito.**

Conhecimento é a informação contextual, relevante e acionável. O conhecimento explícito lida com o conhecimento mais objetivo, racional e técnico. O conhecimento tácito normalmente está no domínio do aprendizado subjetivo, cognitivo e experiencial. É altamente pessoal e difícil de formalizar e comunicar a outros.

## Glossário

**arquivo** Um agrupamento de registros relacionados logicamente.

**atributo** Cada característica ou qualidade descrevendo uma entidade em particular.

**banco de dados** Um grupo de arquivos relacionados logicamente, que armazena dados e as associações entre eles.

**bit** Um dígito binário; ou seja, um 0 ou um 1.

**byte** Um grupo de oito bits que representam um único caractere.

**campo** Um agrupamento de caracteres logicamente relacionados em uma palavra, um pequeno grupo de palavras ou um número completo.

**capital intelectual** (recursos intelectuais) Outro termo para conhecimento.

**chave primária** Campo identificador ou atributo que identifica exclusivamente um registro.

**chave secundária** Campo identificador ou atributo que possui alguma informação de identificação, mas normalmente não identifica o arquivo com precisão absoluta.

**classes de entidade** Um agrupamento de entidades de determinado tipo.

**conhecimento explícito** Os tipos mais objetivos, racionais e técnicos do conhecimento.

**conhecimento tácito** Depósito cumulativo da aprendizagem subjetiva ou experiencial; é altamente pessoal e difícil de formalizar.

**dados *clickstream*** Dados coletados sobre o comportamento e padrões de navegação do usuário, monitorando quando eles visitam um site.

**dados mestres** Um conjunto de dados básicos, como cliente, produto, empregado, vendedor, local geográfico etc., que se espalham pelos sistemas de informação da empresa.

**data mart** Um pequeno *data warehouse* projetado para uma unidade estratégica de negócios (UEN) ou departamento.

**data warehouse** Um repositório para dados históricos orientados a assunto, que são organizados para serem acessíveis em um formato prontamente aceitável para processamento analítico.

**diagrama de entidade-relacionamento (ER)** Documento que mostra entidades de dados e atributos, e relacionamentos entre eles.

**dicionário de dados** Coleção de definições de elementos de dados, características de dados que usam os elementos de dados e os indivíduos, funções, aplicações e relatórios da empresa que usam esse elemento de dados.

**entidade** Uma pessoa, lugar, coisa ou evento sobre o qual são mantidas informações em um registro.

**estrutura multidimensional** Maneira como os dados são estruturados em um *data warehouse* de modo a serem analisados por diferentes visões ou perspectivas, chamadas de dimensões.

**gerenciamento de dados mestre** Um processo que oferece às empresa a capacidade de armazenar, manter, trocar e sincronizar uma "única versão da verdade" coerente, precisa e oportuna para os dados mestres básicos da empresa.

**gestão do conhecimento (GC)** Um processo que ajuda as organizações a identificar, selecionar, organizar, disseminar, transferir e aplicar informações e habilidades que fazem parte da memória da organização e que normalmente residem dentro da organização de uma maneira desestruturada.

**governança de dados** Uma técnica para o gerenciamento de informações por uma organização inteira.

**identificador** Um atributo que identifica uma instância de entidade.

**instância** Uma entidade em particular dentro de uma classe de entidade.

**melhores práticas** As maneiras mais eficientes e eficazes de realizar as coisas.

**modelagem de entidade-relacionamento (ER)** O processo de projetar um banco de dados organizando entidades de dados a serem usadas e identificar os relacionamentos entre elas.

**modelo de banco de dados relacional** Modelo de dados baseado no conceito simples de tabelas a fim de capitalizar sobre características das linhas e colunas de dados.

**modelo de dados** Definição do modo como os dados em um SGBD são estruturados conceitualmente.

**normalização** Método para analisar e reduzir um banco de dados relacional ao formato mais eficaz para minimizar a redundância, maximizar a integridade de dados e melhorar o desempenho de processamento.

**processamento de transações** on-line **(OLTP)** Tipo de processamento por computador em que as transações comerciais são processadas on-line tão logo ocorrem.

*Query By Example* **(QBE)** Linguagem de banco de dados que permite que um usuário preencha uma grade (formulário) para construir um exemplo ou descrição dos dados que deseja.

**registro** Agrupamento de campos logicamente relacionados.

**sistema de gerenciamento de banco de dados (SGBD)** O programa de software (ou grupo de programas) que oferece acesso a um banco de dados.

**sistemas de gestão do conhecimento** Tecnologias da informação usadas para sistematizar, aprimorar e disseminar a gestão do conhecimento dentro da empresa e entre empresas.

*Structured Query Language* **(SQL)** Linguagem de banco de dados relacional popular que permite que os usuários realizem consultas complexas com instruções relativamente simples.

**tabela** Agrupamento lógico de registros relacionados.

## Questões Para Discussão

1. Explique as dificuldades do gerenciamento de dados.
2. Quais são os problemas associados aos dados de má qualidade?
3. O que é gerenciamento de dados mestres? O que ele tem a ver com dados de alta qualidade?
4. Descreva as vantagens dos bancos de dados relacionais.
5. Discuta os benefícios do *data warehousing* para os usuários finais.
6. Qual é a relação entre os bancos de dados e o *data warehouse* de uma empresa?
7. Estabeleça a diferença entre *data warehouses* e *data marts*.
8. Explique por que o gerenciamento de dados mestres é tão importante em empresas que possuem várias fontes de dados.
9. Explique por que é importante coletar e gerenciar o conhecimento.
10. Compare conhecimento tácito e conhecimento explícito.

## Atividades de Solução de Problemas

1. Acesse vários sites de emprego (por exemplo, *www.monster.com* e *www.dice.com*) e encontre várias descrições de cargo para um administrador de banco de dados. As descrições de cargo são semelhantes? Quais são os salários oferecidos para esse cargo?
2. Acesse os sites de várias empresas imobiliárias. Encontre sites que o conduzam em um processo passo a passo para comprar uma casa, que forneçam apresentações virtuais de casas na faixa de preço e no local desejados, que ofereçam calculadoras de hipoteca e juros, e financiamento para a casa. Os sites exigem que você se registre para acessar os serviços? Você pode solicitar que um e-mail lhe seja enviado quando os imóveis em que está interessado se tornem disponíveis?
3. É possível encontrar muitos sites que fornecem informações demográficas. Acesse vários desses sites e veja o que eles oferecem. Os sites diferem nos tipos de informação demográfica que oferecem? Como?

Exigem pagamento pelas informações que fornecem? Os dados demográficos seriam úteis para você se desejasse iniciar um novo negócio? Como e por quê?

4. A internet contém muitos sites com informações sobre bolsas de estudo. Acesse. Você precisa se registrar para acessar as informações? Você pode se candidatar a uma bolsa de estudos pelos sites, ou é necessário solicitar formulários de papel a serem preenchidos e devolvidos?

5. Desenhe um diagrama de entidade-relacionamento para um pequeno comércio. Você deseja registrar o nome do produto, descrição, preço unitário e número de itens desse produto vendidos a cada cliente. Você também quer registrar o nome do cliente, endereço de correspondência e endereço e cobrança. Você precisa acompanhar cada transação (venda), data, produto adquirido, preço unitário, número de itens, imposto e valor total da venda.

## Atividades na Web

1. Acesse os sites da IBM (*www.ibm.com*), Sybase (*www.sybase.com*) e Oracle (*www.oracle.com*) e descubra as características de seus últimos produtos, incluindo conexões web.

2. Acesse os sites de dois dos principais fornecedores de *data warehouse*, como NCR (*www.ncr.com*) e SAS (*www.sas.com*); descreva os produtos e como eles se relacionam à web.

3. Entre no site do Gartner Group (*www.gart-ner.com*). Examine seus estudos de pesquisa pertencentes ao gerenciamento de dados e *data warehousing*. Prepare um relatório sobre o que há de mais moderno.

4. Visite *www.teradatastudentnetwork.com*, leia e responda às perguntas da tarefa intitulada: "Data Warehouse Failures". Escolha um dos casos e discuta a falha e o remédio em potencial.

5. Calcule sua impressão digital pessoal em *http://www.emc.com/digital_universe*.

## Trabalhos em Equipe

1. Cada equipe selecionará um banco de dados on-line para explorar, como AOL Music (*http://music.aol.com*), iGo (*www.igo.com*), ou o Internet Movie Database (*www.imdb.com*). Explore esses sites para ver que informações eles lhe oferecem. Liste as entidades e os atributos que os sites precisam rastrear em seus bancos de dados. Represente em forma de diagrama o relacionamento entre as entidades que você identificou.

2. Em grupos, crie um modelo de dados para uma loja de animais, incluindo:
   - Dados do cliente.
   - Dados do produto.
   - Dados do funcionário.
   - Dados financeiros.
   - Dados do fornecedor.
   - Dados de vendas.
   - Dados de estoque.
   - Dados do prédio.
   - Outros dados (especificar).

3. Crie atributos (quatro ou mais) para cada entidade. Crie relacionamentos entre as entidades, dê nome aos relacionamentos e crie um diagrama de entidade-relacionamento para a loja de animais.

## Caso Final

### Gestão de Documentos na Procter & Gamble

O Problema da Empresa A gigante dos bens de consumo Procter & Gamble (P&G, *www.pg.com*) é uma empresa enorme, com vendas relatadas de 83,5 bilhões dólares em 2008. Em seu portfólio estão incluídas Crest, Tide, Gillette, Pampers e Charmin. Apesar do seu estado tecnológico atual em sistemas de informação e processos de negócio sofisticados, a P&G enfrentou problemas de gestão sobre a imensa quantidade de papel necessário para uma empresa que desenvolve drogas e medicamentos sem prescrição (MSP). Questões de regulamentação, pesquisa e desenvolvimento (P&D) e possíveis litígios geram ainda mais documentos e arquivos. Como resultado, a P&G queria obter o controle dos documentos de sua empresa, reduzir a supervisão administrativa dos seus documentos em papel, reduzir custos, acelerar as iniciativas de P&D, e melhorar o monitoramento e a conformidade das assinaturas. A estratégia que ela adotou para atingir esses objetivos foi a transição do papel para gerenciamento eletrônico de documentos. Um sistema de gestão de documentos é composto por hardware e software que converte documentos em papel para documentos eletrônicos, gerencia e arquiva os documentos eletrônicos, indexando-os e armazenando-os de acordo com a política da empresa.

Adotar o gerenciamento eletrônico de documentos pode implicar em grandes alterações no fluxo de trabalho da empresa e criar enormes desafios relacionados com a aprovação e conformidade. Na P&G, qualquer possibilidade de retardar um processo complexo de P&D e interferir com a criação e aprovação de um produto pode afetar tanto o rendimento quanto os lucros. Considere, por exemplo, que um medicamento de venda livre bem-sucedido pode gerar vendas de mais de R$ 1,5 milhão por dia.

Normalmente, pesquisadores, médicos, pessoal de controle de qualidade, especialistas em marketing e outros membros de equipe da P&G devem trocar e compartilhar documentos entre si, bem como com diversos parceiros externos. No passado, a P&G conseguia esses documentos através da produção de microfichas, construção de índices de documentos e alugando armazéns para manter os documentos fora do local. Infelizmente, os índices não eram sempre precisos. Para aumentar esse problema, procurar por um documento específico e documentos associados exigia tempo demais. Além disso, a terceirização de armazenamento de documentos para os armazéns tinham seus próprios problemas. Em um exemplo, um armazém de Londres operado por um prestador de serviços fora queimado, e a P&G perdeu centenas de caixas de registros em papel.

Quando a P&G passou a adotar documentos eletrônicos, teve que garantir que pudesse autenticar as assinaturas digitais, criar assinaturas e armazenar os processos em seu fluxo de trabalho diário. Além disso, o departamento jurídico da P&G quis garantir que tinha um arquivo de assinatura eletrônica com efeito legal. Dessa forma, a P&G adotou o padrão BioPharma de assinaturas da indústria farmacêutica e de autenticação para todos (SAFE, a sigla em inglês). Esse padrão foi criado para ajudar as empresas a não utilizar papel e ainda interagir com as autoridades reguladoras em uma escala global. A iniciativa da P&G concentrou-se na aplicação dos métodos de gerenciamento de assinaturas digitais e na criação de um método para confirmar a identidade do assinante. Os departamentos de TI e jurídico concordaram que o padrão vai ao encontro das necessidades do negócio da empresa e aos seus requisitos de risco.

As Soluções da TI A P&G contratou a empresa integradora de TI chamada Cardeal Solutions (*www.cardinalsolutions.com*) para implementar as extensões do Adobe LiveCycle Reader e Adobe LiveCycle PDF Generator (*www.adobe.com*), que funcionarão com o aplicativo *P&G eLab Notebook*. Esses pacotes de softwares gerenciariam, analisariam, aprovariam e assinariam digitalmente o enorme volume de informações de P&D, incluindo os arquivos criados com Microsoft Word, Excel e PowerPoint.

Em vez de gravar informação de experimentos em cadernos de papel – juntamente com a numeração de cada página, assiná-los e autenticá-los –, os investigadores podem agora usar programas de processamento de texto, planilhas, apresentação do software e ferramentas similares para gerar notas de projeto e outra documentação necessária. Depois que um pesquisador coletou todos os dados, o gerador *LiveCycle PDG* cria um documento em PDF e pede à pessoa que está criando o arquivo para adicionar uma assinatura digital. O sistema requer a utilização de um *token* USB para autenticação. Nesse ponto, o software *LiveCycle Reader Extensions* incorpora direitos de uso no documento. Ou seja, se um revisor não tem um certificado BioPharma SAFE de assinatura digital, ele não consegue ler o documento e o software solicita que a pessoa obtenha um certificado.

Os Resultados Hoje, uma vez que uma assinatura digital é adicionada a um arquivo, um auditor pode ver imediatamente o documento e todas as atividades relacionadas ao documento. O auditor clica com o botão direito na assinatura e visualiza toda a auditoria. A assinatura também pode ser anexada como uma última página do arquivo para que ele possa ser compartilhado externamente quando necessário, como em um tribunal de justiça.

O sistema da P&G economiza tempo e dinheiro. Os pesquisadores não têm mais que passar várias horas por semana fazendo o arquivamento das anotações de seus experimentos em papel. Além disso, a P&G é capaz de recuperar rapidamente grandes volumes de dados que possam ser necessários para os reguladores governamentais ou parceiros de negócios. Os projetos da P&G terão dezenas de milhões de dólares em ganho de produtividade devido a utilização desse sistema. O trabalhador típico vai economizar cerca de 30 minutos entre autenticação e arquivamento por semana.

Outras áreas funcionais da organização estão tomando conhecimento. Por exemplo, o departamento de marketing para as operações da Alemanha agora se baseia em assinaturas digitais para autorizar instruções sobre como os produtos devem ser exibidos nas lojas.

O problema mais significativo que a P&G encontrou foi o de convencer os seus empregados a aceitarem o novo sistema e aprender como usar o aplicativo *eLab Notebook*. Para resolver este problema, a P&G proporcionou treinamento para vencer a relutância dos funcionários em usar a nova tecnologia.

*Fontes*: Compilado de M. Vizard, "Balancing Document Management", eWeek, 02 de abril de 2009; "Adobe Success Story: Procter & Gamble", *www.adobe.com*, acessado em 12 março 2009; J. dejong, "The Case for Online Document Management", Forbes, 22 de dezembro de 2008; S. Greengard, "A Document Management Case Study: Procter and Gamble", Baseline Magazine, 29 de agosto de 2008; T. Weiss, "Law Firm Turns to Software to Streamline Case Data Searches", Computerworld, 22 de setembro de 2006; R. Mitchell, "Record Risks", Computerworld, 30 maio de 2005; H. Havenstein, "Rules Prompt Pfizer to Consolidate Content Management Systems", Computerworld 23 de maio de 2005; *www.pg.com* e *www.adobe.com*, acessado em 11 março de 2009; *www.saje-biopharma.org*, acessado em 12 março de 2009.

## PERGUNTAS

1. Os documentos são dados que as empresas devem gerenciar. Compare os benefícios do sistema de gestão de documentos da P&G com os benefícios oferecidos pela tecnologia de banco de dados. Você percebe alguma diferença? Justifique sua resposta.
2. Este caso descreveu inúmeras vantagens da mudança da P&G para a utilização de documentos eletrônicos. Descreva as desvantagens dos documentos eletrônicos.

# Capítulo 5

# Computação em Rede

## O que a **TI** pode me proporcionar?

## Caso Inicial

### Marketing Eficaz na Del Monte com Redes Sociais
■ **O Problema da Empresa**

Del Monte (*www.delmonte.com*) é um conglomerado baseado em São Francisco conhecido por frutas e legumes enlatados; grandes marcas de varejo, como College Inn, Contadina e Starkist; e produtos para animais, como o 9 Lives, Gravy Train, Milk-Bone, e Meow Mix. A Del Monte enfrenta uma feroz concorrência entre os outros conglomerados de alimentos. A empresa percebe que a compreensão do movimento rápido do mercado moderno é crucial. Infelizmente, seu banco de dados sofisticado e suas ferramentas de análise já não eram capazes de enfrentar esse desafio por conta própria. A empresa, portanto, voltou-se para redes sociais para entender melhor sua clientela.

■ **As Soluções da TI**

Como a popularidade das redes sociais explodiu, sites como o MySpace e Facebook estão atraindo cada vez mais usuários. No entanto, as empresas estão apenas começando a usar redes sociais para trazer ganhos para os negócios. A Del Monte as usa como ferramenta de marketing para ajudar a empresa a se aproximar de seus clientes (um processo chamado de intimidade com o cliente), criando o tipo de produtos que os consumidores querem e obtendo vantagem competitiva.

A Del Monte mostrou três iniciativas para utilizar o poder das redes sociais. As duas primeiras, "Eu amo meu cão" e "Eu amo meu gato", oferecem uma comunidade on-line de proprietários de cães e outra para os donos de gatos, no qual cada grupo pode interagir e compartilhar ideias. O terceiro, "Comunidade on-line de mães", permite que as mães troquem ideias e informações.

Quando os executivos da Del Monte decidiram seguir com essas iniciativas, reconheceram que a empresa não dispunha da competência *(expertise)* em tecnologia da informação (TI) para garantir o sucesso. Portanto, optaram pela empresa MarketTools *(www.markettools.com)* para desenvolver e hospedar o site da rede social da Del Monte. A MarketTools coletou e analisou os dados e implementou a tecnologia para fazer o site funcionar de forma eficaz. A Del Monte também optou pela Drupal *(www.drupal.org)*, um sistema de gestão de conteúdo *open source*. O sistema da Drupal oferece uma ampla gama de recursos, incluindo pesquisas, discussões e blogs. Em uma discussão encadeada, as mensagens são agrupadas em uma hierarquia visual por tema. Um conjunto de mensagens agrupadas dessa maneira é chamado de um segmento, ou simplesmente um tópico de discussão.

Quando a MarketTools começou a trabalhar na "Eu amo meu cão", ela colheu dados de aproximadamente 50 milhões de blogs, fóruns e painéis de mensagens, ao longo de meses, a fim de identificar temas-chave no mercado. Em seguida, ela construiu um *data warehouse* e desenvolveu temas e pontos de discussão para a comunidade. O site permite que os donos de cães discutam sobre problemas, participem de bate-papo e pesquisas, compartilhem fotos e vídeos e localizem os recursos. Cerca de 500 consumidores utilizam o site, que é protegido por senha acessível apenas por convite. O site "Eu amo meu gato" funciona essencialmente da mesma maneira.

A Del Monte usa esses dois sites para reunir dados e ajudar a moldar suas decisões de marketing. Essas redes privadas guiam as decisões da Del Monte sobre produtos, campanhas de teste de mercado, fornecem dados sobre as preferências de compra, além de gerarem um debate sobre novos produtos e mudanças nos produtos.

O terceiro site, "Comunidade on-line de mães", ajuda a Del Monte a reunir informações sobre as preferências e os hábitos de compra das mães. O site tem cerca de 10 mil participantes e usa um gerenciador de comunidades para moderar discussões e facilitar a comunicação no dia a dia, disponibilizando dicas, fóruns, receitas, inscrições para temas de interesse e os perfis das mães que estão participando da comunidade. A empresa fornece periodicamente temas para discussão e realiza pesquisas para obter feedback sobre ideias, produtos e tendências.

A Del Monte envia amostra de produtos para as mães e coleta informações detalhadas sobre suas respostas. A empresa envia com frequência diferentes iterações de um produto e pede que as mães publiquem seus comentários on-line. Ela também realiza pesquisas na web, que rapidamente arruma as respostas para ajudar a formular uma nova estratégia ou alterar uma preexistente.

■ **Os Resultados**

Em um exemplo, quando a Del Monte começou a explorar um novo sabor para o café da manhã dos cães, a empresa pesquisou entre os membros da sua rede para descobrir o que eles pensavam a respeito. Com base nesse feedback, ela criou um sabor café da manhã enriquecido em vitaminas e sais minerais chamado *Snausages Breakfast Bites*. O projeto *Snausages Bites* levou seis meses, menos do que um ciclo de desenvolvimento de um produto típico. Durante esse tempo, a empresa interagiu regularmente com os membros do grupo de amantes de cães. Esse processo interativo ajudou a Del Monte na formulação do produto e também orientou suas estratégias de marketing e de embalagens, dando à empresa uma ideia melhor do que esperar do mercado. Por exemplo, quando as pesquisas indicaram que os compradores estavam mais propensos a serem donos de cães de pequeno porte, a empresa produziu um sabor para este tipo de cão. Como um bônus, os custos de propaganda deste sabor para cães de pequeno porte foram cortados.

Claramente, então, as ferramentas de redes sociais permitem que a Del Monte esteja mais perto dos consumidores. A empresa é capaz de identificar os assuntos mais urgentes dos clientes e compreender os assuntos importantes que influenciam suas decisões de compra. A empresa também pode explorar conceitos, incluindo o desenvolvimento de novos produtos.

As comunidades de redes sociais também têm trazido benefícios não intencionais, além do escopo de produtos e segmentos específicos de mercado. Por exemplo, quando o susto das salmonelas no tomate ocorreu em 2008, a Del Monte foi capaz de avaliar rapidamente as atitudes dos consumidores sobre seus produtos. A empresa também aproveitou sua comunidade on-line para obter informações essenciais durante o *recall* de alimentos para bichos de estimação que envolvia a contaminação do glúten no trigo.

*Fontes:* Compilado de E. Feretic, "The Business of Being Social", Baseline Magazine, 20 de julho de 2008; S. Greengard, "Del Monte Gets Social", Baseline Magazine, 30 de julho de 2008; E. Steele, "The New Focus Groups: Online Networks", The Wall Street Journal, 14 de janeiro de 2008; M. Estrin, "Social Networks Are the New Focus Groups", imediaconnection.com, 14 de janeiro de 2008; P. Kim, "Case Study: Del Monte Listens with Customer-Centric Technology", Forrester, 19 de junho de 2007; "Del Monte Foods Gains Online Social Networking Insight with MarketTools", DMNews.com, 4 de agosto de 2006; *www.delmonte.com, www.markettools.com, www.drupal.org*, acessados em 30 de janeiro de 2009.

▪ **O que Aprendemos com este Caso**

O caso inicial sobre a Del Monte ilustra três pontos fundamentais sobre computação em rede. Primeiro, os computadores não funcionam isoladamente nas organizações modernas, mas, sim, trocam dados constantemente entre si. Em segundo lugar, essa troca de dados – facilitada por tecnologias de telecomunicações – proporciona às empresas uma série de vantagens muito significativas. Em terceiro lugar, essa troca pode ocorrer a qualquer distância e em redes de qualquer tamanho. Basicamente, a Del Monte e os seus clientes formam uma rede extensa, com vantagens para cada um deles. A Del Monte fica mais próxima dos seus clientes e obtém conhecimentos extremamente valiosos a partir deles. Os clientes da empresa fornecem um feedback significativo para a Del Monte e podem ver muitas de suas ideias colocadas em prática.

Sem as redes, o computador em sua mesa de trabalho seria apenas mais uma ferramenta de aumento da produtividade, assim como já foi a máquina de escrever. O poder das redes, porém, transforma seu computador em uma ferramenta muito eficaz para acessar informações de milhares de fontes, tornando você e sua empresa mais produtivos. Independentemente do tipo de organização (com fins lucrativos/sem fins lucrativos, grande/pequena, global/local) ou de indústria (manufatura, serviços financeiros, saúde), as redes em geral, e a internet em particular, têm transformado – e vão continuar a transformar – a forma como fazemos negócios.

As redes apoiam as novas formas de fazer negócios, desde o marketing até a gestão da cadeia de suprimentos, atendimento ao cliente e gestão de recursos humanos. Em especial, a internet e sua contrapartida privada organizacional, as intranets, têm um enorme impacto em nossas vidas, tanto profissional quanto pessoalmente. Na verdade, para todas as organizações, ter uma estratégia para a internet já não é apenas uma fonte de vantagem competitiva. Pelo contrário, é algo necessário para sua sobrevivência.

Neste capítulo, discutiremos as aplicações de rede, isto é, o que as redes nos ajudam a fazer. Em seguida, explicaremos a variedade de aplicativos de rede que se enquadram no âmbito da Web 2.0. Concluímos o capítulo com uma breve explicação sobre *e-learning* e teletrabalho.

No Guia de Tecnologia 4, discutiremos como as redes funcionam. Primeiro, vamos descrever o sistema básico de telecomunicações. É importante compreender esse sistema porque essa é a maneira como as redes funcionam, independente da sua dimensão. Em seguida, discutiremos os vários tipos de redes, seguido por uma explicação sobre seus protocolos e tipos de processamento.

No Guia de Tecnologia 5, discutiremos os fundamentos da internet e da World Wide Web. Primeiro, vamos discutir como podemos acessar a internet. Depois, definiremos a World Wide Web, diferenciando-a da internet.

## 5.1. Aplicações de Rede

Se você já leu o Guia de Tecnologia 4, deverá ter um conhecimento funcional do que é uma rede e como ela pode ser acessada. Neste ponto, a principal questão é: como as empresas usam redes para melhorar suas operações? Esta seção responde a essa pergunta. Em termos gerais, as redes apoiam as empresas e outras organizações em todos os tipos de funções. Essas funções estão nas seguintes categorias principais: descoberta, comunicação, colaboração e serviços web (web *services*). Discutimos as três primeiras categorias nas próximas seções, e deixamos os serviços web para a seção sobre a Web 2.0.

▪ **Descoberta**

A internet permite que os usuários acessem informações localizadas em bancos de dados do mundo inteiro. Navegando e procurando fontes de dados na web, os usuários podem aplicar a capacidade de descoberta da internet a áreas que variam desde educação e serviços do governo até entretenimento e comércio. Embora ter acesso a toda essa informação seja um grande benefício, é muito importante observar que não existe garantia de qualidade sobre a informação na web, pois ela é verdadeiramente democrática, ou seja, *qualquer um* pode inserir informações nela. Por exemplo, como veremos mais adiante neste capítulo, qualquer um pode editar uma página da Wikipedia (com algumas exceções nas áreas controversas). Portanto, a regra fundamental sobre as informações na web é: usuário, cuidado!

Além disso, o principal ponto forte da web – o grande armazenamento de informação que ela contém – é um desafio importante. A quantidade de informações na web pode ser esmagadora, e dobra aproximadamente a cada ano. Como resultado, navegar pela web e obter acesso a informações necessárias torna-se cada vez mais difícil. Para realizar essas tarefas, as pessoas estão cada vez mais usando mecanismos de busca, diretórios e portais.

Mecanismos de Busca e Mecanismos de Metabusca. Um **mecanismo de busca** é um programa de computador que procura informações específicas por palavras-chave e informa os resultados. Um mecanismo de busca mantém um índice de bilhões de páginas web. Ele usa esse índice para localizar páginas que combinam com um conjunto de palavras-chave especificadas pelo usuário. Esses índices são criados e atualizados por web*crawlers*, que são programas de computador que navegam pela web e criam uma cópia de todas as páginas visitadas. Os mecanismos de busca então indexam essas páginas para fornecer buscas rápidas.

As pessoas na realidade usam quatro mecanismos principais para quase todas as suas buscas: Google (*www.google.com*), Yahoo (*www.yahoo.com*), Microsoft Network (*www.msn.com*) e Ask (*www.ask.com*). Porém, existe um número incrível de outros mecanismos de busca que são muito úteis, e muitos realizam buscas muito específicas (ver *http://www.readwriteweb.com/archives/top_100_alternative_search_engines.php*).

Para uma busca ainda mais completa, você pode usar um mecanismo de metabusca. **Mecanismos de metabusca** pesquisam vários mecanismos e ao mesmo tempo integram as descobertas dos vários mecanismos para responder a consultas postadas pelos usuários. Alguns exemplos são Surf-wax (*www.surfwax.com*), Metacrawler (*www.metacrawler.com*), Mamma (*www.mamma.com*), KartOO (*www.kartoo.com*) e Dogpile (*www. dogpile.com*). A Figura 5.1 mostra a página principal do KartOO.

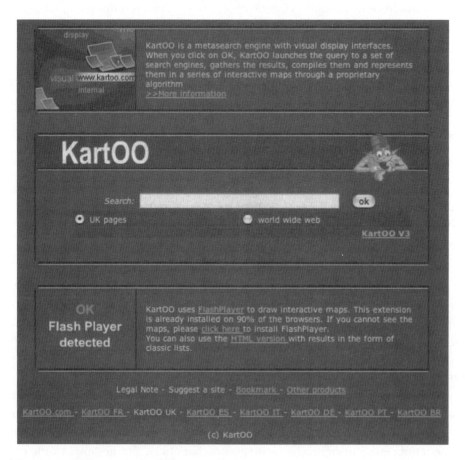

**Figura 5.1** A página principal do Kartoo (*www.kartoo.com*).

Publicação de Material em Idiomas Estrangeiros. Além da imensa quantidade de informações na internet, há ainda o fato de elas serem escritas em diferentes idiomas. Como, então, você as acessa? A resposta é: usando uma *tradução automática* de páginas web. Essa tradução está disponível nos principais idiomas para todos, e sua qualidade vem melhorando. Alguns dos principais produtos de tradução são Altavista (*http:// babelfish.altavista.com*) e Google (*www.google.com/language_tools*) (ver Figura 5.2), bem como os produtos e serviços disponíveis na Trados (*www.trados.com*).

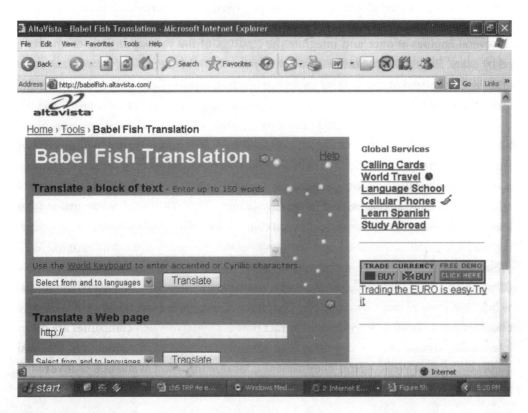

**Figura 5.2** Tradutor do Altavista.

As empresas deveriam se preocupar em oferecer seus sites em vários idiomas? A resposta é: com certeza. De fato, os sites multi-idiomas agora são uma necessidade competitiva, devido à natureza global do ambiente de negócios, discutida no Capítulo 1. As empresas estão olhando cada vez mais para fora de seus mercados nativos com o objetivo de aumentar receitas e atrair novos clientes. Quando as empresas estão disseminando informações no mundo inteiro, conseguir a informação correta é essencial. Não é suficiente que as empresas traduzam seu conteúdo web. Elas também precisam localizar esse conteúdo e ser sensíveis às necessidades das pessoas em mercados locais.

Para atingir 80% dos usuários da internet no mundo, um site precisa dar suporte a pelo menos 10 idiomas: inglês, chinês, espanhol, japonês, alemão, coreano, francês, italiano, russo e português. A 20 centavos ou mais por palavra, os serviços de tradução são muito caros. As empresas dando suporte a 10 idiomas podem gastar R$ 500 mil anualmente para localizar informações e outros R$ 75 mil para manter os sites. Os orçamentos com tradução para grandes empresas multinacionais podem chegar aos milhões de reais. Muitas empresas grandes utilizam Systran S.A. (*www.systransoft.com*) para realizar serviços de tradução de máquina de alta qualidade.

Portais. A maioria das organizações e seus gerentes encontra sobrecarga de informações. Estas estão espalhadas por diversos documentos, mensagens de e-mail e bancos de dados em diferentes locais e sistemas. Descobrir informações relevantes e precisas normalmente é demorado e pode exigir que os usuários acessem vários sistemas.

Uma solução para esse problema é o uso de portais. Um **portal** é um *gateway*, baseado na web personalizado para informações e conhecimento, que apresenta informações relevantes de diferentes sistemas de TI e da internet usando técnicas avançadas de busca e indexação. Faremos a distinção entre quatro tipos de portais: comerciais, de afinidade, corporativos e setoriais.

Os **portais comerciais (públicos)** são os mais populares na internet. Eles se destinam a grandes públicos e oferecem ótimo conteúdo de rotina, alguns em tempo real (por exemplo, um registrador automático de cotações nas bolsas de valores). São exemplos Lycos (*www.lycos.com*) e Microsoft Network (*www.msn.com*).

Ao contrário, os **portais de afinidade** oferecem um único ponto de entrada para uma comunidade inteira de interesses comuns, como grupos de *hobby* ou partidos políticos. Por exemplo, sua universidade provavelmente tem um portal de afinidade para os alunos. A Figura 5.3 mostra o portal de afinidade para a Auburn University Alumni Association. Outros exemplos incluem *www.tech*web.*com* e *http://www.zdnet.com*.

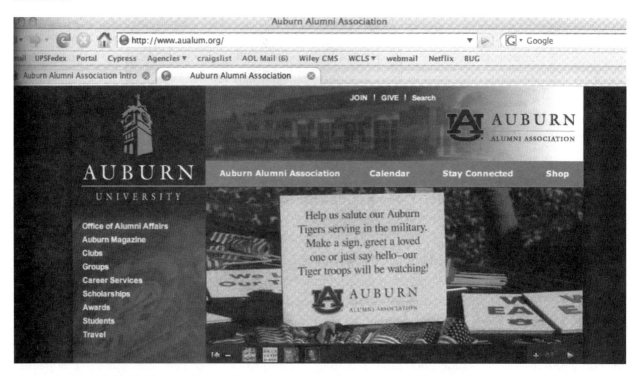

**Figura 5.3** Portal de afinidade da Auburn University.

*Fonte*: Cortesia da Auburn University.

Como o próprio nome sugere, os **portais corporativos** oferecem um único ponto de acesso personalizado por um navegador web para informações comerciais importantes localizadas dentro e fora de uma organização. Também são conhecidos como *portais empresariais*, *portais de informação* ou *portais de informações empresariais*. Além de facilitar a busca das informações necessárias, os portais corporativos oferecem oportunidades de autosserviço a clientes e empregados. A Figura 5.4 mostra uma estrutura para os portais corporativos.

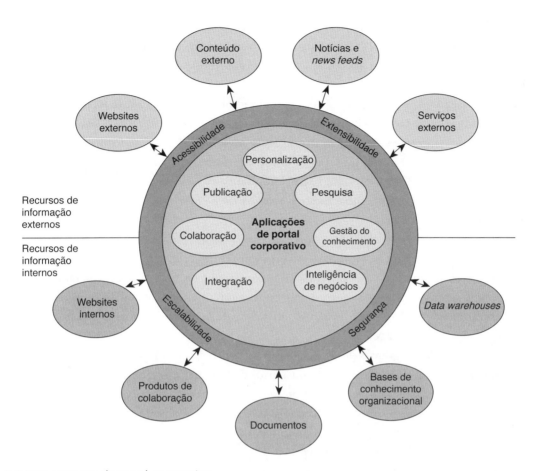

**Figura 5.4** Uma estrutura de portal corporativo.

*Fontes:* Compilado de A. Aneja et. al, "Corporate Portal Framework for Transforming Content Chaos on Intranets", *Intel Technology Journal*, Q1, 2000 e de T. Kounandis, "How to Pick the Best Portal", *e-Business Advisor*, agosto de 2000.

Enquanto os portais corporativos estão associados a uma única empresa, os **portais setoriais** atendem a setores inteiros. Um exemplo é TruckNet (*www.truck.net*), que é o portal para o setor de caminhões e a comunidade de caminhoneiros, incluindo motoristas profissionais, proprietários/operadores e empresas de transporte. TruckNet oferece aos motoristas e-mail personalizado baseado na web, acesso a aplicações para as principais empresas de carga nos Estados Unidos e Canadá, e acesso ao *Drivers Round-Table* (mesa--redonda de motoristas), um fórum no qual os motoristas podem discutir questões de interesse. O portal também oferece um grande banco de dados de empregos e informações gerais relacionadas ao setor caminhoneiro.

Esses quatro portais são diferenciados pelas audiências a que atendem. Outro tipo de portal, o móvel, utiliza tecnologia distinta: são acessíveis a partir de dispositivos móveis. De um modo geral, qualquer um dos quatro portais apresentados pode ser acessado por dispositivos móveis, normalmente sem fio, e, por isso, são examinados no Capítulo 7.

### ▪ Comunicação

A segunda grande categoria de aplicações de rede é a comunicação. Existem muitos tipos de comunicação, incluindo e-mails, *call centers*, salas de bate-papo (*chat*) e voz. Discutiremos outro tipo de comunicação, o blog*ging*, na seção sobre a Web 2.0.

Correio eletrônico. O correio eletrônico (e-mail) é a aplicação de maior volume executada na internet. Estudos revelaram que quase 90% das empresas realizam transações comerciais por e-mail e quase 70% confirmam que o e-mail está relacionado ao seu meio de gerar renda. De fato, para muitos usuários, o e-mail quase substituiu o telefone.

*Call Centers* Baseados na Web. O contato personalizado com clientes está se tornando um importante aspecto do suporte ao cliente baseado na web. Esse serviço é fornecido por *call centers baseados na* web, também conhecidos como *care centers para clientes*. Por exemplo, se precisar contatar um fornecedor de software para obter um suporte técnico, você normalmente se comunicará com o *call center* baseado na web do fornecedor, usando e-mail, conversa telefônica ou uma sessão simultânea de voz/web. Os *call centers* baseados na web podem estar localizados em países como a Índia. Essa *terceirização internacional* tem-se tornado um problema para as empresas norte-americanas.

Salas de bate-papo eletrônicas. O bate-papo eletrônico (*chat*) refere-se a um arranjo por meio do qual os participantes trocam mensagens em uma conversa em tempo real. Uma **sala de bate-papo** é um local virtual onde grupos de frequentadores conversam uns com os outros. Os programas de bate-papo permitem que você envie mensagens para pessoas que estejam conectadas no mesmo canal de comunicação. Qualquer pessoa pode entrar na conversa on-line. As mensagens são exibidas em sua tela quando chegam, mesmo que você esteja digitando uma mensagem.

Existem dois tipos de programas de bate-papo. O primeiro tipo é um programa de bate-papo baseado na web, que lhe permite enviar mensagens para usuários da internet usando um navegador web e visitando um site de bate-papo (por exemplo, *http://chat.yahoo.com*). O segundo tipo é um programa baseado em e--mail (apenas texto) chamado *Internet Relay Chat* (IRC). Uma empresa pode usar o IRC para interagir com os clientes, fornecer respostas de especialistas on-line para dúvidas e assim por diante.

Comunicação por voz. Quando as pessoas precisam se comunicar a distância, usam o telefone com mais frequência do que qualquer outro dispositivo de comunicação. Com o antigo sistema de telefonia *Plain Old Telephone System* (POTS), cada chamada abria um circuito dedicado pela duração da chamada (um circuito dedicado conecta você à pessoa com quem você está falando e é dedicado apenas à sua chamada). Por outro lado, como discutimos no Guia de Tecnologia 5, a internet divide os dados em pacotes, que atravessam a internet em ordem aleatória e são reconstituídos em seu destino.

Com a **telefonia pela internet** (**voz sobre IP** ou **VoIP**), as chamadas telefônicas são apenas outro tipo de dados. Os sinais de voz analógicos são digitalizados, divididos em pacotes e, então, enviados pela internet. O VoIP reduz significativamente sua conta telefônica mensal. No passado, o VoIP exigia um computador com placa de som e microfone. Hoje, no entanto, você não precisa de fones especiais para o computador.

O Skype (*www.skype.com*) fornece serviços de VoIP gratuitos: chamadas de voz e vídeo para usuários que também têm Skype, mensagem instantânea, serviço de SMS, voice-mail, bate-papo um a um e em grupo e chamadas de conferência com até nove pessoas (ver Figura 5.5). Em fevereiro de 2009, a Skype lançou o Skype 4.0 para Windows, que oferece chamada de vídeo em tela cheia, melhorou a qualidade das chamadas e a facilidade de uso. Skype oferece outras funções pelas quais os usuários pagam, como o SkypeOut, que permite a você fazer chamadas para telefones fixos e celulares, ou o SkypeIn, que é um número para o qual seus amigos podem ligar de qualquer telefone e você receber a chamada no Skype.

Vonage (*www.vonage.com*) também oferece serviços de VoIP, mas com o pagamento de uma taxa (aproximadamente US$ 25 por mês nos Estados Unidos). Com o Vonage, você faz e recebe chamadas com seu telefone fixo pela conexão da internet de banda larga. Seu telefone agora se conecta ao Vonage, em vez da sua antiga companhia telefônica. A pessoa para onde você está ligando não precisa ter o Vonage e nem uma conexão com a internet.

**Figura 5.5** Interface do Skype 4.0.

*Fontes:* Jochen Tack/Alamy.

Comunicações unificadas. No passado, as redes organizacionais para dados com e sem fio, comunicações por voz e videoconferência operavam independentemente, e o departamento de TI administrava cada uma separadamente, o que ocasionava altos custos e pouca produtividade.

**Comunicações unificadas** (UC, na sigla em inglês) simplifica e integra todas as formas de comunicação – voz, correio de voz, fax, bate-papo, e-mail, mensagens instantâneas, SMS, serviços de presença (local) e videoconferência – em uma plataforma de hardware e software comum. Os serviços de presença permitem que os usuários saibam onde seus destinatários intencionados estão e se estão disponíveis em tempo real.

UC unifica todas as formas de comunicação humana e por computador em uma mesma experiência para o usuário. Por exemplo, UC permite que um indivíduo receba uma mensagem de correio de voz e depois a leia em seu e-mail. Em outro exemplo, UC permite que os usuários colaborem transparentemente com outra pessoa em um projeto, independentemente de onde os usuários estão localizados. Um usuário poderia rapidamente localizar outro, acessando um diretório interativo, determinar se esse usuário estava disponível, iniciar uma sessão de mensagem de texto e depois passar a sessão para uma chamada de voz ou até mesmo de vídeo, tudo em tempo real.

### ▪ Colaboração

A terceira grande categoria de aplicações de rede é a colaboração. Uma importante característica das organizações é as pessoas colaborarem umas com as outras para realizar o trabalho. **Colaboração** se refere aos esforços de duas ou mais entidades (pessoas, equipes, grupos ou organizações) que trabalham em conjunto para realizar certas tarefas. O termo **grupo de trabalho** refere-se, especificamente, a dois ou mais indivíduos que atuam juntos para realizar uma tarefa.

**Fluxo de trabalho** (*workflow*) é o movimento de informações conforme elas fluem pela sequência de etapas que compõem os procedimentos de trabalho de uma organização. O gerenciamento do fluxo de trabalho permite passar documentos, informações e tarefas de um participante para outro de modo controlado pelas normas ou pelos procedimentos da organização. Os sistemas de fluxo de trabalho são ferramentas para automatizar os processos de negócio.

Se os membros do grupo estão em locais diferentes, eles constituem um **grupo virtual (equipe)**. Os grupos virtuais realizam *reuniões virtuais*, ou seja, eles se reúnem eletronicamente. A **colaboração virtual** (ou *e-collaboration*) se refere ao uso de tecnologias digitais que permitem a organizações ou indivíduos planejarem, projetarem, desenvolverem, gerenciarem e pesquisarem colaborativamente produtos, serviços e aplicações inovadoras. Os funcionários da organização podem colaborar virtualmente, mas as organizações também colaboram virtualmente com clientes, fornecedores e outros parceiros comerciais para melhorar a produtividade e a competitividade.

Um tipo de colaboração é o *crowdsourcing*, que se refere à terceirização de uma tarefa para um grupo de pessoas indefinido, geralmente grande, na forma de uma chamada aberta. O Quadro 5.1 mostra como um empreendedor usou o *crowdsourcing* para abrir um restaurante.

## TI E A EMPRESA

### 5.1. Abrindo um Restaurante com a Ajuda de Alguns Amigos

Três empreendedores queriam abrir um restaurante em Washington, DC, para atender a dieta vegetariana. Essas dietas são restritas a frutas, legumes, nozes, sementes e brotos, nenhuma das quais aquecida a mais de 45° C. Por cerca de um ano, um dos proprietários participou de reuniões e compartilhou suas ideias em um site para persuadir as pessoas sobre as virtudes de uma dieta vegetariana.

Os proprietários não tiveram, no entanto, que contribuir com dinheiro, porque o modelo para o restaurante, Elements, é *crowdsourcing*[1], ou seja, o restaurante foi concebido e desenvolvido por uma comunidade *open-source* de peritos e partes interessadas. O conceito de *crowdsourcing* terceiriza uma tarefa a um grupo, usa a inteligência coletiva deste para obter melhores ideias, e, em seguida, distribui as tarefas operacionais aos membros do grupo que são mais adequados para realizá-las. Em suma, *crowdsourcing* coloca a sabedoria das multidões para funcionar.

Quase 400 membros da comunidade Elements ajudaram a desenvolver o conceito (um restaurante vegetariano, de alimentos crus, sustentável), o visual (um espaço de encontro confortável com uma cozinha aberta), o logotipo (um buquê de folhas coloridas) e até mesmo o nome. A maioria das empresas começa com uma ideia que é levada ao público para sua avaliação. O Elements seguiu o caminho contrário: descobriu o que o público queria e fez isso.

O projeto Elements começou em fevereiro de 2007, quando os fundadores do restaurante criaram uma comunidade eletrônica (*http://elements.collectivex.com*). Um mês depois, o grupo realizou sua primeira reunião, que atraiu 14 pessoas. Ao longo dos vários meses que se seguiram, o grupo cresceu para incluir entusiastas da arquitetura, amantes da gastronomia, designers, chefs em potencial e ajudantes, e também uma organização sem fins lucrativos chamada Live Green (*www.livegreen.net*), cujo objetivo é ajudar a estabelecer empresas ambientais a preços acessíveis.

O conceito do restaurante se expandiu ao longo do tempo. O plano original previa um café de 140 metros quadrados, mas o grupo queria mais. O café se tornou um restaurante com certificado verde, com 325 metros quadrados. A cozinha seria sustentável, utilizando alimentos provenientes de fazendas locais, sendo o cultivo de alguns ingredientes em uma estufa.

Os membros do grupo ganham pontos por participação em reuniões e por executar tarefas como a indicação de um novo membro para a comunidade. Qualquer membro que acumula pelo menos 1% do

---

1 N. T.: O *crowdsourcing* é um modelo de produção que utiliza a inteligência e os conhecimentos coletivos e voluntários disseminados na internet para resolver problemas, criar conteúdo ou desenvolver novas tecnologias. O *crowdsourcing* é o "novo lugar da mão de obra barata: pessoas no dia a dia usando seus momentos ociosos para criar conteúdo, resolver problemas e até mesmo para pesquisa e desenvolvimento".

total de pontos é elegível para receber uma parte do percentual de 10% do lucro (se houver) que foi alocado aos membros da comunidade.

Como um membro observou: "Não se trata do dinheiro, e sim da comunidade". O gratificante é estar se unindo para criar um local na cidade que é benéfico para a comunidade, para você e para seus amigos".

*Fontes:* Compilado de N. Gelinas, "Crowdsourcing", New York Post, 24 de agosto de 2008; "Crowdsourced Restaurant taps Local Community", Springwise.com, 12 de agosto de 2008; J. Black, "Online, a Community Gathers to Concoct a Neighborhood Eatery", Washington Post, 27 de julho de 2008; "Crowdsourcing a Restaurant: Good Luck with That", Joelogon blog (*http://www.joelogon.com/blog/2008/07/ crowdsourcing-restaurant-good-luck-with.html*), 27 de julho de 2008; M. Brandel, "Should Your Company Crowdsource Its Next Project?" Computerworld, 6 de dezembro de 2007; P. Boutin, "Crowdsourcing: Consumers as Creators", BusinessWeek, 13 de julho de 2006; *http://elements.collectivex. com/*, acessado em 11 de fevereiro de 2009.

**PERGUNTAS**

1. No planejamento e desenvolvimento do restaurante Elements, quais são as vantagens do *crowdsourcing*? As desvantagens?
2. O restaurante Elements pode ser bem-sucedido se "não se trata do dinheiro, e sim da comunidade"? Por quê? Justifique sua resposta.

Uma colaboração pode ser *síncrona*, significando que todos os membros da equipe se encontram ao mesmo tempo. No entanto, as equipes também podem colaborar de forma *assíncrona*, quando os membros da equipe não podem se reunir ao mesmo tempo. Equipes virtuais, cujos membros estão espalhados pelo mundo, normalmente precisam colaborar de forma assíncrona.

Diversos produtos de software estão disponíveis para dar suporte a todos os tipos de colaboração. Entre esses produtos estão Microsoft Groove, Microsoft SharePoint, Google Docs, IBM Lotus Quickr e Jive. Em geral, esses produtos oferecem capacidades de colaboração on-line, e-mail de grupo de trabalho, bancos de dados distribuídos, quadros de aviso, edição de texto eletrônica, gestão de documentos, capacidades de fluxo de trabalho, reuniões virtuais instantâneas, compartilhamento de aplicações, mensagens instantâneas, criação de consenso, votação, pontuação e várias ferramentas de desenvolvimento de aplicação. Vamos examinar cada um deles.

Depois, voltaremos nossa atenção para a teleconferência eletrônica e a videoconferência, que são ferramentas que dão suporte à colaboração. *Wikis* também são um tipo de colaboração, e as discutimos em detalhes na seção sobre Web 2.0.

Esses produtos também oferecem graus variados de controle de conteúdo. *Wikis*, Google Docs, Microsoft Office Groove e Jive oferecem conteúdo compartilhado com *gerenciamento de versão*, enquanto Microsoft Share-Point e IBM Lotus Quickr oferecem conteúdo compartilhado com *controle de versão*. Produtos que oferecem gerenciamento de versão rastreiam mudanças para documentos e oferecem recursos para acomodar o trabalho concorrente. Os sistemas de controle de versão dão a cada membro da equipe uma conta com um conjunto de permissões. Os documentos compartilhados estão localizados em diretórios compartilhados. Os diretórios de documento normalmente são preparados de maneira que é necessário os usuários fazerem *check-out* (retirar) dos documentos antes que possam editá-los. Quando alguém faz *check-out* de um documento nenhum outro membro da equipe pode acessá-lo. Quando o *check-in* (devolução) do documento é realizado, ele se torna disponível para outros membros.

Microsoft Office Groove. Microsoft Office Groove (*http://office.microsoft.com/en-us/groove/FX100487641033. aspx*) é um produto de colaboração que oferece conteúdo compartilhado com gerenciamento de versão. O conceito básico do Groove é o espaço de trabalho (*work space*) compartilhado, que consiste em um conjunto de arquivos a serem compartilhados, mais ferramentas para ajudar na colaboração em grupo. Os usuários do Groove criam espaços de trabalho, acrescentam documentos e convidam outros membros do Groove para um espaço de trabalho. Um usuário que responde a um convite se torna um membro ativo desse espaço de trabalho.

Os membros da equipe interagem e colaboram no espaço de trabalho comum. O Groove rastreia todas as mudanças, que são enviadas para todos os membros. Quando mais de um usuário tenta editar um documento ao mesmo tempo, o Groove tira a permissão de um deles até que o outro termine. O Groove oferece muitas ferramentas, sendo algumas delas os repositórios de documentos, fóruns de discussão, listas de coisas a fazer, calendários, agendas de reunião e outras.

Google Docs. Google Docs (*http://docs.google.com*) é uma aplicação gratuita de processamento de textos, planilha e apresentação baseada na web. Ela permite que os usuários criem e editem documentos on-line, enquanto colaboram com outros usuários. Ao contrário do Microsoft Office Groove, Google Docs permite que vários usuários abram, compartilhem e editem documentos ao mesmo tempo.

Microsoft SharePoint. O produto SharePoint da Microsoft (*http://www.microsoft.com/Share-point/default. mspx*) oferece conteúdo compartilhado com controle de versão. SharePoint tem suporte para diretórios de documentos e possui recursos que permitem que os usuários criem e gerenciem estudos, fóruns de discussão, *wikis*, blogs de membros, sites de membros e fluxos de trabalho. Ele também tem uma rigorosa estrutura de permissões, que permite que as organizações direcionem o acesso dos usuários com base em seu cargo organizacional, situação de membro da equipe, interesse, nível de segurança ou outros critérios.

Uma empresa que tem usado o SharePoint com eficiência é a MTV Networks International (*www.mtv. com*). Como uma empresa de entretenimento, a MTV precisa garantir o fluxo livre de ideias e conteúdo. No entanto, o portal da empresa não permitia que os usuários publicassem o próprio conteúdo. Para contornar essa limitação, a MTV usou o SharePoint com o objetivo de implantar um novo portal. Permitir que os usuários publiquem seu conteúdo fez com que os grupos na MTV pudessem se comunicar de modo mais eficiente. Além disso, os ricos recursos de colaboração e pesquisa do SharePoint estão ajudando funcionários do mundo inteiro a encontrar e compartilhar informações com mais facilidade.

IBM Lotus Quickr. O produto Lotus Quickr da IBM (*www.ibm.com/lotus/quickr*) oferece conteúdo compartilhado com controle de versão, na forma de diretórios de documentos com recursos de check-in e check-out, com base nos privilégios do usuário. Quickr oferece espaços de equipe on-line, onde os membros podem compartilhar e colaborar utilizando calendários de equipe, fóruns de discussão, blogs, *wikis* e outras ferramentas de colaboração para gerenciar projetos e outros tipos de conteúdo.

Compagnie d'Enterprises (CFE), uma das maiores empresas de construção da Bélgica, fez um bom uso das ferramentas de colaboração do Quickr. Em projetos de construção, muitas partes precisam colaborar de modo eficaz, e quando esses projetos são realizados em escala global e as partes estão espalhadas pelo mundo inteiro, os projetos se tornam incrivelmente complexos. A CFE precisava alocar seus melhores recursos para seus projetos, independentemente de onde estivessem localizados. A empresa estava usando o e-mail para compartilhar documentos com fornecedores e clientes, mas esse processo resultava em erros de controle de versão e vulnerabilidades de segurança. Para eliminar esses problemas, a CFE empregou o Quickr com suas bibliotecas de documentos centralizadas e controle de versão. O software reduziu tanto o volume de grandes anexos enviados pelo e-mail quanto seu impacto no sistema. Como resultado, as equipes de projeto foram capazes de trabalhar de modo mais eficaz.

Jive. O produto mais novo da Jive (*www.jivesoftware.com*), o Clearspace, usa ferramentas de colaboração e comunicação pela web, como fóruns, *wikis* e blogs, para permitir que as pessoas compartilhem conteúdo com gerenciamento de versão por meio de salas de discussão, calendários e listas de coisas a fazer. Por exemplo, a Nike originalmente usou a Clearspace Community para conduzir um fórum de suporte técnico no Nike Plus (*www.nike.com/nikeplus*), um site no qual os corredores acompanham suas milhas e calorias queimadas usando um sensor em seus calçados. Logo, a empresa notou que os corredores também estavam usando o fórum para se encontrar com outros atletas e os desafiar para corridas. Em resposta a esse desenvolvimento, a Nike expandiu seu fórum em 2006 para incluir uma seção permitindo que os corredores se encontrassem e desafiassem uns aos outros. Desde essa época, 40% dos visitantes do site que não possuem um sensor Nike Plus acabaram comprando o produto.

Teleconferência eletrônica. A **teleconferência** é o uso de comunicação eletrônica que permite a duas ou mais pessoas em diferentes locais manterem uma conferência simultânea. Existem vários tipos de teleconferência. A mais antiga e mais simples delas é uma conferência por ligação telefônica, em que várias pessoas falam umas com as outras de vários locais. A maior desvantagem das chamadas telefônicas é não permitirem que os participantes se comuniquem frente a frente. Além disso, os participantes em um local não podem ver gráficos, diagramas e imagens em outros locais.

Para contornar essas deficiências, as organizações estão cada vez mais se voltando para a videoconferência. Em uma **videoconferência**, os participantes em um local podem ver os participantes, documentos e apresentações em outros locais. A versão mais recente da videoconferência, chamada de *telepresença*, permite que os participantes compartilhem, de forma transparente, dados, voz, imagens, gráficos e animação por meios eletrônicos. Também pode transmitir dados junto com voz e vídeo, possibilitando o trabalho conjunto em documentos e a troca de arquivos digitais.

Várias empresas estão oferecendo sistemas avançados de telepresença. Por exemplo, o sistema Halo da Hewlett-Packard (*www.hp.com*), TelePresence 3000 da Cisco (*www.cisco.com*) e HDX da Polycom (*www. polycom.com*) utilizam telas maciças de alta definição, com até 2,5 metros para mostrar pessoas sentadas em torno de mesas de conferência (ver Figura 5.6). Os sistemas de telepresença também possuem capacidades de áudio avançadas, que permitem que todos falem ao mesmo tempo sem cancelar qualquer voz. Os sistemas de telepresença podem custar até R$ 600 mil para uma sala, com taxas de gerenciamento de rede variando até R$ 30 mil por mês. Firmas financeiras e de consultoria estão rapidamente adotando sistemas de telepresença. Por exemplo, o Blackstone Group (*www.blackstone.com*), uma corretora de valores particular, tem 40 salas de telepresença no mundo inteiro, e a Deloitte & Touche está instalando 12.

**Figura 5.6** Sistema de telepresença.

*Fontes:* PRNewsFoto/Polycom, Inc./NewsCom.

---

■ **Google**

Mencionamos o Google em uma seção isolada porque a empresa está desenvolvendo e implantando aplicações que se espalham por descoberta, comunicações e colaboração. As aplicações da empresa se encontram em cinco categorias: (1) aplicações de busca; (2) aplicações do tipo "comunicar, mostrar e compartilhar"; (3) aplicações móveis; (4) aplicações para "fazer seu computador trabalhar melhor"; e (5) aplicações para "fazer seu site funcionar melhor". O link a seguir contém uma ideia do número e da variedade de aplicações da Google: *http://www.google.com/intl/en/options*.

## Antes de Prosseguir...

1. Descreva as três principais aplicações de rede que discutimos nesta seção e as ferramentas e tecnologias que apoiam cada uma.
2. Identifique as condições de negócio que tornaram a videoconferência mais importante.

## 5.2. Web 2.0

A Web 1.0 (discutida no Guia de Tecnologia 5) foi a primeira geração da web. Os principais desenvolvimentos da Web 1.0 foram a criação dos sites e a comercialização da web. Os usuários normalmente possuem interação mínima com sites da Web 1.0, os quais oferecem informações que os usuários recebem passivamente.

A Web 2.0 é um termo popular que é difícil definir. De acordo com Tim O'Reilly, conhecido blog*ger* (ver *www.oreillynet.com/lpt/a/6228*), **Web 2.0** é uma coleção livre de tecnologias de informação e aplicações e os sites que as utilizam. Estes enriquecem a experiência do usuário, encorajando sua participação, interação social e colaboração. Diferente dos sites da Web 1.0, os sites da Web 2.0 não são apenas lugares para se visitar, mas serviços para se obter algo, normalmente com outras pessoas. Eles aproveitam a inteligência coletiva (por exemplo, *wikis*); oferecem funcionalidade como serviços, em vez de software empacotado (por exemplo, serviços web); e contêm aplicações e dados remixáveis (por exemplo, os *mashups*).

Começamos nossa exploração da Web 2.0 examinando suas diversas tecnologias de informação e aplicações. Depois, examinamos as categorias de sites da Web 2.0 e oferecemos exemplos para cada categoria.

### ▪ Tecnologias da Informação e Aplicações Web 2.0

O alicerce para a Web 2.0 é a plataforma global, baseada na web, que discutimos no Capítulo 1. As tecnologias da informação e aplicações usadas pelos sites da Web 2.0 incluem XML, AJAX, marcação, blogs, *wikis*, *Really Simple Syndication* (RSS), *podcasting* e *videocasting*. Antes de examinarmos cada uma dessas tecnologias, no Quadro 5.2 de TI e a Empresa, oferecemos um exemplo de uma empresa que usa ferramentas da Web 2.0 para criar sua marca.

### TI E A EMPRESA

### 5.2. Como uma Pequena Vinícola Cria sua Marca?

Um velho ditado diz que é preciso uma grande fortuna para fazer uma pequena fortuna no negócio de vinhos. A Stormhoek (que significa "canto de tempestade" em africâner) tenta resistir a essa tendência. A Stormhoek Vineyard (*www.stormhoek.com*), uma pequena adega sul-africana, produz 10 tipos de vinho tinto e branco, cujo preço varia de US$ 10 a US$ 15. Com uma equipe de cerca de 20 pessoas, incluindo os trabalhadores agrícolas, a Stormhoek construiu sua marca do zero, com um orçamento de marketing de apenas US$ 50 mil em 2006 e US$ 100 mil em 2007.

A Stormhoek mede seu sucesso de acordo com algumas métricas; algumas são quantificáveis, como o crescimento da receita e o número de garrafas vendidas por loja. Outras métricas não são quantificáveis, como ser mencionado na imprensa especializada. Significativamente, a Stormhoek foi citada 100 vezes no primeiro semestre de 2006 e cerca de 200 no segundo. Outra métrica tem relação com ganhar prêmios de degustação. O vinho Pinotage da Stormhoek, uma assinatura sul-africana para vinho tinto, foi nomeado o melhor Pinotage de 2006 pelo *International Wine and Spirit Competition*.

Claramente, a Stormhoek estava oferecendo um produto de alta qualidade. O principal problema de negócios da empresa era simples. Como eles poderiam aumentar sua participação no mercado com um orçamento muito limitado?

Para atingir essa meta, a Stormhoek decidiu usar uma série de ferramentas da Web 2.0, incluindo blogs e *wikis*. Por exemplo, a empresa usa um blog como o seu site corporativo. Quando os visitantes entram em seu site, eles visualizam o post mais recente dos funcionários da Stormhoek. O blog aceita links de vídeo (os blogueiros da Stormhoek podem recortar e colar links de vídeos do YouTube diretamente em um post); e um *feed RSS* envia novas mensagens para os assinantes, além de um componente de comércio eletrônico que permite aos visitantes comprarem itens promocionais, como cartazes da Stormhoek e roupas íntimas.

A Stormhoek usou seu blog para lançar uma campanha de relações públicas chamada "100 jantares em 100 dias". O objetivo era ter uma pessoa como anfitriã de uma festa de degustação de vinhos a cada noite durante 100 noites, tendo a Stormhoek como fornecedora do vinho.

Para planejar os jantares, os funcionários da Stormhoek não fizeram absolutamente nada, exceto blogar informando sobre festas e enviar uma caixa de vinho para cada um dos 100 anfitriões nos Estados Unidos e na Grã-Bretanha. Os anfitriões voluntários, entre os quais blogueiros conhecidos, entusiastas do vinho e pessoas que simplesmente queriam fazer uma festa, organizaram os jantares contribuindo com informações de contato e local em um *wiki*. Os anfitriões e seus convidados postaram mais de 150 fotos dos eventos no Flickr (*www.flickr.com*). Ao todo, cerca de 4.500 pessoas participaram dos jantares.

Integrado no *wiki* da Stormhoek está um mapa interativo dos Estados Unidos, criado com um aplicativo chamado Frappr Maps (*www.frappr.com*). Essa mistura de aplicativos (flickr e frappr) permitiu que os anfitriões do jantar mostrassem graficamente sua localização geográfica. Quando os visitantes clicavam em um evento no mapa, representado por um ponto colorido, podiam se inscrever para participar do jantar, enviar uma mensagem para o anfitrião e ver as fotos dele.

Até que ponto essa estratégia foi bem-sucedida? As vendas da Stormhoek triplicaram de 2005 a 2009, um ganho que os executivos atribuem exclusivamente a uma campanha de marketing que explora as tecnologias da Web 2.0.

*Fontes*: Compilado de "Stormhoek Scoops Marketing Excellence Award", BizCommunity.com, 19 de novembro de 2007; T. McNichol, "How a Small Winery Found Internet Fame", Business 2.0 Magazine, 8 de agosto de 2007; E. Bennett, "Web 2.0: Turning Browsers into Buyers", Baseline Magazine, 14 de junho de 2007; *www.stormhoek.com*, acessado em 30 de janeiro de 2009.

**PERGUNTAS**

1. Visite o site da Stormhoek em *www.stormhoek.com*. Discuta as vantagens e desvantagens de a Stormhoek ter um blog no site.
2. A Stormhoek deveria juntar os métodos tradicionais de marketing aos seus esforços de marketing da Web 2.0? Como? Por quê? Justifique sua resposta.

AJAX. **AJAX** é uma técnica de desenvolvimento web que permite que partes de páginas web sejam recarregadas com dados novos em vez de exigir que toda a página seja recarregada. Esse processo agiliza o tempo de resposta e aumenta a satisfação do usuário.

Marcação. Um marcador (ou **tag**) é uma palavra-chave ou termo que descreve alguma informação (por exemplo, um blog, uma imagem, um artigo ou um clipe de vídeo). Os usuários normalmente escolhem marcadores que lhes sejam significativos. A marcação permite que os usuários coloquem informações em várias associações sobrepostas, em vez de categorias rígidas. Por exemplo, uma foto de um carro poderia ser marcada com "Corvette", "carro esportivo" e "Chevrolet". A marcação é a base das *folksonomias*, que são classificações geradas pelo usuário que utiliza marcadores para categorizar e recuperar páginas web, fotos, vídeos e outros tipos de conteúdo web.

Como um exemplo, o site del.icio.us (*http://del.icio.us*) oferece um sistema para organizar não apenas informações de indivíduos, mas a web inteira. Del.icio.us é basicamente um sistema de marcação ou um local para armazenar todos esses links que não cabem em uma pasta "Favoritos". Ele não apenas coleta seus links em um local, mas também os organiza. O site não possui regras que controlam como seus usuários criam e usam marcadores. Em vez disso, cada pessoa cria o seu. Porém, o produto de todas essas decisões individuais é bem organizado. Ou seja, se você realizar uma busca no del.icio.us por todas as páginas que estão marcadas com determinada palavra, provavelmente receberá uma seleção muito boa de fontes relacionadas na web.

Blogs e blogging. Um blog (abreviação de weblog, ou diário na web) é um site pessoal, aberto ao público, em que seu criador expressa seus sentimentos ou opiniões. Os blogueiros (blog*gers*) – pessoas que criam e mantêm blogs – escrevem histórias, contam notícias e oferecem links para outros artigos e sites que são de seu interesse. O método mais simples para criar um blog é se inscrever em um provedor de serviço de blog*ging*, como *www.*blog*ger.com* (agora pertencente à Google), *www.xanga.com* e *www.sixapart.com* (ver Figura 5.7). A blog**osfera** é o termo usado para os milhões de blogs na web.

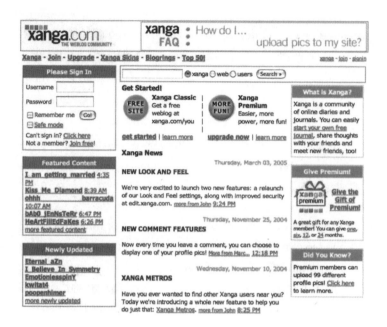

**Figura 5.7** Serviço de blog*ging* Xanga.

*Fonte:* NewsCom.

As empresas estão usando blogs de diferentes maneiras. Algumas delas escutam a blogosfera para fins de marketing. Outras se abrem ao público para obter opiniões sobre seus processos e produtos.

Muitas empresas estão escutando consumidores na blogosfera que expressam seus pontos de vista sobre os produtos. No marketing, essas visões são chamadas de mídia gerada pelo consumidor. Duas empresas, Cymfony (*www.cymfony.com*) e BuzzMetrics (*www.nielsenbuzzmetrics.com*), "mineram" a blogosfera em busca de seus clientes para fornecer informações em diversas áreas. Por exemplo, elas ajudam seus clientes a encontrar maneiras de atender mercados em potencial, desde os genéricos até os mercados de nicho. Elas também ajudam seus clientes a detectar falsos rumores antes que apareçam na imprensa, e medem o potencial de uma campanha de marketing ou a popularidade de um novo produto.

▪ **Wikis**

Um *wiki* é um site em que qualquer pessoa pode postar material e fazer mudanças em outro material. Os *wikis* possuem um link "editar" em cada página, que permite a qualquer pessoa adicionar, alterar ou excluir material, promovendo a colaboração fácil.

*Wikis* aproveitam a inteligência coletiva dos usuários da internet, o que significa que a contribuição coletiva de muitas pessoas pode produzir resultados fantásticos. Considere este exemplo. Amazon e Barnes & Noble vendem os mesmos produtos e recebem as mesmas descrições de produto e conteúdo editorial de seus fornecedores. Porém, a Amazon liderou todas as livrarias solicitando a contribuição do usuário na forma de críticas editoriais do usuário. Como resultado, a maioria dos usuários da Amazon vai diretamente para as críticas do usuário quando estão decidindo sobre a compra de um livro.

Wikipedia (*www.wikipedia.org*), a enciclopédia on-line, é o maior wiki em existência (ver Figura 5.8). Ela contém quase 2 milhões de artigos em inglês, que são vistos quase 400 milhões de vezes a cada dia. Os administradores voluntários da Wikipedia aplicam um ponto de vista neutro e encorajam os usuários a excluir texto contendo uma clara parcialidade. Porém, a questão é: até que ponto os artigos são confiáveis e precisos? Muitos educadores não permitem que os alunos citem referências da Wikipedia, pois o conteúdo pode ser fornecido por qualquer um a qualquer momento. Esse processo leva a questões sobre a autenticidade do conteúdo.

**Figura 5.8** Wikipedia (*www.wikipedia.org*).

A confiabilidade do conteúdo na Wikipedia, comparada com as enciclopédias e fontes mais especializadas, é avaliada de várias maneiras, incluindo estatisticamente, por análise comparativa e por análise dos pontos fortes e fracos inerentes ao processo da Wikipedia. Por exemplo, em 2005, o jornal britânico *Nature* sugeriu que, para artigos científicos, a Wikipedia chegava próxima do nível de precisão da *Enciclopédia Britânica* e tinha uma taxa semelhante de "erros graves". Não é de se surpreender que a *Britânica* questione as descobertas do artigo do *Nature*.

As organizações utilizam *wikis* de várias maneiras. No gerenciamento de projetos, por exemplo, os *wikis* oferecem um repositório central para captar características e especificações de produto constantemente atualizadas, acompanhar questões, resolver problemas e manter históricos do projeto. Além disso, permitem que empresas colaborem com clientes, fornecedores e outros parceiros comerciais sobre projetos. Eles também são úteis na gestão do conhecimento. Por exemplo, as empresas utilizam *wikis* para manter seus documentos, como diretrizes e perguntas feitas com frequência, atualizados e precisos.

Really Simple Syndication. **Really Simple Syndication (RSS)** permite que os usuários recebam as informações que desejam (informação personalizada) quando quiserem, sem ter que navegar por milhares de sites. Também consente que qualquer pessoa publique seu blog, ou qualquer outro conteúdo, para qualquer um que tenha interesse na assinatura. Quando são feitas mudanças no conteúdo, os assinantes recebem uma notificação sobre elas e uma ideia do que o novo conteúdo contém. Os assinantes podem clicar em um link que os levará para o texto completo do novo conteúdo. Você poderá encontrar milhares de sites que oferecem *feeds* do RSS em Syndic8 (*www.syndic8.com*) e NewsIsFree (*www.newsisfree.com*). A Figura 5.9 mostra um exemplo de como um RSS pode ser pesquisado e seus *feeds* localizados.

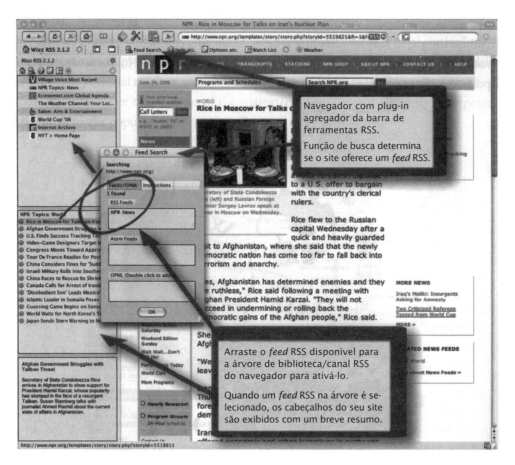

**Figura 5.9** Site da National Public Radio (NPR) com agregador de barra de ferramentas RSS e função de busca. (Cortesia da NPR. Usado com permissão.)

Para começar a usar o RSS, você precisa de um leitor de notícias especial, que exibe *feeds* de conteúdo do RSS dos sites que você seleciona. Existem vários desses leitores à disposição, muitos gratuitos. Alguns exemplos são AmphetaDesk (*www.disobey.com/amphetadesk*) e Pluck (*www.pluck.com*). Para ver um excelente tutorial sobre RSS, visite *www.mnot.net/rss/tutorial*.

Podcasts e videocasts. Um ***podcast*** é um arquivo de áudio digital que é distribuído pela web usando RSS para reprodução em players portáteis e computadores pessoais. Um ***videocast*** é o mesmo que um *podcast*, exceto pelo fato de ser um arquivo de vídeo digital.

### ▪ Categorias de Sites da Web 2.0

Os sites da Web 2.0 que usam algumas ou todas as tecnologias e aplicações que discutimos podem ser agrupados em três categorias principais: rede social, agregadores e *mashups*. Nesta seção, discutimos essas categorias e examinamos as diversas maneiras como as empresas as utilizam.

Rede social. Sites de **rede social** permitem que os usuários façam o *upload* de seu conteúdo na web na forma de texto (por exemplo, blogs), voz (por exemplo, *podcasts*), imagens e vídeos (por exemplo, *videocasts*). Os sites de rede social oferecem um modo fácil e interativo para comunicar e colaborar com outros na web. Esses sites podem ser um modo útil de encontrar, on-line, pessoas com o mesmo pensamento, seja para buscar um interesse ou um objetivo, ou apenas para ajudar a estabelecer um sentido de comunidade entre as pessoas que podem nunca ter se encontrado na vida real. Além disso, muitas organizações estão achando maneiras úteis de empregar as redes sociais para alcançar objetivos estratégicos.

Os sites de redes sociais conhecidos são:

- MySpace (*www.myspace.com*) e Facebook (*www.facebook.com*): Sites populares de rede social
- Flickr (*www.flickr.com*): Um site de compartilhamento de fotos, bastante usado por bloggers como um repositório de fotos
- YouTube (*www.youtube.com*): Um site de rede social para uploads de vídeo
- Last.fm (*www.last.fm*): Uma estação de rádio baseada na web por *streaming* personalizado, baseada em um perfil do seu gosto musical
- LinkedIn (*www.linkedin.com*): Um site de rede social orientado a negócios, valioso para recrutamento, vendas e investimento. A empresa ganha dinheiro com anúncios e serviços. As pessoas – principalmente os 60 mil recrutadores do site – pagam uma média de R$ 5.400 por ano para obter os principais recursos, como enviar mensagens aos membros do LinkedIn fora de suas redes. Os membros corporativos pagam taxas de até seis dígitos para acessá-la.
- Tagworld (*www.tagworld.com*): Um site que as pessoas utilizam para compartilhar blogs, fotos e música, bem como para encontros on-line. Todo o conteúdo do site pode ser marcado para facilitar a pesquisa.
- Twitter (*http://twitter.com*): Permite que os usuários postem pequenas atualizações (*tweets*) sobre suas vidas (não mais do que 140 caracteres) por meio do site, de mensagens instantâneas ou de dispositivos móveis. Com cerca de 90 milhões de usuários, em meados de 2010 o Twitter era o terceiro maior site de rede social, atrás do Facebook e do MySpace (o Orkut era o décimo sexto na lista). O Quadro 5.3 de TI e a Empresa ilustra como o Twitter é uma ferramenta útil para resolver problemas e fornecer percepções para o sentimento público.

## TI E A EMPRESA

### 5.3. Twitter se Torna Incrivelmente Útil

Sua primeira reação ao Twitter pode ser de confusão. Por que alguém iria querer ler uma coisa tão banal? No entanto, o Twitter está se tornando surpreendentemente útil de diversas maneiras.

**Reações do Cliente aos Produtos e Serviços.** Pesquisadores descobriram que, tomado coletivamente, o fluxo de mensagens de usuários do Twitter pode indicar as reações imediatas dos clientes da empresa a um produto. Por exemplo, empresas como Starbucks e Dell podem ver o que seus clientes estão pensando à medida que eles usam um produto, e ajustar os seus esforços de marketing adequadamente. Na Starbucks, os clientes costumavam deixar suas queixas em caixas de sugestões. Agora, eles também podem enviar suas reclamações ou sugestões no Twitter, onde a empresa mantém o controle do que as pessoas estão dizendo sobre o Starbucks on-line. Por exemplo, em março de 2009, surgiram rumores de que a Starbucks não mandaria café para as tropas no Iraque em protesto contra a guerra. A Starbucks tuitou que os rumores não eram verdadeiros e vinculou aos seus leitores uma mensagem de "refutação da Starbucks ao boato".

A Dell percebeu que os clientes se queixaram no Twitter de que as teclas de apóstrofo e Enter eram muito próximas umas das outras no laptop Dell Mini 9. Como resultado, a Dell resolveu o problema no Dell Mini 10.

A Amazon aprendeu o quanto era importante responder à audiência do Twitter. Em abril de 2009, um autor percebeu que a Amazon tinha reclassificado livros com temas de gays e lésbicas como "adulto", retirando-os da pesquisa principal e das avaliações de vendas. Um protesto eclodiu em blogs e no Twitter. A Amazon foi compelida a responder, alegando um "erro de catalogação" que afetou mais de 57 mil livros sobre temas de saúde e sexo.

**Aplicações Médicas.** Pesquisadores estão ligando sensores em telefones inteligentes que executam aplicações do Twitter para alertar aos médicos sobre quando a quantidade de açúcar no sangue do paciente está muito elevada ou quando a sua frequência cardíaca estiver instável. Além disso, os médicos estão usando o Twitter para pedir ajuda e compartilhar informações sobre os procedimentos. No Hospital Henry Ford em Detroit, cirurgiões e residentes tuitaram sobre uma recente operação para remover um tumor cerebral de um homem de 47 anos de idade que teve convulsões.

**Novidades.** Em 6 de abril de 2009, os partidos da oposição na República da Moldávia organizaram um protesto, acusando o governo comunista de fraude eleitoral. A manifestação ficou fora de controle em 7 de abril e se transformou em um tumulto quando uma multidão de cerca de 15 mil pessoas atacaram os escritórios presidenciais e invadiram o edifício do parlamento, saqueando e ateando fogo. Os manifestantes usaram o Twitter como uma ferramenta de reunião e agrupamento, enquanto os estrangeiros verificavam seus tweets para ajudá-los a entender o que estava acontecendo naquele país pouco conhecido.

A promessa do Twitter de reunir notícias foi demonstrada também durante os ataques terroristas em Mumbai, em novembro de 2008, e no episódio ocorrido quando o voo 1549 da *US Airways* pousou no rio Hudson, em janeiro de 2009. As pessoas tuitaram os dois acontecimentos antes que os repórteres chegassem.

Aplicações pessoais. A Rede GoSeeTell (*www.goseetellnetwork.com*) recolhe dicas, classificações e opiniões de milhares de viajantes em todo o mundo para gerar recomendações. Quando o fundador da GoSeeTell percebeu que o Twitter poderia ser um guia vivo para os turistas em movimento, ele criou o *Portland Twisitor Center* (*http://www.travelportland.com/visitors/twitter.html*), no qual milhares de pessoas perguntam onde encontrar o melhor restaurante ou lanchonete e recebem respostas instantâneas de funcionários desses centros ou de qualquer pessoa que queira responder às perguntas.

**Aplicações para empresas pequenas.** Um spa em São Francisco tuíta quando seus terapeutas têm horários disponíveis em suas agendas e oferece descontos. O spa fica totalmente lotado em poucas horas.

**Acompanhamento de epidemias.** Se o Twitter crescesse o suficiente para recolher uma amostra mais representativa do que o mundo está pensando, o Twitter poderia permitir aos pesquisadores controlar epidemias. Para facilitar esse processo, o Twitter tem uma caixa de pesquisa em sua página inicial para que os usuários possam pesquisar por termos como "gripe" e receber todos os tweets sobre esses tópicos em seu Twitter.

*Fontes*: Compilado de C. Miller, "Putting Twitter's World to Use", The New York Times, 14 de abril de 2009; "Facebook, Twitter Help Moldova Protesters Organize Demonstrations", Deutsche Welle, 9 de abril de 2009; A. Wolfe, "Twitter in Controversial Spotlight Amid Mumbai Attacks", InformationWeek, 29 de novembro de 2008; J. Furrier, "Real Time Terrorism Captured on Twitter – Mumbai Attacks", Furrier.org, 26 de novembro de 2008; C. Crum, "Twitter Usefulness for Small Business Folk", small-businessnewz, 25 de junho de 2008; *www.twitter.com*, acessado em 31 de março de 2009.

### PERGUNTAS

1. Quais são as desvantagens de se usar o Twitter?
2. Descreva usos potenciais para o Twitter na sua universidade.

Agregadores. **Agregadores** são sites que oferecem coleções de conteúdo da web. Os mais conhecidos são:

*Bloglines* (*www.bloglines.com*): coleta blogs e notícias de toda a web e os apresenta em um formato coerente, atualizado.

*Digg* (*www.digg.com*): um agregador de notícias que é parte site de notícias, parte blog e parte fórum. Os usuários sugerem e avaliam histórias de notícias, que são então classificados com base nesse feedback.

*Simply Hired* (*www.simplyhired.com*): um site que pesquisa cerca de 4,5 milhões de listagens sobre emprego e também sites corporativos e faz contato com os assinantes por meio de um *feed* RSS ou um alerta de e-mail quando um emprego que atende seus parâmetros é listado.

*Technorati* (*www.technorati.com*): contém informações sobre todos os blogs na blogosfera. Ele mostra quantos outros blogs possuem link para um determinado blog, e classifica os blogs por tópico.

Mashups. *Mashup* significa "misturar e combinar" conteúdo de outras partes da web. Um *mashup* é um site que apanha um conteúdo diferente de uma série de outros sites e os mistura para criar um novo tipo de conteúdo. O lançamento do Google Maps foi responsável por dar partida nos *mashups*. Qualquer um pode apanhar um mapa do Google, acrescentar seus dados e depois exibir um *mashup* de mapa em seu site que representa cenas de crime, carros à venda ou praticamente qualquer outro assunto. Para obter um exemplo de um *mashup* usando o Google Maps, consulte Skibonk (*www.skibonk.com*). A Figura 5.10 mostra o *mashup* popular ActorTracker (*www.actortracker.com*).

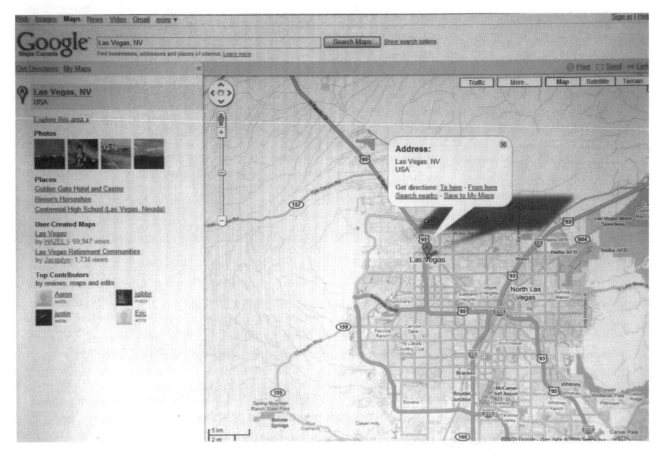

**Figura 5.10** *Mashup* da ActorTracker.
*Fontes:* Mike Margol/PhotoEdit.

Novas ferramentas estão surgindo para montar *mashups* de local. Por exemplo, o Pipes, do Yahoo (*http://pipes.yahoo.com*), é um serviço que permite que os usuários misturem *feeds* de dados e criem *mashups*, usando recursos do tipo arrastar-e-soltar para conectar várias fontes de dados na web. O Quadro 5.4 de TI e a Empresa descreve um mashup interessante, chamado YourStreet.

## TI E A EMPRESA

### 5.4. Hipernotícias pelo YourStreet

Uma *start-up* chamada YourStreet (*www.yours-treet.com*) está levando para seus usuários o serviço *hiperlocal* pela coleta de notícias e disponibilização em sua interface baseada em mapa. Quando um usuário abre o site, ele detecta a localização do usuário e mostra um mapa dessa área, marcado com alfinetes que representam os locais das notícias, e conteúdo gerado pelos usuários, chamado de "conversas", além da localização das pessoas que se adicionaram ao mapa. O usuário pode ampliar ou reduzir o mapa, ou ainda olhar outro local, digitando um endereço ou código postal em uma barra de pesquisa.

O que diferencia o YourStreet é o seu serviço de notícias extensivo. O site reúne de 30 a 40 mil novos itens a cada dia de mais de 10 mil *feeds* RSS, principalmente de jornais e blogs da comunidade. As histórias destacadas no site não são de um tipo específico. Elas são histórias parciais e, se os usuários clicam para ler mais, são encaminhados para a origem da informação.

O site YourStreet acredita que a ampla gama de notícias fornecerá uma base sobre a qual a comunidade local poderá ser construída. O site inclui recursos de redes sociais, como a capacidade de se logar, conhecer os vizinhos, iniciar conversas e postar notícias.

O principal avanço tecnológico do site está na capacidade de minerar informação geográfica a partir das notícias. Usando um software de processamento de linguagem natural desenvolvido internamente, assim como o software da MetaCarta (*www.metacarta.com*), o YourStreet pesquisa o texto das notícias regulares em busca de pistas sobre os locais associados a essas notícias. O sistema busca, em especial, entidades dentro das cidades, como hospitais, escolas e estádios desportivos, com base em bancos de dados de entidades criadas pelo centro de pesquisa geológica dos Estados Unidos.

O site YourStreet pretende acrescentar algumas características, como estatísticas sobre quais histórias são mais interessantes aos usuários, de modo que essas histórias apareçam em primeiro lugar. O site também está planejando um *widget* que os blogueiros poderão usar para colar informações do YourStreet em seus sites.

A empresa planeja obter dinheiro através de publicidade orientada. No entanto, o YourStreet enfrenta forte concorrência de sites que oferecem serviços geográficos, incluindo o *Google Earth* (*http://earth.google.com*), o site de atlas do tipo "faça você mesmo"; o serviço de mapeamento social Platial (*http://platial.com*) e o Topix (*www. topix .com*), um serviço de notícias locais.

*Fontes*: Compilado de L. West, "Go Beyond Local Search with Hyper-Local", WomenEntre-preneur.com, 30 de outubro de 2008; A. Iskold, "The Rise of Hyperlocal Information", ReadWriteWeb, 21 de novembro de 2007; E. Naone, "Mapping News", MIT Technology Review, 9 de novembro de 2007; E. Schonfeld, "Maps 1 News 5 YourStreet", *TechCrunch.com*, 29 de outubro de 2007; *www.your-street.com*, acessado em 11 de fevereiro de 2009.

### PERGUNTAS

1. Na sua opinião, o YourStreet pode atrair visitantes suficientes para o marketing direcionado ser rentável? Por que e por que não? Justifique sua resposta.

2. O YourStreet é um site que une em um só lugar diversos serviços. Quais são os dados de outras fontes que você recomendaria para ajudar o site a atrair mais visitantes?

### ■ Serviços Web e Arquitetura Orientada a Serviços

**Serviços web** (*web services*) são aplicações, distribuídas por meio da internet, que os usuários podem escolher e combinar a partir de praticamente qualquer dispositivo (de computadores pessoais a telefones celulares). Usando um conjunto de protocolos e padrões compartilhados, essas aplicações permitem que diferentes sistemas "conversem" uns com os outros – ou seja, compartilhem dados e serviços – sem exigir que seres humanos traduzam as conversações.

Os serviços web têm um enorme potencial porque podem ser usados em uma variedade de ambientes: na internet, em uma intranet dentro de um firewall corporativo, em uma extranet criada por parceiros comerciais. Os serviços web realizam uma grande variedade de tarefas, desde a automação de processos de negócio até a integração de componentes de um sistema de âmbito empresarial e o aperfeiçoamento de compras e vendas on-line. O exemplo a seguir mostra o valor dos serviços web no setor de viagens.

### EXEMPLO

A Abacus International (*www.abacus.com.sg*), o facilitador de viagens com sede em Cingapura, opera 15 mil agências de viagem na região do Pacífico Asiático. Em 2005, a Abacus gerou apenas 1% do seu total de reservas on-line. Porém, graças aos dados de viagem que a Abacus recebe de serviços web operados pela Sabre Holdings (*www.sabre.com*), em 2009 as reservas on-line da empresa aumentaram para 11% de seu volume de transações e representaram 20% do seu volume total.

De um ponto de vista do suporte ao cliente, os custos de tratamento de transações baseadas em serviços web são muito menores, e as reservas são muito mais eficientes. Essas vantagens refletem o fato de que os serviços web oferecem um nível de automação que não é possível com serviços baseados em *mainframe*, que exigem mais envolvimento humano. Por exemplo, os agentes de viagens podem usar os serviços web da Sabre para realizar pesquisas de tarifas aéreas baseadas no calendário. No passado, esses tipos de solicitações teriam sido enviadas a um agente de atendimento ao cliente.

A Abacus, que é 35% pertencente à Sabre, é apenas um dos mais de mil clientes que têm usado os serviços web da Sabre desde 2005. Os agentes de viagens, companhias aéreas e outras empresas de serviços de viagem estão descobrindo que os serviços web oferecem acesso mais rápido e mais fácil ao sistema de distribuição global da Sabre, o maior sistema eletrônico de reserva de viagens do mundo.

Para a Sabre, os serviços web oferecem uma oportunidade de acabar com sua antiga abordagem de oferecer serviços baseados em *mainframe* aos clientes do setor de viagens. A empresa agora utiliza serviços web para distribuir novos produtos e serviços avançados, que podem estimular o crescimento e gerar renda adicional. Hoje, a Sabre oferece mais de 50 produtos e serviços, incluindo ferramentas de gerenciamento de combustível e estoque para as companhias aéreas. Em outro exemplo, uma companhia aérea que usa o sistema de reserva on-line da Sabre agora pode utilizar outras aplicações da Sabre com mais facilidade para comparar tarifas ou fazer reservas de hotel para seus clientes.

Antes que a Sabre implementasse seus serviços web, seus clientes tinham que usar seu software de comunicações para acessar os dados que estavam buscando. Eles tinham então que codificar os dados para um formato específico a fim de obter informações estruturadas. Esse processo em múltiplas etapas tornava muito mais difícil para os clientes integrar a Sabre com as próprias aplicações. Agora, ela pode usar serviços web para criar modelos de negócio para seus produtos, com base nas capacidades de seus clientes, para que eles mesmos obtenham informações.

Os resultados têm sido incríveis. O número de agentes de viagem e outros clientes da Sabre usando as aplicações de reservas on-line conduzidas por serviços web aumentou 500% de 2005 a 2009.

*Fontes:* Compilado de D. Woods, "The Web Services Dilemma", Forbes, 4 de novembro de 2008; T. Hoffman, "Case Study: Sabre's Web Services Journey", Java World, 8 de janeiro de 2007; P. Coffee, "Web Services Make Enterprise Strides", eWeek, 19 de janeiro de 2004; *www.abacus.com.sg* e *www.sabre.com*, acessado em 9 de fevereiro de 2009.

---

Os serviços web se baseiam em quatro padrões, ou protocolos, principais: XML, SOAP, WSDI e UDDI. Examinamos cada um a seguir.

A *Extensible Markup Language* (*XML*) facilita a troca de dados entre várias aplicações e a validação e interpretação desses dados. Um documento XML descreve um serviço web e inclui informações que mostram em detalhes exatamente como o serviço web pode ser executado. (Descreveremos a XML em mais detalhes no Guia de Tecnologia 2.)

O *Simple Object Access Protocol* (*SOAP*) é um conjunto de regras que facilita a troca de mensagens entre diferentes sistemas e aplicações de rede usando a XML. Essas regras estabelecem um padrão comum, ou protocolo, permitindo que diferentes serviços web interoperem. Por exemplo, clientes Visual Basic podem usar SOAP para acessar um servidor Java. SOAP roda em todos os sistemas de hardware e software.

A Web *Services Description Language* (*WSDL*) é usada para criar o documento XML que descreve as tarefas realizadas pelos serviços web. Ferramentas como o VisualStudio.Net automatizam o processo de acessar a WSDL, lendo-a e codificando a aplicação para fazer referência ao serviço web específico.

O *Universal Description, Discovery, and Integration* (*UDDI*) permite a criação de diretórios buscáveis públicos ou privados de serviços web. Em outras palavras, é um registro das descrições de serviços web.

A **arquitetura orientada a serviços** (SOA, *Service-Oriented Architecture*) é uma arquitetura de TI que possibilita a construção de aplicações comerciais usando serviços web. Estes podem ser reutilizados por uma organização em outras aplicações. Por exemplo, um serviço web que verifica o crédito de um cliente poderia ser usado com um serviço que processa uma aplicação de hipoteca ou uma aplicação de cartão de crédito. O caso final neste capítulo ilustra o uso de SOA em uma grande companhia de seguro de saúde.

## Antes de Prosseguir...

1. Descreva as tecnologias básicas, aplicações e os tipos de sites que compreendem a Web 2.0.
2. Descreva a função dos serviços web.
3. Descreva a função das Arquiteturas Orientadas a Serviços.

## 5.3. *E-learning* e Aprendizado a Distância

*E-learning* e aprendizado a distância não são a mesma coisa, mas eles se confundem. O *e-learning* se refere ao aprendizado apoiado pela web. Pode ocorrer dentro das salas de aula como apoio para o aprendizado convencional, como acontece quando alunos trabalham na web durante a aula. Também pode ocorrer em salas de aula virtuais, em que todo o curso é feito on-line e não há aulas presenciais. Nesses casos, o *e-learning* é parte do aprendizado a distância. O **aprendizado a distância** (ou educação a distância) se refere a qualquer situação de aprendizagem em que os professores e os alunos não se encontram pessoalmente.

Hoje, a web oferece um ambiente interativo multimídia para o autodidatismo. Os sistemas habilitados pela web tornam o conhecimento acessível àqueles que dele precisam, quando precisam, a qualquer hora, em qualquer lugar. Por essa razão, o *e-learning* e o aprendizado a distância podem ser úteis tanto para a educação formal quanto para o treinamento corporativo.

Por exemplo, a Gap (*www.gap.com*) usou uma combinação de instrução em sala de aula e *e-learning* para ensinar seus gerentes de tecnologia da informação em habilidades de liderança. A Gap empregou um curso de *e-learning* interativo para ajudar seus líderes a desenvolver ferramentas de gerenciamento e treinamento de que eles precisam para avaliar e melhorar as habilidades e competências de seus empregados. A empresa colocou o curso de *e-learning* entre um programa inicial presencial, de três horas, que incluía uma demonstração do software, e um curso de sala de aula de dois dias, elaborado para reforçar o material apresentado no programa de *e-learning*.

Usando simulação e cenários interativos, o curso instrui os alunos sobre como avaliar as habilidades e competências do pessoal, identificar a melhor técnica gerencial no auxílio e direção das pessoas com base em suas competências e fazer parceria com indivíduos, para ajudá-los a serem mais produtivos e autossuficientes.

### ▪ Benefícios e Desvantagens do *E-learning*

Existem muitas vantagens no *e-learning*. Por exemplo, materiais on-line podem oferecer conteúdo bastante atual e de alta qualidade (criado por especialistas em conteúdo) e coerentes (apresentados sempre da mesma forma). Ele também proporciona aos alunos a flexibilidade de aprender em qualquer lugar, a qualquer hora e em seu ritmo. Nos centros de treinamento corporativos que usam *e-learning*, o tempo de aprendizagem geralmente é mais curto, o que significa que mais pessoas podem ser treinadas dentro de determinado espaço de tempo. Esse sistema reduz os custos de treinamento, bem como a despesa de aluguel de espaço.

Apesar desses benefícios, o *e-learning* tem algumas desvantagens. Para começar, os alunos precisam ter conhecimento de computação. Além disso, podem perder a interação direta com os instrutores. Finalmente, a avaliação do trabalho dos alunos pode ser problemática porque os instrutores realmente não sabem quem realizou as tarefas.

O *e-learning* normalmente não substitui a aula presencial. Em vez disso, ele a aprimora ao tirar proveito das novas tecnologias de conteúdo e distribuição. Ambientes avançados de suporte ao *e-learning*, como o Blackboard (*www.blackboard.com)*, agregam valor ao ensino tradicional na educação superior.

### ▪ Universidades Virtuais

**Universidades virtuais** são universidades on-line nas quais os alunos frequentam as aulas em casa ou em um local externo, pela internet. Um grande número de universidades existentes oferece educação on-line de alguma forma. Nos Estados Unidos, algumas universidades, como University of Phoenix (*www.phoenix. edu*), California Virtual Campus (*www.cvc.edu*) e University of Maryland *(www.umuc.edu/gen/virtuniv.shtml)*, oferecem milhares de disciplinas e dezenas de cursos para alunos do mundo inteiro, todos on-line. Outras universidades oferecem disciplinas e cursos limitados, mas usam métodos de ensino inovadores e apoio de multimídia na sala de aula tradicional.

### *Antes de Prosseguir...*

1. Estabeleça a diferença entre *e-learning* e aprendizado a distância.
2. Descreva as universidades virtuais.

## 5.4. Teletrabalho

Os trabalhadores do conhecimento estão sendo chamados de força de trabalho distribuída. Esse grupo de trabalhadores altamente valorizados agora é capaz de trabalhar em qualquer lugar em qualquer tempo usando um processo chamado **teletrabalho**. Os trabalhadores distribuídos são aqueles que não possuem um escritório permanente em suas empresas, preferindo trabalhar em casa, em saguões de aeroporto ou em salas de conferência do cliente, ou em um assento de estádio de escola. O crescimento da força de trabalho distribuída é impulsionado pela globalização, viagens extremamente longas para o trabalho, altos preços do combustível, enlaces de comunicação em banda larga por toda a parte (com e sem fio) e computadores laptop e dispositivos de computação poderosos.

Atualmente, cerca de 12% da força de trabalho dos Estados Unidos se qualifica para ser distribuída. Na IBM, 40% não possuem escritório na empresa; na AT&T, mais de 30% de seus gerentes são distribuídos; e na Sun Microsystems, quase 50% dos funcionários são distribuídos, economizando à empresa US$ 300 milhões com a redução do espaço físico. A Sun também observa que seus trabalhadores distribuídos são 15% mais produtivos do que seus colegas em escritórios.

O teletrabalho oferece muitas vantagens potenciais para os empregados, os empregadores e a sociedade. Para os empregados, as vantagens incluem menos estresse e melhoria na vida familiar. Além disso, o teletrabalho oferece oportunidades de emprego para pessoas que não podem sair de casa, como pais solteiros e pessoas deficientes. As vantagens para o empregador incluem maior produtividade, a capacidade de manter empregados capacitados e a oportunidade de atrair empregados que moram em locais mais distantes.

Entretanto, o teletrabalho também tem algumas desvantagens potenciais. Para os empregados, as maiores desvantagens são o aumento da sensação de isolamento, a possível perda dos benefícios adicionais, um salário mais baixo (em alguns casos), a ausência de visibilidade no local de trabalho, o potencial para promoções mais lentas e a falta de socialização. As principais desvantagens para os empregadores são as dificuldades de supervisionar o trabalho, possíveis problemas de segurança de dados e custos de treinamento.

### Antes de Prosseguir...

1. O que é teletrabalho? Você acha que gostaria de ser um teletrabalhador?
2. Quais são as vantagens e as desvantagens do teletrabalho do ponto de vista do empregado? E do ponto de vista da organização?

## O que a 𝗧𝗜 pode me proporcionar?

### ▪ Para o Setor de Contabilidade

O pessoal de contabilidade usa intranets e portais corporativos para consolidar dados de transações de sistemas legados para apresentar uma visão geral dos projetos internos. Essa visão contém os custos atuais de cada projeto, o número de horas gastas em cada projeto por empregado e uma comparação dos custos reais com os custos projetados. Finalmente, o pessoal de contabilidade usa a internet para acessar sites governamentais e profissionais para se manter informado sobre alterações legislativas e outras mudanças que afetam a profissão.

### ▪ Para o Setor de Finanças

Intranets e portais corporativos podem fornecer um modelo para avaliar os riscos de um projeto ou investimento. Os analistas financeiros usam dois tipos de dados no modelo: dados históricos de transações de bancos de dados corporativos pela internet; e dados setoriais obtidos pela internet. Além disso, empresas de serviços financeiros podem usar a web para fazer marketing e prestar serviços.

### ▪ Para o Setor de Marketing

Os gerentes de marketing usam intranets e portais corporativos para coordenar as atividades da força de vendas. O pessoal de vendas acessa portais corporativos pela intranet para descobrir atualizações de preços, promoções, descontos, informações ao consumidor e informações sobre concorrentes. A equipe de vendas também pode baixar e personalizar apresentações para os clientes. A internet, especialmente a web, abre um canal de marketing completamente novo para muitos setores. Apenas a maneira de anunciar, comprar e disseminar informações parece variar de setor para setor, produto para produto e serviço para serviço.

### ▪ Para o Setor de Produção/Operações

As empresas estão usando intranets e portais para acelerar o desenvolvimento de produtos ao fornecer à equipe de desenvolvimento modelos tridimensionais e animação. Todos os membros de equipe podem acessar os modelos para explorar mais rapidamente as ideias e obter um feedback melhor. Os portais corporativos, acessados por meio das intranets, favorecem o gerenciamento minucioso dos estoques e da produção em tempo real nas linhas de montagem. As extranets também estão se mostrando valiosas como formatos de comunicação para trabalhos de pesquisa e projetos conjuntos entre empresas. A internet também é uma ótima fonte de informações atualizadas para gerentes operacionais e de produção.

### ▪ Para o Setor de Recursos Humanos

O pessoal de recursos humanos usa portais e intranets para publicar manuais de política corporativa, anúncios de vagas, agendas de telefone da empresa e cursos de treinamento. Muitas empresas realizam treinamentos on-line obtidos na internet para os empregados por meio das intranets. Os departamentos de recursos humanos oferecem aos empregados planos de saúde, poupança e planos de benefícios, bem como a oportunidade de realizar testes de competência on-line, por meio das intranets. A internet apoia esforços de recrutamento em nível mundial e também pode ser a plataforma de comunicação para apoiar equipes de trabalho geograficamente dispersas.

### ▪ Para o Setor de TI

Por mais que a infraestrutura da tecnologia de rede seja importante, ela é invisível para os usuários (a menos que algo dê errado). A função de TI é responsável por manter todas as redes organizacionais em operação o tempo todo. O pessoal de TI, portanto, proporciona a todos os usuários um "olho no mundo" e a capacidade de calcular, comunicar-se e colaborar uns com os outros a qualquer hora, em qualquer lugar. Por exemplo, as organizações têm acesso a especialistas em locais remotos sem ter de duplicar essa especialização em diversas áreas da empresa. O trabalho em equipe virtual permite que especialistas localizados em diferentes cidades trabalhem em projetos como se estivessem no mesmo escritório.

---

## Resumo do Capítulo

Neste capítulo você aprendeu a:

**1. Descrever as quatro principais aplicações de rede.**

As redes têm suporte para descoberta, comunicação, colaboração e serviços web. A descoberta envolve a navegação e a recuperação de informações, oferecendo aos usuários a capacidade de ver informações nos bancos de dados, baixá-la e/ou processá-las. As ferramentas de descoberta incluem mecanismos de busca, diretórios e portais. As redes oferecem comunicações rápidas e baratas por e-mail, *call centers*, salas de bate-papo, comunicações por voz e blogs. A colaboração refere-se aos esforços mútuos por duas ou mais entidades (pessoas, grupos ou empresas) que trabalham juntas para realizar tarefas. A colaboração é habilitada por sistemas de fluxo de trabalho (*workflow*) e groupware.

Os serviços web são aplicações modulares e autossuficientes, entregues pela internet, que os usuários podem selecionar e combinar por meio de quase todo tipo de dispositivo (de computadores pessoais a telefones móveis). Usando um conjunto de protocolos e padrões compartilhados, essas aplicações permitem que diferentes sistemas falem uns com os outros – ou seja, compartilhem dados e serviços – sem exigir que os seres humanos traduzam as conversas.

**2. Discutir as diversas tecnologias, aplicações e** sites **que são abrangidos pela Web 2.0.**

As tecnologias da informação e as aplicações usadas pelos sites da Web 2.0 incluem XML (discutida no Guia de Tecnologia 2), AJAX, marcadores, blogs, *wikis*, Really Simple Syndication, *podcasting* e *videocasting*. AJAX é uma técnica de desenvolvimento web para permitir que partes das páginas web sejam recarregadas com dados novos em vez de exigir que toda ela seja recarregada. Esse processo agiliza o tempo de resposta e aumenta a satisfação do usuário. Um marcador (ou *tag*) é uma palavra-chave ou termo que descreve alguma informação. Os usuários normalmente escolhem marcadores que sejam significativos para eles. Um weblog (blog, para abreviar) é um site pessoal, aberto ao público, em que o criador do site expressa seus sentimentos ou opiniões. Um *wiki* é um site em que alguém pode postar material e fazer mudanças em outro material.

Really Simple Syndication (RSS) permite que alguém publique seu blog, ou qualquer outro conteúdo, para qualquer um que tenha interesse em assinar. Quando existem mudanças no conteúdo, os assinantes recebem uma notificação das mudanças e uma ideia daquilo que o novo conteúdo contém. Os assinantes podem clicar em um link que os levará ao texto completo do novo conteúdo.

Um *podcast* é um arquivo de áudio digital que é distribuído pela web usando RSS, para reprodução em aparelhos de mídia portátil ou computadores pessoais. Um *videocast* é o mesmo que um *podcast*, exceto que é um arquivo de vídeo digital.

Os sites da Web 2.0 que usam algumas ou todas essas tecnologias e aplicações podem ser agrupados em várias categorias: rede social, agregadores e *mashups*. Os sites de rede social permitem que os usuários façam o upload de seu conteúdo na web, na forma de texto (por exemplo, blogs), voz (por exemplo, *podcasts*), imagens e vídeos (por exemplo, *videocasts*). Os sites de rede social oferecem um modo fácil e interativo de comunicar e colaborar com outros na web. Os agregadores são sites que oferecem coleções de conteúdo da web. Um *mashup* é um site que apanha conteúdo de uma série de outros sites e os mistura para criar um novo tipo de conteúdo.

**3. Estabelecer as diferenças entre *e-learning* e aprendizado a distância.**

O *e-learning* se refere ao aprendizado apoiado pela web. Pode ocorrer dentro das salas de aula como apoio para o ensino convencional, como quando alunos trabalham na web durante a aula. Também pode ocorrer em *salas de aula virtuais*, em que todo o curso é feito on-line e não há aulas presenciais. Nesses casos, o *e-learning* é parte do aprendizado a distância, que se refere a qualquer situação de aprendizagem em que os professores e os alunos não se encontram pessoalmente.

**4. Entender as vantagens e desvantagens do teletrabalho para empregados e empregadores.**

Para os teletrabalhadores, existe menos estresse, melhor vida familiar e oportunidades de emprego para pessoas que não podem sair de casa. O teletrabalho pode proporcionar à organização maior produtividade, capacidade de manter empregados capacitados e habilidade de atrair empregados que moram em outras cidades, estados ou países.

As maiores desvantagens para os empregados são o aumento da sensação de isolamento, a possível perda dos benefícios adicionais, um salário mais baixo (em alguns casos), a ausência de visibilidade no local de trabalho, o potencial para promoções mais lentas e a falta de socialização. As principais desvantagens para os empregadores são as dificuldades de supervisionar o trabalho, possíveis problemas de segurança de dados, custos de treinamento e o alto custo de equipar e manter as casas dos teletrabalhadores.

---

## Glossário

**agregador** Sites que oferecem coleções de conteúdo da web.

**AJAX** Uma técnica de desenvolvimento web que permite que partes das páginas web sejam recarregadas com dados novos em vez de exigir que a página inteira seja recarregada.

**aprendizado a distância (educação a distância)** Qualquer situação de aprendizagem em que os professores e os alunos não se encontram pessoalmente.

**Arquitetura Orientada a Serviços (SOA, Service-Oriented Architecture)** Uma arquitetura de TI que possibilita a construção de aplicações comerciais usando serviços web, que podem ser reutilizados por uma organização em outras aplicações.

**blog (abreviação de** weblog) Site pessoal, aberto ao público, em que o criador do site expressa seus sentimentos ou opiniões.

**blogosfera** O termo para os milhões de blogs na web.

**colaboração** Esforços de dois ou mais indivíduos que trabalham em conjunto para realizar certas tarefas.

**colaboração virtual** Uso de tecnologias digitais que permitem às organizações ou aos indivíduos planejar, projetar, desenvolver, gerenciar e pesquisar colaborativamente produtos, serviços e sistemas de informação inovadores e aplicações de comércio eletrônico.

**comunicações unificadas** Plataforma de hardware e software que simplifica e integra todas as formas de comunicações – voz, e-mail, mensagens instantâneas, local e videoconferência – de uma organização.

*e-learning* Aprendizado apoiado pela web; pode ocorrer dentro de salas de aula tradicionais ou em salas de aula virtuais.

**Fluxo de trabalho (*workflow*)** Movimento de informações conforme elas fluem através da sequência de etapas que compõem os procedimentos de trabalho de uma organização.

**groupware** Produtos de software que aceitam grupos de pessoas que colaboram uns com os outros em uma tarefa ou objetivo comum e proporcionam um modo de os grupos compartilharem recursos.

**grupo (ou equipe) virtual** Grupo cujos membros estão em diferentes locais e que se reúnem eletronicamente.

**grupo de trabalho** Dois ou mais indivíduos que atuam juntos para realizar alguma tarefa, de forma permanente ou temporária.

**marcador** Uma palavra-chave ou termo, escolhido pelos usuários, que descreve alguma informação (por exemplo, um blog, uma imagem, um artigo ou um clipe de vídeo).

*mashup* Um site que apanha o conteúdo de uma série de outros sites e os mistura para criar um novo tipo de conteúdo.

**mecanismo de busca** Programa de computador que é capaz de contatar outros recursos de rede na internet, buscar informações específicas por palavras-chave e retornar os resultados.

**mecanismo de metabusca** Programa de computador que pesquisa vários mecanismos ao mesmo tempo e integra os resultados de diversos mecanismos de busca para responder a consultas enviadas pelos usuários.

*podcast* Um arquivo de áudio digital que é distribuído pela web usando Really Simple Syndication para reprodução em aparelhos portáteis ou computadores pessoais.

**portal** Gateway personalizado baseado na web para informações e conhecimento que oferece informações relevantes de diferentes sistemas de informação e da internet e usa técnicas de busca e indexação avançadas.

**portal comercial (público)** Site que oferece conteúdo comum para diversos públicos; oferece personalização apenas na interface com o usuário.

**portal corporativo** Site que fornece um único ponto de acesso para informações comerciais importantes localizadas dentro e fora de uma organização.

**portal de afinidade** Site que oferece um único ponto de entrada para uma comunidade inteira de interesses afiliados.

**portal setorial** Gateway baseado na web para disseminar informações e conhecimento para um setor inteiro.

**Really Simple Syndication (RSS)** Permite que qualquer um publique seu blog, ou qualquer outro conteúdo, para qualquer um que tenha um interesse em assinar.

**rede social** Web sites que permitem que usuários façam o upload de seu conteúdo na web na forma de texto (por exemplo, blogs), voz (por exemplo, *podcasts*), imagens e vídeos (por exemplo, *videocasts*).

**sala de bate-papo** Local virtual onde grupos de frequentadores conversam uns com os outros eletronicamente.

**serviços web (*web services*)** Aplicações modulares e autossuficientes de empresa/consumidor, distribuídas por meio da internet.

**teleconferência** Uso da comunicação eletrônica que permite a duas ou mais pessoas em diferentes locais manterem uma conferência simultânea.

**telefonia pela internet (voz sobre IP ou VoIP)** Uso da internet como meio de transmissão para chamadas telefônicas.

**teletrabalho** Arranjo pelo qual empregados podem trabalhar em casa, nas instalações dos clientes e em locais de trabalho especiais, ou enquanto viajam, geralmente usando um computador que esteja conectado pela internet ao seu local de emprego.

**universidades virtuais** Universidades on-line nas quais os alunos frequentam aulas a partir de casa ou em um local externo, através da internet.

*videocast* Um arquivo de vídeo digital que é distribuído pela web usando Really Simple Syndication para reprodução em aparelhos portáteis ou computadores pessoais.

**videoconferência** Reunião virtual em que os participantes em um local podem ver e ouvir os participantes em outros locais e podem compartilhar dados e gráficos por meio eletrônico.

**Voice over internet Protocol (VoIP; também telefonia da internet)** Um sistema de comunicações em que os sinais de voz analógicos são digitalizados, divididos em pacotes e depois enviados pela internet.

**web 2.0** Uma coleção solta de tecnologias de informação e aplicações e os sites que as utilizam; os sites enriquecem a experiência do usuário encorajando a participação do usuário, a interação social e a colaboração.

**weblog** (ver blog).

*Wiki* Site em que qualquer pessoa pode postar material e fazer mudanças rapidamente, sem usar comandos difíceis.

---

## Questões para Discussão

1. Aplique o modelo de forças competitivas de Porter, que discutimos no Capítulo 2, à Google. Discuta sobre cada componente do modelo conforme aplicado à Google. A Google pode manter sua vantagem competitiva? Nesse caso, como? Se não, por que não?

2. Como você descreveria a Web 2.0 para alguém que não cursou sistemas de informação?

3. Se você fosse o CEO de uma empresa, você prestaria atenção aos blogs sobre a sua empresa? Por quê? Se sim, você consideraria alguns blogs mais importantes ou confiáveis do que outros? Nesse caso, quais? Como você encontraria os blogs relacionados à sua empresa?

4. Seria uma boa ideia que um estudante de administração se inscreva no LinkedIn como um estudante? Por quê?

5. Como as aplicações de comunicação e colaboração em rede estão relacionadas? As ferramentas de comunicação também apoiam a colaboração? Cite exemplos.

6. Acesse este artigo da *The Atlantic:* "Is Google Making Us Stupid?" (*http://www.theatlantic.com/doc/200807/google*). A Google está nos tornando estúpidos? Justifique sua resposta.

## Atividades de Solução de Problemas

1. Você pretende tirar férias de duas semanas na Austrália este ano. Usando a internet, encontre informações que o ajudarão a planejar a viagem. Essas informações incluem (mas não se limitam a):
    a. Localização geográfica e condições do tempo na época da viagem.
    b. Principais atrações turísticas e atividades recreativas.
    c. Providências para a viagem propriamente dita (companhia aérea, tarifas).
    d. Aluguel de carro; turismo local.
    e. Alternativas para acomodação (dentro de um orçamento moderado) e alimentação.
    f. Custo total estimado das férias (viagem, hospedagem, alimentação, recreação, compras etc.).
    g. Regulamentações do país referentes à entrada do seu cão, que você gostaria de levar.
    h. Compras.
    i. Informações sobre passaporte (obter um novo ou renovar o atual).
    j. Informações sobre o idioma e a cultura do país.
    k. O que mais você acha que deve pesquisar antes de ir à Austrália?

2. A partir de sua experiência ou das informações do fornecedor, liste as principais habilidades do Lotus Notes/Domino. Faça o mesmo para o Microsoft Exchange. Compare os produtos. Explique de que maneira os produtos podem ser usados para apoiar os trabalhadores e os gerentes da área de conhecimento.

3. Visite sites de empresas que fabricam produtos de telepresença para a internet. Prepare um relatório. Diferencie entre produtos de telepresença e produtos de videoconferência.

4. Acesse os vídeos do Google e procure "Cisco Magic". Esse vídeo mostra o sistema de telepresença da próxima geração da Cisco. Compare-o com os sistemas de telepresença atuais.

5. Acesse o site da sua universidade. O site fornece informações de alta qualidade (quantidade adequada, clareza, exatidão etc.)? Você acha que um aluno do ensino médio que está pensando em entrar na sua universidade pensaria da mesma forma?

6. Visite *www.programmableweb.com* e estude os diversos serviços que o site oferece. Aprenda sobre como criar *mashups* e depois proponha um *mashup* você mesmo. Apresente seu *mashup* para a turma.

7. Compare o Google Sites (*www.google.com*/sites) e o Microsoft Office Live (*www.liveoffice.com*). Qual site você usaria para criar sua página na internet? Explique sua escolha.

8. Acesse o site da Recording Industry Association of America (*www.riaa.com*). Discuta o que você achou em relação à violação de direito autoral (copyright infringement), ou seja, baixar arquivos de música. Qual a sua opinião sobre os esforços das RIAA para impedir que músicas sejam baixadas? Discuta a questão do seu ponto de vista e do ponto de vista da RIAA.

9. Visite *www.cdt.org*. Descubra quais tecnologias estão disponíveis para rastrear as atividades dos usuários na internet.

10. Pesquise as empresas envolvidas em telefonia na internet (VoIP). Compare suas ofertas com relação ao preço, tecnologias necessárias, facilidade de instalação etc. Qual empresa é a mais atraente para você? Qual empresa poderia ser a mais atraente para uma grande empresa?

**11.** Acesse alguns dos mecanismos de busca alternativos em *http://www.readwriteweb.com/archives/top_100_alternative_search_engines.php*. Procure os mesmos termos em vários dos mecanismos alternativos e no Google. Compare os resultados com relação à abrangência (número de resultados achados) e à precisão (resultados sobre o que você está procurando).

**12.** Second Life (*www.secondlife.com*) é um mundo on-line tridimensional criado e pertencente aos seus residentes. Os residentes da Second Life são avatares que foram criados por pessoas do mundo real. Acesse a Second Life, descubra sobre ela e crie seu próprio avatar para explorar esse mundo. Descubra sobre as milhares de pessoas que estão ganhando dinheiro "no mundo real" a partir de operações na Second Life.

**13.** Acesse as páginas de tradução do Altavista (*http://babelfish.altavista.com*) ou do Google (*www.google.com/language_tools*). Digite um parágrafo em português e selecione, por exemplo, Portuguese to English (português para inglês). Quando aparecer o parágrafo traduzido para o inglês, copie-o para a caixa de texto e selecione English to Portuguese. O parágrafo que você inseriu inicialmente é o mesmo que você está vendo agora como resultado? Por quê? Justifique sua resposta.

---

### Trabalhos em Equipe

---

1. Atribua a cada membro do grupo um produto de colaboração (por exemplo, Groove, Jive, Google Docs, SharePoint ou Quickr). Peça a cada um deles que visite o site do produto e obtenha informações sobre ele. Em grupo, prepare uma tabela comparativa das principais semelhanças e diferenças entre os produtos.

2. Peça que cada equipe baixe uma cópia gratuita do Groove em *www.groove.net*. Instale o software nos PCs dos membros e prepare sessões colaborativas. O que esse software gratuito pode fazer por você? Quais são suas limitações?

3. Cada equipe deverá escolher um assunto que precise de agregação. Prepare planos para um site agregador realizar essa missão. Apresente para a turma.

4. Cada equipe escolherá um dos seguintes: YourStreet, Platial, Topix ou Google Earth. Compare esses produtos quanto aos recursos e facilidade de uso. Apresente cada produto à turma. Cada grupo colaborará na escrita de um relatório sobre seu produto usando o Google Docs.

5. Visite *www.podcasting-tools.com*. Explique como registrar um *podcast* e torná-lo disponível na web. Cada equipe criará um *podcast* sobre alguma ideia neste curso e o tornará disponível on-line.

---

### Caso Final

---

GPO

### Aurora Health Care Emprega Arquitetura Orientada a Serviços

O Problema da Empresa A Aurora Health Care (*www.aurorahealthcare.org*) é um prestador de serviços de saúde de Wisconsin, sem fins lucrativos, de US$ 3 bilhões, que engloba 250 postos de atendimento, incluindo 13 hospitais e mais de 100 clínicas. A Aurora emprega mais de 25 mil pessoas e investe fortemente não só no tratamento, mas também na prevenção da doença. A Aurora oferece um conjunto muito amplo de serviços aos seus pacientes, que se beneficiam do acesso a um grande grupo de pessoal altamente qualificado e instalações médicas de classe superior.

A Aurora também é muito ativa em nível das comunidades locais e quer que seus pacientes obtenham serviços personalizados que normalmente estão associados a uma organização muito menor. O objetivo da Aurora é engajar seus pacientes a tomarem um papel ativo na sua saúde. Para ser bem-sucedida, a Aurora precisa proporcionar um ambiente colaborativo em que os empregados e os pacientes possam acessar suas informações de saúde.

No entanto, esta grande organização tinha mais de mil sistemas de informação, que vão desde bancos de dados de recursos humanos aos sistemas de registro de paciente, e desde a contabilidade ao gerenciamento da cadeia de suprimentos. A Aurora possui uma grande quantidade de informações potencialmente valiosas, mas que estavam inacessíveis, distribuídas em sistemas de informação diferentes.

A Aurora queria ser capaz de extrair informações relevantes e as apresentar de uma forma familiar em todas as suas regiões geográficas, de todos os seus postos de atendimento e em todas as suas linhas de negócios. Dessa forma, se os funcionários mudassem de local de trabalho ou cargo, seriam imediatamente e intuitivamente capazes de encontrar as informações que precisavam para realizar seus trabalhos. Sua filosofia norteadora era informação "sempre pronta". O objetivo global da Aurora era permitir uma melhor colaboração e melhorar a experiência do paciente, respeitando rigorosos regulamentos de proteção de dados no âmbito do *Health Insurance Portability and Accountability Act* (HIPAA).

## ▪ A Solução da TI

A Aurora queria evitar os custos e as interrupções envolvidos com a remoção e substituição de toda sua tecnologia da informação (TI). No lugar disso, a organização reestruturou seus sistemas de informação existentes em uma nova Arquitetura Orientada a Serviços (SOA). O objetivo da organização era agregar dados de sistemas subjacentes e enviar informações aos usuários através de portais baseados na web.

A Aurora optou por utilizar o seu *mainframe* existente da IBM como hardware, e escolheu o produto IBM WebSphere como base para seus novos portais. A nova SOA teve que suportar 26 mil usuários internos e até um milhão de clientes externos.

Os Resultados Para A Equipe Clínica. Com a adoção de SOA, a Aurora foi capaz de integrar informações de diferentes sistemas nos novos portais. O primeiro portal da web foi o portal de autenticação unificado chamado *i-Connect*.

Inicialmente projetado para compartilhar informações financeiras e recursos humanos, o *i-Connect* ampliou-se para abranger outras áreas funcionais. O portal agora inclui ferramentas clínicas, como pessoal hospitalar e gerenciamento de leitos, e ferramentas de negócios, como gerenciamento da cadeia de suprimentos. O portal é focado na identidade do usuário, o que significa que a Aurora pode personalizar a informação que é entregue a cada usuário de acordo com o papel que ele desempenha organização.

Além disso, a SOA permite à Aurora integrar informações de hospitais, clínicas e farmácias, para que os funcionários não precisem pesquisar em dezenas de sistemas de informação para encontrar as informações de que precisam. O portal *i-Connect* fornece à Aurora uma única versão da verdade. Os usuários sabem onde obter informações e, portanto, podem dispensar mais tempo e atenção aos seus pacientes.

A Aurora criou quiosques para seus empregados, de modo a apoiar o seu corpo clínico, que precisa da capacidade de se deslocar de um local para outro sem perder o acesso às informações contidas no portal. Com *i-Connect*, os funcionários podem acessar os aplicativos a qualquer momento, onde quer que estejam. Além disso, a interface de usuário do *i-Connect* é mais amigável do que nos sistemas anteriores da Aurora. A arquitetura SOA também permitiu à Aurora modificar suas aplicações de forma rápida e fácil, para que a organização possa responder rapidamente a pedidos de alterações dos usuários.

Os Resultados para a Equipe de Negócios O *i-Connect* tem um número simplificado de processos de negócio na Aurora. Por exemplo, o sistema de requisições na intranet simplifica a reposição do estoque e ajuda a garantir que todos os funcionários comprem os melhores produtos com os melhores preços. Os processos de recursos humanos também foram melhorados com a utilização do portal. Por exemplo, a Aurora costumava imprimir 26 mil cheques de pagamento quinzenalmente. Agora, ela simplesmente os deixa disponíveis on-line, gerando economias significativas em custos de impressão e correio interno. Como outro exemplo, funcionários da Aurora agora podem fazer sua administração de recursos humanos em tempo real, poupando esforço e evitando demora. Os benefícios dos empregados são administrados pelos próprios empregados, e os recém-admitidos poderão se inscrever on-line através do portal, que fornece todas as informações de que precisam para começar a trabalhar.

Os Resultados para o Paciente A Aurora construiu o portal de pacientes "My Aurora", que, por exemplo, possibilita aos seus clientes entrar e agendar compromissos, pagar contas, ver as suas informações médicas e fornecer novas informações. O "My Aurora" fornece informações aos pacientes, a qualquer momento, poupando-lhes tempo que seria gasto no telefone.

O portal "My Aurora" simplifica também significativamente o processo de faturamento. Um episódio de doença é um evento único do ponto de vista do paciente, mas pode produzir várias faturas de diferentes seções na Aurora. Por exemplo, uma operação para remover um apêndice pode envolver vários médicos de diferentes locais dentro da Aurora com vários exames e testes laboratoriais. Os regulamentos exigem que a Aurora forneça essa informação na íntegra. Portanto, o portal "My Aurora" pega informações dos sistemas de faturamento hospitalar e dos sistemas de contas a receber e os agrega às informações que possuem de uma maneira que reflita a real experiência do paciente.

*Fontes*: Compilado de "Aurora Names One of the 'Most Wired' Health Systems for Fourth Consecutive Year", Hospitals and Health Networks Magazine, 19 de julho de 2007; J. McAdams, "Privacy Predicament: How to Protect Customers' Data", Computerworld, 7 de agosto de 2006; D. Goldstein, "e-Healthcare", Jones and Bartlett, 2000; "Aurora Health Care Sees a Bright New Dawn With a Service Oriented Architecture on IBM System z", IBM Customer Story, *www.ibm.com*, acessado em 20 de janeiro de 2009; "Aurora Health Care Improves the Quality of Patient Care with Increased Network Performance", Customer Technical Brief, *www.ca.com*, acessado em 30 de janeiro de 2009.

## PERGUNTAS

1. Descreva como a SOA (Arquitetura Orientada a Serviços) na Aurora permite que a equipe comercial, profissionais de saúde e pacientes possam acessar informações, comunicar-se e colaborar entre si.

2. Um dos objetivos da administração Obama é uma iniciativa voltada à saúde e ao estabelecimento de registros médicos eletrônicos (RME). Explique a relação entre a SOA e os RME na Aurora. É possível que a Aurora tenha a SOA sem ter os RME? Explique.

# Capítulo 6

# *E-business* e Comércio Eletrônico

## O que a [TI] pode me proporcionar?

## Caso Inicial

### Facebook Pode Gerar Receita com Propaganda?
■   **O Problema da Empresa**

O site de redes sociais Facebook (*www.facebook.com*) ajuda as pessoas a se comunicar de modo mais eficaz com amigos, família e colegas de trabalho. Ele faz isso permitindo a qualquer pessoa se inscrever em um ambiente confiável e interagir com pessoas que conhece. Os usuários podem facilmente construir redes de amigos para compartilhar notícias e fotos, participar de grupos e buscar conhecidos da escola ou do trabalho. O site também oferece ferramentas como mensagens instantâneas e e-mail.

O Facebook está atraindo usuários de outros sites de redes sociais, imitando algumas de suas características. Uma característica permite que você digite o nome da sua escola e a data de formatura e veja seus colegas de classe, um desafio para os sites como o Classmates (*www.classmates.com*) e semelhantes. Da mesma forma, por que usar o site Evite (*www.evite.com*) para anunciar um evento sendo que você pode entrar em contato com seus amigos através de Facebook? O objetivo final do Facebook é construir um site mundial no qual você possa apenas digitar o nome de alguém, encontrar essa pessoa e se comunicar com ela.

Atualmente, o Facebook tem mais de 175 milhões de usuários ativos e está crescendo a uma taxa surpreendente de 5 milhões de novos usuários por semana. A faixa etária que mais cresce são os indivíduos com idade acima de 55 anos, e a segunda são os indivíduos com idades entre 45 e 54. Além disso, o usuário do Facebook gasta, em média, 169 minutos por mês no site. Compare isso com o site do jornal *New York Times*, que detém os leitores por apenas 10 minutos por mês.

No entanto, ironicamente, parece que todo mundo, exceto o Facebook, está lucrando com o site. Por exemplo, o Partido Democrata em Maine está usando o Facebook para organizar reuniões regulares. A empresa de contabilidade Ernest & Young utiliza o site para recrutar novos contratados, assim como a Dell. Curiosamente, o sistema operacional da Microsoft (versão 7) contém muitos recursos aprovados diretamente do Facebook.

Dadas as deslumbrantes estatísticas de uso do Facebook, não é de se surpreender que os comerciantes queiram colocar propagandas no site. No entanto, a publicidade no Facebook não foi bem-sucedida. No passado, muitas empresas tentaram, sem sucesso, usar *banners* tradicionais, que consistem apenas em um texto breve ou mensagem gráfica. (Discutiremos os *banners* na Seção 6.2) No entanto, usuários do Facebook têm ignorado esses esforços. Outras campanhas de marketing ofereceram concursos e brindes promocionais, mas essas técnicas também têm produzido resultados decepcionantes.

Essa falta de sucesso da publicidade é uma preocupação real para os executivos do Facebook. Na verdade, apesar da popularidade explosiva do site, a partir de meados de 2009, o Facebook ainda não era rentável. Assim, o Facebook pretende desenvolver um fluxo de receitas provenientes da publicidade em seu site.

### ▪ Soluções da TI em Potencial

Os gestores do Facebook perceberam que sua empresa é um meio natural e valioso para os esforços de marketing. A vasta quantidade de dados que o Facebook reúne de seus usuários proporciona à empresa uma enorme vantagem competitiva. Essas informações permitirão às empresas anunciarem no Facebook para um público-alvo muito específico.

Em um teste inicial, o Facebook e a Procter & Gamble (P&G, *www.pg.com*) criaram uma promoção para o produto Crest Whitestrips. A promoção começou quando a P&G convidou os membros do Facebook em 20 *campi* universitários para se tornarem "fãs" do produto Crest Whitestrips na página do produto disponível no Facebook. Além disso, o Facebook criou uma funcionalidade no sistema, chamada "Connect" que permite aos usuários entrarem nos sites da empresa por meio de sua conta de usuário do Facebook. Quando um usuário faz logon no site da empresa usando o "Connect", suas atividades podem ser informadas como *feeds* de notícias dos seus amigos. Por sua vez, esses amigos poderiam interpretar essa notícia como um aval, um endosso em relação aos produtos ou serviços da empresa. O "Connect" também torna mais fácil para os membros convidarem seus amigos para conferir o site de um anunciante. Por exemplo, a Starbucks (*www.starbucks.com*) usa o Connect no seu Pledge5 (*http://pledge5.starbucks.com*), que solicita às pessoas que doem cinco horas do seu tempo para realizar trabalhos voluntários na sua comunidade. Se você entrar usando uma conta do Facebook, uma nova tela, um híbrido de Facebook e da *home page* Pledge5, será mostrada com informações sobre oportunidades de voluntariado local.

### ▪ Os Resultados

Pelo fato de o Facebook ser uma empresa privada, ele não tem que revelar o valor de suas receitas. Portanto, quantificar o sucesso da publicidade em seu site não é possível. No entanto, o CEO do Facebook, Mark Zuckerberg, afirmou que as receitas publicitárias aumentaram substancialmente. A evolução do site Facebook e os aperfeiçoamentos dos sistemas que facilitam a publicidade geraram mais de US$ 50 milhões em receitas para a empresa. Ao examinar mais de perto, entretanto, a situação do Facebook não parece tão promissora.

À primeira vista, a campanha publicitária da P&G para o Crest Whitestrips parecia ser um grande sucesso, atraindo 14 mil fãs. Na verdade, a promoção ofereceu tantos atrativos adicionais – milhares de exibições gratuitas de filmes, além de ter patrocinado shows do Def Jam – que os resultados da campanha foram questionados. Em meados de 2009, no Facebook, mais de 4.000 fãs haviam deixado de uma vez só o clube de fãs do Crest Whitestrips.

Se o Facebook pretende tirar proveito da publicidade social – o que significa fazer chegar uma mensagem comercial aos amigos de seus usuários – a empresa enfrentará uma verdadeira resistência. Os membros são compreensivelmente relutantes em visitar a publicidade dos produtos expostos no site. Os analistas da SocialMedia Networks (*www.socialmedia.com*) descreveram, com um pouco de humor, o ciclo de publicidade em redes sociais, desta forma: "Os anunciantes distraem os usuários, os usuários ignoram os anunciantes, os anunciantes distraem melhor, os usuários ignoram melhor." A conclusão é que os anunciantes no Facebook podem tentar uma das duas abordagens: podem fazer seus anúncios mais intrusivos ou podem criar anúncios publicitários realmente divertidos. Infelizmente, nenhuma abordagem promete ter muito sucesso. Os anúncios intrusivos não gerarão resultados positivos e os anúncios divertidos são demasiadamente caros para se produzir.

Os analistas financeiros estimam que as despesas do Facebook (salários, serviços públicos, rede de banda larga, hardware, software etc.) são da ordem de US$ 300 milhões por ano. A eMarketer (*www.emarketer.com*), uma empresa de pesquisa, marketing digital e mídia, estima as receitas do Facebook em US$ 265 milhões em 2008. Além disso, os analistas afirmam que, com o rápido crescimento do Facebook em número de usuários, as suas despesas aumentarão mais rápido do que suas receitas. Esses números não mostram um quadro muito promissor para o Facebook.

Todos os sites que dependem de anúncios lutam para converter tráfego, mesmo que seja alto, em receitas significativas. Anúncios veiculados no Google e outros mecanismos de busca são uma exceção lucrativa porque seus visitantes muitas vezes estão em "modo de compra". Outros tipos de sites, no entanto, não conseguem direcionar esse tipo de visitante para os anunciantes. O site YouTube, do Google, bem como o Facebook, dependem muito do conteúdo gerado pelos seus usuários e continuam sendo um experimento caro na atividade de marketing com alto tráfego e baixas receitas.

*Fontes:* Compilado de M. Brush, "Is Facebook the New Walmart?" MSN Money, 7 de abril de 2009; J. Hempel, "How Facebook Is Taking Over Our Lives", Fortune, 11 de março de 2009; R. Stross, "Advertisers Face Hurdles on Social Networking Sites", The New York Times, 14 de dezembro de 2008; M. Arrington, "Interview With Facebook CEO Mark Zuckerberg: Products, Funding, Competition", Tech Crunch, 7 de dezembro de 2008; M. Arrington, "Facebook May Be Growing Too Fast, and Hitting the Capital Markets Again", Tech Crunch, 31 de outubro de 2008; *www.facebook.com*, acessado em 5 de abril de 2009.

---

■ **O que Aprendemos com este Caso**

O comércio eletrônico oferece duas vantagens muito importantes para as empresas. Primeiro, ele aumenta o alcance das organizações, definido como o número de clientes em potencial aos quais a empresa pode comercializar seus produtos. Essa vantagem se estende para empresas grandes e pequenas. O Facebook é um excelente exemplo de alcance aumentado, como vimos no caso inicial. Em segundo lugar, o comércio eletrônico remove muitas das barreiras que anteriormente impediam os empreendedores que iniciam negócios. O Facebook oferece uma história que serve de aviso nesse ponto. Embora a empresa efetivamente utilizasse o comércio eletrônico para crescer rapidamente, seu futuro é incerto porque seu modelo de receita, até aqui, não tem sido eficaz. O ponto importante aqui é que a empresa utilizando o comércio eletrônico, apesar de todas as suas vantagens, ainda precisa ter um método viável para gerar receita ou então a empresa fracassará.

Uma das mudanças mais profundas no mundo moderno dos negócios é o surgimento do comércio eletrônico (CE), também conhecido como *e-commerce*. O comércio eletrônico está mudando todas as áreas funcionais e suas tarefas importantes, da propaganda ao pagamento de contas. Seu impacto é tão generalizado que está afetando quase todas as organizações. Além disso, ele está mudando drasticamente a natureza da concorrência, devido ao desenvolvimento de novas empresas on-line, novos modelos de negócios e a diversidade de produtos e serviços relacionados ao CE. O comércio eletrônico oferece oportunidades sem paralelo para as empresas se expandirem no mundo inteiro a um baixo custo, aumentarem sua fatia no mercado e reduzirem custos. Na verdade, utilizando o comércio eletrônico, muitas empresas agora podem operar e concorrer em espaços de mercado antes dominados por empresas maiores. O CE também oferece oportunidades incríveis para você abrir seu próprio negócio desenvolvendo um site de comércio eletrônico.

Neste capítulo, explicamos as principais aplicações de *e-business* e identificamos os serviços que são necessários para o seu suporte. Depois, examinamos os principais tipos de comércio eletrônico: *business-to--consumer* (B2C), *business-to-business* (B2B), *consumer-to-consumer* (C2C), *business-to-employee* (B2E) e *government--to-citizen* (G2C). Concluímos examinando várias questões legais e éticas que surgiram como resultado do rápido crescimento do comércio eletrônico. Antes de examinarmos esses detalhes, porém, começamos com uma visão geral do comércio eletrônico e do *e-business*.

## 6.1. Visão Geral de *E-business* e Comércio Eletrônico

Esta seção examina os fundamentos do *e-business* e do comércio eletrônico. Começamos definindo esses dois conceitos e, depois, definindo o comércio eletrônico puro e o parcial. Em seguida, explicamos os vários tipos de comércio eletrônico, depois examinaremos seus mecanismos, ou seja, as maneiras pelas quais as pessoas compram e vendem pela internet. E, finalmente, verificaremos as vantagens e as limitações do comércio eletrônico.

■ **Definições e Conceitos**

O **comércio eletrônico** (CE ou *e-commerce*) descreve o processo de comprar, vender, transferir ou trocar produtos, serviços ou informações por meio de redes de computação, incluindo a internet. O *e-business* é um conceito um pouco mais amplo. Além de comprar e vender bens e serviços, o *e-business* também se refere a prestar serviços aos consumidores, colaborar com parceiros comerciais e realizar transações eletrônicas dentro de uma organização. Entretanto, como o comércio eletrônico e o *e-business* são muito semelhantes, usamos os dois termos indistintamente em todo o livro.

CE Puro *versus* Parcial. O comércio eletrônico pode assumir várias formas, dependendo do grau de digitalização envolvido. O **grau de digitalização** se refere à extensão em que o comércio foi transformado do físico para o digital. Pode se relacionar: (1) ao produto ou serviço que está sendo vendido; (2) ao processo através do qual o produto ou serviço é produzido; ou (3) ao agente de distribuição ou intermediário. Em outras palavras, tanto o produto quanto o processo e o agente de distribuição podem ser físicos ou digitais.

No comércio tradicional, todas as três dimensões são físicas. As organizações puramente físicas são chamadas de **organizações *brick-and-mortar*** (de tijolo e argamassa). No *CE puro*, todas as três dimensões são digitais. As empresas envolvidas apenas no CE são consideradas **organizações virtuais**. Todas as outras combinações que incluem um misto de dimensões físicas e digitais são consideradas *CE parcial* (e não CE puro). As organizações ***click-and-mortar*** (de cliques e argamassa) são aquelas que realizam algumas atividades de comércio eletrônico, mas seus principais negócios são feitos no mundo físico. O comércio eletrônico agora é simplesmente uma parte do comércio tradicional, e as pessoas cada vez mais esperam que as empresas ofereçam alguma forma de comércio eletrônico.

Por exemplo, comprar uma camisa no Walmart On-line ou um livro na Amazon.com é *CE parcial*, pois a mercadoria é fisicamente entregue pela FedEx ou UPS. Por outro lado, comprar um *e-book* na Amazon. com ou um software no Buy.com é *CE puro*, pois o produto e sua distribuição, pagamento e transferência são realizados on-line. Para evitar confusão, neste livro, usamos o termo CE para indicar tanto o CE puro quanto o parcial. O Quadro 6.1 ilustra como uma empresa de revenda de roupas on-line com uma cultura corporativa única usa o Twitter para atrair seus clientes.

### TI E A EMPRESA

#### 6.1. Zappos e Twitter

O site Twitter (*www.twitter.com*), uma rede social e serviço de microblog, tornou-se o método preferido para fazer atualizações de atividades em tempo real para milhões de assinantes na World Wide Web. Conhecidas como *tweets*, as atualizações das atividades são mensagens baseadas em texto de até 140 caracteres. Os tweets são remetidos para qualquer usuário que tenha se inscrito para recebê-los de um remetente específico. Os usuários podem enviar e receber atualizações através do site do Twitter ou através de outros sites que usam o software Tweeter em seus sites. Além disso, o serviço está acessível através dos telefones inteligentes (smart phones) por meio de mensagens de texto (SMS).

O Twitter é caracterizado por conversas rápidas, curtas, síncronas e públicas que fazem parte da vida das pessoas que usam o Facebook, MySpace ou outras ferramentas de redes sociais. Nestes poucos anos desde que o Twitter foi lançado, ele alcançou extensa visibilidade global e popularidade, tornando-se atraente como uma aplicação de negócios para a abertura de um novo e irrestrito canal com consumidores, propício ao marketing eletrônico.

A empresa Zappos (*www.zappos.com*), uma loja on-line de sapatos e roupas, utiliza o Twitter como uma ferramenta de comércio eletrônico. A funcionalidade do Twitter se encaixa perfeitamente com a estrutura de valor corporativo e as crenças da Zappos. Conforme descrito na home page da empresa, os valores centrais da empresa são:

1. Entregar UAU através do serviço.
2. Abraçar e conduzir mudanças.
3. Criar diversão e uma certa esquisitice.
4. Ser aventureiro, criativo e de mente aberta.
5. Buscar o crescimento e a aprendizagem.
6. Construir relacionamentos abertos e honestos com a comunicação.
7. Construir uma equipe positiva e espírito de família.
8. Fazer mais com menos.
9. Estar apaixonado e determinado.
10. Ser humilde.

Então, o que a Zappos foi capaz de conseguir através do Twitter? Primeiro, a empresa criou uma página dedicada no Twitter (*http://twitter.zappos.com*) em seu site, que está ligada a todas as outras páginas no site com as palavras "O que os empregados da Zappos estão fazendo agora?" Lá, você encontrará todas as mensagens mais recentes que os empregados da Zappos estão tuitando. Os empregados tuítam sobre o que estão fazendo no trabalho, tuítam falando sobre recursos interessantes, seja de dentro ou de fora do site da Zappos. Além disso, os tweets contêm links para os diversos sapatos e roupas que a Zappos comercializa.

Outra aplicação do Twitter é o "quadro de empregados líderes", que mostra quem está no Twitter e quantos seguidores cada empregado tem. Tony Hsieh, CEO da Zappos, tem cinco vezes mais seguidores do que qualquer outra pessoa na empresa. No entanto, Tony tem gastado tempo para seguir mais pessoas (3.200) do que o número de seus seguidores (2.800). Sob a liderança de Tony, a Zappos aumentou seu faturamento de US$ 1,6 milhões em 2000 para mais de US$ 1 bilhão em 2008. Tony acredita que a história de sucesso da Zappos começa e termina com o foco no atendimento ao cliente. Consequentemente, o Twitter é outra oportunidade para a Zappos exercitar seu valor central número 6 – "Construir relacionamentos abertos e honestos com a comunicação".

*Fontes:* Compilado de S. Gaudin, "Web 2.0 Tools Like Twitter, Facebook Can Foster Growth in Hard Times", *Computerworld*, 13 de março de 2009; "Extreme Customer Service: Zappos CEO and UPS Step In", *BusinessWeek*, 19 de fevereiro de 2009; H. Coster, "A Step Ahead", Forbes, 2 de junho de 2008; M. Kirkpatrick, "Zappos Shows How Social Media Is Done", *ReadWriteWeb*, 30 de abril de 2008; S. Durst, "Zappos Has Become the Nº. 1 Footwear Retailer on the Web By Making Customer Service a Competitive Weapon", Business 2.0, 15 de março de 2007; *www.zappos.com*, acessado em 4 de abril de 2009.

### PERGUNTAS

1. Se você fosse comprar sapatos, uma atualização de mensagem de texto do CEO da Zappos influenciaria a sua decisão de compra? Por quê?
2. Muitos profissionais de *e-marketing* estão defendendo o uso de tecnologias como o Twitter como uma forma eletrônica de marketing boca a boca. Na sua opinião, essa estratégia pode ser eficaz? Por quê?

## ■ Tipos de Comércio Eletrônico

O comércio eletrônico pode ser realizado entre várias partes. Nesta seção, identificamos os seis tipos comuns de comércio eletrônico e discutimos três deles – C2C, B2E e governo eletrônico (*e-government*) – em detalhes. Depois, dedicamos uma seção separada para B2C e B2B, pois eles são muito complexos. Finalmente, abordamos o comércio móvel (*m-commerce*) no Capítulo 7.

- *Business-to-consumer* (**B2C**): No B2C, os vendedores são organizações e os compradores são pessoas. Abordaremos o comércio eletrônico B2C na Seção 6.2. Lembre-se de que a Figura 2.2 ilustrou o comércio eletrônico B2C.
- *Business-to-business* (**B2B**): Nas transações B2B, tanto os vendedores quanto os compradores são organizações. A grande maioria do volume de CE é desse tipo. Discutiremos o comércio eletrônico B2B na Seção 6.3. Lembre-se de que a Figura 2.2 ilustrou o comércio eletrônico B2B.
- *Consumer-to-consumer* (**C2C**): No C2C, um indivíduo vende produtos ou serviços para outros indivíduos. (Você também verá o termo C2C explicado como "customer-to-customer". Os termos significam a mesma coisa, e usamos ambos neste livro.) A principal maneira como o C2C é realizado na internet são leilões e anúncios de classificados.

Em dezenas de países, a compra e venda C2C em sites de leilão está explodindo. A maioria dos leilões é realizada por intermediários, como o eBay (*www.ebay.com*). Os consumidores podem selecionar sites gerais, como *www.auctionanything.com*. Além disso, muitas pessoas estão realizando seus próprios leilões. Por exemplo, o site *www.greatshop.com* fornece software para criar comunidades de leilão reverso C2C on-line. (Discutimos os leilões reversos, em que os compradores solicitam propostas dos vendedores, mais adiante nesta seção.)

As principais categorias de classificados on-line são semelhantes às encontradas nos classificados impressos: automóveis, imóveis, empregos, animais de estimação, ingressos e viagens. Os classificados estão disponíveis na maioria dos provedores de serviço de internet (AOL, MSN etc.), em alguns portais (Yahoo etc.) e em diretórios da internet e jornais on-line. Em muitos desses sites, os compradores podem usar mecanismos de busca para refinar as pesquisas.

Os classificados baseados na internet possuem uma grande vantagem em relação aos classificados tradicionais: alcançam um público internacional, em vez de local. Esse público aumenta significativamente a oferta de bens e serviços e o número de compradores potenciais.

- *Business-to-employee* (**B2E**): No B2E, uma organização usa o CE internamente para fornecer informações e serviços aos empregados. As empresas permitem que os empregados administrem seus benefícios e frequentem aulas de treinamento eletronicamente. Além disso, os empregados podem comprar, com desconto, ações, pacotes de viagem e ingressos para eventos na intranet corporativa. Também podem solicitar suprimentos e materiais eletronicamente. Por fim, muitas empresas possuem lojas corporativas eletrônicas que vendem produtos da empresa para os empregados, normalmente com desconto.

**Tabela 6.1** Modelos de Negócio de Comércio Eletrônico

| Modelo de CE | Descrição |
|---|---|
| Marketing direto on-line | Fabricantes ou varejistas vendem diretamente aos consumidores. Muito eficiente para produtos e serviços digitais. Pode permitir a personalização de produtos ou serviços. (*www.dell.com*) |
| Sistema de proposta eletrônico | As empresas solicitam cotações de preços dos fornecedores. Usa B2B com um mecanismo de leilão reverso. |
| Faça seu próprio preço | Os consumidores decidem quanto estão dispostos a pagar. Um intermediário (por exemplo, www.priceline.com) tenta encontrar um fornecedor com o preço desejado. |
| Encontre o melhor preço | Os consumidores especificam uma necessidade; um intermediário (por exemplo, *www.hotwire.com*) compara fornecedores e mostra o menor preço. Os consumidores precisam aceitar a oferta em um curto período de tempo ou perdem o negócio. |
| Marketing afiliado | Os fornecedores pedem aos parceiros para colocar logotipos (ou *banners*) no site do parceiro. Se os consumidores clicarem no logotipo, vão para o site do fornecedor e compram; depois, o fornecedor paga comissões aos parceiros. |
| Marketing viral | Os receptores enviam informações sobre seu produto para os amigos deles. (Tome cuidado com os vírus.) |
| Compra em grupo (*e-coops*) | Pequenos compradores agregam demanda para obter um grande volume; depois, o grupo realiza propostas ou negocia descontos. |
| Leilões on-line | As empresas realizam leilões de vários tipos na internet. Muito popular no C2C, mas ganhando terreno em outros tipos de CE. (*www.ebay.com*) |
| Customização de produtos | Os consumidores usam a internet para configurar produtos ou serviços. Os vendedores, então, dão o preço e os satisfazem rapidamente (*build-to-order*). (*www.jaguar.com*). |
| Mercados e câmbios eletrônicos | As transações são realizadas de modo eficiente (mais informações para compradores e vendedores, menos custo de transação) nos mercados eletrônicos (privados ou públicos). |
| Troca on-line | Um intermediário administra a troca on-line de produtos excedentes e/ou a empresa recebe "pontos" pela contribuição, e os pontos podem ser usados para adquirir outros itens necessários. (*www.bbu.com*) |
| Grandes descontos | A empresa (por exemplo, *www.half.com*) oferece grandes descontos no preço. Visa os consumidores que consideram apenas o preço nas decisões de compra. |
| Associação | Apenas membros podem usar os serviços fornecidos, incluindo acessar certas informações, realizar negócios etc. (*www.egreetings.com*) |

- **Governo eletrônico (*e-government*)**: O governo eletrônico é o uso da tecnologia da internet em geral e do comércio eletrônico em especial para disseminar informações e serviços públicos aos cidadãos (chamado CE *government-to-citizen*, ou G2C), parceiros comerciais e fornecedores (chamado *government-to-business* ou CE G2B). Também é um meio eficiente de realizar transações comerciais com cidadãos e empresas e dentro dos próprios governos. O governo eletrônico torna o governo mais eficiente e eficaz, sobretudo na prestação de serviços públicos. Um exemplo de comércio eletrônico G2C é a transferência eletrônica de benefícios, na qual o governo transfere benefícios, como pagamentos da previdência social e de aposentadoria, diretamente para a conta-corrente dos beneficiários.

- **Comércio móvel (*m-commerce*)**: O termo *m-commerce* se refere ao comércio eletrônico realizado inteiramente em um ambiente sem fio. Um exemplo é o uso de telefones celulares para comprar pela internet. Abordaremos o comércio móvel no Capítulo 7.

Cada um dos tipos de CE citados é realizado em um ou mais modelos de negócio. Um **modelo de negócio** é o método pelo qual uma empresa gera renda para se manter. Os principais modelos de negócio de CE estão resumidos na Tabela 6.1

## ■ Comércio Eletrônico e Busca

O desenvolvimento do comércio eletrônico aconteceu em fases. As marcas off-line e on-line foram mantidas inicialmente distintas e depois foram mescladas de forma estranha. Os esforços iniciais do comércio eletrônico foram sites de acabamento barato, com carrinhos de compra e sistemas de caixa rudimentares. Eles foram substituídos por sistemas que tentaram antecipar as necessidades do cliente e acelerar o processo de pagamento.

Do ponto de vista do Google, no entanto, uma das maiores mudanças foi a importância crescente da busca. Os gerentes do Google apontam para um número imenso de compras que seguiram buscas na web bem-sucedidas, bem como carrinhos de compra abandonados que seguiram imediatamente uma busca não produtiva. Veja um exemplo clássico: um visitante procura uma "câmera de vídeo" ou uma "câmera de filme" em um site de vendas, não encontra nada e sai. Qual foi o problema? O site categoriza esses itens sob "filmadora", e teria mostrado ao cliente 20 modelos se ele tivesse usado a palavra mágica.

O Google está confiante de que, no futuro, os vendedores postarão grandes quantidades de detalhes adicionais. Os comerciantes colocarão *feeds* de dados estruturados – incluindo listagens de itens, estoque diário e horas de operação – em mecanismos de busca públicos, como o Google. O Google está atualmente usando o Google Base, o banco de dados on-line da empresa, para trabalhar nesse processo.

Esse processo permitiria que os clientes acessassem resultados de busca muito mais específicos e relevantes. Por exemplo, não apenas um cliente poderia procurar revendedores de um modelo em particular de furadeira elétrica, mas também poderia encontrar os comerciantes mais próximos que estão abertos e possuem as furadeiras em estoque.

## ■ Principais Mecanismos do Comércio Eletrônico

Existem vários mecanismos pelos quais empresas e consumidores podem comprar e vender na internet. Os mais usados são catálogos eletrônicos, leilões eletrônicos, lojas eletrônicas, shoppings eletrônicos e mercados eletrônicos.

Os catálogos foram impressos em papel durante várias gerações. Hoje, no entanto, eles estão disponíveis em CD-ROM e na internet. Os catálogos eletrônicos consistem em um banco de dados de produtos, diretórios e habilidades de busca e uma função de apresentação, e são a parte mais importante da maioria dos sites de comércio eletrônico.

Um **leilão** é um processo de concorrência em que um vendedor solicita lances consecutivos dos compradores ou um comprador solicita lances dos vendedores. A principal característica dos leilões é que os preços são determinados dinamicamente pelos lances concorrentes. Os leilões eletrônicos (*e-auctions*) geralmente aumentam a renda dos vendedores devido ao alargamento da base de clientes e ao encurtamento do ciclo do leilão. Os compradores normalmente se beneficiam dos leilões eletrônicos porque podem barganhar preços menores. Além disso, não precisam se deslocar até um local físico.

A internet oferece uma infraestrutura eficiente para realizar leilões com baixos custos administrativos e com muito mais vendedores e compradores envolvidos. Consumidores individuais e organizações podem participar dos leilões da mesma forma. Há dois tipos principais de leilões: regulares e reversos.

Os **leilões regulares** são os que os vendedores usam como canal para muitos compradores potenciais. Normalmente, os vendedores colocam itens a serem leiloados nos sites e os compradores fazem lances continuamente para esses itens. Quem oferecer o maior lance recebe o direito de comprar o item. Tanto os vendedores quanto os compradores podem ser pessoas ou organizações. O famoso site de leilão eBay.com é um leilão regular.

Nos **leilões reversos**, um comprador, geralmente uma organização, deseja adquirir um produto ou serviço. O comprador publica um pedido de cotação (RFQ, *Request for Quotations*) em seu site ou no site de um intermediário. A RFQ fornece informações detalhadas sobre a compra desejada. Os fornecedores estudam a RFQ e, então, submetem lances eletronicamente. Se todas as outras condições forem iguais, o fornecedor com preço mais baixo vence o leilão. O comprador notifica o fornecedor vencedor por meios eletrônicos. O leilão reverso é o modelo de leilão mais comum para grandes compras (em termos de quantidade ou preço). Os governos e as grandes corporações frequentemente usam esse método, que pode proporcionar uma considerável economia para o comprador.

Os leilões podem ser realizados através do site do vendedor, do comprador ou de um intermediário. Por exemplo, o eBay, o site intermediário mais famoso, oferece centenas de milhares de itens diferentes em vários tipos de leilão. Ao todo, mais de 300 grandes organizações, incluindo Amazon.com e Dellauction. com, oferecem leilões on-line.

Uma *loja eletrônica* é um site na internet que representa uma única loja. Um *shopping eletrônico*, também conhecido como *cybermall*, ou *e-mall*, é um grupo de lojas individuais no mesmo endereço na internet. As lojas e os shoppings eletrônicos estão intimamente relacionados ao comércio eletrônico B2C. Discutiremos cada um deles com mais detalhes na Seção 6.2.

Um **mercado eletrônico** (*e-marketplace*) é um espaço de mercado virtual central na web onde muitos compradores e muitos vendedores podem conduzir comércio eletrônico e atividades empresariais eletrônicas. Os mercados eletrônicos estão associados ao comércio eletrônico B2B e examinaremos esse tópico na Seção 6.3.

## ▪ Vantagens e Limitações do Comércio Eletrônico

Poucas inovações na história humana ofereceram tantas vantagens para as organizações, os indivíduos e a sociedade quanto o comércio eletrônico. O comércio eletrônico beneficia as organizações tornando os mercados, nacional e internacional, mais acessíveis e reduzindo os custos de processamento, distribuição e recuperação das informações. Os consumidores se beneficiam por serem capazes de acessar um grande número de produtos e serviços 24 horas por dia. O principal benefício para a sociedade é a capacidade de distribuir informações, serviços e produtos de maneira fácil e conveniente para pessoas em cidades, áreas rurais e países em desenvolvimento.

Apesar de todas essas vantagens, o CE possui algumas limitações tecnológicas e não tecnológicas que desaceleraram seu crescimento e sua aceitação. Entre elas, há a falta de padrões de segurança universalmente aceitos, largura de banda de telecomunicações insuficiente e acessibilidade cara. As limitações não tecnológicas incluem uma percepção de que o CE não é seguro, apresenta problemas legais não resolvidos e carece de uma massa crítica de vendedores e compradores. À medida que o tempo passa, as limitações, especialmente as tecnológicas, diminuirão ou serão eliminadas.

## *Antes de Prosseguir...*

1. Defina comércio eletrônico e diferencie-o do *e-business*.
2. Estabeleça as diferenças entre comércio eletrônico B2C, B2B, C2C e B2E.
3. Defina governo eletrônico.
4. Descreva os leilões regulares e reversos.
5. Cite alguns benefícios e algumas limitações do comércio eletrônico.

## 6.2. Comércio Eletrônico *Business-to-Consumer* (B2C)

Embora o comércio eletrônico B2B seja muito maior em volume, o CE B2C é mais complexo. A razão é que o B2C envolve um grande número de compradores que realiza milhões de transações diferentes por dia com um número de vendedores relativamente pequeno. Observe o exemplo da Amazon, um varejista on-line que oferece milhares de produtos aos consumidores. Cada compra é relativamente pequena, mas a Amazon precisa gerenciar essa transação como se esse consumidor fosse seu cliente mais importante. Cada pedido precisa ser processado de modo rápido e eficiente, e os produtos precisam ser despachados para o consumidor rapidamente. As devoluções também precisam ser gerenciadas. Multiplique esse simples exemplo por milhões e você terá uma ideia da complexidade do comércio eletrônico B2C.

Esta seção trata dos problemas mais importantes no CE B2C. Começamos com uma discussão das duas principais maneiras de os consumidores acessarem empresas na web: lojas eletrônicas e shoppings eletrônicos. Além de comprar produtos pela web, os consumidores também acessam serviços on-line. Nossa próxima seção aborda vários serviços on-line, como *banking*, corretoras de valores, busca de empregos, agências de turismo e mercado imobiliário. A complexidade do CE B2C leva a dois importantes problemas enfrentados pelos vendedores: conflito de canais e atendimento aos pedidos. Examinaremos esses dois tópicos em detalhes. Como as empresas que realizam CE B2C precisam "aparecer" para os consumidores potenciais, concluímos esta seção discutindo a propaganda on-line.

### ▪ Lojas e Shoppings Eletrônicos

Ao longo de várias gerações, as compras em casa por meio de catálogos – e posteriormente de canais de compra na televisão – têm atraído milhões de compradores. As compras on-line oferecem uma alternativa às compras por catálogo e pela televisão. O **varejo eletrônico** (*e-tailing*) é a venda direta de produtos e serviços através de lojas ou shoppings eletrônicos, normalmente projetados em torno de um formato de catálogo e/ou leilões eletrônicos.

Como qualquer experiência de compra por catálogo, o comércio eletrônico lhe permite comprar a partir de casa e fazer isso 24 horas por dia, sete dias por semana. Entretanto, o CE oferece uma variedade maior de produtos e serviços, incluindo os itens mais singulares, geralmente com menores preços. Além disso, em segundos, os compradores podem obter informações complementares bem detalhadas sobre os produtos. Também podem localizar e comparar facilmente produtos e preços dos concorrentes. Finalmente, os compradores podem encontrar centenas de milhares de vendedores. Dois mecanismos de compra on-line comuns são as lojas eletrônicas e os shoppings eletrônicos.

Lojas Eletrônicas. Conforme já discutimos, uma loja eletrônica é um site que representa uma única loja. Centenas de milhares de lojas individuais podem ser encontradas na internet. Cada loja eletrônica possui seu próprio URL, ou endereço da internet, onde os compradores podem fazer pedidos. Algumas lojas eletrônicas são extensões das lojas físicas, como Hermes, The Sharper Image e Walmart. Outras são novas empresas, abertas por empreendedores que viram um nicho na web, como, por exemplo, Restaurant.com e Alloy.com. Fabricantes (www.dell.com) e varejistas (www.officedepot.com) usam lojas eletrônicas.

Shoppings Eletrônicos. Embora uma loja eletrônica represente uma única loja, um shopping eletrônico, também conhecido como *cybermall* ou *e-mall*, é um grupo de lojas individuais sob o mesmo endereço na internet. A ideia básica de um shopping eletrônico é a mesma de um shopping físico tradicional: apresentar um local de compras único que ofereça muitos produtos e serviços diferentes. Cada shopping eletrônico pode incluir milhares de vendedores. Por exemplo, Microsoft Shopping (agora Bing shopping, *www.bing. com/shopping*) inclui dezenas de milhares de produtos de milhares de vendedores.

Existem dois tipos de shoppings eletrônicos. Primeiramente, existem os shoppings de referência (por exemplo, *www.hawaii.com*). Você não pode comprar nesse shopping. Em vez disso, você é transferido do shopping para uma loja eletrônica participante. No segundo tipo de shopping (por exemplo, *http://shopping. yahoo.com*), você pode realmente fazer uma compra (Figura 6.1). Nesse tipo de shopping, você pode comprar de várias lojas, mas realiza apenas uma transação de compra no final. Um carrinho de compras eletrônico permite escolher itens de vários fornecedores e pagar todos eles juntos em uma única transação. (O organizador do shopping, como o Yahoo, recebe uma comissão dos vendedores por esse serviço.)

**Figura 6.1** Shoppings eletrônicos incluem produtos de milhares de vendedores.

*Fontes:* NetPics/Alamy.

### ■ O Setor de Serviços On-line

Além de comprar produtos, os consumidores também podem acessar serviços necessários através da web. Vender livros, brinquedos, computadores e muitos outros produtos na internet pode reduzir os custos de venda dos fornecedores de 20% a 40%. É difícil reduzir mais porque os produtos precisam ser entregues fisicamente. Apenas alguns produtos (como software e música) podem ser digitalizados para serem distribuídos on-line com o objetivo de gerar uma economia adicional. Por outro lado, os serviços, como comprar uma passagem de avião ou comprar ações ou títulos, podem ser distribuídos totalmente através do comércio eletrônico, normalmente com uma considerável redução no custo. Não é surpreendente, então, que a prestação de serviços on-line esteja crescendo muito rapidamente, acrescentando milhões de novos clientes a cada ano.

Um dos aspectos mais importantes do CE relativo a serviços on-line (bem como nos produtos tangíveis de marketing) é a desintermediação. Os intermediários, também conhecidos como *middlemen*, possuem duas funções: (1) oferecem informações e (2) realizam serviços de valor agregado como consultoria. A primeira função pode ser totalmente automatizada e provavelmente será assumida pelos mercados eletrônicos e portais que oferecem informações gratuitamente. Quando isso acontece, os intermediários que realizam apenas (ou principalmente) essa função provavelmente serão eliminados. Esse processo é chamado de **desintermediação**.

Ao contrário, realizar serviços de valor agregado requer habilidade. Diferente da função de informação, então, isso só pode ser parcialmente automatizado. Assim, os intermediários que oferecem serviços de valor agregado não apenas têm chances de sobreviver, mas realmente podem prosperar. A web ajuda esses funcionários em duas situações: (1) quando o número de participantes é grande, como em buscas de emprego, e (2) quando a informação que precisa ser trocada é complexa.

Nesta seção, examinamos alguns dos principais setores de serviço on-line: *banking*, mercado de valores (ações, títulos), mercado de trabalho e serviços de viagem.

Ciberbanking. O *electronic banking*, também conhecido como ***ciberbanking***, envolve realizar várias atividades bancárias a partir de casa, do escritório ou em viagem, em vez de em um banco físico. O *ciberbanking* possui habilidades que variam de pagar contas a solicitar um empréstimo. Economiza tempo e é conveniente para os clientes. Para os bancos, ele oferece uma alternativa barata à atividade bancária das agências (por exemplo, cerca de 2 centavos de custo por transação contra US$ 1,07 em uma agência física). O *ciberbanking* também permite que os bancos conquistem clientes remotos. Além dos bancos regulares com serviços on--line agregados, estamos presenciando o surgimento de **bancos virtuais**, que são dedicados unicamente às transações pela internet. Um exemplo de banco virtual é o First Internet Bank of Indiana (*www.firstib.com*) (Figura 6.2).

O *banking* internacional e a capacidade de realizar negócios em várias moedas são vitais para o comércio internacional. As transferências eletrônicas de fundos e as cartas de crédito eletrônicas são serviços importantes no *banking* internacional. Um exemplo de apoio ao comércio eletrônico global é fornecido pela TradeCard em parceria com a MasterCard. A TradeCard é uma empresa internacional que fornece um método seguro para compradores e vendedores fazerem pagamentos digitais em qualquer lugar do mundo (veja a demonstração em *www.tradecard.com*). Em outro exemplo, bancos e empresas como a Oanda (*www.oanda.com*) também fornecem conversões entre mais de 160 moedas.

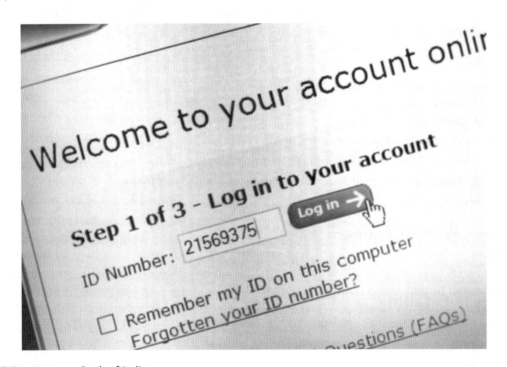

**Figura 6.2** First Internet Bank of Indiana.

*Fontes:* ICP/Alamy.

Mercado de Valores On-line. O Emarketer.com estima que aproximadamente 40 milhões de pessoas nos Estados Unidos usem computadores para negociar ações, títulos e outros instrumentos financeiros. Na Coreia, mais da metade dos investidores em ações já está usando a internet para essa finalidade. Por quê? Porque é mais barato do que usar um corretor completo ou parcial. Na web, os investidores podem encontrar uma quantidade considerável de informações sobre empresas ou fundos mútuos específicos nos quais investir (por exemplo, *http://money.cnn.com* e *www.bloomberg.com*).

Por exemplo, suponha que você tem uma conta com Scottrade. Você acessa o site da Scottrade (*www.scottrade.com*) de seu PC ou dispositivo móvel com conexão à internet, insere o número da conta e a senha para acessar sua página web personalizada e, então, clica em *stock trading* (negociar ações). Usando um menu, você insere os detalhes do pedido (comprar ou vender, margem ou dinheiro vivo, limite de preço, pedido de mercado etc.). O computador informa os preços "solicitados" e as "ofertas" atuais, de maneira muito semelhante a um corretor pelo telefone. Você, então, aprova ou rejeita a transação. Algumas empresas conhecidas que oferecem apenas negócios on-line são E*Trade, Ameritrade e Charles Schwab.

O Mercado de Trabalho On-line. A internet oferece um novo e promissor ambiente para candidatos a empregos e para empresas que procuram empregados difíceis de achar. Milhares de empresas e órgãos governamentais anunciam cargos disponíveis, aceitam currículos e recebem propostas de emprego pela internet.

Os candidatos a empregos usam o mercado de trabalho on-line para responder a anúncios de vagas, deixar currículos em vários sites e usar empresas de recrutamento (por exemplo, *www.monster.com* e *www.truecarreers.com*). As empresas que possuem cargos para oferecer anunciam aberturas de vagas em seus sites e pesquisam os quadros de aviso das empresas de recrutamento. Em muitos países, os governos têm de anunciar aberturas de vagas na internet.

Serviços de Viagem. A internet é o lugar ideal para planejar, explorar e organizar quase qualquer viagem de maneira econômica. Os serviços de viagem on-line permitem comprar passagens de avião, reservar quartos de hotel e alugar carros. A maioria dos sites oferece um recurso de pesquisa de tarifas que lhe envia mensagens de e-mail sobre voos de baixo custo. Exemplos de serviços de viagem on-line completos são Expedia.com, Travelocity.com e Orbitz.com. Os serviços on-line também são fornecidos por todas as principais empresas aéreas, grandes agências de viagem convencionais, agências de aluguel de carros, hotéis (por exemplo, *www.hotels.com*) e empresas de turismo. Em uma variação desse processo, Priceline.com permite que você especifique o preço que está disposto a pagar por uma passagem de avião ou por acomodações em hotéis. Então, tenta encontrar os fornecedores que cobrem o preço desejado por você.

Um problema "interessante" que o comércio eletrônico pode causar são as "tarifas erradas" no setor de companhias aéreas. Por exemplo, no fim de semana de 4 a 6 de maio de 2007, a United Airlines ofereceu uma tarifa de US$ 1.221 para uma viagem de ida e volta dos EUA à Nova Zelândia na classe executiva. Esse preço estava incorreto; o preço real era maior. Quanto a United notou o erro e acertou a tarifa, porém, centenas de bilhetes já haviam sido vendidos, em parte graças aos grupos de discussão de viagens on-line.

■ **Problemas do Varejo Eletrônico**

Apesar da crescente expansão do varejo eletrônico, muitos varejistas eletrônicos (*e-tailers*) continuam a enfrentar sérios problemas que podem limitar seu crescimento. Talvez os dois maiores problemas sejam o conflito de canais e o atendimento aos pedidos.

As empresas que vendem fisicamente e on-line podem enfrentar um conflito com os distribuidores regulares quando elas vendem diretamente a clientes on-line. Essa situação, conhecida como **conflito de canais**, pode afastar os distribuidores. O conflito de canais obrigou algumas empresas (por exemplo, Ford Motor Company) a evitarem as vendas diretas on-line. Um método alternativo para a Ford permite que os clientes configurem seus carros on-line, mas exige que eles comprem o carro de uma concessionária, onde conseguem financiamento, garantias e serviços.

O conflito de canais pode surgir em áreas como a definição de preços de produtos e serviços e alocação de recursos (por exemplo, quanto gastar em propaganda). Outra fonte potencial de conflito envolve serviços logísticos prestados pelas atividades off-line para as atividades on-line. Por exemplo, como uma empresa deve lidar com as devoluções de itens comprados on-line? Algumas empresas separaram completamente a parte on-line da parte física tradicional da organização. Entretanto, esse método pode aumentar as despesas e reduzir a sinergia entre os dois canais organizacionais. Consequentemente, muitas empresas estão integrando os canais on-line e off-line, um processo chamado **multicanais**. O Quadro 6.2 ilustra como uma empresa se beneficiou com o processo de multicanais.

## TI E A EMPRESA

### 6.2. A REI se Realinha para Dar Suporte a uma Experiência de Compras Multicanal Unificada

A Recreational Equipment Inc. (*www.rei.com*) é uma cooperativa de consumo de US$ 2 bilhões que vende aparelhos de recreação ao ar livre e artigos esportivos em suas 90 lojas em 27 estados, tanto através dos seus catálogos como da internet. Uma cooperativa de consumo é uma empresa de propriedade de seus clientes para benefício mútuo. Os principais concorrentes da REI nos Estados Unidos incluem muitos outros varejistas de artigos esportivos, tais como a Academy Sports (*www.academy.com*) e Dick's Sporting Goods (*www.dickssportinggoods.com*).

Os gestores da REI perceberam que os clientes da empresa estavam aumentando suas compras em seus canais de venda. Ou seja, os clientes visitavam suas lojas físicas para fazer certos tipos de compras enquanto usavam o site da companhia para outros tipos de compras. O problema da REI era que seus canais – lojas, internet e catálogo – foram organizados como unidades de negócio separadas. Os gerentes de canal da REI sabiam que a empresa precisava aumentar a sua comunicação interna multicanal para que o negócio pudesse satisfazer as diferentes necessidades dos clientes.

Como resultado, a REI realinhou sua estrutura de gerenciamento de canais e sistemas de informação utilizados para permitir às várias unidades de negócios compartilhar e trocar dados. Esse novo sistema eliminou o silo de dados (*data silos*) que é um local onde cada departamento mantém os seus próprios dados separadamente ao invés de compartilhar esses dados com os outros departamentos. Além disso, a REI consolidou a logística de toda sua empresa sob um único executivo. Para enfatizar o novo foco da empresa no cliente multicanal, desenvolveu um programa de treinamento para seus funcionários da loja, focado no valor do canal on-line. Esse programa ajudou a inserir a integração multicanal da empresa na cultura corporativa.

Um aspecto muito importante da estratégia multicanal da REI é poder retirar no interior das lojas as encomendas on-line, uma característica que responde por cerca de 30% das suas vendas na web. O serviço de retirada na loja oferece aos clientes on-line uma opção gratuita de entrega na loja para os itens que não estão disponíveis no estoque local da REI.

A REI também busca trabalhadores de cada canal para participar em programas de vários canais, permitindo-lhes participação no crédito das vendas. Quando os clientes compram on-line e retiram os produtos em uma loja, a REI registra a venda como uma operação da web em seus registros financeiros, embora o pessoal da loja precise investir tempo para receber os produtos comprados on-line, enviar e-mails aos clientes, avisando que seus pedidos chegaram e, em seguida, atender o cliente na loja. Para efeitos de metas de vendas, entretanto, a operação consta em ambos os canais.

A integração multicanal melhorou significativamente o nível de satisfação do cliente da REI. E o mais importante, a empresa agora apresenta uma experiência integrada e unificada de varejo para seus clientes, não importando se sua compra foi realizada em uma loja, através de um catálogo ou se ocorreu on-line. Os gestores atribuem grande parte do crescimento da empresa a essa experiência unificada do cliente.

*Fontes:* Compilado de T. Mendelsohn, "REI: A Case Study in Multichannel Organization", Forrester Research, 18 de dezembro de 2006; "REI Pegs Growth on Effective Multichannel Strategy, Executive Says", Internet Retailer, 17 de fevereiro de 2005; *www.rei.com*, acessado em 31 de março de 2009.

**PERGUNTAS**

1. Qual é a importância da disponibilidade de dados neste caso?

2. Quais outras vantagens os sistemas de informação reestruturados da REI poderiam fornecer para a empresa, além de melhorar a experiência do cliente?

---

O segundo grande problema é o atendimento aos pedidos, que também pode ser uma fonte de problemas para os varejistas eletrônicos. Sempre que uma empresa vende diretamente aos consumidores, ela se envolve em várias atividades de atendimento a pedidos. Ela precisa realizar as seguintes atividades: encontrar rapidamente os produtos a serem remetidos; embalá-los; cuidar para que as encomendas sejam entregues com rapidez na porta do cliente; receber o dinheiro de cada consumidor, antecipadamente, seja por DOC ou por cobrança individual; e cuidar da devolução dos produtos indesejados ou defeituosos.

É muito difícil realizar essas atividades de maneira eficiente e eficaz no B2C, pois uma empresa precisa despachar pequenos pacotes para muitos clientes e fazer isso rapidamente. Por essa razão, as empresas envolvidas no B2C frequentemente enfrentam problemas com as cadeias de suprimentos.

O atendimento aos pedidos inclui não só fornecer pontualmente aos consumidores o que eles pediram, mas também fornecer ao cliente todos os serviços relacionados. Por exemplo, o consumidor precisa receber instruções de montagem e operação de um novo aparelho. Além disso, se o consumidor não estiver satisfeito com um produto, é necessário combinar a troca ou devolução (visite *www.fedex.com* para ver como as devoluções são administradas pela FedEx).

No final da década de 1990, os varejistas eletrônicos enfrentaram muitos problemas no atendimento a pedidos, especialmente durante a época do Natal. Os problemas incluíam entregas atrasadas, entrega de itens errados, custos de remessa elevados e indenizações para clientes insatisfeitos. Para os varejistas eletrônicos, receber pedidos pela internet é a parte fácil do comércio eletrônico B2C. Entregar os pedidos na porta dos consumidores é a parte difícil. O atendimento aos pedidos é menos complicado no B2B. Essas transações são muito maiores no tamanho do pedido, mas menores em quantidade de pedidos. Além disso, essas empresas têm mecanismos de atendimento a pedidos estabelecidos há muitos anos.

### ▪ Propaganda On-line

*Propaganda* é o esforço para disseminar informações com o objetivo de influenciar uma transação entre vendedor e comprador. A propaganda tradicional na TV, em revistas ou jornais é uma comunicação em massa, impessoal e unilateral. O marketing de resposta direta, ou telemarketing, contacta as pessoas por mala direta ou telefone e exige que elas respondam para realizar uma compra. O método de resposta direta personaliza o anúncio e o marketing, mas pode ser muito caro, lento e ineficaz. Também pode ser extremamente irritante para o consumidor.

A propaganda na internet redefine o processo, tornando-o rico, dinâmico e interativo. Ele aprimora as formas tradicionais de propaganda de diversas maneiras. Primeiro, a propaganda na internet pode ser atualizada a qualquer momento, com um custo mínimo e, portanto, pode estar sempre atualizada. Além disso, a propaganda na internet pode atingir uma quantidade bem grande de compradores potenciais em todo o mundo. Geralmente também é mais barata do que a propaganda no rádio, na televisão e a impressa. A propaganda na internet pode ser interativa e voltada para grupos e/ou pessoas com interesses específicos. Apesar de todas essas vantagens, é difícil medir a eficácia e a justificativa de custo da propaganda on-line. Por esse motivo, não existem padrões concretos para avaliar se os resultados da propaganda na internet justificam seus custos.

Métodos de Propaganda. Os métodos de propaganda on-line mais comuns são *banners*, *pop-ups* e e-mail*s*. Os **banners** são simplesmente quadros de anúncios eletrônicos. Em geral, um *banner* contém um texto curto ou mensagem gráfica para promover um produto ou fornecedor. Pode até conter videoclipe e som. Quando os consumidores clicam em um *banner*, são direcionados para a página web do anunciante. O anúncio em *banners* é a forma de propaganda mais usada na internet (Figura 6.3).

Uma grande vantagem dos *banners* é que eles podem ser personalizados para o público-alvo. Se o sistema de computação souber quem você é ou qual é o seu perfil, você pode ver um *banner* voltado especificamente para seus interesses. Uma grande desvantagem dos *banners* é que eles contêm apenas informações limitadas, visto que são pequenos. Outro ponto negativo é que muitos simplesmente os ignoram, como vimos no caso inicial deste capítulo, sobre o Facebook.

Os anúncios *pop-up* e *pop-under* são apresentados em uma nova janela do navegador que é automaticamente aberta quando você entra ou sai de um site. Um **anúncio** *pop-up* aparece na frente da janela ativa do navegador. Um **anúncio** *pop-under* aparece por baixo da janela ativa: quando os usuários fecham a janela ativa, veem o anúncio. Muitos usuários fazem forte objeção a esses tipos de anúncio, que consideram invasivos. Os navegadores modernos permitem que os usuários bloqueiem os anúncios *pop-up*, mas esse recurso deve ser usado com cuidado, pois alguns sites dependem deles para que funcionem corretamente.

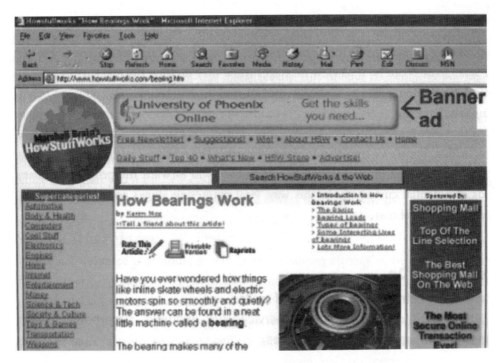

**Figura 6.3** Quando os clientes clicam em um anúncio em *banner*, eles são transferidos para a página web do anunciante.

*Fonte: http://images.encarta.msn.com/xrefmedia/sharemed/taracts/images/pho/0007faba.jpg.*

O e-mail está emergindo como um canal de propaganda e marketing na internet. Em geral, ele é economicamente vantajoso e apresenta um índice de resposta melhor e mais rápido que outros canais de propaganda. Os profissionais de marketing desenvolvem ou compram uma lista de endereços de e-mail, colocam-na em um banco de dados de clientes e, depois, enviam anúncios por e-mail. Uma lista de endereços de e-mail pode ser uma ferramenta muito poderosa porque pode atingir um grupo de pessoas ou mesmo indivíduos.

Como você provavelmente já deve ter concluído, existe um potencial para o mau uso da propaganda por e-mail. Na verdade, alguns consumidores recebem uma enxurrada de e-mails não solicitados. Esse tipo de e-mail é chamado de *spam*, ou e-mail não solicitado. *Spamming* é a distribuição indiscriminada de anúncios eletrônicos sem permissão do destinatário. Infelizmente, o *spamming* está piorando com o passar do tempo.

Duas respostas importantes ao *spamming* são o marketing de permissão e o marketing viral. O **marketing de permissão** pede que os consumidores deem permissão para receber voluntariamente anúncios on-line via e-mail. Em geral, solicita-se que os consumidores preencham um formulário eletrônico perguntando sobre seus interesses e pedindo permissão para enviar informações de marketing relacionadas. Algumas vezes, oferecem-se incentivos aos consumidores para que eles recebam anúncios.

O marketing de permissão é a base de muitas estratégias de marketing na internet. Por exemplo, milhões de usuários recebem e-mails periodicamente de empresas aéreas como American e Southwest. Os usuários desse serviço de marketing podem pedir para serem notificados de tarifas reduzidas a partir de suas cidades natais ou para seus destinos favoritos. Os usuários podem cancelar facilmente a inscrição a qualquer momento. O marketing de permissão também é extremamente importante para a pesquisa de marketing (por exemplo, veja Media Metrix em *www.comscore.com*).

Em uma forma particularmente interessante de marketing de permissão, empresas como Clickdough.com, ExpressPaidSurveys.com e CashSurfers.com construíram listas de consumidores com milhões de pessoas que ficam satisfeitas em receber mensagens de propaganda sempre que estão na web. Esses consumidores recebem de US$ 0,25 a US$ 0,50 por hora para ver mensagens enquanto navegam na internet.

O **marketing viral** se refere à propaganda boca a boca. A ideia por trás do marketing viral é fazer as pessoas repassarem mensagens para os amigos, sugerindo que eles "confiram isso". Um profissional de marketing pode distribuir um pequeno software de jogo, por exemplo, embutido no e-mail de um patrocinador, que é fácil de repassar. Enviando algumas milhares de cópias, os fornecedores esperam atingir muitos outros milhares. O marketing viral permite que as empresas construam a percepção da marca com um custo mínimo.

### Antes de Prosseguir...

1. Descreva as lojas e os shoppings eletrônicos.
2. Analise vários tipos de serviço on-line (por exemplo, *cyberbanking*, compra e venda de títulos, procura de emprego, serviços de viagem).
3. Faça uma lista dos principais problemas relacionados ao varejo eletrônico.
4. Descreva a propaganda on-line, seus métodos e suas vantagens.
5. O que é *spamming*, marketing de permissão e marketing viral?

## 6.3. Comércio Eletrônico *Business-to-Business* (B2B)

No comércio eletrônico *business-to-business* (*B2B*), os compradores e vendedores são organizações comerciais. O B2B constitui cerca de 85% do volume do CE. Ele abrange um amplo espectro de aplicações que permitem a uma empresa formar relações eletrônicas com distribuidores, varejistas, fornecedores, clientes e outros parceiros. Usando o B2B, as organizações podem reestruturar suas cadeias de suprimentos e seus relacionamentos de parceria.

Há vários modelos empresariais para aplicações B2B. Os principais são os mercados do lado da venda (*sell-side*), os mercados do lado da compra (*buy-side*) e as trocas eletrônicas.

### ▪ Mercados do Lado da Venda

No modelo do **mercado do lado da venda** (*sell-side*), as organizações tentam vender produtos ou serviços para outras organizações eletronicamente através do seu próprio site de mercado eletrônico privado e/ou através de um site de intermediários. Esse modelo é semelhante ao modelo B2C, no qual se espera que o comprador vá ao site do vendedor, veja catálogos e faça pedidos. No mercado do lado da venda B2B, entretanto, o comprador é uma organização.

Os principais mecanismos no modelo do lado da venda são os catálogos eletrônicos que podem ser personalizados para cada grande comprador e para leilões regulares. Vendedores como Dell Computer (*www.dellauction.com*) usam leilões amplamente. Além dos leilões em seus próprios sites, as organizações podem usar sites de leilão terceirizados, como o eBay, para liquidar itens. Empresas como Ariba (*www.ariba.com*) estão ajudando organizações a leiloarem bens e estoques antigos.

O modelo do lado da venda é usado por centenas de milhares de empresas. É especialmente poderoso para empresas com alta reputação. O vendedor pode ser um fabricante (por exemplo, Dell, IBM), um distribuidor (por exemplo, *www.avnet.com*) ou um varejista (por exemplo, *www.bigboxx.com*). O vendedor usa o CE para aumentar as vendas, reduzir as despesas de venda e propaganda, aumentar a rapidez de entrega e reduzir os custos administrativos. O modelo do lado da venda é especialmente adequado para a customização. Em muitas empresas, os consumidores podem configurar seus pedidos on-line. Na Dell (*www.dell.com*), por exemplo, é possível determinar o tipo exato de computador desejado. Você pode escolher o tipo de chip (por exemplo, Itanium 2), o tamanho do disco rígido (por exemplo, 300 gigabytes), o tipo de monitor (por exemplo, tela plana de 21") e assim por diante. No site da Jaguar (*www.jaguar.com*), você pode personalizar o Jaguar que deseja. A personalização dos pedidos gera menos mal-entendidos em relação ao que os clientes querem, ao mesmo tempo que estimula um atendimento mais rápido aos pedidos.

■ **Mercados do Lado da Compra**

O **mercado do lado da compra** (*buy-side*) é um modelo em que as organizações tentam comprar eletronicamente os produtos ou serviços necessários de outras organizações. Um importante método de comprar produtos e serviços no modelo do lado da compra é o leilão reverso.

O modelo do lado da compra usa tecnologia de CE para tornar o processo de compra mais eficiente. O objetivo é reduzir os custos dos itens comprados, bem como as despesas administrativas envolvidas na compra. Além disso, a tecnologia de CE pode reduzir o tempo do ciclo de compra. As aquisições que usam um modelo de mercado do lado da compra terceirizado são especialmente populares em pequenas e médias organizações, devido ao potencial de redução dos custos dos itens comprados e das despesas administrativas. A aquisição inclui comprar bens e matérias-primas, assim como encontrar fornecedores (*sourcing*), negociar com fornecedores, pagar as mercadorias e criar arranjos de entrega. As organizações agora usam a internet para realizar todas essas funções.

As compras que usam apoio eletrônico são chamadas de **aquisição eletrônica (ou *e-procurement*)**. A aquisição eletrônica utiliza leilões reversos, particularmente compras em grupo. Nas **compras em grupo**, os pedidos de muitos compradores são combinados de modo a constituírem um grande volume. Esse processo permite atrair mais atenção do vendedor. Além disso, quando os pedidos combinados são feitos em um leilão reverso, um grande desconto pode ser negociado. Geralmente, os pedidos dos pequenos compradores são agregados por um fornecedor terceirizado, como a United Sourcing Alliance (*www.usa-llc.com*).

■ **Trocas Eletrônicas**

As trocas privadas possuem um comprador e muitos vendedores. Os mercados eletrônicos, em que existem muitos vendedores e muitos compradores, são chamados de **trocas públicas**, ou simplesmente **trocas (ou *exchanges*)**. As trocas públicas são abertas a todas as organizações comerciais. Normalmente são mantidas e operadas por intermediários. Os administradores de trocas públicas fornecem aos participantes todos os sistemas de informação necessários. Portanto, os compradores e vendedores precisam simplesmente "se conectar" para realizar trocas. As trocas públicas B2B normalmente são o ponto inicial para contatos entre parceiros comerciais. Depois que fazem contato, os parceiros podem mudar para uma troca privativa ou para as salas de negócios privativas oferecidas por muitas trocas públicas, a fim de realizarem as atividades de negociação subsequentes.

Algumas trocas eletrônicas são para matérias-primas diretas e outras para indiretas. As *matérias-primas diretas* são insumos para o processo de fabricação, como vidros de segurança usados em para-brisas e janelas de automóveis. As *matérias-primas indiretas* são itens como suprimentos de escritório, que são necessários para manutenção, operações e reparos. Existem três tipos básicos de trocas públicas: verticais, horizontais e funcionais.

As **trocas verticais** conectam compradores e vendedores de determinado setor. São exemplos de trocas verticais *www.plasticsnet.com* na indústria de plásticos, *www.paper*site*.com* na indústria de papéis, *www.chemconnect.com* na indústria química e *www.isteelasia.com* na indústria siderúrgica.

As **trocas horizontais** conectam compradores e vendedores de muitos setores e são usadas principalmente para materiais de manutenção, operações e reparos. Exemplos de trocas horizontais incluem EcEurope (*www.eceurope.com*), Globalsources (*www.globalsources.com*) e Alibaba (*www.alibaba.com*).

Nas **trocas funcionais**, serviços necessários, como funcionários temporários ou espaço adicional de escritório, são negociados apenas quando necessário. Por exemplo, a Employease (*www.employease.com*) pode encontrar mão de obra temporária usando empregadores na Employease Network.

Todos os tipos de trocas oferecem serviços de apoio diversificados, variando dos pagamentos à logística. As trocas verticais normalmente são mantidas e administradas por um *consórcio*, termo que representa um grupo de grandes atuantes em determinado setor. Por exemplo, Marriott e Hyatt possuem um mercado eletrônico de energia. Os mercados eletrônicos verticais oferecem serviços especialmente adequados à comunidade a que servem.

*Antes de Prosseguir...*

1. Em poucas linhas, estabeleça as diferenças entre o mercado do lado da venda e o mercado do lado da compra.

2. Em poucas linhas, estabeleça as diferenças entre trocas verticais, trocas horizontais e trocas funcionais.

## 6.4. Pagamentos Eletrônicos

Implementar CE normalmente exige pagamentos eletrônicos. Os **sistemas de pagamento eletrônico** permitem pagar eletronicamente por produtos e serviços, em vez de preencher um cheque ou usar dinheiro. Os sistemas de pagamento eletrônico incluem cheques eletrônicos, cartões de crédito eletrônicos, cartões de compra e dinheiro eletrônico. Os pagamentos são parte integrante de qualquer negócio, seja tradicional ou on-line. Os sistemas de pagamento tradicionais normalmente envolvem dinheiro e/ou cheques.

Na maioria dos casos, os sistemas de pagamento tradicionais não são eficazes para o CE, especialmente no B2B. O dinheiro não pode ser usado porque não existe contato direto entre comprador e vendedor. Nem todo mundo aceita cartões de crédito ou cheques, e alguns compradores não possuem cartões de crédito ou contas bancárias. Finalmente, ao contrário do que muitos acreditam, pode ser *menos* seguro para o comprador usar o telefone ou os correios para combinar ou enviar pagamentos, especialmente de outro país, do que realizar uma transação segura em um computador. Por todas essas razões, é necessário encontrar uma forma melhor para pagar produtos e serviços no ciberespaço. Esse método melhor são os sistemas de pagamento eletrônico. Agora, veremos os cheques eletrônicos, os cartões de crédito eletrônicos, os cartões de compra e o dinheiro eletrônico.

■ **Cheques Eletrônicos**

Os *cheques eletrônicos* (*e-checks*) são semelhantes ao cheques comuns de papel. São usados principalmente no B2B. Primeiro, o consumidor abre uma conta-corrente no banco. Quando o consumidor contata o vendedor e compra um produto ou serviço, ele envia por e-mail um cheque eletrônico criptografado para o vendedor, que deposita o cheque em uma conta bancária. Em seguida, os fundos são transferidos da conta do comprador para a conta do vendedor.

Assim como os cheques comuns, os *e-checks* possuem uma assinatura (em formato digital) que pode ser verificada (veja *www.authorize.net*). Os cheques devidamente assinados e endossados são trocados entre instituições financeiras por meio de carteiras de compensação (veja *www.eccho.org* e *www.troygroup.com* para obter mais detalhes).

■ **Cartões de Crédito Eletrônicos**

Os *cartões de crédito eletrônico* (*e-credit*) permitem que os clientes lancem os pagamentos on-line em suas contas de cartão de crédito. Os cartões de crédito eletrônicos são usados principalmente no B2C e na compra por pequenas e médias empresas (PMEs). Veja como o *e-credit* funciona (Figura 6.4).

Etapa 1: Quando você compra um livro na Amazon.com, por exemplo, suas informações de cartão de crédito e o valor da compra são cifrados em seu navegador. Dessa forma, as informações ficam protegidas enquanto estão "viajando" pela internet até a Amazon.

Etapa 2: Quando as informações chegam à Amazon, elas não são abertas. Em vez disso, são transferidas automaticamente (em formato cifrado) para uma *câmara de compensação*, onde as informações são decodificadas para verificação e autorização.

Etapa 3: A câmara de compensação pede ao banco que emitiu seu cartão de crédito (o banco emissor do cartão) para verificar sua informação de cartão de crédito.

Etapa 4: O banco emissor do seu cartão verifica sua informação de cartão de crédito e informa isso à câmara de compensação.

Etapa 5: A câmara de compensação informa o resultado da verificação do seu cartão de crédito à Amazon.

Etapa 6: A Amazon lhe informa que a compra foi bem-sucedida e o valor.

Etapa 7: O banco emissor do seu cartão envia fundos no valor da compra para o banco da Amazon.

Etapa 8: O banco emissor do seu cartão o notifica (eletronicamente ou em sua fatura mensal) sobre o débito no seu cartão de crédito.

Etapa 9: O banco da Amazon notifica à Amazon sobre os fundos creditados em sua conta.

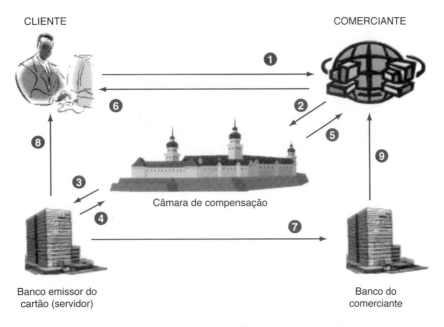

**Figura 6.4** Como os cartões de crédito eletrônicos funcionam. (Os números de 1 a 9 indicam a sequência das atividades.)

*Fonte:* Desenhado por E. Turban.

Vários dos principais emissores de cartão de crédito estão oferecendo aos clientes a opção de comprar on-line com *números de cartão de crédito virtuais, de único uso*. O objetivo é afastar os criminosos, usando um número de cartão diferente, aleatório, toda vez que você compra on-line. Um número virtual vale apenas no site em que você faz a sua compra. Uma compra on-line feita com um número de cartão virtual aparece na conta de um cliente como qualquer outra compra. A Figura 6.5 mostra um exemplo de um cartão de crédito virtual.

**Figura 6.5** Exemplo de cartão de crédito virtual.

PrivaSys (*www.privasys.com*) oferece um cartão de crédito interessante, que dá ao usuário recursos de segurança adicionais. Esse cartão contém um teclado tipo calculadora, uma pequena tela de LCD, uma bateria muito fina, uma tarja magnética especial e um chip (microprocessador), tudo em um cartão de plástico do mesmo tamanho de um cartão de crédito tradicional. O chip no cartão mantém todos os números de cartão de crédito e débito. Quando você faz uma compra, digita seu PIN de quatro dígitos usando o teclado do cartão. O cartão produz então um número de autorização exclusivo para essa transação em particular.

▪ **Cartões de Compra**

O equivalente B2B do cartão de crédito eletrônico é o *cartão de compra* (Figura 6.6). Em alguns países, as empresas pagam a outras empresas principalmente através de cartões de compra, em vez de cheques de papel. Diferentemente dos cartões de crédito, nos quais o crédito é fornecido por 30 a 60 dias (sem juros) antes que o pagamento seja feito ao comerciante, os pagamentos feitos com cartões de compra são repassados em uma semana.

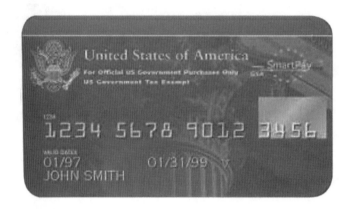

**Figura 6.6** Cartão de compra.

Os cartões de compra geralmente são usados para compras B2B não planejadas, e as empresas normalmente limitam a quantia por compra (em geral, US$ 1.000 a US$ 2.000). Os cartões de compra podem ser usados na internet de modo muito semelhante aos cartões de crédito comuns.

▪ **Dinheiro Eletrônico**

Apesar do crescimento dos cartões de crédito, o dinheiro continua sendo o modo de pagamento mais comum nas transações off-line. Entretanto, muitos vendedores de CE, e alguns compradores, preferem o dinheiro eletrônico. O *dinheiro eletrônico* (*e-cash*) aparece de quatro formas principais: cartões de débito com valor armazenado, cartões inteligentes (*smart cards*), pagamentos diretos e carteiras digitais.

Cartões de Débito com Valor Armazenado. Embora se pareçam com cartões de crédito, os **cartões de débito com valor armazenado** são, na verdade, uma forma de dinheiro eletrônico. Os cartões que você usa para pagar fotocópias na biblioteca, para transporte ou ligações telefônicas são chamados de cartões de débito com valor armazenado. Diz-se que têm "valor armazenado" porque permitem que você armazene uma quantia pré-paga fixa em dinheiro e, então, gaste-o conforme necessário. Cada vez que você usa o cartão, a quantia é reduzida do valor gasto. A Figura 6.7 mostra um cartão do metrô da cidade de Nova York.

**Figura 6.7** O cartão de metrô da cidade de Nova York.

*Fontes:* Stuart Kelly/Alamy.

Cartões Inteligentes. Embora algumas pessoas prefiram se referir aos cartões de débito com valor armazenado como "cartões inteligentes", na realidade, eles não são a mesma coisa. Os verdadeiros **cartões inteligentes (*smart cards*)** contêm um chip que pode armazenar uma considerável quantidade de informações (mais de 100 vezes a de um cartão de débito com valor armazenado) (Figura 6.8). Os cartões inteligentes, ou *smart cards*, muitas vezes são *multifuncionais*; isto é, você pode usá-los como cartão de crédito, cartão de débito ou cartão de débito com valor armazenado. Além disso, quando você usa um cartão inteligente em uma loja de departamentos como *cartão de fidelidade*, ele pode conter suas informações de compra.

**Figura 6.8** Cartões inteligentes normalmente são multifuncionais.

Os cartões inteligentes avançados podem ajudar os clientes a transferir fundos, pagar contas e comprar itens de máquinas de venda automática (*vending machines*). Os clientes também podem usá-los para pagar serviços como aqueles oferecidos na televisão ou na internet. Por exemplo, o cartão Visa Cash (Figura 6.9) lhe permite comprar produtos ou serviços em postos de gasolina, lojas de *fast-food*, telefones públicos, lojas de descontos, correios, lojas de conveniência, lanchonetes e cinemas participantes. Você pode inserir dinheiro nos cartões inteligentes avançados em caixas eletrônicos e quiosques, bem como através do computador. Os cartões inteligentes são ideais para *micropagamentos*, que são pequenos pagamentos de alguns dólares ou menos. Entretanto, eles possuem funções adicionais. Em Hong Kong, por exemplo, o cartão de transporte chamado Octopus é um cartão de débito com valor armazenado que pode ser usado em trens e ônibus (Figura 6.10). Entretanto, como suas capacidades se expandiram a fim de poder ser usado em lojas e máquinas de venda automática, ele está se transformando em um cartão inteligente.

**Figura 6.9** Cartão Visa Cash.

**Figura 6.10** Cartão Octopus de Hong Kong é um cartão com valor armazenado para transporte.

Pagamentos Diretos. Os **pagamentos diretos** (*person-to-person payments*) são uma forma de dinheiro eletrônico que permite a dois indivíduos ou um indivíduo e uma empresa transferirem fundos sem usar um cartão de crédito, ou seja, um dos mecanismos de pagamento mais novos e de mais rápido crescimento. Esse serviço pode ser usado para várias finalidades, como enviar dinheiro para alunos na faculdade, pagar um produto adquirido em um leilão on-line ou enviar um presente a um membro da família.

Uma das primeiras empresas a oferecer esse serviço foi a PayPal (uma empresa do eBay). Hoje, AOL QuickCash, One's Bank eMoneyMail, Yahoo PayDirect e WebCertificate (*www.webcertificate.com*) concorrem com a PayPal. O Quadro 6.3 oferece um exemplo do valor da PayPal para uma empresa iniciante na internet.

## TI E A EMPRESA

### 6.3 PayPal Fornece Solução para os Amantes de Chocolate

Quando Dan Prichett abriu seu pequeno negócio, ele tinha algumas considerações relativas à viabilidade do seu empreendimento a longo prazo. Como diversos empreendedores, Dan era muito apaixonado pelos produtos que sua empresa vendia. Na verdade, os produtos que ele vendia eram bastante pessoais. Dan tinha acabado de perder mais de 45 quilos através de exercícios e de uma dieta baixa em carboidratos. Enquanto estava fazendo dieta, ele descobriu um produto de chocolate com pouco carboidrato que o ajudou a satisfazer seus desejos, mantendo o seu programa de perda de peso. Como resultado, criou a LowcarbChocolates (*www.lowcarbchocolates.com*).

As empresas tradicionais, físicas, sempre se deparam com questões importantes, tais como localização, pessoal e as horas de operação. Nessas empresas, os clientes pagam em dinheiro, cheque, cartões de crédito ou de débito enquanto estão fisicamente presentes durante a transação. Para os varejistas on-line, esse processo não é possível porque não há espaço físico na empresa.

Como Dan é um varejista on-line, ele teve de implementar um método seguro e acessível, de baixo risco, para receber pagamentos dos pedidos de clientes on-line. Esses pagamentos são chamados de pagamentos de "cartão não presente".

Depois de pesquisar várias opções, Dan contratou a empresa PayPal (*www.paypal.com*) para facilitar seus processos de cobrança e de atendimento de pedidos. O PayPal executa o processamento de pagamento para vendedores on-line no eBay, bem como para outros usuários comerciais, como *LowCarbChocolates.com*, cobrando uma taxa para isso.

Para a *LowCarbChocolates.com*, o uso do PayPal como fornecedor de forma de pagamento e concretização aborda três temas muito importantes. Em primeiro lugar, a solução do PayPal fornece para Dan e sua equipe um sistema de informação conveniente e descomplicado para as operações do cliente. O PayPal consolida informações sobre pedidos de compras, transferências e informações do cliente em uma ferramenta de comunicação on-line de fácil acesso. Em segundo lugar, o PayPal, com suas políticas mercantil e de proteção aos clientes, garante e resguarda as transações confidenciais (por exemplo, transações envolvendo cartões de crédito ou de débito). O PayPal implementa suas políticas de segurança através do uso de criptografia. Finalmente, o PayPal melhorou o serviço de atendimento ao cliente da *LowcarbCho-colates.com*, tornando a empresa mais responsiva às exigências do cliente. O resultado mais acentuado da parceria entre *LowCarbChocolates.com* e o PayPal tem sido o rápido crescimento da empresa. Em meados de 2009, a *LowCarbChocolates.com* contava, em média, com mais de 800 transações mensais e um percentual significativo destes pagamentos foi processado pelo PayPal.

*Fontes:* Compilado de "*LowCarb-Chocolates.com*", PayPal Customer Case Study, *www.paypal.com,* acessado em 30 de março de 2009; *www.lowcarbchocolates.com,* acessado em 4 de abril de 2009.

**PERGUNTAS**

1. Dan pesquisou diversas opções de pagamentos para os clientes. Acesse a internet para encontrar outras opções de pagamento que Dan poderia ter usado.
2. Quais são as vantagens que Dan obteve usando o PayPal? Houve alguma desvantagem? Se assim for, as vantagens superam as desvantagens ou vice-versa?

Quase todos esses serviços de pagamento direto funcionam de maneira semelhante. Primeiro, você escolhe um serviço e abre uma conta. Basicamente, isso envolve criar um nome de usuário, escolher uma senha e fornecer ao serviço um número de cartão de crédito ou conta bancária. Depois, você adiciona fundos do seu cartão de crédito ou conta-corrente à sua nova conta. Agora, você está pronto para enviar dinheiro para alguém através da internet. Você acessa o PayPal, por exemplo, com seu nome de usuário e senha e especifica o endereço de e-mail da pessoa que receberá o dinheiro, bem como a quantia que quer enviar. Um e-mail é enviado para o endereço de e-mail do destinatário. O e-mail contém um link para o site do serviço. Quando o destinatário clica no link, é levado para o serviço. Será solicitado que o destinatário defina uma conta na qual será creditado o dinheiro que você enviou. O destinatário pode, então, transferir o dinheiro dessa conta para uma conta-corrente ou de cartão de crédito. O pagador paga uma pequena taxa, normalmente em torno de US$ 1 por transação.

Além disso, um recurso de segurança atraente do PayPal é que você só precisa colocar dinheiro suficiente na conta para cobrir quaisquer transações que estejam por vir. Portanto, se alguém conseguir obter acesso à sua conta, ela não terá acesso a todo o seu dinheiro.

Carteiras Digitais. As **carteiras digitais** (ou *e-wallets*) são mecanismos de software que oferecem medidas de segurança, aliadas à conveniência, para compra no CE. A carteira armazena as informações financeiras do comprador, como número de cartão de crédito, informações de frete etc. Assim, informações importantes não precisam ser redigitadas a cada compra. Se a carteira estiver armazenada no site do vendedor, não precisa viajar pela internet a cada compra, tornando as informações mais seguras.

O maior problema desse sistema é que você precisa de uma carteira digital com cada comerciante. Uma solução é ter uma carteira instalada em seu computador (por exemplo, MasterCard Wallet ou AOL Wallet). Nesse caso, porém, você não pode usar a carteira digital para fazer uma compra a partir de outro computador. Além disso, esse sistema não é totalmente seguro.

### Antes de Prosseguir...

1. Faça uma lista dos diversos mecanismos de pagamento eletrônico. Quais são os mais usados para pagamentos B2B?
2. O que são micropagamentos?

## 6.5. Aspectos Legais e Éticos no Comércio Eletrônico

A inovação tecnológica muitas vezes obriga a sociedade a reavaliar e modificar os padrões éticos. Em muitos casos, os novos padrões são incorporados à lei. Nesta seção, discutimos dois aspectos éticos importantes: privacidade e perda do emprego. Depois, voltamos nossa atenção para vários aspectos legais que surgem da prática do *e-business*.

### ▪ Aspectos Éticos

Muitas das questões éticas e globais relacionadas à TI também se aplicam ao *e-business*. Consideramos, aqui, dois aspectos básicos: privacidade e perda do emprego.

Por facilitar o armazenamento e a transferência de informações pessoais, o *e-business* apresenta algumas ameaças à privacidade. Para começar, a maioria dos sistemas de pagamento eletrônico sabe quem são os compradores. Então, pode ser necessário proteger a identidade dos compradores. Essa proteção pode ser realizada, por exemplo, com a criptografia.

Outro grande problema de privacidade é o monitoramento. Por exemplo, as atividades dos indivíduos na internet podem ser monitoradas por *cookies*, comentados no Capítulo 3. Programas que utilizam *cookies* trazem à tona preocupações com a privacidade. O histórico do monitoramento é armazenado no disco rígido do seu computador, e sempre que você volta a determinado site, o computador sabe disso (veja em *http://netinsight.unica.com*). Em resposta, alguns usuários instalam programas para ter algum controle sobre os *cookies* e restaurar a privacidade on-line.

Além de comprometer a privacidade dos empregados, o uso do CE pode eliminar a necessidade de alguns empregados, bem como de corretores e agentes. A maneira como esses trabalhadores desnecessários, especialmente os empregados, são tratados pode levantar questões éticas. Como a empresa deve tratar as demissões? As empresas devem ser obrigadas a treinar empregados para novos cargos? Em caso negativo, ela deve compensar ou ajudar de alguma outra forma os empregados demitidos?

### ▪ Aspectos Legais Específicos ao Comércio Eletrônico

Muitos aspectos legais estão especificamente relacionados ao comércio eletrônico. Quando compradores e vendedores não se conhecem e não se encontram pessoalmente, há uma chance de indivíduos desonestos cometerem fraudes e outros crimes. Durante os primeiros anos do CE, o público testemunhou muitos desses crimes. Essas ações ilegais variavam entre criar um banco virtual que desaparecia junto com os depósitos dos investidores até a manipulação dos preços de ações na internet. Infelizmente, as atividades fraudulentas na internet estão crescendo. Na próxima seção, examinaremos algumas das principais questões legais específicas ao comércio eletrônico.

Fraude na Internet. A fraude na internet cresceu ainda mais rápido que o próprio uso da internet. Em um caso, corretores de ações espalhavam falsos rumores positivos sobre as perspectivas das empresas que eles observavam, com o objetivo de aumentar o preço das ações. Em outros casos, as informações fornecidas poderiam ser verdadeiras, mas eles não revelavam que eram pagos para despertar o interesse nas empresas. Os corretores visavam especificamente os pequenos investidores, que são iludidos com mais facilidade pela promessa de lucros rápidos.

O mercado de ações é apenas uma das áreas em que os fraudadores agem. Os leilões são especialmente atraentes à fraude, tanto por parte dos vendedores quanto dos compradores. Outros tipos de fraude incluem a venda falsa de investimentos e a configuração de oportunidades de negócios fantasmas. Graças ao crescente uso do e-mail, os criminosos financeiros agora têm acesso a muito mais pessoas. A Federal Trade Commission (FTC, *www.ftc.gov*) publica regularmente exemplos de fraudes que têm mais probabilidade de serem enviadas por e-mail ou encontradas na web. Mais adiante nesta seção, apresentamos algumas formas pelas quais os consumidores e vendedores podem se proteger das fraudes on-line.

Nomes de Domínio. Outro aspecto legal é a competição pelos nomes de domínio. Os nomes de domínio são atribuídos por organizações sem fins lucrativos que verificam a existência de conflitos e possíveis violações de marcas registradas. Obviamente, as empresas que vendem produtos e serviços pela internet querem que os consumidores sejam capazes de encontrá-las facilmente. Isso tem mais chances de ocorrer quando o nome de domínio coincide com o nome da empresa.

*Cybersquatting.* O *cybersquatting* se refere à prática de registrar nomes de domínio com a única finalidade de vendê-los no futuro por um preço mais alto. O *Anti-Cybersquatting Consumer Protection Act* (1999) permite que proprietários de marcas registradas nos Estados Unidos movam processos judiciais por eventuais danos.

Em outros casos, porém, o *cybersquatting* pode ser ilegal ou, no mínimo, antiético. Talvez a mais comum dessas práticas seja a prova de domínio (*domain tasting*). A prova de domínio permite que os donos do registro lucrem com a trilha de dinheiro complexa da propaganda com pagamento por clique. A prática vem das políticas da organização responsável pela regulamentação de nomes na web, a *Internet Corporation for Assigned Names and Numbers* (ICANN) (*www.icann.org*). Em 2000, a ICANN estabeleceu o "período de graça da criação", um período de cinco dias em que uma empresa ou pessoa pode reivindicar um nome de domínio e depois devolvê-lo por um reembolso total da taxa de registro de US$ 6. A ICANN implementou essa política para permitir que alguém que tenha digitado um nome de domínio por engano o devolva sem custo.

"Provadores de domínio" exploram a política reivindicando domínios da internet por cinco dias sem custo. Esses nomes de domínio normalmente são semelhantes aos de empresas e organizações conhecidas. Os provadores, então, enchem esses domínios com anúncios que vêm do Google e do Yahoo. Como esse processo envolve risco zero e 100% de margem de lucro, os provadores de domínio registram milhões de nomes de domínio a cada dia – alguns deles repetidamente. Os especialistas estimam que os registradores por fim compram menos de 2% dos sites que eles provam. Na grande maioria dos casos, eles usam os nomes de domínio por apenas alguns dias, para gerar lucros rápidos.

Um nome de domínio é considerado válido quando a pessoa ou empresa que possui o nome teve uma empresa legítima sob esse nome por algum período de tempo. Empresas como Christian Dior, Nike, Deutsche Bank e até mesmo Microsoft já tiveram que brigar ou pagar para obter o nome de domínio que corresponde ao nome de sua empresa dos *cybersquatters*.

Contudo, nem todas as disputas por nomes de domínio envolvem *cybersquatting*. Como um exemplo, a Delta Air Lines originalmente não conseguiu obter o nome de domínio da internet delta.com, pois a Delta Faucet o tinha adquirido primeiro. A Delta Faucet, que possuía esse nome comercial desde 1954, tinha um interesse comercial legítimo nele. A Delta Air Lines teve que ficar com delta-airlines.com até que comprou o nome de domínio da Delta Faucet. A Delta Faucet agora é deltafaucet.com.

Vários casos de disputa por nomes de domínio já estão nos tribunais. O Quadro 6.4 contém um exemplo de um caso recente sobre o uso de nomes de domínio.

## TI E A EMPRESA

### 6.4 Verizon Ganha Veredito por *Cybersquatting*

A Verizon Communications (*www.verizon.com*) persegue agressivamente pessoas e entidades que, através de meios eletrônicos, infringem a propriedade intelectual e a marca registrada da empresa. A equipe jurídica da Verizon regularmente vascula a web e encontra centenas de novos sites que usam variações do nome da Verizon. Entre os exemplos estão *verizonpicture.com*, *vorizonrington.com* e *varizoncellularphone.com*. Significativamente, nenhum desses sites tem algo a ver com a Verizon.

Em 2008, a Verizon recebeu US$ 31,15 milhões em danos em um caso de *cybersquatting* que interpôs contra um registrador de domínios chamado OnlineNIC (*www.onlinenic.com*). No seu informe legal, a Verizon acusou a OnlineNIC de registrar pelo menos 663 nomes de domínios confusamente similares às marcas da Verizon, por exemplo, *verizon-cellular.com* e *buyverizon.net*. Além do julgamento monetário, a empresa OnlineNIC foi condenada a disponibilizar para a Verizon todos os nomes de domínio que tinha registrado que infringem as marcas registradas da Verizon, além de cessar e desistir de qualquer outro registro de nomes semelhantes aos da Verizon.

Embora haja um recurso jurídico para resolver a questão de *cybersquatting*, uma quantidade enorme de tempo e dinheiro é necessária para combater essa prática antiética. Para complicar ainda mais o assunto, muitos casos de *cybersquatting* envolvem pessoas físicas ou empresas com sede fora da jurisdição do sistema legal dos EUA.

Executivos de empresas de registro de domínio argumentam que eles fornecem um serviço comercial e eles próprios não devem ser considerados responsáveis pelo policiamento de todos os domínios que são registrados diariamente. A organização responsável pela regulação dos nomes na web é a Internet Corporation for

Assigned Names and Numbers (ICANN) (*www.icann. org*). Muitas empresas têm pressionado a ICANN para revisar suas políticas para limitar os abusos inerentes ao sistema atual.

*Fontes:* Compilado de P. Sayer, "Verizon Wins $31 Million in Cybersquatting Case", IDG News Service, 26 de dezembro de 2008; L. Seltzer, "How Can We Take Domains Down Faster?" eWeek, 5 de abril de 2007; P. Thibodeau, "Cybersquatters Bank on 'A Good Typo'", Computerworld, 16 de abril de 2007; M. Herbst, "See Anything Odd About 'Vorizon'?" BusinessWeek, 8 de Janeiro de 2007; *www.icann.org*, acessado em 11 de maio de 2007.

**PERGUNTAS**

1. O *cybersquatting* poderia ser considerado ilegal? Por quê?
2. Se o seu nome fosse David Sony e você desejasse registrar o endereço *www.davidsony.com*, você deveria ser proibido de fazer isso porque Sony é também o nome de uma empresa internacional importante? Acesse *http://www.digest.com/Big_Story. php* e construa o seu caso.

Impostos e Outras Taxas. Nas vendas off-line, a maioria dos estados e localidades cobra impostos sobre as transações comerciais realizadas dentro de sua jurisdição. O exemplo mais óbvio são os impostos sobre vendas. As autoridades federal, estaduais e locais nos Estados Unidos já estão se associando para descobrir como estender essas políticas para o comércio eletrônico. Esse problema é particularmente complexo no caso do comércio eletrônico interestadual e internacional. Por exemplo, algumas pessoas alegam que o estado onde o *vendedor* está localizado merece todo o imposto sobre as vendas. Outros defendem que o estado em que o *servidor* está localizado também deve receber uma parcela do imposto.

Além do imposto sobre vendas, existe uma questão sobre onde (e, em alguns casos, se) os vendedores eletrônicos devem pagar taxas de registro da empresa, taxas de franquia, impostos sobre faturamento bruto, impostos de consumo, taxas de privilégio e taxas de utilidades públicas. Além disso, como a coleta de impostos seria controlada? Os esforços legislativos para impor taxas sobre o comércio eletrônico são atacados por uma organização chamada Internet Freedom Fighters (defensores da liberdade na internet). Sua atuação tem sido bem-sucedida até agora. Na época da edição deste livro, os Estados Unidos e vários outros países proibiam a imposição de impostos sobre vendas realizadas na internet. Além disso, os compradores são isentos de impostos para acessar a internet.

Direitos Autorais. No Capítulo 3, vimos que a propriedade intelectual é protegida por leis de direito autoral e não pode ser usada livremente. Esse ponto é significativo porque muitas pessoas erroneamente acreditam que, depois que compram um programa de software, têm o direito de compartilhá-lo com os outros. Na verdade, o que elas compraram é o direito de *uso* do software, não o direito de *distribuição*. Esse direito permanece com o detentor dos direitos autorais. Da mesma forma, copiar material de sites sem permissão é uma violação das leis de direito autoral. Contudo, os direitos de proteção à propriedade intelectual no *e-commerce* é extremamente difícil, pois envolve centenas de milhões de pessoas em cerca de 200 países com diferentes leis de direito autoral, que possuem acesso a bilhões de páginas web.

### Antes de Prosseguir...

1. Cite alguns aspectos éticos no CE.
2. Cite os principais aspectos legais do CE.
3. Descreva a proteção do comprador no CE.
4. Descreva a proteção do vendedor no CE.

## O que a **TI** pode me proporcionar?

■ ### Para o Setor de Contabilidade

O pessoal de contabilidade está envolvido em várias atividades do CE. Projetar o sistema de pedidos e sua relação com a gestão de estoques exige a atenção da contabilidade. Cobrança e pagamentos também são atividades contábeis, assim como a determinação dos custos e a alocação dos lucros. Substituir documentos de papel por meios eletrônicos afetará muitas das tarefas do contador, especialmente a auditoria das atividades e dos sistemas de CE. Finalmente, a construção de um sistema de justificativa de custo e de custo-benefício de quais produtos/serviços colocar on-line e a criação de um sistema de reembolso são tarefas vitais para o sucesso do CE.

### ▪ Para o Setor de Finanças

As realidades dos mercados bancários, de valores, *commodities* e outros serviços financeiros estão sendo  recriadas em função do CE. O mercado de ações on-line e sua infraestrutura básica estão crescendo mais rapidamente que qualquer outra atividade de CE. Muitas inovações já em uso estão mudando as regras dos incentivos econômicos e financeiros para os analistas e gerentes financeiros. O *banking* on-line, por exemplo, não reconhece fronteiras estaduais e pode criar uma nova estrutura para o financiamento de negociações globais. As informações de finanças públicas agora estão acessíveis em segundos. Essas inovações mudarão consideravelmente a maneira como o pessoal de finanças trabalha.

### ▪ Para o Setor de Marketing

Uma grande revolução no marketing e nas vendas está ocorrendo devido ao CE. Sua característica  mais óbvia talvez seja a transição de um mercado físico para um virtual. Igualmente importante, porém, é a transformação radical para a propaganda e as vendas diretas e para o mercado personalizado e interativo. Os canais de marketing estão sendo combinados, eliminados ou recriados. A revolução do CE está criando novos produtos e mercados e alterando significativamente outros. A digitalização de produtos e serviços também tem implicações para o marketing e as vendas. O canal direto produtor-consumidor está expandindo rapidamente e modificando fundamentalmente a natureza do serviço ao cliente. À medida que a briga por clientes se intensifica, o pessoal de marketing e vendas está se tornando o fator de sucesso mais importante em muitas organizações. O marketing on-line pode ser uma bênção para uma empresa e uma maldição para outra.

### ▪ Para o Setor de Produção/Operações

O CE está mudando o sistema de fabricação da produção em massa de produtos para a customização  em massa de acordo com os pedidos. Essa mudança requer uma cadeia de suprimentos robusta, suporte a informações e reengenharia de processos que envolvem fornecedores e outros parceiros comerciais. Usando extranets, os fornecedores podem monitorar e reabastecer estoques sem a necessidade de pedidos constantes. Além disso, a internet e as intranets ajudam a reduzir os tempos do ciclo. Muitos problemas de produção/operações que persistiam por anos, como programação complexa e excesso de estoques, estão sendo resolvidos rapidamente com o uso de tecnologias web. As empresas agora podem usar redes internas e externas para encontrar e gerenciar operações de fabricação em outros países muito mais facilmente. Além disso, a web está reformulando o setor de compras ajudando as empresas a darem lances eletrônicos para peças e equipamentos, reduzindo, assim, os custos. No geral, o trabalho do gerente de produção/operações do futuro está intimamente relacionado ao comércio eletrônico.

### ▪ Para o Setor de Recursos Humanos

Os gerentes de RH precisam entender os novos mercados de trabalho e os impactos do CE sobre os  antigos mercados de trabalho. Além disso, o departamento de RH pode usar ferramentas de CE para funções como compra de material de escritório. Instruir-se sobre novas iniciativas do governo e treinamento on-line também é extremamente importante. Finalmente, o pessoal de RH precisa se familiarizar com as principais questões legais relacionadas ao CE e ao emprego.

### ▪ Para o Setor de TI

A função de TI é responsável por oferecer a infraestrutura de TI necessária para que o comércio ele-  trônico funcione. Em especial, ela inclui as redes, intranets e extranets da empresa. A função de TI também é responsável por garantir que as transações de comércio eletrônico sejam seguras.

## Resumo

Neste capítulo você aprendeu a:

1. **Descrever o comércio eletrônico, incluindo seu alcance, vantagens, limitações e tipos.**

   O comércio eletrônico pode ser realizado na web e em outras redes. Ele é dividido nestes cinco tipos principais: *business-to-consumer*, *business-to-business*, *consumer-to-consumer*, *business-to-employee* e *government--to-citizen*. O comércio eletrônico oferece muitos benefícios para organizações, consumidores e sociedade, mas também tem limitações (tecnológicas e não tecnológicas). A previsão é que as limitações tecnológicas atuais diminuam com o tempo.

2. **Estabelecer as diferenças entre comércio eletrônico puro e parcial.**

   No CE puro, o produto ou serviço, o processo pelo qual o produto ou serviço é produzido e o agente de distribuição são todos digitais. Todas as outras combinações que incluem um misto de dimensões físicas e digitais são consideradas CE parcial.

3. **Entender o funcionamento básico dos leilões on-line.**

   Um importante mecanismo no CE são os leilões. A internet oferece uma infraestrutura para realizar leilões com baixo custo e com muito mais vendedores e compradores envolvidos, incluindo consumidores individuais e organizações. Há dois tipos principais de leilões: os regulares e os reversos. Os leilões regulares são usados no processo tradicional de vender para quem oferecer mais. Os leilões reversos são usados para comprar, usando um sistema de comprar pela oferta mais baixa.

4. **Estabelecer as diferenças entre comércio eletrônico *business-to-consumer*, *business-to-business*, *consumer-to-consumer*, *business-to-employee* e *government-to-citizen*.**

   O B2C pode ser puro ou parte de uma organização que faz negócios fisicamente. O marketing direto é feito através de lojas individuais, em shoppings, catálogos eletrônicos ou leilões eletrônicos. Os principais setores de serviço B2C on-line são o *internet banking*, o comércio de ações, os mercados de trabalho, viagens e imóveis. As principais aplicações B2B são as vendas por catálogos e por leilões regulares (o mercado do lado da venda); comprar em leilões reversos, comprar em grupo e *desktop* (o mercado do lado da compra); e comercializar em trocas e *hubs* eletrônicos. O CE também pode ser feito entre consumidores (C2C), mas deve ser realizado com cautela. Os leilões são o mecanismo C2C mais popular. O C2C também pode ser feito pelo uso de classificados on-line. O B2E oferece serviços aos empregados, normalmente através da intranet da empresa. O G2C ocorre entre governo e cidadãos, tornando as operações governamentais mais eficazes e eficientes.

5. **Descrever os principais serviços de apoio ao comércio eletrônico, especificamente pagamento e logística.**

   Novos sistemas de pagamento eletrônico são necessários para realizar transações na internet. **Os pagament**os eletrônicos podem ser feitos por cheques eletrônicos, cartões de crédito eletrônicos, cartões de compra, dinheiro eletrônico, cartões de débito com valor armazenado, cartões inteligentes, pagamentos diretos por meio de serviços como o PayPal, pagamento eletrônico de contas e carteira eletrônica. O atendimento a pedidos é especialmente difícil e caro no B2C, devido à necessidade de entregar pedidos relativamente pequenos para muitos consumidores.

6. **Discutir alguns aspectos legais e éticos relacionados ao comércio eletrônico.**

   Existe um crescente comportamento de fraude e falta de ética na internet, incluindo invasão de privacidade por vendedores e mau uso dos nomes de domínio. O valor dos nomes de domínio, a taxação do comércio on-line e como lidar com questões legais em um ambiente multinacional são grandes preocupações legais. A proteção dos consumidores, dos vendedores e da propriedade intelectual também são importantes.

## Glossário

**anúncio** *pop-under* Anúncio que abre automaticamente por meio de algum acionador e aparece atrás da janela ativa do navegador.

**anúncio** *pop-up* Anúncio que abre automaticamente por meio de algum acionador e aparece na frente da janela ativa do navegador.

**aquisição eletrônica (***e-procurement***)** Compra que usa apoio eletrônico.

**banco virtual** Instituição bancária dedicada unicamente às transações pela internet.

*banners* Quadros de anúncios eletrônicos que normalmente contêm um texto curto ou mensagem gráfica para promover um produto ou fornecedor.

**cartão de débito com valor armazenado** Forma de dinheiro eletrônico em que uma quantia pré-paga fixa em dinheiro é armazenada; a quantia é reduzida cada vez que o cartão é usado.

**cartão inteligente** Cartão que contém um microprocessador (chip) que pode armazenar uma considerável quantidade de informações (incluindo fundos armazenados) e realizar processamento.

**carteiras digitais (ou** *e-wallets***)** Um componente de software em que um usuário armazena informações pessoais e de cartão de crédito seguras para reutilizá-las em um clique.

**comércio eletrônico (CE ou** *e-commerce***)** Processo de comprar, vender, transferir ou trocar produtos, serviços ou informações através de redes de computação, incluindo a internet.

**comércio eletrônico** *business-to-business* **(B2B)** Comércio eletrônico em que tanto os vendedores quanto os compradores são organizações.

**comércio eletrônico** *business-to-consumer* **(B2C)** Comércio eletrônico em que os vendedores são organizações e os compradores são pessoas; também conhecido como varejo eletrônico (ou *e-tailing*).

**comércio eletrônico** *business-to-employee* **(B2E)** Organização que usa o comércio eletrônico internamente para oferecer informações e serviços aos seus empregados.

**comércio eletrônico** *consumer-to-consumer* **(C2C)** Comércio eletrônico em que tanto o comprador quanto o vendedor são pessoas (não empresas).

**comércio móvel (***m-commerce***)** Comércio eletrônico realizado inteiramente em um ambiente sem fio.

**compras em grupo** Agregação dos pedidos de compra de muitos compradores de modo a se obter um desconto por volume.

**conflito de canais** Afastamento dos distribuidores existentes quando uma empresa decide vender diretamente aos consumidores on-line.

*cyberbanking* Várias atividades bancárias realizadas eletronicamente a partir de casa, do escritório ou em viagem, em vez de em um banco físico.

*cybersquatting* Prática de registrar nomes de domínio com a única finalidade de vendê-los no futuro por um preço mais alto.

**desintermediação** Eliminação de intermediários no comércio eletrônico.

*e-business* Conceito mais amplo do comércio eletrônico, incluindo comprar e vender bens e serviços, e também servir os consumidores, colaborar com parceiros comerciais, conduzir aprendizado a distância e realizar transações eletrônicas dentro de uma organização.

*e-government* (ver governo eletrônico).

*e-procurement* (ver aquisição eletrônica).

*e-wallets* (ver carteiras digitais).

**governo eletrônico (***e-government***)** Uso da tecnologia do comércio eletrônico para distribuir informações e serviços públicos aos cidadãos, parceiros comerciais e fornecedores de entidades governamentais e àqueles que trabalham no setor público.

**leilão** Processo de concorrência em que um vendedor solicita lances consecutivos dos compradores ou um comprador solicita lances dos vendedores, e os preços são determinados dinamicamente pelos lances concorrentes.

**leilão regular** Leilão que os vendedores usam como canal para muitos compradores potenciais; quem dá o maior lance ganha o direito de comprar o item.

**leilão reverso** Leilão em que um comprador, geralmente uma organização, deseja comprar um produto ou serviço, e os fornecedores enviam propostas; o ofertante com proposta mais baixa ganha o direito de vender.

**loja eletrônica** Site na internet que representa uma única loja, com seu próprio endereço na internet, em que são feitos pedidos.

**marketing de permissão** Método de marketing que pede aos consumidores para darem permissão para receber voluntariamente anúncios on-line e por e-mail.

**marketing viral** Marketing boca a boca on-line.

**mercado do lado da compra (***buy-side***)** Modelo B2B em que as organizações compram eletronicamente os produtos ou serviços necessários de outras organizações, em geral, através de um leilão reverso.

**mercado do lado da venda** Modelo B2B em que as organizações tentam vender eletronicamente seus produtos ou serviços para outras organizações através do seu próprio site de mercado eletrônico privado e/ou através de um site de intermediários.

**mercado eletrônico (***e-marketplace***)** Espaço de mercado virtual na web em que muitos compradores e muitos vendedores realizam atividades empresariais eletrônicas.

**modelo de negócios** Método pelo qual uma empresa gera renda para se manter.

**multicanais** Processo pelo qual muitas empresas integram seus canais on-line e off-line.

**organizações** *brick-and-mortar* (tijolo e argamassa) Organizações em que o produto, o processo e o agente de entrega são todos físicos.

**organizações** *clicks-and-mortar* (cliques e argamassa) Organizações que realizam negócios nas dimensões física e digital.

**organizações virtuais** Organizações em que o produto, o processo e o agente de entrega são todos digitais; também chamadas de organizações *pure-play*.

**pagamento direto** Forma de dinheiro eletrônico que permite a dois indivíduos ou um indivíduo e uma empresa transferir fundos sem usar um cartão de crédito.

**shopping eletrônico** Grupo de lojas individuais no mesmo endereço da internet.

**sistemas de pagamento eletrônico** Sistemas computadorizados que permitem o pagamento de produtos e serviços eletronicamente, em vez de preencher um cheque ou usar dinheiro.

*spamming* Distribuição indiscriminada de e-mails sem permissão do destinatário.

**trocas** (ver trocas públicas)

**trocas funcionais** Mercados eletrônicos em que serviços necessários, como funcionários temporários ou espaço adicional de escritório, são negociados apenas quando necessários.

**trocas horizontais** Mercados eletrônicos que conectam compradores e vendedores através de muitas indústrias e são usados principalmente para materiais de manutenção, operações e reparos.

**trocas públicas** (ou simplesmente **trocas**) Mercado eletrônico em que existem muitos vendedores e muitos compradores, e cuja entrada é aberta a todos; frequentemente mantido e operado por intermediários.

**trocas verticais** Mercados eletrônicos que conectam compradores e vendedores de determinado setor.

**varejo eletrônico** (*e-tailing*) Venda direta de produtos e serviços por meio de lojas ou shoppings eletrônicos, normalmente projetados em torno de um formato de catálogo e/ou leilões eletrônicos.

## Perguntas para Discussão

1. Analise as principais limitações do comércio eletrônico. Quais delas provavelmente vão desaparecer? Por quê?
2. Examine as razões para haver vários modelos de negócio de CE.
3. Estabeleça as diferenças entre os leilões regulares B2B e as ofertas dos compradores para RFQs.
4. Comente os benefícios de uma troca B2B para vendedores e compradores.
5. Quais são as principais vantagens do comércio eletrônico G2C?
6. Discuta as várias maneiras de pagamento on-line no B2C. Qual(is) você preferiria e por quê?
7. Por que o atendimento a pedidos no B2C é considerado difícil?
8. Discuta as razões das falhas no CE.
9. A Mr. Coffee deveria vender máquinas de café on-line? Dica: Examine a discussão sobre conflito de canal neste capítulo.

## Atividades de Solução de Problemas

1. Suponha que você esteja interessado em comprar um carro. Você pode buscar informações sobre carros em inúmeros sites. Acesse cinco deles para obter informações sobre carros novos e usados, financiamento e seguros. Decida qual carro você quer comprar. Configure o carro indo ao site do fabricante. Finalmente, tente encontrar o carro em *www.autobytel.com*. Que informações são mais úteis em seu processo de tomada de decisão? Escreva um relatório sobre a experiência.
2. Compare os vários métodos de pagamento eletrônico. Especificamente, colete informações dos fornecedores citados no capítulo e busque mais informações em *www.google.com*. Preste atenção no nível de segurança, velocidade, custo e conveniência.
3. Prepare um estudo sobre a venda de diamantes e joias on-line. Pesquise em sites como *www.bluenile.com, www.diamond.com, www.thaigem.com, www.tiffany.com* e *www.jewelryexchange.com*.
   a. Que recursos são usados nesses sites para ensinar aos compradores a respeito de joias?
   b. Como esses sites atraem os compradores?
   c. Como esses sites aumentam a confiança para a compra on-line?
   d. Que características de atendimento ao cliente esses sites oferecem?
4. Acesse *www.nacha.org*. O que é NACHA? Qual é sua função? O que é ACH? Quem são os principais participantes em um pagamento eletrônico ACH? Descreva os projetos "piloto" atualmente em andamento no sistema ACH.
5. Acesse *www.espn.com*. Identifique pelo menos cinco maneiras diferentes de como ele gera renda.
6. Acesse *www.queendom.com*. Examine suas ofertas e experimente algumas delas. Que tipo de comércio eletrônico é esse? Como esse site gera renda?

7. Acesse *www.ediets.com*. Prepare uma lista de todos os serviços que a empresa oferece. Identifique seu modelo de renda.

8. Acesse *www.theknot.com*. Identifique suas fontes de renda.

9. Acesse *www.mint.com*. Identifique seu modelo de renda. Quais são os riscos de oferecer a esse site seus números de cartão de crédito e débito, bem como seu número de conta bancária?

## Atividades na Web

1. Acesse o Stock Market Game Worldwide (*www.smgww.org*). Você receberá US$ 100.000 em uma conta comercial todo mês. Participe do jogo e relate suas experiências em relação à tecnologia da informação.

2. Acesse *www.realtor.com*. Prepare uma lista dos serviços disponíveis no site. Depois, prepare uma lista das vantagens para usuários e corretores. Existem desvantagens? Para quem?

3. Acesse *www.alibaba.com*. Identifique as habilidades do site. Veja a sala de comércio privativo do site. Escreva um relatório. Como um site desse tipo pode ajudar uma pessoa que está fazendo uma compra?

4. Acesse *www.campusfood.com* e explore o site. Por que o site é tão bem-sucedido? Você poderia criar um concorrente? Por quê?

5. Visite *www.dell.com*, clique em "desktops" e configure um sistema. Registre-se em "my cart" (não é obrigatório). Que calculadoras são usadas no site? Quais são as vantagens desse processo quando comparado com a compra de um computador em uma loja física? E as desvantagens?

6. Entre em *www.checkfree.com* e *www.lmlpayment.com*. Encontre os serviços oferecidos pelo site. Prepare um relatório.

7. Acesse vários sites de viagem, como *www.travelocity.com*, *www.orbitz.com*, *www.expedia.com*, *www.sidestep.com* e *www.pinpoint.com*. Compare esses sites em relação à facilidade de uso e à utilidade. Observe as diferenças entre eles. Se você solicitar um itinerário a cada site, qual deles oferece as melhores informações e as melhores condições?

8. Acesse *www.outofservice.com* e responda à pesquisa de gosto musical e personalidade. Quando terminar, clique em "Results" e veja o que os seus gostos musicais dizem sobre sua personalidade. Indique a precisão das descobertas a seu respeito.

## Trabalhos em Equipe

1. Atribua a cada equipe um setor vertical. Um setor vertical é um grupo de setores na "mesma" atividade de negócios, como serviços financeiros, seguros, planos de saúde, manufatura, revenda, telecomunicações, produtos farmacêuticos e químicos e assim por diante. Cada equipe encontrará cinco aplicações do mundo real dos principais modelos *business-to-business* listados no capítulo. (Experimente histórias de sucesso dos vendedores e revistas relacionadas ao comércio eletrônico.) Examine os problemas que eles resolvem ou as oportunidades que eles exploram.

2. Faça as equipes investigarem como os pagamentos B2B são feitos no comércio global. Considere instrumentos como cartas de crédito eletrônicas e cheques eletrônicos. Visite *www.tradecard.com* e examine os serviços para pequenas e médias empresas. Além disso, investigue o que o Visa e o MasterCard estão oferecendo. Finalmente, confira o Citicorp e alguns bancos alemães e japoneses.

## Caso Final

### Zvents Fornece Busca Local para Eventos

O problema da empresa Alguma vez você já perdeu um evento que aconteceu perto de você porque não sabia nada sobre ele? A empresa de pesquisa Web Zvents (*www.zvents.com*) tem o objetivo de resolver esse problema para você. A empresa realiza buscas na web por conteúdo que se pareça com um evento e, em seguida, reúne dados adicionais sobre o evento da Ticketmaster (*www.ticketmaster.com*), OpenTable (*www.opentable.com*) e outros bancos de dados.

Ao contrário do Google, que procura por páginas não estruturadas da web, a Zvents pode retornar resultados, por exemplo, de "*blue-grass* neste fim de semana" ou "abertura de galerias no próximo sábado". Por exemplo, se você procurar na terça-feira por um restaurante mexicano para ir na noite de sábado, o Zvents pode adivinhar que você não está procurando pelo Taco Bell.

Significativamente, a definição da Zvents para um "evento" é muito mais ampla do que uma abertura de museu ou de um comício político. O fundador da Zvents, Ethan Stock, observa que muitas promoções, por exemplo, duas bebidas pelo preço de uma em um bar e uma venda de calçados de fim de semana, também são eventos que as pessoas querem saber. No entanto, tais eventos, historicamente, não foram pesquisados na internet.

A razão para isto é que os mecanismos de busca têm feito um trabalho abaixo da média na venda de anúncios locais e no direcionamento de anúncios segmentados geograficamente com os resultados. Isto é verdade mesmo que os anúncios locais possam ser bastante lucrativos. Parte do problema é que mais de 30% de todas as pesquisas têm a intenção de encontrar algo nas redondezas, sendo que somente 7% dessas pesquisas produzirão uma localização.

Como resultado, as pequenas empresas gastam apenas 4% dos seus orçamentos publicitários em sites de busca na web, de acordo com o Kelsey Group (*www.kelseygroup.com*). A maioria das pequenas empresas ainda está gastando a maior parte do seu dinheiro em anúncios da maneira antiga, por meio do uso de mala direta, com gráficas e diretórios on-line. Em 2008, todos os diretórios impressos e on-line juntos faturaram US$ 15,1 bilhões em vendas de anúncios. Em contrapartida, os gastos com os mecanismos de busca on-line totalizaram apenas US$ 1,2 bilhões.

A Zvents acredita que, se o calendário de futebol juvenil em uma determinada cidade fosse pesquisado, poderia haver um anunciante que acharia esse tipo público muito relevante. No entanto, a tecnologia não estava disponível para realizar esses tipos de pesquisas de forma econômica. A Zvents quer que todos os anúncios contenham informações consultáveis sobre a hora e local de um evento.

A solução Uma das primeiras decisões da Zvent foi reduzir a ênfase em sua home page. O esforço para atrair visitantes teria sido muito caro. Em vez disso, a companhia firmou parcerias para operar as páginas de eventos de 250 jornais, bem como MTV, Microsoft Network e AT&T. Quando a Zvents faz parceria com uma empresa, ela incorpora a tecnologia de busca no site da empresa. Assim, os visitantes desses sites, ao pesquisar eventos, estão usando a tecnologia da Zvents. Essa parceria gera 10 milhões de visitantes por mês.

A Zvents não tem pessoal de vendas para lidar com gerentes de lojas ou donos de restaurantes locais. Em vez disso, a empresa tem outras empresas, incluindo a *Boston Globe's* (*Boston.com*), que incentivam seus vendedores de propagandas a vender o espaço nos resultados da Zvents.

Os resultados Desde que a Boston.com começou a usar a tecnologia Zvents em janeiro de 2007, o número de eventos no banco de dados da *Boston.com* subiu 400% e o tráfego associado ao conteúdo de eventos aumentou 800%. Em meados de 2009, a Zvents estava faturando US$ 220.000 por mês.

A Zvents não tem concorrência, no entanto, o Yahoo (*www.yahoo.com*) tem um negócio de propagandas com busca local em um consórcio de 784 jornais que trocam propagandas e anúncios com o portal Yahoo. Entretanto, alguns jornais hesitam em compartilhar seus conteúdos locais. Consequentemente, o novo sistema anúncios do Yahoo tem como objetivo tornar mais fácil para as empresas publicar anúncios.

O Google também está atraindo mais os pequenos anunciantes, tornando mais fácil para as empresas sincronizar os anúncios de seus clientes com o AdWords do Google. Em abril de 2009, o Google anunciou que tinha atualizado seu mecanismo de busca para calcular automaticamente a localização do usuário para fornecer resultados locais para qualquer coisa desde restaurante a médicos e viveiros de jardim, juntamente com os mapas para cada localização.

*Fontes:* Compilado de S. Gaudin, "Google Adding Local Results for All Searches", Computerworld, 7 de abril de 2009; T. Claburn, "Google Showing Local Search Results By Default", informationWeek, 6 de abril de 2009; S. Shankland, "AT&T, Nokia, Navteq Fund Local Search Site Zvents", CNFT News, 30 de setembro de 2008; V. Barrett, "'Liming Is Everything'", Forbes, 29 de setembro de 2008; T. Claburn, "Google Introduces Calendar 'Galley'" InformationWeek, 6 de junho de 2007; *www.boston.com*, acessado em 2 de abril de 2009; *www.zvents.com*, acessado em 22 de março de 2009.

## PERGUNTAS

1. Descreva o modelo de negócio da Zvents. Certifique-se de explicar por que a empresa não coloca ênfase em atrair visitantes para o seu site.

2. Discuta como a Zvents pode sobreviver quando Yahoo, Microsoft e Google oferecem recursos de pesquisa local.

---

## Apêndice

---

### Dicas para uma compra eletrônica segura

- Procure nomes de marcas confiáveis em sites como Walmart On-line, Disney On-line e Amazon.com. Antes de comprar, certifique-se que o site é autêntico digitando o endereço diretamente e não clicando em um link não verificado.

- Em qualquer site de vendas desconhecido, procure o endereço e os números de telefone e fax da empresa. Telefone e faça perguntas sobre a empresa aos empregados.

- Confira o fornecedor na câmara de comércio local ou na Better Business Bureau (*www.bbbonline.org*). Procure selos de autenticidade como TRUSTe.

- Investigue o nível de segurança do site do vendedor examinando os procedimentos de segurança e lendo a política de privacidade publicada.

- Examine as garantias de devolução de dinheiro e os acordos de serviços.

- Compare os preços com os das lojas regulares. Preços muito baixos são bons demais para serem verdade, e provavelmente haverá algo errado.

- Pergunte a amigos o que eles sabem sobre o site. Procure testemunhos e endossos nos sites de comunidades e em fóruns conhecidos.

- Descubra quais são seus direitos no caso de uma ação judicial. Consulte os órgãos de proteção do consumidor e o National Fraud Information Center (*www.fraud.org*).

- Examine *www.consumerworld.org* para ver uma lista de recursos úteis.

# Capítulo 7

# Tecnologia sem Fio, Computação Móvel e Comércio Móvel

---

## Metas de Aprendizagem

1. Analisar os diversos tipos de dispositivos sem fio e meios de transmissão sem fio.
2. Descrever as redes sem fio de acordo com sua distância efetiva.
3. Definir computação móvel e comércio móvel.
4. Comentar as principais aplicações de *m-commerce*.
5. Definir a computação ubíqua e descrever duas tecnologias por trás desse tipo de computação.
6. Discutir as quatro principais ameaças às redes sem fio.

---

## Esboço do Capítulo

**7.1** Tecnologias sem Fio
**7.2** Redes de Computador sem Fio e Acesso à Internet
**7.3** Computação Móvel e Comércio Móvel
**7.4** Computação Ubíqua
**7.5** Segurança sem Fio

---

# O que a **TI** pode me proporcionar?

---

## Caso Inicial

### Wireless no Mundo em Desenvolvimento

■ **O Problema da Empresa**

Denis O'Brien, apesar de golpes, corrupção e sequestros, continua desenvolvendo seu negócio de telefonia celular, a Digicel (*www.digicelgroup.com*), nos países mais pobres e mais violentos do mundo. A Digicel tem negócios em 27 países e territórios e domina o negócio de telefonia móvel em muitos deles. Combinando o astuto instinto político e o implacável corte de custos, a empresa colocou telefones celulares nas mãos de 7 milhões de pessoas em sete anos. A estratégia de O'Brien é simples. Ele gasta bastante com a rede, constrói lojas limpas e com equipe agradável (uma raridade em muitos países em desenvolvimento) e atrai clientes, oferecendo novos serviços como a cobrança "por segundo" e grandes descontos em relação à concorrência (por exemplo, 80% menos por telefones e 50% menos por chamadas). Vale a pena estudar o modelo de negócio de O'Brien. Como foi que a Digicel iniciou um negócio de sucesso em telefonia móvel em lugares tão perigosos?

### ■   A TI e Soluções Políticas

Talvez a principal razão para o sucesso de O'Brien é que ele não deixa o obstrucionismo ou a corrupção do governo detê-lo. Ele constrói torres de celular nos países, às vezes antes mesmo dos governantes concederem--lhe uma licença e, em seguida, reduz o preço dos telefones celulares no dia da inauguração, para incentivar a população a começar a usá-los rapidamente. Ele aposta que as pessoas pobres, que nunca tiveram o serviço de telefonia, não deixarão os políticos tirarem isso delas sem lutar. Como resultado, ele evita o mesmo destino pelo que passam muitas empresas ocidentais em países corruptos e violentos — que são forçadas a serem vendidas a baixo preço. Foi o que aconteceu com a empresa petrolífera da Royal Dutch Shell (*http://royaldutchshellplc.com*) na ilha Sacalina, na Rússia, e nas usinas da AES (*www.aes.com*), no Cazaquistão.

Considere, por exemplo, a nação insular do Pacífico Papua Nova Guiné (PNG). Logo após a Digicel ter ganhado uma licença na PNG em um leilão de 2006, o ministro das Telecomunicações, Arthur Somare (filho do Primeiro--Ministro) a invalidou porque a empresa estatal que fornecia o serviço de telefonia celular na PNG e a família Somare tinham interesses comuns nesse monopólio. Nas apelações que se seguiram, a Digicel conseguiu manter sua licença. Somare, em seguida, apresentou um projeto de lei ao Parlamento para nacionalizar as operações da Digicel. Ou seja, o governo ameaçou apreender 130 torres de celular que a Digicel tinha erguido a um custo de US$ 120 milhões. Após intenso lobby feito pela Digicel, o plano de nacionalização foi derrotado.

Somare, então, decretou que a Digicel não poderia realizar transmissões de micro-ondas das suas torres, inutilizando-as potencialmente. Ainda assim, a Digicel lançou o serviço de telefonia celular, vendendo aparelhos por um preço altamente subsidiado de US$ 6,00, correspondentes a um quinto do preço de monopólio da estatal. A Digicel também deu um chip que permitiu aos telefones da estatal funcionarem na rede da Digicel, além de US$ 6,00 em cartões telefônicos pré-pagos. Em cinco meses, a Digicel tinha 350 mil clientes, contra os cerca de 150 mil da empresa estatal. Como não pararam de chegar cartas dos cidadãos em prol da Digicel nos jornais da PNG, a ameaça do governo cessou.

A criação de negócios em outros países tem demonstrado ser difícil. Considere os seguintes casos: no Haiti, cinco trabalhadores da Digicel foram sequestrados. Em 2008, no Timor Leste, a Digicel estava buscando uma licença apesar de um levante rebelde. Nas ilhas Fiji, ela teve que abandonar suas torres de celular por um tempo após um golpe.

O Haiti tem-se mostrado especialmente desafiador. Não há rede elétrica suficente em todo o país para fornecer eletricidade para as torres de celular. Por essa razão, a Digicel tem que enviar barris de óleo diesel às suas usinas de energia, às vezes em lombo de burro. De um lado, os funcionários aduaneiros se recusavam a liberar as 75 torres de celular que ficavam em um armazém por nove meses, cedendo-as apenas algumas semanas antes do lançamento do serviço. Em seguida, duas empresas historicamente concorrentes se recusavam a conectar os celulares da Digicel aos seus clientes. A Digicel lançava seu serviço mesmo assim e com a seguinte oferta: Clientes com celulares de operadoras concorrentes poderiam trocá-los gratuitamente por um celular da Digicel. Em uma semana, a Digicel tinha 120 mil clientes. A partir daí, seus concorrentes concordaram em realizar a interconexão.

### ■   Os Resultados

Os impactos que os celulares estão propiciando na vida dos cidadãos pobres são muitas vezes muito dramáticos. Considere os seguintes exemplos.

Fittler Larsen, um pobre vendedor de pimenta em um assentamento da PNG, fatura agora mais dinheiro porque pode ligar para os atacadistas e verificar se novas remessas de produtos chegaram. Ele costumava gastar metade de um dia para conseguir suprimentos; hoje, ele consegue ficar mais tempo em sua banca e, assim, vender mais produtos.

Em um motim em Porto Príncipe, no Haiti, a multidão não só poupou as lojas da Digicel dos tiroteios e saques, como ainda se reuniu em frente a algumas delas para aplaudi-las. Os haitianos chamam a Digicel de a "Empresa do Povo".

O comerciante haitiano Jean Buteau exporta 150.000 mangas a mais anualmente, porque os motoristas podem ligar de suas caminhonetes quando eles estão presos nas estradas de barro esburacadas do Haiti com problemas mecânicos e com frutas podres. O pescador Samoan Finau Afitu ganha US$ 80,00 por semana, valor quatro vezes maior do que sua conta pré-paga da Digicel. Isso porque ele pode verificar, por telefone, quais mercados querem seu peixe em vez de visitar cada um deles enquanto os peixes perecem.

O Ministro da Fazenda da PNG observou crescimento de 0,7 pontos percentuais no produto interno bruto (PIB) de 6,2% do país entre 2006 a 2008, resultado da Digicel ter criado a "concorrência de telefonia celular". Proporcionar às pessoas telefones celulares parece ser uma das melhores coisas que um país pobre pode fazer para estimular o crescimento econômico. Uma razão para isso é que os empresários usam o celular para realizar seus negócios mesmo em um quadro de atrasos longos, de infraestrutura precária e de outras inúmeras frustrações que cruelmente limitam as oportunidades dos países em desenvolvimento. De acordo com um estudo realizado pela London Business School, toda vez que 10 pessoas de cada 100 começam a usar celulares, seu PIB cresce em meio ponto percentual.

A conclusão: A Digicel registrou receita total de US$ 2 bilhões em 2007, com US$ 505 milhões de lucro operacional, o dobro do lucro do ano anterior.

*Fontes:* Compilado de B. Condon, "Babble Rouser", Forbes, 11 de agosto de 2008; B. Rodgers, "Instant Communication Changes Customs, Politics, in Developing World", Wireless Innovator, 19 de maio de 2008; "Mobile Phones and a Brighter Future for the Third World", dialaphone.com, 30 de abril de 2008; "Digicel Wins Mobile Bid in Fiji", Digicel Barbados, 27 de fevereiro de 2008; M. Reardon, "Emerging Markets Fuel Cell Phone Growth", CNET News, 14 de fevereiro de 2007; "M. Foster, "Cellphones Fuel Growth in Developing World", USA Today, 26 de janeiro de 2007; "Denis O'Brien's Digicel Group Expands to Papua New Guinea in South Pacific", FinFacts Ireland, 11 de setembro de 2006; I. Elwood, "Wireless Pioneers Bring the Internet to the Developing World", VoIP News, 11 de maio de 2006; "Digicel Sharpens Focus on Corporate Clients", News Blaze, 2005; *www.digicelgroup.com*, acessado em 23 de janeiro de 2009.

---

### ▪ O que Aprendemos com este Caso

**Wireless** (sem fio) é um termo que descreve as telecomunicações em que ondas eletromagnéticas (em vez de alguma forma de fio ou cabo) transportam o sinal entre dispositivos de comunicação (por exemplo, computadores, assistentes digitais pessoais, telefones celulares etc.). O caso inicial descreve os grandes impactos que uma tecnologia sem fio, a dos telefones celulares, pode ter sobre as vidas das pessoas.

Antes de continuarmos, temos que distinguir entre os termos sem fio e móvel, pois significam duas coisas diferentes. O termo **sem fio** (ou *wireless*) significa exatamente isso: sem o uso de fios. O termo **móvel** (ou *mobile*) refere-se a algo que muda de lugar com o tempo. As redes sem fio podem ser móveis ou fixas. Por exemplo, as torres de micro-ondas formam redes sem fio fixas.

Em muitas situações, o ambiente de trabalho tradicional, que requer que os usuários utilizem um computador com fio, é ineficaz ou ineficiente. A solução é criar computadores pequenos o suficiente para transportar ou vestir, que possam se comunicar por meio de redes sem fio. A capacidade de se comunicar a qualquer momento e em qualquer lugar oferece às organizações uma vantagem estratégica, aumentando a produtividade e a velocidade e melhorando o atendimento ao cliente.

As tecnologias sem fio possibilitam a computação móvel, o comércio móvel e a computação ubíqua. Definimos esses termos aqui e analisamos cada um com mais detalhes ao longo do capítulo. **Computação móvel** refere-se à conexão em tempo real, sem fio, entre um dispositivo móvel e outros ambientes de computação, como a Internet ou uma intranet. O comércio móvel – também conhecido como **m-commerce** – refere-se às transações de comércio eletrônico (*e-commerce*, ou CE) que são realizadas em um ambiente sem fio, especialmente por meio da internet. A **computação ubíqua** (também chamada de **computação onipresente**) significa que praticamente todos os objetos têm poder de processamento com conexões com ou sem fio em uma rede global.

As tecnologias sem fio e o comércio móvel estão se espalhando rapidamente, substituindo ou complementando a computação com fio. De fato, a Cisco (*www.cisco.com*) prevê que o volume do tráfego web dobrará a cada ano até 2013. Como vimos no caso inicial, as tecnologias sem fio estão permitindo que os países montem uma infraestrutura de comunicações do zero. Outro exemplo dos efeitos das tecnologias sem fio envolve o uso de Wi-Fi. No estado indiano de Orissa, uma ONG está oferecendo serviço Wi-Fi alimentado por barramento. Os barramentos utilizam o rádio de ondas curtas para receberem mensagens eletrônicas três ou quatro vezes por dia dos computadores preparados para Wi-Fi colocados em quiosques. Essa combinação de tecnologia sem fio com a antiquada "tecnologia de barramento" torna as comunicações acessíveis a pessoas que anteriormente não tinham acesso à internet.

A infraestrutura sem fio sobre a qual a computação móvel é estabelecida pode remodelar toda a área de TI. As tecnologias, aplicações e limitações da computação móvel e do comércio móvel são o foco principal deste capítulo. Começamos o capítulo com uma discussão sobre os dispositivos sem fio e os meios de transmissão sem fio. Prosseguimos examinando as redes de computação sem fio e o acesso à internet sem fio. Depois, examinamos a computação móvel e o comércio móvel, que se tornaram possíveis devido às tecnologias sem fio. Em seguida, voltamos nossa atenção para a computação ubíqua e concluímos o capítulo discutindo sobre a segurança das redes sem fio.

## 7.1. Tecnologias sem Fio

Tecnologias **sem fio** incluem dispositivos sem fio, como os telefones inteligentes (*smart phones*), e mídia de transmissão sem fio, como micro-ondas, satélite e rádio. Essas tecnologias estão basicamente alterando o modo como as organizações operam e fazem negócios.

### ▪ Dispositivos sem Fio

Os indivíduos estão achando conveniente e produtivo usar dispositivos sem fio por vários motivos. Primeiro, eles podem fazer uso produtivo do tempo que anteriormente era desperdiçado (por exemplo, enquanto iam para o trabalho em seus carros ou no transporte público). Segundo, considerando que eles podem levar esses dispositivos consigo, seus locais de trabalho estão se tornando muito mais flexíveis. Terceiro, a tecnologia sem fio permite que eles aloquem o tempo de trabalho em torno de obrigações pessoais e profissionais.

O **Wireless Application Protocol (WAP)** é o padrão que permite que dispositivos sem fio acessem informações e serviços baseados na web. Dispositivos compatíveis com WAP, mais antigos, contêm **microbrowsers**, os quais são navegadores da internet com um tamanho de arquivo pequeno, que podem atuar dentro das restrições de pouca memória dos dispositivos sem fio e também de sua pouca largura de banda. A Figura 7.1A mostra o navegador com todas as funções em uma página web da Amazon, e a Figura 7.1B mostra o microbrowser na tela de um telefone celular acessando a Amazon.com. À medida que os dispositivos sem fio tornam-se cada vez mais poderosos, adquirem navegadores com todas as funções. Por exemplo, o iPhone da Apple (*www.apple.com/iphone*) utiliza o navegador Safari.

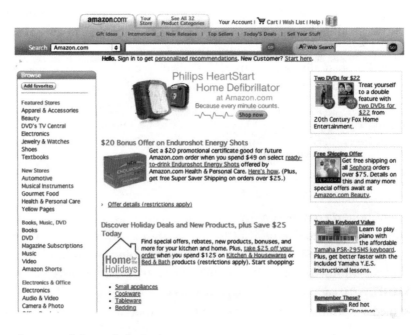

**Figura 7.1A** Navegador com página web da Amazon.

*Fonte*: www.amazon.com.

**Figura 7.1B** Microbrowser de telefone celular.
*Fontes*: Alex Segre/Alamy.

Os dispositivos sem fio, pequenos o bastante para ser facilmente transportados ou vestidos, possuem poder de computação suficiente para realizar tarefas produtivas e se comunicar com a internet e outros dispositivos. No passado, discutimos esses dispositivos em categorias separadas, como *pagers*, aparelhos portáteis de e-mail, assistentes digitais pessoais (PDAs) e telefones celulares. Hoje, porém, novos dispositivos, geralmente chamados de telefones inteligentes (*smart phones*), combinam as funções desses dispositivos. As capacidades desses novos dispositivos incluem telefonia celular, Bluetooth, Wi-Fi, uma câmera digital, sistema de posicionamento global (GPS), organizador, calendário, agenda, calculadora, acesso a e-mail e **short message service** (enviar e receber mensagens de texto curtas, com até 160 caracteres de extensão), mensagens instantâneas, mensagens de texto, *player* de música MP3, *player* de vídeo, acesso à internet por meio de um navegador completo e teclado QWERTY. Nem todos esses novos dispositivos possuem todas essas capacidades, mas eles estão rapidamente seguindo nessa direção. Alguns exemplos de novos dispositivos são (ver Figura 7.2):

- O BlackBerry Curve 8900 e o Blackberry Bold (*www.blackberry.com*)
- O T-Mobile G1 (com o sistema operacional Android da Google) (*www.t-mobileg1.com*)
- O Palm Pre, Centro, Treo Pro e Treo 800W (*www.palm.com*)
- O Motozine ZN5 (*www.motorola.com*)
- O Helio Ocean (*www.helio.com*)
- O iPhone da Apple (*www.apple.com/iphone*)
- O Mylo da Sony (*www.sony.com/mylo*)

**Figura 7.2** Exemplos de telefones inteligentes (*smart phones*).
*Fontes*: Jessica Griffin/Philadelphia Daily News/MCT/NewsCom.

Uma desvantagem dos telefones inteligentes é que as pessoas podem utilizá-los para copiar e passar adiante informações confidenciais. Por exemplo, se você fosse um executivo na Intel, gostaria que os funcionários tirassem fotos dos colegas com sua nova tecnologia secreta ao fundo? Infelizmente, os gerentes pensam nesses dispositivos como telefones, e não como câmeras digitais que podem transmitir informações por uma rede sem fio. Novos dispositivos estão sendo desenvolvidos para combater essa ameaça. Por exemplo, a Iceberg Systems (*www.icebergsystems.net/camera-phone-security.html*) oferece um produto chamado Safe Have, que desativa os sistemas de imagem nos telefones com câmera quando entram em locais específicos. Algumas empresas, como a Samsung (*www.samsung.com*), reconheceram o perigo e baniram os dispositivos completamente. Independente de quaisquer desvantagens, os telefones celulares, particularmente os inteligentes, possuem um impacto muito maior sobre a sociedade humana do que a maioria de nós pode perceber (ver Tabela 7.1).

**Tabela 7.1** Não subestime o poder dos telefones celulares!

- Em janeiro de 1982, os primeiros 100 telefones celulares portáteis de Washington D.C., cada um pesando 900 gramas, foram colocados em funcionamento. Em meados de 2009, havia um telefone celular para cada duas pessoas no mundo. Essa é a difusão global mais rápida de qualquer tecnologia na história humana. Os telefones celulares transformaram o mundo mais rapidamente do que a eletricidade, os automóveis, a refrigeração, os cartões de crédito ou a televisão.
- Os telefones celulares fizeram uma diferença maior mais rapidamente nas áreas não desenvolvidas, onde linhas de transmissão terrestres eram escassas. Como vimos no caso inicial, os telefones celulares tornaram-se a força motriz por trás de muitas economias modernas. Os telefones celulares são a primeira tecnologia de telecomunicações na história a ter mais usuários no mundo em desenvolvimento – 60% de todos os usuários – do que nas nações desenvolvidas. Em apenas um exemplo: o uso de telefone celular na África cresceu 50% anualmente, mais rápido do que em qualquer outra região.
- Os telefones celulares podem influenciar bastante a política. Por exemplo, em 2001, o povo das Filipinas causou a queda de um ditador com seus telefones celulares. Joseph Estrada, acusado da corrupção maciça, foi expulso do poder pelos ativistas, que trouxeram centenas de milhares de protestantes para as ruas em minutos, com o envio de mensagens de texto.
- Seu telefone celular agora pode ser sua carteira. Não há quase nada em sua carteira que você não possa colocar em seu telefone celular; por exemplo, retratos de cônjuge e filhos, cartões de crédito, bilhetes de ônibus e muitos outros itens. De fato,

Nokia e Visa desenvolveram um telefone celular que funciona como um cartão de crédito. O usuário simplesmente passa o telefone celular na leitora e o cartão de crédito é debitado.
- Perto de Cambridge, Inglaterra, corredores de bicicleta carregam telefones celulares equipados com monitor de posicionamento global da poluição do ar.
- Os cientistas da Purdue University desejam interligar os Estados Unidos com milhões de celulares equipados com sensores de radiação, para detectar terroristas tentando montar bombas com material radioativo.
- Na área da Baía de São Francisco, os telefones celulares estão sendo usados para transmitir informação de tráfego em tempo real, como velocidades de automóveis, a extensão dos engarrafamentos de trânsito e o tempo de viagem.
- E há muito mais por vir! Até mesmo com todo o seu poder, os telefones celulares possuem problemas, como chamadas pedidas com qualidade de som irregular, *downloads* lentos e atrasos incômodos entre falar e ser ouvido. Para ajudar a resolver esses problemas, uma empresa chamada picoChip (*www.picochip.com*) está posicionando estações-base de celular em miniatura, chamadas *femtocells*, em cada casa ou escritório que deseja uma recepção melhor. As *femtocells* funcionam com qualquer telefone celular, e aliviam o congestionamento nas torres de celular e frequências de celular, criando capacidade extra a um custo muito pequeno. O transmissor é barato, a conexão de banda larga é gratuita (a maioria das casas e escritórios possui conexões de banda larga ociosas) e o sinal de baixa potência não sofre interferência com outras frequências.

■ **Meio de Transmissão sem Fio.**

O meio sem fio, ou meio de *broadcast*, transmite sinais sem fios pelo ar ou pelo espaço. Os principais tipos de meio sem fio são micro-ondas, satélite, rádio e infravermelho. Vamos examinar cada tipo mais de perto. A Tabela 7.2 relaciona as vantagens e as desvantagens de cada meio sem fio.

**Tabela 7.2** Vantagens e desvantagens do meio sem fio

| Canal | Vantagens | Desvantagens |
|---|---|---|
| Micro-ondas | Alta largura de banda. Relativamente barato. | Precisa ter linha de visão desobstruída. Suscetível à interferência ambiental. |
| Satélite | Alta largura de banda. Grande área de cobertura. | Caro. Precisa ter linha de visão desobstruída. Sinais apresentam atraso na propagação. Precisa usar criptografia para ser segura. |
| Rádio | Alta largura de banda. Sinais atravessam paredes. Barato e fácil de instalar. | Cria problemas de interferência elétrica. Suscetível à bisbilhotagem, a menos que seja criptografado. |
| Infravermelho | Largura de banda de baixa a média. | Precisa ter linha de visão desobstruída. Usado apenas para curtas distâncias. |

Transmissão por Micro-ondas. Os sistemas de **transmissão por micro-ondas** são muito utilizados para comunicação de grande volume, longa distância e ponto a ponto. Ponto a ponto significa que o transmissor e o receptor precisam estar vendo um ao outro. Esse requisito cria problemas porque a superfície da Terra é curva, e não plana. Devido a esse fato, as torres de micro-ondas normalmente não podem ter mais de 48 quilômetros de distância entre elas.

O fato de a micro-onda requerer transmissão ponto a ponto limita bastante sua utilidade como solução em grande escala de que as comunicações de dados precisam, especialmente por distâncias muito longas. Além disso, as transmissões por micro-ondas são suscetíveis à interferência ambiental durante climas severos, como chuva forte ou tempestades de neve. Embora os sistemas de comunicação de dados por micro-ondas a longa distância ainda sejam muito utilizados, vêm sendo substituídos por sistemas de comunicação via satélite.

Satélite. Os sistemas de **transmissão por satélite** utilizam satélites de comunicação. Atualmente, existem três tipos de satélites na Terra: geoestacionário (GEO), órbita média da Terra (MEO) e órbita baixa da Terra (LEO). Cada tipo tem uma órbita diferente, com o GEO sendo o mais distante da Terra e o LEO o mais próximo. Nesta seção, examinamos os três diferentes tipos de satélites. Depois, verificamos as principais aplicações do satélite: sistemas de posicionamento global e transmissão da internet via satélite. A Tabela 7.3 compara os três tipos de satélites.

**Tabela 7.3** Três tipos básicos de satélites de telecomunicações

| Tipo | Características | Órbita | Número | Uso |
|---|---|---|---|---|
| GEO | – Satélites permanecem estacionários em relação ao ponto na Terra.<br>– Poucos satélites necessários para obter cobertura global.<br>– Atraso na transmissão (aproximadamente 0,25s).<br>– Mais caro de se construir e lançar ao espaço. | 35.700 km | 8 | Sinal de TV |
| MEO | – Satélites se movem em relação ao ponto na Terra.<br>– Quantidade moderada necessária para obter cobertura global.<br>– Requer transmissores de potência média.<br>– Atraso insignificante na transmissão.<br>– Menos caro de se construir e lançar ao espaço.<br>– Vida orbital moderada (6 a 12 anos). | 10.300 km | 10 a 12 | GPS |
| LEO | – Satélites se movem rapidamente em relação ao ponto na Terra.<br>– Grande quantidade necessária para obter cobertura global.<br>– Requer apenas transmissores de pouca potência.<br>– Atraso insignificante na transmissão.<br>– Menos caro de se construir e lançar ao espaço.<br>– Vida orbital mais curta (até 5 anos). | 640 a 1.100 km | Muitos | Telefone |

Assim como a transmissão por micro-ondas, os satélites precisam receber e transmitir por linha de visão. Porém, a enorme *pegada* – a área da superfície terrestre atingida pela transmissão de um satélite – ultrapassa as limitações das estações de repasse de dados por micro-ondas. A regra mais básica que controla o tamanho da pegada é simples: quanto mais alta a órbita de um satélite, maior a pegada. Assim, os satélites de órbita média da Terra possuem uma pegada menor que os satélites geoestacionários, e os satélites de órbita baixa da Terra possuem a menor de todas as pegadas. A Figura 7.3 compara as pegadas dos três tipos de satélite.

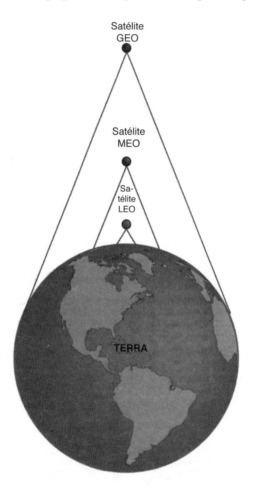

**Figura 7.3** Comparação de pegadas de satélite.

*Fonte:* Desenhado por Kelly Rainer.

Ao contrário da transmissão ponto a ponto com micro-ondas, os satélites utilizam transmissão por *broadcast*, que envia sinais a muitos receptores de uma só vez. Assim, embora os satélites exijam linha de visão, como a micro-onda, eles são altos o suficiente para a transmissão por *broadcast*, ultrapassando, assim, as limitações da micro-onda.

**Tipos de Órbita.** Os satélites de *órbita terrestre geoestacionária* (GEO) orbitam a 35.700 quilômetros diretamente acima da linha do Equador e mantêm uma posição fixa acima da superfície da Terra porque, em sua altitude, seu período orbital corresponde ao período rotacional de 24 horas da Terra. Esses satélites GEO são excelentes para enviar programas de televisão a operadoras de TV a cabo e transmitir diretamente para as casas. Uma limitação importante é que os satélites GEO levam um quarto de segundo para enviar e retornar. Essa pequena pausa, chamada **atraso na propagação**, dificulta as conversas telefônicas bidirecionais. Além disso, os satélites GEO são grandes, caros e exigem muita energia para serem lançados ao espaço.

Os satélites *de órbita média da Terra* (MEO) estão localizados a cerca de 9.650 quilômetros acima da superfície da Terra. As órbitas MEO exigem mais satélites para cobrir a Terra do que as órbitas GEO, pois as pegadas MEO são menores. Os satélites MEO são mais baratos que os satélites GEO e não possuem um atraso significativo na propagação. Um problema com os satélites MEO é que eles se movem em relação a um ponto na superfície da Terra, o que significa que os receptores precisam rastrear esses satélites. (Pense em uma abóbada de satélite girando lentamente para permanecer voltada para um satélite MEO.)

Satélites de *órbita baixa da Terra* (LEO) estão localizados de 640 a 1.100 quilômetros acima da superfície da Terra. Como os satélites LEO estão muito mais próximos da Terra, apresentam pouco ou nenhum atraso na propagação. Porém, sua baixa altitude significa que os satélites LEO se movem em relação a um ponto na superfície da Terra. Portanto, os receptores precisam rastrear os satélites LEO. Rastrear satélites LEO é mais difícil que rastrear satélites MEO, pois os satélites LEO se movem muito mais rapidamente que os satélites MEO em relação a um ponto fixo na Terra.

Diferentemente dos satélites GEO e MEO, os satélites LEO podem captar sinais de transmissores fracos. Essa característica permite que os telefones por satélite operem por meio de dispositivos de órbita baixa, pois precisam de menos potência e podem usar baterias menores. Outra vantagem dos satélites LEO é que eles consomem menos energia e custam menos para serem lançados do que os satélites GEO e MEO.

No entanto, as pegadas dos satélites LEO são pequenas, o que significa que são necessários muitos deles para abranger toda a Terra. Por esse motivo, uma única organização normalmente produz diversos satélites LEO, conhecidos como *constelações LEO*. Dois exemplos são Iridium e Globalstar.

A Iridium (*www.iridium.com*) colocou em órbita uma constelação LEO que consistia em 66 satélites e 12 satélites de reserva no espaço. A empresa diz que oferece cobertura completa de comunicação por satélite na superfície da Terra, incluindo as regiões polares. A Globalstar (*www.globalstar.com*) também possui uma constelação LEO em órbita.

***Sistemas de Posicionamento Global.*** O **sistema de posicionamento global** (**GPS**) é um sistema sem fio que utiliza satélites para permitir que os usuários determinem sua posição em qualquer lugar da Terra. O GPS tem o suporte de 24 satélites MEO que são compartilhados no mundo inteiro. A posição exata de cada satélite sempre é conhecida, pois ele envia continuamente sua posição junto com um sinal de tempo. Usando a velocidade conhecida dos sinais e a distância de três satélites (para a localização bidimensional) ou quatro satélites (para a localização tridimensional), é possível determinar o local de qualquer estação receptora ou usuário, dentro de um alcance de 3 metros. O software de GPS também pode converter a latitude e longitude do usuário em um mapa eletrônico.

Por exemplo, os GPSs nos automóveis "falam" com os motoristas enquanto dão instruções. A Figura 7.4 mostra um sistema de GPS em um automóvel.

**Figura 7.4** GPS no painel de um carro.
*Fontes:* Michael Ventura/Alamy.

O uso comercial do GPS tornou-se bastante disseminado, inclusive para navegação, mapeamento e pesquisa, especialmente em áreas remotas. Os telefones celulares nos Estados Unidos agora precisam ter GPS embutido, para que o local de quem liga para o 911 (telefone de emergência nos Estados Unidos) possa ser detectado imediatamente. Para obter um tutorial sobre GPS, consulte *www.trimble.com/gps*.

Três outros sistemas de posicionamento global estão sendo planejados ou estão em operação. O GPS russo, chamado *GLONASS*, foi concluído em 1995. Porém, o sistema caiu em decadência com o colapso da economia soviética. A Rússia agora está restaurando o sistema, com o governo da Índia atuando como parceiro. O GPS da União Europeia, chamado *Galileo*, tem uma data de conclusão esperada para 2013. Finalmente, a China espera concluir seu GPS, chamado *Beidou*, por volta de 2015.

***Internet over Satellite (IoS).*** Em muitas regiões do mundo, a *Internet over Satellite* (IoS) é a única opção disponível para conexões com a internet, pois a instalação dos cabos necessários é muito dispendiosa ou fisicamente impossível. A IoS permite que os usuários acessem a internet pelos satélites GEO, por meio de uma parabólica montada ao lado de suas casas. Embora a IoS torne a internet disponível a muitas pessoas que, de outra forma, não poderiam acessá-la, ela tem desvantagens. Como vimos, as transmissões por satélite GEO ocasionam um atraso na propagação e podem ser interrompidas por influências ambientais, como tempestades.

Transmissão por Rádio. **A transmissão por rádio** utiliza frequências de onda de rádio para enviar dados diretamente entre transmissores e receptores. A transmissão por rádio tem diversas vantagens. Para começar, as ondas de rádio trafegam facilmente por paredes normais de escritório. Além disso, os dispositivos de rádio são pouco dispendiosos e fáceis de instalar. Finalmente, as ondas de rádio podem transmitir dados em altas velocidades. Por esses motivos, o rádio está sendo cada vez mais usado para conectar computadores com equipamentos periféricos e redes locais (LANs, discutidas no Capítulo 5).

Porém, assim como em outras tecnologias, a transmissão por rádio também tem desvantagens. Primeiro, a onda do rádio pode criar problemas de interferência elétrica. Além disso, as transmissões por rádio são suscetíveis ao rastreamento (*snooping*) por qualquer um que tenha equipamento semelhante que opere na mesma frequência.

***Rádio por Satélite.*** Um problema com a transmissão por rádio é que, quando você viaja para muito longe da estação de origem, os sinais se perdem e caem em estática. A maior parte dos sinais de rádio pode trafegar apenas por cerca de 50 a 65 quilômetros a partir da origem. Porém, o **rádio por satélite**, também chamado de **rádio digital**, resolve esse problema. O rádio por satélite oferece música ininterrupta, com qualidade semelhante à de um CD, que é enviada para o seu rádio, em casa ou no carro, a partir do espaço. Além disso, o rádio por satélite oferece um amplo espectro de estações, tipos de música, notícias e programas de entrevistas.

A XM Satellite Radio (*www.xmradio.com*) e a Sirius Satellite Radio (*www.sirius.com*) lançaram serviços de rádio por satélite. A XM envia seus sinais a partir de satélites GEO; a Sirius utiliza satélites MEO. Os ouvintes assinam o serviço por uma taxa mensal.

Transmissão de Infravermelho. O último tipo de transmissão sem fio é a transmissão por infravermelho. A luz **infravermelha** é uma luz vermelha que normalmente não é visível aos olhos humanos. As aplicações comuns da luz infravermelha estão nas unidades de controle remoto para televisores, videocassetes, DVDs e aparelhos de CD. Além disso, assim como a transmissão por rádio, os transceptores de infravermelho são usados para conexões de curta distância entre computadores e equipamentos periféricos e redes locais. Um **transceptor** é um dispositivo que pode transmitir e receber sinais. Muitos PCs portáteis possuem portas de infravermelho, que são úteis quando as conexões por cabo com um periférico (como uma impressora ou modem) não forem práticas.

## Antes de Prosseguir...

1. Descreva os diversos tipos de dispositivos sem fio de hoje.
2. Descreva os diversos tipos de meios de transmissão.

## 7.2. Redes de Computador sem Fio e Acesso à Internet

Comentamos a respeito de diversos dispositivos sem fio e como estes transmitem sinais sem fio. Normalmente, eles formam redes de computação sem fio e oferecem acesso à internet sem fio. Organizamos nossa discussão das redes sem fio por sua distância efetiva: curta distância, média distância e remota.

### ▪ Redes sem Fio de Curta Distância

As redes sem fio de curta distância simplificam a tarefa de conectar um dispositivo a outro, eliminando fios e permitindo que os usuários se movimentem enquanto usam os equipamentos. Em geral, as redes sem fio de curta distância têm um alcance de 30 metros ou menos. Nesta seção, consideramos três redes de curta distância básicas: Bluetooth, Ultra-Wideband (UWB) e Near-Field Communications (NFC).

Redes Bluetooth. **Bluetooth** (*www.bluetooth.com*), uma especificação do setor, é usado para criar pequenas redes pessoais. Uma **rede pessoal** é uma rede de computação usada para a comunicação entre dispositivos de computação (por exemplo, telefones, assistentes digitais pessoais e telefones inteligentes) perto de uma pessoa. A tecnologia Bluetooth 1.0 pode conectar até oito dispositivos dentro de uma área de 10 metros com banda larga de 700 Kbps (kbits por segundo) usando comunicação de baixa potência baseada em rádio. Bluetooth 2.0 pode transmitir em até 2,1 Mbps (megabits por segundo), e em potência maior pode transmitir em até 100 metros. A Ericsson, empresa escandinava de aparelhos portáteis que desenvolveu esse padrão, chamou-o de Bluetooth em homenagem ao rei dinamarquês Harald Blatan, do século X, que era conhecido como Bluetooth.

Aplicações comuns para o Bluetooth são aparelhos sem fio para telefones celulares e aparelhos de música portáteis. As vantagens do Bluetooth incluem menor consumo de energia e o fato de que ele usa ondas de rádio multidirecionais (ou seja, ondas vindas de muitas direções diferentes). Isso significa que você não precisa apontar um dispositivo Bluetooth para o outro para que ocorra uma conexão.

Redes Ultra-Wideband. **Ultra-wideband (UWB)** é uma tecnologia sem fio com alta largura de banda, com velocidade de transmissão acima dos 100 Mbps. Essa velocidade muito alta torna a UWB uma boa opção para aplicações como fluxos de dados (*streaming*) de multimídia, digamos, de um computador pessoal para uma televisão.

Time Domain (*www.timedomain.com*), pioneira em tecnologia ultra-wideband, desenvolveu muitas aplicações UWB. Uma aplicação interessante é o PLUS Real-Time Location System (RTLS). Usando o PLUS, uma organização pode localizar com precisão várias pessoas e bens simultaneamente. Funcionários, clientes e/ou visitantes usam o crachá PLUS. PLUS Asset Tags são colocados em equipamentos e produtos. PLUS é extremamente valioso para ambientes de saúde, em que o local em tempo real dos profissionais de saúde (por exemplo, médicos, enfermeiros, técnicos de enfermagem) e equipamentos móveis (por exemplo, laptops, monitores) tem importância crítica.

Redes de Comunicações Near-Field. **Comunicações near-field (NFC)** têm o menor alcance de todas as redes sem fio a curta distância. Elas são projetadas para ficarem embutidas em dispositivos móveis como telefones celulares e cartões de crédito. Por exemplo, usando NFC, você pode passar seu dispositivo ou cartão a alguns centímetros dos terminais de ponto de vendas para pagar seus itens comprados.

### ▪ Redes sem Fio de Média Distância

As redes sem fio de média distância são as conhecidas redes locais sem fio (WLANs). O tipo mais comum de rede sem fio de média distância é a Wireless Fidelity, ou Wi-Fi. WLANs são úteis em diversos ambientes, e alguns destes podem ser desafiadores, como o Quadro 7.1 ilustra.

## TI E A EMPRESA

### 7.1 Implantando a Rede Local sem Fio na Intermountain Healthcare

Implantar uma rede de área local sem fio (WLAN) em um ambiente médico-hospitalar com as suas muitas regulamentações e requisitos de segurança é extremamente complicado. Os profissionais de saúde são altamente móveis, suas responsabilidades são emergenciais e trazem impacto na vida das pessoas. Eles lidam com várias normas de segurança existentes para garantir a segurança do paciente. Para enfrentar esses desafios, os hospitais estão cada vez mais implantando redes WLAN.

A Intermountain Healthcare (*www.intermountainhealthcare.org*) é uma grande operadora de serviços de saúde, que tem tecnologia wireless integrada como parte essencial do seu negócio (*core business*). A organização abrange 150 estabelecimentos de saúde, incluindo 26 hospitais em Utah e um em Idaho. A Intermountain recebeu, por cinco vezes em seis anos, o título de principal sistema integrado de saúde em nível nacional entre 2003 e 2008, pela revista *Modern Healthcare*.

O principal objetivo da Intermountain com a implantação de uma rede WLAN era entregar um serviço de saúde superior aos seus pacientes, através da monitoração do paciente e de seus dados. Além disso, a empresa quis aproveitar o seu investimento na WLAN para monitorar o funcionamento dos equipamentos médicos, como bombas de infusão, para garantir a entrega correta da medicação ao paciente.

Para garantir uma implementação bem-sucedida da WLAN, a Intermountain definiu seus requisitos em torno de três componentes principais: rede, dispositivos e aplicações. Esses três componentes permitiram à empresa oferecer soluções móveis que foram ao encontro das necessidades de seus usuários finais e dos objetivos de negócio. Vamos dar uma olhada em cada componente

**A rede.** Uma rede WLAN confiável é tida como de missão crítica para empresas de serviços de saúde e serve como uma plataforma para adicionar mobilidade às soluções de negócios. A Intermountain implantou uma WLAN que reuniu três critérios. Primeiro, a WLAN seria integrada com a rede cabeada da Intermountain. Em segundo lugar, a WLAN daria apoio a uma vasta gama de dispositivos e aplica-

ções. Terceiro, a WLAN da Intermountain deveria facilmente oferecer serviços de gerenciamento centralizado de rede. Esses serviços centrais previam três benefícios para a Intermountain. Primeiro, a empresa foi capaz de monitorar continuamente um grande número de "pontos sem fio", incluindo dispositivos do cliente e de equipamentos médicos. Em segundo lugar, a WLAN pôde ser facilmente gerenciada e atualizada a partir de um ponto central. Em terceiro lugar, uma WLAN gerenciada de maneira centralizada facilitou a segurança e a conformidade com a regulamentação.

**As aplicações.** Implementadas corretamente, as redes WLAN podem adicionar mobilidade para as aplicações médicas e administrativas. Como resultado, essas redes podem melhorar significativamente a eficiência e a produtividade do profissional de saúde. Para otimizar a mobilização de aplicações de serviços de saúde, a Intermountain tinha de examinar cuidadosamente o ambiente de trabalho dos empregados e suas necessidades. A empresa então priorizou as soluções que melhoravam a eficiência e a retenção dos trabalhadores, e, também, que ofereciam o melhor retorno sobre o investimento.

O acompanhamento de paciente e de suas informações eram objetivos fundamentais para a Intermountain, de modo que a equipe de tecnologia clínica de saúde trabalhou em estreita colaboração com o departamento de TI para identificar as principais aplicações clínicas que deveriam ser mobilizadas. Alguns exemplos das aplicações apoiadas pela WLAN da Intermountain são o serviço de voz sobre Wi-Fi para os profissionais de saúde, acesso sem fio à informação do paciente, o acompanhamento em tempo real de sinais vitais, serviços de prescrição, as transações nos pontos de venda, o controle de dispositivos Wi-Fi para monitorar o acesso aos registros de pacientes e o gerenciamento do inventário de equipamentos médicos em tempo real.

**Os dispositivos**. A partir de muitos dispositivos disponíveis, a Intermountain selecionou os que melhor atendiam às necessidades dos profissionais de saúde. No processo de seleção, a Intermountain considerou como, quando e onde os profissionais de saúde utilizam os aparelhos, de quais funcionalidades eles precisam e quais eram os requisitos do departamento de TI para a manutenção e o suporte do dispositivo. Como é típico da maioria dos ambientes de saúde, a Intermountain decidiu permitir que seus funcionários usassem uma combinação de dispositivos.

*Fontes:* Compilado de "Kentucky's Baptist Healthcare Rolls Out In-Building Wireless in Hospitals Statewide", Reuters, 29 de setembro de 2008; T. Bindrup and L Tanner, "Wireless Hospital Systems Can Disrupt Med Services", USA Today, 24 de junho de 2008; "How Intermountain Healthcare Is Taking Mobility to the Next Level", eWeek, 28 de maio de 2008; A. Cortese, "Wireless Workplaces, Touching the Sky", The New York Times, 4 de novembro de 2007; "Most Wired Hospitals 2007", U.S. News and World Report, 18 de julho de 2007; *www.intermountainhealthcare.org,* acessado em 2 de fevereiro de 2009.

**PERGUNTAS**

1. Discuta as razões pelas quais é mais difícil implementar uma rede WLAN em uma empresa de serviços de saúde do que em outro tipo de empresa.

2. Há uma grande variedade de usuários finais em um hospital, incluindo médicos, enfermeiros, farmacêuticos e técnicos de laboratório na parte clínica, bem como executivos, gerentes e outras pessoas na parte administrativa. Discuta como você poderia reunir os requisitos do usuário final em uma WLAN a partir desses grupos diversos. Você esperaria encontrar exigências conflitantes? Se sim, como gerenciaria o processo de requisitos do usuário?

Wireless Fidelity (Wi-Fi). **Wireless Fidelity (ou Wi-Fi)** é uma **rede local sem fio** de média distância (**WLAN**), que é basicamente uma LAN cabeada, mas sem os cabos. Em uma configuração típica, um transmissor com uma antena, chamado **ponto de acesso sem fio**, conecta-se a uma LAN com fio ou a parabólicas de satélite, que ofereçam uma conexão com a internet. A Figura 7.5 mostra um ponto de acesso sem fio. Um ponto de acesso sem fio oferece serviço a uma série de usuários dentro de um perímetro geográfico pequeno (até uns trinta metros), conhecido como **hotspot**. Para dar apoio a mais usuários em uma área geográfica maior, são necessários diversos pontos de acesso sem fio. Para se comunicar sem fio, os dispositivos móveis, como laptops, normalmente precisam de uma placa adicional, a **placa de interface de rede (NIC) sem fio**.

**Figura 7.5** Ponto de acesso sem fio.
*Fonte:* Cortesia dos sistemas D-Link.

Wi-Fi oferece acesso rápido e fácil à internet ou à intranet por banda larga, a partir de hotspots públicos, localizados em aeroportos, hotéis, cibercafés, universidades, centros de conferência, escritórios e casas (ver Figura 7.6). Os usuários podem acessar a internet enquanto caminham pelo *campus,* para o escritório ou pela casa (visite *www.weca.net*). Além disso, podem acessar Wi-Fi com laptops, desktops ou PDAs se inserirem neles uma placa de rede sem fio. A maioria dos fabricantes de PCs e laptops incorpora essas placas diretamente em seus PCs.

**Figura 7.6** Cliente do Starbucks usando Wi-Fi.

*Fonte:* © Marianna Day Massey/Zuma Press.

O Institute of Electrical and Electronics Engineers (IEEE) estabeleceu um conjunto de padrões para redes de computador sem fio. O padrão IEEE para Wi-Fi é a família 802.11. Existem quatro padrões nessa família: 802.11a, 802.11b, 802.11g e 802.11n.

Hoje, a maioria das WLANs utiliza o padrão 802.11g, que pode transmitir até 54 Mbps e tem um alcance de aproximadamente 90 metros. O padrão 802.11n, ainda em desenvolvimento, está sendo projetado para ter velocidades de transmissão sem fio de até 600 Mbps e com o dobro do alcance do 802.11g, ou seja, cerca de 180 metros. Embora o padrão continue em desenvolvimento, os fornecedores já oferecem produtos 802.11n. Um exemplo é o roteador RangeMax Wireless-N da Netgear (*www.netgear.com*).

Os principais benefícios da Wi-Fi são o baixo custo e a capacidade de oferecer acesso simples à internet. Ele é o maior facilitador da **internet sem fio**, ou seja, a capacidade de se conectar a ela sem o uso de fios. Muitos laptops PC vêm equipados com chips que podem enviar e receber sinais Wi-Fi.

As corporações estão integrando Wi-Fi em suas estratégias. Por exemplo, Starbucks, McDonald's, Borders, Paneras e Barnes & Noble estão oferecendo Wi-Fi aos seus clientes em muitas de suas lojas, principalmente para acesso à internet. O Quadro 7.2 ilustra como a Starbucks utiliza Wi-Fi para promover sua estratégia corporativa de ser o "terceiro lugar", depois da casa e do escritório.

## TI E A EMPRESA

### 7.2. Estratégia do "Terceiro Lugar" da Starbucks

A estratégia de marketing da Starbucks chamada de "menos é mais" está em sintonia com a estratégia de tecnologia da informação dos varejistas de café. Ou seja, a Starbucks, por meio de preços elevados, menu limitado e serviços sem fio na loja, estabeleceu-se como o "terceiro lugar" para os seus clientes relaxarem em um ambiente acolhedor, longe de suas casas e do escritório.

Os serviços sem fio dentro da loja desempenham um grande papel na experiência do cliente, cuidadosamente concebida pela Starbucks. A implantação de *hotspots wireless* no interior da loja em 2002, foi uma estratégia pioneira. Os críticos se perguntaram se os clientes realmente tinham interesse em navegar na internet enquanto tomavam cappuccinos. Os críticos também disseram que o

Wi-Fi incentivaria os clientes a perderem tempo com seus laptops e telefones celulares, o que poderia negar o acesso a outros clientes e, assim, reduzir os lucros.

O mercado mostrou que os clientes estão muito interessados em navegar na internet enquanto tomam café. A Starbucks previu corretamente a explosão da internet móvel quando os telefones inteligentes tornaram-se os novos laptops. Quanto aos clientes permanecendo nas lojas Starbucks, esse é o principal significado. A Starbucks afirma que não é o McDonald's, ou seja, não faz os clientes entrarem e saírem o mais rápido possível. Em vez disso, ela vende uma experiência completa que nem todos vão apreciar. Na verdade, através da experimentação de música e outros conteúdos especializados disponíveis em sua rede Wi-Fi nas lojas, ela está tentando fazer a experiência do cliente ainda melhor – com uma estadia ainda mais prolongada.

*Fontes:* Compilado de D. Berthiaume, "Sometimes Less Is More", eWeek, 28 de julho de 2008 N. Gohring, "Starbucks Can't Handle Demand for Free Wi-Fi", Network World, 4 de junho de 2008; G. Fleishman, "T-Mobile Loses Starbucks", Wi-Fi Net News, 11 de fevereiro de 2008; M. Turner, "Starbucks, AT&T Brew Up Wireless Service", Sacramento Business Journal, 11 de fevereiro de 2008; *www.starbucks.com,* acessado em 22 de fevereiro de 2009.

**PERGUNTAS**

1. Compare as estratégias da Starbucks e do McDonald's. Como tornar a rede Wi-Fi disponível em suas lojas afeta cada estratégia?
2. Discuta os possíveis problemas de segurança para os clientes da Starbucks ao usarem um *hotspot* Wi-Fi público. Dica: Discutiremos sobre segurança sem fio na Seção 7.5.

Embora o Wi-Fi tenha se tornado extremamente popular, ele tem seus problemas. Três fatores estão limitando o crescimento ainda maior seu mercado: *roaming*, segurança e custo. Em relação ao primeiro fator, no momento os usuários não podem sair de um *hotspot* para outro se estes usarem serviços de rede Wi-Fi diferentes. A menos que o serviço seja gratuito, os usuários precisam efetuar o logon em contas separadas para cada serviço, cada um com as próprias taxas. Lembre-se de que alguns hotspots Wi-Fi oferecem serviço gratuito, enquanto outros cobram uma taxa.

A segurança é a segunda barreira para a aceitação generalizada do Wi-Fi. Como o Wi-Fi usa ondas de rádio, ele é difícil de proteger contra invasores. Analisaremos a segurança do Wi-Fi na última seção deste capítulo.

A última limitação para a maior expansão do Wi-Fi é o custo. Embora seus serviços tenham um custo relativamente baixo, muitos especialistas questionam se os serviços comerciais Wi-Fi podem sobreviver, quando há tantos *hotspots* gratuitos disponíveis para os usuários.

Em alguns lugares, os hubs internet Wi-Fi são marcados por símbolos nas calçadas e paredes. Essa prática é chamada de *war chalking*. Certos símbolos de war chalking significam que existe um hotspot Wi-Fi acessível na vizinhança de um prédio. Portanto, se seu laptop possui uma placa de interface de rede sem fio, você pode acessar a internet gratuitamente. Você também poderia acessar a rede sem fio de uma empresa localizada no prédio. Outros símbolos significam que o hotspot Wi-Fi em torno do prédio é fechado. Você só pode acessá-lo se for autorizado.

Redes de Malha sem Fio (Wireless mesh networks). **Redes de malha (*mesh networks*)** utilizam vários pontos de acesso Wi-Fi para criar uma rede remota que pode ser muito grande. Poderiam ter sido incluídas na seção sobre redes sem fio de longa distância, mas serão tratadas aqui porque são basicamente uma série de redes locais interconectadas.

Por todos os Estados Unidos, os programas públicos de malha sem fio estão se estagnando e fracassando (por exemplo, na Filadélfia, Boston e Long Island). Os provedores de serviços que faziam parceria com os municípios para manter os sistemas estão saindo do negócio, em grande parte porque os custos dos projetos estão aumentando e os modelos de receita não são claros.

Apesar dos problemas com as implementações de rede de malha nas grandes cidades, Augusta, Georgia, lar do torneio de golfe Masters, está planejando uma rede de malha sem fio pública. A cidade usará fundos públicos (US$ 800.000) e uma concessão estadual (US$ 500.000) para montar a infraestrutura. A cidade pretende instalar pontos de acesso sem fio nos postes de rua e nas torres de alimentação. A cobertura sem fio incluirá locais com a maior concentração de residências dentro da cidade, o corredor comercial do centro da cidade e suas três principais instituições de ensino superior, abrangendo um total de 10 metros quadrados. Com a estrutura de patrocínio dos projetos e cobertura localizada, Augusta pretende evitar os problemas observados por cidades maiores, tornando sua malha sem fio um sucesso.

### ▪ Redes sem Fio de Longa Distância

As redes sem fio de longa distância conectam usuários à internet por um território geograficamente disperso. Elasnormalmente operam pelo espectro licenciado. Ou seja, usam partes do espectro sem fio que são controladas pelo governo. Ao contrário, Bluetooth e Wi-Fi operam pelo espectro não controlado e, portanto, são mais passíveis de problemas de interferência e segurança. Em geral, as tecnologias de rede sem fio de longa distância se encaixam em duas categorias: rádio celular e banda larga sem fio. Discutiremos essas duas tecnologias nesta seção.

Rádio celular. **Telefones celulares** usam ondas de rádio para oferecer comunicação bidirecional. O telefone celular se comunica com antenas de rádio (torres) colocadas dentro de áreas geográficas adjacentes chamadas **células** (ver Figura 7.7). Uma mensagem telefônica é transmitida para a célula local (antena) pelo telefone celular e depois é passada de uma célula para outra até alcançar a célula de destino. Na célula final, a mensagem é transmitida para o telefone celular receptor ou transferida para o sistema telefônico público, para ser transmitida a um telefone fixo. É por isso que você pode usar um telefone celular para ligar tanto para outros telefones celulares quanto para telefones fixos.

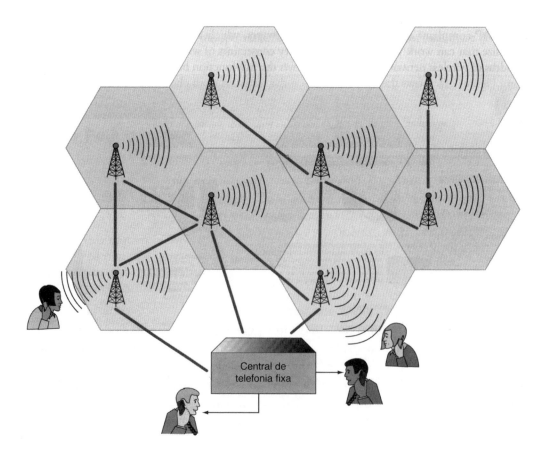

**Figura 7.7** Rede celular. © AP/Wide World Photos Cellular network.

*Fonte*: Adaptado de http://people.bu.edu/storo/iml.gif

A tecnologia celular está evoluindo rapidamente, passando para velocidades de transmissão maiores e recursos mais ricos. Ela progrediu por quatro estágios. O celular de *primeira geração (1G)* usava sinais analógicos e tinha pouca largura de banda (capacidade). A *segunda geração (2G)* utiliza sinais digitais principalmente para comunicação de voz; ela oferece comunicação de dados até 10 Kbps. A *2.5G* utiliza sinais digitais e oferece comunicação de voz e dados até 144 Kbps.

A *terceira geração (3G)* utiliza sinais digitais e pode transmitir voz e dados até 384 Kbps quando o dispositivo está se movendo em um ritmo de caminhada; 128 Kbps quando está se movendo em um carro; e até 2 Mbps quando está em um local fixo; a 3G aceita vídeo, navegação Web e mensagem instantânea.

A *quarta geração (4G)* está em desenvolvimento e não se encaixa em uma tecnologia ou padrão definido. O Wireless World Research Forum define a 4G como uma rede que opera sobre a tecnologia das internetes, combina essa tecnologia com outras, além de aplicações diversas, como, Wi-Fi e WiMax (discutidas a seguir) e opera em velocidade variando de 100 Mbps nas redes de telefonia celular até 1 Gbps em redes Wi-Fi locais.

O serviço celular de terceira geração possui desvantagens. Talvez o principal problema seja o fato de as empresas de celular na América do Norte usarem duas tecnologias distintas: *Verizon* e *Sprint* usam Code Division Multiple Access (CDMA) e *Cingular* e outras utilizam Global System for Mobile Communications (GSM). Empresas CDMA estão atualmente usando tecnologia *Evolution-Data Optimized* (*EV-DO*), que é um padrão de rádio celular de banda larga sem fio.

Além disso, 3G é relativamente caro, e a maioria das prestadoras de serviços limita o quanto você pode baixar e a finalidade de uso do serviço. Por exemplo, algumas prestadoras proíbem o aparelho de baixar ou realizar *streaming* de áudio ou vídeo. Se você ultrapassar os limites, elas se reservam o direito de cortar seu serviço.

Banda Larga sem Fio ou WiMAX. Worldwide Interoperability for Microwave Access, popularmente conhecido como WiMAX, é o nome para o padrão 802.16 do IEEE. O WiMax possui um alcance de acesso sem fio de até 50 quilômetros, em comparação com os 100 metros para Wi-Fi. O WiMAX também possui uma taxa de transferência de dados de até 75 Mbps. É um sistema seguro e oferece recursos como voz e vídeo. Antenas WiMAX podem transmitir conexões de internet de banda larga para antenas em casas e empresas a quilômetros de distância. A tecnologia pode, portanto, oferecer acesso de banda larga sem fio em longa distância para áreas rurais e outros locais que atualmente não são servidos, como mostra o exemplo a seguir.

---

## EXEMPLO

### WiMAX in Argentina

Ertach (*www.ertach.com*) é um dos principais provedores de soluções sem fio em banda larga na Argentina e em toda a América Latina. Em 2004, a Ertach implantou a primeira rede WiMAX na América Latina, oferecendo acesso à internet, transmissão de dados e telefonia na internet (VoIP).

Em 2005, a Ertach criou a maior rede WiMAX exclusiva na Argentina. A empresa instalou mais de 1.500 pontos de acesso para o projeto. A rede abrange 40% da província de Buenos Aires e conecta escolas, hospitais públicos, agências de veículos, agências estaduais e outras agências e instituições públicas.

Em agosto de 2006, a Ertach iniciou a primeira rede de banda larga móvel na América Latina com tecnologia WiMAX. Essa rede abrangeu a cidade de Carlos Casares, oferecendo acesso à internet em banda larga a uma das maiores empresas de agronegócios na Argentina, bem como a comunidades remotas e empresas nas áreas rurais e suburbanas.

Mais adiante, em 2006, a Ertach foi comprada pela Telmex (*www.telmex.com/mx*). Em meados de 2009, a Ertach tinha presença em mais de 160 cidades na Argentina e ainda estava se expandindo rapidamente.

*Fontes:* Compilado de C. Garza, "Ertach's WiMAX Experience in Argentina", *www.wimax.com,* acessado em 2 de fevereiro de 2009; "Ertach Sale to Telemex Approved", *www.wimaxday.com,* 27 de junho de 2007; "Ertach Completes Patagonian WiMAX Deployment", 16 de janeiro de 2007; *www.ertach.com,* acessado em 2 de fevereiro de 2009.

*Antes de Prosseguir...*
1. O que é Bluetooth? O que é uma WLAN?
2. Descreva Wi-Fi, serviço celular e WiMax.

## 7.3. Computação Móvel e Comércio Móvel

No ambiente de computação tradicional, os usuários vão até um computador conectado por fios a outros computadores e a redes. A necessidade de estar conectado por fios dificulta ou impossibilita as pessoas em movimento de usarem o computador. Em particular, vendedores, profissionais de manutenção, empregados do setor de serviços, policiais e funcionários de empresas de utilidades públicas podem ser mais eficientes se puderem usar a TI enquanto estão no campo ou em trânsito. Assim, a computação móvel foi projetada para trabalhadores que saem dos limites das organizações ou para qualquer pessoa fora de casa.

Lembre-se que a computação móvel refere-se a uma conexão de tempo real, sem fio, entre um dispositivo móvel e outros ambientes de computação, como a internet ou uma intranet. Essa inovação está revolucionando o modo como as pessoas utilizam computadores. Está se dissipando no trabalho e em casa, na educação, na saúde, no entretenimento e em muitas outras áreas.

A computação móvel possui duas características importantes que a diferenciam das outras formas de computação: mobilidade e amplo alcance. A *mobilidade* baseia-se no fato de que os usuários transportam um dispositivo móvel com eles e podem iniciar um contato em tempo real com outros sistemas, de qualquer lugar onde estejam. *Amplo alcance* refere-se ao fato de que, quando os usuários transportam um dispositivo móvel aberto, eles podem ser alcançados instantaneamente, mesmo que seja por grandes distâncias.

Essas duas características – mobilidade e amplo alcance – criam cinco atributos de valor agregado que rompem as barreiras da geografia e do tempo: ubiquidade, conveniência, conectividade instantânea, personalização e localização de produtos e serviços. Um dispositivo móvel pode oferecer informações e comunicação independentemente do local do usuário (*ubiquidade*). Com um dispositivo móvel preparado para internet, é fácil e rápido acessar a Web, intranets e outros dispositivos móveis sem reiniciar um PC ou fazer uma ligação por meio de um modem (*conveniência* e *conectividade instantânea*). As informações podem ser personalizadas e enviadas a clientes individuais no formato de SMS (*personalização*). Finalmente, conhecer a localização física de um usuário ajuda uma empresa a anunciar seus produtos e serviços (*localização*). A computação móvel oferece o alicerce para o comércio móvel (*m-commerce*), que discutiremos em seguida.

▪ **Comércio Móvel**

Além de afetar nossas vidas cotidianas, a computação móvel também está transformando o modo como fazemos negócios, permitindo que empresas e indivíduos entrem para o comércio móvel. Como vimos no início do capítulo, o comércio móvel (*m-commerce*) refere-se a transações de comércio eletrônico (CE) que são realizadas em um ambiente sem fio, especialmente pela internet. Assim como aplicações de CE normais, o *m-commerce* pode ser realizado via internet, linhas de comunicação privativas, telefones inteligentes ou outras infraestruturas. O *m-commerce* cria oportunidades para oferecer novos serviços a clientes existentes e atrair novos. Para ver como as aplicações de *m-commerce* são classificadas por setor, consulte *www.mobiforum.org*.

O desenvolvimento do *m-commerce* é impulsionado pelos seguintes fatores:

- *Grande disponibilidade de dispositivos móveis.* O número de telefones celulares em todo o mundo ultrapassou 3 bilhões em 2009. Estima-se que, dentro de alguns anos, cerca de 70% dos telefones celulares nos países desenvolvidos terão acesso à internet. Assim, um mercado de massa em potencial está se desenvolvendo para a computação móvel e o *m-commerce*. Além disso, conforme discutimos anteriormente neste capítulo, os telefones celulares também estão se espalhando rapidamente nos países em desenvolvimento.

- *Não há necessidade de um PC.* Como a internet pode ser acessada por um telefone inteligente ou outros dispositivos sem fio, não há necessidade de um PC para se fazer a conecção. Embora o custo de um PC usado principalmente para acesso à internet possa ser menor que R$ 500, esse valor ainda é uma despesa alta para a maioria das pessoas no mundo, principalmente nos países em desenvolvimento.

- *A "cultura do telefone celular".* O uso generalizado dos telefones celulares é um fenômeno social, especialmente entre os jovens. O uso de SMS e mensagens instantâneas aumentou enormemente nos países europeus e asiáticos. Os membros da "cultura do telefone celular" constituirão uma força importante de compradores on-line quando começarem a ganhar e gastar mais dinheiro.
- *Preços em declínio.* O preço dos dispositivos sem fio está diminuindo com o tempo e continuará a diminuir.
- *Melhoria da largura de banda.* Para realizar devidamente o *m-commerce*, é necessário haver largura de banda suficiente para a transmissão de texto, voz, vídeo e multimídia. Wi-Fi, a tecnologia celular 3G e o WiMax oferecem a largura de banda necessária.

A computação móvel e o *m-commerce* incluem muitas aplicações. Elas resultam das capacidades de diversas tecnologias. Na próxima seção, examinaremos essas aplicações e seu impacto nas atividades empresariais.

## ■ Aplicações de Comércio Móvel

Existe uma grande variedade de aplicações de comércio móvel. As mais populares incluem serviços financeiros, aplicações intraorganizacionais, acesso à informação, aplicações localizadas, telemedicina e telemetria. Dedicamos o restante desta seção para examinar essas diversas aplicações e seus efeitos sobre as maneiras como vivemos e realizamos negócio.

Serviços Financeiros. As aplicações financeiras móveis incluem serviços bancários, pagamentos sem fio e micropagamentos, transferências de dinheiro, carteiras sem fio (*wireless wallets*) e serviços de pagamento de contas. O objetivo final das aplicações financeiras móveis é tornar mais conveniente para os clientes a realização de negócios, independentemente do horário ou de onde estejam. Os clientes ansiosos estão exigindo essa conveniência, como mostra o exemplo a seguir.

---

**EXEMPLO**

---

### A GO-Tag

First Data (*www.firstdata.com*) está no negócio de autorização de transações de cartão de crédito e cartão de débito para bancos e varejistas. Pensando estrategicamente, porém, a empresa decidiu ser pioneira na próxima onda do comércio eletrônico: o comércio móvel.

Na Convenção Nacional Democrática em 2008, a First Data demonstrou sua GO-Tag distribuindo pequenos bottons para 5.000 jornalistas e delegados de partido. Quando eles tocavam os bottons em sensores eletrônicos nos estandes de concessão da Pepsi Center, em Denver, recebiam lanches e bebidas gratuitamente. Esses chips do tamanho de um amendoim, cada um com um transmissor de rádio no interior, podem ser colocados em um telefone celular ou em um crachá de identificação para tornar o pagamento de compras fácil e rápido. As transações são tratadas nas redes que a First Data usa para cartões de débito e crédito tradicionais. A First Data assinou com vários clientes importantes, inclusive a Blockbuster. Completar uma venda com a GO-Tag leva apenas um segundo, que é muito mais rápido do que usar um cartão de crédito tradicional ou dinheiro. A Blockbuster afirma que seu objetivo é eliminar a necessidade de dinheiro em suas lojas. Assim como é feito em seu negócio principal, a First Data ganha dinheiro com a GO-Tag coletando taxas por transação.

Serviços semelhantes já estão em uso no Japão e na Coreia. Após um início lento nos Estados Unidos, essa tecnologia de comércio móvel está atingindo a massa crítica, pois os comerciantes a veem como um modo muito necessário para reduzir custos e aumentar as vendas.

*Fontes:* Compilado de S. Hamm, "Will GO-Tags Make Your Wallet Obsolete?" BusinessWeek, 8 de setembro de 2008; "First Data's GO-Tags—The First Step Toward Mobile Commerce?" Mobile Industry Review, 21 de agosto de 2008; "First Data GO-Tag Contactless Prepaid Sticker Consumer Survey", *www.firstdata.com,* janeiro de 2008; "Mobile Commerce and the M-Wallet: A Market Brief", *www.firstdata.com,* 2007.

---

***Banking Móvel.*** Em muitos países, os bancos oferecem cada vez mais acesso móvel a informações financeiras e de conta. Por exemplo, o Citibank (*www.citibank.com*) alerta os clientes em seus telefones celulares digitais a respeito das mudanças nas informações de conta.

***Sistemas de Pagamento Eletrônico sem Fio.*** Os sistemas de pagamento sem fio transformam telefones celulares em ferramentas de compra seguras e autossuficientes, capazes de autorizar pagamentos instantaneamente pela rede celular. Nos Estados Unidos, a CPNI (*www.cpniinc.com/index.php*) permite que as pessoas transfiram dinheiro instantaneamente para outras pessoas e façam pagamentos para empresas em qualquer lugar do mundo com qualquer telefone fixo ou móvel.

Na Philips Arena, em Atlanta, por exemplo, aqueles que possuem bilhetes da estação com contas de crédito Visa, emitidas pelo Chase, e contas sem fio Cingular podem fazer pagamentos sem contato em estandes de concessão por toda a arena, usando telefones celulares Nokia habilitados para comunicação NFC (near-field communication). Os clientes aproximam o telefone em até 5 cm de uma leitora de radiofrequência sem a necessidade de uma senha ou uma assinatura. Esse processo agiliza o fluxo de clientes e libera os trabalhadores para ajudar outros clientes.

***Micropagamentos.*** Se você pegasse um táxi em Frankfurt, Alemanha, poderia fazê-lo usando seu telefone celular. Os pagamentos eletrônicos para compras de baixo valor (geralmente, menos de R$ 15) são chamados de *micropagamentos*.

Os compradores na web historicamente têm preferido pagar com cartões de crédito. Mas, como as empresas de cartão de crédito podem cobrar taxas sobre as transações, os cartões de crédito são um modo ineficaz de fazer compras muito pequenas. O crescimento do conteúdo digital relativamente barato, como música (por exemplo, iTunes), toques de celular e jogos que podem ser baixados, está impulsionando o crescimento dos micropagamentos, pois os clientes querem evitar as taxas de cartão de crédito sobre transações pequenas.

Porém, o sucesso das aplicações de micropagamento depende, em última instância, dos custos de transação. Estes só serão pequenos quando o volume das transações for grande. Uma tecnologia que pode aumentar o volume das transações são as carteiras sem fio.

***Carteiras Móveis (Sem Fio).*** Diversas empresas oferecem tecnologias de **carteira móvel** (*m-wallet*, também conhecido como *mobile walltet* ou *wireless wallet*), que permitem aos possuidores de cartão fazerem compras com um único clique em seus dispositivos móveis. Um exemplo é o *m-wallet* da Nokia. Essa aplicação armazena informações de modo seguro (como números de cartão de crédito) no telefone Nokia do cliente, para ser usado ao fazer pagamentos móveis. A informação também pode ser usada para autenticar transações, assinando-as digitalmente. A Microsoft também oferece um *m-wallet*, Passport, para ser usado em um ambiente sem fio.

***Pagamentos de Conta Sem Fio.*** Diversas empresas agora estão oferecendo aos clientes a opção de pagar contas diretamente por um telefone celular. O HDFC Bank of India (*www.hdfcbank.com*), por exemplo, permite que os clientes paguem suas contas por meio de SMS.

Na China, o SmartPay permite que os usuários usem seus telefones móveis para pagar suas contas de telefone e utilidades públicas, comprar bilhetes de loteria e bilhetes de passagem aérea, além de outras compras. O SmartPay iniciou o 172.com (ver *https://www.172.com/web/websit/english/english/index.html*), um portal que centraliza os serviços de pagamento móvel e de telefone e é baseado na internet da empresa para os consumidores. O portal é criado para oferecer uma fonte de informação conveniente, centralizada, para todas essas transações.

Aplicações Intraorganizacionais. Embora o *m-commerce* B2C receba muita publicidade, a maioria das aplicações de *m-commerce* de hoje, na realidade, é usada *dentro* das organizações. Nesta seção, veremos como as empresas utilizam a computação móvel para apoiar os funcionários.

Os dispositivos móveis estão se tornando cada vez mais uma parte integrante das aplicações de fluxo de trabalho. Por exemplo, serviços móveis que não são de voz podem ser usados para auxiliar em funções de despacho, ou seja, para atribuir tarefas a funcionários móveis, junto com informações detalhadas sobre a tarefa. As áreas-alvo para os serviços móveis de remessa e despacho incluem transporte (entrega de alimentos, combustível, jornais, cargas, serviços de entrega, reboques e táxis); utilidades públicas (gás, eletricidade, telefone, água); serviço em campo (computador, equipamento de escritório, assistência técnica); saúde (enfermeiras, médicos, serviços sociais); e segurança (patrulhas, instalação de alarme). O exemplo a seguir ilustra uma aplicação intraorganizacional interessante, a telemática, que está sendo utilizada na UPS.

---

### EXEMPLO

A UPS (*www.ups.com*) foi pioneira na adoção de tecnologia da informação. Atualmente tem um orçamento de TI anual de US$ 1 bilhão. Ela tem usado a telemática em seus caminhões há 20 anos. *Telemática* refere-se à comunicação sem fio de informações e mensagens de controle baseadas em local de e para veículos e outros recursos móveis. A UPS iniciou um grande programa em 2009 para captar mais dados e os usar de formas mais relevantes para reduzir custos de combustível, manter os caminhões trabalhando de modo mais eficaz e aumentar a segurança. A UPS capta dados de sistemas de posicionamento global sobre mais de 200 medições de motor, desde velocidade até o número de partidas, pressão do óleo e de sensores nos cintos de segurança, portas do compartimento de carga e marcha a ré nas transmissões.

Combinando esses dados com o software de mapeamento, os gerentes da UPS possuem uma ferramenta para mudar o comportamento do motorista com o objetivo de reduzir custos, melhorar a segurança e diminuir o impacto ambiental. A empresa pode literalmente "recriar o dia de um motorista". Analisando esses dados, a UPS tem conseguido reduzir a necessidade de os motoristas de caminhão usarem a marcha a ré em 25%, diminuindi, assim, o risco de acidentes. A UPS também tem conseguido reduzir a ociosidade em 15 minutos por motorista por dia. Isso é significativo, pois a ociosidade queima quase 4 litros de gasolina por hora e polui 20% mais do que um caminhão trafegando a 50 km/h. Portanto, a economia é substancial para a UPS e para o ambiente. Finalmente, os mecânicos agora fazem reparos no motor com base no uso real do veículo, em vez de ser por cronogramas definidos. Ou seja, eles trocam um motor de arranque com base no número de partidas, e não a cada dois anos, independentemente do uso.

*Fontes:* Compilado de C. Murphy, "UPS: Positioned for the Long Haul", InformationWeek, 17 de janeiro de 2009; *www.ups.com*, acessado em 5 de fevereiro de 2009.

---

Acessando Informações. Portais móveis e portais de voz são projetados para agregar e fornecer conteúdo em um formato que funcionará com o espaço limitado disponível em dispositivos móveis. Esses portais oferecem informações para os usuários em qualquer lugar e a qualquer momento.

*Portais Móveis.* Um **portal móvel** agrega e fornece conteúdo e serviços para usuários móveis. Esses serviços incluem notícias, esportes e e-mail; informações sobre entretenimento, turismo e restaurantes; serviços comunitários; e negociação de ações.

O campo dos portais móveis está sendo cada vez mais dominado por algumas empresas de grande porte. O portal móvel mais conhecido do mundo – i-mode, da NTT DoCoMo – possui mais de 40 milhões de assinantes, principalmente no Japão. Os principais participantes na Europa são Vodafone, O2 e T-Mobile. Alguns portais tradicionais – por exemplo, Yahoo, AOL e MSN – também têm portais móveis.

*Portais de Voz.* Um **portal de voz** é um site com uma interface de áudio. Os portais de voz não são sites no sentido normal, pois também podem ser acessados por um telefone fixo ou celular. Um número de telefone o conecta a um site, no qual você pode solicitar informações verbalmente. O sistema encontra a informação, traduz-na para uma resposta de voz gerada por computador e lhe informa o que deseja saber. A maioria das empresas aéreas oferece informação em tempo real sobre o status dos voos dessa maneira.

Um exemplo de portal de voz é a linha de informações de viagem 511, ativada por voz, desenvolvida pela Tellme.com. Ela permite que o assinante pesquise o tempo, restaurantes locais, tráfego atual e outras informações úteis. Além de recuperar informações, alguns sites oferecem uma verdadeira interação. Por exemplo, iPing (*www.iping.com*) é um serviço de lembrete e notificação que permite que os usuários entrem com informações por meio da web e recebam chamadas de lembrete. Esse serviço pode até mesmo chamar um grupo de pessoas para notificá-las sobre uma reunião ou conferência.

Aplicações Localizadas. Assim como no comércio eletrônico, as aplicações B2C de *m-commerce* estão concentradas em três áreas principais – varejo, propaganda e serviço ao cliente. O comércio móvel localizado é chamado de **comércio localizado**, ou **L-commerce**.

*Compras Via Dispositivos Sem Fio*. Um número cada vez maior de vendedores on-line permite que clientes comprem via dispositivos sem fio. Por exemplo, os clientes que usam telefones celulares preparados para a internet podem comprar em certos sites, como *http://mobile.yahoo.com* e *www.amazon.com*.

Os usuários de telefones celulares também podem participar de leilões on-line. Por exemplo, o eBay oferece serviços "sem fio em qualquer lugar". As pessoas cadastradas no eBay podem acessar suas contas, navegar, pesquisar, fazer lances e refazer lances para os itens de qualquer telefone ou PDA preparado para internet. O mesmo vale para os participantes de leilões da Amazon.com.

*Serviços Localizados*. Os serviços localizados oferecem informações específicas a um local. Por exemplo, um usuário móvel pode solicitar à empresa o serviço mais próximo, como um caixa eletrônico ou um restaurante; pode receber alertas, como avisos de engarrafamento ou acidente no trânsito; ou então pode encontrar um amigo. As operadoras sem fio podem oferecer serviços específicos como localizar táxis, pessoal de atendimento, médicos e equipamento de aluguel; reservar viagens; rastrear objetos como pacotes e contêineres; encontrar informações como navegação, clima, tráfego e agendamento de salas; direcionar anúncios; e automatizar *check-ins* em aeroportos.

*Propaganda Localizada*. Um tipo de serviço é a propaganda localizada. Quando os profissionais de marketing conhecem a localização atual e as preferências dos usuários móveis, podem enviar mensagens de propaganda específicas ao usuário para dispositivos sem fio a respeito de lojas, shoppings e restaurantes nas proximidades. O exemplo a seguir mostra como a Sense Networks está desenvolvendo a propaganda localizada.

---

## EXEMPLO

Os profissionais de marketing sonham em ter profundo conhecimento das preferências do comprador, além de saber sua localização em tempo real. Desse modo, podem concentrar-se nos compradores, estejam eles em um shopping ou na loja de um concorrente, enviando-lhes propaganda direcionada ou cupons de descontos.

Uma empresa chamada Sense Networks (*www.sensenetworks.com*) está analisando dados sobre os movimentos de usuários de telefones inteligentes. Estes usuários são rastreados por sistemas de posicionamento global, por torres de celular que recebem seus sinais e por redes Wi-Fi locais, que detectam sua presença. As companhias de telefone e os anunciantes oferecem à Sense dados brutos sobre os movimentos e o comportamento das pessoas. A missão da Sense é transformar grandes quantidades de dados em inteligência colocada em ação para o cliente.

O iPhone da Apple começou tudo isso. A App Store da Apple oferece mais de 8.000 programas, incluindo muitos que utilizam a localização para oferecer serviços como recomendações de restaurantes próximos, postos de combustível, revendas etc. Toda vez que um cliente clica em uma aplicação, a hora e o local do evento são captados pela empresa que ETA vendendo o serviço.

Além do serviço de celular, muitos telefones inteligentes, incluindo o iPhone, são habilitados para Wi-Fi. Quando você caminha em um shopping, por exemplo, seu telefone sinaliza sua presença para dezenas de redes Wi-Fi nas lojas. Uma empresa, a Skyhook Wireless (*www.skyhookwireless.com*), interligou 100 milhões de pontos de acesso Wi-Fi do mundo inteiro e localiza milhões de clientes em movimento para as empresas oferecendo serviços móveis.

A Sense pode descobrir muita coisa a partir dos padrões dos pontos (usuários) que se movem nos mapas. Depois de monitorar um ponto por algumas semanas, a Sense pode colocá-lo em uma tribo, que é um grupo de pessoas com comportamentos comuns. Por exemplo, é possível ver grupos crescendo em torno de um restaurante ou loja popular. Viajantes a negócios costumam se encontrar em certos locais em cada cidade. Os recém-desempregados normalmente mudam sua rotina de trabalho para movimentos mais aleatórios.

No verão de 2008, a Sense implantou uma aplicação para o consumidor chamada CitySense, em São Francisco. Os assinantes que baixavam o software da Sense em seus telefones inteligentes concordavam em ser rastreados e colocados em uma tribo. Eles poderiam, então, localizar pessoas semelhantes. A Kinetics (*www.kineticww.com*), a unidade de propaganda externa da WPP (*www.wpp.com*), estudou os dados da Sense em São Francisco e viu que uma tribo frequentava bares no distrito da Marina, onde havia determinada promoção de cerveja. A Kinetics avisou ao fabricante da cerveja para estender a promoção para outros bares na cidade, que atraíram pontos do mesmo tipo. Os resultados foram excelentes.

E as desvantagens desse tipo de análise do cliente? O consenso entre os profissionais de marketing é que os consumidores não apoiarão anúncios direcionados em seus telefones a menos que os tenham pedido. E aí entram questões de privacidade muito sérias.

*Fontes:* Compilado de S. Baker, "The Next Net", BusinessWeek, 9 de março de 2009; N. Davey, "Mapping Out the Future of Location--Based Advertising?" MyCustomer.com, 20 de junho de 2008; O. Malik, "Are You Ready for Location-Based Advertising?" gigaOM. com, 6 de fevereiro de 2008; *www.sensenetworks.com*, acessado em 28 de março de 2009; *www.kineticww.com*, acessado em 30 de março de 2009.

Telemedicina sem Fio. *Telemedicina* é o uso de tecnologias modernas de telecomunicação e informação para fornecer tratamento clínico a indivíduos localizados a distância e para transmitir informações sobre esse tratamento. Existem três diferentes tipos de tecnologia usados para aplicações de telemedicina. O primeiro envolve o armazenamento e a transferência de imagens digitais de um local para outro. O segundo permite que um paciente em um local se consulte com um médico especialista em outro local, em tempo real, através de videoconferência. O terceiro usa robôs para realizar cirurgia remota. Na maioria dessas aplicações, o paciente está em uma área rural, e o especialista está em um local urbano.

A tecnologia sem fio também está transformando o modo como as receitas são aviadas. Tradicionalmente, os médicos aviavam uma receita e você a levava à farmácia, onde esperava em uma fila ou retornava mais tarde. Hoje, os sistemas móveis permitem que os médicos insiram uma receita em um assistente digital pessoal (PDA). Essa informação segue por modem de celular (ou Wi-Fi) até uma empresa, como a Med-i-nets (*www.med-i-nets.com*). Lá, os funcionários certificam-se de que a receita está de acordo com os regulamentos do plano de saúde. Se tudo estiver correto, a receita é transferida eletronicamente para a farmácia apropriada. Para obter um refil, o sistema notifica os médicos quando é necessário o paciente fazer um novo pedido. O médico pode, então, renovar a receita com alguns cliques no modem.

Outra valiosa aplicação envolve situações de emergência durante voos. As emergências médicas em voo ocorrem com mais frequência do que se pode imaginar. A Alaska Airlines, por exemplo, lida com cerca de 10 emergências médicas a cada dia. Muitas empresas agora utilizam comunicações móveis para auxiliar nessas situações. Por exemplo, o MedLink, um serviço da MedAire (*www.medaire.com*), oferece acesso 24 horas a médicos certificados pelo comitê. Esses serviços móveis também podem controlar remotamente o equipamento médico, como desfibriladores, que estão localizados no avião.

Aplicações de telemetria. *Telemetria* é a transmissão e recepção sem fio de dados coletados de sensores remotos. Ela possui diversas aplicações de computação móvel. Por exemplo, os técnicos podem usá-la para identificar problemas de manutenção em equipamentos. Além disso, como acabamos de ver, os médicos podem monitorar pacientes e controlar equipamentos médicos a distância.

Os fabricantes de automóveis utilizam aplicações de telemetria para fazer o diagnóstico remoto de veículos e a manutenção preventiva. Por exemplo, os motoristas de muitos carros da General Motors utilizam o sistema OnStar (*www.onstar.com*) de diversas maneiras. Por exemplo, o OnStar alerta automaticamente um operador quando um air bag é usado. Em outro exemplo, os motoristas podem fazer perguntas sobre uma luz de advertência que apareceu no painel.

*Antes de Prosseguir...*

1. Quais são os principais impulsionadores da computação móvel?
2. Descreva os portais móveis e os portais de voz.
3. Descreva os serviços financeiros sem fio.
4. Liste algumas das principais aplicações sem fio intraorganizacionais.

## 7.4. Computação Ubíqua

Um mundo em que praticamente todos os objetos possuem poder de processamento com conexões com ou sem fio a uma rede global é o mundo da computação ubíqua, também chamada computação onipresente. A computação ubíqua é a "computação em toda a parte", invisível, que está embutida nos objetos ao nosso redor – no piso, nas luzes, nos carros, na máquina de lavar, nos telefones celulares, nas roupas e assim por diante.

Por exemplo, em uma *casa inteligente*, o computador doméstico, a televisão, os controles de iluminação e aquecimento, o sistema de alarme e muitos eletrodomésticos podem se comunicar entre si por meio de uma rede doméstica. Esses sistemas interligados podem ser controlados por meio de diversos dispositivos, incluindo pager, telefone celular, televisão, computador doméstico, PDA ou até mesmo um automóvel. Um dos principais elementos de uma casa inteligente é o *aparelho inteligente*, um aparelho que é preparado para internet e pode ser controlado por um pequeno dispositivo de mão ou computador desktop por uma rede doméstica (com ou sem fio). Duas tecnologias oferecem a infraestrutura para a computação ubíqua: identificação por radiofrequência (RFID) e redes de sensores sem fio (WSNs).

### ■ Identificação por Radiofrequência

A **tecnologia de identificação por radiofrequência (RFID)** permite que os fabricantes coloquem etiquetas com antenas e chips de computador nas mercadorias e, depois, rastreiem sua movimentação por meio de sinais de rádio. A RFID foi desenvolvida para substituir os códigos de barras. Um código de barras típico, conhecido como Código Universal de Produto (UPC, *Universal Product Code*), é composto de 12 dígitos, em diversos grupos. O primeiro dígito identifica o tipo do item, os cinco dígitos seguintes identificam o fabricante e os próximos cinco identificam o produto. O último dígito é um dígito de verificação, para detecção de erro. Os códigos de barras têm funcionado bem, mas possuem limitações. Primeiro, exigem linha de visão em relação ao dispositivo de leitura. Isso funciona em uma loja, mas pode gerar problemas substanciais em uma fábrica ou depósito, ou em uma doca de embarque e recebimento. Segundo, como os códigos de barras são impressos em papel, podem ser rasgados, molhados ou perdidos. Terceiro, o código de barras identifica o fabricante e o produto, mas não o item específico.

Sistemas de RFID utilizam etiquetas com microchips embutidos, que contêm dados, e antenas para transmitir sinais de rádio por uma curta distância às leitoras RFID. Estas transmitem os dados por uma rede até um computador para serem processados. O chip na etiqueta RFID é programado com informações que identificam um item de modo exclusivo. Ele também possui informações sobre o item, como a localização, onde e quando foi fabricado. A Figura 7.8 mostra uma leitora RFID e uma etiqueta RFID em uma palete.

**Figura 7.8** Pequena leitora RFID e etiqueta RFID.

*Fonte:* Kruel/laif/Redux Pictures.

Existem dois tipos básicos de etiqueta RFID: ativa e passiva. As *etiquetas RFID ativas* usam baterias internas para sua alimentação e transmitem ondas de rádio a uma leitora. Como as etiquetas ativas contêm baterias, elas são mais caras do que as etiquetas RFID passivas, e podem alcançar distâncias maiores. As etiquetas ativas, portanto, são usadas para itens mais caros. As *etiquetas RFID passivas* contam plenamente com as leitoras para sua alimentação. Elas são mais baratas que as etiquetas ativas e só podem ser lidas até uma distância de 6 metros. Geralmente são aplicadas a mercadorias de preço baixo.

Um problema com a RFID tem sido o custo. Para tentar minimizá-lo, a Staples (*www.staples.com*) está testando etiquetas RFID reutilizáveis, descritas no próximo exemplo.

---

## EXEMPLO

Em maio de 2008, a Staples seletivamente etiquetou cerca de 2.000 itens, representando cerca de 300 unidades de manutenção de estoque em um local típico. As etiquetas custaram à Staples entre US$ 5 e US$ 8 cada uma. A Staples precisa das etiquetas em suas lojas para manter um estoque preciso e identificar o local atual exato de um produto. Quando a Staples contava com seu antigo sistema manual, o estoque raramente ou nunca era preciso. Atualmente, cada item tem uma etiqueta RFID ativa, e o estoque é 100% preciso. Além disso, as etiquetas retêm o histórico de movimentação inteiro do item até a loja, dentro dela e até a venda final.

Resultado: A Staples está obtendo economias de mão de obra, pois o lojista não precisa contar seus itens manualmente. Mas a redução de custo realmente vem da capacidade de os lojistas reutilizarem as etiquetas RFID repetidamente, que são removidas no terminal do ponto de vendas. A Staples espera que cada etiqueta funcione por cinco anos. Portanto, se a empresa tiver 200 usos para cada tag, os custos caem para US$ 0,03 por venda.

*Fontes:* Compilado de "Staples to Expand Reusable RFID Tag Test", RetailWire, 19 de dezembro de 2007; "Staples Goes Reusable with RFID Tags", FierceMobileIT, 10 de junho de 2007; E. Schuman, "Staples Tries Reusable RFID Tags", eWeek, 9 de junho de 2007; *www.staples.com*, acessado em 3 de fevereiro de 2009.

---

Outro problema com a RFID tem sido o tamanho relativamente grande das etiquetas. Contudo, esse problema pode ter sido resolvido. O chip mu (μ-chip) da Hitachi tinha 0,4 por 0,4 mm, mas a empresa lançou seus chips "RFID powder", que possuem 0,05 por 0,05 mm, cerca de 60 vezes menor que os chips mu.

As Olimpíadas de Pequim utilizam a tecnologia RFID com sucesso. O Quadro 7.3 mostra como a tecnologia provou ser valiosa para os Jogos Olímpicos de 2008.

### TI E A EMPRESA

### 7.3. Identificação por Radiofrequência nas Olimpíadas de Pequim

As Olimpíadas de 2008 em Pequim (*http:// en.beijing2008.cn/*) representaram uma das maiores implementações de identificação por radiofrequência (RFID) da história. O âmbito dos Jogos Olímpicos é muito grande. Durante os Jogos de 2008, a China recebeu 280 mil atletas, árbitros, jornalistas e outros trabalhadores de mais de 200 países. Cerca de 5 milhões de turistas estrangeiros e mais de 120 milhões de viajantes nacionais visitaram Pequim em 2008 e 7 milhões de espectadores assistiram aos jogos em vários locais.

Os coordenadores olímpicos não deviam apenas criar agendas de jogo e fazer com que a cobertura da mídia fosse impecável, mas também deviam se proteger contra bilhetes falsificados, providenciar transporte para alimentos e bebidas e até garantir a segurança dos alimentos para atletas, rastreando o trajeto de todos os alimentos da fazenda até os pratos. Todos esses processos foram executados pelos fornecedores de RFID nos Jogos, que criaram mais de 16 milhões de bilhetes RFID, junto com os sistemas que protegeram a produção, o processamento e o transporte de produtos alimentícios e bebidas para atletas e treinadores.

O uso de RFID nos Jogos Olímpicos diferem de outros projetos em grande escala. Esses projetos estavam em ambientes controlados, como estradas de pedágio ou de controle de acesso e segurança. A empresa ASK TongFang, uma *joint venture* entre empresas francesas e chinesas, fabricou 16 milhões de bilhetes com radiofrequência, incluindo as leitoras do portão, software e serviços. Para maior segurança, as características de segurança contra falsificação foram fornecidas pela China Bank Note.

A quantidade de alimentos e bebidas se movendo para dentro e em torno dos Jogos é imensa. Para os pedidos de alimentos, o sistema de RFID foi combinado com a tecnologia do sensor, que registrou a temperatura da mercadoria a cada momento. Para um produto como bebidas esportivas, esse processo poderia não ter sido tão importante, mas para alimentos altamente perecíveis, como carne bovina ou suína, a informação foi de grande valia, uma vez que o alimento foi oferecido a milhares de atletas e treinadores, bem como a milhões de espectadores. O sistema de RFID e sensores permitiram aos funcionários com leitores determinar se um alimento foi submetido a temperaturas fora de um intervalo especificado, e não apenas a leitura de um código de barras para determinar que o alimento correto estava na caixa correta.

O sucesso dos Jogos Olímpicos com os bilhetes RFID mudou a forma como seria feita a bilheteria em outros eventos de grande escala. Por exemplo, a tecnologia foi usada para a Expo 2010 em Xangai, em que foi colocada em cerca de 70 milhões de bilhetes.

*Fontes:* Compilado de P. Wong, "RFID Goes Prime Time in Beijing Olympics", CNET.com, 7 de agosto de 2008; "Beijing Olympics Will Use 16 Million Tickets with Embedded RFID", RFID News, 15 de maio 2008; E. Millard, "Beijing Olympics: Going for the Gold with RFID", Baseline Magazine, 3 de março de 2008; S. Zheng, "Beijing Olympic Games Prompts RFID Development in China", Network World, 3 de setembro de 2007; *www.askthtf.com/en/index.aspx*, acessado em 1 de fevereiro de 2009.

### PERGUNTAS

1. Discuta as vantagens da utilização de RFID e sensores para controle de alimentos e bebidas em vez de utilizar códigos de barras.

2. Os bilhetes RFID foram muito mais caros do que um bilhete impresso comum (especialmente quando você adiciona os leitores). Discuta as vantagens dos bilhetes com RFID que compensaram o grande custo extra.

RuBee, um protocolo de rede sem fio, que conta com a energia magnética, em vez da elétrica, oferece a lojistas e fabricantes uma alternativa à RFID para algumas aplicações. RuBee funciona em ambientes rudes, próximos de metal e água, e na presença de ruído eletromagnético. Ambientes como esses têm sido um empecilho importante para a implantação generalizada e econômica da RFID. RuBee é uma alternativa, mas não um substituto da RFID. A tecnologia RuBee está sendo usada em ambientes de prateleiras inteligentes, que são projetadas especialmente para ler transmissões RuBee. As prateleiras alertam os funcionários da loja quando o estoque de um produto está baixo.

Ao contrário do RuBee, uma alternativa à RFID, o Memory Spot da Hewlett-Packard é um concorrente da RFID. O Memory Spot, do tamanho de uma semente de tomate, armazena até 4 megabits de dados e tem uma taxa de transferência de 10 Mbps.

### ▪ Redes de Sensores sem Fio

**Redes de sensores sem fio (WSNs, *Wireless Sensor Networks*)** são redes de sensores sem fio, interconectados e alimentados por bateria, chamados *motes* (semelhante a nós), que são colocados no ambiente físico. Os motes coletam dados de diversos pontos em um amplo espaço. Cada mote contém processamento, armazenamento, sensores e antenas de radiofrequência. Cada mote "acorda" ou é ativado por uma fração de segundo quando tem dados para transmitir, e depois os repassa para o vizinho mais próximo. Assim, em vez de cada mote transmitir sua informação para um computador remoto em uma estação base, os dados são movidos de um mote para outro até que alcancem um computador central, onde podem ser armazenados e analisados. Uma vantagem de uma rede de sensores sem fio é que, se um mote falhar, outro pode receber os dados. Esse processo torna as WSNs muito eficientes e confiáveis. Além disso, se for necessário mais largura de banda, é fácil aumentar o desempenho colocando novos motes quando e onde forem exigidos.

Os motes oferecem informações que permitem que um computador central integre relatórios da mesma atividade a partir de ângulos diferentes dentro da rede. Portanto, a rede pode determinar com muito mais precisão informações como a direção para onde uma pessoa está dirigindo, o peso de um veículo ou a quantidade de chuva em um campo de plantação.

Um tipo de rede de sensor sem fio é a Zigbee (*www.zigbee.org*). Zigbee é um conjunto de protocolos de comunicação sem fio que visa a aplicações que exigem baixas taxas de transmissão de dados e pouco consumo de energia. Ela pode lidar com centenas de dispositivos ao mesmo tempo. Seu foco atual é ligar sem fio sensores que estão embutidos em controles industriais, dispositivos médicos, alarmes de fumaça e invasão, e automação de prédios e casas.

Uma aplicação promissora da Zigbee é a leitura de medidores, como os de energia elétrica. Sensores Zigbee embutidos nesses medidores enviariam sinais sem fio, que poderiam ser recebidos por funcionários da empresa passando de carro em frente à sua casa. Os funcionários sequer teriam de sair do carro para ler seu medidor. As redes de sensores sem fio também podem ser usadas para acrescentar inteligência a cercas elétricas, conforme ilustra o Quadro 7.4.

## TI E A EMPRESA

### 7.4. Rede Elétrica "Inteligente"

Os fundadores da Greenbox (*http://getgreenbox.com*) estimaram que as casas desperdiçam, em média, 20% da energia que utilizam. Eles acham que, se os americanos tomarem conhecimento do custo de suas ações cotidianas (por exemplo, esquecer de desligar o som durante a noite ou o funcionamento do ar-condicionado em 20 graus), optarão por fazer uma série de pequenas mudanças em seu comportamento (por exemplo, colocando o aparelho de som com um temporizador ou o funcionamento do ar-condicionado em 23 graus). Eles propõem que o esforço coletivo dessas ações voluntárias poderia reduzir a conta elétrica média à metade. Para incentivar essas ações, eles desenvolveram um sistema chamado Greenbox.

O sistema Greenbox está começando seu primeiro grande teste em um ensaio com a Oklahoma Gas & Electric. O software liga os medidores digitais elétricos que a O&G está instalando. Esse tipo de "medidor inteligente" é sem fio, o que significa que os leitores não terão de ir às casas e escritórios. A longo prazo, os medidores inteligentes permitirão às prestadoras de serviços públicos variarem o preço da energia para que reflitam os custos variáveis de produção.

Muitos usuários industriais já pagam tarifas que variam de acordo com a hora do dia. Por que não o consumidor médio? Os preços da eletricidade podem subir a partir de sua média de cinco centavos por kilowatt/hora para 26 centavos em um dia de verão, quando os ar-condicionados estão usando a rede. As concessionárias de serviços públicos, muitas vezes, têm que construir novas usinas para se preparar para picos no verão durante o dia. Além disso, ainda que uma usina funcionasse somente 5% do ano, 100% de seu custo é adicionado à tarifa padrão. Um estudo da Universidade Carnegie Mellon informou que os consumidores dos Estados Unidos economizariam US$ 23 bilhões anualmente direcionando apenas 7% de seu consumo de energia para fora dos horários de pico.

Ao analisar a imensa quantidade de informação que os medidores inteligentes produzem, o sistema da Greenbox obtém uma visão detalhada de como cada um usa a eletricidade em casa. Em seguida, ele converte os dados brutos em informações que os proprietários possam entender e usar. A Greenbox afirma que essa interface de usuário é a parte mais importante de uma rede elétrica inteligente, porque cria uma oportunidade para a tecnologia interagir com as pessoas e mudar a forma como elas se comportam.

Os moradores usando o Greenbox podem fazer logon em um site da web e controlar seu consumo de energia praticamente minuto a minuto. Podem desligar seus aparelhos de som, atualizar o site da Greenbox e ver a queda no consumo de energia. O sistema da Greenbox também produz sugestões personalizadas para economizar energia elétrica. Além disso, podem comparar uma casa com casas de mesmo tamanho na vizinhança, contribuindo assim para que os esbanjadores de energia percebam que poderão ter um problema. Os planos para o futuro imediato incluem deixar os moradores definirem seus orçamentos mensais para ar-condicionado e criar um plano de resfriamento em torno disso. Por exemplo, se os preços estão prestes a subir em uma tarde de verão, o ar-condicionado automático poderia resfriar a casa antes que a tarifa subisse.

De acordo com o teste da Oklahoma Gas & Electric, que envolveu 25 casas, apenas uma casa não conseguiu mudar o seu uso de energia em resposta aos novos preços. O morador alegou não ter interesse em mudar seus hábitos.

A mudança para os medidores inteligentes está ganhando impulso. Por exemplo, a Pacific Gas & Electric planeja gastar US$ 2,3 bilhões para instalar 10 milhões de avançados medidores a gás e eletricidade. A Europa está se movimentando mais rápido do que os Estados Unidos, e terá 80 milhões de medidores inteligentes instalados até 2013.

A empresa Reliant Energy (*www.reliant.com*), um revendedor de US$ 12 bilhões em eletricidade, está instalando um aparelho chamado Insight (da Tendril, *www.tendrillink.com*) nas casas dos seus clientes. O dispositivo se comunica sem fio com o medidor da casa, deixando para o proprietário informações em tempo real sobre o custo da eletricidade que ele está usando.

*Fontes:* Compilado de S. Woolley, "Ohm Economics", Forbes, 2 de fevereiro de 2009; G. Gross, "Obama Includes Broadband, Smart Grid in Stimulus Package", Computerworld, 8 de janeiro de 2009; J. St. John, "The Year in Smart Grid", greentech-media. com, 26 de dezembro 2008; K. Galbraith, "On the Road to a Smart Grid", The New York Times, 8 de dezembro de 2008; M. Smith, "Web Interfaces Will Fuel the Emergence of the Smart Grid", Energy-Pulse.net, dezembro de 2008; T. Woody, "A House that Thinks", Fortune, 24 de novembro de 2008; K. Ferguson, "Climate Group Urges Smart Technologies", InformationWeek, 18 de novembro de 2008; "Residents of America's First Smart Grid City Express Support", SmartMeters.com, 16 de novembro de 2008; M. McDermott, "5.3 Million Smart Meters to Be Installed by Southern California Edison", Treehugger, 22 de setembro de 2008; T. Hamilton, "Smart Grid Needed for Green Power, thestar.com, 18 de fevereiro de 2008; *http://getgreenbox.com*, acessado em 2 de fevereiro de 2009.

**PERGUNTAS**

1. Discuta as vantagens e desvantagens dos medidores inteligentes do ponto de vista de uma concessionária. Em seguida, discuta-as a partir da perspectiva de um profissional que realiza as leituras em uma empresa de serviços públicos.
2. Como uma empresa de serviços públicos, como você determinaria se os medidores inteligentes foram um bom investimento? Ou seja, avalie os custos da instalação dos medidores em relação à redução de custos.

*Antes de Prosseguir...*

1. Defina a computação ubíqua, a RFID e as redes de sensores sem fio.
2. Estabeleça as diferenças entre RFID e RuBee e descreva os benefícios de cada um.

## 7.5. Segurança sem Fio

Está claro que as redes sem fio oferecem diversos benefícios para as empresas. No entanto, elas também apresentam um grande desafio para os gerentes. Esse desafio é a falta de segurança inerente. As redes sem fio são um meio de transmissão, e as transmissões podem ser interceptadas por qualquer um que esteja próximo o suficiente e tenha acesso ao equipamento apropriado. Existem quatro ameaças principais nas redes sem fio: pontos de acesso maliciosos, *war driving*, *bisbilhotagem* e interferência de radiofrequência.

Um *ponto de acesso malicioso* é um ponto de acesso não autorizado a uma rede sem fio. O trapaceiro poderia ser alguém em uma organização que configura um ponto de acesso sem intenção maliciosa, mas não informa ao departamento de TI. Em casos mais sérios, esse ponto é um "gêmeo mau", alguém que deseja acessar uma rede sem fio para fins maliciosos.

Em um ataque de gêmeo mau, o atacante está na vizinhança com um computador preparado para Wi-Fi e uma conexão separada da internet. Usando um hotspotter, dispositivo que detecta redes sem fio e fornece informações sobre elas (visite *www.canarywireless.com*), o atacante simula um ponto de acesso sem fio com o mesmo nome da rede sem fio, ou SSID, que os usuários autorizados esperam. Se o sinal for forte o suficiente, os usuários se conectarão ao sistema do atacante, em vez de se conectarem ao ponto de acesso real. O atacante pode, então, enviar-lhes uma página web pedindo que forneçam informações confidenciais, como nomes de usuário, senhas e números de conta. Em outros casos, o atacante simplesmente captura transmissões sem fio. Esses ataques são mais eficazes com *hotspots* públicos (por exemplo, McDonald's ou Starbucks) do que em redes corporativas.

*War driving* é o ato de localizar WLANs enquanto se dirige por uma cidade ou qualquer outro lugar (visite *www.wardriving.com*). Para realizar o *war driving*, você precisa de um detector de Wi-Fi e um computador preparado para uso de redes sem fio. Se uma WLAN tiver um alcance que se estende além do prédio em que está localizada, um usuário não autorizado pode ser capaz de invadir a rede. O invasor pode, então, obter uma conexão gratuita à internet e possivelmente ter acesso a dados importantes e outros recursos.

A *bisbilhotagem* refere-se aos esforços feitos por usuários não autorizados para acessar dados transmitidos por redes sem fio. Finalmente, na *interferência de radiofrequência (RF)*, uma pessoa ou dispositivo interfere – intencionalmente ou não – nas transmissões de uma rede sem fio.

No Guia de Tecnologia 3, discutimos várias técnicas e tecnologias que você deverá implementar para ajudá-lo a evitar essas ameaças.

## Antes de Prosseguir...

1. Descreva as quatro principais ameaças à segurança das redes sem fio.
2. Qual dessas ameaças é a mais perigosa para uma empresa? Qual é a mais perigosa para um indivíduo? Justifique suas respostas.

## O que a **TI** pode me proporcionar?

### ■ Para o Setor de Contabilidade

As aplicações sem fio ajudam na contagem de estoques e na auditoria. Também auxiliam agilizando o fluxo de informações para o controle de custos. O gerenciamento de preços, controle de estoque e outras atividades relacionadas à contabilidade podem ser melhoradas pelo uso de tecnologias sem fio.

### ■ Para o Setor de Finanças

Os serviços sem fio podem oferecer aos bancos e outras instituições financeiras uma vantagem competitiva. Por exemplo, os pagamentos eletrônicos sem fio, incluindo os micropagamentos, são mais convenientes (em qualquer lugar, a qualquer hora) do que os meios tradicionais de pagamento, e também são menos dispendiosos. O pagamento eletrônico de contas a partir de dispositivos móveis está se tornando mais popular, aumentando a segurança e a precisão, agilizando o tempo do ciclo e reduzindo os custos de processamento.

### ■ Para o Setor de Marketing

Imagine um mundo novo de marketing, propaganda e vendas, com o potencial de aumentar consideravelmente as vendas. Essa é a promessa da computação móvel. De interesse especial para o marketing são os anúncios localizados, além das novas oportunidades resultantes da computação ubíqua e das RFIDs. Finalmente, a tecnologia sem fio também oferece novas oportunidades na automação da força de vendas (SFA), permitindo comunicações mais rápidas e melhores com clientes (CRM) e serviços corporativos.

### ■ Para o Setor de Produção/Operações

As tecnologias sem fio oferecem muitas oportunidades para apoiar funcionários móveis de todos os tipos. Os computadores "de vestir" permitem que o pessoal de reparo que trabalha no campo e os funcionários fora da instalação atendam aos clientes mais rapidamente, melhor e com um custo menor. Os dispositivos sem fio também podem aumentar a produtividade dentro das fábricas melhorando a comunicação e a colaboração, além do planejamento e controle gerencial. Além disso, as tecnologias de computação móvel podem aumentar a segurança oferecendo sinais de advertência mais rapidamente e mensagem instantânea para funcionários isolados.

### ▪ Para o Setor de Recursos Humanos

A computação móvel pode melhorar o treinamento de RH e o ampliar para qualquer lugar e a qualquer hora. Avisos da folha de pagamento podem ser enviados como SMS. Finalmente, dispositivos sem fio podem tornar ainda mais conveniente para os funcionários selecionarem seus benefícios e atualizarem seus dados pessoais.

### ▪ Para o Setor de TI

O pessoal de TI oferece a infraestrutura sem fio que permite a todos os funcionários da organização usarem computadores e se comunicarem a qualquer hora, em qualquer lugar. Essa conveniência proporciona novas aplicações interessantes e criativas para as organizações reduzirem custos e melhorarem a eficiência e a eficácia das operações (por exemplo, para obter transparência nas cadeias de suprimentos). Infelizmente, conforme discutimos anteriormente, as aplicações sem fio são inerentemente inseguras. Essa falta de segurança é um problema sério com que o pessoal de TI precisa lidar.

---

## Resumo

Neste capítulo você aprendeu a:

**1.  Analisar os diversos tipos de dispositivos sem fio e meios de transmissão sem fio.**

No passado, discutimos esses dispositivos em categorias separadas, como *pagers*, aparelhos portáteis de e-mail, assistentes digitais pessoais (PDAs), telefones celulares e telefones inteligentes. Hoje, porém, novos dispositivos, geralmente chamados de telefones inteligentes, combinam as funções desses dispositivos. As capacidades desses novos dispositivos incluem telefonia celular, Bluetooth, Wi-Fi, uma câmera digital, sistema de posicionamento global (GPS), um organizador, um calendário, uma agenda, uma calculadora, acesso a e-mail e SMS (Short Message Service), mensagens instantâneas, mensagens de texto, um player de música MP3, um player de vídeo, acesso à internet com navegador com todas as funções e um teclado QWERTY.

Sistemas de *transmissão por micro-ondas* são muito utilizados para comunicação de alto volume, longa distância, ponto a ponto. Os *satélites* de comunicação são usados nos sistemas de transmissão por satélite. Os três tipos de satélite são órbita geoestacionária da Terra (GEO), órbita média da Terra (MEO) e órbita baixa da Terra (LEO). A transmissão por rádio usa frequências de ondas de rádio para enviar dados diretamente entre transmissores e receptores. A luz infravermelha é normalmente invisível aos olhos humanos. A aplicação mais comum da luz infravermelha é em unidades de controle remoto para televisões e videocassetes. Os transceptores de infravermelho estão sendo usados para conexões de curta distância entre computadores e equipamentos periféricos e LANs. Muitos PCs portáteis possuem portas de infravermelho, que são úteis quando as conexões por cabo com um periférico não são práticas.

**2.  Descrever as redes sem fio de acordo com sua distância efetiva.**

Redes sem fio podem ser agrupadas por sua distância efetiva: curta distância, média distância e remota. As redes sem fio de curta distância simplificam a tarefa de conectar um dispositivo a outro, eliminando fios e permitindo que os usuários se movimentem enquanto usam os dispositivos. Em geral, as redes sem fio de curta distância possuem um alcance de 30 metros ou menos, e incluem Bluetooth, Ultra-Wideband (UWB) e Near-Field Communications (NFC).

As redes sem fio de média distância são as conhecidas redes locais sem fio (WLANs). O tipo mais comum de média distância é a Wireless Fidelity ou Wi-Fi. Outro tipo de rede sem fio de média distância é a de sensores sem fio, que usa vários pontos de acesso Wi-Fi para criar uma rede remota. As redes de malha sem fio (*mesh*) são basicamente uma série de redes locais interconectadas.

As redes sem fio remotas conectam usuários à internet por um território geograficamente disperso. Essas redes normalmente operam pelo espectro licenciado. Ou seja, usam partes do espectro sem fio que são reguladas pelo governo. Ao contrário, Bluetooth e Wi-Fi operam pelo espectro não licenciado e, portanto, são mais passíveis de problemas de interferência e segurança. Em geral, as tecnologias de rede sem fio remotas incluem rádio celular e banda larga sem fio, ou WIMAX.

### 3. Definir computação móvel e comércio móvel.

*Computação móvel* é um modelo de computação projetado para pessoas que viajam com frequência. *Comércio móvel* (*m-commerce*) é qualquer comércio eletrônico realizado em um ambiente sem fio, especialmente por meio da internet.

### 4. Comentar as principais aplicações de *m-commerce*.

As aplicações financeiras móveis incluem *banking*, pagamentos sem fio e micropagamentos, carteiras sem fio e serviços de pagamento de contas. O despacho de tarefas é uma aplicação intraorganizacional importante. *Portais de voz* e *portais móveis* oferecem acesso a informações. Aplicações localizadas incluem varejo, propaganda e serviço ao cliente. Outras aplicações importantes de *m-commerce* incluem *telemedicina* e *telemetria* sem fio.

### 5. Definir a computação ubíqua e descrever duas tecnologias por trás desse tipo de computação.

*Computação ubíqua* é a computação invisível, em toda a parte, que está embutida nos objetos ao nosso redor. Duas tecnologias oferecem a infraestrutura para a computação ubíqua: identificação por *radiofrequência (RFID)* e *redes de sensores sem fio (WSNs)*.

RFID é o termo para as tecnologias que usam ondas de rádio para identificar automaticamente a localização de itens individuais equipados com etiquetas que contêm microchips embutidos. WSNs são redes de dispositivos sem fio, interconectadas, alimentadas por bateria, colocadas no ambiente físico para coletar dados de diversos pontos em um amplo espaço.

### 6. Discutir as quatro principais ameaças às redes sem fio.

As quatro principais ameaças às redes sem fio são pontos de acesso maliciosos, *war driving*, bisbilhotagem e interferência de radiofrequência. Um ponto de acesso malicioso é um ponto de acesso não autorizado a uma rede sem fio. War driving é o ato de localizar WLANs enquanto se dirige por uma cidade ou qualquer outro lugar. A bisbilhotagem refere-se a esforços por usuários não autorizados para acessar dados que trafegam por redes sem fio. A interferência de radiofrequência (RF) ocorre quando uma pessoa ou dispositivo interfere – intencionalmente ou não – nas transmissões de uma rede sem fio.

## Glossário

**911 sem fio** Nos Estados Unidos, chamadas de emergência feitas com dispositivos sem fio.

**atraso na propagação** Atraso de um quarto de segundo na transmissão durante a comunicação de e para satélites geossíncronos (GEO).

**bluetooth** Tecnologia de chip que permite a conexão de curta distância (dados e voz) entre dispositivos.

**carteira móvel** (*wireless wallet*) Tecnologia que permite que os usuários façam compras com um único clique a partir de seus dispositivos móveis.

**comércio localizado** (*L-commerce*) Transações de comércio móvel voltadas para indivíduos em locais específicos, em horas específicas.

**computação móvel** Conexão em tempo real, sem fio, entre um dispositivo móvel e outros ambientes de computação, como a internet ou uma intranet.

**computação onipresente** (ver **computação ubíqua**)

**computação ubíqua** (também chamada de **computação onipresente**) Ambiente de computação em que praticamente todos os objetos possuem poder de processamento com conexões sem fio ou com fio a uma rede global.

*Global Positioning System* (**GPS**) Sistema sem fio que usa satélites para permitir que os usuários determinem sua posição em qualquer lugar na Terra.

*hotspot* Pequeno perímetro geográfico dentro do qual um ponto de acesso sem fio oferece serviço a diversos usuários.

**infravermelho** Tipo de transmissão sem fio que usa luz vermelha normalmente invisível aos olhos humanos.

**microbrowser** Browsers (navegadores) da internet com um tamanho de arquivo pequeno, que podem trabalhar dentro das restrições de pouca memória dos dispositivos sem fio e baixa largura de banda das redes sem fio.

*Near-Field Communications* (**NFC**) A menor das redes sem fio de curta distância, criada para ser embutida em dispositivos móveis como telefones celulares e cartões de crédito.

**placa de interface de rede (NIC) sem fio** Dispositivo que possui rádio e antena embutidos e é essencial para permitir que um computador tenha habilidades de comunicação sem fio.

**ponto de acesso sem fio** Antena que conecta um dispositivo móvel a uma rede local com fio.

**portal de voz** Site com uma interface de áudio.

**portal móvel** Portal que agrega e oferece conteúdo e serviços para usuários móveis.

**protocolo de aplicação sem fio (WAP)** Padrão que permite que os dispositivos sem fio com pequenas telas de vídeo, conexões de pouca largura de banda e memória mínima acessem informações e serviços baseados na Web.

**rádio digital** (ver **rádio satélite**)

**rádio satélite** (também chamado **rádio digital**) Sistema sem fio que oferece música não interrompida, com qualidade quase de CD, que é direcionada para o seu rádio a partir dos satélites.

**redes de malha sem fio** (*mesh networks*) Rede composta de motes no ambiente físico que "acordam" de tempos em tempos para transmitir dados ao mote vizinho mais próximo.

**rede de sensores sem fio (WSN)** Redes de sensores sem fio, interconectados, alimentados por bateria, colocados no ambiente físico.

**rede local sem fio (WLAN)** Rede de computação em uma área geográfica limitada que usa a transmissão sem fio para a comunicação.

**rede pessoal (PAN)** Rede de computação usada para a comunicação entre dispositivos de computação perto de uma pessoa.

*Short Message Service* (**SMS**) Serviço fornecido por telefones celulares digitais que pode enviar e receber mensagens de texto curtas (até 160 caracteres de extensão).

**tecnologia RFID** (identificação por radiofrequência) Tecnologia sem fio que permite que os fabricantes conectem etiquetas com antenas e chips de computador nas mercadorias e depois rastreiem sua movimentação por sinais de rádio.

**telefones celulares** (também chamados de celulares) Telefones que usam ondas de rádio para oferecer uma comunicação bidirecional.

**telemetria** Transmissão e recepção sem fio dos dados colhidos de sensores remotos.

**transmissão por micro-ondas** Sistema sem fio que usa micro-ondas para a comunicação de grande volume, longa distância, ponto a ponto.

**transmissão por rádio** Usa frequências de onda de rádio para transportar dados diretamente entre transmissores e receptores.

**transmissão por satélite** Sistema de transmissão sem fio que usa satélites para as comunicações por *broadcast*.

*Ultra-Wideband* (**UWB**) Uma tecnologia sem fio de largura de banda alta com velocidades de transmissão a partir de 100 Mbps, que pode ser usada para aplicações como streaming multimídia de um computador pessoal para uma televisão.

**wireless** Telecomunicações em que as ondas eletromagnéticas transportam o sinal entre dispositivos de comunicação.

*Wireless Fidelity* (**Wi-Fi**) Conjunto de padrões para redes locais sem fio baseado no padrão IEEE 802.11.

## Questões para Discussão

1. Analise como o *m-commerce* pode expandir o alcance do *e-business*.
2. Comente como a computação móvel pode solucionar alguns dos problemas da exclusão digital.
3. Liste três a quatro das principais vantagens do comércio sem fio para os clientes e explique que benefícios elas oferecem aos consumidores.
4. Examine as maneiras como o Wi-Fi está sendo usado para apoiar a computação móvel e o *m-commerce*. Descreva as maneiras como o Wi-Fi está afetando o uso de telefones celulares no *m-commerce*.
5. Você pode usar ferramentas localizadas para ajudá-lo a encontrar seu carro ou o posto de combustíveis mais próximo. Porém, algumas pessoas veem essas ferramentas como invasão de privacidade. Discuta os prós e os contras das ferramentas localizadas.
6. Explique os benefícios da telemetria para os idosos na área da saúde.
7. Analise como os dispositivos sem fio podem ajudar pessoas com deficiência.
8. Alguns especialistas dizem que Wi-Fi está ganhando a batalha com os serviços de celular 3G. Outros discordam. Discuta os dois lados do argumento e justifique cada um.
9. Quais das aplicações da computação ubíqua você acredita que provavelmente terão maior aceitação no mercado nos próximos anos? Por quê?

## Atividades de Solução de Problemas

1. Entre em *www.kyocera-wireless.com* e veja as demonstrações. O que é um telefone inteligente? Quais são suas habilidades? Como difere de um telefone celular?
2. Investigue as aplicações comerciais dos portais de voz. Visite vários fornecedores (por exemplo, *www.tellme.com, www.bevocal.com* etc.). Que habilidades e aplicações são oferecidas pelos diversos fornecedores?
3. Usando um mecanismo de busca, tente determinar se existem quaisquer hotspots Wi-Fi comerciais na sua área. (*Dica:* acesse *http://v4.jiwire.com/search-hotspot-locations.htm*). Entre em *www.wardriving.com*. Com base nas informações fornecidas nesse site, que tipos de equipamentos e procedimentos você poderia usar para localizar *hotspots* na sua área?

4. Examine como os novos dispositivos de captura de dados, como etiquetas RFID, ajudam as organizações a identificar e segmentar com precisão seus clientes em busca de atividades como o marketing direcionado. Navegue pela Web e desenvolva cinco novas aplicações em potencial para a tecnologia RFID não listadas neste capítulo. Que questões surgiriam se as leis de um país obrigassem que esses dispositivos fossem embutidos no corpo das pessoas como um sistema de identificação?

5. Investigue os usos comerciais do GPS. Comece com *http://gpshome.ssc.nasa.gov*, depois visite *http://www. neigps.com*. Alguns dos produtos orientados ao consumidor podem ser usados na indústria? Prepare um relatório sobre suas descobertas.

6. Acesse *www.bluetooth.com*. Examine os tipos de produtos sendo melhorados com a tecnologia Bluetooth. Apresente dois desses produtos para a turma e explique como eles são melhorados com a tecnologia Bluetooth.

7. Explore *www.nokia.com*. Prepare um resumo dos tipos de serviços móveis e aplicações para as quais a Nokia atualmente oferece suporte e planeja oferecer suporte no futuro.

8. Visite *www.ibm.com*. Procure por *wireless e-business*. Pesquise as histórias resultantes para determinar os tipos de capacidades e aplicações sem fio aos quais o software e o hardware da IBM têm suporte. Descreve algumas das maneiras como essas aplicações têm ajudado a empresas e setores específicos.

9. Pesquise o status do serviço de celular 3G e 4G visitando *www.itu.int, www.4g.co.uk* e *www.3gnewsroom.com*. Prepare um relatório sobre o status do serviço 3G e 4G com base nas suas descobertas.

10. Visite *www.mapinfo.com* e procure as demonstrações de serviços baseados em local. Experimente todas as demonstrações. Encontre todos os serviços sem fio. Resuma suas descobertas.

11. Visite *www.packetvideo.com*. Examine as demonstrações e produtos e liste suas capacidades.

12. Visite *www.onstar.com*. Que tipos de serviços de *frota* a OnStar oferece? Eles são diferentes dos serviços que a OnStar oferece para proprietários de carro individual? (Veja o filme.)

13. Visite *www.itu.int/osg/spu/publications/internetofthings/InternetofThings_summary.pdf*. Leia sobre a Internet of Things (Internet de coisas). O que é isso? Que tipos de tecnologias são necessárias para dar suporte a ela? Por que ela é importante?

## Trabalhos em Equipe

1. Cada equipe deverá examinar um vendedor de dispositivos móveis (Nokia, Kyocera, Motorola, Palm, BlackBerry etc.). Cada equipe pesquisará as habilidades e os preços dos dispositivos oferecidos por cada empresa e depois fará uma apresentação em sala de aula, cujo objetivo é convencer o restante da turma a comprar os produtos dessa empresa.

2. Cada equipe deverá explorar as aplicações comerciais do *m-commerce* em uma das seguintes áreas: serviços financeiros, incluindo bancos, mercado de ações e seguros; propaganda e marketing; produção; viagens e transportes; gestão de recursos humanos; serviços públicos; e saúde. Cada equipe apresentará um relatório para a turma com base em suas descobertas. (Comece em *www.mobiforum.org*.)

3. Cada equipe deverá se concentrar em uma das seguintes áreas — casas, carros, aparelhos domésticos ou outros bens de consumo, como roupas — e investigar como os microprocessadores embutidos estão sendo usados atualmente e serão usados no futuro para apoiar serviços centrados no consumidor. Cada equipe apresentará um relatório para a turma com base em suas descobertas.

## Caso Final

### Serviço de Recenseamento Falha ao Implementar Redes sem Fio no Censo de 2010

O Problema da Empresa. Os americanos ainda serão contados como parte do censo dos Estados Unidos de 2010, mas não de forma tão eficiente como o planejado, devido a problemas com a aplicação principal de computação móvel que deveria fornecer ao projeto uma grande coleção de dados na era sem fio. O objetivo era fazer com que responder ao censo fosse tão fácil quanto assinar o recebimento de um Sedex, além de reduzir custos e melhorar a qualidade e a eficiência de coleta.

Em março de 2008, o *Government Accountability Office* (GAO), braço investigativo do Congresso, percebeu que o censo de 2010 seria uma operação de alto risco por causa do atraso do escritório de recenseamento na implementação de tecnologia móvel. O departamento estimou que equipar recenseadores com dispositivos móveis e fornecer a infraestrutura de tecnologia da informação necessária custaria cerca de US$ 3 bilhões. No entanto, o departamento revisou esse número e diz que vai precisar de outros US$ 3 bilhões em financiamentos durante os próximos cinco anos para satisfazer as suas necessidades. Como resultado, a maior parte do programa sem fio será arquivado até o próximo censo, em 2020.

Por que Não Houve uma Solução da TI. Em 2006, o escritório de recenseamento contratou a fabricante de equipamentos sem fio Harris Corporation (www.harris.com) para obter computadores portáteis sem fio e sua infraestrutura de apoio operacional em tempo de realizar uma simulação do censo em maio de 2007. Infelizmente, os dispositivos portáteis não estavam prontos. Houve uma série de problemas de desempenho, tais como comunicação de dados lenta e inconsistente. No entanto, o escritório de recenseamento nem sequer especificou como planejava medir o desempenho dos dispositivos de mão.

As lições aprendidas do projeto fracassado giram em torno da comunicação deficiente entre fornecedor e cliente, bem como o fato de subestimar a dificuldade de implementar uma tecnologia relativamente nova em grande escala. O aumento dos custos e atrasos resultou de estimativas de contrato deficiente, gestão inadequada do programa e de uma governança em nível executivo precária.

O diretor do escritório de recenseamento reconheceu que a agência não passou corretamente a complexidade das operações de recenseamento para a contratada. Ele alegou ainda que os problemas surgiram, em parte, por causa das comunicações ineficazes, incluindo informações sobre os requisitos de TI entre o escritório de recenseamento e a Harris Corporation.

Os requisitos detalhados foram realmente um problema. O contrato inicial continha cerca de 600 requisitos e o escritório acrescentou depois outros 418. "O que aconteceu com o Censo é um exemplo do motivo pelo qual as implementações de tecnologia da informação do governo federal muitas vezes dão errado", disse o GAO. (O governo gasta US$ 70 bilhões anualmente em cerca de 900 projetos de TI.)

O primeiro problema foi que Harris apresentou uma estimativa mal calculada de custos e de tempo necessários para o projeto. As agências federais não têm o mesmo rigor com as estimativas de custos iniciais que as empresas do setor privado. Para complicar a questão, essa estimativa deficiente foi agravada pelo acréscimo de requisitos (ou escopo), que é a tendência dos clientes em adicionar mais recursos para a sua lista de desejos muito depois de terem assinado os requisitos originais. O GAO percebeu que as agências governamentais não costumam exigir um conjunto de requisitos de validação no início dos projetos.

Somando-se os problemas, houve uma falta de fiscalização do contratante. O escritório de recenseamento não monitorou a Harris de perto o suficiente e, portanto, não receberam atualizações contínuas da implementação.

Outro problema resultou da relativa novidade da tecnologia móvel. Quando assinou o contrato, o escritório não levou em conta a imaturidade do mercado. Evidentemente, o escritório não pediu referências à Harris sobre projetos de grande porte de redes sem fio que já tinha feito.

Finalmente, as implementações da tecnologia móvel podem ser muito complexas. Esses sistemas englobam vários componentes, portadoras, dispositivos, sistemas operacionais e aplicativos que precisam ser bem ajustados antes que os sistemas sejam instalados. Além disso, todas as partes do sistema precisam ser capazes de se integrar. O escritório de recenseamento não considerou suficientemente essa complexidade.

Naturalmente, as implementações móveis em grande escala podem ser feitas de forma eficaz, como evidenciado pela FedEx, UPS e empresas semelhantes. Qualquer um que tenha assinado um pacote sabe que essas transportadoras dependem de dispositivos eletrônicos sem fio para inserir as informações atualizadas minuto a minuto sobre a localização da encomenda e seu status.

## ■  Os Resultados

É tarde demais para concretizar a iniciativa do escritório de recenseamento de usar dispositivos de mão para o censo de 2010. No entanto, a Constituição obriga um censo a cada 10 anos. Quais eram os planos do departamento em meados de 2009?

Essencialmente, o departamento fará o possível com os dispositivos portáteis de que dispõem. Os dispositivos portáteis serão utilizados inicialmente em uma listagem de endereços, que é a primeira fase do censo. A ligação dos dispositivos com GPS será particularmente útil nessa fase.

As pessoas que não responderem serão rastreadas durante uma prospecção na segunda fase, mas os dispositivos de mão não serão utilizados durante essa fase. Apesar da recorrência a métodos manuais apresentar um problema tão tarde para o departamento, ela é possível. O GAO afirma que o escritório de recenseamento usará a mesma tática que usaram no passado, porque ele sabe como fazê-lo manualmente. Obviamente, não haverá ganho de eficiência nem qualquer redução de custos para o contribuinte em 2010. Grande parte do censo de 2010 ainda ocorrerá no papel, como acontece desde 1790, quando George Washington era o presidente.

*Fontes:* Compilado de N. Aizenman, "Census Switch Worries Some", Washington Post, 8 de julho de 2008; J. Thilmany, "Behind the Census Bureaus Mobile SNAFU", CIO Insight, 20 de maio de 2008; W Chan, "Census Turns to Paper, Rejects IT Risks", Federal Computer Week, 3 de abril de 2008; A. Holmes, "Census Program to Use Handheld Computers Said to Be in 'Serious Trouble'" GovernmentExecutive.com, 2 de janeiro 2008; M. Hamblen, "Census Bureau Takes Stock of its Handhelds", Computerworld, 14 de maio de 2007; "Census Bureau to Go High-Tech in 2010", Associated Press, 31 de janeiro de 2007; "Census Bureau Using Wireless Technology During 2010 Census Dress Rehearsal Beginning Today in Charlotte", Govtech.com, 7 de Maio de 2007; M. Hamblen, "Census Bureau to Deploy a Half-Million Handhelds", Computerworld, 5 de abril de 2006; T. Claburn, "U.S. Census Bureau Goes Wireless", Information Week, 10 de abril de 2006; *www.census.gov*, acessado em 22 de janeiro de 2009.

## PERGUNTAS

1. Discuta os vários problemas referentes implementação da rede sem fio fracassada do serviço de recenseamento dos Estados Unidos. Foi um problema realmente gerencial ou técnico? Justifique sua resposta.

2. O Censo dos Estados Unidos é extremamente importante por uma série de motivos, tais como alocação de recursos federais, redistribuição dos distritos congressionais e realocação das cadeiras no Congresso. Discuta se seria ou não uma boa ideia fazer o censo a cada cinco anos se a tecnologia sem fio puder fazer todo o processo eficientemente. Quais seriam as implicações de um censo a cada cinco anos, em vez de um censo a cada dez anos?

# Capítulo 8
# Sistemas de Informação Organizacionais

---

**Metas de Aprendizagem**

1. Descrever os sistemas de processamento de transações.
2. Descrever os sistemas de informações gerenciais e o apoio que oferecem a cada área funcional da organização.
3. Descrever os sistemas de planejamento de recursos empresariais.

---

**Esboço do Capítulo**

**8.1** Sistemas de Processamento de Transações
**8.2** Sistemas de Informações Gerenciais
**8.3** Sistemas de Planejamento de Recursos Empresariais

---

## O que a **TI** pode me proporcionar?

CTB FIN MKT GPO GRH SIG

---

**Caso Inicial**

## O Alcance das Aplicações de TI na UPS
### ▪ O Problema da Empresa

Fundada em 1907 como uma empresa mensageira nos Estados Unidos, a UPS (*www.ups.com*) cresceu para se tornar uma corporação de US$ 50 bilhões, com foco na meta de capacitar o comércio no mundo inteiro. Naturalmente, como a maioria das organizações comerciais, a UPS não está imune a recessões. Em meados de 2009, o setor inteiro de entrega expressa, incluindo a UPS, experimentou os efeitos da recessão econômica. Apesar de seus problemas, porém, a UPS planeja não apenas sobreviver aos tempos de dificuldades, mas sair deles em melhor forma do que seus concorrentes. De fato, a empresa está se posicionando para o rápido crescimento quando a economia melhorar. Para conseguir essa visão, a UPS está aderindo ao seu comprometimento a longo prazo com investimentos em TI.

### ▪ As Soluções da TI

A UPS tem usado efetivamente a Tecnologia da Informação (TI) desde cedo, mantendo essa política até o presente. Apesar da economia difícil, a empresa reservou US$ 1 bilhão para TI em 2008. Ela atualmente tem várias iniciativas de TI em andamento, a fim de melhorar seu status como uma empresa global.

Como um exemplo, em 2008, os aviões de carga da UPS voaram mais milhas internacionais do que as milhas domésticas pela primeira vez. Além disso, a empresa está agilizando uma série de projetos de aplicação em 2009 para dar suporte a esse crescimento. Uma iniciativa internacional é o desenvolvimento de software de tradução para idiomas europeus orientais, para facilitar as operações de negócios nesses países.

Além disso, a UPS está iniciando uma capacidade de bate-papo ao vivo para dar suporte a clientes selecionados quando eles processam remessas internacionais a partir dos EUA. A aplicação tem dois objetos: (1) dar às pessoas um modo rápido de fazer perguntas quando uma remessa internacional fica complicada e (2) melhorar a qualidade da documentação internacional, para que haja menos atrasos burocráticos nas diversas fronteiras.

Outra iniciativa importante da UPS é o Worldport, um centro de triagem altamente automatizado, localizado em Louisville, Kentucky. Worldport é um complexo de 370 mil metros quadrados, onde cerca de 100 aviões e 160 caminhões entram e saem em uma noite normal. Uma aplicação da UPS no Worldport direciona os aviões no solo. Combinando fluxos de dados de terra e do radar e do próprio avião no ar – como um sensor de trava de porta de carga que sinaliza que o avião está carregado –, a UPS minimiza a quantidade de tempo que os aviões levam para taxiar e esperar na pista. Apenas com essa inovação, a UPS estima que economiza quase 900 mil litros de combustível por ano.

Como exatamente o Worldport opera? Quando um pacote chega no complexo, ele é carregado em uma esteira, onde seu código de barras é escaneado. Uma aplicação da UPS, então, usa os dados do código de barras para determinar para onde o pacote irá e que avião deverá sair naquela noite. Outra aplicação ativa os classificadores automatizados para enviar o pacote pelo caminho correto pelos 177 quilômetros de esteiras rolantes e levá-lo para o avião correto. Na época de mais movimento do ano, o Worldport lida com cerca de 2,5 milhões de pacotes dentro de um período de 3,5 horas. Para administrar esse volume, a rede precisa processar cerca de 100 milhões de mensagens por noite. Além disso, todas as aplicações no Worldport devem ser capazes de lidar com problemas, desde desviar falhas mecânicas na instalação de classificação até ajustar rotas de avião quando há atrasos devido ao mau tempo.

A UPS também está testando uma aplicação que transmite dados do sistema de posicionamento global (GPS) e entrega de pacotes aos seus sistemas de planejamento de despacho diariamente, de modo que esses sistemas possam ajustar as rotas com base nas tendências a curto prazo, como o volume e o tipo de pacotes em determinada rota. Esse novo sistema é uma melhoria clara em relação ao processo existente. Atualmente, as rotas são otimizadas por eficiência – como ao evitar curvas à esquerda – mas elas são bastante estáticas, principalmente porque são baseadas em tendências históricas a longo prazo. Um motivo para as rotas não serem otimizadas diariamente é que, em geral, as tecnologias de banco de dados e análise de dados não podem lidar com uma tarefa como analisar a rede inteira do motorista todo dia com base nas tendências de pacotes.

Em outro caso, a UPS e a Hewlett-Packard (HP) desenvolveram uma impressora a jato de tinta de vestir, de modo que os trabalhadores no depósito puderam literalmente espirrar instruções de classificação – por exemplo, onde os pacotes devem ser carregados em um caminhão – diretamente em cada pacote, em vez de transportar o pacote para uma impressora-scanner e depois imprimir e aplicar uma etiqueta. A impressora de vestir possui uma leitora de código de barras e capacidade para Wi-Fi, que lhe permite gerar a informação necessária. Em 2009, a UPS estava marcando 1,5 milhões de pacotes por dia com essas impressoras. Esse número possivelmente dobrou em 2010.

Para efetivamente utilizar as impressoras de vestir, UPS e HP tiveram que contornar problemas como ergonomia, visibilidade da tinta, vida da bateria e durabilidade. A UPS estima que economizará US$ 30 milhões nos próximos cinco anos reduzindo um trabalho de seis para cinco pessoas, eliminando US$ 12 milhões em despesas de capital para impressoras de etiquetas e economizando 1.300 toneladas de papel por ano. Além de reduzir os custos, o último benefício também é uma medida "verde", que contribuirá para a conservação.

Embora a UPS utilize bastantes recursos de TI, ela não implementa todas as aplicações de TI em potencial. Por exemplo, ela poderia adotar uma videoconferência de alto nível para reduzir custos de viagem, mas o preço é muito alto. Em vez disso, para reduzir os custos de viagens, a empresa não possui jatos corporativos, e exige que todos os seus executivos, inclusive o CEO, viajem em voos comerciais.

▪ **Os Resultados**

A UPS é uma empresa global com uma das marcas mais reconhecidas no mundo. Ela é a maior empresa de remessa de pacotes do mundo, além de principal provedor global de serviços especializados em transporte e logística. Diariamente, a UPS administra o fluxo de mercadorias, fundos e informações em mais de 200 países e territórios no mundo inteiro.

*Fontes:* Compilado de C. Murphy, "UPS: Positioned for the Long Haul", Information Week, 17 de janeiro de 2009; M. Hamblen, "UPS Is Testing a Tool to Keep Track of Truck Data", Computerworld, 13 de outubro de 2008; P. Thibodeau, "Pentagon Looks to UPS, FedEx, Others for IT Advice", CIO, 28 de julho de 2008; R. Mitchell, "Project Delivers Savings for UPS", Computerworld, 21 de abril de 2008; W. Gardner, "New UPS Technologies Aim to Speed Worldwide Package Delivery", Information Week, 20 de março de 2007; B. Brewin, "Sidebar: FedEx vs. UPS: The Technology Arms Race", Computerworld, 19 de abril de 2004; *www.ups.com*, acessado em 29 de março de 2009.

---

▪ **O que Aprendemos com este Caso**

O caso inicial ilustra muitos dos sistemas de informação que discutimos neste capítulo. A UPS continua a desenvolver sistemas de informação para dar suporte às suas operações globais. De fato, a UPS implementou muitos sistemas de informação diferentes e os integrou com sucesso, com resultados corporativos fantásticos.

Neste capítulo, discutimos os diversos sistemas que dão suporte às organizações. Começamos considerando os sistemas de processamento de transação (SPTs), os sistemas de informação mais fundamentais dentro das organizações. Continuamos nossa discussão seguindo uma progressão a partir dos sistemas de informação que dão suporte a parte de uma organização (os sistemas de informação funcionais) para aqueles que dão suporte a uma organização inteira (os sistemas de planejamento de recursos empresariais). No Capítulo 9, continuamos essa progressão examinando os sistemas de gestão do relacionamento com o cliente, que também dão suporte a uma organização inteira. Finalmente, no Capítulo 10, voltamos nossa atenção para os sistemas de informação que se espalham por várias organizações, principalmente os sistemas de gerenciamento da cadeia de suprimentos e as tecnologias que lhes dão suporte.

Você deverá se lembrar que apresentamos rapidamente no Capítulo 2 os sistemas discutidos neste capítulo. Neste capítulo examinamos com mais detalhes como as organizações utilizam esses sistemas.

---

## 8.1. Sistemas de Processamento de Transações

**Milhões** (às vezes, bilhões) de transações ocorrem em cada organização todos os dias. Uma **transação** é qualquer evento de negócios que gere dados que devam ser capturados e armazenados em um banco de dados. Alguns exemplos dessas transações são um produto fabricado, um serviço vendido, uma pessoa contratada, um contracheque gerado, e assim por diante. Quando você passa no caixa de um supermercado, toda vez que um produto passa pela leitora de código de barras, essa é uma transação.

Sistemas de processamento de transações (SPTs) monitoram, coletam, armazenam e processam dados gerados em todas as transações da empresa. Esses dados são entradas para o banco de dados da organização. No mundo moderno dos negócios, isso significa que eles também são entradas para os sistemas de informação funcionais, sistemas de apoio à decisão, gestão do relacionamento com o cliente, gestão do conhecimento e comércio eletrônico. Os SPTs precisam lidar de modo eficiente com o grande volume, evitar erros, lidar com grandes variações no volume (por exemplo, durante horários de pico), evitar erros e tempo inoperante (*downtime*), registrar resultados com precisão e segurança, e manter a privacidade e a segurança. Evitar erros é especialmente crítico, pois os dados dos SPTs são entradas para o banco de dados da organização e precisam ser corretos (lembre-se: "entra lixo, sai lixo"). A Figura 8.1 mostra como os SPTs gerenciam dados.

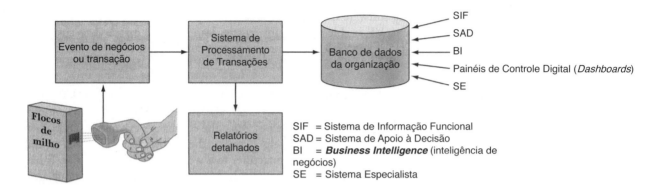

**Figura 8.1** Como os sistemas de processamento de transação gerenciam dados.

Independentemente dos dados específicos processados por um SPT, ocorre um processo bastante padronizado, seja em uma fábrica, empresa de serviços ou organização governamental. Primeiro os dados são coletados por pessoas ou sensores e são inseridos no computador por meio de algum dispositivo de entrada. De modo geral, as organizações tentam automatizar a entrada de dados do SPT o máximo possível, devido ao grande volume envolvido, um processo chamado **automação da entrada de dados**.

Em seguida, o sistema processa os dados de acordo com uma dentre duas formas básicas: processamento em lote ou on-line. No **processamento em lote**, a empresa coleta dados das transações enquanto elas ocorrem, colocando-as em grupos ou lotes. O sistema, então, prepara e processa os lotes periodicamente (digamos, toda noite).

No processamento de transações on-line (OLTP, *Online Transaction Processing*), as transações da empresa são processadas on-line assim que ocorrem. Por exemplo, quando você paga por um item em uma loja, o sistema registra a venda reduzindo o estoque disponível em uma unidade, aumentando a posição do caixa da loja no valor que você pagou e aumentando a quantidade de vendas de itens em uma unidade – por meio de tecnologias on-line, e tudo em tempo real.

Os sistemas de processamento de transações são estrategicamente importantes para todas as organizações. O Quadro 8.1 ilustra como os SPTs são importantes na Elavon.

## TI E A EMPRESA

### 8.1. Sistemas de Processamento de Transações na Elavon

**Elavon** (*www.elavon.com*), uma grande empresa de serviços financeiros, entrega soluções de pagamento seguro a 1 milhão de comerciantes no mundo inteiro. Na verdade, a empresa é a terceira maior administradora comercial na América do Norte. Uma administradora comercial é uma organização que: (1) recruta comerciantes que aceitarão cartões de crédito gerados por banco e (2) firma contrato com esses comerciantes. A Elavon atende a restaurantes, revendedores, hotéis, empresas de remessa postal e agências do governo em 30 países. A empresa processa milhões de transações diariamente em favor de seus clientes comerciantes. Essas transações variam desde cheques e pagamentos com cartão de débito e crédito até vale-brindes pré-pagos. A Elavon também oferece terminais de pagamento (por exemplo, terminais de ponto de vendas e terminais para pagamento na bomba), impressoras e software próprio para ser usado em locais de comércio individuais.

Para que a Elavon continue a crescer, ela precisa oferecer coerentemente um serviço de alta qualidade ao cliente, incluindo o processamento de transações ao cliente o mais rapidamente possível. Para oferecer níveis ideais de serviço, os sistemas de processamento de transação (SPTs) da empresa precisam ser flexíveis, confiáveis, sempre disponíveis e expansíveis. Embora as expectativas de serviço variem de um comerciante para outro, todos eles compartilham um requisito, ou seja, nenhum tempo inoperante (*downtime*) não planejado no serviço.

Os SPTs da Elavon estão no núcleo das operações diárias da empresa, e são fundamentais para o seu sucesso. Por esse motivo, a Elavon acoplou de perto seus SPTs às suas estratégias empresariais e às expectativas de seus clientes. Como resultado, a empresa precisa prestar muita atenção às questões de software e hardware que afetam seus SPTs.

**Software**. A Elavon gerencia milhões de linhas de código fonte em seus SPTs. Como a quantidade de código é imensa, os SPTs podem exigir até 500 atualizações, mudanças e "reparos" de erro de código-fonte por mês.

**Hardware**. Quanto maior o número de transações que os SPTs da Elavon podem processar, mais econômico o sistema se torna. Essa necessidade de maximizar o desempenho e reduzir os custos fez com que a empresa empregasse a virtualização de servidores. (O Guia de Tecnologia 1 explica que a virtualização de servidores cria múltiplos servidores virtuais em um único servidor físico). Usando a virtualização, a Elavon foi capaz de consolidar centenas de servidores físicos em apenas alguns servidores virtualizados, desse modo, economizando dinheiro e aumentando o desempenho. Outro benefício da virtualização é a redundância, significando que, se uma partição em um servidor falhar, outra automaticamente cuida de sua operação.

Não apenas o gerenciamento eficaz do hardware e do software do SPT é essencial para garantir o máximo de atendimento ao cliente, mas também ajuda a Elavon a aderir às regras do setor e internacionais. Por exemplo, a conformidade com os padrões de segurança de dados da Payment Card Industry (PCI ou

Indústria de Cartões de Pagamento) é particularmente importante, pois as empresas que não demonstram procedimentos corretos podem ser proibidas de processar transações.

A Elavon também precisa oferecer uma trilha de auditoria para todas as mudanças em seus SPTs, independente de se a mudança envolve hardware ou software. Essa trilha de auditoria é crítica para demonstrar uma separação de responsabilidades, que é exigida pelos padrões PCI. Ou seja, pessoas diferentes precisam realizar tarefas-chave. Por exemplo, as empresas não devem combinar papéis como depositar dinheiro e reconciliar extratos bancários ou aprovar cartões de ponto e ter a custódia de cheques de pagamento.

A atenção da Elavon aos seus SPTs tem ajudado a empresa a controlar custos, simplificar a conformidade e auditorias de regulamentações, processar rápida e precisamente 1 bilhão de pagamentos de clientes por ano e manter níveis coerentemente altos de atendimento ao cliente. O resultado? Os SPTs da Elavon estão oferecendo uma vantagem estratégica para a firma no setor de serviços financeiros competitivos.

*Fontes:* Compilado de D. Brattain, "Transforming IT at Elavon", Baseline Magazine, 6 de março de 2009; "Elavon Teams with CA for Enterprise IT Transformation, Wins InfoWorld 100 Award", MSN Money, 7 de janeiro de 2009; "2008 InfoWorld 100 Awards", InfoWorld, 17 de novembro de 2008; C. Babcock, "Virtualization Comes to the Big Four Management Vendors", InformationWeek, 11 de outubro de 2008; *www.elavon.com*, acessado em 31 de março de 2009.

**PERGUNTAS**

1. Explique por que os SPTs são essenciais para a Elavon.
2. Como os SPTs da Elavon ajudam a empresa a aderir aos padrões PCI?

*Antes de Prosseguir...*

1. Defina um SPT.
2. Liste os principais objetivos de um SPT.

## 8.2. Sistemas de Informação Gerenciais

Conforme discutimos no Capítulo 2, os **sistemas de informação gerenciais (SIGs)** oferecem primariamente informações aos gerentes dos níveis baixo a intermediário nas diversas áreas funcionais. Os gerentes utilizam essa informação como apoio no planejamento, na organização e no controle de operações. As informações são fornecidas em uma variedade de relatórios, que descrevemos mais adiante nesta seção. Como vemos na Figura 8.1, os SIGs acessam dados a partir de bancos de dados corporativos.

Tradicionalmente, os sistemas de informação foram projetados dentro de cada área funcional. Sua finalidade era dar suporte ao setor, aumentando sua eficácia e eficiência internas. Os sistemas de funções específicas típicos são contabilidade e finanças, marketing, produção/operações (GPO) e gestão de recursos humanos. Nas próximas seções, discutimos o suporte que os sistemas de informações gerenciais oferecem para essas áreas funcionais.

### ▪ Sistemas de Informação para Contabilidade e Finanças

A missão principal das áreas funcionais de contabilidade e finanças é administrar os fluxos de dinheiro para dentro, no interior e para fora das organizações. Essa missão é muito ampla, pois o dinheiro está envolvido em todas as funções de uma organização. Como resultado, os sistemas de informação para contabilidade e finanças são muito diversificados e abrangentes.

Observe que nas universidades, contabilidade e finanças são departamentos separados, enquanto na indústria eles geralmente são integrados em um único departamento. Nesta seção, focalizamos certas atividades selecionadas da área funcional de contabilidade/finanças.

### ▪ Planejamento e Orçamento Financeiro

O gerenciamento apropriado dos ativos financeiros é uma tarefa importante no planejamento e orçamento financeiro. Os gerentes precisam planejar a aquisição de recursos e seu uso.

- **Previsão financeira e econômica.** O conhecimento sobre a disponibilidade e o custo do dinheiro é um ingrediente-chave para o planejamento financeiro bem-sucedido. As projeções de fluxo de caixa são particularmente importantes, pois dizem às organizações quais fundos elas precisam e quando, além de como, serão adquiridos.

Os fundos para a operação das organizações vêm de várias fontes, incluindo investimentos dos acionistas, vendas de títulos, empréstimos bancários, vendas de produtos e serviços, e lucros de investimentos. As decisões sobre as fontes de fundos para financiar operações em andamento e para investimento de capital podem receber o suporte dos sistemas de apoio à decisão, aplicações de inteligência de negócios e sistemas especialistas, que são discutidos no Capítulo 11. Além disso, diversos pacotes de software para realizar previsão econômica e financeira estão disponíveis. Muitos desses pacotes podem ser baixados da internet, alguns deles gratuitamente.

- **Orçamento.** Uma parte essencial da função de contabilidade/finanças é o orçamento anual, que aloca os recursos financeiros da organização entre os participantes e as atividades. O orçamento permite que a gerência distribua recursos do modo que melhor apoie a missão e as metas da organização.

Diversos pacotes de software estão disponíveis para dar suporte à preparação e ao controle orçamentário e para facilitar a comunicação entre os participantes no processo de orçamento. Esses pacotes podem reduzir o tempo envolvido no processo de orçamento. Além disso, eles podem automaticamente monitorar exceções para padrões e tendências.

### ▪ Gerenciando Transações Financeiras

Muitos pacotes de software de contabilidade/finanças estão integrados com outras áreas funcionais. Por exemplo, o Peachtree da Sage (*www.peachtree.com*) oferece um livro-razão de vendas, livro de caixa, processamento de pedido de vendas, faturamento, controle de estoque, registrador de bens fixos e outros.

As empresas envolvidas no comércio eletrônico precisam avaliar os dados financeiros dos clientes (por exemplo, linha de crédito), níveis de estoque e bancos de dados de manufatura (para ver a capacidade disponível, fazer pedidos). Por exemplo, o Microsoft Dynamics (anteriormente Great Plains Software; *http://www.microsoft.com/dynamics/gp/default.mspx*) oferece 50 módulos que atendem à maioria das necessidades financeiras, de projeto, distribuição, manufatura e e-business. Outras transações financeiras de comércio eletrônico incluem bolsas de valores globais, gerenciamento de moedas múltiplas, fechamento virtual e automação do gerenciamento de gastos. Discutimos cada uma dessas aplicações em seguida.

- **Bolsas de valores globais.** Os mercados financeiros operam em bolsas de valores globais, 24 horas por dia, todos os dias, que usam a internet tanto para comprar quanto para vender ações e transmitir preços de ações em tempo real.
- **Gerenciamento de moedas múltiplas.** Os negócios globais envolvem transações financeiras em diferentes moedas. As razões de conversão dessas moedas mudam muito rapidamente. Os sistemas financeiros/contábeis apanham dados financeiros de diferentes países e convertem as moedas de e para qualquer outra moeda em segundos. Os relatórios baseados nesses dados, que costumavam levar dias para serem gerados, agora levam segundos. Esses sistemas gerenciam várias linguagens também.
- **Fechamento virtual.** As empresas tradicionalmente têm fechado seus livros (registros contábeis) trimestralmente, normalmente para atender requisitos de regulamentação. Hoje, muitas empresas desejam ser capazes de fechar seus livros a qualquer momento, a curtíssimo prazo. Essa capacidade de fechá-los rapidamente, chamado de **fechamento virtual**, oferece informações quase em tempo real sobre a situação financeira das organizações.
- **Automação do gerenciamento de gastos.** A automação do gerenciamento de gastos (AGG) refere-se a sistemas que automatizam a entrada de dados e o processamento de despesas com viagem e entretenimento. Os sistemas de AGG são aplicações baseadas na web que permitem que as empresas coletem rápida e coerentemente as informações de despesas, imponham diretrizes e contratos da empresa e reduzam compras não planejadas ou serviços de viagens e hospedagem. Eles também permitem que as empresas reembolsem seus funcionários mais rapidamente, pois as aprovações de gastos não são adiadas por uma documentação insuficiente.

### ▪ Gerenciamento do Investimento

As organizações investem muito dinheiro em ações, títulos, imóveis e outros bens. O gerenciamento desses investimentos é uma tarefa complexa por vários motivos. Primeiro, existem literalmente milhares de alternativas de investimento, e elas estão dispersas pelo mundo. Além disso, esses investimentos estão sujeitos a regulamentações e leis de impostos complexas, que variam de um local para outro.

As decisões de investimento exigem que os gerentes avaliem relatórios financeiros e econômicos fornecidos por diversas instituições, incluindo agências federais e estaduais, universidades, instituições de pesquisa e firmas de serviços financeiros. Além do mais, milhares de websites oferecem dados financeiros, muitos deles gratuitamente.

Para monitorar, interpretar e analisar as grandes quantidades de dados financeiros on-line, os analistas financeiros empregam dois tipos principais de ferramentas de TI: mecanismos de busca da internet e software de inteligência de negócios e apoio à decisão.

### ▪ Controle e Auditoria

Um motivo importante pelo qual as organizações saem do negócio é sua incapacidade de prever e/ou assegurar um fluxo de caixa suficiente. Subestimar despesas, gastos a mais, engajar-se em fraudes e administrar mal os relatórios financeiros podem causar desastres. Consequentemente, é essencial que as organizações efetivamente controlem suas finanças e relatórios financeiros. Em seguida, discutimos várias formas de controle financeiro.

- **Controle orçamentário.** Quando uma organização tiver decidido sobre seu orçamento anual, ela divide esse valor em alocações mensais. Os gerentes nos vários níveis monitoram os gastos por departamento e os comparam com o orçamento e o progresso operacional dos planos corporativos.
- **Auditoria.** A auditoria tem duas finalidades básicas: (1) monitorar como o dinheiro da organização está sendo gasto e (2) avaliar a saúde financeira das organizações. A auditoria interna é realizada pelo pessoal de contabilidade/finanças da organização. Esses funcionários também fazem a preparação para auditorias externas periódicas por firmas externas de auditores independentes.

- **Análise de razão financeira.** Outra função importante de contabilidade/finanças é monitorar a saúde financeira da empresa, avaliando um conjunto de razões financeiras. Aqui, estão incluídas a razão de liquidez (a disponibilidade de caixa para pagar débitos); razões de atividade (a rapidez com que uma firma converte ativos não monetários em ativos monetários); razões de débito (medida da capacidade da firma em repagar o débito a longo prazo); e razões de lucratividade (medida do uso da firma de seus ativos e controle de seus gastos para gerar uma taxa de retorno aceitável).

### ■ Sistemas de Informação para Marketing

É impossível subestimar a importância dos clientes em qualquer organização. Portanto, qualquer organização de sucesso precisa entender as necessidades e desejos de seus clientes, e então desenvolve suas estratégias de marketing e propaganda em torno deles. Os sistemas de informação oferecem diversos tipos de suporte para a função de marketing. De fato, as organizações centradas no cliente são tão importantes que dedicamos o Capítulo 9 (Gestão do relacionamento com o cliente) para esse assunto.

### ■ Sistemas de Informação para Gerenciamento de Produção/Operações

A função de gerenciamento de produção/operações (GPO) em uma organização é responsável pelo processo que transforma entradas em saídas úteis e pela operação do negócio. Devido ao alcance e variedade das funções de GPO, apresentamos apenas quatro aqui: gerenciamento da logística interna e de materiais, planejamento de produção e operações, manufatura integrada ao computador e gerenciamento do ciclo de vida do produto.

A função de GPO também é responsável por gerenciar a cadeia de suprimentos da organização. Como o gerenciamento da cadeia de suprimentos é vital para o sucesso das organizações modernas, dedicamos o Capítulo 10 a esse assunto.

### ■ Gerenciamento da Logística Interna e de Materiais

O gerenciamento da logística lida com a logística de pedidos, compras e recebimento, além das atividades de logística de saída (remessa). As atividades relacionadas incluem gerenciamento de estoque e controle de qualidade.

**Gerenciamento de estoque.** O gerenciamento de estoque determina quanto estoque deve ser mantido. O estoque a mais pode ser caro, devido aos custos de armazenamento e aos custos de deterioração e obsolescência. Contudo, manter estoque insuficiente também é caro (devido a pedidos de última hora e vendas perdidas).

O pessoal de operações toma duas decisões básicas: quando pedir e o quanto pedir. Os modelos de estoque, como o modelo de quantidade de pedido econômico (QPE), apoiam essas decisões. Diversos pacotes de software de estoque comerciais estão disponíveis para automatizar a aplicação desses modelos.

Muitas empresas grandes permitem que seus fornecedores monitorem seus níveis de estoque e remetam produtos à medida que forem necessários. Essa estratégia, chamada **estoque gerenciado pelo vendedor**, elimina a necessidade de a empresa submeter pedidos de compra.

**Controle de qualidade.** Os sistemas de controle de qualidade usados pelas unidades de manufatura oferecem informações sobre a qualidade do material recebido e peças, além da qualidade dos produtos semiacabados em processo e produtos acabados finais. Esses sistemas registram os resultados de todas as inspeções e comparam os resultados reais com as métricas estabelecidas. Esses sistemas também geram relatórios periódicos contendo informações sobre qualidade (por exemplo, percentual de defeitos, percentual de retrabalho necessário). Os dados de controle de qualidade podem ser coletados por sensores baseados na web e interpretados em tempo real ou então podem ser armazenados em um banco de dados para análise futura.

### ▪ Planejamento de Produção e Operações

Em muitas firmas, o planejamento de GPO tem o suporte da TI. O planejamento de GPO evoluiu do planejamento de requisitos de material para o planejamento e recursos de manufatura e o planejamento de recursos empresariais. Discutimos rapidamente o planejamento de requisitos de material e o planejamento de recursos de manufatura aqui, e focalizamos o planejamento de recursos empresariais mais adiante neste capítulo.

Os sistemas de estoque que usam uma abordagem QPE são projetados para os itens individuais para os quais a demanda é completamente independente (por exemplo, o número de computadores pessoais idênticos que um fabricante de computador venderá). Contudo, nas operações de manufatura, a demanda por alguns itens será interdependente. Por exemplo, uma empresa pode fabricar três tipos de cadeiras que utilizam os mesmos parafusos e porcas. Portanto, a demanda por parafusos e porcas depende da demanda total de todos os três tipos de cadeias e seus cronogramas de entrega. O processo de planejamento que integra produção, compras e gerenciamento de estoque dos itens interdependentes é chamado de **planejamento de requisitos de material** (MRP, *Material Requirements Planning*).

O MRP lida apenas com o escalonamento de produção e estoques. O planejamento mais complexo também envolve a alocação de recursos relacionados (por exemplo, dinheiro e mão de obra). Nesse caso, um software integrado mais complexo, chamado **planejamento de recursos de manufatura** (MRP II), está disponível. O MRP II integra as atividades de produção, gerenciamento de estoque, compras, financiamento e mão de obra de uma firma. Assim, o MRP II acrescenta funções a um sistema de MRP normal. Na verdade, o MRP II evoluiu para planejamento de recursos empresariais (ERP, *Enterprise Resource Planning*), que discutimos mais adiante neste capítulo.

### ▪ Manufatura Integrada ao Computador

A **manufatura integrada ao computador** (CIM, *Computer Integrated Manufaturing*; também chamada de manufatura digital) é uma técnica que integra diversos sistemas de fábrica automatizados. CIM tem três objetivos básicos: (1) simplificar todas as tecnologias e técnicas de manufatura, (2) automatizar o máximo de processos de manufatura possível e (3) integrar e coordenar todos os aspectos de projeto, manufatura e funções relacionadas por meio de sistemas de computador. O Quadro 8.2 mostra como a Tata Motors usou a CIM para criar o carro mais barato do mundo, o Nano.

## TI E A EMPRESA

### 8.2. O Carro Mais Barato do Mundo

Durante décadas, a Tata Motors (*www.tatamotors.com*) tem sido o maior fabricante de veículos comerciais da Índia. A firma historicamente fabricava ônibus, caminhões, ambulâncias e caminhões betoneiras. Em 1991, porém, o governo indiano implementou reformas que abriram sua economia para uma maior concorrência. Antes que essas reformas estivessem em vigor, os clientes indianos tinham tão poucas escolhas que a Tata estava protegida. Como a empresa tinha mais demanda do que poderia lidar, ela não precisava se preocupar com os desejos dos clientes. Porém, quando mais concorrentes começaram a entrar no mercado, as vendas de caminhão e ônibus da Tata caíram em 40%. Apenas em 2000, a empresa perdeu US$ 110 milhões. Essa perda foi a primeira da Tata desde que a empresa foi fundada em 1945.

Em um esforço para reverter essa tendência e reaver a fatia do mercado, a Tata decidiu diversificar para o mercado de automóveis de passeio. Cerca de 7 milhões de lambretas e motocicletas foram vendidas na Índia em 2007, normalmente por preços variando de US$ 675 a US$ 1.600. Os executivos da Tata queriam desenvolver um carro que fosse barato o suficiente para concorrer com as lambretas, motocicletas e triciclos. Portanto, a empresa definiu um preço-alvo de 100.000 rúpias (cerca de US$ 2.500) para o seu carro pequeno. Os executivos da Tata exigiram ainda mais que, além de ser acessível economicamente, o carro deveria aderir aos requisitos de regulamentações (por exemplo, emissão de gases poluentes) e alcançar metas de desempenho em áreas importantes, como eficiência do combustível e aceleração. Ao mesmo tempo, o carro não poderia comprometer a segurança.

O mercado em potencial é imenso. A Índia tem apenas 7 carros por 1.000 pessoas, e apenas 1,3 milhões de veículos de passeio foram vendidos na Índia em 2007. Esse é aproximadamente o número de carros que os 300 milhões de americanos compram em um mês. Dada a imensa população da Índia, de mais de 1 bilhão de pessoas, as oportunidades de crescimento são enormes.

O desafio que a Tata enfrentava era como produzir um carro que pudesse ser vendido por cerca de US$ 2.500 e ainda obter lucro. A resposta veio quando a Tata implementou a tecnologia CIM, especificamente, a Digital Enterprise Lean Manufacturing Interactive Application (DELMIA), produzida pela Dassault Systems. DELMIA automatiza os processos de planejamento de projeto do produto e de engenharia da produção, permitindo assim que a Tata planeje os processos de manufatura e projete os *layouts* da fábrica. A Tata também pode simular o impacto das novas técnicas de manufatura sobre suas linhas de produção atuais. Além disso, a empresa pode modelar produtos, variações de produtos e operações da fábrica, fazendo mudanças em qualquer um deles nos modelos por computador. Essa capacidade de modelagem elimina a necessidade de construir modelos físicos caros.

Desde que a Tata implementou a DELMIA, a eficiência da fábrica melhorou consideravelmente. Mudar um molde na linha de montagem de carros de passeio agora leva entre 12 a 15 minutos, ao contrário das 2 horas necessárias em 2000. Além disso, a utilização da capacidade da empresa é uma

das melhores em todo o setor automotivo global. A Tata também usa aquisição eletrônica para obter seus insumos. Em 2007, a empresa operava 750 leilões reversos (discutidos no Capítulo 6) na Ariba (*www.ariba.com*), para reduzir os preços de compra por uma média de 7% para tudo desde rolamentos até o leite servido no refeitório da empresa.

Contudo, a Tata não está parando por aí. A inovação real é o projeto modular do Nano, desenvolvido com tecnologia CIM. O Nano é construído de componentes que podem ser fabricados e enviados separadamente, para serem montados em diversos locais. Com isso, o Nano está sendo vendido em kits que são distribuídos, montados e recebem assistência por empreendedores locais. O presidente da Tata pensa em "compartilhar a riqueza", criando empreendedores por toda a Índia (e possivelmente no mundo) que se tornem operações satélite de montagem para a empresa.

*Fontes:* Compilado de E. Kinetz, "Tata Nano Finally Goes On Sale Across India", Associated Press, 10 de abril de 2009; "Tata Motors to Produce Up to 80,000 Units of the Nano by March 2010", India Automotive, 20 de janeiro de 2009; M. Kripalani, "Inside the Tata Nano Factory", BusinessWeek, 9 de maio de 2008; J. Hagel and J. Brown, "Learning from Tata's Nano", BusinessWeek, 27 de fevereiro de 2008; "Tata's Little Car Makes Big Impact", The Times (UK), 6 de fevereiro de 2008; R. Meredith, "The Next People's Car", Forbes, 16 de abril de 2007; *www.tatamotors.com*, acessado em 29 de março de 2009.

**PERGUNTAS**

1. Descreva como a tecnologia de manufatura integrada ao computador permitiu que a Tata produzisse o carro mais barato do mundo.
2. O presidente da empresa planeja produzir o Nano como um kit e encorajar empreendedores em toda a Índia para que montem o carro e prestem assistência. Discuta as vantagens e desvantagens dessa política, primeiro do ponto de vista da empresa e depois do ponto de vista de um provável empreendedor. Você consideraria a abertura de uma revenda do Nano no Brasil? Por quê?

▪ **Gerenciamento do Ciclo de Vida do Produto**

Até mesmo dentro de uma única organização, o projeto e o desenvolvimento de produtos pode ser caro e demorado. Quando várias organizações estão envolvidas, o processo pode se tornar muito complexo. O gerenciamento do ciclo de vida do produto (PLM, *Product Life-cycle Management*) é uma estratégia de negócios que permite aos fabricantes compartilharem dados relacionados ao produto para dar suporte ao projeto e desenvolvimento do produto e às operações da cadeia de suprimentos. O PLM aplica tecnologias colaborativas baseadas na web ao desenvolvimento do produto. Integrando funções anteriormente distintas, como um processo de manufatura e a logística que lhe dá suporte, o PLM permite que essas funções colaborem, basicamente formando uma única equipe que gerencia o produto desde sua concepção até a sua conclusão.

### ▪ Sistemas de Informação para Gestão de Recursos Humanos

As primeiras aplicações do sistema de informações de recursos humanos (SIRH) lidavam principalmente com sistemas de processamento de transação, como a gestão de benefícios e a manutenção de registros de dias de férias. Porém, à medida que os sistemas organizacionais passaram para intranets e para a web, o mesmo aconteceu com as aplicações de SIRH.

Muitas aplicações SIRH são entregues por meio de um portal de RH. Por exemplo, diversas organizações utilizam seus portais web para anunciar ofertas de emprego e realizar contratação e treinamento on-line. Nesta seção, vamos considerar como as organizações estão usando a TI para realizar algumas funções essenciais de RH: recrutamento, manutenção, desenvolvimento, planejamento e gestão.

### ▪ Recrutamento

O recrutamento envolve localizar funcionários em potencial, avaliá-los e decidir quais deles contratar. Algumas empresas estão repletas de candidatos viáveis, enquanto outras têm dificuldade para encontrar a pessoa certa. A TI pode ser útil nos dois casos. Além disso, a TI pode ajudar em atividades relacionadas, como teste e filtragem dos candidatos a emprego.

Com milhões de currículos disponíveis on-line, não é surpresa que as empresas estejam tentando encontrar candidatos apropriados na web, normalmente com a ajuda de mecanismos de busca especializados. As empresas também anunciam centenas de milhares de empregos na web. O recrutamento on-line pode alcançar mais candidatos, que podem produzir melhores funcionários. Além disso, os custos do recrutamento on-line normalmente são menores do que os métodos de recrutamento tradicionais, como anúncios em jornais ou em periódicos do setor.

### ▪ Manutenção e Desenvolvimento de Recursos Humanos

Depois que os funcionários são admitidos, eles passam a fazer parte do *pool* de recursos humanos corporativo, o que significa que eles devem ser avaliados, mantidos e treinados. A TI oferece suporte para essas atividades.

A maioria dos funcionários é avaliada periodicamente por seus supervisores imediatos. Colegas ou subordinados também podem avaliar outros funcionários. As avaliações normalmente são digitalizadas e usadas para dar suporte a muitas decisões, como aumentos de salário, transferências e demissões.

A TI também desempenha um papel importante no treinamento e reciclagem. Alguns dos desenvolvimentos mais inovadores estão ocorrendo nas áreas de instrução inteligente auxiliada por computador e na aplicação do suporte de multimídia para atividades de treinamento. Por exemplo, grande parte do treinamento corporativo é oferecido pela intranet da empresa ou pela web.

### ▪ Planejamento e Gestão de Recursos Humanos

A gestão de recursos humanos nas grandes organizações requer muito planejamento e estratégia detalhada. Aqui, discutimos três áreas que a TI pode oferecer suporte.

  • **Folha de pagamento e registros dos funcionários.** O departamento de RH é responsável pela preparação da folha de pagamento. Esse processo normalmente é automatizado, com os contracheques sendo impressos ou o dinheiro sendo transferido eletronicamente para as contas bancárias dos funcionários.

- **Administração de benefícios.** As contribuições do trabalho dos funcionários às suas organizações são recompensadas com salários, bônus e outros benefícios. Os benefícios incluem plano de saúde, contribuições em fundos de pensão, centros de bem-estar e centros de cuidados infantis.
A gestão dos benefícios é uma tarefa complexa, devido às múltiplas opções oferecidas e à tendência das organizações de permitir que funcionários escolham e negociem seus benefícios. Em muitas organizações, os funcionários podem acessar o portal da empresa e se registrar para benefícios específicos.
- **Gestão de relacionamento com o funcionário.** Em seus esforços para melhor gerenciar os funcionários, as empresas estão desenvolvendo aplicações de **gestão de relacionamento com o funcionário** (GRF). Uma aplicação de GRF típica é uma central de apoio para os problemas dos funcionários.

A Tabela 8.1 é uma visão das atividades apoiadas pelos sistemas de informações gerenciais. A Figura 8.2 representa muitos dos sistemas de informação que apoiam essas cinco áreas funcionais.

**Tabela 8.1** Atividades Apoiadas por Sistemas de Informações Gerenciais

**Contabilidade e Finanças**

Planejamento financeiro — disponibilidade e custo do dinheiro

Orçamento — aloca recursos financeiros entre participantes e atividades

Orçamento de capital — financiamento de aquisições de bens

Gerenciamento de transações financeiras

Tratamento de moedas múltiplas

Fechamento virtual — capacidade de fechar livros a qualquer momento sem aviso-prévio

Gerenciamento de investimentos — gerenciamento de investimentos organizacionais em estoques, ações, imóveis e outros veículos de investimento

Controle orçamentário — monitoração de gastos e comparação com o orçamento

Auditoria — garantir a precisão e a condição da saúde financeira da organização

Folha de pagamento

**Marketing e Vendas**

Relacionamento com o cliente — saber quem são os clientes e tratá-los como membros da realeza

Perfis e preferências do cliente

Automação da força de vendas — uso de *software* para automatizar as tarefas empresariais de vendas, melhorando, assim, a produtividade dos vendedores

**Produção/operações e Logística**

Gerenciamento de estoque — quanto estoque pedir, quanto estoque manter e quando pedir novo estoque

Controle de qualidade — controle de defeitos na matéria-prima que chega e defeitos nos produtos fabricados

Planejamento de necessidades de material — processo de planejamento que integra produção, compras e gerenciamento de estoque de itens interdependentes (MRP)

Planejamento de recursos de fabricação — processo de planejamento que integra atividades de produção, gerenciamento de estoque, compras, finanças e mão de obra de uma empresa (MRP II)

Sistemas *just in time* — princípio de produção e controle de estoque que os materiais e as peças chegam exatamente quando e onde forem necessários para a produção (JIT)

Fabricação integrada por computadores — técnica de manufatura que integra diversos sistemas computadorizados, como o projeto auxiliado por computador (CAD, Computer Assisted Design), fabricação auxiliada por computadores (CAM, Computer Assisted Manufacturing), MRP e JIT

Gerenciamento do ciclo de vida do produto — estratégia de negócios que permite que os fabricantes colaborem entre si nos esforços de projeto e desenvolvimento de produtos usando a web

**Gestão de Recursos Humanos**

Recrutamento — encontrar funcionários, testá-los e decidir quais contratar

Avaliação de desempenho — avaliação periódica pelos superiores

Treinamento

Registros de funcionários

Administração de benefícios — saúde, aposentadoria, afastamentos, demissões etc.

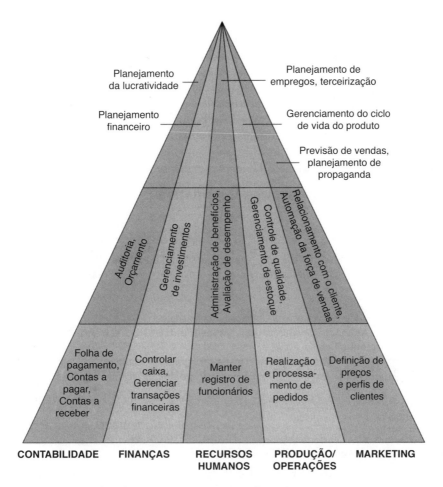

**Figura 8.2** Exemplos de sistemas de informação que apoiam as áreas funcionais.

### ▪ Relatórios dos Sistemas de Informações Gerenciais

Conforme já discutimos, cada SIG gera relatórios em sua área funcional. O SIG também envia informações ao *data warehouse* corporativo e pode ser usado para o apoio à decisão. Um SIG produz principalmente três tipos de relatórios: de rotina, *ad-hoc* (ou sob demanda) e de exceção. Examinaremos cada tipo a seguir.

**Relatórios de rotina** são produzidos em intervalos programados, variando desde relatórios de controle de qualidade por hora até relatórios diários de taxas de absenteísmo. Embora os relatórios de rotina sejam extremamente valiosos para uma organização, os gerentes constantemente precisam de informações especiais, que não estão incluídas neles. Em outras ocasiões, eles precisam da informação, mas em momentos diferentes ("Preciso do relatório hoje, dos três últimos dias, e não de uma semana"). Esses relatórios fora da rotina são chamados de **relatórios *ad-hoc* (ou sob demanda)**. Os relatórios *ad-hoc* também podem incluir solicitações para os seguintes tipos de informações:

- **Relatórios detalhados**, que mostram um nível maior de detalhes; por exemplo, um gerente pode examinar as vendas por região e decidir "detalhar mais" para ver as vendas por loja, e depois as vendas por vendedor.
- **Relatórios de indicadores principais**, que resumem o desempenho de atividades críticas; por exemplo, um diretor financeiro pode querer examinar o fluxo de caixa e a quantidade de dinheiro disponível.
- **Relatórios comparativos**, que comparam, por exemplo, os desempenhos de diferentes unidades de negócios ou períodos de tempo.

Finalmente, alguns gerentes preferem **relatórios de exceção**. Estes relatórios incluem apenas as informações que estão fora de padrões limite. Para implementar o **gerenciamento por exceção**, a gerência primeiro define padrões de desempenho. Os sistemas são, então, configurados para monitorar o desempenho (por meio dos dados que chegam sobre as transações de negócio, como as despesas), comparar o desempenho real com os padrões e identificar exceções predefinidas. Os gerentes são avisados das exceções por meio de relatórios de exceção.

Usaremos as vendas como exemplo. Primeiro, a gerência estabelece as cotas de vendas. A empresa, então, estabelece um SIG que coleta e analisa todos os dados de vendas. Um relatório de exceção identificaria apenas os casos que as vendas ficassem fora do patamar estabelecido (por exemplo, mais de 20% abaixo da cota). As despesas que ficassem *dentro* do intervalo aceito de padrões *não* seriam relatadas. Ao omitir todos os desempenhos "aceitáveis", os relatórios de exceção economizam tempo do gerente e os ajudam a se concentrar nas áreas problemáticas.

### Antes de Prosseguir...

1. O que é um sistema de informação gerencial? Relacione suas principais características.
2. Como os sistemas de informação beneficiam as áreas funcionais de finanças e contabilidade?
3. Explique como o pessoal de GPO utiliza sistemas de informação para realizar suas tarefas de modo mais eficiente e eficaz.
4. Quais são as aplicações de SIRH mais importantes?
5. Como o SIG apoia o gerenciamento por exceção? Como apoia os relatórios sob demanda?

## 8.3. Sistemas de Planejamento de Recursos Empresariais

Historicamente, os sistemas de informações gerenciais eram desenvolvidos independentemente um do outro, resultando em "silos de informação". Esses silos não se comunicam uns com os outros, e essa falta de comunicação e integração tornou as organizações menos eficientes. Essa ineficiência foi particularmente evidente nos processos de negócios que envolvem mais de uma área funcional. Por exemplo, desenvolver novos produtos envolve todas as áreas funcionais. Para entender esse ponto, considere um fabricante de automóveis. O desenvolvimento de um novo automóvel envolve projeto, engenharia, produção/operações, marketing, finanças, contabilidade e recursos humanos. Para resolver seus problemas de integração, as empresas desenvolveram os sistemas de planejamento de recursos empresariais.

Os **sistemas de planejamento de recursos empresariais** (**ERP**, *Enterprise Resource Planning*, também conhecidos como sistemas integrados de gestão empresarial) utilizam uma visão do processo empresarial da organização inteira para integrar o planejamento, o gerenciamento e o uso de todos os recursos da organização, empregando uma plataforma de software e banco de dados comuns. Lembre-se, do Capítulo 1, que um **processo de negócio** é um conjunto de etapas ou procedimentos relacionados, projetados para gerar um resultado específico. Os processos de negócio podem estar localizados inteiramente dentro de uma área funcional, como a aprovação de um pedido de cartão de crédito ou a contratação de um novo funcionário. Também podem se espalhar por diversas áreas funcionais, como o atendimento a um pedido grande de um novo cliente.

Os objetivos principais dos sistemas ERP são integrar de perto as áreas funcionais da organização e permitir o fluxo transparente de informações entre essas áreas. A integração de perto significa que as mudanças em uma área funcional são imediatamente refletidas em todas as outras áreas funcionais pertinentes. Basicamente, os sistemas ERP oferecem as informações necessárias para controlar os processos de negócio da organização.

Embora algumas empresas tenham desenvolvido seus próprios sistemas ERP, a maioria das organizações utiliza software de ERP disponível comercialmente. O principal fornecedor de software ERP é a SAP (*www.sap.com*), com seu pacote SAP R/3. Outros dos principais fornecedores são a Oracle (*www.oracle.com*) e a PeopleSoft (*www.peoplesoft.com*), agora uma empresa da Oracle. (Com mais de 700 clientes, a PeopleSoft é líder do mercado em educação superior.) Para obter informações atualizadas sobre software de ERP, consulte *http://erp.ittoolbox.com*.

### ▪ Evolução dos Sistemas ERP

Os sistemas ERP foram implantados originalmente para facilitar os processos de negócio de manufatura, como o gerenciamento de matérias-primas, controle de estoque, entrada de pedido e distribuição. Porém, esses primeiros sistemas ERP não se estendiam para outras áreas funcionais da organização, como vendas e marketing. Eles também não incluíam quaisquer capacidades de gestão do relacionamento com o cliente (CRM, *Customer Relationship Management*), que permitissem às organizações capturar informações específicas do cliente. Além disso, eles não ofereciam atendimento ao cliente ou preenchimento de pedidos pela web.

Com o tempo, os sistemas ERP evoluíram para incluir processos administrativos, de vendas, marketing e recursos humanos. As empresas agora empregam uma abordagem completa para o ERP, que utiliza a Web e conecta todos os lados da cadeia de valor. Esses sistemas são chamados de ERP II.

### ▪ Sistemas ERP II

Os **sistemas ERP II** são sistemas ERP interorganizacionais que proveem conexões pela web entre os principais sistemas de negócio de uma empresa (como estoque e produção) e seus clientes, fornecedores, distribuidores e outros. Essas conexões integram as aplicações internas de ERP às aplicações com foco externo, ou seja, de gerenciamento da cadeia de suprimentos e de gestão do relacionamento com o cliente. A Figura 8.3 ilustra a organização e as funções de um sistema ERP II.

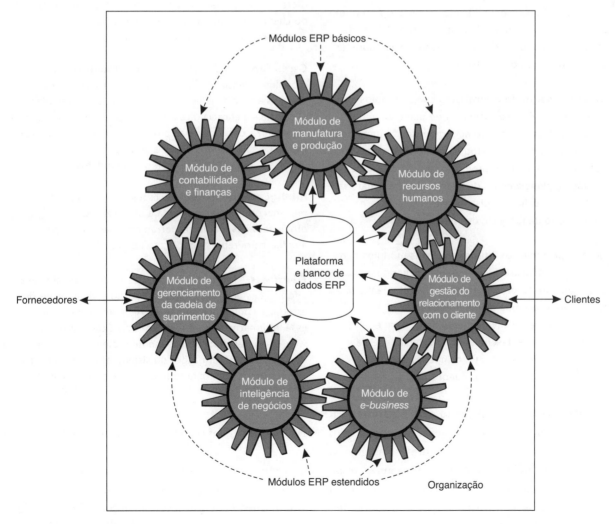

**Figura 8.3** Sistema ERP II.

As funções dos sistemas ERP II agora são entregues como pacotes de *e-business*. Os principais vendedores de ERP desenvolveram pacotes de software modulares, preparados para a web, que integram ERP, gestão do relacionamento com o cliente, gerenciamento da cadeia de suprimentos, aquisição, apoio à decisão, portais empresariais e outras aplicações e funções empresariais. Alguns exemplos são o e-Business Suite da Oracle e o mySAP da SAP. O objetivo desses sistemas é permitir que as empresas operem a maioria de seus processos de negócio usando um único sistema de software integrado, preparado para a web, em vez de uma série de aplicações de *e-business* separadas.

Os sistemas ERP II incluem diversos módulos, que são divididos em módulos ERP básicos (gerenciamento financeiro, gerenciamento de operações e gestão de recursos humanos) e em módulos ERP estendidos (gestão do relacionamento com o cliente, gerenciamento da cadeia de suprimentos, inteligência de negócios e *e-business*). A Tabela 8.2 descreve cada um desses módulos.

**Tabela 8.2** Módulos ERP

| **Módulos ERP Básicos** | **Módulos ERP estendidos** |
|---|---|
| **Gerenciamento financeiro.** Esses módulos apoiam contabilidade, relatórios financeiros, gerenciamento de desempenho e governança corporativa. Eles gerenciam os dados contábeis e processos financeiros, como, livro-razão, contas a pagar, ativos fixos, controle e previsão de caixa, contabilidade de custo do produto, contabilidade do centro de custos, contabilidade de ativos, contabilidade de impostos, gerenciamento de crédito, orçamento e controle de ativos. | **Gestão do relacionamento com o cliente.** Esses módulos dão suporte a todos os aspectos do relacionamento do cliente com a organização. Eles ajudam a organização a aumentar a lealdade e a retenção de clientes, a fim de aumentar sua lucratividade. Também oferecem uma visão integrada dos dados e das interações do cliente, permitindo que as organizações sejam mais responsivas às necessidades do cliente. |
| **Gerenciamento de operações.** Esses módulos gerenciam os diversos aspectos do planejamento e execução da produção, como a previsão de demanda, aquisição, controle de estoque, compra de materiais, frete, planejamento de produção, programação de produção, planejamento de necessidades de material, controle de qualidade, distribuição, transporte e manutenção da fábrica e dos equipamentos. | **Gerenciamento da cadeia de suprimentos.** Esses módulos gerenciam os fluxos de informação entre os estágios em uma cadeia de suprimentos para aumentar a eficiência e a eficácia da cadeia de suprimentos. Eles ajudam as organizações a planejar, programar, controlar e otimizar a cadeia de suprimentos desde a aquisição de matéria-prima até o recebimento dos produtos pelos clientes. |
| **Gestão de recursos humanos.** Esses módulos dão suporte à administração de pessoal (incluindo planejamento da força de trabalho, recrutamento de funcionários, acompanhamento de tarefas, planejamento e desenvolvimento de pessoal e gerenciamento de desempenho), contabilidade de tempo, folha de pagamento, compensação, contabilidade de benefícios e requisitos regulamentares. | **Inteligência de negócios.** Esses módulos coletam informações usadas por toda a organização, organizam-nas e aplicam ferramentas analíticas para auxiliar os gerentes na tomada de decisão.<br><br>***E-business.*** Clientes e fornecedores precisam de acesso a informações de ERP, incluindo status do pedido, níveis de estoque e conferência de fatura. Além disso, eles querem essa informação em um formato simplificado, disponível pela web. Como resultado, esses módulos oferecem dos canais de acesso para as informações do sistema ERP – um canal para clientes (B2C) e um para fornecedores e parceiros (B2B). |

▪ **Benefícios e Limitação dos Sistemas ERP**

Os sistemas ERP podem gerar benefícios empresariais significativos para uma organização. Os principais benefícios se encontram nas seguintes categorias:

- **Flexibilidade e agilidade organizacional.** Conforme já vimos, os sistemas ERP derrubam muitos antigos silos departamentais e funcionais dos processos de negócio, sistemas de informação e recursos de informação. Desse modo, eles permitem que as organizações sejam mais flexíveis, ágeis e adaptativas. As organizações, portanto, podem reagir rapidamente a condições variáveis nos negócios e também aproveitar novas oportunidades.

- **Apoio à decisão.** Os sistemas ERP oferecem informações essenciais sobre o desempenho da empresa em suas áreas funcionais. Essas informações melhoram significativamente a capacidade de os gerentes tomarem decisões melhores e mais oportunas.
- **Qualidade e eficiência.** Os sistemas ERP integram e melhoram os processos de negócio de uma organização, resultando em melhorias significativas na qualidade e na eficiência do atendimento ao cliente, produção e distribuição.
- **Custos reduzidos.** Os sistemas ERP podem reduzir os custos de transação e os custos de hardware e software. Além disso, o sistema ERP integrado requer menos pessoal de suporte de TI do que os sistemas de informação anteriores, não integrados.

As vantagens de um sistema ERP são ilustradas com o caso do Banco Mundial, no Quadro 8.3.

## TI E A EMPRESA

### 8.3. O Banco Mundial Passa por uma Transformação

O Banco Mundial (*www.worldbank.org*) é uma instituição financeira internacional que oferece assistência financeira e técnica aos países em desenvolvimento, para programas de desenvolvimento com o objetivo declarado de reduzir a pobreza. Pertencente a 185 países-membros, o banco tem cerca de 10.000 funcionários, 7.000 deles na sede da organização, em Washington, DC e o restante nos escritórios em campo, em 80 países-membros. O banco empresta cerca de US$ 20 bilhões anualmente, tornando-se uma das maiores fontes de assistência ao desenvolvimento do mundo.

O Banco Mundial se transformou de uma fonte hierárquica de empréstimos a juros baixos para uma organização descentralizada que usa tecnologias de compartilhamento de conhecimento para combater a pobreza e a doença nas nações em desenvolvimento. No centro da estratégia do banco está o seu esforço incrivelmente ambicioso para capacitar seus clientes – muitos deles tecnologicamente de mãos atadas – com as ferramentas e as capacidades de compartilhamento de conhecimento de que precisam para melhorar suas vidas e entrar na economia mundial oficial. Para realizar esses objetivos, o banco teve que reformular completamente sua infraestrutura de TI e sua rede de comunicações globais.

A infraestrutura de TI existente no banco consistia em sistemas de TI diversificados e desconectados, localizados por toda a organização. Um inventário revelou 65 sistemas legados diferentes, 100 bancos de dados e 90 processos de negócio. Para complicar as coisas ainda mais, cada escritório em campo tinha sua própria abordagem individual para a TI. Localizados por todo o mundo, os escritórios

em campo não tinham um modo de se comunicar eletronicamente ou colaborar uns com os outros ou com a sede. Os relatórios de missão dos escritórios em campo tinham que ser enviados para Washington, aprovados no escritório central e depois remetidos de volta pelo correio – um processo que normalmente levava semanas.

A gravidade do problema foi ilustrada pela criação do relatório anual do banco, o qual foi preparado pelo pessoal no escritório do presidente, que contou com dados do banco de dados financeiro (FDB, *Financial Data Base*) da organização, que eles acreditavam ser a fonte mestra de dados do banco. Na verdade, o FDB recebia seus dados do sistema de contabilidade de custos, que retirava seus números de vários setores dentro da organização. Na época que o relatório anual foi produzido, os números finais do sistema de contabilidade de custos não tinham sido transferidos para o FDB. Como resultado, os números no relatório anual do banco estavam incorretos.

**O Sistema de Planejamento de Recursos Empresariais.** O banco selecionou o produto de planejamento de recursos empresariais da SAP (*www.sap.com*), chamado SAP R/3. Com o sistema da SAP, o banco substituiu sistemas administrativos diversificados pela infraestrutura de TI unificada, de modo que os mesmos processos de negócio pudessem ser usados em Washington e nos escritórios em campo. O banco implementou oito módulos do SAP para melhorar seus processos de aquisição, gerenciamento de materiais, gerenciamento de projetos e relatórios financeiros.

O banco usou o SAP para todas as transações de negócio e selecionou o Oracle (*www.oracle.com*) para os seus bancos de dados. Assim, o Oracle se tornou o alicerce para o Sistema de Informação de Registros Integrados (RIIS, *Record Integrated Information System*) do banco. O RIIS é o repositório para todos os registros oficiais, relatórios, e-mails e recursos de áudio e vídeo do banco.

**O Sistema de Gerenciamento de Documentos.** Na próxima fase de sua reestruturação de TI, o banco selecionou a Teragram (*www.teragram.com*) para ajudá-lo a organizar e recuperar os milhões de documentos armazenados em seu RIIS, muitos deles de mais de 60 anos e escritos em dezenas de idiomas. Teragram é a empresa de tecnologia de linguagem natural multi-idiomas líder do mercado, que usa o significado do texto para destilar informações relevantes de grandes quantidades de dados. Os funcionários do banco transmitem documentos para um sistema de gerenciamento de documentos que usa o banco de dados Oracle. O software da Teragram automaticamente analisa o conteúdo desses documentos e os classifica e categoriza, para agilizar a recuperação.

**A Rede Global.** O banco então voltou sua atenção para a implantação de uma rede global. Uma das perguntas que os diretores do banco fizeram aos vendedores concorrentes foi: vocês conseguem fornecer conectividade de rede com Ouagadougou? Os vendedores normalmente nunca tinham ouvido falar em Ouagadougou, a capital de Burquina Faso, um pequeno país sem saída para o mar no oeste africano. Sua população está entre as mais pobres e mais analfabetas do mundo. O Banco Mundial tem tido presença lá há muitos anos. Quando nenhum dos vendedores provou ser satisfatório, o banco decidiu montar sua própria rede global. Ele implantou três satélites e usou cabo de fibra ótica no solo.

Apesar de sua robusta rede de satélite, o banco estava restrito pelos limites de infraestrutura nos países em desenvolvimento que não tinham conexões de rede de alta velocidade. Para resolver esse problema, o banco implementou serviços de rede sobre IP (*Internet Protocol*) por seu serviço consistente e baixos custos. Depois, ele se conectou com a internet de segunda geração (chamada Internet2) para tirar proveito das velocidades de comunicação muito maiores desse sistema.

**O Sistema de Gestão do Conhecimento.** Depois de implementar sua rede de satélites, o banco criou a Rede Global de Aprendizado sobre Desenvolvimento (GDLN, *Global Development Learning Network*), que torna as tecnologias avançadas de informação e comunicações, como videoconferência interativa, disponíveis a funcionários individuais do banco, equipes, clientes e organizações afiliadas trabalhando no desenvolvimento em todo o mundo. Essas pessoas usam a GDLN para se comunicar, compartilhar conhecimento e aprender com as experiências dos outros, de uma maneira conveniente e econômica. Com o estabelecimento da GDLN, o foco do banco passou de capturar e organizar o conhecimento para adotar, adaptar e aplicar conhecimento de um modo que ajude o pessoal do banco, os clientes e os parceiros a trabalharem de modo mais eficaz para reduzir a pobreza global.

O Banco Mundial está ajudando os países a compartilhar e aplicar o conhecimento global e local para atender aos desafios do desenvolvimento. Por exemplo, no Brasil o banco está trabalhando com o governo para limitar os abusos ambientais na região amazônica.

**Iniciativas de TI Atuando nos Países do Leste e Sul da África**

O Banco Mundial está se concentrando em 25 países do leste e sul da África, onde fazer uma ligação telefônica internacional ou conectar-se à internet de alta velocidade tem um custo altíssimo. Essa situação existe porque a região não está conectada à infraestrutura de fibra ótica de banda larga global, e a população é forçada a contar com satélites caros para fazer a conexão entre si e com o restante do mundo. Atualmente, o banco está montando um *backbone* de fibra ótica terrestre, regional e nacional, que fornecerá largura de banda em alta velocidade para Quênia, Burundi e Madagascar.

*Fontes:* Compilado de M. Farrell, "Saving the World, One Loan at a Time", Forbes, 26 de março de 2009; L. Laurent, "Eastern Europe Gets a Helping Hand", Forbes, 27 de fevereiro de 2009; "World Bank to 'Fast Track' Financial Aid", CNN.com, 10 de dezembro de 2008; J. McCormick, "Knowledge Management: 5 Big Companies That Got It Right", Baseline Magazine, 4 de outubro de 2007; M. Pommier, "How the World Bank Launched a Knowledge Management Program", KnowledgePoint, 2007; L. McCartney e B. Watson, "World Bank: Behind the I.T. Transformation", Baseline Magazine, 5 de agosto de 2007; "World Bank Profile: Best Practices in Knowledge Management", American Productivity and Quality Center, janeiro de 2003; *www.worldbank.org*, acessado em 3 de abril de 2009.

## PERGUNTAS

1. Por que o Banco Mundial implantou um sistema ERP antes dos outros sistemas de informação?

2. A transformação do Banco Mundial foi principalmente um resultado da visão estratégica ou da implementação eficaz da tecnologia da informação? Justifique sua resposta.

3. Por que o Banco Mundial teve que implementar tantas iniciativas de TI antes que pudesse implantar o sistema de gestão do conhecimento? Justifique sua resposta.

Apesar de todos os seus benefícios, os sistemas ERP possuem desvantagens. Os processos de negócio no software de ERP normalmente são predefinidos pelas melhores práticas que o fornecedor de ERP desenvolveu. As **melhores práticas** são as soluções ou métodos de resolução de problemas mais bem-sucedidos para se alcançar um objetivo de negócios. Como resultado, as empresas podem ter de mudar os processos empresariais existentes para se ajustarem aos processos empresariais predefinidos do software. Para empresas com procedimentos bem estabelecidos, esse pode ser um problema enorme. Além disso, os sistemas ERP podem ser extremamente complexos, caros e demorados de se implantar.

Na verdade, os custos e os riscos de fracasso na implementação de um novo sistema ERP são substanciais. Muitas empresas têm experimentado fracassos muito caros na implementação de ERP. Grandes perdas em receita, lucros e fatia de mercado têm acontecido quando os principais processos de negócio e sistemas de informação fracassam ou não funcionam corretamente. Em muitos casos, pedidos e fretes foram perdidos, mudanças de estoque não foram registradas corretamente e níveis de estoque não confiáveis causaram grandes faltas de estoque. Empresas como Hershey Foods, Nike, A-DEC e Connecticut General tiveram perdas de até centenas de milhões de dólares. No caso da FoxMeyer Drugs, um atacadista farmacêutico de US$ 5 bilhões, uma implementação de ERP fracassada fez com que a empresa desse entrada no pedido de falência.

Em quase todo fracasso na implementação de ERP, os gerentes de negócio da empresa e os profissionais de TI subestimaram a complexidade do planejamento, desenvolvimento e treinamento que foram exigidos em preparação para um novo sistema ERP que mudasse fundamentalmente seus processos de negócio e sistemas de informação. Deixar de envolver os funcionários afetados nas fases de planejamento e desenvolvimento e nos processos de gerenciamento de mudança, e tentar fazer muita coisa rapidamente no processo de conversão têm sido causas típicas dos projetos de ERP fracassados. Treinamento insuficiente nas novas tarefas de trabalho exigidas pelo sistema ERP e deixar de realizar a conversão e teste de dados apropriados para o novo sistema também contribuíram para implementações fracassadas.

### ▪ Integração de Aplicações Empresariais

Para algumas organizações, os sistemas ERP não são apropriados, sobretudo para aquelas que não são fábricas, assim como para fabricantes que consideram o processo de conversão do seu sistema existente muito difícil, demorado ou dispendioso.

Essas empresas, porém, ainda podem ter sistemas de informação isolados que precisam ser conectados entre si. Para realizar essa tarefa, algumas dessas empresas utilizam a integração de aplicações empresariais. Um **sistema de Integração de Aplicações Empresariais (EAI,** *Enterprise Application Integration***)** integra os sistemas existentes oferecendo camadas de software que conectam as aplicações. Basicamente, o sistema de EAI permite que as aplicações existentes se comuniquem e compartilhem dados, permitindo assim que as organizações utilizem as aplicações existentes enquanto eliminam muitos dos problemas causados por sistemas de informação isolados.

### *Antes de Prosseguir...*
1. Defina ERP e descreva suas funcionalidades.
2. O que são sistemas ERP II?
3. Diferencie os módulos ERP básicos dos módulos ERP estendidos.
4. Liste algumas desvantagens do software de ERP.

## O que a **TI** pode me proporcionar?

▪ **Para o Setor de Contabilidade**

Entender as funções e as saídas dos SPTs de forma eficaz é uma preocupação fundamental de qualquer contador. Também é preciso entender as diversas atividades de todas as áreas funcionais e como elas estão interconectadas. Os sistemas de informação de contabilidade são um componente central em qualquer pacote de ERP. Na verdade, todas as grandes empresas de CPA consultam ativamente clientes sobre implementações de ERP, usando milhares de contadores treinados especialmente. Além disso, muitos problemas da cadeia de suprimentos, que variam desde gestão de estoque até análise de risco, caem no âmbito da contabilidade.

▪ **Para o Setor de Finanças**

A TI ajuda os analistas e gerentes financeiros a realizarem melhor suas tarefas. De particular importância é a análise de fluxos de caixa e a proteção das finanças, necessário à realização de operações tranquilas. Além disso, aplicações financeiras podem apoiar atividades como análise de risco, gestão de investimentos e transações globais que envolvam diferentes moedas e regulamentações fiscais.

As atividades e a modelagem de finanças são os principais componentes dos sistemas ERP. Os fluxos de fundos (pagamentos), no núcleo das principais cadeias de suprimentos, precisam ser feitos de forma eficiente e eficaz. Arranjos financeiros são especialmente importantes ao longo das cadeias de suprimentos globais, que as convenções de moeda e regulamentações financeiras precisam ser consideradas.

▪ **Para o Setor de Marketing**

As despesas de marketing e vendas normalmente são alvos de programas de redução de custos. Além disso, a automação da força de vendas não apenas melhora a produtividade dos vendedores (e, assim, reduz os custos), mas também melhora o atendimento ao cliente.

▪ **Para o Setor de Produção/Operações**

Gerenciar tarefas de produção, manipulação de materiais e estoques em curtos intervalos de tempo, a um baixo custo e com alta qualidade é crítico para a competitividade. Essas atividades só podem ser alcançadas se tiverem um apoio adequado da TI. Além disso, a TI pode melhorar muito a interação com outras áreas funcionais, especialmente a de vendas. A colaboração em projeto, manufatura e logística exige conhecimento de como os sistemas de informação modernos podem ser conectados.

▪ **Para o Setor de Recursos Humanos**

Os gerentes de recursos humanos podem aumentar sua eficiência e eficácia usando a TI para realizar algumas de suas funções de rotina. O pessoal de recursos humanos precisa entender como a informação flui entre o departamento de RH e as outras áreas funcionais. Finalmente, a integração das áreas funcionais por meio de sistemas ERP possui um impacto fundamental sobre as exigências de habilidades e a escassez de funcionários, que estão relacionados às tarefas realizadas pelo departamento de RH.

▪ **Para o Setor de Tecnologia de Informação**

A função de TI é responsável pelos sistemas de informação mais importantes nas organizações: os sistemas de processamento de transações. Os SPTs fornecem os dados para os bancos de dados. Por sua vez, todos os outros sistemas de informação utilizam esses dados. O pessoal de TI desenvolve aplicações que apoiam todos os níveis da organização (do administrativo ao executivo) e todas as áreas funcionais. As aplicações também permitem que a empresa realize negócios com seus parceiros.

## Resumo

Neste capítulo você aprendeu a:

**1. Descrever os sistemas de processamento de transações.**

A espinha dorsal da maioria das aplicações de sistemas de informação é o sistema de processamento de transações. Os SPTs monitoram, armazenam, coletam e processam dados gerados por todas as transações comerciais. Esses dados fornecem as entradas para o banco de dados da organização.

**2. Descrever os sistemas de informações gerenciais e o apoio que oferecem a cada área funcional da organização.**

As principais áreas funcionais de negócios são gerenciamento de produção/operações, marketing, contabilidade/finanças e gestão de recursos humanos. Um sistema de informações gerenciais (SIG) é um sistema projetado para apoiar os gerentes de nível intermediário das áreas funcionais. Os SIGs geram relatórios (de rotina, ocasional e de exceção) e fornecem informações a gerentes, independentemente de suas áreas funcionais. A Tabela 8.1 apresenta uma visão geral das muitas atividades em cada área funcional apoiada pelos SIGs.

**3. Descrever os sistemas de planejamento de recursos empresariais.**

Os sistemas de planejamento de recursos empresariais (ERP) integram o planejamento, o gerenciamento e o uso de todos os recursos da organização. O principal objetivo dos sistemas ERP é integrar de perto as áreas funcionais da organização. Essa integração permite que a informação flua de forma transparente entre as diversas áreas funcionais. O software de ERP inclui um conjunto de módulos de *software* interdependentes, ligados a um banco de dados comum, que apoiam os processos de negócio internos.

## Glossário

**fabricação integrada por computadores** Um sistema de informação que integra diversos sistemas de fábrica automatizados.

**melhores práticas** As soluções ou métodos de solução de problemas mais bem-sucedidos para se conseguir um resultado empresarial.

**processamento em lote** SPT que processa dados em lotes em intervalos periódicos fixos.

**relatórios comparativos** Relatórios que comparam o desempenho de diferentes unidades de negócios ou períodos de tempo.

**relatórios de exceção** Relatórios que incluem apenas informações que ultrapassam certos padrões limite.

**relatórios de indicadores principais** Relatórios que resumem o desempenho de atividades críticas.

**relatórios de rotina** Relatórios produzidos em intervalos programados.

**relatórios detalhados** Relatórios que mostram um nível maior de detalhe do que está incluído nos relatórios de rotina.

**relatórios ocasionais (por demanda)** Relatórios fora da rotina, que normalmente contêm informações especiais, que não estão incluídas nos relatórios de rotina.

**sistema de integração de aplicação empresarial (EAI)** Um sistema que integra os sistemas existentes, oferecendo camadas de software que conectam as aplicações.

**sistema de planejamento de recursos empresariais (ERP)** Sistema de informação que apanha uma visão processual da organização como um todo para integrar o planejamento, o gerenciamento e o uso de todos os recursos, empregando uma plataforma de software e banco de dados comuns.

**sistemas de informações gerenciais (SIG)** Sistema que fornece informações aos gerentes (normalmente, de nível intermediário) das áreas funcionais, a fim de apoiar as tarefas gerenciais de planejamento, organização e controle de operações.

**sistemas ERP II** Sistemas ERP interorganizacionais que oferecem links preparados para a web entre os principais sistemas (como estoque e produção) de uma empresa e seus clientes, fornecedores, distribuidores e outros.

**transação** Qualquer evento da empresa que gere dados que devam ser capturados e armazenados em um banco de dados.

**transferência de dados entre fronteiras** Fluxo de dados corporativos entre fronteiras de nações.

## Questões para Discussão

1. Por que é lógico organizar as aplicações de TI por áreas funcionais?
2. Descreva o papel de um SPT em uma organização de serviços.
3. Descreva o relacionamento entre SPT e SIG.
4. Discuta como a TI facilita o processo orçamentário.

5. Como a internet pode dar suporte a decisões de investimento?

6. Descreva os benefícios dos pacotes de software de contabilidade integrados.

7. Discuta o papel que a TI desempenha no apoio à auditoria.

8. Investigue o papel da web na gestão de recursos humanos.

9. Qual é o relacionamento entre silos de informação e o planejamento de recursos empresariais?

## Atividades de Solução de Problemas

1. Encontrar um emprego na internet é desafiador, pois existem muitos lugares para procurar. Visite os seguintes sites: www.careerbuilder.com, www.craigslist.org, www.linkedin.com, www.careermag.com, http://hotjobs.yahoo.com, www.jobcentral.com e www.monster.com. O que cada um desses sites oferece a você, como alguém que procura emprego?

2. Visite www.sas.com e acesse a otimização de renda. Explique como o software ajuda na otimização de preços.

3. Visite www.eleapsoftware.com e analise o produto que ajuda com o treinamento on-line (sistemas de treinamento). Quais são os recursos mais atraentes desse produto?

4. Visite www.microsoft.com/dynamics/sl/product/demos.mspx. Veja três das demonstrações em diferentes áreas funcionais à sua escolha. Prepare um relatório sobre as capacidades de cada produto.

## Atividades na Web

1. Examine as habilidades dos seguintes pacotes de software financeiro (e semelhantes): Financial Analyzer (da Oracle) e CFO Vision (do SAS Institute). Prepare um relatório comparando as habilidades dos pacotes de software.

2. Navegue pela internet e procure informações sobre software de contabilidade gratuito (experimente *www.shareware.com, www.rkom.com, www.tucows.com, www.passtheshareware.com* e *www.freeware-guide.com*). Baixe o software e experimente-o. Compare a facilidade de uso e a utilidade de cada pacote de software.

3. Examine as capacidades dos seguintes pacotes de software financeiro: TekPortal (*www.teknowledge.com*), Financial Analyzer (*www.oracle.com*) e Financial Management (*www.sas.com*). Prepare um relatório comparando as habilidades dos pacotes de software.

4. Procure o Simply Accounting Basic, da Sage Software (*www.simplyaccounting.com/products/basic*). Por que esse produto é recomendado para pequenas empresas?

5. Visite *www.halogensoftware.com* e *www.successfactors.com*. Examine seus produtos de software e compare-os.

6. Visite *www.iemployee.com* e descubra o suporte que ele oferece para as atividades de gestão de recursos humanos. Veja as demonstrações e prepare um relatório sobre as habilidades dos produtos.

## Trabalhos em Equipe

1. Divida a turma em grupos. Cada membro do grupo representa uma área funcional: Contabilidade/Finanças, Vendas/Marketing, Gestão de Produção/Operações e Recursos Humanos. Encontre e descreva vários exemplos de processos que exigem a integração de sistemas de informação funcionais em uma empresa à sua escolha. Cada grupo também mostrará as interfaces para as outras áreas funcionais.

2. Cada grupo deverá investigar um fornecedor de software de gestão de RH (Oracle, Peoplesoft – agora pertencente à Oracle –, SAP, Lawson Software e outros). O grupo deverá preparar uma lista de todas as funcionalidades de gestão de RH apoiadas pelo software. Depois, cada grupo fará uma apresentação para convencer a turma de que seu fornecedor é o melhor.

3. Cada grupo na turma será atribuído a um fornecedor de ERP/SCM, como SAP, Oracle, Lawson Software e oturos. Os membros dos grupos investigarão tópicos como: (a) conexões web; (b) uso de ferramentas de inteligência de negócios; (c) relação com CRM e comércio eletrônico; e (d) principais habilidades do fornecedor específico. Cada grupo preparará uma apresentação para a turma, tentando convencê-la por que o software do grupo é melhor para uma empresa local conhecida dos alunos (por exemplo, uma rede de supermercados).

---

**Caso Final**

---

## A Zona Interditada ao Voo

■ **O Problema**

Nas semanas após os ataques de 11 de setembro de 2001, os americanos esperaram que seu governo respondesse rápida e energicamente. Consequentemente, a Casa Branca e o Congresso buscaram maneiras de aumentar a quantidade de dados de inteligência acessíveis a todos os agentes e principais agências na forma de relatórios significativos. Por exemplo, em um agora famoso memorando do escritório em campo do FBI em Phoenix, Arizona, um agente relatou suspeita sobre homens do Oriente Médio treinando em escolas de voo do Arizona antes de setembro de 2001. Infelizmente, os superiores do agente nunca atuaram sobre essa informação. Esses homens estiveram entre os sequestradores do 11 de setembro. Os objetivos do governo eram impedir esses lapsos no futuro e prever ataques futuros consolidando e compartilhando dados entre agências de inteligência e imposição da lei, incluindo a CIA, o FBI, o Departamento de Estado, o Departamento de Defesa, a National Security Agency (NSA), a Transportation Security Agency (TSA), o Department of Homeland Security (DHS), U.S. Customs and Border Protection, o Serviço Secreto, o U.S. Marshals Service e a Casa Branca.

■ **A Solução da TI (?)**

A administração Bush estabeleceu o National Counterterrorism Center (NCTC ou Centro Nacional Contra o Terrorismo) para organizar e padronizar as informações sobre terroristas suspeitos, de várias agências do governo para um único banco de dados. Como resultado, o NCTC enfrentou um dos desafios de banco de dados mais complexos que já foram encontrados.

O NCTC alimenta dados no Terrorist Screening Center (TSC) do FBI, que é responsável por manter um banco de dados de terroristas suspeitos. Os dados do NCTC contêm informações sobre indivíduos suspeitos de ter ligações com o terrorismo internacional. Esses indivíduos aparecem em um relatório chamado *lista de observação*. Por sua vez, o FBI oferece a lista de observação ao TSC com relação a pessoas com ligações com o terrorismo doméstico. Em meados de 2009, a lista de observação tinha mais de 1 milhão de nomes, e estava crescendo a uma taxa de 20.000 nomes por mês.

As informações da lista de observação são distribuídas para muitas agências do governo, entre elas a TSA. As companhias aéreas usam dados fornecidos pelo sistema da TSA em suas listas NoFly e Selectee, para a pré-filtragem de passageiros. Passageiros NoFly não são permitidos no avião. Passageiros Selectee podem voar, mas estão sujeitos a buscas extras e possível questionamento adicional.

■ **Os Resultados**

James Robinson é um general brigadeiro aposentado da Guarda Aérea Nacional e piloto comercial de uma importante companhia aérea. Ele foi certificado pela TSA para transportar uma arma na cabine como parte do programa de defesa do governo, caso um terrorista tente comandar o avião. Porém, ele tem dificuldade até mesmo para entrar no seu avião, pois seu nome está na lista de observação de terrorista do governo. Isso significa que ele não pode usar uma cabine do aeroporto para fazer o *check-in* e não pode fazer o *check-in* on-line. Em vez disso, como milhares de americanos cujos nomes correspondem a um nome ou um pseudônimo usado por um terrorista suspeito na lista, ele deve ir até o balcão de bilhetes e pedir que um agente verifique que ele é James Robinson, o piloto, e não James Robinson, o terrorista. Legisladores conhecidos, incluindo o senador de Massachusetts Edward Kennedy e o representante da Geórgia John Lewis, também encontraram dificuldades com a lista de observação.

O Congresso solicitou que o TSC e a TSA resolvam os problemas com a lista que está tornando a viagens muito difíceis para tantos americanos. As pessoas são consideradas "identificadas com erro" se tiverem correspondência no banco de dados do TSC e depois, sob um exame melhor, descobre-se que não são as mesmas da lista. Elas normalmente são identificadas com erro porque têm o mesmo nome de alguém no banco de dados. Os erros de identificação normalmente ocasionam atrasos, questionamento e buscas intensas, além de voos perdidos.

Mais de 30.000 passageiros que foram identificados com erro pediram à TSA para que retire seus nomes da lista de observação. O problema tem se tornado tão grave que o DHS desenvolveu o Traveler Redress Inquiry Program, ou TRIP. A finalidade desse programa é apagar as pessoas que estão rotineiramente sujeitas a filtragem extra na segurança do aeroporto e até mesmo detenção simplesmente porque seus nomes são confundidos com aqueles na lista de observação.

Infelizmente, o número de solicitações ao programa TRIP é de mais de 2.000 nomes por mês. Esse número é tão alto que o DHS não tem conseguido atingir seu objetivo de resolver os casos em 30 dias.

*Fontes:* Compilado de P. Eisler, "Terrorist Watch List Hits 1 Million", USA Today, 10 de março de 2009; D. Griffin and K. Johnston, "Airline Captain, Lawyer, Child on Terror 'Watch List'", CNN.com, 19 de agosto de 2008; R. Singel, "U.S. Terror Watch List Surpasses 900,000 Names, ACLU Estimates", Wired Magazine, 27 de fevereiro de 2008; M. Hall, "15,000 Want Off the U.S. Terror Watch List", USA Today, 6 de novembro de 2007; M. Hall, "Terror Watch List Swells to More Than 755,000", USA Today, 23 de outubro de 2007; R. Sin-gel, "700,000 Name Terror Watch List Still Riddled With False Information", Wired Magazine, 7 de setembro de 2007; "Justice Department Report Tells of Flaws in Terrorist Watch List", CNN.com, 6 de setembro de 2007; T Claburn, "TSA to Clean Up 'No Fly List'", Information Week, 19 de janeiro de 2007; B. Helm, "The Terror Watch List's Tangle", BusinessWeek, 11 de maio de 2005.

## PERGUNTAS

1. O programa de lista de observação é um sucesso ou um fracasso? Justifique sua resposta.
2. Os problemas com a lista de observação são resultantes da tecnologia? Nesse caso, como? Se não, qual é a causa dos problemas com a lista de observação? Justifique sua resposta.

# Capítulo 9

# Gestão do Relacionamento com o Cliente

---

## Metas de Aprendizagem

1. Definir a gestão do relacionamento com o cliente e discutir os objetivos do CRM.
2. Descrever o CRM operacional e seus principais componentes.
3. Descrever o CRM analítico.
4. Discutir sobre CRM móvel, CRM sob demanda e CRM de código aberto.

---

## Esboço do Capítulo

**9.1** Definição da Gestão do Relacionamento com o Cliente
**9.2** CRM Operacional
**9.3** CRM Analítico
**9.4** Outros Tipos de CRM

---

## O que a **TI** pode me proporcionar?

CTB    FIN    MKT    GPO    GRH    SIG

---

## Caso Inicial

### Dell se Torna Móvel com CRM

■ **O Problema da Empresa**

Por algum tempo, um dos principais segmentos de mercado da Dell Computer (*www.dell.com*) tem sido os estudantes universitários. Para atender a esses clientes, a Dell distribui materiais de publicidade nos *campus*, que direcionam os alunos para o site da companhia. No entanto, a companhia descobriu que esses esforços de marketing produziram resultados que deixaram a desejar, possivelmente porque os alunos nunca olhavam os materiais ou simplesmente os ignoravam. Esse problema levou a Dell a explorar métodos alternativos de contato e venda para os estudantes universitários.

■ **A Solução da TI**

A Dell decidiu fazer parceria com a Mobile Campus (*www.mobilecampus.com*), uma empresa de publicidade que tem como alvo estudantes universitários através de seus dispositivos móveis. Em sua primeira promoção, a Dell participou de uma promoção – abrangendo várias universidades – baseada no envio autorizado de mensagens de texto gerida pela Mobile Campus. Os estudantes das 11 universidades participantes puderam optar por receber mensagens de texto dos vendedores participantes, incluindo a Dell, diretamente em seus telefones inteligentes. A gerente de marketing da Dell declarou que a escolha de participar foi uma decisão fácil, porque a empresa percebeu que "a maioria do nosso público (estudante universitário) não larga seus telefones e gasta uma quantidade inacreditável de tempo trocando mensagens de texto com seus amigos e familiares". Nesta campanha, a Dell criou um site para que os alunos pudessem acessar e participar de um sorteio. A empresa enviou 18.000 mensagens de texto para os estudantes das universidades participantes.

### ■ Os Resultados

Depois, a Dell comparou as respostas da campanha móvel com uma campanha que distribuiu folhetos. A Dell recebeu uma maior taxa de resposta durante as 4 primeiras horas da promoção de mídia móvel do que obteve em 30 dias com mídia impressa. Por fim, a Dell recebeu 5.000 respostas referentes às 18.000 mensagens enviadas na campanha móvel, uma taxa de resposta de quase 30 por cento.

A empresa ficou agradavelmente surpreendida com o sucesso da campanha. Na verdade, essa campanha influenciou toda a abordagem de marketing da empresa. No futuro, a Dell planeja afastar-se da publicidade tradicional e colocar maior ênfase na comercialização de espaços alternativos, como os oferecidos pela Mobile Campus, pelo Facebook e pelo MySpace. Além disso, a empresa está considerando colocar em seu site uma opção para que os estudantes possam se inscrever para receber ofertas e descontos exclusivos.

*Fontes:* Compilado de M. D'Antonio, "Dell Takes Marketing Mobile", SearchCRM.com, 23 de maio de 2007; P. Del Nibletto, "Mobile CRM Market On the Rise", *www.itbusiness.ca,* 9 fevereiro de 2007; S. Hildreth, "Mobile CRM Makes Its Move", SearchCRM.com, 13 de junho de 2006; "The Business Case for Mobile CRM", PeopleSoft, fevereiro de 2002; *www.dell.com,* acessado em 22 de março de 2009.

### ■ O que Aprendemos com este Caso

Antes do supermercado, do shopping e do automóvel, as pessoas iam até a loja mais próxima para comprar produtos. O dono e os funcionários conheciam os clientes pelo nome e sabiam suas preferências e desejos. De sua parte, os clientes permaneciam leais à loja e faziam compras repetidas. Com o tempo, porém, esse relacionamento pessoal do cliente tornou-se impessoal, à medida que as pessoas saíam do campo para as cidades, os consumidores se tornavam móveis e os supermercados e lojas de departamentos eram estabelecidas para conseguir economias de escala por meio dos esforços do marketing em massa. Embora os preços fossem menores e os produtos fossem mais uniformes na qualidade, o relacionamento com os clientes se tornou impessoal e não mais pelo nome.

O relacionamento com o cliente se tornou ainda mais impessoal com o rápido crescimento da internet e da World Wide Web. No mercado hipercompetitivo de hoje, os clientes são cada vez mais poderosos. Se eles estiverem insatisfeitos com um produto e/ou serviço de uma organização, um concorrente normalmente está a apenas um clique de distância. Além disso, à medida que mais e mais clientes compram pela web, uma empresa nem sequer tem a oportunidade de dar uma boa primeira impressão *pessoalmente.*

A gestão do relacionamento com o cliente (CRM – termo comum vindo do inglês *Customer Relationship Management*) retorna ao marketing pessoal. Ou seja, em vez de comercializar para uma massa de pessoas ou empresas, as empresas comercializam para cada cliente individualmente. Com essa abordagem, elas podem usar informações sobre cada cliente (p. ex., compras anteriores, necessidades e desejos) para criar ofertas que os clientes têm mais chances de aceitar. Ou seja, a abordagem do CRM foi criada para conseguir *intimidade com o cliente.* Essa abordagem de CRM é viabilizada pela tecnologia da informação.

O caso inicial do capítulo oferece um exemplo específico da natureza evolutiva do relacionamento empresa-cliente. Quando o uso da tecnologia pessoal muda, os métodos que as empresas usam para se comunicar com seus clientes também devem mudar. As organizações estão enfatizando uma abordagem focada no cliente para suas práticas de negócios porque elas sabem que o valor sustentável se encontra em relacionamentos a longo prazo com o cliente, que vão além da transação comercial de hoje.

Claramente, então, CRM é fundamental para o sucesso das empresas modernas. Contudo, você pode estar se perguntando: Por que eu deveria aprender sobre CRM? Como veremos no capítulo, os clientes têm importância suprema para *todas* as organizações. Independente da função em particular que você realiza, você terá um impacto direto ou indireto sobre os clientes da sua firma. Portanto, é importante que você possua um conhecimento funcional do CRM.

Neste capítulo, discutimos os diversos aspectos da criação de relacionamentos a longo prazo com o cliente através de CRM. Primeiro, definimos o conceito de CRM e depois voltamos nossa atenção para seus dois principais aspectos: o operacional e o analítico. Concluímos o capítulo com uma visão dos tipos adicionais de CRM, que incluem CRM móvel, CRM sob demanda e CRM de código aberto.

## 9.1. Definição da Gestão do Relacionamento com o Cliente

A **gestão do relacionamento com o cliente** (CRM) é uma estratégia organizacional voltada para o cliente e controlada por ele. Ou seja, as organizações se concentram em satisfazer os clientes avaliando suas necessidades de produtos e serviços, e depois oferecendo um serviço de alta qualidade, responsivo. CRM não é um processo ou uma tecnologia por si só; em vez disso, é um modo de pensar e agir de uma maneira focada no cliente. O foco das organizações hoje tem passado de realizar transações de negócios para gerenciar relacionamentos com o cliente. Em geral, as organizações reconhecem que os clientes são o esteio de uma empresa bem-sucedida, e o sucesso da empresa depende da gestão eficaz dos relacionamentos com eles.

O CRM abrange a criação de relacionamentos duradouros e sustentáveis com o cliente, que agregam valor tanto para o cliente quanto para a empresa. Ou seja, o CRM ajuda as empresas a adquirirem novos clientes, reterem aqueles que são lucrativos e aumentarem os relacionamentos com os já existentes. Essa última função do CRM é particularmente importante, pois clientes repetidos são o maior gerador de receita para uma empresa. Além disso, as organizações há muito tempo sabem que reaver um cliente depois que ele tiver passado para um concorrente é muito mais caro do que mantê-lo satisfeito em primeiro lugar.

A Figura 9.1 representa o processo de CRM. O processo começa com esforços de marketing, nos quais a organização solicita prováveis clientes a partir de uma população-alvo de clientes em potencial. Certo número de pessoas fará uma compra, tornando-se clientes. Dos clientes da organização, alguns se tornarão clientes repetitivos. A organização, então, segmenta seus clientes repetitivos em clientes repetitivos de baixo valor e de alto valor.

A organização perderá uma porcentagem de clientes – processo chamado *rotatividade de clientes*. O resultado ideal dos esforços de CRM de uma organização é maximizar o número de clientes repetitivos de alto valor e minimizar a rotatividade de clientes.

CRM é basicamente uma ideia simples: tratar clientes diferentes de forma diferente, pois suas necessidades diferem e seu valor para a empresa também pode diferir. As implementações de CRM bem-sucedidas não apenas melhoraram a satisfação do cliente, como tornaram os funcionários de vendas e serviços da empresa mais produtivos, que por sua vez tem gerado maiores lucros. Na verdade, os pesquisadores do National Quality Research Center, na Universidade do Michigan, descobriram que um aumento de 1% na satisfação do cliente pode levar a um aumento de até 300% na capitalização de mercado de uma empresa (o número de quotas das ações da empresa em circulação multiplicado pelo preço unitário da ação).

Existem muitos exemplos de organizações que foram além do que é simplesmente esperado em seus esforços para serem focadas no cliente. O Quadro 9.1 ilustra como a U.S. Airways levou o conceito de foco no cliente ao limite.

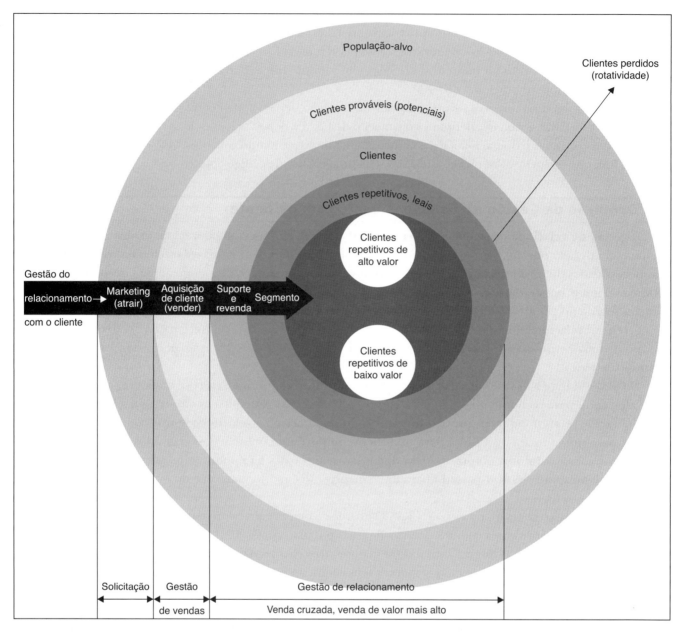

**Figura 9.1** O processo da gestão do relacionamento com o cliente.

### 9.1. As Consequências do "Milagre no Rio Hudson"

Em 15 de janeiro de 2009, todos os 155 passageiros e tripulantes do voo 1549 da empresa aérea U.S. Airways sobreviveram a um pouso forçado no rio Hudson, em Nova York, após seu avião atingir uma revoada de gansos do Canadá. A forma como a empresa aérea lidou com o "quase desastre" fornece um excelente exemplo de gestão de relacionamento com cliente em crise.

Como todas as operadoras, a U.S. Airways tem um manual para tais incidentes. A empresa aérea coordena "um ensaio" de exercícios de emergência pelo menos três vezes por ano em cada aeroporto que opera. Além disso, tem uma rede de auxiliares de portão, funcionários de reserva e outros funcionários que atuam como uma "equipe de assistência". Eles são enviados para emergências a qualquer momento.

Ao receber a notícia sobre o voo 1549, a U.S. Airways disponibilizou um número especial de telefone 0800 para as famílias ligarem e enviou mais de 100 empregados em um Boeing 757 de sua sede em Tempe, Arizona, para Nova York. Um desses trabalhadores foi Scott Stewart, diretor de finanças corporativas, que chegou com o dinheiro de emergência para passageiros e cartões de crédito para os trabalhadores comprarem medicamentos, produtos de higiene e objetos pessoais que os passageiros necessitassem.

Outros funcionários chegaram com malas de telefones celulares pré-pagos e agasalhos para quem precisasse de roupas secas. Os funcionários da U.S. Airways acompanharam cada passageiro até um novo voo ou a um hotel em Nova York, onde a empresa organizou bufês 24 horas. Ela também arranjou bilhetes de trem e veículos para os passageiros que (compreensivelmente) não quiseram voar. Além disso, a companhia contatou os executivos da Hertz e Amtrak para terem certeza de que os passageiros que perderam suas carteiras de habilitação não teriam nenhum problema ao alugar um carro ou comprar um bilhete de trem. Por último, a companhia arrumou chaveiros para ajudar os passageiros que perderam suas chaves a voltarem para os seus carros e casas.

Significativamente, os esforços de relacionamento com o cliente da U.S. Airways não terminaram depois que os passageiros foram resgatados e atendidos. Pelo contrário, esses esforços continuaram em andamento. Por exemplo, a empresa enviou três cartas colocando os clientes a par da situação juntamente com o reembolso de bilhete para cada passageiro e um cheque de adiantamento de US$ 5.000 para ajudar a cobrir os custos de substituição de seus pertences. A empresa aérea também contratou analistas de reivindicações, para compensar os passageiros, cujos prejuízos fossem superiores a US$ 5.000. O mais importante foi que a U.S. Airways não exigiu que os beneficiários renunciassem aos seus direitos legais para processar a empresa aérea, uma característica que muitos analistas chamaram de "uma exceção sem precedentes para a norma do setor".

Finalmente, a U.S. Airways atualizou o *status* de todos os passageiros a bordo do voo 1549 para "preferidos do presidente", que lhes dão direito a *upgrades* automáticos, isenção de taxas de bagagem e bônus de milhas por um ano. Esse *status* normalmente é reservado aos passageiros que voam mais de 100.000 milhas por ano com a U.S. Airways.

Um teste prático de CRM nessa crise é saber quantos clientes voltaram. A U.S. Airways afirma que, a partir de abril de 2009, um terço dos 150 passageiros do voo 1549 já voou com a compahia novamente. Parece que os esforços de CRM da U.S. Airways foram muito bem-sucedidos.

*Fontes:* Compilado de D. Foust, "U.S. Airways: After the 'Miracle on the Hudson'", BusinessWeek, 2 de março de 2009; M. Phillips, "Air Crash Law Firm Contacted by U.S. Airways 1549 Passengers", The Wall Street Journal, 26 de fevereiro de 2009; C. Cooper, "Flight 1549: The Importance of Good Public Relations", America's Best Companies, 19 de Janeiro de 2009; R. Goldman, R. Esposito, and E. Friedman, "Passengers: First Engine on Fire, Then Frigid Water", ABC News, 16 de Janeiro de 2009; *www.usair.com*, acessado em 22 de março de 2009.

## PERGUNTAS

1. Descreva os diferentes aspectos do CRM na resposta da U.S. Airways ao incidente no voo 1549. A companhia poderia ter feito mais alguma coisa? Se sim, o quê?

2. Você acha que as respostas da U.S. Airways ao incidente serão suficientes para evitar quaisquer ações judiciais decorrentes da aterrizagem de emergência do voo 1549? Por quê? Se você fosse um passageiro do voo 1549, pensaria em processar a empresa aérea? Por quê?

Embora o CRM varie de acordo com as circunstâncias, todas as políticas de CRM bem-sucedidas compartilham dois elementos básicos. Primeiro, a empresa precisa identificar os muitos tipos de pontos de abordagem do cliente. Segundo, ela precisa consolidar dados sobre cada cliente. Vamos examinar esses dois elementos com mais detalhes.

■ **Pontos de Abordagem do Cliente**

As organizações precisam reconhecer as inúmeras e diferentes interações que elas têm com seus clientes. Esses vários tipos de interações são conhecidos como **pontos de abordagem do cliente**. Os pontos de abordagem do cliente tradicionais incluem contato telefônico, mala direta e interações físicas reais com clientes durante visitas a uma loja. Contudo, o CRM da organização precisa administrar muitos outros pontos de abordagem do cliente que ocorrem por meio do uso de tecnologias pessoais populares. Esses pontos de abordagem incluem e-mail, sites e comunicações por meio de telefones inteligentes (Figura 9.2).

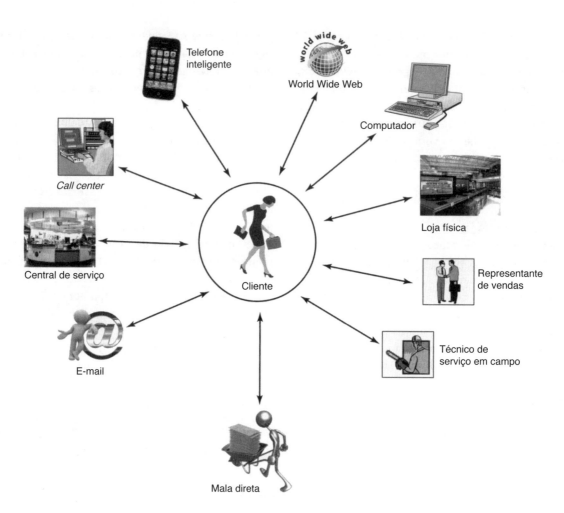

**Figura 9.2** Pontos de abordagem do cliente.

■ **Consolidação de Dados**

A consolidação de dados também é criticamente importante para os esforços de CRM de uma organização. No passado, os dados do cliente ficavam localizados em sistemas isolados, nas áreas funcionais da empresa. Por exemplo, não era raro encontrar dados do cliente armazenados em bancos de dados separados nos departamentos de finanças, vendas, logística e marketing. Embora todos esses dados se relacionem ao mesmo cliente, era difícil compartilhar os dados entre as diversas áreas funcionais.

Conforme discutimos no Capítulo 8, os sistemas modernos, interconectados, baseados em torno de um *data warehouse*, agora tornam todos os dados relacionados ao cliente disponível a cada unidade da empresa. Esse conjunto de dados completo sobre cada cliente é chamado de *visão de 360 graus*. Acessando-a, uma empresa pode aperfeiçoar seu relacionamento com seus clientes e por fim, tomar decisões mais produtivas e lucrativas.

A consolidação de dados e a visão de 360 graus do cliente permitem que as áreas funcionais da organização prontamente compartilhem informações sobre os clientes. Esse compartilhamento de informações leva ao CRM colaborativo. Sistemas de **CRM colaborativo** oferecem comunicação interativa eficiente e eficaz com o cliente por toda a organização. Ou seja, o CRM colaborativo integra as comunicações entre a organização e seus clientes em todos os aspectos de marketing, vendas e processos de apoio ao cliente. O CRM colaborativo também permite que os clientes ofereçam retorno direto à organização. Conforme discutimos no Capítulo 5, as aplicações da Web 2.0, como *blogs* e *wikis*, são muito importantes para as empresas que valorizam a opinião do cliente sobre seus produtos e serviços, bem como sobre o desenvolvimento de novos produtos. O exemplo a seguir mostra como a Eastern Mountain Sports utiliza aplicações Web 2.0 no CRM colaborativo.

---

**EXEMPLO**

A Eastern Mountain Sports (EMS, *www.ems.com*) usa tecnologias Web 2.0 (discutidas no Capítulo 5) para ajudar a empresa a alcançar sua estratégia geral e as metas empresariais. A EMS implantou um painel de controle digital, integrado às tecnologias Web 2.0, para encorajar a colaboração entre funcionários, parceiros comerciais e clientes.

A empresa implementou um *wiki* para permitir que os usuários colaborem sobre qualquer questão. Em particular, a EMS deseja que seus funcionários compartilhem dicas e melhores práticas e iniciem discussões uns com os outros. Os *wikis* tornam esse processo muito mais fácil.

A EMS também criou blogs para seus funcionários em torno de um dado ou métrica-chave em particular. Os blogs são úteis para postar informações regularmente em um site e para atrair comentários.

A EMS também permite que sua organização estendida participe nas aplicações da empresa. Ela oferece aos seus fornecedores acesso a partes autorizadas do painel de controle, para que eles possam acompanhar dados, como, vendas e devoluções de produtos, além do custo médio por pedido. Alguns dos fornecedores de comércio eletrônico da empresa remetem diretamente para os clientes. Nesses casos, a EMS não possui o estoque. Em vez disso, ela simplesmente repassa os pedidos para esses fornecedores. A EMS compartilha seus planos de vendas e o progresso em direção aos planos com esse tipo de fornecedor.

Por exemplo, uma seção do painel de controle digital focaliza equipamentos para acampamento. Todos os vendedores de produtos de acampamento pertinentes podem acessar essa parte do painel de controle para ver informações de vendas do faturamento e postar comentários em um blog ou um *wiki*. O gerente de produtos de equipamentos para acampamento acompanha os blogs e *wikis* para integrar melhor a EMS com esses fornecedores. O gerente de produtos também pode fazer perguntas aos fornecedores da EMS, como ao solicitar suas ideias para maneiras inovadoras de aumentar as vendas no próximo trimestre ou ano.

Os clientes e parceiros comerciais da EMS também podem assinar um *feed* RSS no site da EMS, chamado Extreme Deals, que lhes informa sobre os produtos que estão com preços significativamente baixos. O RSS oferece um meio significativo de manter as partes interessadas cientes dessa informação. Os clientes da EMS também podem participar de *wikis* selecionados da EMS para fornecer um retorno rápido sobre os produtos da empresa, bem como informações sobre o desenvolvimento de novos produtos.

*Fontes:* Compilado de J. Neville, "Web 2.0's Wild Blue Yonder", *InformationWeek*, 1-8 de janeiro de 2007; B. Beal, "Diving into Dashboards", *CIO Decisions*, 1 de junho de 2006; R. Mitchell, "Where Real Time Dashboards Fit", *Computerworld*, 26 de junho de 2006; D. Robb, "Eastern Mountain Sports: Getting Smarter with Each Sale", *Computer-world*, 18 de setembro de 2006; *www.ems.com*, acessado em 30 de março de 2009.

---

Um sistema de CRM em uma organização contém dois componentes principais: CRM operacional e CRM analítico. Discutimos esses componentes nas próximas duas seções.

### Antes de Prosseguir...
1. Qual é a definição da gestão do relacionamento com o cliente?
2. Por que o CRM é tão importante para qualquer organização?
3. Defina e dê exemplos de pontos de abordagem do cliente.

---

## 9.2. CRM Operacional

O **CRM operacional** é o componente do CRM que apoia os processos de negócio do escritório central. Esses processos são aqueles que interagem diretamente com os clientes, ou seja, vendas, marketing e atendimento. Os dois componentes principais do CRM operacional são aplicações voltadas para o cliente e aplicações de abordagem do cliente.

### ■ Aplicações Voltadas para o Cliente

As **aplicações de CRM voltadas para o cliente** são aquelas nas quais os representantes de vendas, serviço de campo e centro de interação realmente interagem com os clientes. Tais aplicações incluem automação da força de vendas, marketing, gerenciamento de campanha, atendimento e suporte ao cliente.

Atendimento e suporte ao cliente. O atendimento e suporte ao cliente referem-se a sistemas que automatizam solicitações de serviço, reclamações, devoluções de produtos e solicitações de informações. Hoje, as organizações têm implementado os **centros de interação com o cliente (CIC)**, que os representantes organizacionais utilizam vários canais de comunicação, como web, telefone, fax e interações frente a frente para dar suporte às preferências de comunicação dos clientes. O CIC gerencia diversos tipos de interação com o cliente.

As organizações utilizam o CIC para criar uma lista de chamadas para a equipe de vendas, cujos membros entram em contato com prováveis clientes. Esse tipo de interação é chamado de *televendas para fora*. Nessas interações, o cliente e a equipe de vendas colaboram em discussões de produtos e serviços que possam satisfazer as necessidades dos clientes e gerar vendas.

Os clientes podem se comunicar diretamente com o CIC se quiserem iniciar um pedido de vendas, solicitar produtos e serviços antes de fazer um pedido ou obter informações sobre uma transação que eles já tenham feito. Essas interações são conhecidas como *teleatendimento para dentro*. Os representantes de teleatendimento respondem as solicitações utilizando instruções de atendimento encontradas na base de conhecimento da organização ou anotando incidentes que não possam ser tratados por meio do CIC, mas que devem ser resolvidos pelos técnicos de atendimento em campo.

O CIC também oferece o *Help Desk* de Informações. O *Help Desk* auxilia os clientes com suas perguntas relativas a produtos ou serviços, e também processa reclamações do cliente. As reclamações geram atividades de acompanhamento, como verificações de controle de qualidade, remessa de peças ou produtos de reposição, ligações de atendimento, criação de memorandos de crédito e devoluções de produtos.

Novas tecnologias estão estendendo a funcionalidade do CIC tradicional para incluir e-mail e interação pela web. Por exemplo, a Epicor (*www.epicor.com*) oferece soluções de software que combinam canais web, como resposta de e-mail automatizada, e bases de conhecimento da web, tornando a informação que eles oferecem disponível aos representantes do CIC ou ao pessoal de atendimento em campo. Outra tecnologia nova, o bate-papo ao vivo (*live chat*), permite que os clientes se conectem a um representante da empresa e realizem uma sessão de mensagens instantâneas. A vantagem do bate-papo ao vivo em relação à conversa telefônica é a capacidade de mostrar documentos e fotos (*www.livechatinc.com* e *www.*website*alive.com*). Algumas empresas realizam o bate-papo com um computador, em vez de uma pessoa real, usando o processamento de linguagem natural (discutido no Capítulo 11).

Como o atendimento e suporte ao cliente são essenciais para um negócio bem-sucedido, as organizações precisam dar muita ênfase ao processo de CRM. A Amazon inclui, na sua política de atendimento ao cliente, até mesmo vendedores que vendem em seu site, como vemos no Quadro 9.2.

### TI E A EMPRESA

### 9.2. Amazon Estende a Experiência do Cliente aos Fornecedores

O CEO da Amazon (*www.amazon.com*), Jeff Bezos, faz uma distinção entre o serviço aos clientes e a experiência do cliente. Na Amazon, o serviço ao cliente é um componente da experiência do cliente.

A experiência do cliente inclui tanto a oferta do melhor preço quanto a entrega rápida. Além disso, todo o processo deve ser tão confiável que os clientes não necessitem manter contato com uma pessoa real. O serviço ao cliente envolve interações diretas entre clientes e os empregados da Amazon, sendo que Jeff Bezos quer que essas situações sejam uma exceção e não uma regra. Ou seja, a Amazon limita esse atendimento a situações verdadeiramente incomuns, tais como quando um cliente recebe um livro com páginas faltando.

Além de proporcionar uma excelente experiência de cliente, a Amazon tem ido além, fazendo algo que nenhum outro varejista tem feito. Ou seja, a Amazon quer levar a qualidade da experiência do cliente oferecida pelos outros varejistas de seu site ao mesmo nível que o seu.

Por algum tempo, a Amazon tem permitido que outros varejistas vendam através do seu *site* para aumentar a seleção de produtos que oferece. No entanto, essas empresas e os indivíduos podem representar um problema, se eles não tiverem o compromisso com a experiência do cliente que a Amazon tem.

Como resultado, a Amazon tem instituído muitas salvaguardas internas para assegurar um serviço de cliente excelente. Primeiro, os clientes da Amazon podem avaliar sua experiência com os varejistas. Em segundo lugar, os varejistas que vendem através da Amazon têm que usar um serviço de e-mail no site da Amazon para se comunicar com clientes, para que a Amazon possa monitorar as conversas. Em terceiro lugar, a Amazon utiliza métricas como a frequência de clientes que se queixam de um varejista e quantas vezes um varejista cancela um pedido porque não tem o produto em estoque. Os varejistas que têm problemas com mais de 1% de seus pedidos podem ser retirados do site da Amazon.

Outro esforço da Amazon para melhorar a experiência do cliente é chamado "Atendimento da Amazon". Nesse processo, os varejistas enviam as caixas de seus produtos para os armazéns da Amazon e ela faz o resto. Ou seja, a Amazon recebe os pedidos on-line, empacota-os, responde a perguntas e processa devoluções. Durante o último trimestre de 2008, a Amazon enviou 3 milhões de unidades pelo serviço de "Atendimento da Amazon" através de seus parceiros, um aumento de 600% no último trimestre de 2007.

Embora a Amazon cobre taxas dos varejistas, não é por causa disso que a empresa lançou o serviço de Atendimento. "O serviço não traz para a Amazon muito dinheiro", explica Bezos. "Isso é importante porque melhora acentuadamente a experiência do cliente."

Políticas como o "Atendimento da Amazon" permitem à empresa ganhar mais controle sobre a experiência de compras, tornando-a mais consistente e confiável. Assegurar ao cliente uma experiência positiva incentivará mais pessoas a usarem os varejistas on-line e gastarem mais dinheiro. Parece que as políticas de CRM da Amazon são bem-sucedidas, haja visto que a empresa tem mantido o seu volume de vendas mesmo em períodos de recessão.

*Fontes:* Compilado de L. Dignan, "Piper Jaffray Upgrades Amazon on Customer Satisfaction; Kindle; iPhone Apps", ZDNet, 9 de março de 2009; H. Green, "How Amazon Aims to Keep You Clicking", BusinessWeek, 2 de março de 2009; "Overstock, Amazon, Near Top of Best Customer Service Survey", Seeking Alpha, 14 de Janeiro de 2009; *www.amazon-services.com*, acessado em 22 de março de 2009.

### PERGUNTAS

1. Descreva a diferença entre o serviço ao cliente e a experiência do cliente na Amazon.
2. Discuta como a Amazon avalia os seus fornecedores externos através do serviço de atendimento.

**Automação da força de vendas.** A **automação da força de vendas** (**SFA**, termo vindo do inglês *Sales Force Automation*) é o componente de um sistema de CRM operacional que registra automaticamente todos os aspectos em um processo de transação de vendas. Os sistemas de SFA incluem um *sistema de gerenciamento de contato*, que acompanha todo o contato que foi feito com um cliente, a finalidade do contato e qualquer acompanhamento que possa ser necessário. Esse sistema elimina contatos duplicados e redundância, o que reduz o risco de clientes irritados. A SFA também inclui um *sistema de rastreamento de clientes potenciais*, que lista os clientes potenciais ou aqueles que compraram produtos relacionados. Outros elementos de um sistema de SFA podem incluir um *sistema de previsão de vendas*, que é uma técnica matemática para estimar vendas futuras, e um *sistema de conhecimento de produto*, que é uma fonte de informações abrangente relativa a produtos e serviços. Sistemas de SFA mais desenvolvidos possuem recursos de montagem de produtos on-line (chamados *configuradores*), que permitem que os clientes modelem o produto de acordo com suas necessidades específicas. Como um exemplo, você pode personalizar seu próprio calçado de corrida na NikeID (*http://nikeid.nike.com*). Finalmente, muitos dos sistemas de SFA atuais oferecem conectividade remota para o vendedor em campo por meio de interfaces baseadas na web, que podem ser exibidas em telefones inteligentes.

**Marketing.** Até aqui, focalizamos principalmente como o pessoal de vendas e atendimento ao cliente pode se beneficiar com o CRM. Porém, o CRM também tem muitas aplicações importantes para um departamento de marketing da organização. Por exemplo, ele permite que os profissionais de marketing identifiquem e direcione seus melhores clientes, gerenciem campanhas de marketing e gerem lideranças de qualidade para as equipes de vendas. Além disso, as aplicações de marketing de CRM oferecem oportunidades para examinar volumes de dados do cliente – um processo conhecido como *data mining* ou mineração de dados – e desenvolver *perfis de compras* – um instantâneo dos hábitos de compra de um cliente –, que podem levar a vendas adicionais por meio da venda cruzada, venda de valor mais alto e pacote. (Discutimos o *data mining* no Capítulo 11.)

**Venda cruzada** é a prática de marketing de produtos complementares aos clientes com base em uma compra anterior. Essa técnica de vendas tem sido usada com muito sucesso pelo maior varejista on-line do mundo, Amazon.com (*www.amazon.com*). Por exemplo, se você tiver adquirido vários livros na Amazon, da próxima vez que visitar a Amazon, receberá recomendações de outros livros que talvez queira comprar.

A **venda de valor mais alto** é uma estratégia de vendas que o vendedor oferecerá aos clientes a oportunidade de comprar produtos ou serviços relacionados de maior valor ao invés de ou em conjunto com a seleção inicial do cliente de produto ou serviço. Por exemplo, se um cliente entrar em uma loja de produtos eletrônicos para comprar uma nova televisão, um vendedor poderá lhe mostrar uma LCD de alta definição (HD) 1080i ao lado de uma TV não HD na esperança de vender o aparelho mais caro, se o cliente quiser pagar o custo extra pela imagem mais nítida. Outros exemplos comuns de venda de valor mais alto são garantias sobre compras de produtos eletrônicos e a compra de uma lavagem de carro depois de comprar combustível no posto.

Finalmente, um **pacote** é uma forma de venda cruzada que uma empresa vende um grupo de produtos ou serviços juntos, a um preço menor do que os preços individuais combinados dos produtos. Por exemplo, sua empresa de TV a cabo poderia oferecer um preço de pacote que inclui TV a cabo básica, acesso à internet de banda larga e serviço telefônico local, a um preço menor do que se você adquirisse cada serviço separadamente.

Gerenciamento de campanha. **Aplicações de gerenciamento de campanha** ajudam as organizações a planejar campanhas de modo que as mensagens certas sejam enviadas às pessoas certas pelos canais corretos. As organizações gerenciam seus clientes com muito cuidado para não visar pessoas que optaram por não receber comunicações do marketing. Além disso, as empresas utilizam essas aplicações para personalizar mensagens individuais para cada cliente em particular.

### ■ Aplicações de Abordagem do Cliente

As empresas têm usado o CRM manual há muitos anos. O termo CRM eletrônico (ou e-CRM) apareceu em meados da década de 1990, quando as organizações começaram a usar a internet, a web e outros pontos de abordagem eletrônicos (por exemplo, e-mail, terminais de ponto de vendas) para gerenciar os relacionamentos com o cliente. Os clientes interagem diretamente com essas tecnologias e aplicações, em vez de interagirem com um representante da empresa, como acontece com as aplicações voltadas para o cliente. Essas aplicações são chamadas de **aplicações de CRM de abordagem do cliente** ou **aplicações de CRM eletrônico (e-CRM)**. Usando essas aplicações, os clientes normalmente são capazes de ajudar a si mesmos. Existem muitos tipos de aplicações de e-CRM. Discutimos algumas das principais aplicações nesta seção.

Capacidades de Busca e Comparação. Com a grande gama de produtos e serviços disponíveis na web, normalmente é difícil que os clientes encontrem o que desejam. Para auxiliá-los, muitas lojas e mercados on-line oferecem capacidades de busca e comparação, assim como sites de comparação independentes (ver *www.mysimon.com*).

Informações e Serviços Técnicos e Outros. Muitas organizações oferecem experiências personalizadas para induzir um cliente a fazer uma compra ou permanecer fiel. Por exemplo, sites normalmente permitem que os clientes baixem manuais de produtos, como o site da General Electrics (*www.ge.com*), que oferece informações técnicas e de manutenção detalhadas, e vende peças de reposição de modelos descontinuados para clientes que precisam reparar aparelhos domésticos desatualizados. Outro exemplo é o site da Goodyear (*www.goodyear.com*), que oferece informações sobre pneus e seu uso.

Produtos e serviços personalizados. Outro serviço de abordagem do cliente que muitos vendedores on-line utilizam é a customização em massa, um processo que os clientes podem configurar seus próprios produtos. Por exemplo, a Dell Computer (*www.dell.com*) permite que os clientes configurem seus próprios sistemas de computação. A Gap (*www.gap.com*) permite que os clientes "misturem e combinem" um guarda--roupas inteiro. Sites como o Hitsquad (*www.hitsquad.com*), MusicalGreeting (*www.musicalgreeting.com*) e Surprise (*www.surprise.com*) permitem que clientes selecionem títulos de música individuais de uma biblioteca e personalizem um CD, um recurso que as lojas de música tradicionais não oferecem.

Além disso, os clientes agora podem ver seus saldos bancários ou verificar o status do envio de seus pedidos a qualquer momento, a partir de seus computadores ou telefones inteligentes. Se você pedir livros da Amazon, por exemplo, poderá consultar a data de chegada prevista. Muitas outras empresas seguem esse modelo e oferecem serviços semelhantes (ver *www.fedex.com e www.ups.com*).

Páginas Web Personalizadas. Muitas organizações permitem que seus clientes criem suas páginas web personalizadas. Os clientes usam essas páginas para registrar compras e preferências, bem como problemas e solicitações. Por exemplo, a American Airlines gera páginas personalizadas para cada um de seus aproxi-madamente 800.000 clientes de planejamento de viagem registrados.

FAQs. Perguntas feitas com frequência (FAQs, do inglês *Frequently Asked Questions*) são uma ferramenta simples para responder a consultas repetitivas dos clientes. Os clientes que encontram a informação que precisam usando essa ferramenta não precisam se comunicar com uma pessoa.

E-mail e Resposta Automatizada. A ferramenta mais popular para o atendimento ao cliente é o e-mail. Barato e rápido, o e-mail é usado não apenas para responder a consultas dos clientes, mas também para disseminar informações, enviar alertas e informações de produto, e conduzir correspondência com relação a qualquer assunto.

Programas de Fidelidade. **Programas de fidelidade** reconhecem clientes que utilizam repetidamente os produtos ou serviços de um vendedor. Talvez os programas de fidelidade mais conhecidos sejam os programas de milhagem das empresas aéreas. Além disso, os cassinos usam seus clubes de jogadores para recompensar os jogadores mais frequentes, e os supermercados usam programas semelhantes para recompensar os com-pradores assíduos. Os programas de fidelidade usam um banco de dados e um *data warehouse* para manter um registro dos pontos (ou milhas) que um cliente acumulou e as recompensas às quais tem direito. Os programas, então, utilizam ferramentas analíticas para examinar os dados e descobrir o comportamento do cliente.

Programas de fidelidade têm se mostrado muito valiosos para diversas organizações. Porém, alguns programas de fidelidade tiveram problemas, como mostra o Quadro 9.3.

## TI E A EMPRESA

### 9.3. Fraude no Subway Ocasiona Novo Programa de Fidelidade

Durante anos, o Subway (*www.subway.com*) atraiu e reteve clientes através de um sistema de recompensas conhecido como o Sub Club. Como este sistema funciona? Basicamente, o Subway entregou cartões de fidelidade com espaço para colar selos. Cada vez que um cartão ficava repleto de selos, o cliente ganhava uma refeição gratuita. Infelizmente, o Subway teve que interromper o Sub Club, para desgosto de seus clientes leais. O motivo? Fraude.

A disponibilidade de impressoras a laser mais baratas em casa e computadores pessoais multimí-dia tornou cada vez mais fácil a falsificação. Usando materiais disponíveis em qualquer loja de material de escritório, as pessoas com algum conhecimento de software de edição de imagens poderia duplicar os cartões e os selos do Subway. Na verdade, cartões e selos do Subway falsos foram até mesmo vendidos no eBay.

Essa fraude prejudicou os proprietários da lanchonete, que são todos franqueados. Ao mesmo tempo, no entanto, os clientes adoraram o progra-ma. Para resolver esse dilema, a enorme cadeia de restaurantes (30.000 restaurantes nos EUA e US$ 9 bilhões de faturamento em 2008) instituiu um novo programa de fidelidade. Esse programa utiliza um cartão com tarja magnética. Cada cartão tem um número de identificação único de 16 dígitos. Os clientes podem usar esse cartão para fazer pagamentos, ter acesso instantâneo às recompensas de fidelização e às faixas de promoções altamente segmentadas. Ao mesmo tempo, o cartão permite ao Subway reunir, em seu ponto de venda (PDV), dados sobre os clientes para uso em suas aplicações de CRM. Um executivo do Subway chama esse programa de "o maior programa de cartão de pagamento integrado do mundo". O Subway diz que seu novo cartão é único devido à sua ampla gama de recursos e também porque foi implantado em um número muito grande de restaurantes.

O Subway lançou o novo cartão em mais de 20.000 lojas, integrando-os em seu software de PDV existente. Essa integração foi difícil para o grupo de TI do Subway. Os desafios de TI do Subway são um pouco diferentes de uma loja típica do seu tamanho, pois todas as suas lojas são de propriedade de franqueados. Em muitos casos, o grupo Subway só pode recomendar que as lojas individuais sigam uma determinada estratégia de TI. O lançamento do novo cartão é obrigatório para todas as lojas na América do Norte. Ao exigir que todas as suas lojas norte-americanas usem o novo cartão, a gestão do Subway acumulou muito mais dados para analisar do que tinha anteriormente. No entanto, o software de PDV da empresa lhe permitiu padronizar a tecnologia da informação em uma plataforma comum entre as lojas.

O sistema de CRM da Subway (e o seu novo cartão, além do software de PDV) tem a capacidade de direcionar o comportamento do consumidor, premiar e motivar o seu comportamento. O sistema pode analisar os respectivos titulares em áreas geográficas, permitindo aos gerentes fazerem detalhamento até chegar ao nível de sua loja individual.

Um exemplo da aplicação do sistema de CRM é uma promoção de biscoitos. Primeiro, o Subway identificava todos os clientes que fazem compras uma vez por mês ou menos frequentes. A próxima vez que um desses clientes aparecesse e fizesse uma compra, o cupom impresso ofereceria um biscoito gratuito caso eles voltassem em uma semana.

Esse novo programa de CRM tem sido bem-sucedido ao atrair novos clientes e influenciar os clientes existentes a visitar os restaurantes com mais frequência. O novo cartão tem se mostrado muitas vezes melhor do que as promoções tradicionais com cupom.

*Fontes:* Compilado de "CRM Delivers Value Chain Improvements for Subway Restaurant Owners", PRLog, 20 de junho de 2007; "Subway: Payment, Loyalty, and Vouchering All in One Card", Internet Retailing, 17 de agosto de 2006; E. Schuman, "Subway Merges Payment, Loyalty, and CRM Programs", Baseline Magazine, 10 de agosto de 2006; J. Ogles, "Fraud Sinks Subway's Sub Club", Wired, 21 de setembro de 2005; "Fraud Stamps Out Subway Sandwich Promo", Associated Press, 2 de junho de 2005; *www.subway.com*, acessado em 25 de março de 2009.

**PERGUNTAS**

1. Discuta as vantagens do novo cartão de fidelidade do Subway em comparação com seu programa de fidelidade antigo.
2. O novo cartão de fidelidade do Subway fornecerá, para a cadeia de restaurantes, vantagem competitiva sustentável? Por quê? Se não, quais outras medidas o Subway pode tomar na área de CRM para atingir e manter uma vantagem competitiva?

O CRM operacional oferece os seguintes benefícios:
- Marketing, vendas e atendimento eficientes, personalizados.
- Uma visão de 360 graus de cada cliente.
- Capacidade para os funcionários de vendas e atendimento acessarem um histórico completo de interação do cliente com a organização, independente do ponto de abordagem.

Outro exemplo de CRM operacional envolve a Caterpillar, Inc. (*www.cat.com*), um fabricante internacional de equipamento industrial. A Caterpillar utiliza suas ferramentas de CRM para realizar o seguinte:
- Auxiliar a organização na melhoria do gerenciamento de vendas e contas, otimizando a informação compartilhada por vários funcionários e agilizando os processos existentes (por exemplo, apanhando pedidos com dispositivos móveis).
- Formar relacionamentos individualizados com clientes, com o objetivo de melhorar a satisfação do cliente e aumentar os lucros.
- Identificar os clientes mais lucrativos e oferecer-lhes o mais alto nível de atendimento.
- Oferecer aos funcionários as informações e processos necessários para conhecer seus clientes.
- Entender e identificar as necessidades do cliente, e efetivamente criar relacionamentos entre a empresa, sua base de clientes e seus parceiros de distribuição.

## 9.3. CRM Analítico

Enquanto o CRM operacional apoia os processos de negócio do escritório central, os sistemas de **CRM analítico** analisam o comportamento e as percepções do cliente, a fim de oferecer inteligência de negócios acionável. Por exemplo, os sistemas de CRM analítico normalmente oferecem informações sobre solicitações e transações do cliente, bem como sobre respostas do cliente às iniciativas de marketing, vendas e atendimento de uma organização. Esses sistemas também criam modelos estatísticos de comportamento do cliente e o valor dos relacionamentos do cliente como tempo, bem como as previsões de aquisição, retenção e perda do cliente. A Figura 9.3 ilustra o relacionamento entre o CRM operacional e o CRM analítico.

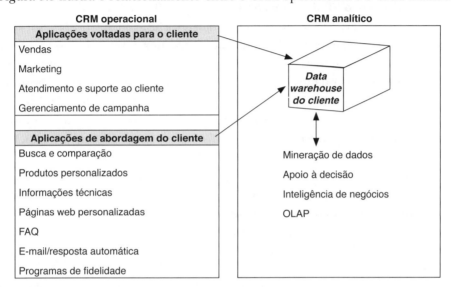

**Figura 9.3** O relacionamento entre o CRM operacional e o CRM analítico.

Tecnologias importantes nos sistemas de CRM analítico incluem *data warehouses*, mineração de dados (*data mining*), apoio à decisão e outras tecnologias de inteligência de negócios (discutidas no Capítulo 11). Quando as diversas análises estão completas, as informações são entregues à organização na forma de relatórios e painéis de controle digitais. Consideramos vários exemplos de CRM analítico no Capítulo 11.

O CRM analítico analisa os dados do cliente para uma série de finalidades, incluindo:

- Projeto e execução de campanhas de marketing direcionadas.
- Aumento da aquisição de clientes, venda cruzada e venda de valor mais alto.
- Fornecimento de subsídios para decisões relacionadas a produtos e serviços (por exemplo, definição de preços e desenvolvimento de produtos).
- Fornecimento de previsão financeira e análise de lucratividade do cliente.

### *Antes de Prosseguir...*

1. Qual é o relacionamento entre CRM operacional e CRM analítico?
2. Quais são algumas das funções do CRM analítico?

## 9.4. Outros Tipos de CRM

Agora que examinamos o CRM operacional e analítico, focalizamos outros tipos de sistemas de CRM. Três desenvolvimentos interessantes no CRM são: sob demanda, móvel e de código aberto. Discutiremos esses tipos de CRM nesta seção.

### ▪ CRM sob Demanda

Os sistemas de gestão do relacionamento com o cliente podem ser implementados **na** *instalação* (*on premise*) ou *sob demanda*. Tradicionalmente, as organizações utilizavam os sistemas de CRM nas instalações, significando que eles compravam e os instalavam no local. Esse arranjo era caro, demorado e inflexível. Algumas organizações, principalmente as menores, não podiam justificar o custo.

O CRM sob demanda tornou-se uma solução para as desvantagens do CRM na instalação. O **CRM sob demanda** é um sistema de CRM que é hospedado por um vendedor externo no centro de dados do vendedor. Esse arranjo evita que a organização tenha os custos associados à compra do sistema. Além disso, como o vendedor cria e mantém o sistema, os funcionários das organizações só precisam saber como acessá-lo e utilizá-lo. O conceito de sistema sob demanda também é conhecido como *utility computing* (ver Guia de Tecnologia 1) ou software como serviço (ver Guia de Tecnologia 2).

Apesar de seus benefícios, o CRM sob demanda possui problemas em potencial. Primeiro, o vendedor poderia se mostrar pouco confiável, caso que a empresa não teria funcionalidade de CRM alguma. Segundo, o software hospedado é difícil ou impossível de modificar, e somente o fornecedor pode fazer sua atualização. Terceiro, pode ser difícil integrar software de CRM hospedado pelo vendedor com o software existente nas organizações. Finalmente, oferecer dados estratégicos do cliente aos vendedores gera riscos.

A Salesforce (*www.salesforce.com*) é a fornecedora de CRM sob demanda mais conhecida. O objetivo da Salesforce é oferecer um novo modelo de negócios que permita às empresas alugarem software de CRM, em vez de comprá-lo. O segredo do sucesso da Salesforce parece estar na escolha de sua área, CRM, que possui requisitos comuns a muitos clientes.

Um cliente da Salesforce é a Haagen-Dazs Shoppe (*www.haagen-dazs.com*), sediada em Minneapolis. A Haagen-Dazs estimou que teria de gastar US$ 65.000 em um banco de dados personalizado, para ajudá-la a manter contato de perto com suas franquias de varejo. Em vez disso, a empresa gastou inicialmente US$ 20.000 para estabelecer o serviço com a Salesforce e agora para US$ 125 por mês para 20 usuários monitorarem remotamente, por meio da web ou seus telefones inteligentes, todas as franquias da Haagen-Dazs nos Estados Unidos.

Outros vendedores também oferecem software de CRM sob demanda. O exemplo a seguir mostra as vantagens que a McKesson Specialty (*www.mckesson.com*) obteve com a implantação do CRM sob demanda Oracle.

## EXEMPLO

Uma divisão da McKesson Corporation, McKesson Specialty oferece as abordagens e soluções necessárias para garantir o sucesso no crescente mercado farmacêutico especializado. Os serviços da divisão incluem serviços de suporte de reembolso para pacientes e médicos, estratégias de reembolso para fabricantes farmacêuticos, distribuição de especialidades e serviços de farmácia, serviços de oncologia e serviços de apoio ao paciente, incluindo apoio clínico e programas de assistência ao paciente.

A McKesson Specialty queria um sistema de CRM que lhe permitisse realizar as seguintes funções:
- Tornar as atividades de vendas e contas de clientes mais visíveis à corporação.
- Padronizar e automatizar os processos de vendas e CRM.
- Acompanhar problemas relatados, processos inconsistentes e o tempo para a solução.

Além disso, o sistema teria que ser fácil de usar.

A empresa implementou o CRM On Demand da Oracle para padronizar os sistemas de vendas e marketing em todas as suas linhas de produtos. O novo sistema permitiu que a empresa consolidasse os relatórios pelas linhas de produtos e forneceu a flexibilidade necessária para acomodar vários processos de vendas. Além do mais, ele permitiu que a organização monitorasse e acompanhasse problemas no processo de solução.

Basicamente, o sistema CRM On Demand da Oracle ofereceu à McKesson Specialty uma visão de 360 graus das informações de conta de cliente por toda a organização, o que provou ser muito útil. Além disso, a McKesson Specialty implementou o sistema em menos de 90 dias.

*Fontes:* Compilado de "McKesson Specialty: Oracle Customer Snapshot", *www.orade.com*, acessado em 27 de março de 2009; "McKesson Specialty Standardizes Sales and Marketing Processes and Increases Customer Visibility", *http://teclircpublic.com.com*, acessado em 26 de março de 2009.

## ▪ CRM Móvel

**CRM móvel** é um sistema de CRM interativo que permite que uma organização realize comunicações relacionadas a atividades de vendas, marketing e atendimento ao cliente por um meio móvel para fins de criação e manutenção de relacionamentos com seus clientes. Em termos simples, o CRM móvel envolve a interação diretamente com clientes por meio de seus próprios dispositivos portáteis, como os telefones inteligentes. Muitas empresas inovadoras acreditam que o CRM móvel tem um potencial incrivelmente promissor como um meio de criar um relacionamento personalizado com o cliente, que pode ser acessado em qualquer lugar e a qualquer momento. De fato, as oportunidades em potencial fornecidas por meio do marketing móvel parecem ser tão ricas que uma série de empresas já identificou o CRM móvel como uma pedra fundamental para suas atividades de marketing futuras.

O caso inicial deste Capítulo contém um excelente exemplo de CRM móvel. No Quadro 9.4, vemos que a Disney implementou um tipo de CRM móvel diferente em seus parques temáticos.

### TI E A EMPRESA

#### 9.4. Disney Redefine seus Esforços de CRM

A Disney, por meio de seus parques temáticos, vende "a experiência de fantasia da Disney". Como tal, a Disney tem sido líder na gestão de relacionamento com o cliente. No entanto, a marca está perdendo seu brilho entre as crianças da era digital. Nos últimos anos, o público dos parques caiu quase 15%. Muitas das mesmas queixas que têm assolado a Disney por anos – filas desorganizadas, grande tempo de espera para passeios e eventos, além de um padrão desorganizado de tráfego dentro do parque – têm sido citadas como empecilhos para o comparecimento do público. Como a receita continua a cair, a Disney Inc. lançou uma estratégia ambiciosa de CRM de próxima geração que se baseia no celular, com interfaces em tempo real com seus clientes.

A Disney criou uma estratégia de CRM projetada para ajudar a Disneilândia a restaurar o brilho de sua marca envelhecida, aumentar a eficiência e melhorar o atendimento e o resultado final. Essa estratégia integra satélites de posicionamento global, sensores inteligentes e tecnologia sem fio a um boneco de 25,40 centímetros de altura chamado "amigo Mickey". O objetivo é reinventar a experiência do cliente, o comportamento do visitante, a influência e a superlotação dos parques.

Com um potente sensor infravermelho em seu nariz, o amigo Mickey atua como um guia turístico virtual, fornecendo dicas de passeios que têm as filas mais curtas e informações sobre eventos. Como funciona o boneco "amigo Mickey"? Um zíper na sua pele esconde uma unidade central de processamento, um relógio interno, pequenos alto-falantes e um pequeno sensor infravermelho. Quando o boneco é carregado dentro do parque, o sensor recebe uma carga de dados de um dos 500 transmissores de infravermelho escondidos no parque, dentro de postes, telhados e arbustos, que transmitem a informação proveniente de um centro de dados da Disney.

O "amigo Mickey" oferece às famílias informações relevantes durante sua experiência no parque, e entretém as crianças durante o tempo ocioso entre passeios e eventos. Com um aperto de mão no amigo Mickey, as famílias recebem informações em tempo real sobre quais passeios têm os menores tempos de espera.

O amigo Mickey não é a única iniciativa de CRM baseada em tecnologia, em desenvolvimento na Disney. Outra iniciativa, o "destino Disney", é um programa centrado no cliente que permite aos frequentadores do parque planejar com antecedência suas atividades durante sua visita ao parque da Disney. Usando o site interativo, os visitantes podem agendar um dia completo antes de chegarem. Uma vez dentro do parque, participantes do "destino Disney" usarão seus telefones inteligentes para receber mensagens sobre as suas atividades programadas para aquele dia. O valor real do "destino Disney" torna-se aparente para os clientes que pretendem visitar mais de um parque da Disney durante sua viagem. Eles podem usar o "destino Disney" para providenciar acomodações de evento em evento e de parque em parque e, dessa forma, evitar longas caminhadas entre as várias atividades.

A Disney espera que a sua ênfase em CRM proporcione uma experiência mais rica e mais agradável para os seus clientes. Porém, o grande desafio que ela enfrenta é saber quando contar com a tecnologia e quando empregar o toque humano que muitas pessoas associam aos parques temáticos da Disney.

**PERGUNTAS**

1. Discuta a vantagem do "amigo Mickey" para os visitantes de parques temáticos da Disney.
2. Discuta possíveis desvantagens do uso do "amigo Mickey" como uma ferramenta de CRM.

### ▪ CRM de Código Aberto

Conforme discutimos no Guia de Tecnologia 2, o código fonte de software de código aberto está disponível sem custo para desenvolvedores ou usuários. O **CRM de código aberto**, portanto, é o software de CRM cujo código fonte está disponível para desenvolvedores e usuários.

O CRM de código aberto não oferece mais ou menos recursos ou funções do que os outros tipos de software de CRM, e pode ser implementado ou na instalação ou sob demanda. Os principais fornecedores de CRM de código aberto são SugarCRM (*www.sugarcrm.com*), Concursive (*www.concursive.com*) e vtiger (*www.vtiger.com*).

Os benefícios do CRM de código aberto são o preço favorável e uma grande variedade de aplicações. Além disso, o CRM de código aberto é muito fácil de personalizar, um recurso atraente para organizações que precisam de software de CRM projetado para suas necessidades específicas. Atualizações e reparos de bugs (erros de software) ocorrem rapidamente, e muita informação de suporte está disponível gratuitamente.

Porém, como todo software, o CRM de código aberto possui riscos. O maior envolve o controle de qualidade. Como o CRM de código aberto é criado por uma grande comunidade de desenvolvedores não pagos, pode haver uma falta de autoridade central responsável por supervisionar a qualidade do produto. Além do mais, para obter melhores resultados, as empresas precisam ter a mesma plataforma da tecnologia da informação que o CRM de código aberto foi desenvolvido.

## O que a TI pode me proporcionar?

### ▪ Para os Setores de Contabilidade e Finanças

Os sistemas de CRM podem ajudar as empresas a estabelecer controles para relatórios financeiros relacionados às interações com os clientes, a fim de apoiar a conformidade com a legislação. Por exemplo, a lei Sarbanes-Oxley requer que as empresas estabeleçam e mantenham um conjunto de controles adequado para os relatórios financeiros precisos, que possam ser auditados por um terceiro. Outras seções [302 e 401(b)] têm implicações para atividades do cliente, incluindo os requisitos de que os valores de vendas relatados para o ano anterior estejam corretos. A seção 409 requer que as empresas relatem mudanças materiais nas condições financeiras, como a perda de um cliente estratégico ou reivindicações significativas dos clientes sobre a qualidade do produto.

Sistemas de CRM podem acompanhar o fluxo de documentos a partir de uma oportunidade de vendas, até um pedido de vendas, uma fatura e um documento contábil, permitindo assim que os gerentes de finanças e contabilidade monitorem o fluxo inteiro. Os sistemas de CRM que acompanham as contas e pedidos de vendas podem ser usados para incorporar controles de processo que identificam transações de vendas questionáveis. Os sistemas de CRM podem oferecer capacidades de alerta de exceção, para identificar casos fora dos parâmetros definidos, que colocam as empresas em risco.

Os sistemas de CRM permitem que as empresas acompanhem despesas de marketing, coletando os custos apropriados para cada campanha individual. Esses custos podem então ser comparados com iniciativas corporativas e objetivos financeiros, demonstrando o impacto financeiro da campanha de marketing.

A definição de preços é outra área chave que afeta os relatórios financeiros. Por exemplo, que descontos estão disponíveis? Quando um preço pode ser excedido? Quem aprova os descontos? Os sistemas de CRM podem estabelecer controles para essas questões.

■ **Para o Setor de Marketing**

Os sistemas de gestão do relacionamento com o cliente são uma parte integral das atividades de trabalho de cada profissional de marketing. Os sistemas de CRM contêm os dados de cliente consolidados, que oferecem o alicerce para tomar decisões de marketing informadas. Usando esses dados, os profissionais de marketing desenvolvem campanhas de vendas na época certa e direcionadas, com misturas de produtos personalizadas e preços estabelecidos, que melhoram as oportunidades de vendas em potencial e, portanto, aumentam as receitas. Os sistemas de CRM também dão suporte ao desenvolvimento de modelos de previsão para vendas futuras para os clientes existentes, através de dados históricos, capturados de transações anteriores.

■ **Para o Setor de Produção/Operações**

A produção está bastante envolvida na aquisição de matérias-primas, conversão e distribuição de produtos acabados. Porém, todas essas atividades são controladas por vendas. Os aumentos ou diminuições na demanda de produtos resultam em um aumento ou diminuição correspondente na necessidade de uma empresa por matérias-primas. Uma parte integral da demanda de uma empresa é a previsão de vendas futuras, que é uma importante parte dos sistemas de CRM. As previsões de vendas são criadas por meio do uso de dados históricos armazenados em sistemas de CRM.

Essa informação é criticamente importante para um Gerente de Produção que está fazendo pedidos para processos de manufatura. Sem uma previsão de vendas futuras exata, os gerentes de produção podem enfrentar um dentre dois dilemas. Primeiro, um aumento imprevisto na demanda pode resultar na impossibilidade de o gerente de produção oferecer aos varejistas produtos suficientes para evitar falta de estoque. Essa situação retira receita tanto do varejista quanto do fabricante, na forma de vendas perdidas. Por outro lado, se um gerente de produção deixar de diminuir sua aquisição de materiais e a subsequente produção com demanda em declínio, ele corre o risco de contrair custos desnecessários na forma de despesa pelo estoque em excesso. Novamente, isso reduz a lucratividade. Nessas duas situações, o uso de sistemas de CRM para produção e suporte operacional é crítico para gerenciar eficientemente os recursos da empresa.

■ **Para o Setor de Recursos Humanos**

À medida que as empresas tentam melhorar seus relacionamentos com o cliente, elas precisam reconhecer que os funcionários que interagem com os clientes são críticos para o sucesso das estratégias de relacionamento com o cliente. Basicamente, o CRM será bem-sucedido com base no desejo e na capacidade dos funcionários de promoverem a empresa e suas iniciativas de CRM. De fato, os analistas de pesquisa descobriram que a fidelidade do cliente é em grande parte baseada nas capacidades dos funcionários e no seu comprometimento com a empresa.

Como resultado, os gerentes de recursos humanos sabem que, se sua empresa deseja ter relacionamentos de valor com o cliente, então ela precisa ter relacionamentos de valor com seus funcionários. Portanto, os gerentes de RH estão implementando programas para aumentar a satisfação do funcionário e estão oferecendo treinamento para os funcionários, de modo que possam executar estratégias de CRM.

■ **Para o Setor de TI**

A função de TI na empresa é ser responsável pelos bancos de dados e *data warehouse* corporativo, pela exatidão e completude dos seus dados, como também pelas ferramentas de inteligência de negócios e aplicações usadas para analisar dados *no data warehouse*. Além disso, o pessoal de TI oferece as tecnologias por trás do centro de interação com o cliente.

---

## Resumo

Neste capítulo você aprendeu a:

**1. Definir a gestão do relacionamento com o cliente e discutir os objetivos do CRM.**

CRM é uma estratégia organizacional voltada para o cliente e controlada pelo cliente, com os seguintes objetivos:

- Comercializar para cada cliente individualmente.
- Tratar diferentes clientes de formas diferentes.
- Satisfazer os clientes avaliando seus requisitos de produtos e serviços, e depois oferecendo serviços de alta qualidade, responsivos.
- Criar relacionamentos sustentáveis a longo prazo com o cliente, que agreguem valor para a empresa e para o cliente.
- Ajudar as empresas a adquirir novos clientes, reter clientes lucrativos existentes e aumentar os relacionamentos com os clientes existentes.

### 2. Descrever o CRM operacional e seus principais componentes.

O CRM operacional é aquela parte do esforço geral de CRM em uma organização que apoia os processos de negócio do escritório central que interagem diretamente com os clientes; ou seja, vendas, marketing e atendimento. Os dois componentes principais do CRM operacional são aplicações voltadas para o cliente e aplicações de abordagem do cliente.

As aplicações de CRM voltadas para o cliente são as áreas que os clientes interagem diretamente com a empresa. Essas áreas incluem atendimento e suporte ao cliente, automação da força de vendas, marketing e gerenciamento de campanha.

As aplicações de abordagem do cliente (também chamadas aplicações de CRM eletrônico) incluem as tecnologias com as quais os clientes interagem e normalmente resolvem seus problemas por si mesmos. Essas aplicações incluem capacidades de busca e comparação, informações e serviços técnicos e outros, produtos e serviços personalizados, páginas web personalizadas, FAQs, e-mail e resposta automatizada e programas de fidelidade.

### 3. Descrever o CRM analítico.

Sistemas de CRM analítico analisam o comportamento e as percepções do cliente a fim de oferecer inteligência de negócios acionável. As tecnologias importantes nos sistemas de CRM analíticos incluem *data warehouses*, mineração de dados e apoio à decisão.

### 4. Discutir sobre CRM móvel, CRM sob demanda e CRM de código aberto.

CRM sob demanda é um sistema de CRM que é hospedado por um vendedor externo no centro de dados do vendedor. O CRM móvel é um sistema de CRM interativo onde as comuns relacionadas a atividades de vendas, marketing e atendimento ao cliente são realizadas por um meio móvel, com a finalidade de criar e manter relacionamentos entre uma organização e seus clientes. O CRM de código aberto é o software de CRM cujo código fonte está disponível a desenvolvedores e usuários.

## Glossário

**aplicações de CRM de abordagem do cliente** (também chamado **CRM eletrônico** ou **e-CRM**) Aplicações e tecnologias com as quais os clientes interagem e normalmente resolvem os problemas por si mesmos.

**aplicações de CRM voltadas para o cliente** Áreas que os clientes interagem diretamente com a organização, incluindo atendimento ao cliente e suporte, automação da força de vendas, marketing e gerenciamento de campanha.

**aplicações de gerenciamento de campanha** ajudam as organizações a planejarem campanhas de modo que as mensagens certas sejam enviadas às pessoas certas pelos canais corretos. As organizações gerenciam seus clientes com muito cuidado para não visar às pessoas que optaram por não receber comunicações do marketing. Além disso, as empresas utilizam essas aplicações para personalizar mensagens individuais para cada cliente em particular.

**automação da força de vendas** O componente de um sistema de CRM operacional que registra automaticamente todos os aspectos em um processo de transação de vendas.

**centro de interação com o cliente** Uma operação de CRM na qual os representantes da organização utilizam vários canais de comunicação para interagir com os clientes em funções como teleatendimento para dentro e televendas para fora.

**CRM analítico** Sistemas de CRM que analisam o comportamento e as percepções do cliente a fim de oferecer inteligência de negócios acionável.

**CRM colaborativo** Uma função dos sistemas de CRM no qual as comunicações entre a organização e seus clientes são integradas por todos os aspectos do marketing, vendas e processos de suporte ao cliente.

**CRM de código aberto** Software de CRM cujo código fonte está disponível para desenvolvedores e usuários.

**CRM eletrônico (e-CRM)** (ver **aplicações de CRM de abordagem do cliente**)

**CRM móvel** Um sistema de CRM interativo no qual as comunicações relacionadas a atividades de vendas, marketing e atendimento ao cliente são realizadas por um meio móvel para fins de criação e manutenção de relacionamentos entre uma organização e seus clientes.

**CRM operacional** O componente do CRM que apoia os processos de negócio do escritório central que interagem diretamente com os clientes; ou seja, vendas, marketing e atendimento.

**CRM sob demanda** Um sistema de CRM que é hospedado por um vendedor externo no centro de dados do vendedor.

**gestão do relacionamento com o cliente** Uma estratégia organizacional – voltada para o cliente e controlada por ele –, que se concentra em satisfazer os clientes, avaliando suas necessidades de produtos e serviços, e depois oferecendo uma ação de alta qualidade, responsiva.

**pacote** Uma forma de venda cruzada onde a empresa vende um grupo de produtos ou serviços juntos a um preço mais baixo do que o preço combinado dos produtos individuais.

**ponto de abordagem do cliente** Qualquer interação entre um cliente e uma organização.

**programa de fidelidade** Programas de fidelidade reconhecem clientes que utilizam repetidamente os produtos ou serviços oferecidos por um vendedor.

**venda cruzada** A prática de comercializar produtos relacionados adicionais aos clientes com base em uma compra anterior.

**venda de valor mais alto** Uma estratégia de vendas que o representante organizacional oferecerá aos clientes a oportunidade de comprar produtos ou serviços relacionados de maior valor, ao invés de ou em conjunto com a seleção inicial do cliente para o produto ou serviço.

---

## Questões para Discussão

1. Como os sistemas de gerenciamento do relacionamento com o cliente ajudam as organizações a alcançar intimidade com o cliente?
2. Qual é o relacionamento entre consolidação de dados e CRM?
3. Discuta o relacionamento entre CRM e privacidade do cliente.
4. Faça a distinção entre CRM operacional e CRM analítico.
5. Diferencie as aplicações de CRM voltadas para o cliente das aplicações de CRM de abordagem do cliente.
6. Explique por que os centros de interação com o cliente baseados na web são críticos para o CRM bem-sucedido.
7. Por que as empresas estão tão interessadas nas aplicações de e-CRM?
8. Discuta por que é difícil justificar as aplicações de CRM.
9. Você é o CIO de uma pequena empresa com uma base de clientes em rápido crescimento. Qual sistema de CRM você usaria: sistemas de CRM na instalação, sistema de CRM sob demanda ou sistema de CRM de código aberto? Lembre-se de que os sistemas de CRM de código aberto podem ser implementados na instalação ou sob demanda. Discuta os prós e os contras de cada tipo de sistema de CRM para a sua empresa.

---

## Atividades na Web

1. Acesse *www.ups.com* e *www.fedex.com*. Examine alguns dos serviços e ferramentas do cliente apoiados pela TI, fornecidos pelas duas empresas. Compare o suporte ao cliente fornecido nos sites das duas empresas.
2. Visite *www.anntaylor.com*, *www.hermes.com* e *www.tijfany.com*. Compare as atividades de atendimento ao cliente oferecidas por essas empresas em seus sites. Você consegue ver semelhanças perceptíveis? E diferenças?
3. Acesse o site da sua universidade. Investigue como a sua universidade oferece gestão do relacionamento com o cliente. Dica: Primeiro, decida quem são os clientes da sua universidade.
4. Visite *www.livechatinc.com* e *www.*website*alive.com* e veja suas demonstrações. escreva um relatório sobre como funciona um bate-papo ao vivo. Não se esqueça de discutir sobre todos os recursos disponíveis.
5. Acesse *www.infor.com* e veja a demonstração (é preciso fazer o registro). Prepare um relatório sobre a demonstração para apresentar à turma.
6. Acesse *www.sugarcrm.com* e faça o passeio interativo. Prepare um relatório sobre a funcionalidade do SugarCRM para a turma.
7. Entre na Teradata Student Network (*http://www. teradata.com/td/page/144826/index.html*) e encontre o caso da First American Corporation (de Watson, Wixom e Goodhue), que focaliza a implementação de CRM. Responda às perguntas ao final do caso.

---

## Trabalhos em Equipe

1. Cada grupo será atribuído a um fornecedor de CRM de código aberto. Cada grupo deverá examinar o vendedor, seus produtos e as capacidades desses produtos. Cada grupo fará uma apresentação à turma detalhando como o produto do seu vendedor é superior aos outros produtos de CRM de código aberto. Veja SugarCRM (*www.sugar-crm.com*), Concursive (*www.concursive.com*), vtiger (*www.vtiger.com*), SplendidCRM Software (*www.splendidcrm.com*), Compiere (*www.compiere.com*), Hipergate (*www.hipergate.com*) e openCRX (*www.opencrx.com*).

2. Cada grupo será atribuído a um vendedor de CRM sob demanda. Cada grupo deverá examinar o vendedor, seus produtos e as capacidades desses produtos. Cada grupo fará uma apresentação à turma detalhando como o produto do seu vendedor é superior aos outros produtos de CRM sob demanda. Veja Salesforce (*www.sales-force.com*), Oracle (*http://crmondemand.oracle.com*), Aplicor (*www.aplicor.com*), NetSuite (*www.netsuite.com*), SalesNexus (*www.salesnexus.com*), SageCRM (*www.sagecrm.com*), Commence (*www.commence.com*), Saffront (*www.saffront.com*) e eSalesTrack (*www.esalestrack.com*).

3. Crie grupos para investigar as principais aplicações de CRM e seus vendedores.
   - Automação da força de vendas (Microsoft Dynamics, Oracle, FrontRange Solutions, RightNow Technologies, Maximizer Software).
   - Call centers (LivePerson, Cisco, Oracle).
   - Automação de marketing (SalesNexus, Marketo Chordiant, Infor, Consona, Pivotal, Oracle).
   - Atendimento ao cliente (Oracle, Amazon, Dell).

4. Comece com *www.searchcrm.com* e *www.customerthink.com* (para fazer perguntas sobre soluções de CRM). Cada grupo apresentará argumentos para convencer os membros da turma a usarem o(s) produto(s) que o grupo investigou.

---

## Caso Final

### Tesco Retorna às Mercearias de Esquina do Passado na Inglaterra

**O Problema da Empresa** A Tesco (*www.tesco.com*) nem sempre foi a maior rede de supermercados do Reino Unido. De fato, por um tempo o supermercadista se esforçou para manter a posição de número dois entre as cadeias de supermercados na Inglaterra. A deterioração das vendas e a deficiente retenção de clientes tinham corroído a posição da empresa no mercado e sua lucratividade. Os problemas de negócio da Tesco eram evidentes. Como a rede de supermercados poderia melhorar suas vendas, participação de mercado e lucratividade? Na tentativa de melhorar as vendas que caíam em muitas de suas lojas, a Tesco implementou um programa de fidelidade, o chamado Tesco Club Card.

**A solução da TI** Os sistemas de informação da Tesco, como os de muitos outros varejistas, foram concebidos em torno de uma abordagem baseada em custos do produto. Especificamente, a maioria das lojas mantém suas margens de lucro através da gestão do custo dos produtos vendidos e de negociar parcerias com fornecedores. A Tesco descobriu que este tipo de sistema baseado em custo não apoiaria a abordagem centrada no cliente que ela sentia que era necessária para rejuvenescer o seu negócio.

A Tesco abordou esta questão através da implementação de um sistema de CRM em toda a empresa e chamou o programa de "Tesco Club Card". O sistema permite à Tesco coletar, armazenar e analisar os dados gerados pelos clientes Tesco Club Card e outros. Particularmente, ele coloca cada cliente em uma das três categorias: o econômico, intermediário e superior, que são posteriormente segmentadas em tendências de compras, como saudável, *gourmet*, convivência familiar, dentre outros. A Tesco, em seguida, definiu os objetivos de comunicação para cada segmento de clientes. A adaptação das comunicações de acordo com seus comportamentos individuais, necessidades e desejos ajudam a Tesco a chegar na pessoa certa da maneira certa e com uma mensagem apropriada.

A Tesco contratou a empresa Dunnhumby (*www.dunnhumby.com*) para ajudá-la a analisar esses dados. A Dunnhumby é uma empresa britânica de pesquisa de marketing que usa mineração de dados de transações de cartões de crédito e programas de fidelização de clientes para descobrir fatos ocultos e potencialmente lucrativos sobre os clientes dos seus clientes atuais. Por exemplo, Dunnhumby pode identificar clientes que possam estar interessados em uma compra em particular ou que não voltarão em uma loja caso não seja oferecido um determinado produto.

A Dunnhumby analisa três tipos de dados: dados de clientes (por exemplo, de um programa de cartão de fidelidade), os dados de vendas (por exemplo, do ponto de venda), e dados de pesquisa de mercado tradicional. Essas análises fornecem aos gestores da empresa e analistas informações valiosas sobre o comportamento do cliente. A Dunnhumby em seguida, usa essas informações para criar planos de ação orientados ao cliente, que são estratégias para a construção de negócios de um cliente, para uma melhor adequação de todos os aspectos das operações de varejo do cliente com suas necessidades e aspirações. Nesse caso, a Tesco utilizou *insights* fornecidos pela Dunnhumby para ajudar a moldar o seu programa Tesco Club Card.

Os Resultados O programa Tesco Club Card agora possui 10 milhões de famílias ativas. O sistema de CRM da Tesco oferece segmentação de clientes multidimensional e comunicações personalizadas. Recentemente, a Tesco imprimiu e enviou, trimestralmente, 4 milhões de correspondências com cupons direcionados a segmentos de clientes muito específicos. Para os clientes da Tesco esta é a prova de que eles podem contar com a sua "mercearia local" para saber o que eles querem e precisam.

Impressionantemente, o reembolso de cupons do cartão Tesco Club Card está na faixa de 20 a 40 por cento e o custo por reembolso tem diminuído desde que a Tesco instituiu o programa. No período de 5 anos após a implementação do programa, as vendas da Tesco aumentaram 52 por cento e eles continuam a crescer a uma taxa superior à média da indústria. Além disso, a abertura de lojas e expansões tem aumentado o espaço ocupado pela Tesco em 150 por cento.

A Tesco tem experimentado rápido crescimento de receita, prova de que a empresa realmente consumou seu foco no cliente. Os clientes da Tesco começaram a se sentir apreciados e, em troca, eles desenvolveram uma afinidade enorme com a empresa. Curiosamente, o sucesso da empresa ampliou-se também para a web. O *site* da Tesco (*www.tesco.com*) possui 500 mil transações semanais, totalizando quase dois bilhões de libras em vendas a cada ano.

A compreensão profunda dos seus clientes mudou a maneira de pensar da companhia a respeito dos clientes e dos negócios. A empresa parou de pensar em um "consumidor padrão". A Tesco comprometeu-se com um negócio baseado verdadeiramente no cliente; aquele que vê cada cliente como um indivíduo. Por isso o lema da Tesco tornou-se "*Mudando a maneira como eles pensam a nosso respeito!*". O Presidente da Tesco, Sir Terry Leahy colocou esta missão no centro de um dos relatórios anuais da empresa: "Aumentar continuamente o valor dos clientes para ganhar sua lealdade duradoura".

A nova forma da Tesco de pensar nos seus clientes fez com que o supermercadista voltasse 40 anos no tempo na época das "mercearias de esquina" da Inglaterra, onde os proprietários conheciam as preferências de seus clientes, desejos e necessidades, que por sua vez, permaneciam fiéis à loja.

*Fontes:* Compilado de M. Duff, "Dunnhumby Complicates Outlook for Tesco, Kroger, Wal-Mart", BNET Retail Insights, 13 de Janeiro de 2009; N. McElhatton, "DM Media Digest: Dunnhumby Gains Fame in the US", Bran-dRepublic, 8 de Janeiro de 2009; B. Helm, "Getting Inside the Customer's Mind", BusinessWeek, 22 de setembro de 2008; J. Hall, "Tesco's Clubcard Company to Check Out Macy's", Telegraph.co.uk, 22 de agosto de 2008; S. Johnson, "Macy's Hands Dunnhumby Its Data Account", MarketingDirect, 14 de agosto de 2008; "Tesco Has Links With the Corner Shops of England's Past", *www.loyalty.vg*, 2005; *www.tesco.com*, acessado em 17 de março de 2009; *www.dunnhumby.com*, acessado em 20 de março de 2009.

## PERGUNTAS

1. Explique o que é um plano de ação orientado ao cliente. Esses planos são projetados para manter os clientes existentes ou atrair novos clientes? Justifique sua resposta.

2. Descreva como a Dunnhumby ajuda os seus contratantes a alcançar uma maior intimidade com seus clientes. A Dunnhumby está invadindo a privacidade dos clientes? Justifique sua resposta.

3. A estratégia de CRM da Tesco permitirá ao supermercadista alcançar uma vantagem competitiva sustentável? Por quê?

# Capítulo 10

# Gestão da Cadeia de Suprimentos

---

## Metas de Aprendizagem

1. Definir o termo cadeia de suprimentos e discutir os três componentes de uma cadeia de suprimentos.
2. Definir a gestão da cadeia de suprimentos e entender seus objetivos.
3. Identificar diversos problemas que podem ocorrer ao longo das cadeias de suprimentos.
4. Explicar como a tecnologia da informação dá suporte à gestão da cadeia de suprimentos.

---

## Esboço do Capítulo

---

## O que a TI pode me proporcionar?

CTB FIN MKT GPO GRH SIG

---

## Caso Inicial

### Disney Passa a Ser Digital
- **O Problema da Empresa**

A produção e a distribuição de um filme é uma grande tarefa, envolvendo centenas de contribuintes e um grande orçamento. Portanto, para um estúdio de Hollywood, a transição da criação de filme tradicional para a filmagem, armazenamento e distribuição digital é um processo incrivelmente complexo. Como a maioria de seus concorrentes, a Walt Disney Studios (*http://studioservices.go.com*) está atualizando da criação de filmes tradicional para digital. Essa passagem requer mudanças maciças em três elementos da cadeia de suprimentos da Disney: produção (filmagem), armazenamento e distribuição.

- **A Solução da TI**

Produção. A maioria dos diretores de filme tem usado câmeras tradicionais, baseadas em filme, por toda a sua carreira. A passagem para câmeras digitais sem filme (chamada **cinematografia eletrônica**) cria quantidades de dados enormes. Várias câmeras digitais produzem múltiplos fluxos de dados. Um único filme de Hollywood normalmente totaliza cerca de 200 horas de filmagem bruta. Essa filmagem se traduz em várias centenas de *terabytes* de dados brutos, que aumenta a cada edição.

Armazenamento e pós-produção. Esses dados fluem de cada câmera a 2 gigabits por segundo para dispositivos de armazenamento RAID (discutido no Guia de Tecnologia 1) localizados em um repositório de dados. Esse processo garante que os dados sejam confiáveis, o que é essencial nos *sets* do filme, particularmente em situações em que as cenas não podem ser facilmente reproduzidas. Além do mais, esse processo requer velocidade extremamente alta, comunicações por fibra ótica e quantidades imensas de armazenamento de dado seguro e de acesso rápido.

Quando os dados estão armazenados no repositório, os técnicos das Disney produzem o *intermediário digital*, que os artistas da Disney utilizam para criar efeitos. Esses intermediários precisam estar disponíveis para uso nos esforços colaborativos envolvendo supervisores de efeitos, artistas digitais, editores de filme e som, e arquivistas. Os intermediários digitais são mantidos no armazenamento por muitos meses, ou ainda anos. Se eles se perdessem, um diretor teria que recriar um set de filmagem inteiro, incluindo atores.

Distribuição. A criação de filme digital permite que a Disney distribua seus filmes digitalmente. Após os intermediários digitais serem arquivados e a pós-produção terminada, o estúdio prepara os filmes para distribuição.

A maioria dos filmes atualmente é enviada aos cinemas em discos rígidos criptografados. No futuro, eles serão entregues por canais de comunicação de altíssima velocidade, diretamente aos cinemas e por fim às casas. A transmissão de várias centenas de *terabytes* de dados é um desafio, especialmente considerando que o estúdio precisa enviar esses arquivos imensos simultaneamente para muitos locais diferentes.

## ▪ Os Resultados

O resultado inicial da criação de filme digital foi disparar uma mudança cultural entre o pessoal criativo da Disney. Tradicionalmente, as equipes criativas em um estúdio têm sido separadas com base no papel de cada um na criação do filme. Hoje, porém, os fluxos de trabalho digitais estão forçando essas equipes diferentes a integrar suas operações estreitamente. Como a criatividade tem prioridade sobre a tecnologia na Disney, o estúdio está implementando os novos processos de fluxo de trabalho digital gradualmente, dando assim tempo para as equipes criativas se ajustarem.

Na verdade, não é claro quando a Disney e outros dos maiores estúdios concluirão a transformação para um sistema de produção e distribuição totalmente digital. Embora a produção digital tenha feito grandes avanços, ela ainda é um trabalho em andamento. Por exemplo, a tecnologia digital ainda está atrás do filme para a fotografia em câmera lenta.

Apesar disso, a Disney Studios continuará a ganhar muitos benefícios com essa conversão para a criação de filme digital, incluindo menores custos, integração mais de perto da filmagem e pós-produção, processos melhorados no fluxo de trabalho e maior qualidade do produto final. Os consumidores também se beneficiarão. A qualidade do filme aumentará como resultado de melhores equipamentos digitais, ação e efeitos. Além disso, os preços diminuirão e os filmes favoritos do público estarão disponíveis nos cinemas ainda mais cedo.

*Fontes:* Compilado de D. Chmielewski, "Major Studios in Deal to Convert to Digital Movie Projection", Los Angeles Times, 2 de outubro de 2008; J. Brandon, "Disney Fast-Forwards into the Digital Age", Baseline Magazine, 26 de junho de 2008; S. Kirsner, "Studios Shift to Digital Movies, But Not Without Resistance", The New York Times, 24 de julho de 2006; L. Sullivan, "Hollywood Promos Digital Movies with Games, Live Events", Information Week, 10 de março de 2006; J. Borland, "Top Theaters on Path to Digital Films", CNET News, dezembro de 2005; "Disney to Finance Digital Movie Distribution", Audiovisual News, 19 de setembro de 2005; D. Lieberman, "Top Hollywood Studios Agree on Standards for Digital Films", USA Today, 27 de julho de 2005; *http:// stu-dioservices.go.com*, acessado em 2 de abril de 2009.

## ▪ O que Aprendemos com este Caso

As organizações modernas estão cada vez mais se concentrando em suas competências básicas e em se tornar mais flexíveis e ágeis. Para conseguir esses objetivos, elas estão contando com outras empresas para fornecer bens e serviços necessários, em vez de possuir essas próprias empresas. As organizações reconhecem que esses fornecedores podem realizar essas atividades de modo mais eficiente e eficaz do que elas mesmas podem. Essa tendência em contar com um número cada vez maior de fornecedores tem levado ao conceito da cadeia de suprimentos.

A finalidade do conceito da cadeia de suprimentos é melhorar a confiança e a colaboração entre os parceiros da cadeia de suprimentos, melhorando assim a visibilidade da cadeia de suprimentos e a velocidade do estoque. A **visibilidade da cadeia de suprimentos** é a capacidade para todas as organizações em uma cadeia de suprimentos acessarem ou verem dados relevantes sobre os materiais adquiridos à medida que esses materiais se movem pelos processos de produção e redes de transporte de seus fornecedores até seus pontos de recebimento. Além disso, as organizações podem acessar ou ver dados relevantes sobre as mercadorias que saem enquanto elas são fabricadas, montadas ou armazenadas no estoque, e depois entregues por suas redes de transporte até os pontos de recebimento de seus clientes. A **velocidade do estoque** é o tempo entre o recebimento das mercadorias que chegam e o despacho dos produtos acabados, na saída. Em geral, quanto maior a sua velocidade de estoque, mais rapidamente você pode entregar seus produtos e serviços, que por sua vez aumenta a satisfação do cliente.

As cadeias de suprimentos têm se tornado um componente vital das estratégias gerais de muitas organizações modernas. Para utilizar as cadeias de suprimentos de modo eficiente, uma empresa precisa se tornar bastante integrada aos seus fornecedores, parceiros comerciais, distribuidores e clientes. Um dos aspectos mais críticos dessa integração é o uso de sistemas de informação para facilitar a troca de informações entre os participantes na cadeia de suprimentos.

Você poderia perguntar: por que eu preciso estudar a gestão da cadeia de suprimentos? A resposta é que as cadeias de suprimentos são cruciais para as organizações. Portanto, independente do seu cargo em uma organização, você estará envolvido em algum aspecto da cadeia de suprimentos da sua empresa.

## 10.1. Cadeias de Suprimentos

**A** cadeia de suprimentos refere-se ao fluxo de materiais, informações, dinheiro e serviços, desde os fornecedores de matéria-prima, passando pelas fábricas e depósitos, até os consumidores finais. Uma cadeia de suprimentos também inclui *organizações* e *processos* que criam e entregam produtos, informações e serviços aos consumidores finais.

■ **Estrutura e Componentes das Cadeias de Suprimentos**

O termo *cadeia de suprimentos* vem de uma imagem de como as organizações parceiras estão ligadas. Uma cadeia de suprimentos típica, que ligar uma empresa com seus fornecedores e seus distribuidores e consumidores, é ilustrada na Figura 10.1. Lembre-se de que a Figura 2.2 também ilustrou uma cadeia de suprimentos de uma maneira ligeiramente diferente. Observe que a cadeia de suprimentos envolve três segmentos:

1. *Upstream* (ou cadeia acima), onde ocorre o *sourcing* ou a aquisição de fornecedores externos.
2. Neste segmento, os gerentes da cadeia de suprimentos (CS) selecionam fornecedores para que entreguem os produtos e serviços de que a empresa precisa para produzir seu produto ou serviço. Além disso, os gerentes da CS desenvolvem os processos de definição de preços, remessa e pagamento entre uma empresa e seus fornecedores. Aqui, estão incluídos os processos para controlar estoque, receber e verificar entregas, transferir produtos para as instalações de manufatura e autorizar pagamentos aos fornecedores.
3. *Interno,* onde ocorre o empacotamento, a montagem ou a fabricação.
4. Os gerentes da CS programam as atividades necessárias para produção, teste, empacotamento e preparação de produtos para remessa. Os gerentes da CS também monitoram níveis de qualidade, saída de produção e produtividade dos trabalhadores.
5. *Downstream* (ou cadeia abaixo), onde ocorre a distribuição, normalmente por distribuidores externos.

Neste segmento, os gerentes da CS coordenam o recebimento de pedidos dos clientes, desenvolvem uma rede de depósitos, selecionam transportadoras para entregar seus produtos aos consumidores e desenvolvem sistemas de faturamento para receber os pagamentos dos clientes.

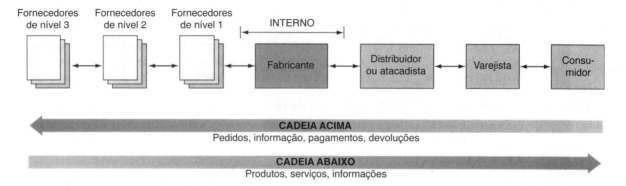

**Figura 10.1** Cadeia de suprimentos genérica.

O fluxo de informações e produtos pode ser bidirecional. Por exemplo, produtos danificados ou indesejados podem ser devolvidos, um processo conhecido como *logística reversa*. Usando o setor de roupas de varejo como um exemplo, a logística reversa envolveria as roupas que os clientes devolvem, ou porque o item tinha defeitos ou porque o cliente não gostou do item.

Níveis de fornecedores. Se você olhar atentamente para a Figura 10.1, notará que existem vários níveis de fornecedores. Como mostra o diagrama, um fornecedor pode ter um ou mais subfornecedores, e esse pode ter seu(s) próprio(s) subfornecedor(es), e assim por diante. Por exemplo, no caso de um fabricante de automóveis, os fornecedores de nível 3 fabricam produtos básicos, como vidro, plástico e borracha. Os fornecedores de nível 2 utilizam esse material para fabricar para-brisas, pneus e molduras plásticas. Os fornecedores de nível 1 fabricam componentes integrados, como painéis e poltronas.

Os fluxos na cadeia de suprimentos. Normalmente, existem três fluxos na cadeia de suprimentos: materiais, informação e financeiro. Os *fluxos de materiais* são os produtos físicos, matéria-prima, e assim por diante, que fluem ao longo da cadeia. Os fluxos de materiais também incluem *fluxos reversos* (ou logística reversa) – produtos devolvidos, produtos reciclados e descarte de materiais ou produtos. Uma cadeia de suprimentos, portanto, envolve uma abordagem de *ciclo de vida do produto*, do início ao fim.

Os *fluxos de informação* são todos os dados relacionados à demanda, entregas, pedidos, devoluções e prazos, além de alterações em qualquer um desses dados. Finalmente, os *fluxos financeiros* são todas as transferências de dinheiro, pagamentos, informações e autorizações de cartão de crédito, prazos de pagamento, pagamentos eletrônicos e dados relacionados a crédito.

Nem todas as cadeias de suprimentos têm a mesma quantidade e tipos de fluxos. Por exemplo, nos setores de serviço, pode não haver fluxo físico de materiais, mas existe um fluxo frequente de informações, geralmente na forma de documentos (cópias físicas ou eletrônicas). De fato, a digitalização de software, música e outros tipos de conteúdo pode resultar em uma cadeia de suprimentos sem qualquer fluxo físico, como vimos com a Disney no caso inicial do capítulo. No entanto, observe que, nesse caso, existem dois tipos de fluxos de informação: um que substitui o fluxo de materiais (por exemplo, software digitalizado) e um que é a informação de apoio (pedidos, cobrança etc.). No gerenciamento da cadeia de suprimentos, uma organização precisa coordenar todos esses fluxos entre todas as partes envolvidas na cadeia de suprimentos.

### Antes de Prosseguir...

1. O que é uma cadeia de suprimentos?
2. Descreva os três segmentos de uma cadeia de suprimentos.
3. Descreva os fluxos em uma cadeia de suprimentos.

## 10.2. Gestão da Cadeia de Suprimentos

A função da **gestão da cadeia de suprimentos** (SCM, do inglês *Supply Chain Management*) é planejar, organizar e otimizar as atividades da cadeia de suprimentos. Assim como outras áreas funcionais, o SCM utiliza sistemas de informação. O objetivo dos sistemas de SCM é reduzir os problemas, ou atrito, ao longo da cadeia de suprimentos. O atrito pode envolver o aumento de tempo, custos e estoques, além da diminuição da satisfação do cliente. Os sistemas de SCM, então, reduzem a incerteza e os riscos ao diminuírem os níveis e o tempo de ciclo do estoque e ao melhorarem os processos da empresa e o atendimento ao cliente. Todos esses benefícios contribuem para o aumento da lucratividade e da competitividade.

De modo significativo, os sistemas de SCM são um tipo de sistema de informação interorganizacional. **Um sistema de informação interorganizacional** (**SII**) envolve fluxos de informação entre duas ou mais organizações. Conectando os sistemas de informação de parceiros comerciais, os SIIs permitem que os parceiros realizem diversas tarefas:

- Reduzir os custos das transações comerciais de rotina.
- Melhorar a qualidade do fluxo de informações reduzindo ou eliminando erros.
- Reduzir o tempo do ciclo envolvido na realização de transações comerciais.
- Eliminar o processamento em papel e as ineficiências e custos associados.
- Facilitar a transferência e o processamento de informações para os usuários.

O Quadro 10.1 ilustra essas vantagens aplicadas à cadeia de suprimentos da Inditex Corporation.

---

### TI E A EMPRESA

### 10.1. Gestão da Cadeia de Suprimentos Controla o Sucesso da Inditex

A Inditex Corporation (*www.inditex.com*) da Espanha, de US$ 14 bilhões, é um dos maiores distribuidores de moda do mundo, com oito pontos de vendas bem conhecidos: Zara (*www.zara.com*), Pull and Bear (*www.pullandbear.com*), Massimo Dutti (*www.massimodutti.com*), Bershka (*www.bershka.com*), Stradivarius (*www.e-stradivarius.com*), Oysho (*www.oysho.com*), Zara Home (*www. zarahome.com*) e Uterque (*www.uterque.es*). A Inditex tem mais de 4.200 lojas em 73 países. O Inditex Group é composto de mais de 100 empresas associadas ao negócio de design, manufatura e distribuição de produtos têxteis. A missão da Inditex é produzir designs criativos e de qualidade, juntamente com uma resposta rápida às demandas do mercado.

A Inditex, aproximando-se da Gap na direção de ser o maior revendedor de roupas do mundo, quase quadruplicou as vendas, os lucros e os locais desde 2000. Qual é o segredo da empresa? Além de vender roupas relativamente baratas e ainda por cima na moda, a empresa monitora de perto cada nó em sua cadeia de suprimentos. Como resultado, a Inditex pode passar os designs do papel para as prateleiras de lojas em até duas semanas. Esse processo de "moda rápida" tem se tornado um modelo para outras redes de roupas, como a Forever 21

(*www.forever21.com*) de Los Angeles, Mango (*www. mango.com*) da Espanha e Top-shop (*www.topshop. com*) da Grã-Bretanha.

A Inditex gastou mais de 30 anos ajustando sua estratégia. Na maioria das empresas de roupas, a cadeia de suprimentos começa com os projetistas, que planejam coleções com até um ano de antecedência. Ao contrário, os gerentes de loja da Inditex monitoram as vendas diárias. Com até 70% de seus salários vindo de comissões, os gerentes têm grande incentivo em responder às tendências de modo rápido e correto. Assim, eles acompanham tudo desde as tendências de vendas atuais até a mercadoria que os clientes querem comprar, mas não encontram nas lojas. Então eles enviam pedidos aos 300 designers da Inditex, que criam o que é necessário quase instantaneamente.

As cadeias de lojas de roupas normalmente terceirizam a maior parte de sua produção para países de baixo custo na Ásia. Ao contrário, a Inditex produz metade de suas mercadorias na Espanha, em Portugal e no Marrocos, mantendo a fabricação dos itens mais na moda internamente e comprando produtos básicos, como camisas de malha, de lojas da Europa Oriental, África e Ásia. A Inditex também paga salários mais altos do que seus concorrentes.

Por exemplo, seus trabalhadores da fábrica na Espanha recebem uma média de US$ 1.650 por mês, contra US$ 206 na Província de Guandong, na China, onde outras empresas de roupas montaram suas fábricas. Contudo, a Inditex ganha tempo e dinheiro na entrega. Além disso, suas fábricas usam sistemas *"just in time"* (discutidos mais adiante neste capítulo), desenvolvidos em cooperação com especialistas em logística da Toyota Motor Company.

A Inditex fornece para todos os seus mercados a partir de depósitos na Espanha, e a empresa é capaz de colocar mercadorias novas nas lojas da Europa dentro de 24 horas. Além disso, levando mercadorias por empresas aéreas comerciais, a Inditex pode colocar novos produtos nas lojas das Américas e da Ásia em 48 horas ou menos. A entrega aérea é mais cara do que o transporte de pacotes em massa por navio, mas a Inditex pode arcar com isso. A empresa produz lotes menores para roupas, acrescentando um ar de exclusividade que encoraja os clientes a comprar com frequência. Como resultado, a empresa não precisa baixar os preços em 50%, como seus concorrentes fazem com frequência, para retirar quantidades em massa do estoque de produtos fora da estação. Como a Inditex está mais harmonizada com a moda mais atual, ela normalmente pode cobrar mais do que seus concorrentes, enquanto reduz o risco de sair da moda.

*Fontes:* Compilado de K. Capell, "Zara Thrives By Breaking All the Rules", BusinessWeek, 20 de outubro de 2008; "Spain's Inditex Breaks All the Supply Chain Rules", WorldTrade Magazine, 11 de outubro de 2008; "Fashion Goes 3D", Fortune, 26 de setembro de 2008; J. Reingold, "The British (Retail) Invasion", Fortune, 3 de julho de 2008; "Zara's Supply Chain Innovation", Kaleidoscope (*www.kascope.com*), 3 de dezembro de 2007; T. Claburn, "Math Whizzes Turbocharge an Online Retailer's Sales", InformationWeek, 5 de outubro de 2007; "Merchants of Innovation", Crossroads 2007: Supply Chain Innovation Summit (MIT Center for Transportation and Logistics), março de 2007; K. Anderson e J. Lovejoy, "The Speeding Bullet: Zara's Apparel Supply Chain", TechExchange, março de 2007; "Zara Shows Supply Chain Future", BNET.com, 20 de outubro de 2005; *www.inditex.com*, acessado em 20 de janeiro de 2009.

**PERGUNTAS**

1. Descreva o processo de "moda rápida" na Inditex. Como a gestão da cadeia de suprimentos facilita esse processo?

2. Por que a Inditex não precisa cortar os preços drasticamente para vender o estoque fora da estação?

3. Você acredita que outras empresas de roupas adotarão sistemas de SCM semelhantes aos da Inditex? Por quê?

## ▪ O Modelo *"Push"* e o Modelo *"Pull"*

Muitos sistemas de gestão da cadeia de suprimentos utilizam o modelo *push*. No **modelo *push*** (também conhecido como *fabricar-por-estoque*), o processo de produção começa com uma previsão, que é simplesmente uma conjetura quanto à demanda do cliente. A previsão precisa prever quais produtos os clientes desejarão e também a quantidade de cada produto. A empresa, então, produz a quantidade de produtos na previsão, normalmente usando a produção em massa, e vende, ou empurra esses produtos para os consumidores (daí o nome *"push"*, que em inglês significa empurrar).

Infelizmente, essas previsões normalmente são incorretas. Considere, por exemplo, um fabricante de automóveis que deseja produzir um novo carro. Os gerentes de marketing realizam uma extensa pesquisa (pesquisas com o consumidor, análises dos carros dos concorrentes) e oferecem os resultados aos previsores. Se eles forem muito otimistas em sua previsão – ou seja, se previrem que as vendas do novo carro serão 200.000 e a demanda real do consumidor for 150.000 –, então o fabricante terá 50.000 carros em estoque e contrairá custos de manutenção de estoque. Além disso, a empresa provavelmente terá que vender os carros excedentes com desconto.

Por outro lado, se os previsores forem muito pessimistas em sua previsão – ou seja, se eles previrem que as vendas do novo carro serão de 150.000 e a demanda real do consumidor for 200.000 –, então o fabricante provavelmente terá que trabalhar a mais para atender a demanda e, com isso, contrairá maiores custos com hora extra. Além disso, a empresa corre o risco de perder clientes para os concorrentes se o carro que eles desejam não estiver disponível.

Para evitar as incertezas associadas ao modelo *push*, muitas empresas agora utilizam fluxos de informação baseados na web para empregar o modelo *pull* do gerenciamento da cadeia de suprimentos. No **modelo *pull*** (que em inglês significa "puxar") – também conhecido como *fabricar por pedido* – o processo de produção começa com um pedido do cliente. Portanto, as empresas fabricam apenas o que os clientes querem, um processo bastante parecido com a customização em massa.

Um exemplo importante de uma empresa que usa o modelo *pull* é a Dell Computer. O processo de produção da Dell começa com o pedido do cliente. Esse pedido não apenas especifica o tipo de computador que ele deseja, mas também alerta cada fornecedor da Dell quanto às peças do pedido pelas quais esse fornecedor é responsável. Desse modo, os fornecedores da Dell entregam apenas as peças que a Dell precisa para produzir o computador.

Nem todas as empresas podem usar o modelo *pull*. Os automóveis, por exemplo, são muito complicados e mais caros do que os computadores, e exigem tempo de preparação maior para produzir novos modelos. Contudo, o uso do modelo *push* no gerenciamento da cadeia de suprimentos pode causar problemas, como veremos na próxima seção.

### ▪ Problemas ao Longo da Cadeia de Suprimentos

Conforme já mencionamos, podem se desenvolver problemas, ou atritos, dentro de uma cadeia de suprimentos. Uma consequência importante das cadeias de suprimentos ineficazes é o mau atendimento ao cliente. Em alguns casos, as cadeias de suprimentos não entregam produtos ou serviços quando e onde os clientes – indivíduos ou empresas – precisam, em outros casos, a cadeia de suprimentos oferece produtos de má qualidade. Outros problemas são altos custos de estoque e perda de receitas.

Os problemas ao longo da cadeia de suprimentos advêm, principalmente, de duas fontes: (1) incertezas; e (2) a necessidade de coordenar várias atividades, unidades internas e parceiros comerciais. Uma fonte importante de incertezas na cadeia de suprimentos é a *previsão de demanda*. A demanda por um produto pode ser influenciada por diversos fatores, como competição, preços, condições de tempo, desenvolvimentos tecnológicos e confiança geral dos clientes. Outra incerteza são os tempos de entrega, que dependem de fatores desde falhas de máquina na produção até a construção de estradas e engarrafamentos de trânsito. Além disso, problemas de qualidade nos materiais e peças podem gerar atrasos na produção, que também levam a problemas na cadeia de suprimentos.

Uma das principais dificuldades para a definição correta dos níveis de estoque nas várias partes da cadeia de suprimentos é conhecida com **efeito** *chicote* (também conhecido pelo termo em inglês *bullwhip effect*). Esse efeito refere-se a mudanças erráticas nos pedidos, para cima e para baixo, na cadeia de suprimentos (ver Figura 10.2). Basicamente, as variáveis de demanda do cliente podem aumentar quando vistas pelos olhos dos gerentes de cada nó da cadeia de suprimentos. Se cada entidade distinta tomar decisões de pedido e estoque com olho em seu próprio interesse, acima dos interesses da cadeia, então pode ocorrer um acúmulo de estoque em até sete ou oito locais ao longo da cadeia de suprimentos. Pesquisas têm mostrado que esse acúmulo leva, em alguns casos, a até 100 dias de estoque em espera, "só por precaução" (contra 10 a 20 dias no caso normal). Outro problema que pode afetar negativamente as cadeias de suprimentos é a implementação de um modelo de negócios incorreto. O Quadro 10.2 mostra como a OfficeMax obteve benefícios valiosos de sua cadeia de suprimentos redefinindo seu modelo de negócios.

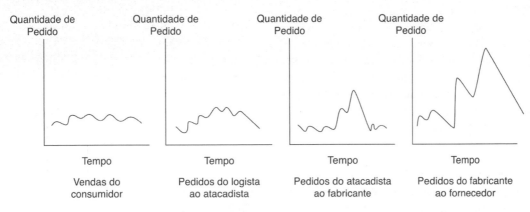

**Figura 10.2** O efeito chicote.

## TI E A EMPRESA

## 10.2. OfficeMax Toma as Rédeas de seu Estoque

OfficeMax (*www.officemax.com*) é um varejista importante no mercado de produtos de escritório, vendendo suprimentos e equipamentos de escritório para empresas e consumidores. A empresa opera superlojas em 49 estados e na América Latina, empregando mais de 30.000 trabalhadores de tempo integral e parcial.

Os executivos da OfficeMax observam que existem muitas lojas de suprimentos para escritório concorrentes, onde os clientes compram se a variedade, o atendimento e outros fatores forem mais atraentes. Além dessa competição intensa, mudanças não antecipadas no mercado de computadores e outros produtos relacionados à empresa, juntamente com uma queda nos gastos do consumidor devido à economia recessiva, forçaram a empresa a reconsiderar os principais elementos de sua estratégia e analisar suas operações de negócio.

Essa análise revelou que o modelo de negócios da empresa era falho. A OfficeMax estabeleceu processos da cadeia de suprimentos onde suas lojas de varejo individuais pediam produtos de fornecedores, e os fornecedores enviavam produtos diretamente às lojas. Esse processo, conhecido como *ambiente direto para a loja*, exigia que as lojas individuais comprassem produtos em quantidades mínimas, que eram determinadas pelas quantidades de pedido mínimo do fornecedor, em vez das necessidades da loja. O ambiente direto para a loja criou uma situação em que os níveis de estoque reais eram muito altos para os itens de pouca saída e muito baixo para itens de grande saída. Assim, a OfficeMax regularmente experimentava faltas de itens de alta demanda, o que causava o aumento da insatisfação do cliente para níveis inaceitáveis. Além disso, a empresa tinha custos de manutenção de estoque muito altos.

Havia muitos outros problemas com o ambiente direto para a loja. A empresa não tinha pontos de distribuição intermediários, de modo que seu estoque inteiro tinha que estar localizado em suas lojas. Esse problema foi tão grave que afetou os layouts da loja. As lojas tinham o estoque empilhado até o teto, impedindo grande parte da iluminação. Os clientes não apenas não gostavam da falta de luz, mas reclamavam que tinham dificuldades para percorrer a loja quando entravam nos "grandes vales".

Além disso, os funcionários das lojas tinham que administrar as mercadorias que chegavam, em vez de usar seu tempo com os clientes. As lojas de varejo tinham que esperar mais de um mês para receber estoque de reposição, e as lojas individuais recebiam centenas de pequenas remessas toda semana. Além disso, a empresa não podia tirar proveito do preço por quantidade dos fornecedores, pois as lojas individuais não pediam produtos o suficiente para se qualificarem para os descontos por quantidade. Os fornecedores também não estavam satisfeitos, pois tinham que entregar para milhares de lugares, um processo muito ineficaz e caro.

Para ajudar a contornar esses inúmeros problemas, a OfficeMax desenvolveu um novo modelo da cadeia de suprimentos. O componente principal do novo modelo foi o estabelecimento de três grandes centros de distribuição intermediários, para eliminar a remessa direta de produtos dos vendedores para as lojas.

Hoje, mais de 95% do estoque da OfficeMax é reposto por meio desses centros. Esse novo arranjo beneficiou a empresa de várias maneiras. Primeiro, os centros de distribuição permitem a agregação da demanda pelas lojas e reduziram substancialmente o número de entregas para cada loja. Além disso, o tempo do ciclo de reposição para as lojas OfficeMax melhorou de 35 dias para 8 dias. Finalmente, a empresa reduziu US$ 400 milhões em estoque.

*Fontes:* Compilado de "mySAP Supply Chain Management at OfficeMax", SAP Case Study, *www.sap.com*, acessado em 4 de abril de 2009; *www.officemax.com*, acessado em 15 de março de 2009.

### PERGUNTAS

1. Discuta a importância de analisar o modelo de negócios de uma empresa antes de analisar sua cadeia de suprimentos.
2. Descreva os problemas que a OfficeMax experimentou com seu modelo da cadeia de suprimentos direto para a loja.
3. Explique como o novo modelo da cadeia de suprimentos beneficiou a OfficeMax.

■ **Soluções para os Problemas da Cadeia de Suprimentos**

Os problemas da cadeia de suprimentos podem ser muito dispendiosos. Durante as crises do petróleo da década de 1970, por exemplo, a Ryder Systems, uma grande empresa de caminhões, comprou uma refinaria para controlar a parte cadeia acima da cadeia de suprimentos e garantir a disponibilidade imediata de gasolina para seus caminhões. Essa estratégia é conhecida como integração vertical. A **integração verti-**

**cal** é uma estratégia em que uma empresa compra seus fornecedores cadeia acima para garantir que seus suprimentos essenciais estejam disponíveis assim que forem necessários. A Ryder vendeu a refinaria mais tarde, porque não poderia controlar um negócio que não conhecia e o petróleo se tornou mais abundante.

A decisão da Ryder de integrar verticalmente não foi o método ideal para controlar sua cadeia de suprimentos. No restante desta seção, veremos outras soluções possíveis para os problemas da cadeia de suprimentos, muitos com o apoio da TI.

Usando estoques para resolver problemas da cadeia de suprimentos. Sem dúvida, a solução mais comum é a **criação de estoques** como garantia contra as incertezas da cadeia de suprimentos. O problema principal dessa técnica é que é muito difícil determinar corretamente os níveis de estoque para cada produto e peça. Se os níveis definidos de estoque forem muito altos, os custos de manutenção do estoque aumentarão muito. (Além disso, como já vimos, o excesso de estoques em vários pontos na cadeia de suprimentos pode resultar no "efeito chicote".) Se o estoque for muito baixo, não haverá garantias contra a alta demanda ou tempos de entrega lentos. Nesses casos, os clientes não recebem o que desejam, quando desejam ou precisam. O resultado é a perda de clientes e receita. De qualquer forma, o custo total – incluindo os custos de manutenção de estoque, os custos de oportunidades de vendas perdidas e os custos de desenvolver uma reputação ruim – pode ser muito alto. Assim, as empresas fazem grandes esforços para otimizar e controlar estoques.

Uma iniciativa bem conhecida para otimizar e controlar estoques é o **sistema de estoque** *just in time* (**JIT** ou "na hora certa"), que tenta reduzir os estoques. Ou seja, em um processo de manufatura, os sistemas JIT entregam o número preciso de peças, chamado estoque de **trabalho em processo**, em que os materiais e as peças chegam exatamente quando e onde forem necessários para a produção.

Compartilhamento de informações. Outro modo comum de solucionar problemas da cadeia de suprimentos, especialmente de melhorar as previsões de demanda, é *compartilhar informações* ao longo da cadeia de suprimentos. Esse compartilhamento pode ser facilitado pelo intercâmbio eletrônico de dados e pelas extranets, assuntos que discutiremos na próxima seção.

Um dos exemplos mais notáveis do compartilhamento de informações ocorre entre grandes fabricantes e varejistas. Por exemplo, o Walmart oferece à Procter & Gamble acesso a informações de vendas diárias de cada loja para cada item que a P&G fabrica para o Walmart. Esse acesso permite que a P&G controle a *reposição de estoque* para as lojas Walmart. Monitorando os níveis de estoque, a P&G sabe quando os estoques estão abaixo do limite para cada produto em qualquer loja Walmart. Esses dados disparam uma reposição imediata.

Esse compartilhamento de informações entre o Walmart e a P&G é feito automaticamente. Isso faz parte de uma estratégia de estoque controlado pelo fornecedor. O **estoque controlado pelo fornecedor** (**VMI,** do inglês *vendor-managed inventory*) ocorre quando um varejista não controla o estoque de determinado produto ou grupo de produtos. Em vez disso, o fornecedor controla todo o processo de estoque. A P&G possui acordos semelhantes com outros grandes varejistas. A vantagem para a P&G é a informação exata e oportuna sobre a demanda do consumidor por seus produtos. Assim, a P&G pode planejar a produção com mais precisão, reduzindo o efeito chicote.

### Antes de Prosseguir...
1. Diferencie entre o modelo *push* e o modelo *pull*.
2. Descreva os diversos problemas que podem ocorrer ao longo da cadeia de suprimentos.
3. Discuta as possíveis soluções para os problemas ao longo da cadeia de suprimentos.

## 10.3. Suporte da Tecnologia da Informação para a Gestão da Cadeia de Suprimentos

É claro que os sistemas de SCM são essenciais para a operação bem-sucedida de muitas empresas. Conforme observamos, esses sistemas – e os SIIs em geral – contam com várias formas de TI para resolver problemas. Três tecnologias em particular oferecem suporte para SIIs e sistemas de SCM: intercâmbio eletrônico de dados, extranets e serviços web. Já comentamos sobre os serviços web no Capítulo 5. Nesta seção, examinaremos as outras duas tecnologias.

▪ **Intercâmbio Eletrônico de Dados (EDI)**

**Intercâmbio eletrônico de dados** (**EDI**) é um padrão de comunicação que permite que os parceiros comerciais troquem documentos de rotina, como ordens de compra, eletronicamente. O EDI formata esses documentos de acordo com padrões combinados (por exemplo, formatos de dados). Depois, transmite mensagens usando um conversor, chamado de *tradutor*. A mensagem atravessa uma rede de valor agregado (VAN, do inglês *value-added network*) ou a internet.

O EDI oferece muitos benefícios em comparação com um sistema de entrega manual (ver Figura 10.3). Para começar, minimiza os erros de entrada de dados, pois cada entrada é verificada pelo computador. Além disso, o tamanho da mensagem pode ser mais curto, e as mensagens são protegidas. O EDI também reduz o tempo do ciclo, aumenta a produtividade, melhora o atendimento ao cliente e minimiza o uso e o armazenamento de papel.

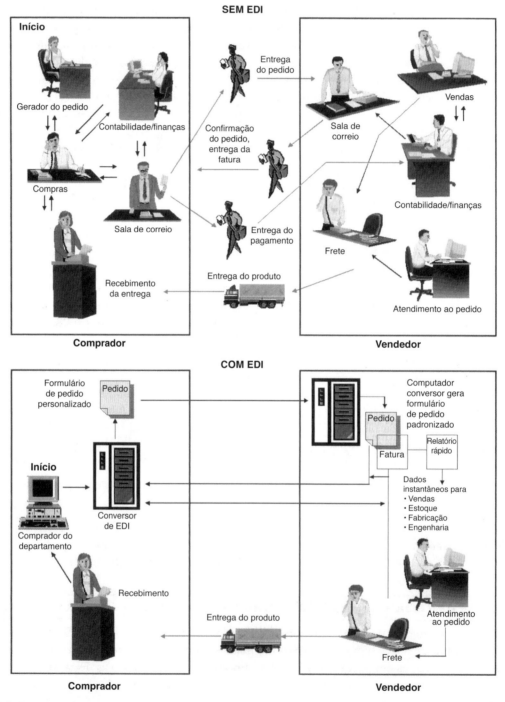

**Figura 10.3** Comparando o preenchimento de ordem de compra com e sem EDI.
*Fonte*: Desenhado por E. Turban.

Apesar de todas as vantagens do EDI, diversos fatores impedem que ele seja utilizado com mais frequência. Para começar, a implementação de um sistema de EDI envolve um investimento inicial significativo. Além disso, os custos operacionais contínuos também são altos, devido ao uso de Vans particulares e caras. Outra questão importante para algumas empresas é que o sistema de EDI tradicional é inflexível. Por exemplo, é difícil fazer alterações rápidas, como acrescentar parceiros comerciais. Além disso, um sistema de EDI requer um longo período de implementação. Mais que isso, os processos de negócio às vezes precisam ser reestruturados para se ajustar aos requisitos do EDI. Finalmente, existem vários padrões de EDI. Como resultado, uma empresa pode ter de usar vários padrões a fim de se comunicar com diferentes parceiros comerciais.

EDI é especialmente problemático para pequenas empresas, por vários motivos. Primeiro, muitos sistemas de EDI exigem suporte de especialistas de TI, que gastam um grande tempo ajustando o processo de troca de dados. Esse requisito coloca os custos de implementação de EDI fora do alcance de muitas organizações menores. Outro problema para organizações menores acontece se seus parceiros maiores da cadeia de suprimentos exigirem que todos os participantes em sua cadeia de suprimentos invistam e utilizem tecnologia de EDI. Assim, as organizações menores precisam ou adotar a tecnologia de EDI, não importa o custo, ou perder parceiros comerciais significativos.

Apesar dessas complicações, EDI continua sendo popular, principalmente entre os maiores parceiros comerciais, embora esteja sendo substituído por serviços web baseados em XML. (Discutimos a XML no Guia de Tecnologia 2.) De fato, muitos provedores de serviços de EDI oferecem serviços seguros e de baixo custo pela internet, como mostra o Quadro 10.3.

## TI E A EMPRESA

### 10.3. Mount Vernon Mills Adota EDI

Mount Vernon Mills (*www.mvmills.com*) fabrica produtos têxteis para os mercados de roupas, industrial, institucional e comercial. A empresa tem aproximadamente 3.600 funcionários e opera 14 instalações de produção nos Estados Unidos. A firma recentemente enfrentou um dilema de EDI. Por um lado, poderia ela integrar sistemas de EDI em sua infraestrutura de TI corporativa para dar suporte à conectividade com seus maiores parceiros da cadeia de suprimentos? Por outro lado, seus fornecedores menores se sentiriam pressionados ou sem direitos se a empresa passasse para EDI como seu meio preferido para intercâmbio de dados?

Após uma extensa pesquisa nos sistemas de EDI, a Mount Vernon Mills implementou o EDI Integrator, um provedor de solução de EDI abrangente, desenvolvido pela EXTOL (*www.extol.com*). Para implementar o EDI Integrator, a Mount Vernon Mills teve que atualizar sua infraestrutura e realinhar estrategicamente seus recursos de TI. Para conseguir esses objetivos, a empresa consolidou seus recursos de TI em um único local – sua sede corporativa em Maudlin, Carolina do Sul. Esse processo permitiu que a empresa eliminasse a sobrecarga e a duplicação de recursos. Além do mais, com a implementação do novo sistema de EDI, todos os dados de seus parceiros da cadeia de suprimentos foram direcionados por um único local e um único sistema.

O EDI Integrator também permitiu que a Mount Vernon Mills trocasse dados instantaneamente e de modo econômico com seus parceiros da cadeia de suprimentos, preparados para EDI. Ao mesmo tempo, o sistema era flexível o suficiente para transmitir documentos EDI não tradicionais, como planilhas, arquivos simples e até mesmo e-mails.

Depois que a implementação foi concluída e o sistema estava totalmente funcional, a Mount Vernon Mills conseguiu processar pedidos com muito mais eficiência. Além disso, o sistema reduziu o número de horas intensivas de mão de obra dedicadas para redigitar dados impressos de clientes e fornecedores.

*Fontes:* Compilado de J. Utsler, "Grist for the Mill", IBM Systems Magazine, abril de 2009; "Mount Vernon Mills Selects EXTOL To Execute a Total Customer Satisfaction Supply Chain Strategy", EXTOL Customer Success Story, junho de 2008; *www.mvmills.com* e *www.extol.com*, acessados em 3 de abril de 2009.

**PERGUNTAS**

1. Uma empresa deve garantir conectividade com parceiros maiores da cadeia de suprimentos e correr o risco de perder a conectividade com parceiros menores da cadeia de suprimentos? Existe algum meio termo? Justifique sua resposta.

2. Que benefícios a Mount Vernon Mills observou com a implementação do EDI?

■ **Extranets**

Para implementar SIIs e sistemas de SCM, é necessário conectar as intranets de diferentes parceiros comerciais para criar extranets. Conforme discutimos nos capítulos anteriores, as extranets unem parceiros comerciais pela internet, oferecendo acesso a certas áreas das intranets corporativas uns dos outros (ver Figura 10.4).

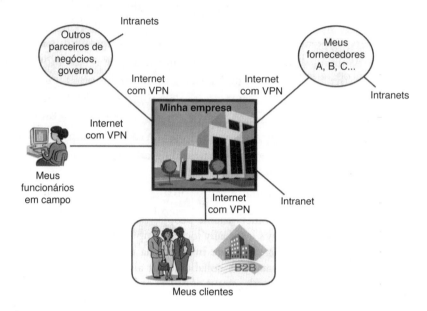

**Figura 10.4** Estrutura de uma extranet.

O objetivo principal das extranets é promover a colaboração entre parceiros comerciais. Uma extranet é aberta a fornecedores B2B, clientes e outros parceiros comerciais selecionados. Esses indivíduos a acessam por meio da internet. As extranets permitem que as pessoas localizadas fora de uma empresa trabalhem em conjunto com os funcionários localizados internamente na empresa. Uma extranet permite que parceiros comerciais externos entrem na intranet corporativa, por meio da internet, acessem dados, façam pedidos, verifiquem o status desses pedidos, se comuniquem e colaborem entre si. Ela também permite que os parceiros realizem atividades de autoatendimento, como verificar o status dos pedidos ou níveis de estoque.

As extranets utilizam a tecnologia de rede privada virtual (VPN, do inglês Virtual *Private Network*) para tornar a comunicação pela internet mais segura. A extranet baseada na internet é muito menos dispendiosa do que as redes proprietárias. É uma ferramenta técnica não proprietária que pode apoiar a rápida evolução da comunicação e do comércio eletrônico. Os principais benefícios das extranets são processos e fluxos de informação mais rápidos, entrada de pedidos e atendimento ao cliente melhorados, menores custos (por exemplo, para comunicações, viagens e encargos administrativos) e melhoria geral na eficácia da empresa.

Tipos de extranets. Dependendo dos parceiros comerciais envolvidos e da finalidade da cadeia de suprimentos, existem três tipos principais de extranets. Analisaremos cada um a seguir, junto com suas principais aplicações de negócios.

Uma empresa e seus revendedores, clientes ou fornecedores. Essa extranet é centrada em uma empresa. Um exemplo seria a extranet da FedEx, que permite que os clientes rastreiem o status de uma encomenda. Para isso, os clientes utilizam a internet para acessar um banco de dados na intranet da FedEx. Ao permitir que um cliente verifique a localização de um pacote, a FedEx evita o custo de ter um operador humano realizando essa tarefa pelo telefone.

A extranet de um setor. Assim como uma única empresa pode montar uma extranet, os principais participantes de um setor podem se reunir para criar uma extranet que beneficiará todos eles. Por exemplo, a ANXeBusiness (*www.anx.com*) permite que empresas colaborem de forma eficaz por meio de uma rede que oferece um meio global seguro para a troca de informações *business-to-business*. A ANX Network é usada para transações de empresas de missão crítica conduzindo organizações internacionais aeroespaciais, automotivas, químicas, eletrônicas, de serviços financeiros, saúde, logística, fabricação, transporte e setores relacionados. A rede oferece aos clientes serviços confiáveis de extranet e VPN.

### ■ *Joint ventures* e outras Parcerias Comerciais

Nesse tipo de extranet, os parceiros em uma *joint venture* utilizam a extranet como veículo para as comunicações e a colaboração. Um exemplo é a extranet do Bank of America para empréstimos comerciais. Os parceiros envolvidos em tais empréstimos são um emprestador, um agente de empréstimos e uma empresa de títulos. A extranet conecta emprestadores, candidatos a empréstimo e a organização financeira, o Bank of America. Um caso semelhante é a Lending Tree (*www.lendingtree.com*), empresa que fornece cotas de hipoteca para casas e também vende hipotecas on-line. A Lending Tree usa uma extranet para seus parceiros comerciais (por exemplo, os emprestadores).

### ■ Portais e Centros de Negócios

Conforme discutimos no Capítulo 5, os portais corporativos oferecem um único ponto de acesso por meio de um navegador web para informações comerciais críticas em uma organização. No contexto da gestão da cadeia de suprimentos entre empresas, esses portais permitem que as empresas e seus fornecedores colaborem muito de perto.

Existem dois tipos básicos de portais corporativos: portais de aquisição (*sourcing*) para os fornecedores de uma empresa (*upstream* na cadeia de suprimentos) e portais de distribuição para os clientes de uma empresa (*downstream* na cadeia de suprimentos). Os **portais de aquisição** automatizam os processos de negócio na compra ou aquisição de produtos entre um único comprador e vários fornecedores. Por exemplo, a Boeing implantou um portal de aquisição chamado Boeing Supplier Portal, através do qual ela realiza negócios com seus fornecedores. Os **portais de distribuição** automatizam os processos de negócio envolvidos na venda ou distribuição de produtos de um único fornecedor para vários compradores. Por exemplo, a Dell atende seus clientes comerciais através do seu portal de distribuição em *http://premier.dell.com*. Os portais oferecem uma alternativa a redes remotas proprietárias.

## Antes de Prosseguir...

1. Defina EDI e liste seus principais benefícios e limitações.
2. Defina uma extranet e explique sua infraestrutura.
3. Liste e defina rapidamente os principais tipos de extranets.
4. Diferencie portais de aquisição e portais de distribuição.

## O que a **TI** pode me proporcionar?

### ■ Para o Setor de Contabilidade

O contador de custos desempenhará um papel importante no desenvolvimento e monitoramento das informações de contabilidade financeira associadas ao estoque e custo das mercadorias vendidas. Em uma cadeia de suprimentos, grande parte dos dados para esses requisitos contábeis fluirá para a organização a partir de vários parceiros dentro da cadeia. Fica a critério do contador chefe, o controlador ou CFO, preparar e analisar esses dados.

Avançando um pouco mais, as regras e os regulamentos de contabilidade e a transferência de dados entre fronteiras são críticos para o comércio global. Os SIIs podem facilitar esse comércio. Outras questões que são importantes para contadores são os impostos e os relatórios para o governo. Além disso, a criação de sistemas de informação que contam com EDI exige a atenção de contadores. Finalmente, a detecção de fraude nos ambientes globais (por exemplo, em transferências de fundos) pode ser facilitada por controles apropriados e auditoria.

### ▪ Para o Setor de Finanças

Em uma cadeia de suprimentos, o setor de finanças será responsável por analisar os dados criados e compartilhados entre os parceiros da cadeia de suprimentos. Em muitos casos, o analista financeiro assumirá a responsabilidade por recomendar ações para melhorar as eficiências da cadeia de suprimentos e o fluxo de caixa. Isso poderá beneficiar todos os parceiros da cadeia. Essas recomendações serão baseadas no desenvolvimento de modelos financeiros que incorporam as principais suposições, como os acordos de parceria da cadeia de suprimentos para a definição de preços. Com o uso de uma extensa modelagem financeira, o analista financeiro ajuda a gerenciar a liquidez na cadeia de suprimentos.

Existem muitas questões relacionadas às finanças na implementação de SIIs. Para começar, o estabelecimento de relacionamentos de EDI e extranet envolvem a estruturação de acordos de pagamento. As cadeias de suprimentos globais podem envolver arranjos financeiros complexos, que podem ter implicações legais.

### ▪ Para o Setor de Marketing

Uma quantidade tremenda de informações de vendas úteis pode ser derivada dos parceiros da cadeia de suprimentos por meio dos sistemas de informação de suporte. Por exemplo, muitas das atividades de suporte do cliente ocorrem na parte *downstream* da cadeia de suprimentos. Para o gerente de marketing, é fundamental conhecer como as atividades *downstream* da cadeia de suprimentos se relacionam com as operações da cadeia anterior.

Além do mais, uma grande quantidade de dados é alimentada dos sistemas de informação que apoiam a cadeia de suprimentos para os sistemas de CRM que são usados pelos profissionais de marketing. As informações e o conhecimento completo de sua origem são vitais para os programas de marketing com modelo misto.

O segmento *downstream* das cadeias de suprimentos é onde são realizados o marketing, os canais de distribuição e o atendimento ao cliente. Um conhecimento de como as atividades *downstream* estão relacionadas aos outros segmentos é crítico. Os problemas da cadeia de suprimentos podem reduzir a satisfação do cliente e impedir os esforços do marketing. Portanto, é essencial que os profissionais de marketing entendam a natureza desses problemas e suas soluções. Além disso, aprender sobre CRM, suas opções e sua implementação é importante para o projeto eficaz dos serviços ao consumidor e propaganda.

À medida que a concorrência se intensifica globalmente, encontrar mercados globais novos torna-se crítico. O uso de SIIs oferece uma oportunidade para melhorar o marketing e as vendas. Entender as capacidades dessas tecnologias e suas questões de implementação permitirá que o departamento de marketing se sobressaia.

### ▪ Para o Setor de Produção/Operações

O setor de gerenciamento de produção/operações desempenha um papel importante no processo de desenvolvimento da cadeia de suprimentos. Em muitas organizações, o pessoal de produção/operações pode até mesmo liderar o processo de integração da cadeia de suprimentos, devido ao extenso conhecimento dos componentes de fabricação da organização. Por estarem encarregados da aquisição, produção, controle de materiais, manuseio logístico, um conhecimento abrangente das técnicas de SCM é vital para o pessoal de produção/operações.

### ▪ Para o Setor de Recursos Humanos

As cadeias de suprimentos exigem interações entre os funcionários das parcerias na cadeia. Essas interações são de responsabilidade do gerente de Recursos Humanos, e ele deve ser capaz de resolver as questões da cadeia de suprimentos que se relacionam às pessoas, descrições e rotatividade de cargos, além da prestação de contas. Todas essas áreas são complexas dentro de uma cadeia de suprimentos e exigem que a função de RH entenda o relacionamento entre os parceiros, bem como a movimentação de recursos.

A preparação e o treinamento de funcionários para trabalhar com parceiros comerciais (frequentemente em outros países) exigem conhecimento sobre como os SIIs operam. A sensibilidade às diferenças culturais e a comunicação e colaboração extensas podem ser facilitadas pela TI.

▪ **Para o Setor de TI**

O pessoal de TI será fundamental no projeto e suporte dos sistemas de informação – tanto dentro da organização quanto interorganizacionais – para apoiar os processos de negócio que fazem parte da cadeia de suprimentos. Nessa capacidade, o pessoal de TI precisa ter um conhecimento conciso da empresa, dos sistemas e dos pontos de interseção entre os dois.

---

**Resumo**

1. **Definir o termo cadeia de suprimentos e discutir os três componentes de uma cadeia de suprimentos.**

    Uma cadeia de suprimentos refere-se ao fluxo de materiais, informações, dinheiro e serviços dos fornecedores de matéria-prima, passando por fábricas e depósitos, até os consumidores finais. Uma cadeia de suprimentos envolve três segmentos: cadeia acima (ou *upstream*), onde ocorre o *sourcing* ou a aquisição de fornecedores externos; interno, onde ocorre o empacotamento, montagem ou fabricação; e cadeia abaixo (ou *downstream*), onde ocorre a distribuição, normalmente por distribuidores externos.

2. **Definir a gestão da cadeia de suprimentos e entender seus objetivos.**

    A função da gestão da cadeia de suprimentos (SCM, do inglês *Supply Chain Management*) é planejar, organizar e otimizar as atividades realizadas ao longo da cadeia de suprimentos. Assim como outras áreas funcionais, SCM utiliza sistemas de informação. O objetivo dos sistemas de SCM é reduzir o atrito ao longo da cadeia de suprimentos. O atrito pode envolver o aumento de tempo, custos e estoques, além da diminuição da satisfação do cliente. Os sistemas de SCM, então, reduzem a incerteza e os riscos, diminuindo os níveis de estoque e o tempo de ciclo, e melhorando os processos de negócio e o atendimento ao cliente.

3. **Identificar diversos problemas que podem ocorrer ao longo das cadeias de suprimentos.**

    O atrito pode se desenvolver dentro de uma cadeia de suprimentos. As consequências do atrito incluem um fraco atendimento ao cliente, entregas atrasadas de produtos e serviços, produtos e serviços de má qualidade, altos custos de estoque e perda de receitas. Outro problema com as cadeias de suprimentos é o efeito chicote, que se refere a mudanças erráticas nos pedidos, para cima e para baixo, na cadeia de suprimentos. Finalmente, modelos comerciais incorretos podem causar problemas com as cadeias de suprimentos.

4. **Explicar como a tecnologia da informação dá suporte ao gerenciamento da cadeia de suprimentos.**

    EDI (Electronic Data Interchange) é um padrão de comunicação que permite a transferência eletrônica de documentos de rotina, como, ordens de compra entre parceiros comerciais. Ele formata esses documentos de acordo com padrões combinados. EDI reduz custos, atrasos e erros inerentes a um sistema manual de entrega de documentos.

    Extranets são redes que unem parceiros comerciais pela internet, oferecendo acesso a certas áreas das intranets corporativas um do outro. O objetivo principal das extranets é promover a colaboração entre parceiros comerciais. Os principais benefícios das extranets incluem processos e fluxo de informação mais rápidos, melhor entrada de pedidos e atendimento ao cliente, menores custos e melhoria geral na eficácia da empresa.

    Os portais corporativos permitem a colaboração de perto entre as empresas e seus fornecedores. Existem dois tipos básicos de portais corporativos: portais de aquisição e portais de distribuição. Os de aquisição automatizam os processos de negócio na compra de produtos entre um único comprador e vários fornecedores. Os portais de distribuição automatizam os processos de negócios envolvidos na venda ou distribuição de produtos de um único fornecedor para vários compradores.

## Glossário

**efeito chicote** (*bullwhip effect*) Mudanças erráticas nos pedidos, para cima e para baixo, na cadeia de suprimentos.

**estoque controlado pelo fornecedor (VMI,** do inglês *vendor-managed inventory*) Uma estratégia de estoque na qual o fornecedor monitora o estoque de um vendedor para um produto ou grupo de produtos e repõe o produto quando necessário.

**gestão da cadeia de suprimentos** Uma atividade em que a liderança de uma organização oferece ampla supervisão para as parcerias e processos que compreendem a cadeia de suprimentos e aproveita esses relacionamentos para fornecer uma vantagem operacional.

**integração vertical** Estratégia de integrar a parte *upstream* da cadeia de suprimentos com a parte interna, normalmente comprando os fornecedores cadeia acima, a fim de garantir a pronta disponibilidade de suprimentos.

**intercâmbio eletrônico de dados (EDI)** Um padrão de comunicação que permite a transferência eletrônica de documentos de rotina entre parceiros comerciais.

**modelo *pull*** Um modelo de negócios em que o processo de produção começa com um pedido do cliente e as empresas fabricam apenas o que os clientes querem, um processo bastante parecido com a customização em massa.

**modelo *push*** Um modelo em que o processo de produção começa com uma previsão, que prevê os produtos que os clientes desejarão, bem como a quantidade de cada produto. A empresa, então, produz a quantidade de produtos na previsão, normalmente usando a produção em massa, e venda, ou "empurra" esses produtos aos consumidores.

**portais de aquisição** Portais corporativos que automatizam os processos de negócio na compra ou aquisição de produtos entre um único comprador e vários fornecedores.

**portais de distribuição** Portais corporativos que automatizam os processos de negócio envolvidos na venda ou distribuição de produtos de um único fornecedor para vários compradores.

**sistema de estoque *just in time* (JIT)** Um sistema em que um fornecedor entrega o número exato de peças a serem montadas em um produto acabado, exatamente quando e onde forem necessárias para a produção.

**sistema de informações interorganizacionais (SII)** Um sistema de informações que dá suporte ao fluxo de informações entre duas ou mais organizações.

**velocidade do estoque** O tempo entre o recebimento das mercadorias que chegam e o despacho dos produtos acabados, na saída.

**visibilidade da cadeia de suprimentos** A capacidade para todas as organizações em uma cadeia de suprimentos acessarem ou verem dados relevantes sobre os materiais adquiridos à medida que esses materiais se movem pelos processos de produção de seus fornecedores.

## Questões para Discussão

1. Liste e explique os componentes importantes de uma cadeia de suprimentos.
2. Consulte o caso inicial do capítulo, sobre a Disney. Diferencie entre as cadeias de suprimentos para os produtos digitais e os produtos físicos. Desenhe a cadeia de suprimentos para a Disney. Rotule os componentes *upstream*, interno e *downstream*.
3. Explique como uma técnica da cadeia de suprimentos pode fazer parte da estratégia geral de uma empresa.
4. Explique o importante papel que os sistemas de informação desempenham no suporte a uma estratégia de cadeia de suprimentos.
5. A Rolls-Royce Motorcars (*www.rolls-royce-motorcars.com*) usaria um modelo *push* ou um modelo *pull* em sua cadeia de suprimentos? Justifique sua resposta.
6. Por que o planejamento é tão importante na gestão da cadeia de suprimentos?
7. Diferencie entre EDI e extranets.

## Atividades de Solução de Problemas

1. Vá até um banco e descubra o processo e as etapas de obtenção de uma hipoteca para uma casa. Desenhe a cadeia de suprimentos.
2. A General Electric Information Systems é o maior provedor de serviços de EDI. Investigue quais serviços a GEIS e outros vendedores de EDI oferecem. Se você tivesse que avaliar seus serviços para a sua empresa, como você planejaria abordar a avaliação? Prepare um relatório.

## Atividades na Web

1. Entre na Teradata Student Network e descubra os *podcasts* que lidam com as cadeias de suprimentos (por Jill Dyche). Identifique os benefícios citados nos *podcasts*.
2. Acesse *www.ups.com* e *www.fedex.com*. Examine alguns dos serviços ao cliente apoiados pela TI e as ferramentas fornecidas pelas duas empresas. Escreva um relatório sobre como as duas empresas contribuem para as melhorias na cadeia de suprimentos.
3. Visite *www.supply-chain.org, www.cio.com, www.findarticles.com* e *www.google.com* e procure informações recentes sobre gestão da cadeia de suprimentos.
4. Acesse a página de informações do Boeing Supplier Portal no endereço *http://www.boeing.com/companyoffices/doingbiz/supplier_portal/Supplier_Portal.htm*. Descreva alguns dos muitos serviços oferecidos lá para os fornecedores das Boeing.
5. Navegue pela web para encontrar um portal de aquisição (*sourcing*), um portal de distribuição e um centro de negócios (que não sejam os exemplos neste capítulo). Liste os recursos que eles têm em comum e os que são exclusivos.

## Trabalhos em Equipe

1. Cada grupo da turma será atribuído a um dos principais fornecedores de gerenciamento da cadeia de suprimentos, como SAP, Oracle, i2, IBM etc. Cada grupo investigará assuntos como: (a) os produtos; (b) principais capacidades; (c) relacionamento com o gerenciamento de relacionamento com o cliente; e (d) histórias de sucesso do cliente. Cada grupo preparará uma apresentação para a turma, tentando convencê-la por que o produto de software desse grupo é o melhor.
2. Peça que cada equipe localize várias organizações que utilizam SIIs, incluindo uma com um alcance global. Os alunos devem entrar em contato com as empresas para descobrir qual suporte à tecnologia de SII elas utilizam (por exemplo, um EDI, extranet etc.). Depois, descubra quais problemas elas enfrentaram na implementação. Prepare um relatório.

## Caso Final

### Anheuser-Busch Integra Pensamento "Verde" à Cadeia de Suprimentos

O Problema da Empresa Anheuser-Busch (*www.anheuser-busch.com*) é um fabricante de bebidas para adultos que foi inaugurado como uma cervejaria bávara em 1852. Hoje, a Busch sediada em St. Louis é a maior cervejaria dos EUA, com 48,5 por cento das vendas de cerveja nos EUA. A empresa fermenta as cervejas mais vendidas do mundo, Budweiser e Bud Light. Atualmente, a Busch opera 12 instalações nos Estados Unidos e distribui seus produtos no mundo inteiro.

A Anheuser-Busch tem um comprometimento a longo prazo com o gerenciamento ambiental, e inclui esse tema em sua estratégia geral de negócios. Em uma de suas instalações, um gerente observou que quase todos os materiais de embalagem que chegavam usados por fornecedores das Busch eram ativamente reciclados com a exceção da faixa de plástico usada para proteger as remessas. A composição dessa faixa de plástico era inadequada para reciclagem com outros materiais plásticos que a Busch já estava reciclando.

Em outra instalação da Busch, a empresa estava reavaliando o uso de tambores de metal de 200 litros, que transportavam produtos químicos empregados no processo de fabricação. A empresa investiu um valor significativo nos tambores, que normalmente eram usados apenas uma vez e depois descartados. Esse processo não era econômico nem ambientalmente apropriado. Portanto, a Busch buscou uma alternativa econômica para o uso desses tambores, que seria aceitável para os fornecedores da Busch.

A solução da TI Como parte da avaliação dos processos envolvendo a faixa plástica e os tambores de metal, os desenvolvedores dos sistemas Busch observaram que os sistemas de informação da cadeia de suprimentos da empresa eram flexíveis o bastante para permitir que as empresas membro incluíssem materiais de remessa como parte da descrição de cada produto. Assim, essas empresas poderiam ser responsáveis ou modificar qualquer aspecto dos materiais de remessa que elas usavam e ainda acompanhar os materiais como parte do produto. O sistema permitiria que as empresas estabelecessem medições não apenas para os próprios produtos, mas também para os materiais usados para embalá-los. Como resultado, a Busch desenvolveu um sistema para reciclar a faixa plástica e substituir os tambores de metal por recipientes reutilizáveis.

Os resultados A Busch colaborou com seus fornecedores para padronizar as especificações das faixas. A empresa agora recicla cerca de 800 toneladas de faixas plásticas de qualidade inferior a cada ano, evitando assim os custos para aterro sanitário enquanto reduz a demanda de matéria-prima. Um novo membro da cadeia de suprimentos da Busch gerencia o armazenamento e a reciclagem no local para as faixas plásticas nas instalações da Busch. A Busch também mudou as especificações de entrega para produtos químicos, passando de tambores de 200 litros para recipientes plásticos reutilizáveis de 1.100 litros, que são retornados a cada fornecedor.

As duas iniciativas resultaram em economias financeiras modestas. Porém, mais importante do que isso, elas aumentaram a reputação da Busch e o comprometimento de seus funcionários com a melhoria contínua e a conscientização ambiental. De fato, a Anheuser-Busch foi classificada como número 1 entre as empresas de bebidas na lista de empresas dos EUA e globais mais admiradas da revista *Fortune* em 2009.

*Fontes:* Compilado de "Reducing Packaging Waste for Inbound Materials", Pacific Northwest Pollution Prevention Resource Center, *www.pprc.org*, acessado em 30 de março de 2009; "Anheuser-Busch's Special Brew: Continuous Environmental Improvement", GreenBiz, 12 de junho de 2002; C. John and M. Willis, "Supply Chain Re-Engineering at Anheuser-Busch", Supply Chain Management Review, outono de 1998; *www.anheuser-busch.com*, acessado em 31 de março de 2009.

## PERGUNTAS

1. As economias de custo devem ser o fator mais importante na influência das decisões da cadeia de suprimentos?

2. Descreva os benefícios que a Anheuser-Busch obteve com sua iniciativa da cadeia de suprimentos. Designe quais benefícios são tangíveis (quantificáveis) e quais não são.

# Capítulo 11
# Sistemas de Apoio Gerencial

## O que a **TI** pode me proporcionar?

## Caso Inicial

### Blue Mountain Resorts Coloca a Inteligência de Negócios para Funcionar
■ **O Problema da Empresa**

O Blue Mountain Resort (*www.bluemountain.ca*) é o maior resort em uma montanha, em Ontário, Canadá, sendo um destino procurado durante as quatro estações, seja para recreação ou conferências. É também o terceiro mais movimentado resort de esqui do Canadá, que acomoda mais de um milhão de visitantes a cada inverno e emprega mais de mil trabalhadores. Além de pistas de esqui, o resort possui trilhas para a prática de *mountain bike*, teleféricos, quadras de tênis e o nacionalmente famoso Monterra Golf Course.

Em 1999, uma companhia aberta, operadora de resorts norte-americana, chamada Intrawest (*www.intrawest. com*), adquiriu uma participação de 50% no Blue Mountain Resort. Depois que o Blue Mountain se tornou parte de uma cadeia pública de grande porte, foi necessário um sistema mais eficiente para informar a rentabilidade em suas 13 linhas de negócios, que incluem restaurantes, venda de bilhetes, *call centers* e hospedagem.

O sistema antigo do Blue Mountain, baseado em planilhas, não foi capaz de lidar com todas as entradas de informações do resort. Além disso, o departamento de tecnologia da informação (TI) era composto por apenas três pessoas, nenhuma das quais era responsável pela atualização e manutenção do sistema antigo. Finalmente, gastava-se muito tempo à espera de relatórios de fontes de dados diferentes, visto que o sistema não era automático.

Para atingir a eficiência necessária na comunicação, o Blue Mountain implementou um sistema de inteligência de negócios (*business intelligence*) e gestão de desempenho financeiro. O sistema tinha de ser capaz de analisar os custos do trabalho e do rendimento com o mínimo de esforço. Para executar essa tarefa, é necessário coletar e integrar dados de diferentes fontes e tipos de aplicações. Além disso, como o Blue Mountain tinha apenas três pessoas de TI, o novo sistema tinha de ser muito fácil de instalar e manter

### ■ A Solução da TI

Após uma avaliação completa de diversos sistemas de inteligência de negócios e gestão de desempenho, o Blue Mountain implementou o IBM Cognos TM1 para agilizar seu processo de gestão de desempenho. Esse pacote de software inclui planejamento, orçamento, previsão, relatórios e análise de recursos, além da tecnologia de processamento analítico on-line (OLAP). O sistema contém módulos projetados especificamente para a indústria da hospedagem. Assim, foi necessário o mínimo de customização, tornando a implementação rápida e de baixo custo.

O Blue Mountain implementou o sistema separadamente em cada atividade sazonal à medida que ela era aberta. Como o resort atrai um grande número de hóspedes na alta temporada, o sistema foi implantado primeiramente na sua divisão de hospedagem. A equipe de TI configurou o sistema financeiro com base nos dados do sistema anterior. Eles criaram um *data warehouse* para que os gerentes pudessem combinar dados históricos, informações meteorológicas e reservas, além dos horários de trabalho dos funcionários em suas análises. Uma vez que o Blue Mountain concluiu que a instalação foi bem-sucedida, implantou o sistema nos setores de hotelaria, comércio, esqui, golfe, alimentos e bebidas.

### ■ Os Resultados

O sistema Cognos TM1 trouxe benefícios em todas as linhas de negócio do Blue Mountain, especialmente no serviço de atendimento ao cliente, comércio, hotelaria e hospedagem. O resort insere os dados da mesma forma em cada linha de negócio. Os gerentes podem, então, usar a análise em tempo real para comparar e analisar os relatórios e ver o desempenho de cada departamento. Desse modo, o sistema melhorou os relatórios, transformando diferentes itens de dados em informações estratégicas de negócios.

O Cognos TM1 também permitiu ao Blue Mountain agilizar seu processo orçamentário e se afastar do antigo modelo de planilha. A equipe de marketing agora pode visualizar dados históricos e executar uma análise hipotética contra os relatórios de receita diária. Por exemplo, se um tipo de quarto ou sala em especial não está vendendo bem em 2009 como vendeu em 2008, os gestores podem comparar as variáveis que permaneceram inalteradas ao longo dos anos com as variáveis que foram alteradas. Dessa forma, podem determinar quais variáveis ocasionaram a diminuição das vendas e o que levou a isso. Depois, podem utilizar essas informações para decidir sobre a atualização de tarifas, reduzindo-as às praticadas no ano passado, ou implementar uma nova campanha de marketing para dar maior visibilidade à área afetada.

Como em todo resort, os custos com pessoal consomem uma grande parte do orçamento operacional do resort, e gerir esse item é essencial para seu sucesso. Aqui, novamente, o Blue Mountain se beneficiou com o novo sistema. Embora os custos com pessoal sejam definidos durante o processo orçamentário, o sistema Cognos TM1 permite aos gerentes ajustar o nível real do seu efetivo por dia, dependendo das condições climáticas, do número de bilhetes vendidos antecipadamente, do número de chegadas e partidas, das principais conferências e histórico de modelos de negócio. Se os níveis de pessoal excederem as restrições orçamentárias, esse excesso deve ser apurado por um diretor da área. Esse processo ajuda o resort a maximizar seus lucros.

O Blue Mountain também usa o novo sistema para gerenciar os estoques em suas lojas de aluguel de equipamentos. Por exemplo, combinam-se os dados do aplicativo da loja de aluguel de equipamentos com o número esperado de esquiadores em determinado ano para calcular o número de botas de cada tamanho que precisarão ser pedidas.

A última área crítica é o serviço de atendimento ao cliente, que deve ser ágil e prestativo. A primeira interação dos convidados com o resort é através do seu *call center*. Com o novo sistema, os gestores podem calcular o número de chamadas que receberão com base em uma série de fatores, incluindo a época do ano, a hora do dia, a proximidade de um feriado e as promoções do resort que estão em vigor. Então, eles usam essas informações para garantir que o *call center* tenha a quantidade de funcionários apropriada a cada dia.

O que o Blue Mountain conseguiu com o novo sistema? O resort está economizando US$ 2,5 milhões por ano com custos trabalhistas. Ainda mais impressionante, o resort sustenta que o retorno sobre o investimento (ROI) obtido com o novo sistema é de incríveis 1.829%. Finalmente, o Blue Mountain levou apenas um mês para recuperar todo o dinheiro que gastou para comprar e implantar o novo sistema.

*Fontes:* Compilado de "Blue Mountain Resort Scales Large Amounts of Data for Better Customer Service to Resort Guests", Financial Services Technology, 13 de janeiro de 2009; "Blue Mountain", IBM Success Case Study, *www.ibm.com,* 24 de novembro de 2008; ). Govvers, "Ski Resort Gets a Life from Business Intelligence", Baseline Magazine, 30 de julho de 2008; "ROI Case Study: Blue Mountain Resorts", *www.cognos.com,* maio de 2008; L. Tucci, "Business Intelligence Lifts Revenue at Ontario Ski Resort", SearchCIO.com, 20 de fevereiro de 2007; *www.bluemountain.ca* acessado em 15 de janeiro de 2009.

■ **O que Aprendemos com este Caso**

O caso do Blue Mountain Resorts ilustra a importância e a natureza duradoura das aplicações de inteligência de negócios (BI, do inglês *business intelligence*). As aplicações de BI permitem que os tomadores de decisão verifiquem rapidamente o status de uma empresa comercial examinando os principais indicadores de desempenho. Os gerentes do Blue Mountain precisavam de informações atualizadas, imediatas e precisas, que eles não estavam recebendo de seu sistema antigo. A implementação de aplicações de BI produziu benefícios significativos por toda a empresa, dando suporte a decisões importantes por todas as linhas de negócio da Blue Mountain.

Este capítulo descreve os sistemas de informação que apoiam os *tomadores de decisões gerenciais.* Começamos revendo a função do gerente e a natureza das decisões de hoje. Essa discussão o ajudará a entender por que o apoio computadorizado é necessário. Continuamos apresentando os conceitos de inteligência de negócios para apoiar indivíduos, grupos e organizações inteiras. Em seguida, voltamos nossa atenção para as tecnologias de visualização de dados, que ajudam os tomadores de decisão a entender o significado das imensas quantidades de dados. Finalmente, concluímos o capítulo examinando vários tipos de sistemas inteligentes e seu papel no apoio à decisão gerencial.

## 11.1. Gerentes e Tomada de Decisões

**Gerenciamento** é um processo pelo qual as metas organizacionais são atingidas com a utilização de recursos (pessoas, dinheiro, energia, materiais, espaço, tempo). Esses recursos são considerados *entradas,* e o alcance das metas é visto como a *saída* do processo. Os gerentes supervisionam esse processo na tentativa de otimizá-lo. O sucesso de um gerente normalmente é medido pela relação entre as saídas e as entradas sob sua responsabilidade. Essa relação é uma indicação da **produtividade** da organização.

■ **A Função do Gerente e a Tomada de Decisão**

Para compreender como os sistemas de informação apoiam os gerentes, primeiro é necessário entender a função do gerente. Os gerentes têm várias atividades, dependendo de sua posição na organização, do tipo e do tamanho da organização, das políticas e culturas organizacionais e das personalidades dos próprios gerentes. Apesar dessa variedade de fatores, todos os gerentes possuem três funções básicas (Mintzberg, 1973):

- *Funções interpessoais:* chefe, líder, elemento de ligação.
- *Funções informativas:* monitor, divulgador, porta-voz, analista.
- *Funções de decisão:* empreendedor, mediador de problemas, alocador de recursos, negociador.

Os primeiros sistemas de informação apoiavam principalmente as funções informativas. Nos últimos anos, foram desenvolvidos sistemas de informação que apoiam as três funções. Neste capítulo, concentraremo-nos no apoio que a TI pode proporcionar às funções de decisão.

Uma *decisão* se refere a uma escolha que indivíduos e grupos fazem entre duas ou mais alternativas. As decisões são diversificadas e tomadas continuamente. A tomada de decisão é um processo sistemático. O economista Herbert Simon (1977) descreveu o processo como composto de três etapas principais: *inteligência, projeto* e *escolha.* A Figura 11.1 ilustra o processo de decisão em quatro etapas, indicando as tarefas envolvidas em cada etapa. Observe que há um fluxo contínuo de informações da inteligência para o projeto e para a escolha (linhas sólidas), mas, em qualquer etapa, pode haver um retorno para uma etapa anterior (linhas pontilhadas).

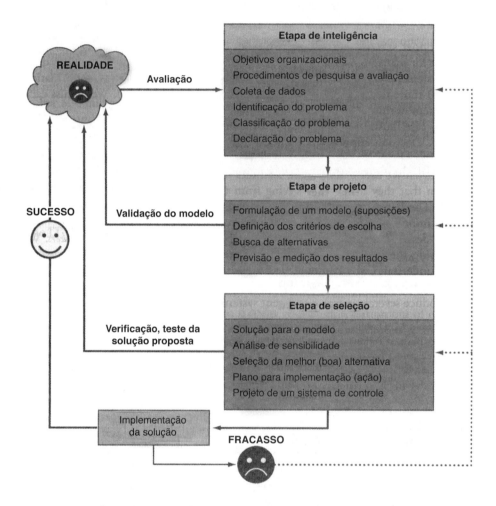

**Figura 11.1** O processo e as fases da tomada de decisão.

O processo de tomada de decisão se inicia com a *etapa de inteligência*, em que os gerentes examinam uma situação e identificam e definem o problema. Na *etapa de projeto*, os tomadores de decisão constroem um modelo que simplifica o problema. Essa etapa inclui fazer suposições que simplificam a realidade e expressar as relações entre todas as variáveis. Os gerentes, então, validam o modelo usando dados de teste. Finalmente, os tomadores de decisão definem critérios para avaliar possíveis soluções alternativas propostas. A *etapa de seleção* envolve selecionar uma solução, que é testada "no papel". Se essa solução proposta parecer viável, a tomada de decisão é implementada. A implementação é bem-sucedida quando resulta na solução do problema. O fracasso leva a um retorno às etapas anteriores. O apoio à decisão computadorizado tenta automatizar várias tarefas no processo de tomada de decisão, do qual a modelagem é a base.

▪ **Por que os Gerentes Necessitam do Apoio da TI**

É difícil tomar boas decisões sem informações válidas e relevantes. As informações são necessárias em cada etapa e atividade no processo de tomada de decisões. Apesar da ampla disponibilidade de informações, tomar decisões está se tornando cada vez mais difícil devido às seguintes tendências:

- A *quantidade de alternativas* a serem consideradas está *cada vez maior*, devido às inovações em tecnologia, à melhoria na comunicação, ao desenvolvimento de mercados globais e ao uso da Internet e do *e-business*. O segredo para uma boa tomada de decisão é explorar e comparar muitas alternativas relevantes. Quanto mais alternativas existirem, mais pesquisas e comparações auxiliadas por computador serão necessárias.

- Normalmente, as decisões precisam ser tomadas *sob pressão do tempo*. Em geral, não é possível processar manualmente as informações necessárias com rapidez suficiente para que sejam eficazes.
- Devido à crescente incerteza no ambiente de tomada de decisões, estas estão ficando mais complexas. Normalmente, é necessário *realizar uma análise sofisticada* para tomar uma decisão acertada. Essa análise requer o uso da modelagem.
- Muitas vezes é necessário acessar rapidamente informações remotas, consultar especialistas ou convocar uma reunião de tomada de decisão em grupo, tudo sem incorrer em grandes despesas. Os tomadores de decisão podem estar em locais diferentes, bem como as informações. Reunir esses elementos rapidamente e de modo pouco dispendioso pode ser uma tarefa difícil.

Essas tendências criam grandes dificuldades na tomada de decisões. Felizmente, como veremos em todo este capítulo, uma análise computadorizada pode ser de enorme ajuda.

### ■ Que Tecnologias da Informação Estão Disponíveis para Apoiar os Gerentes?

Além de ferramentas de descoberta, comunicação e colaboração (Capítulo 5), que fornecem apoio indireto à tomada de decisões, várias outras tecnologias da informação têm sido utilizadas com sucesso para apoiar os gerentes. Como já destacamos, elas são coletivamente chamadas de sistemas de inteligência de negócios (ou BI, de *Business Intelligence*) e sistemas inteligentes. Esses sistemas e suas variantes podem ser usados independentemente, ou então podem ser combinados, cada qual apresentando uma habilidade diferente. Normalmente estão relacionados ao *data warehousing* (discutido no Capítulo 4). Agora, trataremos de aspectos adicionais da tomada de decisões para contextualizar nossa discussão sobre esses sistemas. Primeiro, veremos os três diferentes tipos de decisões que os gerentes enfrentam.

### ■ Uma Estrutura para a Análise de Decisões Computadorizada

Para entender melhor os sistemas de BI e inteligentes, é importante classificar as decisões em duas dimensões principais: estrutura do problema e natureza da decisão (Gorry e Scott-Morton, 1971). A Figura 11.2 mostra um resumo da tomada de decisões de acordo com essas duas dimensões.

Natureza da decisão

| Tipo de decisão | Controle operacional | Controle da gerência | Planejamento estratégico | Apoio necessário |
|---|---|---|---|---|
| **Estruturada** | Contas a receber, entrada de pedidos **1** | Análise orçamentária, projeção de curto prazo, relatórios pessoais, análise produzir-ou-comprar **2** | Gerência financeira (investimento), local do depósito, sistemas de distribuição **3** | SIG, modelos de ciência de gerenciamento, modelos financeiros e estatísticos |
| **Semiestruturada** | Programação de produção, controle de estoque **4** | Avaliação de crédito, preparação de orçamento, layout de fábrica, programação de projeto, projeto de sistemas de premiação **5** | Construção de nova fábrica, fusões e aquisições, planejamento de novos produtos, planejamento de remuneração, planejamento de controle de qualidade **6** | SAD |
| **Não estruturada** | Escolher uma capa para uma revista, comprar software, aprovar empréstimos **7** | Negociar, contratar um executivo, comprar hardware, realizar lobby **8** | Planejamento de P&D, desenvolvimento de novas tecnologias, planejamento de responsabilidade social **9** | SAD, SE, redes neurais |
| **Apoio necessário** | SIG, ciência administrativa | Ciência administrativa, SAD, SIE, SE | SIE, SE, redes neurais | |

**Figura 11.2** Estrutura de apoio à decisão. A tecnologia é usada para apoiar as decisões mostradas na coluna à extrema direita e na fileira inferior.

Estrutura do Problema. A primeira dimensão é a *estrutura do problema*, em que os processos de tomada de decisões são distribuídos ao longo de uma série contínua que varia de decisões altamente estruturadas a decisões altamente não estruturadas (veja a coluna esquerda na Figura 11.2). As *decisões estruturadas* referem-se a problemas de rotina e repetitivos, para os quais existem soluções padronizadas, como o controle de estoques. Em um problema estruturado, as três primeiras etapas do processo de decisão (inteligência, projeto e escolha) são dispostas em determinada sequência, e os procedimentos para obter a melhor solução (ou pelo menos uma suficientemente boa) são conhecidos. Dois critérios básicos usados para avaliar as soluções propostas são a minimização dos custos e a maximização dos lucros.

Na outra ponta da complexidade do problema estão as decisões *não estruturadas*, que se referem a problemas complexos e "difusos", para os quais não existem soluções prontas. Um problema não estruturado é aquele no qual a inteligência, o projeto e a escolha não estão organizados em uma sequência específica. Nesse tipo de problema, a intuição humana frequentemente é a base para a tomada de decisões. Os problemas não estruturados típicos incluem o planejamento da oferta de novos serviços, a contratação de um executivo e a escolha de um conjunto de projetos de pesquisa e desenvolvimento (P&D) para o ano seguinte.

Entre os problemas estruturados e não estruturados estão os problemas *semiestruturados*, nos quais apenas algumas das etapas do processo de decisão são estruturadas. Esses problemas exigem uma combinação de procedimentos de solução padrão e julgamento individual. Exemplos de problemas semiestruturados seriam a avaliação dos funcionários, a definição dos orçamentos de marketing para bens de consumo, a análise de aquisição de capital e a comercialização de títulos.

Natureza das Decisões. A segunda dimensão do apoio à decisão trata da *natureza das decisões*. Podemos definir três categorias principais que abrangem todas as decisões gerenciais:

- *Controle operacional* – a execução eficiente e eficaz de tarefas específicas.
- *Controle administrativo* – a aquisição e o uso eficiente de recursos para alcançar as metas organizacionais.
- *Planejamento estratégico* – as metas de longo prazo, políticas de crescimento e alocação de recursos.

Essas categorias aparecem no alto da Figura 11.2.

Matriz de Decisões. As três classes básicas da estrutura do problema e as três principais categorias da natureza de decisão podem ser combinadas em uma matriz de apoio à decisão formada por nove células, como mostra a Figura 11.2. Os gerentes de nível hierárquico inferior geralmente executam as tarefas estruturadas e voltadas para o controle operacional (células 1, 2 e 4). As tarefas nas células 3, 5 e 7 costumam ser de responsabilidade dos gerentes intermediários e da equipe profissional. Finalmente, as tarefas nas células 6, 8 e 9 são, principalmente, de responsabilidade dos executivos seniores.

### ■ Apoio Computadorizado para Decisões Estruturadas

O apoio computadorizado para as nove células da matriz é mostrado na coluna à extrema direita e na linha inferior da Figura 11.2. As decisões estruturadas e algumas decisões semiestruturadas, especialmente as de controle operacional e administrativo, têm sido apoiadas por computadores desde a década de 1950. As decisões desse tipo são tomadas em todas as áreas funcionais, mas sobretudo no gerenciamento de finanças e operações.

Em geral, os problemas que os gerentes do nível inferior enfrentam regularmente apresentam alto nível estrutural, como orçamento de capital (por exemplo, troca de equipamentos), alocação de recursos, distribuição de mercadorias e controle de estoques. Para cada tipo de decisão estruturada, foram desenvolvidas soluções por meio de fórmulas matemáticas. Esse método é chamado de *ciência da administração* ou *pesquisa operacional* e também é executado com o auxílio de computadores.

Conforme já observamos, os sistemas de inteligência de negócios apoiam a tomada de decisões gerenciais. Existem diversos sistemas de BI, e vamos discuti-los com detalhes na próxima seção.

### *Antes de Prosseguir...*

1. Descreva o processo de tomada de decisões proposto por Simon.
2. Por que os gerentes precisam do apoio da TI?
3. Descreva a matriz de decisões.

## 11.2. Inteligência de Negócios

Quando uma organização tiver capturado dados e os organizado em bancos de dados, *data warehouses* e *data marts*, ela pode usá-los para realizar mais análises (ver Figura 11.3). A inteligência de negócios (BI) refere-se às aplicações e tecnologias para consolidar, analisar e oferecer acesso a grandes quantidades de dados, para ajudar os usuários a tomar melhores decisões empresariais e estratégicas. As aplicações de BI oferecem visões históricas, atuais e previsíveis das operações de negócios.

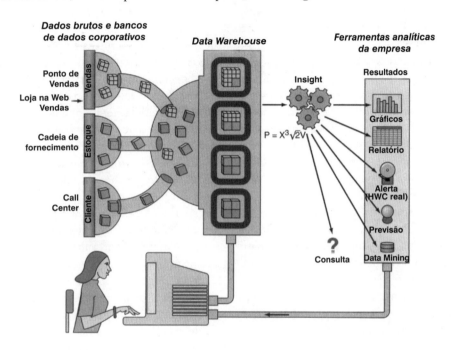

**Figura 11.3** Como funciona a inteligência de negócios.

Muitos fornecedores oferecem pacotes integrados dessas ferramentas, sob o nome geral de software de inteligência de negócios (BI). Os principais fornecedores de BI incluem SAS (*www.sas.com*), Hyperion (*www.hyperion.com*), Business Objects (*www.businessobjects.com*), Information Builders (*www.informationbuilders.com*), SPSS (*www.spss.com*) e Cognos Corporation (*www.cognos.com*), agora pertencente à IBM. (Lembre-se de que o Blue Mountain implementou um pacote de BI da Cognos.)

Existem dois tipos básicos de aplicações de inteligência de negócios: (1) as que oferecem ferramentas de análise de dados (ou seja, análise de dados multidimensional ou processamento analítico on-line, mineração de dados e sistemas de apoio à decisão); e (2) aquelas que oferecem informações facilmente acessíveis em um formato estruturado (ou seja, painéis de controle digitais). Em sentido geral, as organizações estão usando aplicações de BI para melhorar seu desempenho. Esse desempenho geral é chamado de gerenciamento de desempenho corporativo ou, como um sinônimo, gerenciamento de desempenho de negócios ou gerenciamento de desempenho da empresa.

**O gerenciamento de desempenho corporativo** (CPM – Corporate Performance Management) é a área da inteligência de negócios envolvida com o monitoramento e a administração do desempenho de uma organização, de acordo com os indicadores-chave de desempenho (KPI, do inglês *key performance indicators*), como receita, retorno do investimento (ROI, do inglês *return on investment*), *overhead* e custos operacionais. Para as empresas on-line, CPM inclui fatores adicionais, como o número de páginas visitadas, carga do servidor, tráfego de rede e transações por segundo. As aplicações de BI permitem que os gerentes e analistas analisem dados para obter informações e ideias valiosas com relação aos KPIs da organização. O Quadro 11.1 demonstra como o software de gerenciamento de desempenho ajuda a Insurance.com a melhorar suas operações.

## TI E A EMPRESA

## 11.1. Gestão de Desempenho Corporativo na Insurance.com

A Insurance.com (*www.insurance.com*), uma companhia de seguros exclusivamente via internet, é a empresa líder em seguros de automóveis on-line nos Estados Unidos. Ela opera em 47 estados e no Distrito de Colúmbia.

A estratégia da empresa é economizar o tempo e o dinheiro das pessoas em relação a seguros. Isso é feito ao permitir que os consumidores comparem e comprem de imediato o seguro para seu automóvel diretamente de mais de uma dúzia de importantes companhias de seguros. Significativamente, as propostas que os clientes recebem a partir da tecnologia proprietária da empresa não são estimativas. Pelo contrário, são valores reais fornecidos diretamente pelos sistemas das seguradoras. Além disso, quando os clientes estão prontos para comprar, têm a opção de comprar as apólices on-line ou de tratar diretamente com um agente autorizado imparcial na central de vendas da Insurance.com.

Para ajudar ainda mais os clientes, a Insurance.com desenvolveu um questionário de seguros que inclui todas as perguntas que cada companhia de seguros necessita para calcular o valor com precisão. Além disso, as companhias de seguros participantes foram solicitadas a aceitar pagamentos e assinaturas on-line para dar início a uma apólice, eliminando a necessidade de cheques e transações em papel.

Como toda a operação dependia do seu modelo de funcionamento via internet, a Insurance.com precisava de um aplicativo para garantir que seus sistemas de informação fossem executados com um desempenho ideal. Além disso, a empresa precisou ser capaz de identificar possíveis problemas de desempenho antes que eles tivessem um impacto negativo para as companhias de seguros participantes ou para os clientes.

A Insurance.com optou pela solução de monitoramento contínuo IBM Cognos Now! (*www.cognos.com*), que foi instalada e se tornou operacional em três semanas. A primeira aplicação na Insurance.com esteve relacionada com o desempenho da sua plataforma de tecnologia da informação – o mecanismo para a comparação de propostas. A empresa integrou alertas de várias fontes ao sistema, como fornecedores de terceiros, companhias de seguros e sistemas internos. Em seguida, implementou um conjunto de regras de notificação pessoal para quando o desempenho ficasse abaixo de certos níveis. Também customizou o software para fornecer relatórios e visões diferentes para diferentes usuários. Além disso, o Cognos Now! fornece painéis de controle (discutidos mais adiante neste capítulo) para que o pessoal de TI possa identificar problemas de desempenho com rapidez e precisão.

A Insurance.com agora é capaz de controlar todas as aplicações críticas em seu ambiente de produção, para que todos os interessados possam ter uma ideia exata de como o sistema está funcionando. Os painéis de controle fornecem, em tempo real, indicadores chave de desempenho (KPIs, *Key Performance Indicators*), como transferência de tráfego web com a metáfora do semáforo: verde quando os sistemas estão executando como o esperado (nada precisa ser feito); vermelho quando eles não estão (algo deve ser feito imediatamente); e amarelo quando os sistemas estão executando na margem (precisam de um acompanhamento mais próximo).

Além de ajudar a Insurance.com a cumprir os requisitos de desempenho, o Cognos Now! dá visibilidade e clareza à gestão da central nacional de vendas da empresa. Os painéis de controle fornecem visões detalhadas por agente e por estados licenciados, bem como estatísticas de ligação telefônica individual. Os painéis de controle permitem que a seguradora ajuste os níveis de atendentes com base no volume das ligações telefônicas.

A Insurance.com está explorando outras aplicações estratégicas de monitoramento contínuo de suas operações. Por exemplo, como melhorar a visibilidade nos processos de negócio ajudará os agentes nos *call centers* a se tornarem mais eficientes? Os painéis de controle e alertas podem melhorar o desempenho em áreas com queda de ligações telefônicas?

*Fontes:* Compilado de "Insurance.com Improves Sales Center Results with IBM Cognos Performance Management Software", MSN Money, 12 de fevereiro de 2009; "Insurance.com Uses IBM Cognos Performance Management Software", Beye Network, 12 de fevereiro de 2009; "Insurance.com", Cognos Software Success Story, *www.cognos.com*, acessado em 11 de fevereiro de 2009; *www.cognos.com* e *www.insurance.com*, acessado em 17 de fevereiro de 2009.

**PERGUNTAS**

1. Descreva de quais maneiras o software de gerenciamento de desempenho corporativo melhora as operações da Insurance.com.

2. Como uma empresa exclusivamente via internet, a Insurance.com, precisa de um sistema de gerenciamento de desempenho corporativo mais do que uma empresa tradicional de seguros de automóveis? Por quê? Justifique sua resposta.

▪ **Análise de Dados Multidimensional (Processamento Analítico On-line)**

A **análise de dados multidimensional** ou **processamento analítico** on-line (OLAP, *Online Analytical Processing*) é o processo de realizar análises complexas, multidimensionais, dos dados armazenados em um banco de dados ou *data warehouse* (lembre-se da nossa discussão sobre *data warehouses* no Capítulo 4), normalmente usando ferramentas de software gráficas.

A análise multidimensional oferece aos usuários uma excelente visão do que está acontecendo ou do que aconteceu. Para realizar essa tarefa, as ferramentas de análise multidimensional permitem que os usuários particionem os dados da maneira que desejarem. No *data warehouse*, as tabelas relacionais podem ser vinculadas, formando estruturas de dados multidimensionais, ou *cubos*. Estes podem então ser "girados" de modo que os usuários os vejam de diferentes pontos de vista. As ferramentas estatísticas oferecem aos usuários modelos matemáticos que podem ser aplicados aos dados para que obtenham respostas às suas perguntas.

Vamos examinar novamente a Figura 4.11, que é um exemplo desse particionamento. Suponha que uma empresa tenha organizado sua força de vendas por regiões – digamos, Sudeste, Nordeste, Norte, Sul e Centro-Oeste. Essas cinco regiões poderiam ser desmembradas em estados. O vice-presidente de vendas poderia particionar o cubo de dados para ver os valores de vendas para cada região (ou seja, as vendas de porcas, parafusos, pinos e arruelas). O VP poderia, então, querer ver a região Sudeste desmembrada por estado, para que pudesse avaliar o desempenho de cada gerente de vendas estadual. Observe que a organização é refletida na estrutura de dados multidimensional.

O poder da análise multidimensional se encontra em sua capacidade de analisar os dados de uma maneira que permita aos usuários responder rapidamente a perguntas como: "Quantos pinos foram vendidos na região Sudeste em 2008?", "Qual é a tendência nas vendas de arruelas na região Centro-Oeste nos últimos três anos?", "Alguns dos quatro produtos normalmente são comprados juntos? Nesse caso, quais?".

▪ **Mineração de Dados**

O termo **mineração de dados** (ou *data mining*) refere-se ao processo de buscar informações comerciais valiosas em um grande banco de dados, *data warehouse* ou *data mart*. A mineração de dados pode realizar duas operações básicas: projetar tendências e comportamentos e identificar padrões anteriormente desconhecidos. Enfatizamos que a análise multidimensional oferece aos usuários uma visão do que está acontecendo. A mineração de dados ajuda a explicar por que isso está acontecendo, e prevê o que acontecerá no futuro.

Em relação à primeira operação, a mineração de dados automatiza o processo de encontrar informações de projeção em grandes bancos de dados. Questões que tradicionalmente exigiam uma extensa análise prática agora podem ser respondidas de modo direto e rápido a partir dos dados. Um exemplo comum de problema de projeção é o *marketing voltado para um segmento*. A mineração de dados pode usar dados de anúncios promocionais anteriores para identificar pessoas que estarão mais inclinadas a responder favoravelmente a futuros anúncios. Outros exemplos de projeção incluem a previsão de falência e outras formas de inadimplência.

A mineração de dados também pode identificar, em um único passo, padrões anteriormente ocultos. Por exemplo, pode analisar dados de vendas de varejo para descobrir produtos aparentemente não relacionados, que frequentemente são comprados em conjunto.

Um interessante problema de descoberta de padrões é a detecção de transações fraudulentas de cartões de crédito. Depois que você usa um cartão de crédito por um tempo, define-se um padrão de como você normalmente usa o cartão (por exemplo, lugares onde usa, quantia gasta etc.). Se o cartão é roubado e usado de modo fraudulento, esse uso quase sempre é diferente do seu padrão de uso. As ferramentas de mineração de dados podem distinguir a diferença entre os dois padrões de uso, para levar essa questão ao seu conhecimento.

Existem muitas aplicações de mineração de dados, tanto para as empresas quanto para outras áreas. De acordo com um relatório da Gartner (*www.gartner.com*), a maioria das mil empresas da Fortune em todo o mundo atualmente usam mineração de dados, como ilustrado pelos exemplos representativos que se seguem. Observe que, em muitos casos, o objetivo da mineração de dados é identificar uma oportunidade de negócios para criar uma vantagem competitiva sustentável.

- *Varejo e vendas.* Projetar vendas, evitar roubos e fraudes e determinar níveis de estoque corretos e programações de distribuição entre lojas. Por exemplo, varejistas como AAFES (lojas em bases militares) usam o Fraud Watch da SAP (*www.sap.com*) para combater as fraudes cometidas por empregados em suas 1.400 lojas.
- *Serviços bancários.* Prever níveis de inadimplência de empréstimos e uso fraudulento de cartões de crédito, projetar os gastos de cartões de crédito dos novos clientes e determinar que tipos de clientes responderão melhor (e se qualificarão) a novas ofertas de empréstimo.
- *Fabricação e produção.* Prever falhas nas máquinas e encontrar fatores-chave que ajudem a melhorar a capacidade de produção.
- *Seguro.* Prever valores de prêmio e custos de cobertura médica, classificar os elementos mais importantes que afetam a cobertura médica e prever quais clientes comprarão novas apólices de seguro.
- *Polícia.* Monitorar padrões de crime, locais e comportamento criminal; identificar atributos que ajudem a resolver casos policiais.
- *Saúde.* Correlacionar fatores demográficos dos pacientes com doenças críticas e desenvolver insights melhores sobre como identificar e tratar sintomas e suas causas.
- *Marketing.* Classificar os fatores demográficos de clientes para prever quais clientes responderão a um anúncio ou comprarão determinado produto.

Podemos ver que existem inúmeras oportunidades de usar a mineração de dados nas organizações. O Quadro 11.2 ilustra como as empresas aéreas estão tentando conhecer melhor seus clientes.

## TI E A EMPRESA

### 11.2. Empresas Aéreas Tentam Conhecer Melhor seus Clientes

Os hotéis de luxo rastreiam as preferências do cliente enquanto os varejistas on-line traçam sua abordagem para vendas de produtos com base nos históricos de compra dos clientes. Por sua vez, as companhias aéreas têm recompensado os seus melhores clientes, através de benefícios vinculados a programas de milhagem. Os passageiros "Elite" recebem *upgrades*, prioridade em embarques e, às vezes, acesso a filas de segurança especiais. Além disso, as companhias aéreas implantaram quiosques de autoatendimento, cartão de embarque eletrônico em dispositivos portáteis e sistemas automáticos de alerta de voo, para diminuir o incômodo no embarque. No entanto, as companhias querem saber mais sobre seus clientes, para que possam mantê-los durante uma economia em declínio e para se diferenciar dos seus concorrentes.

Ao contrário de outras indústrias, as companhias aéreas fizeram uso limitado de mineração de dados para saber mais sobre seus clientes. As companhias aéreas alegam que têm sido lentas para implementar essas aplicações devido à existência de vários sistemas legados, que não compartilham bem as informações.

Nos aeroportos, atualmente, os agentes das companhias aéreas podem encontrar o itinerário de um viajante e o status do passageiro no programa de milhagens. No entanto, eles não têm informações sobre reclamações antigas, atrasos, problemas com bagagens, cancelamento de voos ou ligações perdidas. Além disso, geralmente não têm informações sobre quanto dinheiro você gasta com a companhia aérea.

Para resolver esses problemas, as companhias aéreas estão desenvolvendo *data warehouses* a fim de integrar dados de clientes atualmente localizados em seus sistemas legados. Elas também estão implementando ferramentas de mineração de dados para analisar esses dados. As ferramentas de mineração de dados permitirão que as companhias aéreas calculem o valor de cada cliente. Além disso, essas ferramentas fornecerão aos agentes do aeroporto informações como o bilhete de compra do cliente, seu histórico de viagens, identificar quais são os principais clientes para os comissários de bordo, além de poder oferecer passagens conforme o padrão de férias dos viajantes. Se os comissários de bordo conhecem os passageiros principais, por exemplo, eles podem lhe oferecer serviços extras (por exemplo, bebidas ou refeições grátis) ou, quando necessário, podem oferecer desculpas personalizadas (digamos, por voos perdidos ou perda de bagagem).

*Fontes:* Compilado de M. Betts, "Airlines Working on CRM Systems to Pamper the Elites", Computerworld, 30 de março de 2009; S. McCartney, "Your Airline Wants to Get to Know You", The Wall Street Journal, 24 de março de 2009.

**PERGUNTAS**

1. As pesquisas de satisfação descobriram que os clientes realmente desejam um voo sem inconvenientes, em vez dos serviços extras discutidos aqui. Se você fosse o Diretor Executivo de Tecnologia da Informação em uma companhia aérea, os resultados da pesquisa de satisfação afetariam os recursos que você estava planejando atribuir para as ferramentas de *data warehouse* e de mineração de dados? Se sim, onde você gastaria seus escassos recursos?

2. Além dos citados aqui, que outros serviços extras as companhias aéreas poderiam oferecer para tornar sua experiência de voar mais agradável?

■ **Sistemas de Apoio à Decisão**

Os **sistemas de apoio à decisão (SAD)** combinam modelos e dados em uma tentativa de resolver os problemas semiestruturados e alguns problemas não estruturados, com intenso envolvimento do usuário. Os **modelos** são representações simplificadas (abstrações) da realidade. As empresas estão usando os SADs por muitos motivos. Os SADs são projetados para permitir que os gerentes e analistas da empresa acessem os dados interativamente, manipulem esses dados e realizem análises apropriadas.

Sistemas de apoio à decisão podem manipular dados, aprimorar o aprendizado e contribuir para todos os níveis de tomada de decisões. Os SADs também utilizam modelos matemáticos. Por fim, possuem as habilidades relacionadas de análise de sensibilidade, análise de variações hipotéticas e análise de busca de metas, que discutimos em seguida.

Análise de Sensibilidade. A **análise de sensibilidade** é o estudo do impacto que as mudanças em uma ou mais partes de um modelo de tomada de decisões acarretam sobre as outras partes. A maioria das análises de sensibilidade examina o impacto que as mudanças nas variáveis de entrada causam sobre as variáveis de saída.

A análise de sensibilidade é extremamente valiosa, porque torna o sistema flexível e adaptável a condições mutantes e às diversas exigências das diferentes situações de tomada de decisão. Essa análise permite entender melhor o modelo e o problema que ele simula descrever. Ela também pode aumentar a confiança dos usuários no modelo, especialmente quando este não é muito sensível a mudanças. Um *modelo sensível* significa que pequenas mudanças nas condições determinam uma solução diferente. Um *modelo insensível* é aquele em que mudanças nas condições não alteram significativamente a solução recomendada. Isso significa que a probabilidade de uma solução específica obter êxito é muito mais alta em um modelo insensível do que em um modelo sensível.

Análise de Variações Hipotéticas (*what-if*). Quem constrói o modelo precisa fazer previsões e suposições sobre os dados de entrada, muitas das quais se baseiam na avaliação de futuros incertos. Os resultados dependem da exatidão dessas suposições, que podem ser altamente subjetivas. A análise de variações hipotéticas tenta determinar o impacto que uma mudança nas suposições (dados de entrada) causa sobre a solução proposta. Por exemplo, o que acontecerá com o custo total do estoque *se* o custo originalmente previsto para manutenção de estoques não for de 10%, mas, sim, de 12%? Em um sistema de BI bem projetado, os próprios gerentes podem fazer esse tipo de pergunta ao computador, de modo interativo, quantas vezes forem necessárias.

Análise de Busca de Metas. **A análise de busca de metas** representa um método de solução "retroativa". Ela tenta descobrir o valor das entradas necessárias para alcançar determinado nível de saída. Por exemplo, digamos que uma solução inicial de um sistema de BI previu um lucro de US$ 2 milhões. É possível que a diretoria queira saber quais volumes de vendas e de publicidade adicionais seriam necessários para gerar um lucro de US$ 3 milhões. Uma análise de busca de metas poderia ser feita para descobrir isso.

Sistemas de Apoio à Decisão em Grupo. Um terceiro tipo de SAD é o de sistemas de apoio à decisão em grupo. Como seu nome sugere, esses sistemas são projetados especificamente para apoiar a tomada de decisões por grupos.

A tomada de decisões frequentemente é um processo compartilhado. Quando um grupo de tomadores de decisão é apoiado eletronicamente, esse suporte é chamado de *apoio à decisão em grupo*. Dois tipos de grupo podem receber apoio eletrônico: um grupo "de uma sala", cujos membros estão em um único local (por exemplo, uma sala de reuniões) e um grupo virtual, cujos membros estão em locais diferentes. (Comentamos os grupos virtuais no Capítulo 5.)

Um **sistema de apoio à decisão em grupo (SADG)** é um sistema interativo computadorizado que facilita os esforços de um grupo na busca de soluções para problemas semiestruturados e não estruturados. O objetivo de um SADG é apoiar o *processo* de chegar a uma decisão. A primeira geração de SADG foi projetada para apoiar reuniões no que é conhecido como uma **sala de decisão** – uma arrumação face a face para um SAD em grupo, em que terminais estão disponíveis aos participantes.

Sistema de Apoio à Decisão Organizacional. Um **sistema de apoio à decisão organizacional (SADO)** concentra-se em uma tarefa ou atividade *organizacional* que envolve uma *sequência* de operações de tomadores de decisão, como o desenvolvimento de um plano de marketing divisional ou a elaboração de um orçamento anual. Alguns exemplos de tarefas organizacionais são orçamento de capital e desenvolvimento de um plano de marketing divisional. Para concluir uma tarefa organizacional com sucesso, as atividades de cada indivíduo precisam estar harmonizadas de perto com o trabalho das outras pessoas. Nessas tarefas, o apoio do computador inicialmente era visto como um veículo para melhorar a comunicação e a coordenação, além da solução de problemas.

### ■ Painéis de Controle Digitais

Os painéis de controle digitais (ou *digital dashboards*) evoluíram dos sistemas de informações executivas, que eram sistemas de informação projetados especificamente para as necessidades de informação dos alto executivos. Porém, como vimos no caso inicial deste capítulo, hoje todos os funcionários, parceiros de negócios e clientes podem usar painéis de controle digitais.

Um **painel de controle digital** (também chamado de painel executivo ou cabine de gerenciamento) oferece acesso rápido a informações em tempo hábil e acesso direto a relatórios de gerenciamento. Ele possui uma interface bastante amigável e contém gráficos. De especial importância, ele permite que os gerentes examinem os relatórios de exceção e relatórios de detalhamento (discutidos no Capítulo 8). A Tabela 11.1 resume as capacidades comuns a muitos painéis de controle digitais. Além disso, algumas das capacidades discutidas nesta seção agora fazem parte de muitos produtos de inteligência de negócios, como mostramos na Figura 11.4.

**Tabela 11.1** As capacidades dos painéis de controle digitais

| Capacidade | Descrição |
|---|---|
| Detalhamento | Capacidade de entrar em detalhes em diversos níveis; pode ser feito por uma série de menus ou por consultas diretas (usando agentes inteligentes e processamento de linguagem natural) |
| Fatores críticos do sucesso (FCSs) | Os fatores mais críticos para o sucesso da empresa (organizacionais, por setor, departamentais etc.) |
| Indicadores-chave de desempenho (KPIs) | As medidas específicas dos FCSs |
| Acesso ao status | Os dados mais recentes disponíveis sobre o KPI ou alguma outra métrica, de preferência em tempo real |
| Análise de tendência | Tendência a curto, médio e longo prazo dos KPIs ou métricas, que são projetados usando métodos de previsão |
| Análise ocasional | Análises feitas a qualquer momento, por demandas, e com quaisquer fatores e relacionamentos desejados |
| Relatório de exceção | Relatórios que destacam desvios maiores do que certos patamares (os relatórios podem incluir apenas os desvios) |

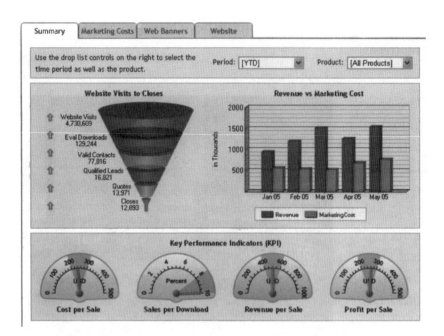

**Figura 11.4** Exemplo de painel de controle de desempenho.

*Fonte:* Dundas Software (demos1.dundas.com/Dund*asGauge/MarketingDashboard/Summary.aspx*).

Um exemplo de destaque de um painel de controle digital é o "Bloomberg". Bloomberg LLP (*www. bloomberg.com*), uma empresa privada, oferece um serviço por assinatura que vende dados financeiros, software para analisar esses dados, ferramentas de negociação e notícias (eletrônicas, impressas, TV e rádio). Toda essa informação está acessível por meio de um painel de controle Bloomberg codificado em cores, que apresenta a informação desejada em uma tela de computador, no seu ou em um que a Bloomberg oferece. Os usuários também podem montar os próprios computadores para usar o serviço sem um painel de controle Bloomberg. O serviço de assinatura com o painel de controle é chamado de "Bloomberg", e ele literalmente representa um painel de controle digital do tipo faça-você-mesmo, pois os usuários podem personalizar seus feeds de informação, bem como a aparência desses *feeds*. Ver Figura 11.5.

Uma aplicação importante dos painéis de controle digitais para apoiar as necessidades de informação dos executivos é a cabine de gerenciamento. Basicamente, uma cabine de gerenciamento é uma sala de gerenciamento estratégico contendo um conjunto elaborado de painéis de controle digitais, que permite que os tomadores de decisão de alto nível dirijam melhor seus negócios. O objetivo é criar um ambiente que encoraje reuniões administrativas mais eficientes e aumente o desempenho da equipe por meio da comunicação eficaz. Para ajudar a conseguir esse objetivo, os indicadores-chave de desempenho e as informações relacionadas a fatores críticos do sucesso são exibidos graficamente nas paredes de uma sala de reunião, chamada sala da cabine de gerenciamento (ver Figura 11.6). O arranjo tipo cabine dos painéis de controle de instrumentos ajuda os gerentes a entender como todos os diferentes fatores na empresa estão inter-relacionados.

Dentro da sala, as quatro paredes são designadas pelas cores preta, vermelha, azul e branca. A parede preta mostra os principais fatores de sucesso e indicadores financeiros. A parede vermelha mede o desempenho do mercado. A parede azul projeta o desempenho dos processos internos e dos funcionários. Finalmente, a parede branca indica o status de projetos estratégicos. O console de voo, um PC de última geração, com seis telas, permite que os executivos se aprofundem até informações detalhadas. As informações externas necessárias para análise competitiva podem ser facilmente importadas para a sala.

**Figura 11.5** Um terminal Bloomberg.

*Fonte:* Carlos Osorio/Toronto Star/Zuma Press.

**Figura 11.6** Cabine de gerenciamento. Management Cockpit é uma marca registrada da SAP, criada pelo Professor Patrick M. Georges.

Os membros da diretoria e outros executivos conduzem reuniões na sala da cabine. Os gerentes também se reúnem lá com o inspetor para discutirem os problemas atuais da empresa. Para essa finalidade, a cabine de gerenciamento pode implementar diversos cenários de variações hipotéticas. Ele também oferece uma base comum para informação e comunicação. Finalmente, ela apoia os esforços para traduzir uma estratégia corporativa em atividades concretas, identificados os indicadores de desempenho.

## Antes de Prosseguir...

1. Descreva as capacidades da mineração de dados.
2. Quais são as principais diferenças entre um SADG e um SADO?
3. Quais são algumas das capacidades dos painéis de controle digitais?
4. O que é uma cabine de gerenciamento?

## 11.3. Tecnologias de Visualização de Dados

Depois de serem processados, os dados podem ser apresentados aos usuários em formatos visuais como texto, gráficos e tabelas. Esse processo, conhecido como visualização de dados, torna as aplicações de TI mais atraentes e compreensíveis para os usuários. A visualização de dados está se tornando cada vez mais popular na web, não só para entretenimento, mas também para o apoio à decisão. Existem vários métodos de visualização e pacotes de software de apoio à decisão disponíveis. As tecnologias mais conhecidas incluem sistemas de informações geográficas e realidade virtual.

▪ **Sistemas de Informações Geográficas**

Um **sistema de informações geográficas** (**GIS**, *Geographic Information System*) é um sistema de computação aplicado para capturar, integrar, manipular e exibir dados usando mapas digitalizados. Sua característica mais peculiar é que cada registro ou objeto digital possui uma localização geográfica identificada. Esse processo, chamado *geocodificação*, permite aos usuários gerarem informações para planejamento, resolução de problemas e tomada de decisões. O formato gráfico facilita a visualização dos dados pelos gerentes.

Hoje, pacotes de GIS relativamente baratos e totalmente funcionais estão disponíveis para PCs. Fornecedores representativos de software de GIS são ESRI (*www.esri.com*), Intergraph (*www.intergraph.com*) e Pitney Bowes Mapinfo (*www.mapinfo.com*). Os dados de GIS estão disponíveis em várias fontes. Tanto fontes governamentais quanto fornecedores particulares oferecem dados comerciais diversificados. Alguns desses pacotes são gratuitos; por exemplo, os CD-ROMs da Mapinfo e o material disponível para baixar de *www.esri.com e http://data.geocomm.com.*

Existem inúmeras aplicações de GIS para melhorar a tomada de decisões nos setores público e privado. O Quadro 11.3 ilustra uma aplicação GIS na Sears.

## TI E A EMPRESA

### 11.3. GIS Empresarial Torna a Sears Mais Eficiente

A Sears Holding Corporation (*www.sears.com*) é constituída por cerca de 900 lojas de departamentos e 1.100 lojas especializadas que atendem a mais de 48 milhões de domicílios de clientes ativos da Sears. A Sears também é o maior fornecedor de serviços de reparo nos Estados Unidos.

A Sears gerencia uma das maiores empresas de reparo de eletrodomésticos no mundo, em seis regiões geográficas distintas, que incluem 50 distritos independentes. Mais de 10 mil técnicos em todos os Estados Unidos atendem a aproximadamente 11 milhões de ordens de serviço nos domicílios a cada ano. O negócio de apoiar uma força de trabalho móvel requer um gerenciamento preciso, e a Sears percebeu que a tecnologia de sistema de informações geográficas (SIG) era a resposta para o roteamento eficiente. Em suma, as aplicações SIG podem considerar outras opções de roteamento além do que um expedidor pode, como encontrar o melhor (embora não necessariamente o mais curto) caminho entre as paradas.

Para cumprir a sua promessa de "satisfação garantida ou seu dinheiro de volta", a Sears contratou a empresa ESRI (*www.esri.com*) para prover uma solução de SIG para a sua enorme aplicação de roteamento. A Sears e a ESRI desenvolveram o Sistema de Roteamento Assistido por Computador (CARS, *Computer-Aided Routing System*) e o Sistema de Gerenciamento de Capacidade de Área (CAMS, *Capacity Area Management System*), utilizados pelo serviço de reparo de produtos da Sears. O aplicativo CAMS gerencia a capacidade prevista dos técnicos de serviço disponíveis, atribuídos por áreas geográficas de trabalho. A aplicação CARS, por sua vez, fornece diariamente a geocodificação de ruas em todo o país e o roteamento otimizado para os técnicos da Sears. A aplicação CARS também oferece a capacidade de navegação de bordo para auxiliar os técnicos a encontrar os endereços, minimizando assim o tempo gasto no trajeto.

Antes de a Sears implementar a solução de SIG, ela lidava com um grande número de chamadas que recebia manualmente e, em seguida, encaminhava manualmente os técnicos a estes endereços. Com o sistema CARS baseado no SIG, o tempo médio de viagem foi reduzido em aproximadamente quatro minutos por chamada, o que acrescenta meia chamada concluída diariamente por técnico. Esse processo aumenta a produtividade dos técnicos em mais de 10%.

A Sears também se beneficiou de outras economias de custos relacionadas com o suporte. Por exemplo, a aplicação CARS permite que despachan-

tes lidem com um número de técnicos três a cinco vezes maior do que eram capazes de lidar antes. Como resultado, a Sears foi capaz de reduzir o número de atendentes em 75%. Também aumentou o tamanho dos territórios distritais, reduzindo assim o número de técnicos necessários. Curiosamente, a Sears descobriu que os custos de TI para dar suporte aos aplicativos CARS e CAMS são mais do que compensados pela economia que a tecnologia oferece. E o mais importante, a Sears está experimentando a retenção de clientes através de uma melhora nos níveis de atendimento.

*Fontes:* Compilado de "Sears Product Repair Services", ESRI Case Study, *www.esri.com*, acessado em 17 de fevereiro de 2009; "Sears Holding Corporation Deploys GIS Navigation and Mapping System", *www.geotecnologias.co.cr/Noticias/ ESRIJ_9_05. pdf*, acessado em 18 de fevereiro de 2009; "Enterprise GIS Improves Product Repair Services and Home Delivery", Aerospace Online, 8 de janeiro de 2007; *www.esri.com* e *www.sears.com*, acessados em 20 de fevereiro de 2009.

## PERGUNTAS

1. Discuta os benefícios dos sistemas de informações geográficas (SIG) para a Sears. Discuta as aplicações adicionais de SIG que poderiam beneficiar a Sears.
2. Há desvantagens para os aplicativos CARS e CAMS do ponto de vista da Sears? E do ponto de vista dos funcionários da empresa? Justifique sua resposta.

Uma tendência emergente importante é a integração de GISs e sistemas de posicionamento global (GPSs), discutidos no Capítulo 7. O uso de GISs e GPSs juntos pode produzir um novo tipo de *insight* interessante, chamado de mineração da realidade, como vemos no Quadro 11.4.

## TI E A EMPRESA

### 11.4.    Mineração da Realidade

Após os ataques de 11 de setembro, as autoridades dos Estados Unidos voltaram suas atenções para outros alvos em potencial, um dos quais foi a ponte Golden Gate, em São Francisco. Eles perguntaram: "O que aconteceria se terroristas derrubassem a ponte entre São Francisco e Marin County?" Quanto da região seria afetada e por quanto tempo?

Para obter informações sobre isso, o Departamento de Segurança Doméstica dos Estados Unidos contratou uma empresa chamada Inrix (*www.inrix. com*). A Inrix analisa dados de equipamentos de navegação por satélite que são amplamente instalados em caminhões e em alguns carros para a produção de informações de tráfego em tempo real, as quais ela vende. Ao analisar anos de dados de tráfego arma-

zenados utilizando software proprietário, a Inrix foi capaz de modelar não apenas o impacto imediato de uma catástrofe na Ponte Golden Gate, mas também como os motoristas na região iriam lidar com ele. No modelo, a área fez uma recuperação muito rápida. Dentro de alguns dias, os motoristas entenderam o que aconteceu e se adaptaram à nova realidade.

A técnica usada pela Inrix, chamada de mineração da realidade, é uma variante da mineração de dados que permite aos analistas obter informações dos padrões de uso de telefones celulares e outros dispositivos sem fio. Como essas máquinas estão quase sempre ligadas e constantemente em contato com estações rádio-base de celular, elas produzem um registro digital persistente de onde os usuários estão indo, quanto tempo ficam e com quem estão falando. Especialmente quando os telefones têm chips de sistema de posicionamento global (GPS), eles podem gerar mapas de localização precisos em bases de dados da companhia telefônica. Tais registros digitais são muito mais precisos do que os relatos subjetivos dos seres humanos sobre suas idas e vindas.

Outras aplicações de mineração da realidade incluem desenvolver métodos para aliviar o congestionamento do tráfego; ajudar os urbanistas a encontrarem os melhores locais para escolas, hospitais e centros de convenção; permitir que todos os tipos de empresas melhorem seus serviços de atendimento ao cliente.

A mineração da realidade também pode permitir às autoridades de saúde controlar e conter os surtos de doenças infecciosas. Suponha que as autoridades de saúde em uma cidade suspeitem que os passageiros que chegam a um aeroporto tenham sido expostos à gripe aviária. Os funcionários podem recorrer a operadoras de celular e usar a mineração da realidade para monitorar agrupamentos de indivíduos que podem estar em risco. Os registros telefônicos podem revelar que um número incomum de passageiros do voo está indo de casa para o trabalho ou para o hospital. Com uma análise mais aprofundada, os funcionários poderiam obter registro de contatos com taxistas e garçons e até de pessoas ao acaso em um supermercado. Em uma crise como essa, a tecnologia pode salvar vidas.

Os sinais entre os telefones e estações de base podem ser detectados por aparelhos comerciais de sensoriamento. Mas os registros detalhados de quem está chamando quem pertencem inteiramente a empresas de telefonia. Em meados de 2009, as companhias telefônicas estavam fazendo pouco uso desses dados, em parte porque temiam se indispor com os assinantes preocupados com sua privacidade. No entanto, as operadoras de celulares começaram a assinar acordos com parceiros de negócios que estão ansiosos para comercializar produtos baseados especificamente na localização dos usuários de telefone e em seus hábitos ao telefone. Se a mineração da realidade se tornar generalizada,

os registros de ligações das empresas de telefonia se tornarão ativos extremamente valiosos. Esses bens aumentarão de valor à medida que os clientes usam seus celulares para navegar na web e comprar produtos.

Como você deve ter concluído até agora, a mineração da realidade suscita sérias preocupações entre os defensores da privacidade. A enxurrada de dados que estão sendo gerados pelos telefones celulares trazem novos recursos significativos na área da mineração da realidade.

Outras aplicações de mineração da realidade são as seguintes:

- Congestionamento de estradas – os analistas de mineração da realidade derivam dados de tráfego em tempo real através da análise da densidade de sinais de celular nas rodovias e estradas.
- Redes sociais – pessoas que passam mais tempo em celulares frequentemente influenciam como as outras pessoas usam tais dispositivos. Esses usuários de peso são os clientes mais valiosos para as empresas de telefonia.
- Bom trabalho em equipe – dispositivos sem fio produzem registros de onde os membros da equipe se encontram e com qual frequência. A falta de proximidade física pode significar que um problema está se formando.

*Fontes:* Compilado de S. Baker, "The Next Net", BusinessWeek, 9 de março de 2009; A. Hesseldahl, "A Rich Vein for 'Reality Mining'", BusinessWeek, 5 de maio de 2008; K. Green, "TR 10: Reality Mining", MIT Technology Review, março/abril de 2008; G. Boone, "Reality Mining: Browsing Reality with Sensor Networks", Sensors, 1 de setembro de 2004; *www.inrix.com*, acessado em 1 de fevereiro de 2009.

**PERGUNTAS**

1. A mineração da realidade é uma ameaça à privacidade? Por quê? Justifique sua resposta.
2. A mineração da realidade tem um benefício potencial para a sociedade? Por quê? Justifique sua resposta.
3. Discuta o equilíbrio entre as vantagens e desvantagens para a sociedade de qualquer nova tecnologia.

## ■ Realidade Virtual

Não há uma definição padrão para realidade virtual. As definições mais comuns normalmente dizem que **realidade virtual (RV)** são gráficos tridimensionais interativos e gerados por computador, apresentados ao usuário por meio de um visor colocado na cabeça. Na RV, uma pessoa "acredita" que o que está fazendo é real, ainda que seja criado artificialmente.

Mais de uma pessoa e mesmo um grande grupo podem compartilhar e interagir no mesmo ambiente artificial. Por essa razão, a RV pode ser um poderoso meio de comunicação, entretenimento e aprendizagem. Em vez de olhar para uma tela de computador plana, o usuário de RV interage com um ambiente tridimensional gerado por computador. Para ver e ouvir o ambiente, o usuário utiliza visores estéreos e um fone de ouvido. Para interagir com o ambiente, controlar os objetos que estão nele ou se mover dentro dele, o usuário utiliza um visor computadorizado e luvas com sensores. Os visores de RV dão a ilusão de que há um meio à volta do usuário porque atualizam a tela em tempo real. O usuário pode agarrar e mover objetos virtuais. A Tabela 11.2 apresenta exemplos dos diferentes tipos de aplicações de RV, e o exemplo a seguir ilustra uma aplicação popular.

**Tabela 11.2** Exemplos de Aplicações de Realidade Virtual

| Aplicações na Produção | Aplicações nos Negócios |
|---|---|
| Treinamento | Apresentação e avaliação imobiliárias |
| Teste de design e interpretação de resultados | Publicidade |
| Análise de segurança | Apresentação no comércio eletrônico |
| Elaboração de protótipos virtuais | Apresentação de dados financeiros |
| Análise de engenharia | |
| Análise ergonômica | |
| Simulação virtual de montagem, produção e manutenção | |
| **Aplicações na Medicina** | **Aplicações em Pesquisa e Educação** |
| Treinamento de cirurgiões (com simuladores) | Laboratórios virtuais de física |
| Interpretação de dados médicos | Representação de matemática complexa |
| Planejamento de cirurgias | Configurações da galáxia |
| Fisioterapia | |
| **Aplicações no Entretenimento** | **Aplicações na Arquitetura** |
| Museus virtuais | Projeto de edificações e outras estruturas |
| Jogos tridimensionais de corrida de carros (em PCs) | |
| Simulação de combate aéreo (em PCs) | |
| Galerias e parques em realidade virtual | |
| Simulador de esqui | |

## EXEMPLO

Sportvision (*www.sportvision.com*) é o principal fornecedor global para melhorias na televisão esportiva. A empresa é lucrativa; de fato, ela cresceu 33% por ano de 2005 a 2009.

A Sportvision nos trouxe muitas melhorias na transmissão de futebol por realidade virtual, incluindo a linha amarela "no" campo, bem como os tira-teimas de lançamentos. A empresa melhora graficamente as transmissões televisivas de golfe, NASCAR, basquete e das Olimpíadas, dando aos espectadores uma perspectiva e um nível de informação que não eram possíveis anteriormente.

Um produto popular da Sportvision é o PITCHf/x. No beisebol, PITCHf/x usa três câmeras de alta velocidade para medir lançamento, velocidade, giro e movimento de cada arremesso em 60 pontos a caminho do *home plate*. Ele também categoriza os arremessos como *fastballs, cutters, curves, sliders ou change-ups*. De modo significativo, ele exibe toda essa informação para os locutores e espectadores. Assim, os locutores não precisam mais tentar adivinhar um tipo de arremesso ou movimento.

O próximo projeto da Sportvision é ainda mais interessante. A empresa planeja tornar possível que os espectadores "dirijam" em uma corrida NASCAR com um produto chamado RACEf/x, que começa com seu sistema de rastreamento, que equipa cada veículo na corrida com um dispositivo de transmissão de GPS e uma unidade de medida inercial. (Uma unidade de medida inercial é um dispositivo que sente o tipo, velocidade e direção do movimento.) Os dados são coletados e alimentados no caminhão de transmissão, permitindo que os produtores sobreponham gráficos na corrida. A informação também é processada e postada on-line, onde os fãs podem tomar o controle da experiência, por exemplo, isolando um motorista favorito ou mudando as perspectivas em uma batida de mais de um carro, para determinar de quem foi a culpa.

O próximo passo da Sportvision será deixar que os fãs "dirijam" em uma corrida ao vivo. O termo "ao vivo" pode confundir. Nenhuma transmissão de TV é verdadeiramente ao vivo. Os dados de vídeo são processados e enviados aos satélites antes que cheguem às casas dos espectadores. Durante o atraso para processamento e transmissão, a Sportvision inserirá "você" em um carro em particular. A ideia da empresa é permitir que os espectadores ganhem mais controle sobre sua experiência.

*Fontes:* J. O'Brien, "Case Study: Sportvision Enhances Fan Experiences and Provides New Revenue Streams", sportandtechnology.com, 2008; K. Bonsor, "How RACEf/x Works", howstuffworks.com, acessado em 18 de fevereiro de 2009; "Sports + Tech = $$$", Fortune, 27 de outubro de 2008; "RACEf/x Car Tracking System to Make Indy Debut", Broadcast Engineering, 24 de maio de 2006; *www.sportvision.com*, acessado em 19 de fevereiro de 2009.

*Antes de Prosseguir...*
1. Por que a visualização de dados é importante?
2. O que é um sistema de informações geográficas?
3. O que é realidade virtual e como ela contribui para a visualização de dados?

## 11.4. Sistemas Inteligentes

Nas três primeiras seções deste capítulo, discutimos uma série de sistemas de informação que dão suporte à tomada de decisão gerencial. Nesta última seção, voltamos nossa atenção para os sistemas de informação que podem tomar decisões por si próprios. Esses sistemas são chamados de sistemas inteligentes.

**Sistemas inteligentes** é um termo que descreve as diversas aplicações comerciais de inteligência artificial (IA). A **inteligência artificial (IA)** é um subcampo da ciência da computação que trata de estudar os processos do pensamento humano e recriar esses processos por meio de máquinas, como computadores e robôs.

Uma definição bem conhecida da IA é "o comportamento de uma máquina que, se fosse de um ser humano, seria considerado *inteligente*". Essa definição levanta uma questão: o que é *comportamento inteligente*? As habilidades a seguir são consideradas sinais de inteligência: aprender ou compreender pela experiência, entender mensagens ambíguas ou contraditórias e responder rápida e corretamente a situações novas.

O objetivo final da IA é construir máquinas que imitem a inteligência humana. Um teste interessante para determinar se um computador apresenta comportamento inteligente foi elaborado por Alan Turing, pioneiro britânico da IA. De acordo com o **teste de Turing**, um computador só pode ser considerado "inteligente" quando um entrevistador humano conversando com um ser humano e um computador, ambos sem serem vistos, não consegue diferenciá-los. Com base nesse padrão, os sistemas inteligentes exemplificados nos produtos de IA comerciais estão longe de apresentar qualquer sinal significativo de inteligência.

O valor potencial da IA pode ser melhor entendido se a compararmos com a inteligência natural (humana). A IA possui várias vantagens comerciais importantes sobre a inteligência natural, mas também algumas limitações, como mostra a Tabela 11.3.

**Tabela 11.3** Comparação entre as Habilidades da Inteligência Natural e da Artificial

| Capacidades | Inteligência Natural | Inteligência Artificial |
|---|---|---|
| Preservação do conhecimento | Perecível, de uma perspectiva organizacional. | Permanente. |
| Duplicação e disseminação do conhecimento | Difícil, dispendiosa e demorada. | Fácil, rápida e barata, uma vez que o conhecimento esteja em um computador. |
| Custo total do conhecimento | Pode ser errático e inconsistente. Algumas vezes, incompleto. | Coerente e minucioso. |
| Documentação dos processos e do conhecimento | Difícil e dispendiosa. | Bastante fácil, barata. |
| Criatividade | Pode ser muito alta. | Baixa, insípida. |
| Uso de experiências sensoriais | Direto e rico em possibilidades. | Limitado; as experiências primeiro têm de ser interpretadas. |
| Reconhecimento de padrões e relações | Rápido; fácil de explicar. | O aprendizado da máquina, na maioria dos casos, ainda não é tão bom quanto o das pessoas, mas, em alguns casos, pode ser melhor. |
| Raciocínio | Faz uso de um grande contexto de experiências. | Bom apenas em domínios restritos, concentrados e estáveis. |

Os principais sistemas inteligentes são: sistemas especialistas, processamento de linguagem natural, reconhecimento de voz e redes neurais artificiais. Além disso, dois ou mais sistemas citados podem ser combinados para gerar um sistema inteligente *híbrido*. Concluímos esta seção discutindo a lógica difusa (ou lógica *fuzzy*), um ramo da matemática que normalmente é útil em aplicações de IA.

### ▪ Sistemas Especialistas

Quando uma organização tem de tomar uma decisão complexa ou tem de resolver um problema, normalmente recorre a especialistas para ouvir uma opinião. Eles possuem conhecimento e experiência específicos na área problemática. Conhecem as soluções alternativas e as chances de sucesso das soluções propostas. Ao mesmo tempo, podem calcular os custos em que a organização pode incorrer se o problema não for resolvido. As empresas solicitam o auxílio de especialistas em assuntos como fusões e aquisições, estratégias de propaganda e compra de equipamentos. Quanto mais não estruturada for a situação, mais especializado e caro será o conselho.

*Perícia* se refere ao conhecimento intensivo e específico à tarefa, adquirido através de treinamento, leitura e experiência. Esse conhecimento permite que especialistas (peritos) tomem decisões melhores e mais rápidas que as dos não especialistas na solução de problemas complexos. A perícia requer um longo tempo (possivelmente anos) para ser adquirida, e está distribuída nas organizações de maneira desigual.

Os sistemas especialistas (SEs) são uma tentativa de imitar os especialistas humanos por meio da aplicação de metodologias de raciocínio ou conhecimento sobre uma área específica. Os sistemas especialistas podem *apoiar* os tomadores de decisões ou *substituí-los* completamente. Esses sistemas são a tecnologia de IA mais aplicada e comercialmente bem-sucedida.

Em geral, um SE é um software de tomada de decisões que pode alcançar um nível de desempenho comparável a um perito humano em determinada área problemática especializada. Basicamente, um SE transfere a perícia de um especialista (ou de outra fonte) para o computador. Esse conhecimento é, então, armazenado no computador, e os usuários podem solicitar que o computador forneça uma sugestão específica conforme necessário. O computador pode fazer inferências e chegar a uma conclusão. Depois, como um especialista humano, ele fornece conselhos ou recomendações e, se necessário, explica a lógica em que se baseia o conselho. Como os SEs podem integrar e manipular uma grande quantidade de dados, eles, às vezes, podem ter um desempenho melhor que qualquer especialista.

Um benefício dos sistemas especialistas que normalmente passa despercebido é que eles podem ser embutidos em sistemas maiores. Por exemplo, emissores de cartão de crédito utilizam sistemas especialistas para processar pedidos de cartão de crédito.

A transferência de perícia de um especialista para um computador e, depois, para o usuário envolve quatro etapas:

- *Aquisição do conhecimento*. O conhecimento é adquirido de especialistas ou de fontes documentadas.
- *Representação do conhecimento*. O conhecimento adquirido é organizado na forma de regras ou quadros (orientados a objetos) e armazenado eletronicamente em uma base de conhecimento.
- *Inferência do conhecimento*. O computador é programado de modo a fazer inferências com base no conhecimento armazenado.
- *Transferência do conhecimento*. A perícia inferida é transferida para o usuário na forma de uma recomendação.

Os Componentes dos Sistemas Especialistas. Os seguintes componentes estão presentes em um sistema especialista: base de conhecimento, mecanismo de inferência, interface com o usuário, quadro-negro (área de trabalho) e subsistema de explicação (justificador). No futuro, os sistemas incluirão um componente de refinamento do conhecimento. Discutiremos esses componentes a seguir. Além disso, as relações entre os componentes são mostradas na Figura 11.7.

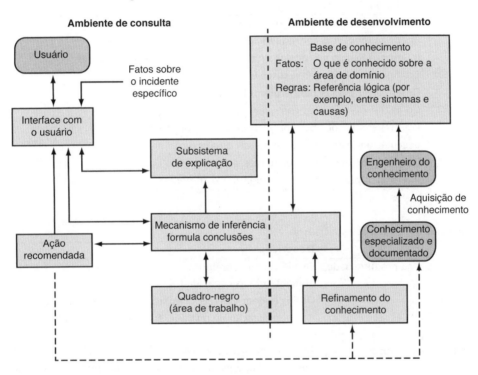

**Figura 11.7** Estrutura e processo de um sistema especialista.

A *base de conhecimento* contém o conhecimento necessário para entender, formular e resolver problemas. Ela inclui dois elementos básicos: (1) *fatos*, como a situação problemática; e (2) *regras* que direcionam o uso do conhecimento para resolver problemas específicos em determinada área.

O *mecanismo de inferência* é, em essência, um programa de computador que fornece uma metodologia para raciocinar e formular conclusões. Ele permite que o sistema faça inferências com base no conhecimento armazenado. O mecanismo de inferência é o cérebro do SE.

A *interface com o usuário* possibilita o diálogo do usuário com o computador. Esse diálogo pode ser melhor conduzido em uma linguagem natural, geralmente em um formato de pergunta e resposta. Em alguns casos, ele é complementado por elementos gráficos. O diálogo entre o usuário e o computador aciona o mecanismo de inferência para associar os sintomas do problema ao conhecimento na base de conhecimento e, depois, gerar uma recomendação.

O *quadro-negro* é uma área da memória reservada para a descrição de um problema atual, como especificado pelos dados de entrada. Ele é um tipo de bancos de dados.

Uma característica peculiar de um SE é sua habilidade de *explicar* as recomendações. Ele realiza essa função em um subsistema chamado *subsistema de explicação* ou *justificador*. O subsistema de explicação responde interativamente a perguntas como: *Por que* determinada pergunta foi feita pelo sistema especialista? *Como* o SE chegou a uma conclusão? *Qual* é o plano para chegar à solução?

Os especialistas humanos possuem um sistema de *refinamento de conhecimento*, ou seja, eles podem analisar o próprio desempenho, aprender com ele e o aprimorar para consultas futuras. Esse tipo de avaliação também é necessário na aprendizagem computadorizada para que o programa seja capaz de melhorar através da análise das razões de seu sucesso ou fracasso. Infelizmente, esse componente ainda não está disponível nos sistemas especialistas comerciais, mas está sendo desenvolvido em sistemas experimentais.

Aplicações, Vantagens e Limitações dos Sistemas Especialistas. Atualmente, os sistemas especialistas estão em uso em todos os tipos de organização. São particularmente úteis em 10 categorias genéricas, apresentadas na Tabela 11.4.

**Tabela 11.4** Dez Categorias Genéricas dos Sistemas Especialistas

| Categoria | Problema Tratado |
|---|---|
| Interpretação | Inferir descrições de situações a partir de observações. |
| Previsão | Inferir as prováveis consequências de determinadas situações. |
| Diagnóstico | Inferir problemas no funcionamento de sistemas a partir de observações. |
| Projeto | Configurar objetos sob restrições. |
| Planejamento | Desenvolver planos para atingir objetivos. |
| Monitoramento | Comparar observações com planos; sinalizar exceções. |
| Depuração | Prescrever soluções para problemas de funcionamento. |
| Reparo | Executar um plano para administrar uma solução prescrita. |
| Instrução | Diagnosticar, depurar e corrigir desempenho de alunos. |
| Controle | Interpretar, prever, reparar e monitorar o comportamento de sistemas. |

**Tabela 11.5** Benefícios dos Sistemas Especialistas

| Benefício | Descrição |
|---|---|
| Melhorias no resultado e na produtividade | Os SEs podem configurar componentes para cada pedido personalizado, aumentando as capacidades de produção. |
| Aumento da qualidade | Os SEs podem oferecer orientações coerentes e reduzir os índices de erro. |
| Captura e disseminação de especialização escassa | A especialização de qualquer lugar no mundo pode ser obtida e usada. |
| Operação em ambientes perigosos | Sensores podem coletar informações que um SE interpreta, permitindo que trabalhadores humanos evitem ambientes quentes, úmidos ou tóxicos. |
| Acessibilidade a postos de conhecimento e auxílio | Os SEs podem aumentar a produtividade dos funcionários de *help-desk* ou até automatizar essa função. |
| Confiabilidade | Os SEs não ficam cansados nem entediados; não ficam doentes nem entram em greve. Prestam atenção constante nos detalhes. |
| Capacidade de trabalhar com informações incompletas ou incertas | Mesmo com uma resposta "não sei", um SE pode produzir uma solução, embora possa não ser definitiva. |
| Provisão de treinamento | O subsistema de explicação de um SE pode servir como dispositivo de ensino e base de conhecimento para iniciantes. |
| Melhoria das capacidades de tomada de decisões e resolução de problemas | Os SEs possibilitam a integração do julgamento especialista na análise (por exemplo, diagnóstico de problemas no funcionamento de máquinas e mesmo diagnósticos médicos). |
| Redução do tempo de tomada de decisão | Os SEs normalmente podem tomar decisões mais rapidamente do que pessoas trabalhando sozinhas. |
| Redução do tempo ocioso | Os SEs podem diagnosticar rapidamente problemas no funcionamento de máquinas e prescrever reparos. |

Nos últimos anos, a tecnologia dos sistemas especialistas tem sido aplicada com sucesso em milhares de organizações no mundo inteiro para ajudar a resolver problemas desde pesquisas relacionadas a AIDS até análises de solo em minas. Por que os SEs se tornaram tão populares? Devido à grande quantidade de habilidades e benefícios que oferecem. Os principais benefícios são listados na Tabela 11.5.

### ▪ Processamento de Linguagem Natural e Tecnologias de Voz

Sistemas inteligentes como os SEs exigem que os usuários se comuniquem com computadores. O **processamento de linguagem natural (PLN)** se refere à comunicação com um computador no idioma nativo do usuário. Para entender um pedido de informação em linguagem natural, o computador precisa ter o conhecimento para analisar e, depois, interpretar a entrada. Isso pode incluir conhecimento linguístico sobre palavras, conhecimento de domínio (conhecimento de uma área específica, com uma definição estrita, como uma matrícula de estudante ou viagem aérea), conhecimento de bom-senso e até conhecimento sobre os usuários e seus objetivos. Depois que a entrada é entendida pelo computador, ele pode tomar a ação desejada.

Nesta seção, discutiremos brevemente dois tipos de PLN: reconhecimento de voz ou de fala (também chamado de entendimento de linguagem natural) e síntese de voz (também chamado de geração de linguagem natural). O reconhecimento de voz é o lado da entrada e a síntese de voz é o lado da saída do PLN.

Reconhecimento de Voz. O **reconhecimento de voz (fala)**, ou **entendimento de linguagem natural**, permite que um computador compreenda instruções dadas no idioma normal do usuário. Hoje, o reconhecimento de voz é empregado em telefones inteligentes sem fio, bem como em muitas aplicações em lojas e depósitos.

O reconhecimento de voz oferece várias vantagens. Primeiro, é fácil de usar. A quantidade de pessoas que consegue falar é maior que a de pessoas que é capaz de digitar. Considerando que a comunicação com um computador depende de habilidades de digitação, muitas pessoas podem não ser capazes de usá-lo de modo eficaz. Além disso, o reconhecimento de voz é mais rápido que a digitação. Até mesmo o mais competente digitador consegue falar mais rápido do que digitar. Estima-se que uma pessoa comum possa falar duas vezes mais rápido que um digitador profissional pode digitar.

Uma última vantagem é a liberdade das mãos. Obviamente, a comunicação com um computador através da digitação mantém as mãos do usuário ocupadas. Existem muitas situações em que os computadores podem ser úteis a pessoas cujas mãos estão ocupadas de outra forma, como montadores de produtos, pilotos de aeronave, executivos ocupados e motoristas. O reconhecimento de voz também permite que pessoas com deficiências físicas na mão possam usar computadores.

Entretanto, existem limitações no reconhecimento de voz, o que restringe seu uso. A principal limitação é a incapacidade desses sistemas reconhecerem frases longas. Além disso, quanto melhor o reconhecimento de voz de um sistema, mais alto o custo.

Síntese de Voz. A **síntese de voz**, ou **geração de linguagem natural**, é uma tecnologia que permite que os computadores gerem linguagem natural, por "voz" ou na tela, de modo que as pessoas possam entendê-los com mais facilidade. Como indica o termo *síntese*, os sons que formam as palavras e frases são eletronicamente construídos a partir de componentes de som básicos e podem ser dispostos para formar qualquer padrão de voz desejado.

A qualidade atual da voz sintética é muito boa, mas a tecnologia ainda é um pouco cara. A previsão de custos menores e da melhoria no desempenho da voz sintética devem estimular o desenvolvimento de mais aplicações comerciais de *unidade de resposta audível* (*URA*), especialmente na web. Teoricamente, a URA pode ser usada em quase todas as aplicações que podem fornecer uma resposta automatizada para o usuário, como perguntas de funcionários relativas à folha de pagamento e aos benefícios. Muitos bancos e empresas de cartão de crédito já oferecem serviço de voz aos clientes, informando-os sobre saldo, cheques compensados etc. Para ver uma lista de outras aplicações do reconhecimento de voz, consulte a Tabela 11.6.

**Tabela 11.6** Exemplos de Aplicações de Tecnologia de Voz

| Tipos de Aplicações | Empresas | Dispositivos Usados |
| --- | --- | --- |
| Responder a perguntas sobre reservas, programações, bagagens perdidas etc. | Scandinavian Airlines, outras empresas aréreas | Saída |
| Informar portadores de cartões de crédito sobre saldos e créditos, fornecer saldos de conta bancária e outras informações a clientes | Citibank, muitos outros bancos | Saída |
| Verificar informações de cobertura | Delta Dental Plan (CA) | Saída |
| Solicitar a retirada de pacotes, pedir suprimentos | Federal Express | Entrada |
| Fornecer informações sobre serviços, receber pedidos | Illinois Bell, outras empresas de telefone | Saída e entrada |
| Permitir que lojas peçam suprimentos; fornecer informações de preço | Domino's Pizza | Saída e entrada |
| Permitir que inspetores apresentem resultados de testes de controle de qualidade | General Electric, Rockwell International, Austin Rover, Westpoint Pepperell, Eastman Kodak | Entrada |
| Permitir que recebedores de cargas informem pesos e níveis de estoque de várias carnes e queijos | Cara Donna Provisions | Entrada |
| Realizar pesquisas de mercado e telemarketing | Weidner Insurance, AT&T | Entrada |
| Notificar pessoas de emergências detectadas por sensores | Departamento de Energia dos Estados Unidos, Idaho National Engineering Lab, Honeywell | Saída |
| Notificar pais sobre cancelamento de aulas e ausência de alunos | Departamento de Educação de Nova Jersey | Saída |
| Lembrar pacientes de horários, resumir e informar resultados de exames | Kaiser-Permanente HMO | Saída |
| Acionar rádios, aquecedores, luzes etc. | Fabricantes de automóveis | Entrada |
| Registrar entrada e saída no departamento de pessoal | Taxoma Medical Center | Entrada |
| Solicitar cirurgiões na sala de emergência para realizar exames, informar resultados de exames por médicos | St. Elizabeth's Hospital | Saída e entrada |
| Enviar e receber dados de pacientes, pesquisar médicos, preparar programações e registros médicos | Hospital Corporation of America | Saída e entrada |

■ **Redes Neurais**

Uma **rede neural** é um sistema de programas e estruturas de dados que procura simular o funcionamento do cérebro humano. Uma rede neural normalmente envolve um grande número de processadores que operam em paralelo, cada qual com sua pequena esfera de conhecimento e acesso a dados na memória local (ver a Figura 11.8). Geralmente, uma rede neural é inicialmente "treinada" ou alimentada com grandes quantidades de dados e regras sobre relacionamentos entre dados.

As redes neurais são especialmente eficazes no reconhecimento de padrões sutis, ocultos e novos entre dados complexos, bem como na interpretação de entradas incompletas. As redes neurais podem ajudar em uma ampla gama de problemas, desde a segurança em voos até o controle de doenças infecciosas. Elas se tornaram o padrão no combate à fraude nos setores de cartões de crédito, saúde e telecomunicação, e estão se tornando cada vez mais importantes no aumento dos esforços internacionais para evitar a lavagem de dinheiro.

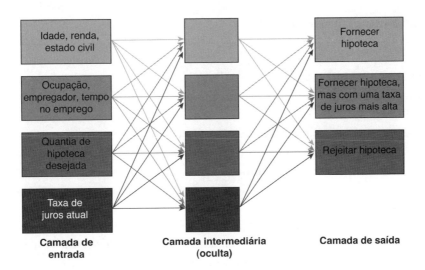

**Figura 11.8** Rede neural.

Vejamos um exemplo de aplicação de hipoteca, como mostra a Figura 11.8. A figura apresenta a ilustração de uma rede neural que tem três níveis de nós interconectados (semelhantes ao cérebro humano): uma camada de nós de entrada, uma camada intermediária ou oculta e uma camada de saída. Conforme você treina a rede neural, as forças (ou pesos) das conexões mudam. Em nosso exemplo, os nós de entrada seriam idade, renda, ocupação, estado civil, empregador, tempo no emprego, valor da hipoteca desejada, taxa de juros atual e muito mais. A rede neural já foi treinada com entrada de dados de muitas aplicações de hipoteca bem-sucedidas e malsucedidas. Ou seja, ela estabeleceu um padrão em relação a quais variáveis de entrada são necessárias para uma aplicação de hipoteca bem-sucedida. É interessante notar que a rede neural pode ajustar-se conforme as quantias de hipoteca e de acordo com o aumento ou diminuição dos juros.

### ■ Lógica Difusa

A *lógica difusa* (ou lógica *fuzzy*) é um ramo da matemática que lida com incertezas ao simular o processo de raciocínio humano. O fundamento em que se baseia esse método é o fato de a tomada de decisão nem sempre ser uma questão de preto e branco, verdadeiro ou falso. Ela normalmente envolve áreas intermediárias em que o termo "talvez" seja mais apropriado.

Um computador programado para usar lógica difusa trata com precisão de conceitos subjetivos que os humanos não definem exatamente. Um termo como "morno" é relacionado a um conceito impreciso por meio de fórmulas definidas com precisão. Por exemplo, onde o conceito é "salário", "alto" poderia ter valores variando acima de R$ 10 mil por mês e "moderado" poderia ter valores variando de R$ 5 mil a R$ 10 mil por mês. Um gerente de um banco poderia usar valores difusos como alto e moderado ao considerar um pedido de empréstimo.

A lógica difusa também tem sido usada na análise financeira e na produção de freios ABS. Em contabilidade e finanças, a lógica difusa lhe permite analisar informações com valores imprecisos, como ativos intangíveis, como a boa vontade.

### *Antes de Prosseguir...*

1. Descreva o significado de comportamento inteligente.
2. Compare as inteligências artificial e a natural.
3. Descreva a transferência da perícia dos especialistas humanos para um computador e, depois, para um usuário.
4. Quais são os benefícios e as limitações dos sistemas especialistas?
5. Quais são as vantagens e as desvantagens do reconhecimento de voz?
6. Quais são as vantagens e as desvantagens das redes neurais artificiais?
7. O que é lógica difusa?

## O que a **TI** pode me proporcionar?

■   **Para o Setor de Contabilidade**

Os sistemas de BI, painéis de controle e sistemas inteligentes são amplamente usados na auditoria para descobrir irregularidades. Também são usados para descobrir e evitar fraudes. Atualmente, os contadores usam sistemas inteligentes para muitas tarefas, variando desde análises de risco até controle de custos. O pessoal de contabilidade também usa agentes inteligentes para várias tarefas corriqueiras, como gerenciar contas ou monitorar o uso da internet pelos funcionários.

■   **Para o Setor de Finanças**

As pessoas usam computadores há décadas para resolver problemas financeiros. Existem aplicações inovadoras de BI para atividades como decisões relacionadas ao mercado de ações, refinanciamento de títulos, avaliação de risco de endividamento, análise de condições financeiras, previsão de falhas empresariais, projeção de tendências financeiras e investimento no mercado global. Os sistemas inteligentes provaram ser superiores a outros métodos computadorizados em muitas situações. Em muitos casos, os sistemas inteligentes podem facilitar o uso de planilhas e outros sistemas computadorizados empregados nas finanças. Finalmente, os sistemas inteligentes podem ajudar a reduzir as fraudes em cartões de crédito, ações e outros serviços financeiros.

■   **Para o Setor de Marketing**

O pessoal de marketing utiliza sistemas BI e painéis de controle em muitas aplicações, como, por exemplo, alocação de verbas de publicidade e avaliação de rotas alternativas para vendedores. Novos métodos de marketing, como o marketing focalizado e os bancos de dados de transações de marketing, são fortemente dependentes da TI em geral e dos sistemas inteligentes em particular. Os sistemas inteligentes são especialmente úteis para pesquisar bancos de dados de clientes e prever seu comportamento. Aplicações bem-sucedidas são encontradas em quase todas as áreas de marketing e vendas, desde a análise do sucesso da propaganda boca a boca até o apoio a *help-desks* para clientes. Com a crescente importância do serviço ao cliente, o uso dos agentes inteligentes está se tornando vital para fornecer respostas rápidas.

■   **Para o Setor de Produção/Operações**

Os sistemas de BI e painéis de controle apoiam operações complexas e decisões de produção, desde o estoque até o planejamento da produção. Muitos dos primeiros SEs foram desenvolvidos no campo do gerenciamento de produção/operações para tarefas que vão desde o diagnóstico de falhas em máquinas e prescrição dos reparos até a programação complexa da produção e o controle de estoques. Algumas empresas, como a DuPont e a Kodak, têm implementado centenas de SEs no planejamento, na organização e no controle de seus sistemas operacionais.

■   **Para o Setor de Recursos Humanos**

O departamento de recursos humanos usa sistemas de BI para muitas aplicações. Por exemplo, esses sistemas podem encontrar currículos de candidatos publicados na web e selecionar os que correspondem às qualificações exigidas. Os sistemas especialistas são usados na avaliação dos candidatos (testes, entrevistas). Os sistemas inteligentes são usados para facilitar o treinamento e para apoiar o autogerenciamento de benefícios trabalhistas. A computação neural é usada para prever o desempenho dos funcionários no cargo e para estimar as necessidades de mão de obra. Os sistemas de reconhecimento de voz fornecem informações sobre benefícios aos funcionários.

■   **Para o Setor de TI**

A função de TI fornece os dados e modelos que os gerentes usam nos sistemas de BI e as informações estruturadas usadas nos painéis de controle. O pessoal de TI também é responsável pelas informações em cada tela dos painéis de controle digitais. Os empregados de TI têm a difícil tarefa de interagir com especialistas da área-objeto para desenvolver sistemas especialistas.

---

## Resumo

Neste capítulo você aprendeu a:

**1. Descrever os conceitos de gerenciamento, tomada de decisões e apoio computadorizado à tomada de decisões.**

Gerenciamento é um processo pelo qual as metas organizacionais são alcançadas com o uso de recursos (pessoas, dinheiro, energia, materiais, tempo e espaço). Os gerentes possuem três funções básicas: interpessoais, informativas e de decisão. Ao tomar uma decisão, seja organizacional ou pessoal, o tomador de decisão passa por um processo de três etapas: inteligência, projeto e seleção. Diversas tecnologias da informação têm sido utilizadas com sucesso para apoiar diretamente os gerentes. Coletivamente, elas são chamadas de sistemas de informação de BI e sistemas inteligentes.

**2. Descrever a análise de dados multidimensional e a mineração de dados.**

A análise de dados multidimensional oferece aos usuários uma visão do que está acontecendo ou do que aconteceu, permitindo que eles particionem os dados de qualquer maneira desejada. A mineração de dados procura informações de negócios valiosas em um grande banco de dados, *data warehouse* ou *data mart*. Ela pode realizar duas operações básicas: prever tendências e comportamentos e identificar padrões previamente desconhecidos.

**3. Descrever os painéis de controle digitais.**

Os painéis de controle digitais oferecem acesso rápido a informações estruturadas em tempo hábil e acesso direto a relatórios de gerenciamento. Os painéis de controle digitais são muito amigáveis, têm o apoio de gráficos e permitem que os usuários examinem diversos relatórios estruturados.

**4. Descrever a visualização de dados e explicar os sistemas de informações geográficas e a realidade virtual.**

A visualização de dados envolve a apresentação de dados por tecnologias como os sistemas de informações geográficas e a realidade virtual. Um sistema de informações geográficas (GIS) é um sistema de computação aplicado para captar, integrar, manipular e exibir dados usando mapas digitalizados. A realidade virtual refere-se a gráficos tridimensionais interativos e gerados por computador, apresentados ao usuário através de um visor colocado na cabeça.

**5. Descrever a inteligência artificial (IA).**

A inteligência artificial envolve o estudo dos processos de raciocínio humano e tenta recriar esses processos em máquinas (computadores, robôs etc.). O principal objetivo da IA é construir máquinas que imitem a inteligência humana.

**6. Definir um sistema especialista e identificar seus componentes.**

Os sistemas especialistas (SEs) são uma tentativa de reproduzir as capacidades de raciocínio dos especialistas humanos. Um SE é um software de tomada de decisões que pode alcançar um nível de desempenho comparável a um especialista humano em determinada área problemática especializada e normalmente restrita.

Os componentes dos sistemas especialistas incluem a base de conhecimentos, o mecanismo de inferência, a interface com o usuário, o quadro-negro (uma área da memória de trabalho) e o subsistema de explicação. Espera-se que, no futuro, os SEs também tenham um sistema de refinamento do conhecimento que possa analisar o desempenho e se aprimorar de acordo com essa análise.

**7. Descrever o reconhecimento e a síntese de voz e as redes neurais.**

O reconhecimento de voz, ou entendimento de linguagem natural, permite que um computador compreenda instruções dadas em linguagem comum, de modo que os computadores sejam capazes de entender as pessoas. A síntese de voz, ou geração de linguagem natural, procura permitir que os computadores produzam linguagem normal, na tela ou por voz, de modo que as pessoas possam entender os computadores com mais facilidade.

Uma rede neural é um sistema de programas e estruturas de dados que procura simular o funcionamento do cérebro humano. Ela normalmente envolve um grande número de processadores operando em paralelo, cada um com sua pequena esfera do conhecimento e acesso a dados em sua memória local. Uma rede neural inicialmente é, em geral, "treinada" ou alimentada com grandes quantidades de dados e regras sobre relacionamentos entre dados.

## Glossário

**análise de busca de metas** Estudo que tenta descobrir o valor das entradas necessárias para alcançar determinado nível de saída.

**análise de dados multidimensional** (ver **processamento analítico** on-line) O processo de realizar análises complexas, multidimensionais, dos dados armazenados em um banco de dados ou *data warehouse*, normalmente usando ferramentas de software gráficas.

**análise de sensibilidade** Estudo do impacto que as mudanças em uma ou mais partes de um modelo exercem sobre as outras partes.

**análise de variações hipotéticas (what-if)** Estudo do impacto de uma alteração nas suposições (dados de entrada) sobre a solução proposta.

*business intelligence* (ou inteligência de negócios) Sistemas de informação que auxiliam os gerentes na tomada de decisão permitindo a análise extensa, controlada pelo usuário, por meio de diversas técnicas de modelagem, ou oferecendo acesso fácil e intuitivo a informações estruturadas.

**geração de linguagem natural** (também **síntese de voz)** Tecnologia que permite que computadores gerem uma linguagem natural, por "voz" ou na tela, de modo que pessoas possam entender os computadores mais facilmente.

**gerenciamento de desempenho corporativo** A área da inteligência de negócios envolvida com o monitoramento e a administração do desempenho de uma organização, de acordo com os indicadores chave de desempenho (KPI, Key Process Indicators), como receita, retorno do investimento (ROI, Return On Investment), overhead e custos operacionais.

**gerenciamento** Processo pelo qual as metas da organização são atingidas por meio do uso de recursos.

**inteligência artificial (IA)** Subcampo da ciência da computação que visa estudar os processos do pensamento humano e os recriar por meio de máquinas.

**mineração de dados (*data mining)*** O processo de procurar informações empresariais valiosas em um grande banco de dados, *data warehouse* ou *data mart*.

**modelo (na tomada de decisões)** Representação simplificada, ou abstração, da realidade.

**painel de controle digital** Um sistema de BI que oferece acesso rápido a informações em tempo hábil e acesso direto a relatórios de gerenciamento.

**processamento analítico** on-line (ver **análise de dados multidimensional**) O processo de realizar análises complexas, multidimensionais, dos dados armazenados em um banco de dados ou data *warehouse*, normalmente usando ferramentas de software gráficas.

**processamento de linguagem natural (PLN)** Comunicação com um computador em inglês ou em qualquer outro idioma falado pelo usuário.

**produtividade** Relação entre as entradas para um processo e as saídas desse processo.

**realidade virtual** Gráficos tridimensionais interativos e gerados por computador, apresentados ao usuário através de um visor colocado na cabeça.

**reconhecimento de voz (fala)** ou **entendimento de linguagem natural** Capacidade de um computador de compreender instruções dadas em linguagem normal, através do teclado ou da fala.

**rede neural** Sistema de programas e estruturas de dados que procura simular o funcionamento do cérebro humano.

**sala de decisão** Cenário em que pessoas se reúnem para um SAD em grupo, em que terminais estão disponíveis aos participantes.

**sistema de apoio à decisão em grupo (SADG)** Sistema interativo computadorizado que apoia o processo de encontrar soluções por um grupo de tomadores de decisão.

**sistema de apoio à decisão organizacional (SADO)** Um SAD que se concentra em uma tarefa ou atividade organizacional envolvendo tomadores de decisão e uma sequência de operações.

**sistema de informações geográficas** Um sistema de computação aplicado para captar, integrar, manipular e exibir dados usando mapas digitalizados

**sistemas de apoio à decisão (SAD)** Sistemas de BI que combinam modelos e dados na tentativa de resolver problemas semiestruturados e alguns problemas não estruturados com intenso envolvimento do usuário.

**sistemas inteligentes** Termo que descreve as diversas aplicações comerciais da inteligência artificial.

**teste de Turing** Teste para a inteligência artificial, em que um entrevistador humano, ao conversar com um ser humano e um computador, ambos sem serem vistos, não consegue determinar qual é qual; formulado pelo matemático inglês Alan Turing.

## Questões para Discussão

1. Sua empresa está pensando em abrir uma nova fábrica na China. Faça uma lista de várias atividades típicas em cada etapa da decisão (inteligência, projeto, seleção e implementação).

2. A American Can Company anunciou que está interessada em adquirir uma empresa na área da organização de manutenção de saúde (HMO). Duas decisões estão envolvidas nesse ato: (1) a decisão de adquirir uma HMO; e (2) a decisão de qual adquirir. De que maneiras um sistema de BI, um SE e um painel de controle digital podem ser usados nessa situação?

3. Uma diferença importante entre um sistema de apoio à decisão convencional e um SE é que o primeiro pode explicar uma pergunta *como*, enquanto o segundo também pode explicar uma pergunta *por quê*. Discuta essa questão.

4. Discuta os benefícios estratégicos dos sistemas de BI.

5. Os sistemas de BI substituirão os analistas de negócios? (Dica: Consulte W. McKnight, "Business Intelligence: Will Business Intelligence Replace the Business Analyst?" *DMReview*, fevereiro de 2005.)

6. Por que a combinação de GIS e GPS está se tornando tão popular? Examine algumas aplicações de combinações de GIS/GPS relacionadas ao gerenciamento de dados.

## Atividades de Solução de Problemas

1. A cidade de Londres (Inglaterra) cobra uma taxa de entrada para automóveis e caminhões no distrito central da cidade. Cerca de mil câmeras digitais fotografam a placa de cada veículo que passa. Os computadores leem os números da placa e os comparam com os registros em um banco de dados de carros para os quais a taxa foi paga para aquele dia. Se o computador não encontrar uma correspondência, o proprietário do carro recebe uma notificação pelo correio. Examine as questões relativas ao modo como esse processo é realizado, os enganos que ele pode cometer e as consequências desses enganos. Examine também, através de relatos da imprensa, como o sistema está funcionando. Finalmente, relacione o processo à inteligência de negócios.

2. Visite *www.cognos.com* e veja as demonstrações no lado direito da página. Prepare um relatório sobre os diversos recursos mostrados em cada demonstração.

3. Visite *www.fairisaac.com* e encontre produtos para detecção de fraude e análise de risco. Prepare um relatório.

4. Visite *www.teradatastudentnetwork.com* (TSN, você precisará de uma senha) e encontre um artigo intitulado "Data Warehousing Supports Corporate Strategy at First American Corporation" (de Watson, Wixom e Goodhue). Leia o artigo e responda as seguintes perguntas:
   a. Quais foram os impulsionadores para o projeto de *data warehouse*/inteligência de negócios da empresa?
   b. Que vantagens estratégicas foram observadas?
   c. Quais foram os fatores de sucesso críticos para o projeto?

5. Visite *www.teradatastudentnetwork.com* e encontre o seminário web intitulado "Enterprise Business Intelligence: Strategies and Technologies for Deploying BI on a Large Scale" (de Eckerson e Howson). Veja o seminário web e responda às seguintes perguntas:
   a. Quais são os benefícios de implantar BI para muitos funcionários?
   b. Quem são os usuários em potencial da BI? O que cada tipo de usuário tenta conseguir?
   c. Que lições de implementação de BI você aprendeu com o seminário?

6. Visite *www.gapminder.org*. Acesse *www.ted.com/index.php/talks/view/id/92* para encontrar o vídeo da apresentação de Hans Rosling. Comente suas técnicas de visualização de dados.

7. Visite *www.visualmining.com*. Explore o relacionamento entre visualização e *business intelligence*. Veja como a *business intelligence* está relacionada aos painéis de controle.

8. Acesse *http://businessintelligence.ittoolbox.com*. Identifique todos os tipos de software de *business intelligence*. Junte-se a um grupo de discussão sobre os tópicos discutidos neste capítulo. Prepare um relatório.

9. Visite os sites de alguns vendedores de GIS (como *www.mapinfo.com*, *www.esri.com* ou *www.autodesk.com*). Junte-se a um grupo e discuta sobre novas aplicações em marketing, serviços bancários e transportes. Faça o *download* de uma demonstração. Quais são algumas das capacidades e aplicações mais importantes?

10. Analise o Microsoft Virtual Earth (www.microsoft.com/virtualearth) como uma ferramenta de *business intelligence*. (Dica: Acesse http://www.microsoft.com/Industry/government/solutions/virtual_earth/demo/ps_gbi.html). Quais são os recursos de *business intelligence* desse produto?

---

### Trabalhos em Equipe

---

1. Usando a mineração de dados é possível não apenas captar informações que estavam enterradas em cortes judiciais distantes, mas também manipulá-las e indexá-las. Esse processo pode beneficiar a imposição da lei, mas invade a privacidade. Em 1996, Lexis-Nexis, o serviço de informações on-line, foi acusado de permitir o acesso a informações confidenciais sobre indivíduos. A empresa argumentou que foi injustamente visada, pois forneceu apenas dados residenciais básicos para advogados e para o pessoal da justiça. A Lexis-Nexis deveria ser proibida de acessar tais informações? Debata a questão.

2. Use o Google para encontrar aplicações combinadas de GIS/GPS. Além disso, veja os sites de diversos vendedores para descobrir histórias de sucesso. Para vendedores de GPS, procure em *http://biz.yahoo.com* (diretório) e no Google. Cada grupo fará uma apresentação de cinco aplicações e seus benefícios.

3. Cada grupo acessará o website de um importante vendedor de *business intelligence* (por exemplo, MicroStrategy, Oracle Hyperion, Microsoft, SAS, SPSS, Cognos e Busines Objects). Cada grupo apresentará um relatório sobre um vendedor, destacando as capacidades de BI de cada vendedor.

---

### Caso Final

---

### Inteligência de Negócios Operacional Significa Melhor Pizza na Papa Gino's

O Problema da Empresa. O operador de restaurantes Papa Gino's (*www.papaginos.com*), da cidade de Dedham, Massachusetts, Estados Unidos, gera grandes quantidades de dados em suas operações diárias. Os dados incluem tudo, desde estatísticas sobre quanto tempo leva para que os clientes recebam as entregas de pizza até a posição de seus restaurantes em relação à concorrência local. Até maio de 2007, os gestores empresariais reuniam, diariamente, dados via e-mail a partir de diversas fontes. O processo de acumular os dados e passar para os vice-presidentes regionais para posterior análise era difícil e demorado de ser realizado pelos gestores distritais, que normalmente são responsáveis por 8 a 12 restaurantes, acumulavam dados e os passavam para os vice-presidentes regionais, para análise posterior.

Em meados de 2007, o Papa Gino's estava no meio de um projeto estratégico de cinco anos para otimizar seus sistemas de tecnologia da informação e aplicações em toda a organização. O objetivo era melhorar o desempenho de seus restaurantes. A empresa queria alavancar mais efetivamente as grandes quantidades de dados a serem reunidas em uma variedade de sistemas, incluindo aplicativos de planejamento de recursos empresariais de J. D. Edwards; sistemas de ponto de venda desenvolvidos internamente; e planilhas do Excel.

O negócio global e muitos dos restaurantes individuais tinham um desempenho satisfatório quando o Papa Gino's usava o velho processo de análise dos dados. No entanto, os executivos queriam melhorar o processo, economizar tempo e aproveitar a riqueza de informações de forma mais eficaz, a fim de gerar melhorias adicionais.

A Solução da TI Para atingir essas metas, o Papa Gino's implantou um software de inteligência de negócios (*business intelligence*, ou BI) operacional. O processo de inteligência de negócios operacional usa a inteligência de negócios para conduzir e otimizar as operações de negócios e a tomada de decisões diariamente ou várias vezes durante o dia. O software de BI operacional do Papa Gino's colocou relatórios e aplicações analíticas nas mãos dos usuários de negócios, que poderiam analisar a informação para identificar estratégias para trabalhar com mais eficiência e melhorar os resultados. Ao todo, cerca de 100 gestores usam a aplicação de BI do Papa Gino's.

O Papa Gino's implantou o software operacional de BI em três fases. Na primeira fase, os usuários da empresa obtiveram ferramentas de relatórios e as informações que eles queriam. Na segunda fase, essa informação foi reduzida para 10 a 20 indicadores considerados vitais para o negócio. (Os usuários tinham a opção de ver outros indicadores, conforme a necessidade.) Finalmente, na terceira fase, os gestores usaram a tecnologia para relatar e gerenciar por exceção. Em outras palavras, eles examinaram os principais indicadores para as condições que saíram dos limites preestabelecidos.

Os Resultados Os gestores do Papa Gino's recebem agora dados muito mais rapidamente, que geralmente estão disponíveis a todos os principais tomadores de decisão na organização todas as manhãs, a partir das 6h30.

Com o software, os gerentes do Papa Gino's usam os painéis de controle para analisar rapidamente dados financeiros, como receitas, em restaurantes individuais por semana, mês ou ano. Eles, então, comparam os dados de receita com dados similares do mesmo restaurante em períodos anteriores, com as receitas estabelecidas pela gerência, confrontadas com as receitas em outros restaurantes da mesma região ou estado. O sistema também gera relatórios e análises de dados operacionais, tais como quantos clientes visitam um restaurante durante várias épocas, que tipos de itens do menu os clientes estão encomendando e quantas horas os funcionários trabalham, para que os gerentes possam ver como cada restaurante está se comportando.

Com a estratégia de gestão por exceção, os tomadores de decisão visualizam apenas dados que estão fora de certos limites ou percentuais, tanto em um sentido positivo como negativo. Por exemplo, se o total médio de clientes por restaurante por dia cai abaixo de um certo limiar, os gestores são alertados para esta anomalia. Da mesma forma, os gestores estão cientes dos restaurantes que têm um número maior de clientes do que o esperado.

A entrega de alimentos é responsável por um terço da atividade do Papa Gino's, de modo que uma estatística importante é o percentual das entregas no prazo. Os gerentes visualizam os prazos de entrega prometidos aos clientes e analisam até que ponto os restaurantes estão cumprindo essa promessa.

Outro grande contribuinte para o negócio são os pedidos por telefone. Com isso, outras importantes estatísticas também incluem a rapidez com que os clientes são atendidos ao telefone, quantas ligações são abandonadas pelos clientes e quantas pessoas recebem sinais de ocupado quando ligam para os restaurantes. O Papa Gino's afirma que o padrão da indústria é ter 85% das ligações atendidas em 12 segundos. Analisando os dados das ligações, os administradores podem determinar se há número suficiente de pessoas atendendo ao telefone.

Um dos benefícios tangíveis do sistema de BI é que os gestores de finanças e operações agora passam mais tempo analisando as tendências de dados e menos tempo na coleta. Outro benefício é que os gestores podem utilizar as capacidades de previsão da aplicação de BI para ter uma ideia melhor de quanto produto devem requisitar e quantos trabalhadores devem escalar, o que melhora a eficiência global das operações.

Quanto a melhorias de desempenho, o Papa Gino's viu ganhos, tais como o maior percentual de entregas no prazo, desde que implantou o sistema de BI operacional. A empresa está usando o sistema como uma ferramenta para refinar e melhorar a experiência do cliente com o restaurante e sua satisfação.

*Fontes:* Compilado de "CIO Values: Paul Valle, CIO, Papa Ginos Pizza", InformationWeek, 20 de agosto de 2008; B. Violino, "Operational BI: Digging Deeper for Data", CIO Insight, 27 de agosto de 2008; P. Thibodeau, "How Business Intelligence Tools Can Help Improve Pizza Delivery", Computerworld, 6 de fevereiro de 2008; "G. Gruman, "Operational Business Intelligence: Spot Problems Sooner", CIO, 7 de novembro de 2007; C. White, "The Next Generation of Business Intelligence: Operational BI", Information Management Magazine, 1 de maio de 2005; "Operational BI Comes of Age", BusinessWeek Special Advertising Section, 19 de maio de 2005; *www.papaginos.com*, acessado em 30 de janeiro de 2009.

## PERGUNTAS

1. Descreva os diversos benefícios que o Papa Gino's está obtendo com seu sistema operacional de inteligência de negócios.
2. Discuta as análises adicionais que os gestores e analistas do Papa Gino's poderiam executar, que beneficiariam a empresa e os seus restaurantes, proporcionando uma vantagem competitiva.

**Capítulo 12**

# Aquisição de Sistemas de Informação e Aplicações

---

## Metas de Aprendizagem

1. Definir e explicar as triplas restrições da gestão de projetos.
2. Descrever o processo de planejamento de TI.
3. Descrever o processo e os métodos de justificativa de TI.
4. Descrever o ciclo de vida do desenvolvimento de sistemas e suas vantagens e limitações.
5. Descrever os principais métodos e ferramentas alternativos para a construção de sistemas de informação.
6. Listar as principais opções de aquisição de TI e os critérios para a escolha da opção.
7. Descrever o processo de escolha de fornecedor e software.

---

## Esboço do Capítulo

---

## O que a **TI** pode me proporcionar?

---

**Caso inicial**

### A Leukemia & Lymphoma Society Facilita a Doação

■ **O Problema da Empresa**

A Leukemia & Lymphoma Society (LLS, *www.lls.org*) é a maior organização de saúde voluntária do mundo dedicada a patrocinar pesquisa, treinamento e atendimento a pacientes de câncer no sangue. A sociedade visa a curar leucemia, linfoma, doença de Hodgkin e mieloma, além de melhorar a qualidade de vida dos pacientes e de suas famílias.

Para alcançar seus objetivos, a organização depende de doações. A LLS desenvolveu métodos criativos para arrecadar recursos, principalmente por meio de atividades orientadas a evento. Programas como Team in Training, Light the Night e a Leukemia Cup Regatta são especialmente dignos de nota. O programa pioneiro da organização, Team in Training (Equipe em Treinamento, *www.TeamInTraining.org*), conseguiu mais de US$ 850 milhões desde seu lançamento em 1988. Team in Training oferece treinamento de academia personalizado para atletas amadores de provas de resistência que "repagam" à LLS participando dos programas de arrecadação de recursos da organização. É atualmente o maior programa de treinamento de esportes de resistência no mundo.

A LLS fez uma combinação de promoção com propaganda boca a boca para aumentar significativamente a participação no programa Team in Training. Ao mesmo tempo, a organização deslocou grande porcentagem de seu programa de arrecadação de recursos dos canais tradicionais para os canais on-line, principalmente em resposta às melhorias na tecnologia de comércio eletrônico e à arrecadação de recursos. A maior ênfase no Team in Training e as estratégias on-line sobrecarregaram os sistemas existentes de arrecadação de recursos da LLS, incentivando a organização a desenvolver uma nova infraestrutura de TI.

No passado, a LLS terceirizava sua arrecadação de recursos para um serviço de doação on-line, que fornecia um website para os contribuintes. O provedor de serviços coletava essas doações e transmitia os fundos ao final de cada mês à LLS. Contudo, ele não poderia administrar o aumento nas doações experimentado pela LLS. Como resultado, a aplicação terceirizada experimentou períodos de parada temporária e problemas de desempenho. Por exemplo, as transações de doação normalmente falhavam ou eram duplicadas por engano. Esses problemas sobrecarregavam o pessoal de TI da LLS, que tinha de administrar as ligações de clientes, o desviava a TI de suas funções reais.

Além disso, à medida que a porcentagem de doações on-line aumentava, a LLS tinha que pagar taxas cada vez mais altas para o provedor de serviços, por fim alcançando 7% de cada doação on-line. O provedor também mantinha as doações até o final de cada mês, o que demonstrava que a LLS perdia valiosos juros sobre esses fundos.

### ▪ A Solução da TI

A LLS sabia que precisava retomar o controle de seus sistemas de informação, por isso decidiu desenvolver seu novo sistema de informação internamente. A sociedade planejou apenas três meses para o desenvolvimento do sistema, e decidiu usar a arquitetura orientada a serviços (SOA – Service-Oriented Architecture) como framework. Conforme discutimos no Capítulo 5, SOA é uma arquitetura de TI que permite que uma organização torne suas aplicações e recursos de computação, como os bancos de dados, disponíveis como serviços que podem ser chamados quando necessários. A LLS primeiro definiu suas funções de negócios, depois, decompôs cada função em serviços, que representam os processos e as atividades compreendidas nessa função. Por exemplo, a função de negócios da LLS, Gerenciar Doações, seria decomposta em serviços como Criar Doação, Processar Doação, Confirmar Doação, Aplicar Doação e assim em diante.

Usando o framework SOA, a LLS desenvolveu uma interface com o usuário e uma série de aplicações de *front-end* (voltadas para o cliente) que permitiriam que os participantes dos programas da LLS se registrassem e gerenciassem o próprio levantamento de fundos. A sociedade também criou um conjunto de ferramentas de software para os capítulos individuais do programa Team in Training administrarem suas organizações em nível local. A LLS criou então um conjunto básico de serviços reutilizáveis, de *back-end*, que são integrados às aplicações de *front-end*. Esses serviços incluem diversas aplicações e bancos de dados para ajudar os capítulos locais do Team in Training a administrar suas doações.

### ▪ Os Resultados

Desde que a LLS passou para o novo sistema de TI, ela tem experimentado melhorias incríveis no desempenho do website e na satisfação do usuário. Reduziu suas taxas de 7% de cada transação, que pagava ao serviço terceirizado, para 2%, que a LLS precisa para pagar seus encargos. Essa redução é importante porque cada dólar economizado pela LLS nos custos para arrecadação de recursos pode ser gasto em pesquisa e serviços ao cliente. Finalmente, a LLS conseguiu alcançar 100% de disponibilidade do sistema.

Em menos de dois meses, o novo sistema ajudou a impulsionar mais de US$ 10 milhões em doações. O novo sistema permite que a equipe de TI da LLS gaste mais tempo em inovação, em vez de atender ligações de serviço ao cliente. A LLS planeja usar seu novo sistema de TI como uma plataforma para desenvolver recursos de valor agregado adicional, como blogs, grupos de discussão e fóruns.

*Fontes:* Compilado de "Leukemia & Lymphoma on the 200 Largest U.S. Charities", Forbes, 19 de novembro de 2008; "Mule-Source Helps the Leukemia & Lymphoma Society Raise $10 Million in Two Months", Reuters, 23 de setembro de 2008; O. Mazhar, "Fundraising on the Fast Track", Baseline Magazine, 10 de abril de 2009; *www.lls.org* e *www.TeamInTraining.org*, acessados em 13 de abril de 2009.

## ▪ O que Aprendemos com este Caso

O caso da Leukemia & Lymphoma Society (LLS) primeiramente ilustra como a terceirização pode causar problemas para uma organização. O caso da LLS também demonstra que as organizações podem desenvolver com sucesso internamente novos sistemas de informação, com excelentes resultados.

Organizações competitivas se movem o mais rápido que podem para adquirir novas tecnologias de informação (ou modificar as existentes) quando precisam melhorar as eficiências e ganhar vantagem estratégica. Hoje, porém, a aquisição vai além da criação de novos sistemas internamente, e os recursos de TI vão além de software e hardware. O modelo antigo, em que as firmam montam seus sistemas, está sendo substituído por uma visão mais ampla de aquisição de recursos de TI, que oferece às empresas uma série de opções. Assim, as empresas agora precisam decidir quais tarefas de TI permanecerão internas e se todo o recurso de TI deverá ser fornecido e administrado por organizações externas. Entretanto, independentemente da abordagem que a organização escolhe, ela precisa ser capaz de administrar os projetos de TI de forma hábil.

Neste capítulo, descrevemos os elementos da gestão de projetos de TI e o processo de adquirir recursos de TI do ponto de vista gerencial. Isso significa do *seu* ponto de vista, pois você estará envolvido de perto em todos os aspectos da aquisição de sistemas de informação e aplicações na sua organização. Na verdade, quando mencionamos "usuários" neste capítulo, estamos falando de você. Prestamos atenção especialmente às opções disponíveis para adquirir recursos de TI e como avaliar as opções. Também examinamos de perto o planejamento e a justificativa de aquisição de novos sistemas de informação.

## 12.1. Gestão de Projetos de Tecnologia da Informação

**Projetos** são esforços a curto prazo para criar um resultado específico relacionado à empresa. Os resultados podem tomar a forma de produtos ou serviços. No contexto de sistemas de informação (SI), muitos dos investimentos de recurso feitos pelas organizações estão na forma de projetos. Por exemplo, Home Depot (*www.homedepot.com*) recentemente iniciou um projeto de SI para desenvolver um sistema de controle de estoques. Os objetivos do projeto eram melhorar a rotatividade de estoques, reduzir as faltas de produtos em estoque e integrar-se mais com os parceiros da cadeia de suprimentos. O resultado foi reduzir os custos da empresa pela manutenção de um estoque físico menor.

Quase toda organização que usa a tecnologia da informação para apoiar os processos de negócio utiliza alguma forma de gestão de projetos de SI. A **gestão de projetos de SI** é um esforço direcionado para planejar, organizar e gerenciar recursos para promover a realização bem-sucedida de suas metas específicas de SI. Todos os projetos, seja projetos de SI ou não, são restritos pelos mesmos três fatores, conhecidos como **tripla restrição da gestão de projetos:** prazo, custo e escopo. **Prazo** refere-se à janela de oportunidade em que o projeto deve ser concluído para oferecer um benefício à organização. **Custo** é a quantidade real de recursos, incluindo dinheiro e mão de obra, que uma organização pode comprometer para concluir um projeto. Por fim, *escopo* refere-se aos processos que garantem que o projeto inclui todo o trabalho necessário – e somente o trabalho necessário – para concluir o projeto com sucesso. Para um projeto de SI ser bem-sucedido, a organização precisa alocar uma quantidade adequada de tempo, fornecer uma quantidade apropriada de recursos e definir com cuidado o que está ou não incluído no projeto. O Quadro 12.1 ilustra como a Charter Communications implantou com sucesso um software de gestão de projetos.

## TI E A EMPRESA

### 12.1. Charter Communications Conta com Software de Gestão de Projetos de TI

Em tempos econômicos turbulentos como os atuais, os gerentes estão com dificuldades para justificar os gastos de dinheiro em projetos de TI quando os recursos são tão escassos. Na Charter Communications (*www.charter.com*), uma firma de telecomunicações que oferece serviços de telefone, cabo e internet de alta velocidade, a resposta da empresa a essas solicitações de fundos foi simples: se um projeto gera dinheiro ou economiza mais dinheiro do que seu custo, então faça-o.

No setor altamente competitivo das telecomunicações, a Charter enfrentou pressões cada vez maiores de seus concorrentes e clientes. A Comcast Cable (*www.comcast.com*) e a Time Warner Cable (*www.timewarnercable.com*) são os maiores concorrentes no setor de televisão a cabo/telecomunicações. Por terem mais recursos financeiros, Comcast e Time Warner são capazes de realizar aquisições e fusões ambiciosas. Cada empresa consolidou uma fatia significativa dos mercados em que a Charter opera. Portanto, a Charter tem menos receita em potencial. Para aumentar esse problema, a Charter tem um fluxo de caixa restrito, resultante de sua posição altamente alavancada (a empresa tem mais de US$ 21 bilhões de débito em seu balanço geral).

Além disso, a Charter vivenciou dificuldades para enfrentar questões relacionadas ao cliente. De fato, ela recebeu tantas reclamações do cliente que a Better Business Bureau (*www.bbb.org*) emitiu uma nota de advertência aos consumidores com relação ao fraco atendimento ao cliente que a empresa presta. Finalmente, em 27 de março de 2009, a Charter entrou com processo de falência.

A Charter respondeu a esses desafios adotando uma meta ambiciosa: ganhar e subsequentemente reter clientes no ambiente hipercompetitivo das comunicações. Para alcançar essa meta, ela está investindo bastante em nova tecnologia de informação. Essa tecnologia serve para dar suporte às operações de atendimento ao cliente da empresa, com o objetivo de fornecer um serviço magnífico.

Os executivos da Charter mantiveram os serviços da Computer Associates (CA, *www.ca.com*), uma firma de consultoria especializada em gestão de projetos de TI, para ajudá-la a desenvolver um sistema de gestão de projetos abrangente, que a empresa pudesse usar para avaliar o retorno em potencial sobre o investimento para os projetos de TI propostos. A CA entregou um sistema de gestão de projetos conhecido como Clarity. O Clarity substituiu o sistema anterior da Charter, que consistia apenas em painéis controlados por planilhas e apresentações do PowerPoint.

O Clarity permite que a Charter avalie os projetos em consideração e gerencie os projetos já em andamento. Desde que a Charter implantou o sistema Clarity, seu registro de projetos concluído em tempo e dentro do orçamento melhorou consideravelmente. O Clarity tornou-se a principal ferramenta usada pela Charter para eliminar os excessos de custo prejudiciais que contribuíram para suas recentes batalhas financeiras. Além do mais, o controle dos custos permitiu que a Charter colocasse recursos adicionais para as melhorias tão necessárias no atendimento ao cliente.

*Fontes:* Compilado de "Charter Communications Files for Chapter 11 Bankruptcy", Associated Press, 28 de março de 2009; D. Gardner, "Charter Communications to Seek Financial Protection", InformationWeek, 12 de fevereiro de 2009; Y. Adegoke, "Wall Street On Charter Communications Bankruptcy Watch", Reuters, 16 de janeiro de 2009; "Charter Communications Maximizes its Investment in New Technology with Improved Project Management", Computer Associates Success Story, (*www.ca.com*), 2008.

### PERGUNTAS

1. Quais foram os problemas empresariais da Charter que levaram a empresa a implantar o software de gestão de projetos Clarity?
2. Que resultados a Charter conseguiu com o uso do software Clarity?

■ **O Processo de Gestão de Projetos**

A abordagem tradicional da gestão de projetos divide cada projeto em cinco fases distintas: iniciação, planejamento, execução, monitoramento e controle e encerramento. Essas fases são sequenciais e as discutimos em ordem.

Inciação do Projeto. A primeira fase na gestão de um processo é definir claramente o problema que o projeto pretende solucionar e os objetivos que ele deve alcançar. Nessa fase, também é necessário identificar e proteger os recursos necessários para o projeto, analisar os custos e benefícios do projeto e identificar riscos em potencial. Conforme discutiremos mais adiante neste capítulo, a fase de iniciação é o equivalente da fase de investigação de sistemas do ciclo de vida de desenvolvimento de sistemas.

Planejamento do Projeto. Como o termo *planejamento* sugere, nessa fase, cada objetivo do projeto e cada atividade associada a esse objetivo devem ser identificados e sequenciados. Muitas ferramentas auxiliam os desenvolvedores na sequenciação dessas atividades, incluindo diagramas de dependência, técnica de avaliação de programa e revisão (PERT, *program evaluation and review technique*), método de caminho crítico (CPM, *critical path method*) e um diagrama de linha de tempo chamado gráfico de Gantt. Os gerentes de projeto usam essas ferramentas para garantir que as atividades sejam realizadas em uma sequência lógica e para determinar quanto tempo cada atividade – e, por fim o projeto inteiro – durará. À medida que o projeto prossegue, os gerentes de projeto também empregam essas ferramentas para avaliar se o projeto está dentro do prazo e, se não estiver, onde estão ocorrendo os atrasos e o que eles devem fazer para corrigi-lo.

Execução do Projeto. Nessa fase, o trabalho definido no plano de gestão de projeto é realizado para alcançar os requisitos dos projetos. A execução coordena pessoas e recursos, e integra e realiza atividades de projeto de acordo com o plano.

Monitoramento e Controle do Projeto. A finalidade do monitoramento e controle é determinar se o projeto está prosseguindo conforme planejado. Essa fase consiste em três etapas: (1) monitoramento das atividades contínuas do projeto (onde estamos); (2) comparação das variáveis do projeto (custo, esforço, tempo, recursos etc.) com o plano real (onde deveríamos estar); e (3) identificação de ações corretivas (como voltamos ao caminho certo).

Encerramento do Projeto. O projeto é encerrado quando ele é formalmente aceito pela organização. Todas as atividades são finalizadas e todos os contratos são atendidos e estabelecidos. Além disso, todos os arquivos são arquivados e todas as lições aprendidas são documentadas.

## ■ Falha na Gestão de Projetos

Muitas vezes, os projetos de TI não conseguem seus resultados desejados. De fato, os analistas descobriram que apenas 29% de todos os projetos de SI são concluídos no prazo, dentro do orçamento e com todos os recursos e funções especificados originalmente. Além disso, entre 30%-40% de todos os projetos de desenvolvimento de software de SI são *projetos descontrolados*, significando que eles estão tão acima do orçamento e além do prazo que precisam ser abandonados, normalmente com grande perda monetária. Existem diversos motivos para os projetos de SI não oferecerem seu valor em potencial, incluindo:

- Falta de planejamento suficiente no início de um projeto;
- Dificuldades com a compatibilidade da tecnologia (ou seja, a nova tecnologia pode não funcionar com a tecnologia existente);
- Falta de comprometimento da gerência para oferecer os recursos necessários;
- Escopo de projeto mal definido;
- Falta de tempo suficiente para concluir o projeto.

## *Antes de Prosseguir...*

1. O que são as triplas restrições de qualquer projeto?
2. Descreva as fases de um projeto.
3. O que é um projeto descontrolado?

## 12.2. Planejamento e Justificativa das Aplicações de TI

As organizações precisam analisar a necessidade das aplicações e, depois, justificar cada aplicação em termos de custos e benefícios. A necessidade de um sistema de informação geralmente está relacionada ao planejamento organizacional e à análise do desempenho da empresa comparado com o dos concorrentes. A justificativa de custo-benefício precisa avaliar a sabedoria do investimento em uma aplicação específica de TI em relação ao investimento em projetos alternativos.

Quando uma empresa examina suas necessidades e seu desempenho, ela gera uma lista priorizada das aplicações de TI tanto existentes quanto potenciais, chamada **portfólio de aplicações**. Essas são as aplicações que precisam ser acrescentadas, ou modificadas se já existirem.

▪ **Planejamento de TI**

O processo de planejamento para novas aplicações de TI começa com a análise do **plano estratégico da organização**, como mostra a Figura 12.1. O plano estratégico da organização determina a missão geral da empresa, as metas que advêm dessa missão e as etapas gerais necessárias para alcançar essas metas. O processo de planejamento estratégico compara os objetivos e os recursos da organização para satisfazer seus mercados em processo de transformação e suas oportunidades.

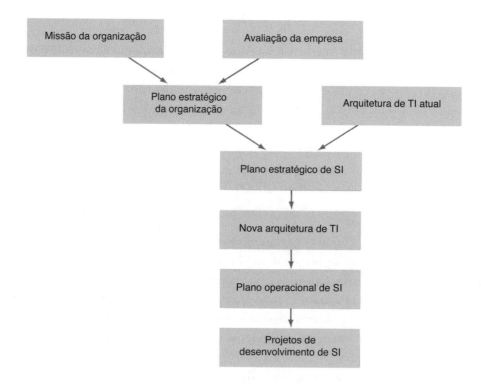

**Figura 12.1** O processo de planejamento dos sistemas de informação.

O plano estratégico organizacional e a arquitetura de TI existente fornecem os dados para desenvolver o plano estratégico de TI. Como vimos no Capítulo 1, a *arquitetura de TI* delineia a forma como se devem utilizar os recursos de informação da organização para realizar a missão. Ela abrange os aspectos técnicos e gerenciais dos recursos de informação. Os aspectos técnicos englobam o hardware e os sistemas operacionais, as redes, os sistemas de gerenciamento de dados e o software de aplicações. Os aspectos gerenciais especificam como administrar o departamento de SI, como os gerentes de áreas funcionais participarão e como as decisões de TI serão tomadas.

O **plano estratégico de TI** é um conjunto de metas de longo prazo que descrevem a infraestrutura de TI e as principais iniciativas de TI necessárias para alcançar as metas da organização. O plano estratégico de TI deve atender a três objetivos:

1. Estar alinhado com o plano estratégico da organização.
2. Fornecer uma arquitetura de TI que permita que usuários, aplicações e bancos de dados sejam integrados e operem em rede sem interrupções.
3. Alocar de forma eficiente os recursos de desenvolvimento de SI entre projetos concorrentes, para que os projetos possam ser concluídos a tempo, dentro do orçamento e com a funcionalidade necessária.

Um componente crítico no desenvolvimento e implementação do plano estratégico de TI é o **comitê geral de TI**. Esse comitê, composto de um grupo de gerentes e pessoal representando as diversas unidades organizacionais, é composto para estabelecer prioridades de TI e garantir que a função de TI esteja atendendo as necessidades da empresa. As principais tarefas do comitê são vincular a estratégia corporativa à estratégia da TI, aprovar a alocação de recursos para a função de TI e estabelecer medidas de desempenho para a função de TI e garantir que elas sejam atendidas. O comitê geral de TI é importante para você porque ele garante que você receberá os sistemas de informação e as aplicações que precisa para realizar seu trabalho.

Depois que uma empresa chega a uma conclusão quanto ao plano estratégico de TI, ela desenvolve o **plano operacional de TI**. Esse plano consiste em um conjunto claro de projetos que serão executados pelo departamento de TI e pelos gerentes das áreas funcionais para apoiar o plano estratégico de TI. Um plano operacional de TI típico contém os seguintes elementos:

- *Missão* A missão da função de TI (derivada da estratégia de TI).
- *Ambiente de TI*: Um resumo das necessidades de informação das áreas funcionais e da organização como um todo.
- *Objetivos da função de TI* A melhor estimativa atual das metas da função de TI.
- *Restrições da função de TI* As limitações dos recursos tecnológicos, financeiros e pessoais da função de TI.
- *Portfólio de aplicações* Um inventário priorizado das aplicações atuais e um plano detalhado dos projetos a serem desenvolvidos ou continuados durante o ano em curso.
- *Alocação de recursos e gerenciamento de projeto* Listagem de quem fará o quê, como e quando.

## ▪ Avaliando e Justificando o Investimento em TI: Benefícios, Custos e Problemas

Como já discutimos, o desenvolvimento de um plano de TI é o primeiro passo no processo de aquisição. Todas as empresas possuem uma quantidade limitada de recursos disponíveis. Por essa razão, precisam justificar o investimento de recursos em algumas áreas, incluindo TI, em vez de em outras. Basicamente, justificar o investimento em TI inclui três funções: avaliação de custos, avaliação de benefícios (valores) e a comparação dos dois. Essa comparação normalmente é chamada de análise de custo-benefício. A análise de custo-benefício não é uma tarefa simples.

Avaliando os Custos. Estabelecer um valor em dinheiro para o custo dos investimentos em TI pode não ser tão simples quanto parece. Uma das principais dificuldades é alocar custos fixos entre diversos projetos de TI. Os custos fixos são aqueles que permanecem iguais seja qual for o nível de atividade. Para a TI, os custos fixos incluem o custo da infraestrutura, dos serviços de TI e do gerenciamento de TI. Por exemplo, o salário do diretor de TI é fixo, e o acréscimo de mais uma aplicação não o alterará.

Outro problema é o fato de que o custo de um sistema não termina quando este é instalado. Os custos de manutenção, depuração e melhorias dele podem continuar por muitos anos. Em alguns casos, sequer vão ser previstos quando o investimento é feito.

Um exemplo incrível das despesas não antecipadas foram os projetos de reprogramação do Ano 2000 (Y2K), que custaram às organizações do mundo inteiro bilhões de dólares no final do século XX. Na década de 1960, a memória de computador era muito cara. Para economizar dinheiro, os programadores codificaram o "ano" no campo de data como 19__, em vez de ____. Com o "1" e o "9" codificados de modo fixo no programa de computador, somente os dois últimos dígitos variavam, de modo que os programas de computador precisavam de menos memória. Porém, esse processo significava que, quando atingíssemos o ano 2000, os computadores teriam 1900 como o ano, em vez de 2000. Essa técnica de programação poderia ter causado sérios problemas, por exemplo, com aplicações financeiras, aplicações de seguros e muitas outras.

Avaliando os Benefícios. Avaliar os benefícios dos projetos de TI normalmente é ainda mais complexo do que calcular seus custos. Os benefícios podem ser mais difíceis de quantificar, especialmente porque muitos deles são intangíveis (por exemplo, melhoria do relacionamento com clientes ou parceiros e melhoria na tomada de decisões). O fato de que as organizações usam TI para várias finalidades diferentes complica ainda mais a análise de benefícios. Além disso, para obter retorno de um investimento em TI, a tecnologia precisa ser aplicada corretamente. Na verdade, muitos sistemas não são implementados a tempo, dentro do orçamento ou com todos os recursos originalmente imaginados para eles. Finalmente, o sistema proposto pode ser de última geração. Nesses casos, pode não haver qualquer evidência anterior de que tipo de retorno financeiro a empresa pode esperar.

Realizando Análise de Custo-Benefício. Após uma empresa ter avaliado os custos e os benefícios dos investimentos em TI, ela precisa comparar os dois. Não existe uma estratégia uniforme para realizar essa análise. Em vez disso, ela pode ser realizada de várias maneiras. Aqui, discutimos quatro métodos comuns: (1) valor presente líquido, (2) retorno sobre o investimento, (3) análise do ponto de equilíbrio e (4) método do caso de negócios (*business case*).

- Usando o método de *valor presente líquido (VPL)*, os analistas convertem os valores futuros dos benefícios em seu valor presente equivalente "descontando-os" no custo de fundos da organização. Eles podem, então, comparar o valor presente dos benefícios futuros com o custo necessário para alcançá-los, a fim de determinar se estes são maiores que os custos.
- O *retorno sobre o investimento* (ROI – *Return On Investiment*) mede a eficiência da gerência em gerar lucros com os ativos disponíveis. A medição de ROI é calculada basicamente por meio da divisão do rendimento líquido atribuível a um projeto pela média dos ativos investidos no projeto. ROI é uma porcentagem, e quanto maior a porcentagem de retorno, melhor.
- A *análise do ponto de equilíbrio* determina o ponto em que o valor financeiro cumulativo dos benefícios de um projeto se iguala ao investimento feito no projeto.
- No *método do caso de negócios* (*business case*), os desenvolvedores de sistemas escrevem um caso de negócios para justificar o financiamento de uma ou mais aplicações ou projetos específicos. Você será uma fonte de entrada importante quando os casos de negócios forem desenvolvidos, pois eles descrevem o que você faz, como o faz e como um novo sistema poderia lhe auxiliá-lo melhor.

## Antes de Prosseguir...
1. Quais são alguns problemas associados à avaliação dos custos de TI?
2. Que dificuldades acompanham os benefícios intangíveis da TI?
3. Descreva os métodos VPL, ROI, análise do ponto de equilíbrio e caso de negócios.

## 12.3. Estratégias para Aquisição de Aplicações de TI

Se uma empresa tiver justificado, com sucesso, um investimento em TI, ela precisa, então, adquiri-lo. As empresas possuem várias opções para adquirir aplicações de TI. As seis principais são (1) comprar as aplicações, (2) alugá-las, (3) usar software de código aberto, (4) usar software como um serviço, (5) terceirizá-las e (6) desenvolvê-las internamente.

### ▪ Comprar as Aplicações (Método do Software "de prateleira")

Os recursos básicos necessários às aplicações de TI podem ser encontrados em muitos pacotes comerciais. Comprar um pacote pronto pode ser uma estratégia econômica e rápida comparada ao desenvolvimento interno da aplicação. Entretanto, a opção da "compra" deve ser considerada e planejada com cuidado para garantir que o pacote escolhido inclua todos os recursos importantes para lidar com as necessidades atuais e futuras da empresa. Caso contrário, esses pacotes podem rapidamente tornar-se obsoletos. Antes que uma empresa possa realizar esse processo, ela precisa decidir quais recursos um pacote selecionado deverá ter para que seja adequado.

Na realidade, as necessidades organizacionais raramente são satisfeitas por completo com um único pacote de software. Portanto, normalmente é necessário adquirir vários pacotes para atender a diferentes necessidades. Estes podem, então, ser integrados uns aos outros e/ou a softwares existentes.

A opção de compra é especialmente atraente se o fornecedor de software permitir que a empresa modifique a tecnologia para atender a suas necessidades. Entretanto, a opção pode não ser atraente nos casos em que a customização é o único meio de oferecer a flexibilidade necessária para atender as necessidades da empresa. Também não é a melhor estratégia quando o software é muito caro ou provavelmente se tornará obsoleto em pouco tempo. As vantagens e limitações da opção de compra estão resumidas na Tabela 12.1. Quando a opção de compra não é apropriada, as organizações consideram o aluguel.

### ■ Alugar as Aplicações

Comparada com a opção de compra e a opção de desenvolver as aplicações na empresa, a opção de aluguel pode resultar em economias substanciais de tempo e dinheiro. Obviamente, os pacotes alugados (assim como os pacotes comprados) nem sempre atendem as exigências da empresa em termos de aplicação. No entanto, o software de fornecedor geralmente inclui os recursos mais comumente necessários às organizações de determinado setor. Portanto, sera a empresa que decidirá quais recursos são necessários.

É comum as empresas interessadas aplicarem a regra 80/20 durante a avaliação do software de fornecedor. Se este atender a 80% das necessidades da empresa, ela deve considerar seriamente mudar seus processos de negócio para resolver os outros 20%. Muitas vezes, essa solução de longo prazo é melhor do que modificar o software de fornecedor. Caso contrário, a empresa precisará customizar o software toda vez que o fornecedor lançar uma versão atualizada.

**Tabela 12.1** Vantagens e limitações da opção de comprar

| Vantagens | Desvantagens |
|---|---|
| Muitos tipos diferentes de software de prateleira estão disponíveis. | O software pode não satisfazer completamente as necessidades da empresa. |
| O software pode ser testado. | O software pode ser difícil ou impossível de modificar, ou pode exigir grandes alterações nos processos de negócio para ser aplicado. |
| É possível economizar muito tempo optando-se pela compra em vez da construção. | A empresa não terá controle sobre melhorias e novas versões do software. |
| A empresa pode saber o que está adquirindo antes de investir no produto. | Pode ser difícil integrar o software comprado aos sistemas existentes. |
| A empresa não é o primeiro e único usuário. | Os fornecedores podem desistir de um produto ou fechar as portas. |
| O software comprado pode evitar a necessidade de contratar pessoal especificamente dedicado a um projeto. | O software é controlado por outra empresa com as próprias prioridades e considerações comerciais. |
| | A falta de conhecimento profundo da empresa compradora sobre o funcionamento do software e por que ele funciona de determinada maneira. |

O aluguel pode ser especialmente atraente para pequenas e médias empresas que não podem fazer grandes investimentos em software de TI. As grandes empresas também podem preferir alugar pacotes a fim de testar soluções de TI potenciais antes de se comprometerem com investimentos pesados. Além disso, como existe uma escassez de pessoal de TI com capacidades apropriadas para desenvolver aplicações de TI customizadas, muitas empresas optam por alugar em vez de desenvolver software internamente. Mesmo as empresas que possuem pessoal especializado podem não dispor do longo tempo necessário para que aplicações estratégicas sejam desenvolvidas internamente. Assim, elas alugam (ou compram) aplicações de recursos externos para estabelecer uma presença mais rápida no mercado.

O aluguel de aplicações pode ser feito de três maneiras. A primeira é alugar a aplicação de um fornecedor externo e instalá-la na empresa. O fornecedor pode ajudar com a instalação e normalmente oferecerá, também, um contrato para suporte e manutenção do sistema. Muitas aplicações convencionais são alugadas dessa forma. A segunda maneira é usar um provedor de serviço de aplicação (ASP – *Application Service Provider*). A terceira é utilizar o software como um serviço.

Um **provedor de serviço de aplicação** é um agente ou um vendedor que monta o software necessário por empresas e empacota o software com serviços como desenvolvimento, operações e manutenção. O cliente, então, acessa essas aplicações pela internet. A Figura 12.2 mostra a operação de um ASP. Observe que o ASP hospeda uma aplicação e o banco de dados para cada cliente.

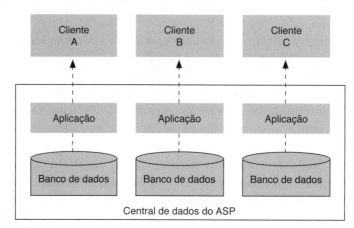

**Figura 12.2** Operação de um Application Service Provider (ASP).

■  **Software como Serviço**

**Software como Serviço (SaaS – Software-as-a-Service)** é um método de entregar software em que um vendedor hospeda as aplicações e as fornece como um serviço aos clientes por uma rede, normalmente a internet. Os clientes não possuem o software, mas pagam para usá-lo. O SaaS torna desnecessário para os clientes instalarem e executarem a aplicação nos próprios computadores. Portanto, os clientes de SaaS economizam a despesa (dinheiro, tempo, pessoal de TI) de comprar, operar e manter o software. Por exemplo, a Salesforce (*www.salesforce.com*), um conhecido provedor de SaaS para soluções de software de gestão do relacionamento com o cliente, oferece essas vantagens para seus clientes. A Figura 12.3 mostra a operação de um vendedor de SaaS. Observe ele hospeda uma aplicação que muitos clientes podem usar. Além disso, hospeda um banco de dados que é particionado para cada cliente, para proteger a privacidade e a segurança dos dados de cada cliente.

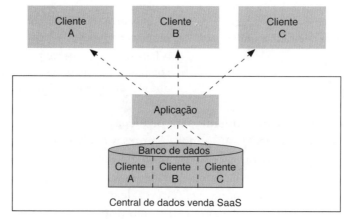

**Figura 12.3** Operação de um vendedor de software como um serviço (SaaS).

■ **Usar Software de Código Aberto**

As organizações podem usar software de código aberto (que discutimos no Guia de Tecnologia 2) para desenvolver aplicações dentro da empresa. As organizações obtêm uma licença para empregar um produto de software de código aberto e o utilizar como se encontra, ou customizá-lo, para desenvolver aplicações.

■ **Terceirização**

Pequenas e médias empresas, com pouco pessoal de TI e orçamentos limitados, são melhor atendidas por contratados terceirizados. A aquisição de aplicações de TI de contratados de fora ou de organizações externas é chamada de **terceirização** (também conhecida pelo termo em inglês *outsourcing*). Grandes empresas também podem escolher essa estratégia em certas circunstâncias. Por exemplo, elas podem querer experimentar novas tecnologias de TI sem fazer um grande investimento inicial. Também podem usar a terceirização para proteger suas redes internas e obter acesso a especialistas de fora. Uma desvantagem da terceirização é que os valiosos dados corporativos de uma empresa podem estar sob o controle do fornecedor terceirizado. O Quadro 12.2 mostra como a DuPont utilizou a terceirização como parte de sua estratégia para focar em suas competências essenciais.

## TI E A EMPRESA

## 12.2. Foco da DuPont: Químicos, não Tecnologia da Informação

DuPont (*www.dupont.com*), o segundo maior conglomerado químico do mundo, depois da gigante química alemã BASF (*www.basf.com*), desenvolveu alguns dos materiais mais inovadores de hoje, incluindo nylon, Teflon, Kevlar e Lycra. A empresa registrou quase US$ 32 bilhões em receitas em 2008.

Os executivos da DuPont descrevem a organização como uma "empresa de ciência global", cujas principais competências são pesquisa química e desenvolvimento. Em um esforço para focar nessas áreas, a DuPont decidiu terceirizar sua função inteira de tecnologia da informação. Embora essa proposta tenha gerado alguma preocupação inicial, a lógica por trás da sugestão foi simples e irrefutável: a DuPont é uma empresa de ciência, e não uma empresa de TI.

Tradicionalmente, a terceirização da tecnologia envolve vários vendedores diferentes, cada um com responsabilidades separadas e distintas. Porém, a DuPont optou por terceirizar sua função de TI inteira para um único provedor de soluções: Computer Science Corporation (CSC, *www.csc.com*).

O contrato inicial entre a DuPont e a CSC, por 10 anos e US$ 4 bilhões, é o maior projeto de terceirização isolado na história corporativa, até meados de 2009. Sob esse acordo, 2.600 trabalhadores de TI da DuPont se tornaram funcionários da CSC. O contrato exigia que a CSC desse suporte às operações de TI da DuPont em 40 países, e englobava o ciclo de vida do sistema inteiro, da engenharia à administração. O

acordo incluía especificamente o suporte para redes, e-mail, computadores de porte médio e mainframe, funções de *help-desk*, mais de 55.000 computadores desktop e suporte para o sistema de planejamento de recursos empresariais SAP R/3 da DuPont.

Dessa forma, a terceirização tem sido coerentemente benéfica para a DuPont. Desde que ela entrou no contrato, os custos de suas operações de TI reduziram de 6% a 8% a mais do que as estimativas projetadas. Além disso, a satisfação do usuário com os sistemas de informação da organização aumentou significativamente. De fato, os resultados forneceram à DuPont o incentivo suficiente para assinar com a CSC uma extensão de contrato de sete anos em 2008, com um valor de quase US$ 2 bilhões.

*Fontes:* Compilado de B. Violino "Outsourcing Governance: A Success Story", The Outsourcing Institute, 21 de março de 2008; P. McDougall, "DuPont Set To Hand CSC $1.9 billion Outsourcing Extension", InformationWeek, julho de 2005; "DuPont: IT Outsourcing Provides the Flexibility for Change" CSC Case Study, *www.csc.com*, acessado em 9 de abril de 2009; "DuPont Takes a Strategic Move Towards Outsourcing to Achieve Performance Success", ZDNet, 1 de janeiro de 2003; *www.dupont.com*, acessado em 31 de março 2009.

**PERGUNTAS**

1. Em sua opinião, por que mais organizações não têm adotado o modelo de terceirização de funções de TI que a DuPont adotou?

2. Que desvantagens você pode ver com esse tipo de acordo de terceirização?

Vários tipos de vendedores oferecem serviços para criar e operar sistemas de TI, incluindo aplicações de comércio eletrônico (*e-commerce*). Muitas empresas de software, da IBM à Oracle, oferecem uma série de serviços de terceirização para desenvolvimento, operação e manutenção de aplicações de TI. Os terceiros de TI, como a EDS, oferecem uma série de serviços. Além disso, grandes empresas de CPA e consultores de gestão (por exemplo, Accenture) oferecem alguns serviços de terceirização. À medida que a tendência à terceirização aumenta, também aumenta a tendência de relocar essas operações para o exterior, particularmente na Índia e na China – tipo de terceirização conhecida como *offshoring*. *Offshoring* pode economizar dinheiro, mas inclui riscos também, como o envio de dados corporativos confidenciais para fora.

### ■ Desenvolver a Aplicação dentro da Empresa

A terceira estratégia de desenvolvimento é "construir" as aplicações internamente. Embora esse método normalmente seja mais complexo e demorado do que comprar ou alugar, ele frequentemente leva a uma satisfação maior das necessidades organizacionais específicas.

O desenvolvimento interno pode usar várias metodologias. A metodologia básica é o ciclo de vida do desenvolvimento de sistemas (CVDS), que discutiremos na próxima seção. Na Seção 12.5, discutiremos as metodologias que complementam o CVDS: prototipagem, desenvolvimento conjunto de aplicações, ferramentas integradas de desenvolvimento de sistemas assistido por computador e desenvolvimento rápido de aplicações. Também abordaremos outras quatro metodologias: desenvolvimento ágil, desenvolvimento pelo usuário final, desenvolvimento baseado em componentes e desenvolvimento orientado a objetos.

## 12.4. O Ciclo de Vida do Desenvolvimento de Sistemas Tradicional

O **ciclo de vida do desenvolvimento de sistemas (CVDS)** é o método tradicional de desenvolvimento de sistemas que as organizações usam para grandes projetos de TI. O CVDS é uma estrutura que consiste em processos sequenciais pelos quais os sistemas de informação são desenvolvidos. Para os nossos propósitos (ver Figura 12.4), identificamos seis processos:

1. investigação de sistemas;
2. análise de sistemas;
3. projeto de sistemas;
4. programação e teste;
5. implementação;
6. operação e manutenção.

Cada processo, por sua vez, consiste em tarefas bem definidas.

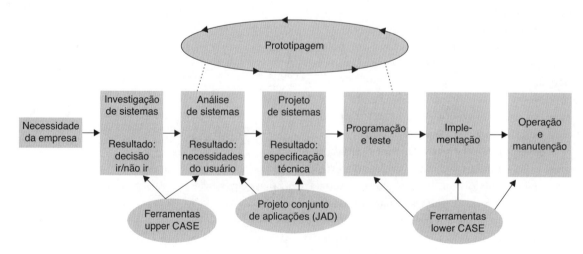

**Figura 12.4** Um ciclo de vida do desenvolvimento de sistemas (CVDS) em seis estágios com as ferramentas de suporte.

Outros modelos de CVDS podem conter mais ou menos do que oito estágios que apresentamos aqui. O fluxo das tarefas, no entanto, permanece praticamente o mesmo. Quando ocorrem problemas em qualquer fase do CVDS, os desenvolvedores normalmente precisam voltar a fases anteriores.

Os projetos de desenvolvimento de sistemas produzem resultados desejados por meio de esforços de equipe. As equipes de desenvolvimento normalmente incluem usuários, analistas de sistemas, programadores e especialistas técnicos. Os **usuários** são os empregados de todas as áreas funcionais e níveis da organização que interagem direta ou indiretamente com o sistema. Os **analistas de sistemas** são profissionais de sistemas de informação especializados em analisar e projetar sistemas de informação. Os **programadores** são profissionais de TI que modificam programas de computador existentes ou escrevem novos programas de computador para satisfazer as necessidades do usuário. Os **especialistas técnicos** são peritos em certo tipo de tecnologia, como bancos de dados ou telecomunicação. Finalmente, todas as pessoas afetadas pelas mudanças nos sistemas de informação (usuários e gerentes, por exemplo) são chamadas de **partes interessadas nos sistemas**. Todas as partes interessadas normalmente estão envolvidas em graus variados e em diversos momentos do desenvolvimento de sistemas. A Tabela 12.2 discute as vantagens e desvantagens do CVDS.

**Tabela 12.2** Vantagens e desvantagens dos métodos de aquisição do sistema

**Desenvolvimento de Sistemas Tradicional (CVDS)**

*Vantagens*
- Obriga o pessoal a percorrer sistematicamente cada etapa em um processo estruturado.
- Obriga a qualidade pela manutenção de padrões.
- Tem menor probabilidade de perder questões importantes na coleta de requisitos do usuário.

*Desvantagens*
- Pode produzir documentação excessiva.
- Os usuários podem não estar dispostos ou não ser capazes de estudar as especificações que eles aprovam.
- Leva-se muito tempo para passar das ideias originais para um sistema funcional.
- Os usuários têm problemas para descrever os requisitos para um sistema proposto.

**Prototipagem**

*Vantagens*
- Ajuda a esclarecer os requisitos do usuário.
- Ajuda a verificar a viabilidade do projeto.
- Promove a participação genuína do usuário.
- Promove o relacionamento funcional próximo entre desenvolvedores de sistemas e usuários.
- Funciona bem para problemas mal definidos.
- Pode produzir parte do sistema final.

*Desvantagens*
- Pode encorajar uma análise inadequada do problema.
- Não é prático com uma grande quantidade de usuários.
- O usuário pode não abrir mão do protótipo quando o sistema estiver concluído.
- Pode gerar confusão quanto a se o sistema está completo e se pode ser mantido.
- O sistema pode ser montado rapidamente, o que pode resultar em qualidade inferior.

**Projeto Conjunto de Aplicações**

*Vantagens*
- Envolve muitos usuários no processo de desenvolvimento.
- Economiza tempo.
- Maior suporte do usuário para novo sistema.
- Qualidade melhorada do novo sistema.
- Novo sistema mais fácil de implementar.
- Novo sistema tem menores custos de treinamento.

*Desvantagens*
- Difícil fazer com que todos os usuários participem da reunião do JAD.
- Técnica JAD tem todos os problemas associados a reuniões de grupo.

---

**Engenharia de Software Integrada Assistida por Computador (ICASE)**

*Vantagens*

- Pode produzir sistemas com uma vida operacional efetiva mais longa.
- Pode produzir sistemas que atendam mais de perto às necessidades usuário.
- Pode agilizar o processo de desenvolvimento.
- Pode produzir sistemas que são mais flexíveis e adaptáveis a condições mutáveis da empresa.
- Pode produzir excelente documentação.

*Desvantagens*

- Os sistemas normalmente são mais caros de se criar e manter.
- Requer definição mais extensa e precisa das necessidades do usuário.
- Difícil de personalizar.

---

**Desenvolvimento Rápido de Aplicações**

*Vantagens*

- Pode agilizar o desenvolvimento de sistemas.
- Usuários envolvidos intensivamente desde o início.
- Melhora o processo de reescrita de aplicações legadas.

*Desvantagens*

- Produz componentes funcionais dos sistemas finais, mas não sistemas finais.

---

**Desenvolvimento pelo Usuário Final**

*Vantagens*

- Contorna o departamento de SI e evita atrasos.
- O usuário controla a aplicação e pode alterá-la como for preciso.
- Atende diretamente às necessidades do usuário.
- Maior aceitação de um novo sistema pelo usuário.
- Libera recursos da TI.
- Pode criar sistemas de qualidade inferior.

*Desvantagens*

- Por fim, pode exigir manutenção do departamento de SI.
- Documentação pode ser inadequada.
- Controle de qualidade fraco.
- Sistema pode não ter interfaces adequadas para sistemas existentes.

---

**Desenvolvimento Orientado a Objetos**

*Vantagens*

- Objetos modelam entidades do mundo real.
- Pode ser capaz de reutilizar algum código de computador.

*Desvantagens*

- Funciona melhor com sistemas de escopo mais limitado, ou seja, com sistema que não têm um número imenso de objetos.

---

▪ **Investigação de Sistemas**

O estágio inicial em um CVDS tradicional é a investigação de sistemas. Os profissionais de desenvolvimento de sistemas concordam que, quanto mais tempo investem (a) entendendo o problema de negócio a ser resolvido, (b) especificando as opções técnicas para os sistemas e (c) antecipando os problemas que provavelmente ocorrerão durante o desenvolvimento, maiores são as chances de sucesso. Por esses motivos, a investigação de sistemas trata do *problema de negócio* (ou oportunidade de negócio) por meio da análise de viabilidade.

A principal tarefa no estágio de investigação de sistemas é o estudo de viabilidade. As organizações possuem três soluções básicas para qualquer problema de negócio relacionado a um sistema de informação: (1) não fazer nada e continuar a utilizar o sistema existente, sem mudanças; (2) modificar ou aprimorar o sistema existente; (3) desenvolver um novo sistema. O **estudo de viabilidade** analisa qual das três soluções atende melhor ao problema de negócio específico. Esse estudo determina a probabilidade de sucesso do projeto de desenvolvimento de sistemas proposto e avalia a viabilidade técnica, econômica e comportamental do projeto, como discutiremos a seguir.

- A *viabilidade técnica* determina se os componentes de hardware, software e comunicação podem ser desenvolvidos e/ou adquiridos para resolver o problema de negócio. Também determina se a tecnologia existente na organização poderá ser utilizada para alcançar os objetivos de desempenho do projeto.
- A *viabilidade econômica* determina se o projeto é um risco financeiro aceitável e se a organização pode assumir as despesas e o tempo necessários para concluir o projeto. Já discutimos os métodos comumente usados para determinar a viabilidade econômica: valor presente líquido, retorno sobre o investimento, análise do ponto de equilíbrio e método do caso de negócio.
- A *viabilidade comportamental* trata das questões humanas do projeto de desenvolvimento de sistemas. Certamente, você estará bastante envolvido neste aspecto do estudo de viabilidade.

Após a análise de viabilidade ser concluída, uma decisão de "prosseguir/não prosseguir" é tomada pela comissão de coordenação, se houver uma, ou pelo gerente sênior, na ausência de uma comissão. A decisão de prosseguir/não prosseguir não depende apenas da análise de viabilidade, as organizações normalmente possuem mais projetos viáveis do que elas podem custear. Portanto, a empresa precisa priorizar aqueles que são viáveis, realizando-os com a maior prioridade. Os projetos viáveis não custeados podem nem sequer ser apresentados ao departamento de TI. Esses projetos, portanto, contribuem para a *demanda oculta*, dos quais o departamento de TI sequer tem ciência.

Se a decisão for de "não prosseguir", o projeto é colocado em espera até que as condições sejam mais favoráveis ou é descartado. Se a decisão for "prosseguir", o projeto prossegue e começa a fase de análise de sistemas.

## ▪ Análise de Sistemas

Depois que um projeto de desenvolvimento obtém as aprovações necessárias de todos os participantes, começa a etapa da análise de sistemas. A **análise de sistemas** é o exame do problema de negócio que a organização planeja resolver com um sistema de informação.

A finalidade principal da etapa da análise de sistemas é reunir informações sobre o sistema existente para determinar os requisitos de um sistema aprimorado ou novo. O produto final (o "resultado") dessa etapa é um conjunto de *requisitos do sistema*.

Sem dúvida, a tarefa mais difícil na análise de sistemas é identificar os requisitos específicos que o sistema deve satisfazer. Estes normalmente são chamados de *requisitos do usuário*, pois os usuários (ou seja, você) os fornecem. Você constatará que terá muitas informações para dar nesses processos. Quanto mais de perto for o seu envolvimento, melhores as chances de você receber um sistema de informações ou aplicação que atenda às suas necessidades. Quando os desenvolvedores de sistemas tiverem acumulado os requisitos do usuário para o novo sistema, eles prosseguem para o estágio de projeto de sistemas.

## ▪ Projeto de Sistemas

O **projeto de sistemas** descreve como o sistema resolverá o problema de negócio. O resultado da fase de projeto de sistemas é o conjunto de *especificações técnicas do sistema*, que determina o seguinte:

- Saídas, entradas e interfaces com o usuário do sistema.
- Hardware, software, bancos de dados, telecomunicações, funcionários e procedimentos.
- Um plano de projeto de como esses componentes serão integrados.

Quando as especificações do sistema forem aprovadas por todos os participantes, elas serão "congeladas". Ou seja, depois de serem definidas, não serão mais alteradas. Acrescentar funções após o projeto ter sido iniciado causa o **aumento do escopo**, que compromete o orçamento e o prazo de um projeto. O aumento do escopo ocorre durante o desenvolvimento, quando os usuários acrescentam ou modificam os requisitos de informação de um sistema após esses requisitos terem sido "congelados". Como o aumento do escopo custa caro, os gerentes de projeto bem-sucedidos incluem controles nas mudanças solicitadas pelos usuários. Esses controles ajudam a evitar projetos descontrolados.

▪ **Programação e Teste**

Se a organização decidir construir o software internamente, então a programação se inicia. A **programação** envolve a conversão das especificações do projeto para código de computador. Esse processo pode ser extenso e demorado, uma vez que escrever tal código é tanto uma arte quanto uma ciência. Grandes projetos de desenvolvimento de sistemas podem exigir centenas de milhares de linhas de código de computador e centenas de programadores de computador. Em tais projetos, utilizam-se equipes de programação. Estas frequentemente incluem usuários da área funcional para ajudar os programadores a se concentrarem no problema de negócio em questão.

O teste completo e contínuo ocorre por todo o estágio de programação. O teste é o processo que verifica se o código do computador produzirá os resultados esperados e desejados e tem por finalidade detectar erros (*bugs*) no código do computador.

▪ **Implementação**

A **implementação** é o processo de conversão do antigo sistema para o novo. As organizações utilizam três estratégias principais de conversão: direta, piloto e em fases.

Em um processo de **conversão direta**, em determinado momento o sistema antigo é desativado e o novo sistema é ativado. Esse tipo de conversão é o mais barato, porém o mais arriscado se o novo sistema não funcionar conforme planejado, pois não existe o apoio do sistema antigo. Devido aos riscos envolvidos, poucos sistemas são implementados com este tipo de conversão.

Uma **conversão piloto** introduz o novo sistema em uma parte da organização, como uma fábrica ou uma área funcional. O novo sistema opera durante algum tempo e é avaliado. Se a avaliação confirmar que o novo sistema está funcionando corretamente, ele será introduzido em outras partes da organização.

Finalmente, a **conversão em fases** introduz componentes do novo sistema, como módulos individuais, em etapas. Cada módulo é avaliado e, se funcionar corretamente, outros módulos serão introduzidos até que todo o novo sistema esteja operacional. O Quadro 12.3 ilustra as vantagens e desvantagens de uma conversão em fases no Departamento de Segurança Interna dos Estados Unidos.

---

**TI E A EMPRESA**

## 12.3. Protegendo-nos Contra Produtos Prejudiciais

Um problema sério enfrentado pelos Estados Unidos é a entrada de produtos perigosos, defeituosos e potencialmente letais por seus portos. Em 2006, 467 produtos foram devolvidos porque (1) continham materiais perigosos, como chumbo, (2) eram passíveis de falhas, como a separação das bandas de rodagem em um pneu, (3) continham materiais cancerígenos ou (4) representavam, de alguma outra forma, um risco à saúde dos consumidores. O problema parece estar piorando porque, em 2007, aproximadamente 1.400 desses produtos, ou seja, o triplo dessa quantidade, foram devolvidos.

Para entender o escopo desse problema, considere que mais de 71.000 contêineres de carga entram em portos marítimos dos Estados Unidos a cada dia. Para enfrentar esse desafio, o Departamento de Segurança Interna (DHS – Department of Homeland Security) americano desenvolveu um novo sistema on-line, o Automated Commercial Environment (ACE – Ambiente Comercial Automatizado), para rastrear o conteúdo desses contêineres. Embora o ACE tenha estado em desenvolvimento desde 2001, o sistema não estará inteiramente operacional antes de 2011. Até meados de 2009, a agência da Proteção Aduaneira e de Fronteiras (CBP – Customs and Border Protection) da Segurança Interna havia gasto US$ 1,5 bilhões tentando fazer o ACE funcionar, e o total deverá chegar a US$ 3,3 bilhões quando o sistema estiver totalmente funcional.

Por que o ACE está levando tanto tempo para ser implementado? O principal obstáculo envolve a integração do ACE com os sistemas de CBP existentes. Para introduzir o ACE, o governo dos Estados Unidos adotou uma técnica de conversão gradual, em fases. O governo decidiu contra uma técnica direta, pois o ACE é muito grande e abrangente. O sistema contém pelo menos 12 elementos de dados-chave exigidos para os programas nacionais de segurança e antiterrorismo, assim como inúmeros dados para a Alfândega sobre o conteúdo de cada carregamento, seu fabricante e o importador. Assim, se o sistema inteiro fosse implementado de uma só vez e não funcionasse corretamente, a segurança da nação estaria seriamente comprometida. O maior problema de integração é entre o ACE e seu predecessor baseado em mainframe, o Automated Control System (ACS – Sistema de Controle Automatizado), que é um sistema em COBOL com 20 anos de existência e 6 milhões de linhas de código de computador. (COBOL, discutido no Guia de Tecnologia 2, é uma linguagem de computador de terceira geração.) Como resultado, o ACE está sendo implantado em fases há vários anos.

Na primeira fase, que começou em julho de 2004, o ACE foi implantado para caminhões em todos os 99 portos de fronteira terrestre dos Estados Unidos. Em meados de 2009, o governo havia coletado mais de US$ 14 bilhões em impostos e tarifas através do ACE nesses locais. Nas fases futuras, o ACE também será implantado em todos os aeroportos e portos marítimos dos Estados Unidos. Talvez o principal benefício do ACE seja que ele permitirá que as agências do governo responsáveis por supervisionar as importações e a vigilância/segurança das fronteiras colaborem e cooperem umas com as outras. Existem, atualmente, 42 agências do governo participantes, com acesso ao ACE, que são capazes de ver informações vitais de importação em tempo hábil.

Particularmente, a Comissão de Segurança de Produtos ao Consumidor (CPSC – Consumer Products Safety Commission) está-se beneficiando com o acesso ao ACE. A CPSC é responsável por impedir que produtos inseguros ou prejudiciais entrem nos Estados Unidos e por remover quaisquer desses produtos que tenham conseguido entrar no país. O ACE oferece aos agentes da CPSC um acesso rápido a manifestos de carga eletrônicos (romaneios digitais), que lhes permitem realizar rapidamente interceptações mais direcionadas de produtos potencialmente perigosos.

*Fontes:* Compilado de "Computerworld Honors Program: Customs Modernization", Computer-world, 2008; D. Bartholomew, "Halting the Import of Hazardous Goods", Baseline Magazine, 9 de janeiro de 2008; L. Rosencrance, "U.S. Deploys New Customs Security Technology", Computerworld, 31 de agosto de 2005; A. Gillies, "Is Customs' ACE in The Hole?" Forbes, 12 de maio de 2004; *www.cbp.gov/xp/cgov/trade/automated/modernization/*, acessado em 3 de abril de 2009.

**PERGUNTAS**

1. Descreva os benefícios oferecidos pelo ACE.
2. Quais são as dificuldades envolvidas na implementação do ACE?
3. O governo foi correto em adotar uma conversão em fases, ou ele deveria ter escolhido outra estratégia?

Uma quarta estratégia, a *conversão paralela*, na qual os sistemas antigo e novo operam simultaneamente por um tempo, raramente é usada hoje em dia. Por exemplo, a conversão paralela é totalmente impraticável quando os sistemas antigo e novo estão on-line. Imagine que você esteja finalizando um pedido na Amazon.com e receba a seguinte mensagem: "Antes que seu pedido possa ser aceito, você precisa inserir as mesmas informações novamente, em um formato diferente, em um conjunto de telas diferentes". Os resultados seriam desastrosos para a Amazon.

▪ **Operação e Manutenção**

Depois que o novo sistema é implementado, ele opera durante algum tempo, até que (como o sistema antigo que ele substituiu) não atenda mais aos objetivos. Quando as operações do novo sistema estão estabilizadas, são realizadas *auditorias* para avaliar os recursos do sistema e determinar se ele está sendo utilizado corretamente.

Os sistemas necessitam de diversos tipos de manutenção. O primeiro deles é a *manutenção corretiva* do programa, um processo que continua durante toda a vida do sistema. O segundo tipo é a *manutenção adaptativa* do sistema, para inserir as mudanças nas condições da empresa. Um exemplo disso é o ajuste a novas regulamentações governamentais, como mudanças nas alíquotas de impostos. Essas correções e atualizações geralmente não acrescentam nenhum recurso novo. Elas simplesmente ajudam o sistema a continuar a atender aos objetivos. Por outro lado, o terceiro tipo é a *manutenção evolutiva*, que acrescenta novas funções ao sistema existente sem perturbar sua operação.

*Antes de Prosseguir...*
1. Descreva o estudo de viabilidade.
2. Qual é a diferença entre análise de sistemas e projeto de sistemas?
3. Descreva a programação estruturada.
4. Quais são os quatro métodos de conversão?

## 12.5. Métodos e Ferramentas Alternativos para o Desenvolvimento de Sistemas

Existem diversas ferramentas que são usadas em conjunto com o ciclo de vida de desenvolvimento de sistemas (CVDS) tradicional. As primeiras quatro ferramentas que discutiremos nesta seção são destinadas a complementar o CVDS, além de facilitar e acelerar a realização de várias funções do CVDS. Essas ferramentas incluem a prototipagem, o projeto conjunto de aplicações, a engenharia de software assistida por computador e o desenvolvimento rápido de aplicações.

Depois, examinamos os métodos alternativos de desenvolvimento de sistemas são usados no lugar do CVDS. Esses métodos incluem o desenvolvimento pelo usuário final, o que é baseado em componentes e aquele orientado a objetos.

■ **Prototipagem**

O método de **prototipagem** define uma lista inicial de requisitos de usuário, constrói um modelo do sistema e depois aprimora o sistema em várias iterações com base no feedback dos usuários. Os desenvolvedores não tentam obter um conjunto completo de especificações do usuário para o sistema no início, e não planejam desenvolver todo o sistema de uma vez. Em vez disso, desenvolvem rapidamente uma versão reduzida do sistema, conhecida como *protótipo*. Um **protótipo** pode assumir duas formas. Em alguns casos, contém apenas os componentes do novo sistema que são de maior interesse para os usuários. Em outros casos, é um modelo funcional em pequena escala do sistema completo.

Os usuários fazem sugestões para melhorar o protótipo, com base em suas experiências com ele. Os desenvolvedores então revisam o protótipo com os usuários e usam suas sugestões para refiná-lo. Esse processo continua por várias iterações até que os usuários aprovem o sistema ou que fique evidente que o sistema não pode atender às necessidades dos usuários. Se o sistema for viável, os desenvolvedores podem usar o protótipo para criar o sistema completo. Desenvolver as telas que um usuário verá e com as quais interagirá é um uso típico do método de prototipagem. A Tabela 12.2 descreve as vantagens e desvantagens da técnica de prototipagem.

■ **Projeto Conjunto de Aplicações**

O **projeto conjunto de aplicações (JAD – Joint Application Design)** é uma ferramenta baseada em grupos para reunir requisitos dos usuários e criar projetos de sistemas. O JAD costuma ser mais utilizado nas etapas de análise de sistemas e de projeto de sistemas do CVDS. O JAD envolve uma reunião de grupo na qual todos os usuários se encontram ao mesmo tempo com os analistas. Basicamente, é um processo de tomada de decisão em grupo que pode ser feito manualmente ou no computador. Durante essa reunião, todos os usuários definem os requisitos dos sistemas e chegam a um acordo sobre eles em conjunto. Esse processo economiza uma enorme quantidade de tempo. A Tabela 12.2 lista as vantagens e desvantagens do processo JAD.

■ **Ferramentas Integradas de Engenharia de Software Assistida por Computador**

A **engenharia de software assistida por computador (CASE – Computer-Aided Software Engineering)** é um método de desenvolvimento que usa ferramentas especializadas para automatizar grande parte das tarefas do CVDS. As ferramentas usadas para automatizar as primeiras etapas do CVDS (investigação, análise e projeto de sistemas) são chamadas de ferramentas upper CASE. As ferramentas usadas para automatizar as últimas etapas do CVDS (programação, teste, operação e manutenção) são chamadas de ferramentas lower CASE. As ferramentas CASE que oferecem links entre as ferramentas upper CASE e lower CASE são chamadas de **ferramentas CASE integradas (ICASE)**. A Tabela 12.2 lista as vantagens e desvantagens das ferramentas ICASE.

### ▪ Desenvolvimento Rápido de Aplicações

O **desenvolvimento rápido de aplicações (RAD – Rapid Application Development)** é um método de desenvolvimento de sistemas que pode combinar JAD, prototipagem e ferramentas CASE integradas para gerar rapidamente um sistema de alta qualidade. Na primeira etapa do RAD, os desenvolvedores usam sessões de JAD para reunir requisitos do sistema, de modo que os usuários são intensamente envolvidos desde o início. No RAD, o processo de desenvolvimento é iterativo, semelhante à prototipagem. Ou seja, os requisitos, os projetos e o próprio sistema são desenvolvidos e, depois, passam por uma sequência de melhorias. O RAD usa as ferramentas ICASE para estruturar rapidamente requisitos e desenvolver protótipos. À medida que os protótipos são desenvolvidos e aperfeiçoados, os usuários os revisam em sessões adicionais de JAD. O RAD produz componentes funcionais de um sistema final, em vez de versões em escala limitada. Para entender como o RAD funciona e em que ele difere do CVDS, veja a Figura 12.5. A Tabela 12.2 lista as vantagens e desvantagens do processo de RAD.

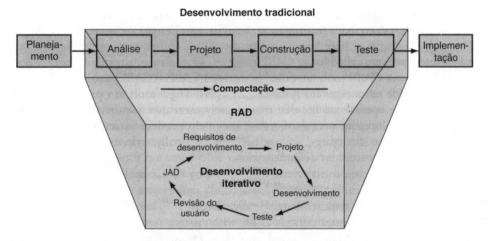

**Figura 12.5** Um processo de desenvolvimento rápido de protótipo comparado com o CVDS.

*Fonte*: datawarehouse-training.com/Methodologies/rapid-application-development.

### ▪ Desenvolvimento Ágil

O **desenvolvimento ágil** é uma metodologia de desenvolvimento de software que oferece funcionalidade em iterações rápidas, que normalmente são medidas em semanas. Para ter sucesso, essa metodologia requer frequente comunicação, desenvolvimento, teste e entrega. O desenvolvimento ágil foca no desenvolvimento rápido e no contato frequente com o usuário para a criação de software que contemple as necessidades dos usuários da empresa. Esse software não precisa incluir cada recurso possível que o usuário exigirá. Em vez disso, precisa atender apenas às necessidades mais importantes e imediatas do usuário. Ele pode ser atualizado mais tarde, para introduzir funções adicionais, quando elas se tornarem necessárias. O lema básico do desenvolvimento ágil é fazer apenas o que você precisa fazer para ter sucesso imediatamente.

### ▪ Desenvolvimento pelo Usuário Final

O **desenvolvimento do usuário final** refere-se aos usuários finais da organização desenvolvendo as próprias aplicações com pouco ou nenhum auxílio formal do departamento de TI. A Tabela 12.2 lista as vantagens e desvantagens do desenvolvimento pelo usuário final.

### ▪ Desenvolvimento Baseado em Componentes

O **desenvolvimento baseado em componentes** utiliza componentes-padrão para a criação de aplicações. Eles são aplicações reutilizáveis que geralmente possuem uma função específica, como um carrinho de compras, autenticação do usuário ou um catálogo. O desenvolvimento baseado em componentes está bastante ligado à ideia de serviços web e arquiteturas orientadas a serviços, que discutimos no Capítulo 5.

Muitas novas empresas estão buscando a ideia de um desenvolvimento de aplicação baseado em componentes, ou menos programação e mais montagem. Alguns exemplos dessas empresas são:

* Ning (*www.ning.com*) permite que você crie, personalize e compartilhe sua rede social.
* Coghead (*www.coghead.com*) permite que você desenvolva rapidamente aplicações personalizadas e as compartilhe com colegas em tempo real. Você pode usar aplicações previamente criadas pela Coghead ou criar as suas.

### ▪ Desenvolvimento Orientado a Objetos

O **desenvolvimento orientado a objetos** se baseia em uma visão fundamentalmente diversa de sistemas de computação do que a encontrada nos métodos tradicionais de desenvolvimento por CVDS. Os métodos tradicionais fornecem instruções específicas passo a passo, na forma de programas de computador, nos quais os programadores devem especificar cada detalhe dos procedimentos. Geralmente, esses programas resultam em um sistema que realiza a tarefa original, mas podem não ser adequados para cuidar de outras tarefas. Essa observação se aplica até quando as outras tarefas envolvem as mesmas entidades do mundo real. Por exemplo, um sistema de cobrança tratará de cobranças, mas provavelmente não será adaptável para lidar com a correspondência do departamento de marketing nem gerar instruções para a equipe de vendas, ainda que as funções de cobrança, marketing e vendas utilizem dados semelhantes, como nomes, endereços e compras dos clientes. Por outro lado, um **sistema orientado a objetos (OO)** começa não com a tarefa a ser executada, mas com os aspectos do mundo real que devem ser modelados para executar a tarefa. Assim, no exemplo anterior, se a empresa tem um bom modelo de seus clientes e de suas interações com eles, esse modelo poderá ser igualmente bem utilizado para cobranças, correspondência e instruções de vendas.

Análise e Projeto Orientados a Objetos. O processo de desenvolvimento de um sistema orientado a objetos começa com um estudo de viabilidade e uma análise do sistema existente. Os desenvolvedores identificam os **objetos** no novo sistema – os elementos fundamentais para a análise e o projeto OO. Cada objeto representa uma entidade tangível do mundo real, como um cliente, uma conta bancária, um estudante ou uma disciplina. Os objetos têm *propriedades, ou valores de dados*. Por exemplo, um cliente tem um número de identificação, nome, endereço, número(s) de conta etc. O objeto também contém as *operações* que podem ser executadas nas propriedades. Por exemplo, as operações nos objetos do cliente podem incluir obter saldo da conta, abrir conta, retirar fundos etc. As operações também são chamadas de *comportamentos*.

Assim, os analistas OO definem todos os objetos relevantes necessários para o novo sistema, incluindo suas propriedades e operações. Depois, modelam como os objetos interagem para atender aos objetivos do novo sistema. Em alguns casos, os analistas podem reutilizar objetos existentes de outras aplicações (ou de uma biblioteca de objetos) no novo sistema. Esse processo economiza o tempo gasto na escrita de código desses objetos. No entanto, na maioria dos casos, mesmo reutilizando objetos, será necessário escrever algum código para personalizar os objetos e suas interações para o novo sistema.

Discutimos muitos métodos que podem ser usados para adquirir novos sistemas. A Tabela 12.2 oferece uma visão geral das vantagens e desvantagens desses métodos.

### Antes de Prosseguir...

1. Descreva as ferramentas que aprimoram o CVDS tradicional.
2. Descreva os métodos alternativos que podem ser usados para o desenvolvimento de sistemas, além do CVDS.

## 12.6. Escolha de Fornecedor e Software

Poucas organizações, especialmente as pequenas e médias empresas, dispõem do tempo, dos recursos financeiros e da especialização técnica necessários para desenvolver os complexos sistemas de TI ou e-business atuais. Consequentemente, as empresas estão cada vez mais se baseando em fornecedores externos para fornecer software, hardware e especialização técnica. Como resultado, a escolha e o gerenciamento desses fornecedores e seus produtos de software se tornaram um aspecto importante do desenvolvimento de uma aplicação de TI. As seis etapas seguintes na escolha de um fornecedor de software e de um pacote de aplicação são úteis.

Etapa 1: Identificar os Possíveis Fornecedores. As empresas podem identificar possíveis fornecedores de software de aplicação por meio de várias fontes:
- Catálogos de software
- Listas oferecidas por fornecedores de hardware
- Revistas técnicas e especializadas no negócio
- Consultores e analistas do setor, experientes na área de aplicação
- Colegas de trabalho em outras empresas
- Pesquisas na Web

Essas fontes normalmente apresentam uma quantidade tão grande de fornecedores e pacotes que é preciso usar algum critério de avaliação para eliminar a maior parte deles, exceto os mais promissores. Por exemplo, você pode eliminar fornecedores que sejam muito pequenos, ou que tenham uma reputação questionável. Além disso, é possível eliminar os pacotes que não tenham os recursos necessários ou que não sejam compatíveis com o hardware e/ou software existentes na empresa.

Etapa 2: Determinar os Critérios de Avaliação. A tarefa mais difícil e mais importante na avaliação de um fornecedor e de um pacote de software é determinar um conjunto detalhado de critérios de avaliação. Algumas áreas em que o cliente deve desenvolver critérios detalhados são:
- Características do fornecedor
- Requisitos funcionais do sistema
- Necessidades técnicas que o software precisa satisfazer
- Quantidade e qualidade da documentação fornecida
- Suporte do fornecedor para o pacote

Esses critérios devem ser especificados em uma **requisição de proposta (REP)**, um documento que é enviado aos fornecedores potenciais solicitando-lhes que apresentem uma proposta descrevendo seu pacote de software e como ele atenderia às necessidades da empresa. A requisição de proposta oferece aos fornecedores as informações sobre os objetivos e as necessidades do sistema. Especificamente, ela descreve o ambiente em que o sistema será usado, os critérios gerais que serão usados para avaliar as propostas e as condições para a apresentação das propostas. A requisição de proposta também pode solicitar uma lista dos atuais usuários do pacote que a empresa pode contatar. Em alguns casos, a requisição de proposta descreve em detalhes a forma de resposta que o cliente deseja. Por fim, pode exigir que o fornecedor faça uma demonstração do pacote nas instalações da empresa, usando entradas e arquivos de dados especificados.

Etapa 3: Avaliar os Fornecedores e os Pacotes. As respostas à requisição de proposta geram grandes volumes de informação que a empresa tem de avaliar. O objetivo dessa avaliação é determinar as lacunas entre as necessidades da empresa (como especificadas na requisição) e as habilidades dos fornecedores e de seus pacotes de aplicação. Muitas vezes, a empresa dá uma nota geral aos fornecedores e pacotes (1) atribuindo um peso de importância a cada critério avaliado; (2) classificando os fornecedores em cada critério ponderado (por exemplo, de 1 a 10); e, depois, (3) multiplicando as notas pelos pesos associados. A empresa pode, então, encurtar a lista dos fornecedores potenciais e incluir apenas os fornecedores que atingiram as notas gerais mais altas.

Etapa 4: Escolher o Fornecedor e o Pacote. Depois de a empresa fazer uma seleção dos fornecedores potenciais, pode-se começar as negociações para determinar como os pacotes deles podem ser modificados para remover quaisquer discrepâncias com as necessidades de TI da empresa. Portanto, um dos fatores mais importantes na decisão é o esforço de desenvolvimento adicional que pode ser necessário para adaptar o sistema às necessidades da empresa ou para o integrar ao ambiente de computação existente. Além disso, precisam ser consideradas as opiniões tanto dos usuários quanto do pessoal de TI que terá de apoiar o sistema.

Existem vários métodos de escolha de software. Para ver uma lista de critérios gerais, consulte a Tabela 12.3.

**Tabela 12.3** Critérios de Escolha de um Pacote de Aplicação de Software

1. Funcionalidade (o pacote faz o que a organização precisa?)
2. Custo e condições financeiras
3. Política e custo de atualização (*upgrade*)
4. Reputação do fornecedor e disponibilidade de assistência
5. Histórias de sucesso do fornecedor (visite o website, contate clientes)
6. Flexibilidade do sistema
7. Facilidade de interface com a Internet
8. Disponibilidade e qualidade da documentação
9. Recursos de hardware e de rede necessários
10. Treinamento necessário (verifique se é fornecido)
11. Segurança
12. Tempo de aprendizado para desenvolvedores e usuários
13. Apresentação gráfica
14. Manipulação de dados
15. Hardware exigido pelo sistema

Etapa 5: Negociar um Contrato. O contrato com o fornecedor de software é muito importante. Ele especifica tanto o preço do software quanto o tipo e o nível de suporte a serem oferecidos pelo fornecedor. O contrato será o único recurso se o sistema não funcionar ou o fornecedor não agir conforme o combinado. É essencial, então, que o contrato faça referência direta à requisição de proposta, visto que este foi o veículo que o fornecedor usou para documentar a funcionalidade apoiada pelo sistema. Além do mais, se o fornecedor estiver modificando o software para adequá-lo às necessidades da empresa, o contrato tem de incluir especificações detalhadas (basicamente os requisitos) das modificações. Por fim, o contrato também deve descrever em detalhes os testes de aceitação pelos quais o software tem de passar.

Os contratos são documentos legais e podem ser bastante complicados. Por isso, a empresa pode necessitar dos serviços de negociadores de contrato e advogados experientes. Muitas organizações possuem especialistas em aquisição de software que participam das negociações e redigem ou aprovam o contrato. Eles devem ser envolvidos no processo de escolha desde o início.

Etapa 6: Estabelecer um Acordo de Nível de Serviço. Os **acordos de nível de serviço (SLAs –** *Service Level Agreements***)** são acordos formais que especificam como o trabalho será dividido entre a empresa e seus fornecedores. Essas divisões se baseiam em um conjunto de marcos combinados, verificações de qualidade e situações hipotéticas. Elas descrevem como as verificações serão realizadas e quais serão as ações no caso de controvérsias. Os SLAs fazem isso (1) definindo as responsabilidades das partes; (2) fornecendo uma estrutura para o projeto dos serviços de suporte; e (3) permitindo que a empresa mantenha o máximo possível de controle sobre seus sistemas. Os SLAs incluem recursos como desempenho, disponibilidade, backup e recuperação, atualizações, e propriedade de hardware e software. Por exemplo, o SLA pode especificar que o ASP deve manter o sistema disponível ao cliente 99,9% do tempo.

*Antes de Prosseguir...*

1. Cite as principais etapas na escolha de um fornecedor e de um pacote de software.
2. Descreva uma requisição de proposta.
3. Explique por que os SLAs desempenham um papel importante no desenvolvimento de sistemas.

## O que a **TI** pode me proporcionar?

■ **Para o Setor de Contabilidade**

O departamento de contabilidade ajuda a realizar análises de custo-benefício dos projetos propostos. Também pode monitorar os custos dos projetos em andamento para que se mantenham dentro do orçamento. O pessoal de contabilidade sem dúvida se envolverá com o desenvolvimento de sistemas em vários pontos no decorrer de suas carreiras.

■ **Para o Setor de Finanças**

O pessoal de finanças é frequentemente envolvido nas questões financeiras que acompanham qualquer projeto de desenvolvimento de sistemas de grande escala (por exemplo, no orçamento). Também é envolvido nas análises de custo-benefício e de risco. Para realizar essas tarefas, precisam estar a par das novas técnicas usadas para determinar custos de projeto e retorno sobre o investimento. Finalmente, como precisam gerenciar grandes quantidades de informação, os departamentos de finanças também são recebedores comuns dos novos sistemas.

■ **Para o Setor de Marketing**

Na maioria das organizações, o setor de marketing, assim como o de finanças, envolve grande quantidade de dados e informações. O setor de marketing, como o de finanças, também é uma incubadora para o desenvolvimento de sistemas. O pessoal de marketing cada vez mais participará de equipes de desenvolvimento de sistemas. Esse maior envolvimento significa auxiliar progessivamente no desenvolvimento dos sistemas, especialmente dos sistemas baseados na Web, que envolvem diretamente desde a organização até os consumidores.

■ **Para o Setor de Produção/Operações**

A participação nas equipes de desenvolvimento também é um papel comum para o pessoal de produção/operações. A fabricação está se tornando cada vez mais controlada por computador e integrada a outros sistemas aliados, desde o projeto até a logística, passando pelo controle de estoque e o suporte ao cliente. Os sistemas de produção interagem frequentemente com os sistemas de marketing, finanças e recursos humanos. Além disso, muitos usuários finais na área de produção/operações desenvolvem seus sistemas ou colaboram com o pessoal de TI em aplicações específicas.

■ **Para o Setor de Recursos Humanos**

O departamento de recursos humanos está intimamente envolvido com vários aspectos do processo de aquisições de sistemas. A aquisição de novos sistemas pode exigir a contratação de novos funcionários, mudanças nas descrições de cargos ou dispensa de funcionários, tarefas administradas pelo RH. Além disso, se a organização contratar consultores para o projeto de desenvolvimento ou terceirizar o projeto, o departamento de recursos humanos poderá administrar os contratos com esses fornecedores.

■ **Para o Setor de TI**

Independentemente do método que a organização usar para adquirir novos sistemas, o departamento de TI o encabeçará. Se a organização escolher comprar ou alugar a aplicação, a TI liderará a análise das ofertas dos vários fornecedores e a negociação com eles. Se a organização optar por desenvolver a aplicação internamente, o processo cairá no departamento de TI. Os analistas da TI trabalham em conjunto com os usuários para desenvolver os requisitos de informação para, depois, os programadores da TI escreverem o código de computador, testando-no e implementando-o.

## Resumo

Neste capítulo você aprendeu a:

1. **Definir e explicar as triplas restrições da gestão de projetos.**

A gestão de projeto de SI é um esforço dirigido para planejar, organizar e administrar recursos para produzir a realização bem-sucedida da meta relacionada a sistemas específicos e seus resultados associados. Todos os projetos, seja de SI ou não, são restritos pelos mesmos três fatores, conhecidos como as triplas restrições da gestão do projeto: prazo, custo e escopo. Prazo refere-se à janela de oportunidade em que um projeto pode ser concluído para oferecer um benefício à organização. Custo é a quantidade real de recursos, incluindo dinheiro e mão de obra, que uma organização pode comprometer para concluir um projeto. Escopo é o processo necessário para garantir que o projeto inclua todo o trabalho exigido, e somente o trabalho exigido, para que seja concluído com sucesso.

2. **Descrever o processo de planejamento da TI.**

O planejamento de TI começa pela análise do plano estratégico da organização. O plano estratégico organizacional e a arquitetura de TI existente fornecem as entradas para o desenvolvimento do plano estratégico de TI, que descreve a arquitetura da TI e as principais iniciativas de SI necessárias para alcançar os objetivos da organização. O plano estratégico de TI também pode exigir uma nova arquitetura de TI, ou a arquitetura existente pode ser suficiente. De qualquer modo, o plano estratégico leva ao plano operacional de TI, que é um conjunto claro dos projetos que serão executados pelo departamento de TI e pelos gerentes de áreas funcionais para apoiar o de TI.

3. **Descrever o processo e os métodos de justificativa de TI.**

O processo de justificativa é basicamente uma comparação dos custos esperados com os benefícios de cada aplicação. Medir os custos pode não ser uma tarefa complexa, mas medir os benefícios o é, devido à quantidade de benefícios intangíveis envolvidos. Existem várias metodologias para avaliar custos e benefícios, como valor líquido presente (VLP), retorno sobre o investimento, análise do ponto de equilíbrio e método do caso de negócios.

4. **Descrever o ciclo de vida do desenvolvimento de sistemas e suas vantagens e limitações.**

O ciclo de vida do desenvolvimento de sistemas (CVDS) é o método tradicional usado pela maioria das organizações atualmente. O CVDS é um modelo estruturado que consiste em processos sequenciais distintos: investigação de sistemas, análise de sistemas, projeto de sistemas, programação, teste, implementação, operação e manutenção. Esses processos, por sua vez, consistem em tarefas bem definidas. Algumas dessas tarefas estão presentes na maioria dos projetos, enquanto outras estão apenas em certos tipos de projetos. Ou seja, projetos de desenvolvimento menores podem exigir somente um subconjunto de tarefas; grandes projetos normalmente exigem todas as tarefas. Usar o CVDS garante a qualidade e a segurança, mas é mais caro e demorado.

5. **Descrever os principais métodos e ferramentas alternativos para a construção de sistemas de informação.**

Uma alternativa comum para o CVDS é a prototipagem rápida, que ajuda a testar sistemas. Ferramentas de prototipagem úteis para o CVDS são o JAD (para encontrar as necessidades de informação) e o RAD (que usa ferramentas CASE). Para aplicações menores e rapidamente necessárias, os projetistas podem usar ferramentas de desenvolvimento orientadas a objetos, muito comuns nas aplicações baseadas na Web.

6. **Listar as principais opções de aquisição de TI e os critérios para a escolha da opção.**

As principais opções são comprar, alugar e construir (desenvolver internamente). Outras opções são as *joint ventures* e o uso de *e-marketplaces* ou *e-exchanges* (privativos ou públicos). A construção na empresa pode ser realizada com o uso do CVDS, da prototipagem ou de outras metodologias; pode ser feita por terceiros, por funcionários do departamento de TI ou pelos usuários finais (individualmente ou em grupo).

7. **Descrever o processo de escolha de fornecedor e software.**

O processo de escolha de fornecedor e software é composto de cinco etapas: identificar os fornecedores potenciais, determinar os critérios de avaliação, avaliar fornecedores e pacotes, escolher o fornecedor e o pacote, negociar um contrato e estabelecer acordos de nível de serviço.

# Glossário

**acordos de nível de serviço (SLAs –** *Service Level Agreements***)** Acordos formais que especificam como o trabalho será dividido entre a empresa e seus fornecedores.

**análise de sistemas** Análise do problema de negócio que a organização planeja resolver com um sistema de informação.

**analistas de sistemas** Profissionais de SI especializados em analisar e projetar sistemas de informação.

**aumento do escopo** Acréscimo de funções a um sistema de informação após o projeto ter sido iniciado.

**ciclo de vida do desenvolvimento de sistemas (CVDS)** Modelo estruturado tradicional, usado para grandes projetos de TI, que consiste em processos sequenciais pelos quais os sistemas de informação são desenvolvidos.

**comitê geral de TI** Um comitê, composto de um grupo de gerentes e pessoal representando diversas unidades organizacionais, criado para estabelecer prioridades de TI para garantir que a função de TI esteja atendendo às necessidades da empresa.

**conversão direta** Processo de implementação em que o sistema antigo é desativado e o novo sistema é ativado em determinado momento.

**conversão em fases** Processo de implementação que introduz componentes do novo sistema em etapas até que todo o novo sistema esteja operacional.

**conversão piloto** Processo de implementação que introduz o novo sistema experimentalmente em uma parte da organização; quando o novo sistema estiver funcionando corretamente, ele é introduzido em outras partes da organização.

**desenvolvimento ágil** Uma metodologia de desenvolvimento de software que oferece funcionalidade em iterações rápidas, medidas em semanas, exigindo comunicação, desenvolvimento, teste e entrega frequentes.

**desenvolvimento baseado em componentes** Uma metodologia de desenvolvimento de software que usa componentes padrão para criar aplicações.

**desenvolvimento orientado a objetos** Uma metodologia de desenvolvimento de sistemas que começa com os aspectos do mundo real que precisam ser modelados para executar uma tarefa.

**engenharia de software assistida por computador (CASE)** Método de desenvolvimento que usa ferramentas especializadas para automatizar grande parte das tarefas do CVDS; as ferramentas upper CASE automatizam os primeiros estágios do CVDS, e as ferramentas lower CASE automatizam os últimos estágios do CVDS.

**especialistas técnicos** Peritos em determinado tipo de tecnologia, como bancos de dados ou telecomunicação.

**estudo de viabilidade** Investigação que determina a probabilidade de sucesso de um projeto proposto e avalia a viabilidade técnica do projeto.

**ferramentas CASE integradas (ICASE)** Ferramentas CASE que reúnem as ferramentas CASE *upper* e *lower*.

**gestão de projetos** (ver **gestão de projetos de SI**).

**gestão de projetos de SI** Um esforço direcionado para planejar, organizar e gerenciar recursos para ocasionar a realização bem-sucedida das metas específicas dos sistemas de informação.

**implementação** Processo de conversão de um antigo sistema para um novo.

**partes interessadas do sistema** Todas as pessoas que são afetadas pelas mudanças nos sistemas de informação.

**plano estratégico de TI** Conjunto de metas de longo prazo que descrevem a infraestrutura de TI e as principais iniciativas de TI necessárias para alcançar as metas da organização.

**portfólio de aplicações** Conjunto das aplicações recomendadas como resultado do processo de planejamento e justificativa no desenvolvimento de aplicações.

**programação** Conversão das especificações de projeto de um sistema para código de computador.

**programadores** Profissionais de SI que modificam os programas de computador existentes ou escrevem novos programas de computador para satisfazer os requisitos do usuário.

**projeto** Um esforço a curto prazo para criar um resultado específico relacionado à empresa.

**projeto conjunto de aplicações (JAD –** *Joint Application Design***)** Ferramenta baseada em grupos para reunir requisitos dos usuários e criar projetos de sistemas.

**projeto de sistemas** Descreve como o novo sistema fornecerá uma solução para o problema de negócio.

**projeto físico dos sistemas** Especificação física real que indica como um sistema de computação executará suas funções.

**projeto lógico dos sistemas** Especificação abstrata do que o sistema fará.

**prototipagem** Método que define uma lista inicial de requisitos de usuário, constrói um sistema de protótipos e, depois, aprimora o sistema em várias iterações com base no feedback dos usuários.

**protótipo** Um modelo funcional em pequena escala de um sistema inteiro ou um modelo que contém apenas os componentes do novo sistema que são de maior interesse para os usuários.

**provedor de serviços de aplicação (ASP –** *Application Service Provider***)** Agente ou fornecedor que monta o software necessário às empresas e inclui a terceirização do desenvolvimento, das operações, da manutenção e outros serviços.

*Rapid Application Development* **(RAD)** Um método de desenvolvimento que usa ferramentas especiais e uma técnica iterativa para produzir rapidamente um sistema de alta qualidade.

**requisição de proposta** Documento que é enviado aos potenciais fornecedores, solicitando-lhes que apresentem uma proposta descrevendo seu pacote de software e como ele atenderia às necessidades da empresa.

**terceirização** Uso de fornecedores ou organizações externos para adquirir serviços de TI.

**tripla restrição da gestão de projetos** Três fatores — prazo, custo e escopo — que restringem todos os projetos de SI.

## Questões para Discussão

1. Discuta as vantagens de uma opção de aluguel sobre uma opção de compra.

2. Por que é importante todos os gerentes empresariais entenderem os problemas da aquisição de recursos de TI?

3. Por que é importante que todos nas organizações empresariais tenham um conhecimento básico do processo de desenvolvimento de sistemas?

4. O método de prototipagem deve ser usado em todos os projetos de desenvolvimento de sistemas? Justifique sua resposta.

5. Examine os diversos tipos de estudo de viabilidade. Por que todos eles são necessários?

6. Examine o problema de avaliar benefícios intangíveis e as soluções propostas.

7. Discuta os motivos pelos quais os sistemas de informação desenvolvidos pelo usuário final podem ser de má qualidade. O que pode ser feito para melhorar essa situação?

8. Por que a atratividade dos ASPs está aumentando?

## Atividades de Solução de Problemas

1. Acesse *www.ecommerce-guide.com*. Ache a área de análise de produtos. Leia as análises de três soluções de software de pagamento. Avalie-as como possíveis componentes.

2. Use um mecanismo de busca na Internet para obter informações sobre as ferramentas de CASE e ICASE. Escolha vários fornecedores e compare o que eles oferecem.

3. Acesse *www.ning.com*, *www.coghead.com*, *www. teqlo.com* e *www.dabbledb.com*. Observe como cada site oferece componentes para você usar para criar aplicações. Monte uma pequena aplicação em cada site.

## Atividades na Web

1. Acesse *www.ibm.com*/software. Encontre o produto WebSphere. Leia as recentes histórias de sucesso de clientes. O que torna esse software tão popular?

2. Entre nos sites do GartnerGroup (*www.gartnergroup.com*), Yankee Group (*www.yankeegroup.com*) e CIO (*www.cio.com*). Pesquise material recente sobre ASPs e terceirização, e prepare um relatório sobre suas descobertas.

3. StoreFront (*www.storefront.net*) é um fornecedor de software de *e-business*. Em seu site, a empresa oferece demonstrações ilustrando os tipos de vitrines que ela pode criar para os compradores. O site também oferece demonstrações de como o software da empresa é usado para criar uma loja.

   a. Execute a demonstração do StoreFront para ver como isso é feito.

   b. Que recursos a StoreFront oferece?

   c. A StoreFront tem suporte para lojas menores ou maiores?

   d. Que outros produtos a StoreFront oferece para a criação de lojas on-line? A que tipos de lojas esses produtos dão suporte?

## Trabalhos em Equipe

1. A avaliação da funcionalidade de uma aplicação é parte do processo de planejamento (Etapa 1). Selecione de três a cinco sites que forneçam para o mesmo tipo de cliente (por exemplo, vários sites que oferecem CDs ou hardware de computador) e divida os sites entre as equipes. Cada equipe avaliará a funcionalidade do site, preparando uma análise dos diferentes tipos de funções fornecidas por eles. Além disso, a equipe deverá comparar os pontos fortes e fracos de cada site, do ponto de vista do comprador.

2. Divida a turma em grupos e peça que cada grupo visite uma empresa local (incluindo a sua universidade). Em cada empresa, estude o processo de aquisição de sistemas utilizado. Descubra a metodologia ou metodologias usadas por cada organização e o tipo de aplicação a que cada metodologia se aplica. Prepare um relatório e o apresente à turma.

3. Em grupo, projete um sistema de informação para uma empresa iniciante de sua escolha. Descreva a estratégia de aquisição de recursos de TI que você escolheu e justifique suas escolhas de suporte de hardware, software, telecomunicação e outros aspectos do sistema proposto.

---

### Caso Final

---

### A Cidade de Lincoln, Nebraska: Desenvolvendo Sistemas para os Contribuintes

O Problema da Empresa. A Cidade de Lincoln e o distrito de Lancaster, Nebraska, têm um histórico inovador de projetos de desenvolvimento de sistemas. Em 2001, o município implantou computadores portáteis Palm em suas agências de controle de animais em um esforço para facilitar os processos envolvidos no gerenciamento da crescente população de animais da área. A implantação inicial foi muito bem-sucedida e forneceu às agências de controle de animais acesso em tempo real para um grande número de informações úteis do campo, incluindo informações de contato para proprietários de animais, dados de vacinação, histórico de mordidas e ataques, histórico de despacho anterior, multas por escrito e dados de confinamento.

Como um governo municipal/distrital crescente, Lincoln/Lancaster se preocuparam em fornecer o mais alto nível de serviços governamentais possíveis, dadas suas restrições orçamentárias específicas. Em 2008, a cidade e o distrito quiseram novamente usar efetivamente a tecnologia, dessa vez envolvendo a política municipal, os xerifes do distrito e os bombeiros.

A Solução da TI. O pessoal de TI do governo municipal e distrital realizou um projeto de desenvolvimento de sistemas abrangendo toda corporação, o que permitiria ao pessoal do governo e cidadãos utilizar telefones inteligentes para acessar uma série de serviços governamentais. O projeto inicial foi o desenvolvimento de um sistema habilitado para telefone inteligente para serviços de estacionamento. Os projetos subsequentes mais tarde se expandiram para os departamentos de saneamento e controle de pestes.

Além disso, o governo municipal/distrital desenvolveu um portal web multiuso para servir a duas finalidades. Primeiro, o portal facilita o acesso do funcionário aos sistemas de e-mail e calendário. Segundo, o portal oferece aos cidadãos acesso em tempo real a pesquisas de etiqueta de animal, princípios de incêndio, informações de imposto de propriedade, um sistema de informações geográficas (GIS) para navegar pelas ruas da área, 29 câmeras de trânsito e um serviço de pesquisa para números de telefone de funcionários do governo.

O sistema também permite que os assinantes de telefones inteligentes recebam alertas em tempo real do National Weather Service (serviço nacional de previsão do tempo), o Departamento de Segurança Interna e Amber Alerts (pessoas desaparecidas) do estado de Nebraska. Pela primeira vez, a polícia local, o corpo de bombeiros, o xerife, oficiais de saúde pública e coordenadores de emergência podem enviar informações necessárias dentro de segundos para desktops e telefones inteligentes.

Os Resultados. As respostas dos cidadãos aos sistemas desenvolvidos pelo governo de Lincoln/Lancaster e implantados por telefones inteligentes têm sido muito positivas. Em um ranking recente, publicado pelo Centro para Governo Digital, Lincoln/Lancaster foi classificado como o segundo governo municipal/distrital com maior progresso tecnológico nos Estados Unidos.

*Fontes:* Compilado de "Case Study: The Computerworld Honor Program - City of Lincoln Nebraska", Computerworld, 2008; "City Earns Gold Medal from Computerworld", *www.lincoln.ne.gov,* 10 de agosto de 2007; M. Obrist, "Wireless Palm hand-helds provide animal control officers with information access", PalmPower Magazine Enterprise Edition, julho de 2001.

---

### PERGUNTAS

1. Este uso da tecnologia da informação é um uso apropriado dos dólares do contribuinte? Por quê?
2. Você pode imaginar quaisquer outros usos possíveis para esse tipo de tecnologia no governo local ou estadual?

# Hardware de Computador

## Metas de Aprendizagem

1. Identificar os principais componentes de hardware de um sistema de computador.
2. Discutir as questões estratégicas que associam o projeto de hardware à estratégia de negócios.
3. Discutir as inovações na utilização do hardware.
4. Descrever a hierarquia de computação de acordo com a capacidade e suas respectivas funções.
5. Fazer a distinção entre os vários tipos de tecnologias de entrada e saída e seus usos.
6. Descrever o projeto e o funcionamento da unidade central de processamento.
7. Analisar as relações entre projetos de componente de microprocessador e desempenho.
8. Descrever os principais tipos de armazenamento primário e secundário.
9. Estabelecer as diferenças entre armazenamento primário e secundário de acordo com as dimensões de velocidade, custo e capacidade.
10. Definir armazenamento empresarial e descrever os diversos tipos.

## Esboço do Guia

**GT1.1.** Introdução
**GT1.2.** Questões Estratégicas de Hardware
**GT1.3.** Inovações na Utilização do Hardware
**GT1.4.** Hierarquia de Computação
**GT1.5.** Tecnologias de Entrada e Saída
**GT1.6.** A Unidade Central de Processamento
**GT1.7.** A Memória do Computador

## O que a **TI** pode me proporcionar?

## GT1.1. Introdução

As **decisões** sobre hardware se concentram em três fatores inter-relacionados: capacidade (potência e aplicabilidade para a tarefa), velocidade e custo. O incrível ritmo de inovação na indústria de computadores complica ainda mais as decisões de hardware. As tecnologias de computador podem se tornar obsoletas muito mais rapidamente do que outras tecnologias organizacionais.

As tendências gerais no hardware são de que ele se torna menor, mais rápido, mais barato e mais poderoso com o tempo. De fato, essas tendências são tão rápidas que se torna difícil saber quando comprar (ou atualizar) o hardware. Essa dificuldade se encontra no fato de que as empresas que atrasam as compras de hardware provavelmente poderão comprar pelo mesmo preço um hardware mais poderoso no futuro.

Este guia de tecnologia o ajudará a entender melhor as decisões sobre hardware de computador em sua organização, bem como suas decisões relacionadas à computação pessoal. Muitos princípios de projeto apresentados aqui se aplicam a computadores de todos os tamanhos, desde um computador pessoal até um sistema empresarial. Além disso, a dinâmica da inovação e do custo que discutimos pode afetar as decisões de hardware corporativas e as pessoais.

Você pode estar perguntando: Por que preciso saber a respeito do hardware? Existem vários motivos pelos quais é vantajoso conhecer os fundamentos do hardware. Primeiro, independentemente da sua área (e área funcional futura em uma organização), você estará usando o hardware por toda a sua carreira. Segundo, você terá que informar sobre o hardware que está usando. Dessa forma, você terá que responder a muitas perguntas, como: "Ele está funcionando adequadamente para suas necessidades? Se não, que tipos de problemas você está experimentando?". Terceiro, você também terá que prestar informações para a tomada de decisões quando sua área funcional ou organização atualizar ou substituir seu hardware. Os funcionários de SIG atuarão como consultores, mas você oferecerá informações importantes para essas decisões. Finalmente, em algumas organizações, o orçamento para o hardware é alocado às áreas funcionais ou departamentos. Nesses casos, você mesmo poderá estar tomando decisões de hardware (pelo menos, localmente).

Como vimos no Capítulo 1, hardware se refere ao equipamento físico usado para atividades de entrada, processamento, saída e armazenamento de um sistema de computador. Ele consiste em:

- *Unidade central de processamento (CPU)*. Manipula os dados e controla as tarefas realizadas pelos outros componentes.
- *Armazenamento primário*. Interno à CPU; armazena temporariamente os dados e as instruções de programa durante o processamento.
- *Armazenamento secundário*. Externo à CPU; armazena dados e programas para uso futuro.
- *Tecnologias de entrada*. Recebe dados e instruções e os converte em um formato que o computador pode entender.
- *Tecnologias de saída*. Apresenta dados e informações em um formato que as pessoas podem entender.
- *Tecnologias de comunicação*. Favorece o fluxo de dados das redes de computador externas (por exemplo, internet e intranets) para a CPU, e da CPU para as redes de computador.

As duas seções seguintes discutem questões gerais do hardware: questões estratégicas de hardware e inovações no hardware. As seções seguintes abordam os diversos tipos de computadores e tecnologias de entrada e saída. Fechamos com uma visão prática da unidade central de processamento e da memória do computador.

### Antes de Prosseguir...

1. Três fatores são focalizados pelo *hardware*. Quais são eles?
2. Quais são as tendências gerais no *hardware*?
3. Defina *hardware* e cite os principais componentes de *hardware*.

## GT1.2. Questões Estratégicas de Hardware

Para a maioria dos empresários, as questões mais importantes são o que o hardware permite, como ele está avançando e a velocidade desse avanço. Em muitos setores, a exploração do hardware de computador é a chave para obter vantagem competitiva. A exploração bem-sucedida do hardware vem de uma criteriosa consideração das seguintes questões:

- Como as organizações acompanham os rápidos avanços de preço e desempenho no que diz respeito ao hardware? Por exemplo, com que frequência uma organização atualiza seus computadores e sistemas de armazenamento? As atualizações aumentam a produtividade pessoal e organizacional? Como as organizações podem medir esses aumentos?

- Como as organizações deveriam determinar a necessidade para as novas infraestruturas de hardware, como parques de servidores, virtualização, computação em grade e computação utilitária?
- Os computadores portáteis e as tecnologias avançadas de comunicação permitem que os empregados trabalhem em casa ou em qualquer lugar. Esses novos estilos de trabalho beneficiarão os empregados e a organização? Como as organizações gerenciam esses novos estilos de trabalho?

### Antes de Prosseguir...

1. Como você acha que os vários tipos de *hardware* de computador afetam a produtividade pessoal? E a produtividade organizacional?

## GT1.3. Inovações na Utilização do Hardware

Para entender o hardware totalmente, devemos ter uma ideia das inovações atuais no hardware. Nesta seção, discutimos como as empresas estão usando seus recursos de hardware de maneiras inovadoras, incluindo parque de servidores, virtualização, computação em grade, computação utilitária, computação em nuvem, computação nas bordas, computação autônoma e nanotecnologia.

### ■ Parques de Servidores

Muitas empresas estão descobrindo que não têm poder de processamento de computador suficiente para atender às suas necessidades. Em particular, elas estão experimentando uma crescente falta de instalações necessárias para gerenciar, transmitir e armazenar os dados que fluem de aplicações baseadas na web. Para resolver esse problema, elas estão criando centros de dados maciços, chamados **parques de servidores** (também conhecidos pelo termo em inglês *server farms*), que contêm centenas de milhares de servidores de computação em rede (ver Figura GT1.1). Conforme discutimos mais adiante neste Guia de Tecnologia, um *servidor* é um computador que oferece suporte às redes, permitindo que os usuários compartilhem arquivos, software e outros dispositivos em rede.

**Figura GT1.1** Parque de servidores.

*Fonte*: Cortesia da International Business Machines Corporation. Proibido o uso sem autorização.

O imenso número de servidores em um parque de servidores oferece redundância e tolerância a falhas, caso um ou mais servidores falhem. Os parques de servidores exigem grandes quantidades de potência elétrica, ar-condicionado, geradores de backup, segurança e dinheiro. Eles também precisam estar localizados próximos a enlaces de comunicação por fibra ótica.

Locais que satisfazem a esses requisitos são difíceis de encontrar. Por exemplo, Yahoo e Microsoft construíram imensos parques de servidores em Quincy, Washington, para aproveitar a energia hidrelétrica local, mais barata. A Google montou um parque de servidores maciço em Oregon pelo mesmo motivo.

## ▪ Virtualização

De acordo com a Gartner Inc. (*www.gartner.com*), uma firma de pesquisa, as taxas de utilização nos servidores variam de 5 a 10%, ou seja, na maior parte do tempo, as organizações estão usando apenas uma pequena porcentagem de sua capacidade de computação total. Um motivo para essa baixa taxa é que a maioria das organizações compra um novo servidor toda vez que implementa uma nova aplicação. Os CIOs toleram essa ineficiência para garantir que possam fornecer recursos de computação suficientes aos usuários quando eles forem necessários. Além disso, os preços dos servidores caíram mais de 80% na última década, tornando mais fácil e mais barato comprar outro servidor do que aumentar a utilização dos servidores que a empresa já possui. Contudo, a virtualização mudou essa situação.

A virtualização significa que os servidores não precisam mais ser dedicados a determinada tarefa. A **virtualização de servidor** utiliza partições baseadas em software para criar vários servidores virtuais (chamadas **máquinas virtuais**) em um único servidor físico. Portanto, várias aplicações podem ser executadas em um único servidor físico, com cada aplicação rodando dentro do seu próprio ambiente de software. Muitos benefícios podem ser obtidos para as organizações usando a virtualização, incluindo os seguintes:

- um número menor de servidores físicos gera economias de custo em equipamento, energia, espaço no centro de dados, resfriamento, pessoal e manutenção;
- maior agilidade organizacional, pois a virtualização permite que as organizações modifiquem rapidamente seus sistemas para responder a mudanças nas demandas;
- o foco do departamento de tecnologia da informação pode passar da própria tecnologia para os serviços que a tecnologia pode oferecer.

O exemplo a seguir ilustra os benefícios da virtualização na Tasty Baking Company.

---

### EXEMPLO

---

A Tasty Baking Company (*www.tastykake.com*) tem aproximadamente US$ 250 milhões em receitas e produz quase 5 milhões de produtos assados diariamente. A empresa constantemente avalia o custo, a eficiência e a eficácia de seus recursos de tecnologia da informação. As equipes de marketing precisam de uma rede eficaz para promover os mais de 100 produtos da empresa. O pessoal do almoxarifado precisa de tecnologia para acompanhar o fluxo de entrada de materiais básicos e o fluxo de saída de produtos. Com cerca de 1.000 funcionários, os departamentos de Recursos Humanos, Finanças e outros departamentos internos da empresa também dependem da tecnologia da informação.

Em meados de 2007, a Tasty decidiu empregar a virtualização e a consolidação de servidores para reduzir bastante o número de dispositivos físicos de que ela precisava. A empresa agora contém apenas 10 servidores, dos 40 que eram necessários anteriormente. A virtualização resultou em contas de energia nitidamente mais baixas. A eficiência da infraestrutura de tecnologia da informação também melhorou. A Tasty está experimentando uma utilização de até 70% de seus 10 servidores. No passado, os servidores chegavam a operar com 10% de sua capacidade.

*Fontes*: Compilado de "Tasty Baking Company," VMWare Success Stories, www.vmware.com, 31 de janeiro de 2009; D. McCafferty, "The Growing Appetite for Virtualization," Baseline Magazine, 8 de janeiro de 2009; "Tasty Baking Company Slashes Data Center Energy Costs and Quickly Rolls Out SAP Upgrade," Razor Technology Press Release, www.razor-tech.com, 1 de setembro de 2008; "Product Guide: Storage Virtualization," Computerworld, 6 de outubro de 2008; www.tastykake.com, acessado em 19 de janeiro de 2009.

---

## ▪ Computação em Grade

A **computação em grade** envolve aplicar os recursos de muitos computadores dispersos geograficamente em uma rede para formar um supercomputador virtual. O problema normalmente é científico ou técnico e requer um grande número de ciclos de processamento de computador ou acesso a grandes quantidades de dados.

## EXEMPLO

A Acxiom (*www.acxiom.com*) é um agregador de dados, que é uma organização que compila informações de bancos de dados sobre indivíduos e vende essas informações para outros. A Acxiom processa bilhões de registros a cada mês e gera dados usáveis do consumidor para seus clientes. A empresa queria encontrar um método mais rápido e mais barato para processar os volumes de informação cada vez maiores.

No passado, a Acxiom gerenciava suas informações usando *mainframes* IBM (discutidos mais adiante neste Guia de Tecnologia). Esse método provou ser muito caro. Portanto, em 2000 a empresa começou a desenvolver seu ambiente de computação em grade. Com sua grade, a Acxiom espalha suas aplicações (programas de computador projetados para satisfazer uma necessidade empresarial) por vários computadores, em vez de vários *mainframes*.

O impacto da grade sobre a empresa foi significativo. A Acxiom melhorou a velocidade de suas aplicações em 83% e agora pode oferecer informações aos seus clientes 77% mais rápido. Uma aplicação que levava 30 dias para rodar em um grande *mainframe* agora leva menos de um dia na grade. Finalmente, a empresa experimentou uma redução de 86% nos custos com hardware.

*Fontes*: Compilado de M. Pratt, "Acxiom Corps' Homegrown Grid". Computerworld, 14 de agosto de 2007; R. Whiting, "True Grid: Acxiom Outgrows Symmetric Multiprocessing". InformationWeek, 25 de outubro de 2004.

### ■ Computação Utilitária

Na **computação utilitária**, um provedor de serviços disponibiliza o gerenciamento de recursos de computação e infraestrutura a um cliente conforme suas necessidades. O provedor, então, cobra o cliente pelo uso específico em vez de uma taxa fixa. A computação utilitária também é chamada de *computação por assinatura* e *computação sob demanda*. A computação utilitária foi desenvolvida para permitir que as empresas atendam com eficiência às demandas flutuantes por poder de computação, reduzindo o custo de possuir uma infraestrutura de hardware.

A computação utilitária também oferece tolerância a falhas, redundância e escalabilidade, ou seja, se um servidor falhar, outro toma o lugar. Escalabilidade significa que, se uma aplicação requer servidores adicionais, elas podem ser facilmente acrescentadas à medida que forem necessárias.

### ■ Computação em Nuvem

A cada ano, as empresas gastam bilhões de dólares em infraestrutura de tecnologia da informação e em pessoal especializado para montar e manter sistemas de informação complexos. O licenciamento de software (discutido no Guia de Tecnologia 2), integração de hardware, potência e resfriamento, e treinamento e salários do pessoal se acumulam e exigem um custo muito alto para uma infraestrutura que pode ou não ser usada em toda a sua capacidade. Aqui entra a computação em nuvem.

Na **computação em nuvem**, as tarefas são realizadas por computadores fisicamente removidos do usuário e acessados por uma rede, em particular, a internet. A nuvem é composta de computadores, o software nesses computadores e as conexões de rede entre esses computadores. Os computadores na nuvem normalmente estão localizados em centros de dados, ou parques de servidores, que podem estar localizados em qualquer lugar do mundo e acessados a partir de qualquer lugar no mundo (ver Figura GT1.2).

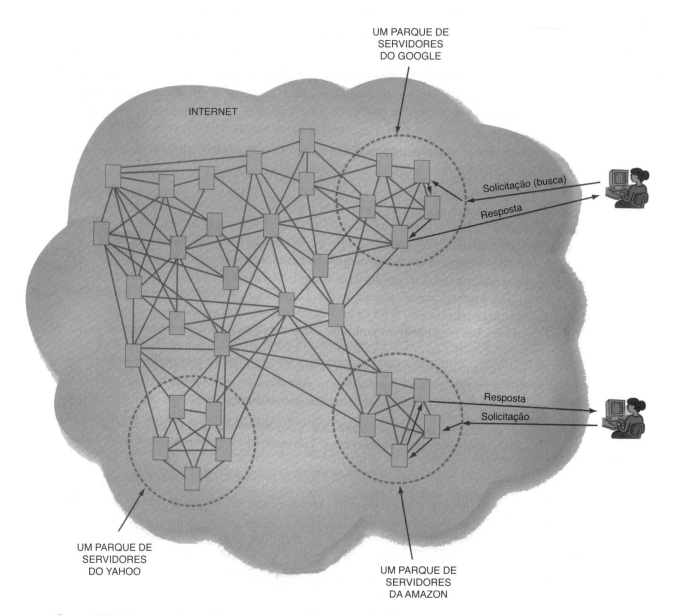

**Figura GT1.2** Parques de servidores organizacionais em relação à internet.

Embora alguns especialistas divirjam sobre os conceitos, a computação em nuvem simplesmente incorpora as características da computação em grade e da computação utilitária em uma base global. Ou seja, a nuvem fornece a quantidade de computadores necessária para uma tarefa em particular (computação em grade) e os usuários pagam pela quantidade de processamento real e armazenamento utilizado (computação utilitária). As vantagens da computação em nuvem incluem custos de infraestrutura muito menores e as vantagens consistem em aspectos de privacidade, segurança e confiabilidade.

A Amazon (*www.amazon.com*) é uma empresa líder na computação em nuvem com seu Elastic Compute Cloud (EC2) e Simple Storage Service (S3). O próximo exemplo demonstra como a nuvem da Amazon ajudou o *New York Times* com uma aplicação interessante.

---

**EXEMPLO**

---

O *New York Times* usou a computação em nuvem para converter o conteúdo digitalizado de todas as suas edições de 1951-1922 em um formato compatível com a web. O jornal sabia que, se tivesse que comprar os servidores necessários para processar aproximadamente quatro *terabytes* de dados, o projeto não seria viável.

Como resultado, eles decidiram usar o Simple Storage Service da Amazon. O resultado é a TimesMachine (*http://timesmachine.nytimes.com*), que permite que os usuários vejam imagens escaneadas de jornais de 150 anos, passando seu mouse sobre uma região em particular da imagem e depois aumentando o zoom nesse artigo, fotografia ou anúncio. O esforço total custou ao jornal cerca de US$ 1.500, com uma pequena taxa mensagem contínua que flutua, dependendo do nível de tráfego que a TimesMachine atrai.

*Fontes*: Compilado de T. Kontzer, "Cloud Computing: Anything as a Service". CIO Insight, 5 de agosto de 2008; E. Larkin, "New TimesMachine from the Gray Lady". PC World, 23 de maio 2008; New York Times' TimesMachine Offers Paper's Impressive Back-catalog". AppScout (www.appscout.com), 25 de fevereiro de 2008.

O *New York Times* é um exemplo de uma organização usando a computação em nuvem. Contudo, a computação em nuvem pode ser usada efetivamente por pequenas empresas e empreendedores. Essas empresas podem evitar os custos de uma infraestrutura de TI e pessoal de TI alugando o máximo de computação e capacidade de armazenamento possível que precisarem e pagando apenas pelo que usarem. Continuando com nosso exemplo, a Amazon cobra US$ 0,10 a US$ 0,20 por hora em um servidor para capacidade de computação (o Amazon EC2). De modo semelhante, a Amazon cobra de US$ 0,15 a US$ 0,20 por gigabyte para o armazenamento (o Amazon S3).

### ▪ Computação nas Bordas

A **computação nas bordas** (*edge computing*) é o processo em que partes do conteúdo do site e o processamento estão localizados perto do usuário, para diminuir o tempo de resposta e reduzir os custos de processamento. Existem três componentes na computação nas bordas: (1) o computador que você usa para acessar um site; (2) servidores pequenos, relativamente baratos – chamados *servidores de borda* – que se localizam no seu provedor de serviços de internet (ISP); e (3) os servidores da empresa cujo site você está acessando. Empresas como Akamai (*www.akamai.com*) oferecem servidores de borda, em que o conteúdo web é mantido em cache para agilizar o acesso. Quando você faz uma solicitação ao site de uma empresa, os servidores de borda a processam primeiro e fornecem suas informações, se estiverem disponíveis. Se algum processamento ou informação adicional forem necessários, sua solicitação vai até os servidores da empresa.

### ▪ Computação Autônoma

Os ambientes de TI modernos estão se tornando mais complexos à medida que o número de dispositivos de computação em rede (com e sem fio) aumenta e o software nesses dispositivos se torna mais sofisticado. Como resultado, os ambientes de TI estão rapidamente se tornando para os humanos impossíveis de gerenciar e manter de forma adequada. Para ajudar a resolver esse problema, os especialistas projetaram **sistemas autônomos**, que se autogerenciam sem intervenção humana direta.

As organizações que estão usando sistemas autônomos definem diretrizes e metas de negócios para o processo de autogerenciamento. O sistema se configura de forma ideal para atender aos requisitos, encontra e repara problemas de hardware e software, e se protege contra ataques e falhas. Por exemplo, muito trabalho está sendo feito na segurança da informação para desenvolver defesas proativas, que automaticamente detectam software malicioso e o desativa, mesmo que o software não tenha sido visto antes (ver Capítulo 3).

### ▪ Nanotecnologia

Finalmente, a **nanotecnologia** se refere à criação de materiais, dispositivos e sistemas em uma escala de 1 a 100 nanômetros (bilionésimos de um metro). No futuro próximo, computadores ainda experimentais serão construídos em uma escala de nanotecnologia e poderão ser usados literalmente em qualquer lugar. Exigirão pouquíssima energia, mesmo tendo uma enorme capacidade de armazenamento. Em uma aplicação interessante, uma indústria têxtil, a NanoTex, está incorporando nanotecnologia nos tecidos para que sejam resistentes a rugas e manchas. Para ver uma demonstração, visite *www.nano-tex.com*. Outra aplicação é a WaterStick da Seldon Technologies (*www.seldon-technologies.com*). A WaterStick usa nanomateriais de carbono para absorver agentes contaminadores da água. As aplicações são muitas para acampantes, caminhantes e viajantes. A nanotecnologia pode ser especialmente benéfica em muitas áreas do mundo em desenvolvimento, onde a água de beber limpa é uma fonte criticamente escassa.

### Antes de Prosseguir...

1. O que são parques de servidores, virtualização, computação em grade, computação utilitária, computação em nuvem, computação nas bordas e computação autônoma?
2. O que é a nanotecnologia?

## GT1.4. Hierarquia de Computação

O hardware de computador evoluiu ao longo de cinco fases, ou gerações de tecnologia. Válvulas, transistores, circuitos integrados, circuitos integrados em escala ultragrande e processamento maciçamente paralelo. Cada geração forneceu maior poder de processamento e maior capacidade de armazenamento que a anterior, embora simultaneamente apresentasse uma diminuição nos custos.

O modo tradicional de comparar classes de computadores é por seu poder de processamento. Os analistas normalmente dividem os computadores – o que se chama *plataforma* na indústria de computação – em seis categorias: supercomputadores, *mainframes*, computadores medianos (minicomputadores e servidores), estações de trabalho, microcomputadores e dispositivos de computação. Recentemente, os limites entre essas categorias têm se tornado indistintos. Esta seção apresenta cada classe de computadores, começando com o mais poderoso e terminando com o menos poderoso. Descreveremos os computadores e suas respectivas funções nas organizações modernas.

### ■ Supercomputadores

O termo **supercomputador** não se refere a uma tecnologia específica. Em vez disso, indica os mecanismos de computação mais rápidos disponíveis em qualquer momento específico. No momento em que esta edição foi escrita (meados de 2009), os supercomputadores mais rápidos tinham velocidades superiores a um petaflop (um petaflop significa 1.000 trilhões de operações de ponto flutuante por segundo). Uma operação de ponto flutuante é uma operação aritmética envolvendo decimais.

Os supercomputadores geralmente cuidam de tarefas computacionalmente exigentes em conjuntos de dados extremamente grandes. Em vez de processarem transações e aplicações comerciais – o forte dos *mainframes* e de outras plataformas de multiprocessamento –, os supercomputadores geralmente executam aplicações militares e científicas. Embora custem milhões de dólares, estão sendo usados para aplicações comerciais em que grande quantidade de dados devem ser analisadas. Por exemplo, grandes bancos utilizam supercomputadores para calcular os riscos e retornos das diversas estratégias de investimento e as organizações de saúde os utilizam para analisar bancos de dados gigantes de dados de pacientes, para determinar tratamentos ideais para diversas doenças.

### ■ Computadores *Mainframe*

Embora os computadores *mainframe* (também chamados computadores de grande porte) sejam cada vez mais vistos apenas como outro tipo de servidor, ainda que no topo das curvas de desempenho e confiabilidade, permanecem como uma classe de sistemas distinta, diferenciada pelos recursos de hardware e software. Os *mainframes* permanecem populares nas grandes empresas para aplicações de computação intensa que são acessadas por milhares de usuários de uma só vez. Exemplos de aplicações de *mainframe* são sistemas de reserva de voo, programas de folha de pagamento corporativos, sistemas de processamento de transação do site (por exemplo, Amazon e eBay) e cálculo e relatório de notas de alunos.

Os *mainframes* são menos poderosos e geralmente menos dispendiosos que os supercomputadores. Um sistema de *mainframe* pode ter *terabytes* de armazenamento primário. O armazenamento secundário (veja a discussão sobre sistemas de armazenamento da empresa) pode usar meios de armazenamento magnéticos e óticos com capacidades de muitos *terabytes*. Normalmente, milhares de computadores on-line podem estar ligados a um único *mainframe*. Os *mainframes* mais avançados de hoje trabalham em velocidades de teraflop (trilhões de operações de ponto flutuante por segundo) e podem lidar com bilhões de transações diariamente.

Algumas grandes organizações que começaram mudando de *mainframes* para sistemas distribuídos agora estão voltando para os *mainframes*, devido à administração centralizada, à alta confiabilidade e à crescente flexibilidade. Esse processo é chamado **recentralização**. Essa mudança ocorreu por várias razões, que incluem:

- Apoiar os altos níveis de transação associados ao comércio eletrônico.
- Reduzir o custo total de propriedade dos sistemas distribuídos.
- Simplificar a administração.
- Reduzir as necessidades de pessoal de suporte.
- Melhorar o desempenho do sistema.

Além disso, a computação de *mainframe* oferece um ambiente seguro e robusto para o qual as aplicações estratégicas e de missão crítica devem ser direcionadas.

### ■ Computadores Medianos

Os computadores medianos maiores, chamados **minicomputadores**, são relativamente pequenos, baratos e compactos, realizam as mesmas funções dos computadores *mainframe*, mas em um nível mais limitado. Na verdade, os limites entre os minicomputadores e os *mainframes* têm se tornado indistintos tanto no preço quanto no desempenho. Os minicomputadores são um tipo de **servidor**, provendo suporte para redes de computador e permitindo que usuários compartilhem arquivos, software, dispositivos periféricos e outros recursos. Observe que os *mainframes* também são um tipo de servidor, oferecendo suporte para redes empresariais inteiras.

Os minicomputadores podem proporcionar flexibilidade para organizações que não desejam aplicar recursos de TI em *mainframes*, que são menos escaláveis. Os computadores escaláveis são baratos o suficiente para que a adição de mais computadores desse tipo não seja proibitiva. Como os *mainframes* são muito dispendiosos, dizemos que não são muito escaláveis.

As organizações com muitas exigências de comércio eletrônico e *sites* muito grandes normalmente utilizam vários servidores em *parques de servidores*. Conforme as empresas colocam quantidades cada vez maiores de servidores nos parques de servidores, cada vez mais usam servidores do tamanho de uma caixa de pizza, chamados *servidores em rack*, que podem ser empilhados em *racks*. Esses computadores aquecem menos e, portanto, podem ser acondicionados com maior proximidade, necessitando de menos espaço. Para aumentar ainda mais a densidade, as empresas usam um projeto de servidor chamado lâmina. Uma *lâmina* é uma placa do tamanho de um livro de capa mole, sobre a qual a memória, o processador e os discos rígidos são montados.

### ■ Estações de Trabalho

Os fabricantes de computador originalmente projetavam estações de trabalho com engenharia de desktop, ou apenas estações de trabalho, para oferecer os altos níveis de desempenho exigidos pelos engenheiros. Ou seja, as **estações de trabalho** executam aplicações científicas, de engenharia e financeiras computacionalmente intensas. As estações de trabalho fornecem cálculos de altíssima velocidade e gráficos de alta resolução. Esses computadores encontraram ampla aceitação dentro da comunidade científica e empresarial. As aplicações de estação de trabalho incluem projeto eletrônico e mecânico, criação de imagens gráficas, visualização científica, animação 3D e edição de vídeo. Hoje, a distinção entre estações de trabalho e computadores pessoais é muito pequena.

### ■ Microcomputadores

Os **microcomputadores** (também chamados de *micros, computadores pessoais* ou *PCs*) são a menor e mais barata categoria dos computadores de aplicação geral. É importante indicar que as pessoas normalmente definem um PC como um computador que utiliza o sistema operacional Microsoft Windows. Na verdade, existem diversos PCs à disposição, muitos dos quais não usam Windows. Um exemplo bem conhecido é o Apple Macintosh, que usa o sistema operacional OS X da Macintosh (discutido no Guia de Tecnologia 2).

Os microcomputadores podem ser subdivididos nas seguintes categorias: desktop*s*, *thin clients, notebooks* e *laptops*, PCs ultramóveis e *netbooks*.

PCs desktop. *O* computador pessoal desktop se tornou a opção dominante de acesso a aplicações de *workgroup* e para toda a empresa. É o típico sistema de microcomputador familiar que se tornou uma ferramenta comum para empresas e para as casas. Normalmente, possui uma unidade central de processamento – que veremos mais adiante – monitor e teclado separados, mas conectados ao gabinete. Em geral, os micros modernos possuem *gigabytes* de armazenamento primário, uma unidade de CD-ROM/DVD regravável, e vários *terabytes* de armazenamento secundário.

Sistemas *thin client*. Antes de discutirmos sobre os sistemas *thin client*, precisamos diferenciar entre clientes e servidores. Lembre-se de que os servidores são computadores que oferecem uma série de serviços para os clientes, incluindo o trabalho com redes, o processamento de site*s*, o processamento de email e muitas outras funções. Os *clientes* normalmente são os computadores em que os usuários realizam suas tarefas, como processamento de textos, planilhas e outras. (Veja no Guia de Tecnologia 4 uma discussão sobre a computação cliente-servidor.)

Os **sistemas *thin client*** são sistemas de computador desktop que não oferecem a funcionalidade completa de um PC. Em comparação com um PC ou ***fat client***, os *thin clients* são menos complexos, especialmente porque não possuem software instalado localmente. Ou seja, um *thin client* não teria o Microsoft Office instalado. Portanto, são mais fáceis e menos dispendiosos de operar e manter do que os PCs. As vantagens dos *thin clients* incluem rápida implementação de aplicação, gerenciamento centralizado, baixo custo total de propriedade e maior facilidade de instalação, gerenciamento, manutenção e suporte. A principal desvantagem dos *thin clients* é que, se a rede falhar, os usuários poderão fazer muito pouco em seus computadores. Ao contrário, se os usuários tiverem *fat clients* e a rede falhar, eles ainda podem realizar suas tarefas porque o Microsoft Office está instalado em seus computadores.

*Laptops* e *notebooks*. À medida que os computadores se tornaram muito menores e muito mais poderosos, eles também se tornaram mais portáveis. Os **laptops** e **notebooks** são microcomputadores leves, pequenos e facilmente transportáveis e cabem em uma pasta. Em geral, os *notebooks* são menores do que os *laptops*. Os *notebooks* e *laptops* são projetados para a máxima conveniência e transportabilidade. Oferecem aos usuários acesso ao poder de processamento e dados fora do ambiente de trabalho. Ao mesmo tempo, são mais caros que os desktop*s* com uma funcionalidade semelhante.

PCs ultramóveis. **PCs ultramóveis** são computadores pequenos e móveis, que trabalham com diversos sistemas operacionais móveis. Possuem toda a funcionalidade de um computador desktop, mas são menores e mais leves do que os *laptops* e *notebooks* tradicionais. Esses computadores têm vários métodos de entrada, incluindo *touch screen*, *stylus*, som e teclado *bluetooth* ou tradicional. A Figura GT1.3 mostra um PC ultramóvel.

**Figura GT1.3** PC ultramóvel.

*Fonte*: Andreas Rentz/Getty Images/NewsCom.

*Netbooks*. Um *netbook* é um computador portátil muito pequeno, leve, de baixo custo e com pouco consumo de energia. Os *netbooks* geralmente são otimizados para serviços baseados na internet, como navegação web e e-mail.

■ **Dispositivos de Computação**

À medida que a tecnologia melhorou, dispositivos de computação/comunicação cada vez menores se tornaram possíveis. Tecnologias como dispositivos de computação/comunicação "de vestir" agora são comuns. Esta seção examina brevemente alguns desses novos dispositivos.

Os *computadores de vestir* (*wearable computers* ou *wearable devices*) são projetados para serem vestidos e usados no corpo. Aplicações industriais de computação de vestir incluem sistemas para automação de fábricas, gerenciamento de depósitos e apoio ao desempenho, como visualização de manuais técnicos e diagramas enquanto se constrói ou repara algo. A tecnologia já é amplamente utilizada em vários setores, como entrega de encomendas (por exemplo, a prancheta eletrônica que os mensageiros da UPS carregam), indústria aeroespacial, negociação de títulos, polícia e militares.

Os *computadores embarcados* são colocados dentro de outros produtos para acrescentar recursos e habilidades. Por exemplo, o automóvel típico de tamanho médio possui mais de 3.000 computadores embarcados, chamados *controladores*, que monitoram cada função desde os freios até o desempenho do motor e os controles de assento com memória.

*Antes de Prosseguir...*

1. Descreva a hierarquia de computação dos maiores até os menores computadores.
2. Faça a distinção entre *laptops* e PCs ultramóveis.
3. Compare os usos dos supercomputadores com os usos dos computadores *mainframe*.

## GT1.5. Tecnologias de Entrada e Saída

As tecnologias de entrada permitem que pessoas e outras tecnologias insiram dados em um computador. Os dois tipos principais de dispositivos de entrada são os dispositivos de entrada de dados humana e os dispositivos de automação da entrada de dados. Os dispositivos de entrada de dados humana incluem teclado, *mouse, trackball, joystick, touchscreen, stylus* e reconhecimento de voz.

Um desenvolvimento interessante na tecnologia de teclado é o teclado virtual a laser bluetooth (ver Figura GT1.4). Esse dispositivo, com apenas 3,5 polegadas de altura, usa um laser para projetar um teclado QWERTY completo em qualquer superfície plana. (QWERTY são as seis primeiras teclas alfabéticas, da esquerda para a direita, em um teclado padrão.) O dispositivo se conecta a pequenos telefones e computadores usando *bluetooth* (discutido no Capítulo 7).

**Figura GT1.4** Teclado virtual a laser *bluetooth*.

*Fonte*: WENN Photos/NewsCom.

Ao contrário, os dispositivos de *automação da entrada de dados* inserem dados com o mínimo de intervenção humana. Essas tecnologias agilizam a coleta de dados, reduzem erros e colhem dados na origem de uma transação ou outro evento. As leitoras de código de barras são um exemplo de automação da entrada de dados. A Tabela GT1.1 descreve os diversos dispositivos de entrada.

**Tabela GT1.1** Dispositivos de Entrada

| Dispositivo de Entrada | Descrição |
|---|---|
| **Dispositivos de Entrada de Dados Humana** | |
| Teclado | O dispositivo de entrada mais comum (para texto e dados numéricos). |
| *Mouse* | Dispositivo de mão usado para apontar o cursor para um local na tela, como um ícone; o usuário clica o botão no *mouse* para instruir o computador a realizar alguma ação. |
| *Mouse* ótico | O *mouse* não é conectado ao computador por um cabo; usa um *chip* de câmera para capturar imagens da superfície sobre a qual ele passa, comparando imagens sucessivas para determinar sua posição. |
| *Trackball* | O usuário rola uma esfera embutida no alto do dispositivo para mover o cursor (em vez de mover o dispositivo inteiro, como no *mouse*). |
| Bastão apontador | Pequeno dispositivo tipo botão; o cursor se move na direção da pressão que você faz sobre o bastão. |
| *Touchpad* | O usuário move o cursor deslizando o dedo em uma superfície sensível e, depois, pode clicar quando o cursor estiver na posição desejada para instruir o computador a executar a ação. |
| Prancheta gráfica | Um dispositivo que pode ser usado no lugar ou em conjunto com um *mouse* ou *trackball*; tem uma superfície plana para desenhar e uma caneta ou *stylus* que é programada para trabalhar com a prancheta. |
| *Joystick* | O *joystick* move o cursor para o ponto desejado na tela; comumente usado em estações de trabalho que exibem gráficos dinâmicos e em videogames. |
| *Touch screen* | Os usuários instruem o computador a realizar alguma ação tocando em uma parte específica do monitor; comumente usado em quiosques de informação, como máquinas de autoatendimento bancário. As *touch screens* agora têm controles de gesto para navegar por fotografias, movimentar objetos em uma tela, um pequeno toque para virar a página de um livro e jogar videogames. Por exemplo, veja o Apple iPhone. |
| *Stylus* | Dispositivo em formato de caneta que permite que o usuário toque partes de um menu de opções predeterminado ou escreva manualmente informações no computador (como em alguns PDAs); funciona com telas sensíveis ao toque. |
| Caneta digital | Dispositivo móvel que captura digitalmente tudo o que você escreve; a tela embutida confirma que aquilo que você escreveu foi salvo; também captura desenhos, figuras etc. com memória *flash on-board*. |
| *Wii* | Um console de videogame da Nintendo. Uma característica peculiar do *Wii* é o seu controlador sem fio, que pode ser usado como um dispositivo apontador portátil e pode detectar o movimento em três dimensões. |
| Câmera da *web* (*webcam*) | Uma câmera de vídeo em tempo real, cujas imagens podem ser acessadas por meio da *web* ou por mensagens instantâneas. |
| Reconhecimento de voz | Converte sons de voz em entrada digital para computadores; tecnologia vital para pessoas com deficiência física que não podem usar outros dispositivos de entrada. |
| **Dispositivos de entrada de automação da entrada de dados** | |
| Máquinas de caixa automático | Um dispositivo que inclui automação da entrada de dados na forma de uma leitora de tarja magnética, entrada humana por um teclado e saída por um monitor, impressora ou saída de dinheiro. |
| Leitora de tarja magnética | Um dispositivo que lê dados de uma tarja magnética, normalmente na parte de trás de um cartão de plástico (por exemplo, cartões de crédito ou débito). |
| Terminais de ponto de venda | Caixas registradoras automatizadas que também podem incorporar tecnologia *touchscreen* e leitores de código de barras (veja a seguir) para inserir dados, como item vendido e preço. |
| Leitores de código de barras | Dispositivos que leem linhas de código de barras em preto e branco impressas nos rótulos de mercadorias. |

continua

continuação

| Dispositivo de Entrada | Descrição |
|---|---|
| Leitor de marca óptica | Leitor para detectar a presença de marcas escuras em uma grade predeterminada, como folhas de resposta em testes de múltipla escolha. |
| Leitor de caractere de tinta magnética | Lê a tinta magnética impressa em cheques, que identifica o banco, a conta e o número do cheque. |
| Reconhecimento óptico de caracteres | *Software* que converte texto impresso para a forma digital para entrada no computador. |
| Sensores | Coletam dados diretamente do ambiente e inserem dados diretamente no computador; são exemplos o sensor de ativação do *airbag* em carros e as etiquetas de identificação por radiofrequência (RFID). |
| Câmeras | As câmeras digitais capturam imagens e as convertem em arquivos digitais. |
| Monitores para a cabeça | Qualquer tela transparente que apresenta dados sem exigir que o usuário olhe para fora do seu ponto de vista normal; por exemplo, ver Microvision (*www.microvision.com*). |
| Identificação por radiofrequência (Radio Frequency Identification, RFID) | Usa etiquetas ativas ou passivas (transmissores) para transmitir, sem fio, as informações do produto para leitores eletrônicos. |

A saída gerada por um computador pode ser transmitida para o usuário por vários dispositivos e meios de saída. Esses dispositivos incluem monitores, impressoras, plotadoras e voz. A Tabela GT1.2 descreve os vários dispositivos de saída.

**Tabela GT1.2** Dispositivos de Saída

| Dispositivo de Saída | Descrição |
|---|---|
| **Monitores** | |
| Tubos de raios catódicos | Monitores de vídeo em que um feixe de elétrons ilumina os pixels na tela. |
| Telas de cristal líquido (LCDs) | Telas planas que possuem cristais líquidos entre dois polarizadores para formar os caracteres e as imagens em uma tela iluminada por trás. |
| Telas flexíveis | Telas de computador finas, plásticas, curváveis. |
| Diodos emissores de luz orgânica (OLEDs) | Telas que são mais brilhantes, finas, leves, baratas e rápidas, e usam menos energia para funcionar do que os LCDs. |
| Telas de leitura de retina | Projeta a imagem diretamente na retina de um observador; usadas na medicina, no controle de tráfego aéreo e no controle de máquinas industriais. |
| **Impressoras** | |
| Laser | Usa feixes de laser para escrever informações em canhões fotossensíveis; produz texto e gráficos de alta resolução. |
| Jato de tinta | Dispara fluxos finos de tinta colorida no papel; normalmente, menos cara do que as impressoras a laser, mas podem ser mais caras de operar; podem oferecer qualidade de resolução igual às impressoras a laser. |
| Plotadoras | Usam canetas guiadas pelo computador para criar imagens, plantas, esquemas e desenhos de alta qualidade. |
| **Saída de voz** | Um altofalante/fone de ouvido que pode emitir sons de qualquer tipo; a saída de voz é uma função do *software* que usa esse equipamento. |
| **Leitor de livro eletrônico** | Um dispositivo de leitura sem fio, portátil, com acesso a livros, *blogs*, jornais e revistas. O armazenamento interno mantém centenas de livros. |
| Amazon Kindle Sony Reader | |
| **Projetor de bolso** | Um projetor em um dispositivo portátil que oferece um método de exibição alternativo para aliviar o problema de pequenas telas de vídeo em dispositivos portáteis. Os projetores de bolso projetarão imagens digitais em qualquer superfície de exibição. |

A **tecnologia de multimídia** é a integração computadorizada de texto, som, imagens, animação e vídeo digitalizado. Ela mistura as habilidades dos computadores com as tecnologias de televisores, videocassetes, tocadores de CD, tocadores de DVD, equipamentos de gravação de áudio e vídeo, jogos e música. A multimídia geralmente representa um conjunto de diversas tecnologias de entrada e saída. O processamento de multimídia em alta qualidade requer microprocessadores poderosos e muita capacidade de memória, incluindo o armazenamento primário e secundário.

## *Antes de Prosseguir...*

1. Estabeleça as diferenças entre dispositivos de entrada de dados humana e automação da entrada de dados.
2. Quais são as diferenças entre os vários tipos de monitores?
3. Quais são os principais tipos de impressoras? Como elas funcionam?
4. Descreva o conceito de multimídia e dê um exemplo de sistema multimídia.

## GT1.6. A Unidade Central de Processamento

A **unidade central de processamento (CPU,** *Central Processing Unit*) realiza a computação propriamente dita dentro de qualquer computador. A CPU é um **microprocessador** (por exemplo, um Pentium 4 da Intel) composto de milhões de transistores microscópicos embutidos em um circuito sobre uma lâmina, ou *chip*, de silício. Por isso, os microprocessadores costumam ser chamados de *chips*.

Como mostra a Figura GT1.5, o microprocessador possui diferentes partes, que realizam diferentes funções. A **unidade de controle** acessa sequencialmente instruções de programa, decodifica-as e controla o fluxo de dados de e para a ULA, os registradores, os caches, o armazenamento primário, o armazenamento secundário e vários dispositivos de saída. A **ULA (unidade lógica e aritmética)** realiza os cálculos matemáticos e faz comparações lógicas. Os **registradores** são áreas de armazenamento de alta velocidade que armazenam pequenas quantidades de dados e instruções por curtos períodos de tempo.

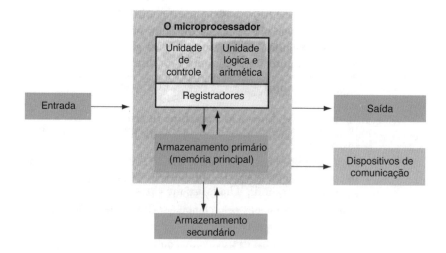

**Figura GT1.5** Partes de um microprocessador.

## ▪ Como a CPU Funciona

Na CPU, as entradas são inseridas e armazenadas até serem necessárias. Quando necessárias, são recuperadas e processadas, e a saída é armazenada e, depois, distribuída para algum lugar. A Figura GT1.6 ilustra esse processo, que funciona da seguinte maneira:

- As entradas consistem em dados e breves instruções sobre o que fazer com esses dados. Essas instruções vêm de *software* em outras partes do computador. Os dados podem ser inseridos pelo usuário por meio do teclado, por exemplo, ou lidos de um arquivo de dados em outra parte do computador. As entradas são armazenadas nos registradores até serem enviadas para a próxima etapa do processamento.

- Os dados e as instruções viajam no *chip* por caminhos elétricos chamados barramentos. O tamanho do barramento – análogo à largura de uma estrada – determina quanta informação pode fluir a qualquer momento.

- A unidade de controle direciona o fluxo de dados e instruções dentro do *chip*.

- A ULA recebe os dados e as instruções dos registradores e realiza a computação desejada. Esses dados e essas instruções foram traduzidas para o **formato binário**, ou seja, apenas 0s e 1s. A CPU pode processar apenas dados binários.

- Os dados em seu formato original e as instruções são enviados para registradores de armazenamento e, depois, devolvidos para um local de armazenamento fora do *chip*, como o disco rígido do computador (analisado mais adiante). Enquanto isso, os dados transformados vão para outro registrador e, depois, para outras partes do computador (para o monitor para exibição, ou para o armazenamento, por exemplo).

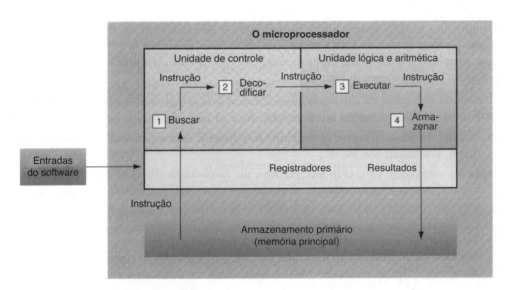

**Figura GT1.6** Como a CPU funciona.

A Intel oferece excelentes demonstrações de como as CPUs funcionam: veja *http://educate.intel.com/en/ TheJourneyInside/ExploreTheCurriculum/EC_Microprocessors*. Esse ciclo de processamento, conhecido como **ciclo de instrução de máquina**, ocorre bilhões de vezes por segundo. A velocidade de processamento depende da velocidade de *clock*, do tamanho do registrador, da largura do barramento e da quantidade de transistores no *chip*.

A **velocidade de clock** é a velocidade predefinida do *clock* que temporiza todas as atividades, medidas em *megahertz* (MHz = milhões de ciclos por segundo) e *gigahertz* (GHz = bilhões de ciclos por segundo). O **tamanho do registrador** é a quantidade de **bits** (0s e 1s) que podem ser processados pela CPU em um ciclo de máquina. A maioria dos *chips* atuais manipula tamanhos de registradores de 64 *bits*, significando que um *chip* pode processar 64 *bits* de dados em um ciclo de máquina. Quanto maior o tamanho do registrador, mais rápido o *chip*.

Como já discutimos, a **largura de barramento** é o tamanho dos caminhos físicos pelos quais os dados e as instruções viajam como pulsos elétricos. Quanto maior o barramento, mais dados podem ser movidos e mais rápido o processamento.

Desejamos acondicionar o máximo possível de transistores dentro do *chip*. Se o *chip* for muito compacto e disposto de maneira eficiente, os dados e as instruções não precisam viajar muito enquanto estão sendo armazenados ou processados. A distância entre os transistores é conhecida como **largura de linha**. A largura de linha é expressa em nanômetros (bilionésimos de um metro). Os avanços tecnológicos estão criando

CPUs com larguras de linha de 18 nanômetros (0,018 micra), permitindo que um *chip* tenha até um bilhão de transistores. Quanto menor a largura de linha, mais transistores podem ser inseridos em um *chip* e mais rápido o *chip*.

Embora esses quatro fatores sejam quantificáveis, as diferenças nos fatores entre um *chip* e outro dificultam a comparação da velocidade de diferentes processadores. Como resultado, a Intel e outros fabricantes de *chip* desenvolveram vários *benchmarks* para comparar as velocidades dos processadores.

### ■ Avanços no Projeto de Microprocessadores

Inovações nos projetos de *chip* estão aparecendo em um ritmo cada vez mais rápido, como descrito pela **Lei de Moore**. Gordon Moore, cofundador da Intel Corporation, previu, em 1965, que a complexidade dos microprocessadores dobraria aproximadamente a cada dois anos. Essa previsão foi incrivelmente precisa. Os avanços previstos pela Lei de Moore veem principalmente das seguintes mudanças:

- Aumento da miniaturização dos transistores.
- Tornar o *layout* físico dos componentes do *chip* o mais compacto e eficiente possível; ou seja, diminuir a largura de linha.
- Usar materiais para o *chip* que melhorem a **condutividade** (fluxo) da eletricidade. O silício tradicional é um semicondutor de eletricidade – os elétrons podem fluir através dele em certa velocidade. Novos materiais, como o arsenieto de gálio e o germânio de silício, permitem uma transmissão eletrônica ainda mais rápida, embora sejam mais caros de fabricar.
- Colocar múltiplos processadores em um único *chip*. Os *chips multinúcleo* possuem mais de um processador no *chip*. Por exemplo, o chip Cell, produzido por um consórcio entre Sony, Toshiba e IBM, contém nove processadores. Os computadores usando o *chip* Cell exibem gráficos muito ricos. O *chip* também é usado em aparelhos de TV e *home theaters* capazes de baixar e exibir grandes quantidades de programas de alta definição. A Intel (*www.intel.com*) e a AMD (*www.amd.com*) têm *chips* com quatro processadores, chamados chips quad-core. Além disso, a Intel está desenvolvendo um *chip* com 80 processadores, que será capaz de realizar mais de um trilhão de operações de ponto flutuante por segundo, ou um *teraflop*.

Além do aumento na velocidade e no desempenho, a Lei de Moore teve impacto nos custos, como podemos ver na Tabela GT1.3.

**Tabela GT1.3** Comparação de Componentes do Computador Pessoal e Custo com o Tempo

| Ano | Chip | RAM | Disco rígido | Monitor | Custo[1] |
|-----|------|-----|--------------|---------|----------|
| 1997 | Pentium II | 64 megabytes | 4 gigabytes | 17" | US$ 4.000 |
| 2007 | Dual-core | 1 gigabyte | 250 gigabytes | 19" | US$ 1.700 |
| 2009 | Quad-core | 6 gigabytes | 1 terabyte | 22" | US$ 1.700 |

Embora as organizações certamente se beneficiem dos microprocessadores mais rápidos, elas também se beneficiam de *chips* menos potentes, mas que podem ser fabricados em tamanhos muito pequenos e baratos. Esses *chips*, conhecidos como **microcontroladores**, são *chips* embutidos em inúmeros produtos e tecnologias, de celulares e brinquedos a sensores de automóveis. Os microprocessadores e microcontroladores são semelhantes, exceto que estes últimos normalmente custam menos e funcionam em aplicações menos exigentes.

### Antes de Prosseguir...

1. Descreva brevemente como funciona um microprocessador.
2. Que fatores determinam a velocidade do microprocessador?
3. Como os projetos de microprocessador estão avançando?

---

1 N.R.T. Os preços indicados referem-se ao mercado dos Estados Unidos da América.

## GT1.7. A Memória do Computador

A quantidade e o tipo de memória que um computador possui têm muito a ver com sua eficiência geral. A memória de um computador pode afetar os tipos de programas que ele pode executar, o trabalho que pode realizar, a velocidade, o custo da máquina e o custo do processamento de dados. Existem duas categorias básicas de memória de computador. A primeira é o *armazenamento primário*. Ele é considerado "primário" porque armazena pequenas quantidades de dados e informações que serão imediatamente usadas pela CPU. A segunda categoria é o *armazenamento secundário*, em que quantidades muito maiores de dados e informações (um programa de software inteiro, por exemplo) são armazenadas por longos períodos.

### ▪ Capacidade da Memória

Como vimos, a CPU processa apenas 0s e 1s. Todos os dados são traduzidos por meio de linguagens de computador (abordadas no Guia de Tecnologia 2) para *bits*. Uma combinação específica de *bits* representa determinado caractere alfanumérico ou uma operação matemática simples. São necessários oito bits para representar qualquer um desses caracteres. Essa cadeia de 8 *bits* é conhecida como um *byte*. A capacidade de armazenamento de um computador é medida em *bytes*. Em geral, os *bits* são usados como unidades de medida apenas para recursos de telecomunicação (por exemplo, quantos milhões de *bits* por segundo podem ser enviados através de determinado meio). A hierarquia de termos usados para descrever a capacidade de memória é a seguinte:

- *Kilobyte*. *Kilo* significa mil, então, um *kilobyte* (KB) representa aproximadamente mil *bytes*. Na verdade, um *kilobyte* são 1.024 *bytes*.
- *Megabyte*. *Mega* significa 1 milhão, então, um *megabyte* (MB) representa aproximadamente 1 milhão de *bytes*. A maioria dos computadores pessoais possui centenas de *megabytes* de memória RAM (um tipo de armazenamento primário, discutido mais tarde).
- *Gigabyte*. *Giga* significa 1 bilhão, então, um *gigabyte* (GB) representa aproximadamente 1 bilhão de *bytes*. A capacidade de armazenamento de um disco rígido (um tipo de armazenamento secundário, discutido em breve) nos computadores pessoais normalmente é de muitos *gigabytes*.
- *Terabyte*. Aproximadamente 1 trilhão de *bytes* formam um *terabyte*.
- *Petabyte*. Aproximadamente mil *terabytes*.
- *Exabyte*. Aproximadamente mil *petabytes*.
- *Zetabyte*. Aproximadamente mil *exabytes*.

Para ter uma ideia melhor dessas quantidades, observe o seguinte exemplo. Se seu computador tem um *terabyte* de capacidade de armazenamento no disco rígido (um tipo de armazenamento secundário), ele pode armazenar aproximadamente 1 trilhão de *bytes* de dados. Se a página de texto média tem cerca de 2.000 *bytes*, então, seu disco rígido pode armazenar aproximadamente 10% de toda a coleção impressa da Biblioteca do Congresso Americano.

### ▪ Armazenamento Primário

O **armazenamento primário**, ou **memória principal**, como algumas vezes é chamado, armazena três tipos de informações por períodos muito curtos: (1) dados a serem processados pela CPU; (2) instruções para a CPU sobre como processar os dados; e (3) programas do sistema operacional que gerenciam vários aspectos da operação do computador. O armazenamento primário ocorre em chips montados na placa de circuito principal do computador, chamada **placa-mãe**, que são localizados o mais próximo possível do chip da CPU (ver Figura GT1.7). Assim como a CPU, todos os dados e as instruções no armazenamento primário foram traduzidos para código binário.

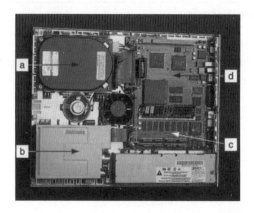

**Figura GT1.7** Funcionamento interno de um computador pessoal comum: (a) unidade de disco rígido; (b) unidade de disquete; (c) RAM; (d) placa de CPU com ventilador.

*Fonte*: Jerome Yeats/Photo Researchers, Inc.

Existem quatro tipos de armazenamento primário: (1) registrador; (2) memória de acesso aleatório (RAM); (3) memória cache; e (4) memória somente de leitura (ROM). A lógica do armazenamento primário é que os componentes que serão usados imediatamente são armazenados em quantidades muito pequenas o mais próximo possível da CPU. Lembre-se de que, como ocorre com o projeto de *chip* da CPU, quanto menor a distância que os pulsos elétricos (dados) têm de viajar, mais rapidamente eles podem ser transportados e processados. Os quatro tipos de armazenamento primário, que seguem essa lógica, são descritos a seguir.

Registradores. Como indicado anteriormente, os registradores são parte da CPU. Eles têm a menor capacidade, armazenando quantidades extremamente limitadas de instruções e dados apenas imediatamente antes e depois do processamento.

Memória de acesso aleatório. A **memória de acesso aleatório (RAM,** *Random Acess Memory*) é a parte do armazenamento primário que guarda um programa de software e pequenas quantidades de dados para processamento. Quando você inicia a maioria dos programas de software em um computador (como o Microsoft Word), o programa inteiro é trazido do armazenamento secundário para a RAM. Conforme você usa o programa, pequenas partes das instruções e dos dados do programa são enviadas para os registradores e, então, para a CPU. A RAM armazena mais informações que os registradores e está mais distante da CPU.

Entretanto, comparada com o armazenamento secundário, ela armazena menos informações e está muito mais próxima da CPU. Novamente, colocar os dados e as instruções o mais próximo possível da CPU é fundamental para a velocidade do computador. Também vital para a velocidade do computador é o fato de que a RAM é um tipo de *chip* de microprocessador. Como veremos mais adiante, o *chip* é muito mais rápido (e mais caro) que os dispositivos de armazenamento secundário. É fácil e barato acrescentar RAM a um sistema de computador. Em meados de 2009, 1 *gigabyte* de RAM custava menos de US$ 100 no mercado norte-americano.

A RAM é temporária e, na maioria dos casos, *volátil*. Ou seja, os *chips* de RAM perdem o conteúdo se a corrente for perdida ou desligada, como em um pico de energia, falta de energia ou ruído elétrico gerado por relâmpagos ou máquinas próximas. Os *chips* de RAM são localizados diretamente sobre a placa-mãe ou em placas periféricas que se encaixam na placa de circuito principal.

Os dois principais tipos de RAM *são RAM dinâmica* (DRAM) e *RAM estática* (SRAM). Os *chips* de DRAM oferecem as maiores capacidades e os menores custos por *bit*, mas são relativamente lentos. A SRAM custa mais do que a DRAM, porém é mais rápida. Por essa razão, a SRAM é a escolha preferida para aplicações sensíveis ao desempenho.

Uma tecnologia emergente é a *RAM magnética* (MRAM). Como o nome sugere, a MRAM usa o magnetismo, em vez da eletricidade, para armazenar dados. Uma vantagem da MRAM em relação à DRAM e à SRAM é que ela não é volátil. Além disso, enquanto a DRAM desperdiça muita eletricidade porque precisa ser alimentada com uma corrente constante para armazenar dados, a MRAM requer apenas uma pequena quantidade de eletricidade. A MRAM combina a alta velocidade da SRAM, a alta capacidade de armazenamento da DRAM e a não volatilidade da memória *flash* (discutida mais adiante neste Guia de Tecnologia).

Memória cache. **Memória cache** é um tipo de memória de alta velocidade que permite ao computador armazenar temporariamente blocos de dados que são usados mais frequentemente e que um processador pode acessar mais rapidamente do que a memória principal (RAM). Ela aumenta a RAM da seguinte maneira: muitas aplicações de computador modernas (Microsoft Windows Vista, por exemplo) são muito complexas e possuem uma enorme quantidade de instruções. É necessária uma grande capacidade de RAM (normalmente um mínimo de 512 MB) para armazenar o conjunto de instruções inteiro. Ou você pode estar usando uma aplicação que excede sua RAM. Em qualquer caso, seu processador precisa recorrer ao armazenamento secundário para recuperar as instruções necessárias. Para amenizar esse problema, normalmente o software é escrito em blocos de instruções menores. Conforme necessário, esses blocos podem ser trazidos do armazenamento secundário para a RAM. Entretanto, esse processo ainda é lento.

A memória cache é um local mais próximo à CPU, na qual o computador pode armazenar temporariamente os blocos de instruções que são usados com mais frequência. Os blocos usados com menos frequência permanecem na RAM até serem transferidos para a cache; os blocos raramente usados permanecem no armazenamento secundário. A memória cache é mais rápida que a RAM porque as instruções viajam por uma distância mais curta até a CPU.

Memória Somente de Leitura. A maioria das pessoas que usam computadores perde dados uma vez ou outra em razão de uma falha no computador ou falta de energia. Normalmente o que se perde é o que está na RAM, na cache ou nos registradores no momento, porque esses tipos de memória são voláteis. Usuários de computador cautelosos normalmente salvam dados na memória não volátil (armazenamento secundário). Além disso, a maioria das aplicações de software modernas possui funções de autossalvamento. Os programas armazenados no armazenamento secundário, ainda que sejam copiados temporariamente para a RAM quando usados, permanecem intactos porque apenas a cópia é perdida, não o original.

A **memória somente de leitura** (*Read-Only Memory* – **ROM**) é o local (um tipo de chip) em que certas instruções críticas são guardadas com segurança. Como a ROM é não volátil, mantém essas instruções quando a energia do computador é desligada. A designação "read-only" (literalmente, "somente leitura") significa que essas instruções podem ser apenas lidas pelo computador e não podem ser modificadas pelo usuário. Um exemplo de ROM são as instruções necessárias para iniciar o computador após ter sido desligado.

## ■ Armazenamento Secundário

O **armazenamento secundário** é projetado para armazenar grandes quantidades de dados por extensos períodos. O armazenamento secundário pode ter capacidade de memória de vários terabytes ou mais. O importante é que apenas pequenas partes desses dados são colocadas no armazenamento primário em determinado momento. O armazenamento secundário tem as seguintes características:

- Não é volátil.
- Leva muito mais tempo para recuperar dados do armazenamento secundário do que da RAM devido à natureza eletromecânica dos dispositivos de armazenamento secundário.
- É mais barato do que o armazenamento primário (veja a Figura GT1.8).
- Pode ocorrer em uma variedade de meios, cada um com sua própria tecnologia, como discutiremos a seguir. As tendências gerais para o armazenamento secundário são em direção a métodos de acesso mais direto, maior capacidade com menores custos e maior portabilidade.

Meios Magnéticos. A **fita magnética** é mantida em um grande rolo aberto ou em um cassete ou cartucho menor. Embora seja uma tecnologia antiga, ela permanece popular porque é o meio de armazenamento mais barato e pode manipular enormes quantidades de dados. A desvantagem é que ela é o método mais lento para recuperar dados, pois todos os dados são colocados na fita de maneira sequencial. O **acesso sequencial** significa que o sistema pode ter de percorrer a maior parte da fita antes de chegar aos dados desejados.

O armazenamento em fita magnética costuma ser usado para informações que uma organização precisa manter, mas que utiliza apenas raramente ou que não precisam ser acessadas imediatamente. As organizações com enormes quantidades de arquivos (por exemplo, empresas de seguro) usam sistemas de fita magnética. As versões modernas dos sistemas de fita magnética usam cartuchos e, normalmente, um sistema de robótica que seleciona e carrega o cartucho apropriado automaticamente. Também existem alguns sistemas de fita, como fitas de áudio digital (DAT), para aplicações menores, como armazenar cópias de todo o conteúdo do armazenamento secundário de um computador pessoal (fazer backup do armazenamento).

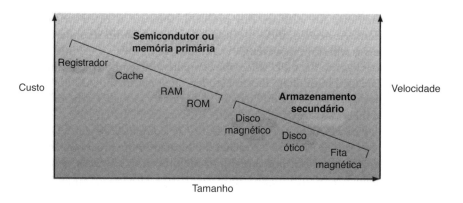

**Figura GT1.8** Memória primária comparada com o armazenamento secundário.

Os **discos magnéticos** são uma forma de armazenamento secundário em um disco magnetizado que é dividido em trilhas e setores que fornecem acesso a vários fragmentos de dados. Eles existem em vários estilos e são populares porque permitem acesso muito mais rápido aos dados do que a fita magnética. Os discos magnéticos, chamados de **discos rígidos**, são os dispositivos de armazenamento em massa mais utilizados devido ao baixo custo, à alta velocidade e à grande capacidade de armazenamento. Os discos rígidos leem e escrevem em pilhas de discos magnéticos giratórios (até 15.000 RPM) montados em invólucros rígidos e vedados contra a contaminação ambiental ou atmosférica. Esses discos são montados permanentemente em uma unidade que pode ser interna ou externa ao computador.

As unidades de disco rígido armazenam dados em discos divididos em trilhas concêntricas. Cada trilha também é dividida em segmentos chamados *setores*. Para acessar determinado setor, uma cabeça de leitura/escrita se move através dos discos em rotação para localizar a trilha correta, que é calculada por meio de uma tabela de índice. A cabeça, então, espera que o disco gire até o setor correto se posicionar abaixo dela (ver Figura GT1.9). Como a cabeça flutua logo acima da superfície do disco (a menos de 25 micra), qualquer poeira ou contaminação pode danificar o dispositivo. Quando isso acontece, dizemos que ocorreu uma falha de disco, e normalmente isso gera uma catastrófica perda de dados. Por essa razão, as unidades de disco rígido são hermeticamente seladas na fabricação.

Cada trecho de dados possui um endereço conectado, correspondente a uma trilha e setor em particular. Qualquer parte dos dados desejados pode ser recuperada de uma maneira não sequencial, pelo acesso direto. É por isso que os discos rígidos são chamados de *dispositivos de armazenamento de acesso direto.* As cabeças de leitura/escrita usam o endereço dos dados para encontrar e ler os dados rapidamente (ver Figura GT1.9). Diferente da fita magnética, o sistema não precisa ler todos os dados para encontrar o que deseja.

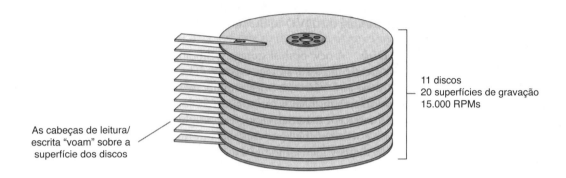

As cabeças de leitura/escrita "voam" sobre a superfície dos discos

11 discos
20 superfícies de gravação
15.000 RPMs

**Figura GT1.9** Cabeças de leitura/escrita.

Um computador pessoal moderno normalmente possui muitos gigabytes de capacidade de armazenamento no disco rígido interno. O acesso aos dados é bastante rápido, medido em milissegundos, mais ainda é muito mais lento do que a RAM. Por essas razões, os discos rígidos são populares e comuns. Por serem um tanto suscetíveis a falhas mecânicas, e porque os usuários podem precisar transferir todo o conteúdo do disco rígido para outro local, muitos usuários gostam de fazer backup do conteúdo do disco rígido com um sistema de disco rígido portátil, ou *thumb drives* (discutidos mais adiante neste Guia de Tecnologia).

Para tirar vantagem das tecnologias novas e mais rápidas, as interfaces de disco rígido também precisam ser mais rápidas. A maioria dos PCs e das estações de trabalho usa um desses dois padrões de interface de disco de alto desempenho: *Enhanced Integrated Drive Electronics* (EIDE) ou *Small Computer Systems Interface* (SCSI). EIDE oferece um bom desempenho, é barato e aceita até quatro discos, fitas ou unidades de CD-ROM. Por outro lado, as unidades SCSI são mais caras do que as unidades EIDE, mas oferecem uma interface mais rápida e aceitam mais dispositivos. Portanto, o padrão SCSI é usado para estações de trabalho gráficas, armazenamento baseado em servidor e grandes bancos de dados.

### ▪ Dispositivos de Armazenamento Ótico

Diferentemente dos meios magnéticos, os **dispositivos de armazenamento ótico** não armazenam dados por meio de magnetismo. Em vez disso, um laser lê a superfície de um disco de plástico reflexivo. As unidades de disco ótico são mais lentas do que os discos rígidos magnéticos, mas são menos suscetíveis a danos por contaminação e são menos frágeis.

Além disso, os discos óticos podem armazenar muito mais informações, seja de modo rotineiro ou quando combinados em sistemas de armazenamento. Os sistemas de armazenamento de disco ótico normalmente são implementados na forma de *jukeboxes* óticos, que armazenam muitos discos e funcionam de maneira muito parecida com os tocadores automáticos de LPs que lhes deram o nome. Os tipos de discos óticos incluem o **CD-ROM** (*Compact Disk Read-Only Memory*) e o **DVD** (*Digital Video Disk*).

***CD-ROM***. O dispositivo de armazenamento CD-ROM apresenta capacidade moderada, baixo custo e alta durabilidade. Entretanto, por ser um meio de apenas leitura, o CD-ROM não pode ser regravado. O CD-RW (CD regravável) acrescenta essa funcionalidade ao mercado de CDs regraváveis.

***DVD***. O DVD é um disco de cinco polegadas com capacidade para armazenar cerca de 135 minutos de vídeo digital. O DVD fornece detalhes nítidos, cores reais e nenhuma tremulação ou distorção. Os DVDs também podem servir como discos de armazenamento de dados de computador, apresentando uma capacidade de armazenamento de 17 gigabytes. Os tocadores de DVD podem ler os CD-ROMs atuais, mas os tocadores de CD-ROM atuais não conseguem ler DVDs. A velocidade de acesso de uma unidade de DVD é mais rápida do que uma unidade de CD-ROM típica.

Dois padrões, que não funcionavam juntos, estavam competindo para substituir o DVD padrão: *blu-ray* e *high-density* DVD (HD DVD). Em 4 de janeiro de 2008, a Warner Bros., o único grande estúdio ainda lançando filmes em formato HD DVD e *blu-ray*, anunciou que lançaria apenas em *blu-ray disc* após maio de 2008. Após esse anúncio, os principais varejistas dos EUA, como Best Buy e Walmart, retiraram o HD DVD de suas lojas. Além disso, a Netflix e a Blockbuster pararam de vendê-los. Em 19 de fevereiro de 2008, a Toshiba (a principal empresa que dava suporte ao HD DVD) anunciou que não iria mais desenvolver, fabricar ou comercializar aparelhos de reprodução e gravação de HD DVD. Quase todas as outras empresas de HD DVD seguiram o mesmo caminho, efetivamente terminando a competição entre os dois formatos.

Um disco *blu-ray* de duas camadas pode armazenar 50 gigabytes, quase seis vezes a capacidade de um DVD de duas camadas. O desenvolvimento da tecnologia *blu-ray* está em andamento, com testes em discos *blu-ray* de 10 camadas.

***Memória Holográfica***. A **memória holográfica** é uma tecnologia ótica que usa um meio tridimensional para armazenar dados. A InPhase Technologies (*www.inphase-technologies.com*) produziu um disco ótico WORM (*Write-Once, Read-Many*) que armazena 300 gigabytes. Cada disco tem 63 vezes a capacidade de um DVD e pode armazenar mais de 35 horas de vídeo em qualidade de transmissão.

Dispositivos de Memória *Flash*. A **memória** *flash* é a memória de computador não volátil que pode ser apagada e reprogramada eletricamente. Essa tecnologia pode ser embutida em um sistema ou instalada em uma placa de computador pessoal.

**Dispositivos de memória** *flash* (ou ***cartões de memória***) são dispositivos de armazenamento eletrônico que não contêm partes móveis e usam 30 vezes menos consumo de bateria do que os discos rígidos. Os dispositivos *flash* também são menores e mais duráveis do que os discos rígidos. A desvantagem é que eles armazenam menos dados do que os discos rígidos.

Existem muitos tipos diferentes de dispositivos *flash*, e eles são usados em muitos lugares diferentes, como, por exemplo, câmeras digitais, computadores portáteis e *laptops*, telefones, tocadores de música e consoles de videogame. A Apple (*www.apple.com*) substituiu o iPod Mini baseado em microdisco rígido pelo iPod Nano baseado em *flash* por quatro motivos: (1) rápidas melhorias na capacidade de armazenamento dos chips de memória *flash*; (2) rápida diminuição no custo; (3) tempo de vida da bateria muito maior; e (4) menor tamanho.

Um dispositivo de memória *flash* muito popular é o ***pen drive*** (também chamado *thumb drive, memory stick, jump drive* ou *flash drive*). Esses dispositivos se encaixam nas portas USB (*Universal Serial Bus*) de computadores pessoais e outros dispositivos, e podem armazenar muitos gigabytes. Os *pen drives* substituíram os disquetes magnéticos para o armazenamento portátil (ver Figura GT1.10).

**Figura GT1.10** *Pen drive.*

*Fonte*: www.dansdata.com/images/pclock/rx800.jpg

---

### ▪ Sistemas de Armazenamento Empresariais

Para lidar com os volumes de informação sempre crescentes, muitas empresas estão empregando sistemas de armazenamento empresariais. Um **sistema de armazenamento empresarial** é um sistema externo e independente, que inclui dois ou mais dispositivos de armazenamento. Esses sistemas oferecem grandes quantidades de armazenamento, transferência de dados de alto desempenho, um alto grau de disponibilidade, proteção contra perda de dados e ferramentas de gerenciamento sofisticadas.

O desempenho do sistema de armazenamento empresarial tem melhorado muito rapidamente. Em 1956, a primeira unidade de armazenamento de disco tinha o tamanho de dois refrigeradores e armazenava 5 megabytes de informações. As unidades atuais têm a metade desse tamanho e armazenam 320 *terabytes*. Existem três tipos principais de sistemas de armazenamento empresarial: matrizes redundantes de discos independentes (RAID), área de armazenamento em rede e armazenamento anexado à rede.

Matrizes Redundantes de Discos Independentes. Os discos rígidos em todos os sistemas de computador são suscetíveis a falhas causadas por variações de temperatura, problemas na cabeça, falha no motor e variações de voltagem. Para melhorar a segurança e proteger os dados em seus sistemas de armazenamento empresariais, muitas organizações usam **matrizes redundantes de discos independentes (RAID**, *Redundand Arrays of Independent Disks*). O RAID associa grupos de discos rígidos comuns a um microcontrolador especializado. O microcontrolador coordena as unidades de modo que elas aparecem como uma única unidade lógica, mas tiram proveito das múltiplas unidades físicas armazenando dados de modo redundante, ou seja, os dados são duplicados em vários lugares. Esse arranjo protege contra a perda de dados devido à falha em qualquer unidade individual.

Área de Armazenamento em Rede. Uma **área de armazenamento em rede (SAN**, *Storage Area Network*) é uma arquitetura para construir redes dedicadas especiais que permitem acesso rápido e seguro a dispositivos de armazenamento por diversos servidores. O **armazenamento sobre IP**, algumas vezes chamado de *IP sobre SCSI* ou *iSCSI*, é uma tecnologia que usa o protocolo da internet (IP) para transportar dados armazenados entre dispositivos dentro de uma SAN. As SANs empregam *software* **de visualização de armazenamento** para representar graficamente uma rede inteira e permitir que administradores de armazenamento vejam e monitorem, de um único console, as propriedades de todos os dispositivos.

Armazenamento Anexado à Rede. Um dispositivo de **armazenamento anexado à rede (NAS**, *Network--Attached Storage*) é um servidor de finalidade especial que oferece armazenamento de arquivo aos usuários que acessam o dispositivo por meio de uma rede. O servidor NAS é simples de instalar (ou seja, *plug-and-play*) e funciona exatamente como um servidor de arquivos de finalidade geral, dispensando a necessidade de qualquer treinamento de usuário ou software especial.

A Tabela GT1.4 compara as vantagens e desvantagens dos vários meios de armazenamento secundário.

**Tabela GT1.4** Armazenamento Secundário

| Tipo | Vantagens | Desvantagens | Aplicação |
|---|---|---|---|
| **Dispositivos de Armazenamento Magnético** | | | |
| Fita magnética | Menor custo por unidade armazenada. | O acesso sequencial significa baixa velocidade de recuperação. | Arquivamento de dados corporativos. |
| Disco rígido | Capacidade relativamente alta e velocidade de recuperação alta. | Frágil; alto custo por unidade armazenada. | De computadores pessoais até *mainframes*. |
| RAID | Alta capacidade; projetado para tolerar falhas e reduzir o risco de perda de dados; baixo custo por unidade armazenada. | Instalação cara e semipermanente. | Armazenamento de dados corporativos que exige acesso rápido e frequente. |
| SAN | Alta capacidade; projetado para grandes quantidades de dados empresariais. | Caro. | Armazenamento de dados corporativos que exige acesso rápido e frequente. |
| NAS | Alta capacidade; projetado para grandes quantidades de dados empresariais. | Caro. | Armazenamento de dados corporativos que exige acesso rápido e frequente. |
| Cartões de memória | Portáteis; fáceis de usar; menos falíveis do que os discos rígidos. | Caros. | Computadores pessoais e *laptops*. |
| *Pen drives* | Extremamente portáteis e fáceis de usar. | Relativamente caros. | Aparelhos de consumo eletrônicos; passagem de arquivos de dispositivos portáteis para computadores *desktop*. |
| **Dispositivos de Armazenamento Ótico** | | | |
| CD-ROM | Capacidade moderada; custo moderado por unidade armazenada; alta durabilidade. | Velocidade de recuperação mais lenta do que a dos discos rígidos; apenas certos tipos podem ser regravados. | De computadores pessoais até armazenamento de dados corporativos. |
| DVD | Capacidade moderada; custo moderado por unidade armazenada. | Velocidade de recuperação mais lenta do que a dos discos rígidos. | De computadores pessoais até armazenamento de dados corporativos. |

## Antes de Prosseguir...

1. Descreva os quatro principais tipos de armazenamento primário.
2. Descreva os diferentes tipos de armazenamento secundário.
3. De que forma o armazenamento primário difere do armazenamento secundário em termos de velocidade, custo e capacidade?
4. Descreva os três tipos de sistemas de armazenamento empresariais.

---

## O que a TI pode me proporcionar

---

### ▪ Para Todos os Grandes Negócios

Praticamente todas as tarefas profissionais na empresa moderna exigem conhecimento e habilidade de computação para a produtividade pessoal. Indo mais além, todos os setores usam a tecnologia de computador como uma forma de vantagem competitiva.

É evidente que o projeto do hardware de computador tem impactos profundos para os empresários. Também está claro que o sucesso pessoal e organizacional pode depender de um entendimento do projeto de hardware e de um comprometimento em saber para onde ele está indo e que oportunidades e desafios as inovações trarão. Como essas inovações podem ocorrer muito rapidamente, as decisões de hardware no nível individual e no nível organizacional são difíceis.

No *nível individual*, a maioria das pessoas que possui um sistema de computador em casa ou no escritório e quer atualizá-lo, ou as pessoas que estudam sua primeira compra de computador, estão diante da decisão de *quando* comprar, tanto como *o que* comprar e a que custo. No *nível organizacional*, essas mesmas questões afligem os profissionais de TI. Entretanto, elas são mais complexas e mais dispendiosas. A maioria das organizações possui muitos sistemas de computador diferentes operando ao mesmo tempo. As inovações podem ocorrer em diferentes classes de computadores em épocas e velocidades diferentes. Portanto, os gerentes precisam decidir com que idade os *sistemas legados* de hardware ainda terão um papel produtivo na arquitetura de TI e quando eles devem ser substituídos. Um sistema legado é um sistema de computação antigo ou uma aplicação que continua a ser usada, normalmente porque ainda funciona para as necessidades do usuário, mesmo havendo tecnologia mais nova à disposição.

A gerência de TI no nível corporativo é uma das carreiras mais difíceis atualmente, devido, em grande parte, à constante inovação no hardware de computador. Esse pode não ser seu objetivo de carreira, mas é importante conhecer essa área. Afinal, as pessoas que o mantêm equipado com o hardware de computação correto, como você pode ver agora, são aliados muito importantes para o seu sucesso.

---

## Resumo

Neste guia você aprendeu a:

### 1. Identificar os principais componentes de *hardware* de um sistema de computador.

Os sistemas de computador atuais possuem seis componentes principais: a unidade central de processamento (CPU), o armazenamento primário, o armazenamento secundário, as tecnologias de entrada, as tecnologias de saída e as tecnologias de comunicação.

### 2. Discutir as questões estratégicas que associam o projeto de *hardware* à estratégia de negócios.

As questões estratégicas que associam o projeto de hardware à estratégia de negócios incluem: como as organizações acompanham os rápidos avanços de preço e desempenho no hardware? Com que frequência uma organização deve atualizar seus sistemas de computadores e armazenamento? Como as organizações podem medir os benefícios obtidos com as melhorias no preço/desempenho do hardware?

### 3. Discutir as inovações na utilização do *hardware*.

Parques de servidores contêm centenas de milhares de servidores de computador em rede, oferecendo redundância, tolerância a falhas e recuperação automática caso um ou mais servidores falhem. A virtualização de servidor significa que várias aplicações podem ser executadas em um único servidor físico. A computação de grade envolve aplicar os recursos de muitos computadores em uma rede para formar um supercomputador virtual. Na computação utilitária, um provedor de serviços torna o gerenciamento de recursos de computação e de infraestrutura disponíveis a um cliente conforme a necessidade. Na computação em nuvem, as tarefas são realizadas por computadores fisicamente removidos do usuário e acessados por uma rede. A computação nas bordas leva partes do conteúdo do *site* e do processamento para mais próximo do usuário, para diminuir o tempo de resposta e reduzir os custos de tecnologia. Os sistemas autônomos são projetados para se autogerenciarem sem intervenção humana direta. A nanotecnologia se refere à criação de materiais, dispositivos e sistemas em uma escala de 1 a 100 nanômetros (bilionésimos de um metro).

**4. Descrever a hierarquia de computação de acordo com a capacidade e suas respectivas funções.**

Os supercomputadores são mais poderosos, projetados para manipular o excesso de necessidades computacionais das áreas científica e militar. Os *mainframes* não são tão poderosos quanto os supercomputadores, mas o são o bastante para serem usados por grandes organizações para o processamento de dados centralizado e grandes bancos de dados. Os minicomputadores são versões menores e menos poderosas dos *mainframes*, normalmente dedicados a manipular subsistemas específicos. As estações de trabalho estão entre os minicomputadores e os computadores pessoais em termos de velocidade, capacidade e habilidade gráfica. Os computadores pessoais *desktop* (PCs) são os computadores empresariais e pessoais mais comuns. Os *laptops* ou *notebooks* são PCs pequenos e facilmente transportáveis. Dispositivos móveis agora são tão funcionais quanto os *laptops* inferiores, e permitem que os funcionários trabalhem em qualquer lugar e a qualquer momento. Os computadores "de vestir" liberam os movimentos dos usuários. Os computadores embarcados são colocados dentro de outros produtos para acrescentar recursos e habilidades. Os empregados podem usar crachás ativos como cartões de identificação. Os botões de memória armazenam um pequeno banco de dados relacionando-se a qualquer coisa à qual estejam conectados.

**5. Fazer a distinção entre os vários tipos de tecnologias de entrada e saída e seus usos.**

As principais tecnologias de entrada de dados humana incluem teclado, mouse, mouse ótico, *trackball*, *touchpad*, *joystick*, *touch-screen*, *stylus* e sistemas de reconhecimento de voz. Os principais dispositivos de entrada para automação da entrada de dados são os caixas eletrônicos automáticos, terminais de ponto de venda, leitores de código de barras, leitores de marca ótica, leitores de caractere de tinta magnética, leitores de reconhecimento ótico de caractere, sensores, câmeras, identificação por radiofrequência e telas de leitura da retina. As tecnologias de saída comuns incluem vários tipos de monitores, impressoras de impacto e sem impacto, plotadoras e saída de voz.

**6. Descrever o projeto e o funcionamento da unidade central de processamento.**

A CPU é composta da unidade de lógica e aritmética, que realiza os cálculos; os registradores, que armazenam minúsculas quantidades de dados e instruções imediatamente antes e depois do processamento; e a unidade de controle, que controla o fluxo de informações no chip do microprocessador. Após o processamento, os dados em seu formato original e as instruções são enviados novamente para um local de armazenamento fora do chip.

**7. Analisar as relações entre projetos de componente de microprocessador e desempenho.**

Os projetos de microprocessador visam aumentar a velocidade de processamento minimizando a distância física que os dados (como pulsos elétricos) precisam viajar e aumentando a largura de barramento, a velocidade de *clock* e a quantidade de transistores no chip.

**8. Descrever os principais tipos de armazenamento primário e secundário.**

Existem quatro tipos de armazenamento primário: registradores, memória de acesso aleatório (RAM), memória cache e memória somente de leitura (ROM). Todos são memórias de acesso direto; apenas a ROM é não volátil. O armazenamento secundário inclui meios magnéticos (fitas, discos rígidos e pen drives) e meios óticos (CD-ROM, DVD, e *jukeboxes* óticos).

**9. Estabelecer as diferenças entre armazenamento primário e secundário de acordo com as dimensões de velocidade, custo e capacidade.**

O armazenamento primário tem muito menos capacidade que o armazenamento secundário e é mais rápido e mais caro por byte armazenado. O armazenamento primário é localizado muito mais próximo da CPU que o armazenamento secundário. Os meios de armazenamento secundário de acesso sequencial, como fita magnética, são muito mais lentos e menos caros que os meios de acesso direto (por exemplo, discos rígidos, meios óticos).

### 10. Definir armazenamento empresarial e descrever os diversos tipos.

Um sistema de armazenamento empresarial é um sistema independente e externo, com uma inteligência que inclui dois ou mais dispositivos de armazenamento. Existem três tipos principais de subsistemas de armazenamento empresarial: matrizes redundantes de discos independentes (RAIDs), área de armazenamento em rede (SAN) e armazenamento anexado à rede (NAS). O RAID associa grupos de discos rígidos comuns a um microcontrolador especializado. A SAN é uma arquitetura para construir redes dedicadas especiais que dão acesso aos dispositivos de armazenamento por múltiplos servidores. Um dispositivo de NAS é um servidor de finalidade especial que oferece armazenamento de arquivos a usuários que acessam o dispositivo por meio de uma rede.

## Glossário

**acesso sequencial** Acesso a dados em que o sistema de computador precisa percorrer os dados em sequência para localizar uma parte específica.

**área de armazenamento em rede (SAN)** Arquitetura de sistema de armazenamento empresarial para construir redes dedicadas especiais que permitem acesso rápido e seguro aos dispositivos de armazenamento por vários servidores.

**armazenamento anexado à rede (NAS)** Servidor de finalidade especial que oferece armazenamento de arquivo aos usuários que acessam o dispositivo através de uma rede.

**armazenamento primário** (ou **memória principal**) Armazenamento de alta velocidade, localizado diretamente na placa-mãe, que armazena dados a serem processados pela CPU, instruções para a CPU sobre como processar os dados e programas do sistema operacional.

**armazenamento secundário** Tecnologia que pode armazenar grandes quantidades de dados por longos períodos.

**armazenamento sobre IP** Tecnologia que usa o *Internet Protocol* para transportar dados armazenados entre dispositivos dentro de uma SAN; algumas vezes chamado de IP sobre SCSI ou iSCSI.

**bit** Abreviação de dígito binário (0s e 1s), os únicos dados que uma CPU pode processar.

**CD-ROM** (*Compact Disk Read-Only Memory*) Forma de armazenamento secundário que pode apenas ser lido e não gravado.

**ciclo de instrução de máquina** Ciclo de processamento de computador, cuja velocidade é medida em termos do número de instruções que um chip processa por segundo.

**computação nas bordas** Processo que leva partes do conteúdo do site e do processamento para mais próximo do usuário, para diminuir o tempo de resposta e reduzir os custos.

**computação em grade** Tecnologia que envolve aplicar os recursos de muitos computadores em uma rede ao mesmo tempo para resolver um único problema.

**computação em nuvem** Um tipo de computação onde as tarefas são realizadas por computadores fisicamente afastados do usuário e acessados por uma rede.

**computação utilitária** Tipo de computação em que um provedor de serviços torna os recursos de computação disponíveis a um cliente conforme necessário.

**discos magnéticos** Forma de armazenamento secundário em um disco magnetizado que é dividido em trilhas e setores que oferecem acesso a vários fragmentos de dados; também chamados de discos rígidos.

**discos rígidos** Forma de armazenamento secundário que armazena dados em discos divididos em trilhas e setores concêntricos, que podem ser lidos por uma cabeça de leitura/escrita que se move por intermédio dos discos em rotação.

**dispositivos de armazenamento ótico** Forma de armazenamento secundário em que um laser lê a superfície de um disco de plástico reflexivo.

**dispositivos de memória *flash*** Dispositivos de armazenamento eletrônico que são compactos, portáteis, exigem pouca energia e não possuem partes móveis.

**dispositivos móveis** Plataformas leves e portáteis para computação e comunicação, incluindo PDAs, computadores pessoais de mão e telefones celulares com acesso sem fio à internet.

**DVD** (*Digital Video Disk*) Dispositivo de armazenamento ótico para armazenar vídeo digital ou dados de computadores.

**estações de trabalho** Computadores poderosos do tamanho de um desktop, que executam aplicações científicas, de engenharia e finanças computacionalmente intensas.

**fita magnética** Meio de armazenamento secundário em um grande rolo aberto ou em um cassete ou cartucho menor.

**formato binário** Formato em que dados e as instruções podem ser lidos pela CPU – apenas 0s e 1s.

**laptops** Microcomputadores pequenos e leves, portáteis, facilmente transportáveis.

**largura de barramento** Tamanho dos caminhos físicos pelos quais os dados e as instruções viajam como pulsos elétricos.

**largura de linha** Distância entre transistores; quanto menor a largura de linha, mais rápido o chip.

**lei de Moore** Previsão de Gordon Moore, cofundador da Intel, que disse que a complexidade dos processadores dobraria aproximadamente a cada dois anos.

*mainframes* Computadores relativamente grandes, usados em grandes empresas para aplicações de computação intensa que são acessadas por milhares de usuários.

**matrizes redundantes de discos independentes (RAID)** Sistema de armazenamento empresarial que associa grupos de discos rígidos comuns a um microcontrolador especializado, que coordena as unidades de modo que elas apareçam como uma única unidade lógica.

**memória cache** Tipo de armazenamento principal onde o computador pode armazenar temporariamente blocos de dados que são usados com mais frequência, e que um processador pode acessar mais rapidamente do que a memória principal (RAM).

**memória de acesso aleatório (RAM)** Parte do armazenamento primário que guarda um programa de software e pequenas quantidades de dados para processamento.

**memória *flash*** Formato de memória de computador não volátil que pode ser apagada e reprogramada eletricamente.

**memória holográfica** Uma tecnologia ótica que usa um meio tridimensional para armazenar dados.

**memória somente de leitura (ROM)** Tipo de armazenamento primário em que certas instruções críticas são guardadas com segurança; o armazenamento é não volátil e mantém as instruções quando a energia do computador é desligada.

**microcomputadores** A categoria menor e mais barata dos computadores de finalidade geral; também chamados de micros, computadores pessoais ou PCs.

**microcontroladores** Chips de computador embutidos, que normalmente custam menos e trabalham em aplicações menos exigentes que os microprocessadores.

**microprocessador** CPU composta de milhões de transistores embutidos em um circuito sobre uma lâmina, ou chip, de silício.

**minicomputadores** Computadores relativamente pequenos, baratos e compactos, que realizam as mesmas funções dos computadores *mainframe*, mas em um nível mais limitado.

**nanotecnologia** Criação de materiais, dispositivos e sistemas em uma escala de 1 a 100 nanômetros (bilionésimos de um metro).

***netbook*** Um computador portátil muito pequeno, leve, de baixo custo, com pouco consumo de energia, normalmente otimizado para serviços baseados na internet, como navegação web e e-mail.

***notebook*** (ver *laptops*)

**parque de servidores** Central de dados de grande porte, contendo milhares de servidores.

**PC ultramóvel** Computador pequeno e móvel, que tem a funcionalidade completa de um desktop, mas é menor e mais leve do que os laptops e notebooks tradicionais.

**pen drive** Dispositivo de armazenamento que se conecta à porta USB de um computador pessoal e é usado para armazenamento portátil.

**RAID** (ver **matrizes redundantes de discos independentes**)

**registradores** Áreas de armazenamento de alta velocidade que armazenam pequenas quantidades de dados e instruções por curtos períodos.

**servidores** Computadores medianos menores, com suporte para redes, que permitem que os usuários compartilhem arquivos, software e outros dispositivos de rede.

**sistema de armazenamento empresarial** Sistema externo e independente, com uma inteligência que inclui dois ou mais dispositivos de armazenamento.

**sistemas autônomos** (também chamada **computação autônoma**) Sistemas de computador projetados para se autogerenciarem sem intervenção humana.

**sistemas *fat client*** Sistemas de computador i que oferecem funcionalidade completa.

**sistemas *thin client*** Sistemas de computador desktop que não oferecem a funcionalidade completa de um PC.

**software de visualização de armazenamento** Software usado com as SANs para representar graficamente uma rede inteira e permitir que os administradores de armazenamento monitorem todos os dispositivos por meio de um único console.

**supercomputadores** Computadores com o maior poder de processamento disponível; usados principalmente no trabalho científico e militar para tarefas computacionalmente exigentes em conjuntos de dados extremamente grandes.

**tamanho de registrador** Quantidade de bits (0s e 1s) que podem ser processados pela CPU a qualquer momento.

**tecnologia de multimídia** Integração computadorizada de texto, som, imagens, animação e vídeo digitalizado.

**unidade central de processamento (CPU)** Hardware que realiza a computação propriamente dita dentro de qualquer computador.

**unidade de controle** Parte da CPU que controla o fluxo de informações.

**unidade lógica e aritmética (ULA)** Parte da CPU que realiza os cálculos matemáticos e faz as comparações lógicas.

**velocidade de *clock*** Velocidade predefinida do *clock* que temporiza todas as atividades do chip, medidas em megahertz e gigahertz.

**virtualização de servidores** Usar software para dividir um servidor em máquinas virtuais operando separadamente.

## Questões para Discussão

1. Qual é o valor dos parques de servidores e da virtualização para qualquer organização grande?
2. Se você fosse o CIO de uma empresa, como explicaria o funcionamento, as vantagens e as limitações da computação em nuvem?
3. Qual é o valor da computação em nuvem para uma organização pequena?
4. Que fatores afetam a velocidade de um microprocessador?
5. Se você fosse o CIO de uma empresa, que fatores consideraria ao escolher meios de armazenamento secundário para os registros (arquivos) da empresa?

6. Visto que a Lei de Moore tem se provado verdadeira ao longo das duas últimas décadas, especule sobre quais serão as capacidades dos chips daqui a 10 anos. O que seu PC de mesa será capaz de fazer?

7. Se você fosse o CIO de uma empresa, como explicaria o funcionamento, as vantagens e as limitações de usar *thin clients* em comparação com *fat clients*?

8. Onde você pode encontrar computadores embarcados em sua casa, faculdade e/ou trabalho?

## Atividades de Solução de Problemas

1. Acesse site*s* dos principais fabricantes de chips de computador, por exemplo, Intel (*www.intel.com*), Motorola (*www.motorola.com*) e Advanced Micro Devices (*www.amd.com*), e obtenha as últimas informações sobre chips novos e projetados. Compare o desempenho e o custo desses fornecedores.

2. Acesse The Journey Inside no site da Intel (*http://www.intel.com/education/journey/index.htm*). Prepare uma apresentação sobre cada etapa no ciclo de instrução de máquina.

3. Investigue o *status* da computação em nuvem (*cloud computing*) pesquisando as ofertas desses principais fornecedores. Anote quaisquer empecilhos à computação em nuvem.
   - Dell (ver, por exemplo, www.dell.com/cloudcomputing)
   - Oracle (ver, por exemplo, www.oracle.com/technology/tech/cloud/index.html)
   - IBM (ver, por exemplo, www.ibm.com/ibm/cloud)
   - Amazon (ver, por exemplo, http://aws.amazon.com)
   - Microsoft (ver http://www.microsoft.com/azure/default.mspx)
   - Google (ver, por exemplo, *www.technologyreview.com/biztech/19785/?a=f*)

# Guia de Tecnologia 2
# Software de Computador

## O que a **TI** pode me proporcionar?

## GT2.1. A Importância do Software

A eficácia do hardware de **computador** é equivalente à das instruções que lhe damos, e estas estão contidas no software de computador, que tem inestimável importância. As primeiras aplicações de software dos computadores em empresas foram desenvolvidas no início da década de 1950. O software era menos caro nos sistemas de computação da época. Hoje, ele representa uma porcentagem muito maior do custo dos sistemas de computação modernos. O preço do hardware caiu de maneira impressionante, enquanto a complexidade e, consequentemente, o preço do software aumentaram assustadoramente.

A complexidade cada vez maior do software também leva a um potencial maior para erros ou *defeitos*. As grandes aplicações hoje podem conter milhões de linhas de código, escritas por centenas de pessoas no decorrer de vários anos. O potencial para defeitos é enorme, e o teste e a *depuração* de software são caros e demorados.

Independentemente das tendências gerais no software (aumento da complexidade, do custo, da quantidade de defeitos, do uso de software de código aberto), o software se tornou um recurso cotidiano em nossas vidas profissionais e pessoais. Tenha em mente que, seja qual for sua área, você estará envolvido com vários tipos de software em toda a sua carreira. Além disso, você dará informações sobre os tipos de software que utiliza, como: o software o ajuda a realizar seu trabalho; ele é fácil de usar; você precisa de mais funcionalidade e, nesse caso, qual seria útil para você; e muitas outras. Na sua empresa, os funcionários de TI atuarão como seus conselheiros, mas você terá a opinião definitiva sobre o software necessário para realizar seu trabalho. Em algumas organizações, o orçamento para software é alocado para áreas funcionais ou departamentos, significando que você estará tomando decisões de software (pelo menos, localmente) por conta própria. Finalmente, quando a sua área funcional ou organização considerar a aquisição de novas aplicações (como discutimos no Capítulo 12), você novamente prestará informações para auxiliar nessas decisões.

Começaremos nosso estudo do software com a definição de alguns conceitos fundamentais. O software consiste em **programas de computador**, que são sequências de instruções para o computador. O processo de escrever, ou *codificar*, programas é chamado de *programação*. As pessoas que realizam essa tarefa são chamadas de *programadores*.

Ao contrário dos computadores dos anos de 1950, o software moderno usa o **conceito de programa armazenado**, em que programas de software são armazenados no hardware do computador. Eles são acessados e suas instruções são executadas (seguidas) na CPU do computador. Depois que o programa termina a execução, um novo programa é carregado na memória principal e o hardware do computador passa a cuidar de outra tarefa.

Os programas de computador incluem uma **documentação**, que são descrições escritas das funções do programa. A documentação ajuda o usuário a operar o sistema de computação e ajuda outros programadores a entenderem o que o programa faz e como atinge seu objetivo. A documentação é vital para a organização empresarial. Sem ela, se um programador ou usuário importante deixar a empresa, o conhecimento de como usar o programa ou como ele é projetado pode ser perdido.

O computador não é capaz de fazer nada até que seja instruído por software. Embora o hardware de computador seja, por projeto, de finalidade geral, o software permite que o usuário instrua um sistema de computação a realizar funções específicas que geram valor de negócios. Existem dois tipos principais de software: o de sistemas e o de aplicação. A relação entre hardware, software de sistemas e software de aplicação é ilustrada na Figura GT2.1.

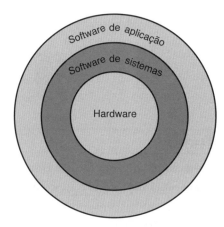

**Figura GT2.1** O software de sistemas age como intermediário entre o hardware e as aplicações funcionais.

O **software de sistema** é um conjunto de instruções que age principalmente como intermediário entre o hardware de computador e os programas de aplicação. O software de sistema oferece importantes funções autorreguladoras para os sistemas de computação, como carregarem-se quando o computador é ligado e oferecerem conjuntos de instruções comumente usados para todas as aplicações. A *programação de sistemas* se refere à criação ou à manutenção do software de sistema.

O **software de aplicação** é um conjunto de instruções de computador que oferece uma funcionalidade mais específica a um usuário. Ela pode ser ampla, como processamento de texto geral, ou estrita, como um programa de folha de pagamento da organização. Essencialmente, um programa de aplicação usa um computador de acordo com uma certa necessidade. A *programação de aplicação* se refere à criação ou à modificação e melhoria do software de aplicação. O software de aplicação pode ser específico ou comercial. Como veremos, existem muitas aplicações de software diferentes nas organizações de hoje.

### Antes de Prosseguir...

1. O que essa afirmação significa: "Hardware é inútil sem software"?
2. Quais são as diferenças entre software de sistema e software de aplicação?

## GT2.2. Problemas de Software

A importância do software nos sistemas de computação gerou novos problemas para os administradores das organizações. Estes incluem defeitos de software (*bugs*), avaliação e escolha de software, licenciamento, sistemas abertos e software de código aberto.

### ▪ Defeitos de Software

Com muita frequência, um código de programa de computador é ineficiente, mal projetado e infestado de erros. O Software Engineering Institute (SEI), da Carnegie Mellon University, em Pittsburgh, define o bom software como usável, seguro, livre de erros, economicamente viável e de manutenção simples. À medida que nos tornamos cada vez mais dependentes dos computadores e das redes, os riscos associados aos defeitos de software vão se tornando maiores.

O SEI afirma que, em média, os programadores profissionais cometem entre 100 e 150 erros em cada mil linhas de código que escrevem. Felizmente, a indústria de software reconhece o problema. Entretanto, a situação é tão grave que o setor está apenas nas medidas iniciais para resolvê-lo. Um passo importante é projetar e planejar melhor no início do processo de desenvolvimento (comentado no Capítulo 12).

### ▪ Avaliação e Escolha de Software

A avaliação e escolha de software é uma decisão difícil porque é influenciada por muitos fatores. A Tabela GT2.1 resume esses fatores de escolha. A primeira parte do processo de escolha envolve entender as necessidades de software da organização e identificar os critérios que serão usados para tomar a decisão. Uma vez estabelecidos os requisitos do software, um software específico deve ser avaliado. Uma equipe de avaliação composta de representantes de cada grupo que usará o software deve ser escolhida para o processo de avaliação. A equipe estudará as alternativas propostas e encontrará o software que promete a melhor relação entre as necessidades da organização e as capacidades do software.

**Tabela GT2.1** Fatores para a Escolha de Software

| Fator | Considerações |
|---|---|
| Tamanho e local da base de usuários | O software proposto aceita vários usuários em um único local? Pode acomodar grandes números de usuários geograficamente dispersos? |
| Disponibilidade do sistema | O software oferece ferramentas para que a administração monitore o uso do sistema? Mantém uma lista dos usuários autorizados e apresenta o nível de segurança necessário? |
| Custos – iniciais e subsequentes | O software é acessível, levando-se em conta todos os custos, inclusive os de instalação, treinamento e manutenção? |
| Capacidades do sistema | O software atende às necessidades atuais e futuras previstas? |
| Ambiente de computação existente | O software é compatível com o hardware, o software e as redes de comunicação existentes? |
| Conhecimento técnico interno | A organização deve desenvolver aplicações de software internamente? A organização deve comprar aplicações comerciais ou contratar software específico? |

### ■ Licenciamento de Software

Embora muitas pessoas façam isso rotineiramente, copiar software é ilegal. A Business Software Alliance (BSA) (*www.bsa.org*) afirmou que a pirataria de software custa aos fornecedores do mundo inteiro bilhões de dólares anualmente. A BSA é uma associação comercial não lucrativa, dedicada a promover um mundo digital seguro e legal. Ela coleta, investiga e atua sobre pistas de pirataria de software. A maioria delas vem de funcionários atuais ou antigos das empresas transgressoras.

Para proteger seu investimento, os fornecedores de software precisam proteger seu software de ser copiado e distribuído por pessoas e outras empresas de software. Uma empresa pode proteger os direitos autorais de seu software, o que significa que o U.S. Copyright Office concede à empresa o direito legal exclusivo de reproduzir, publicar e vender esse software. (Discutimos sobre direitos autorais e patentes no Capítulo 3.)

À medida que o número de computadores desktop continua a crescer e as empresas continuam a se descentralizar, torna-se cada vez mais difícil os gerentes de SI supervisionarem os recursos de software. De fato, uma pesquisa recente descobriu que 70% dos CIOs "não estão confiantes" de que suas empresas estão em conformidade com os acordos de licenças de software. Por exemplo, uma empresa de médio porte foi multada em US$ 10 mil por licenças de correio do Microsoft Exchange pelas quais a empresa, sem saber, não havia pagado. Pior, a empresa também foi multada em US$ 100 mil por não ter as licenças necessárias para o software de projeto AutoCAD da Autodesk, Inc.

Para ajudar as empresas a controlar suas licenças de software, estão surgindo novas empresas especializadas no assunto que cobram uma taxa. Empresas como Express Metrix (*www.expressmetrix.com*), Software Spectrum (*https://www.insight.com/pages/itservices/licensing_index.web*) e outras controlam e gerenciam as licenças de software de uma organização para garantir que essa organização está de acordo com as leis de direito autoral dos Estados Unidos.

### ■ Sistemas Abertos

O conceito de **sistemas abertos** refere-se a um modelo de produtos de computação que trabalham juntos. Para conseguir esse objetivo, o mesmo sistema operacional com software compatível precisa estar instalado em todos os diferentes computadores que interagem uns com os outros dentro de uma organização. Uma técnica complementar é produzir software de aplicação que funcione em todas as plataformas de computação. Se o hardware, os sistemas operacionais e o software de aplicação forem projetados como sistemas abertos, o usuário poderá comprar o melhor software, chamado "melhor do mercado" (*best of breed*), para a sua função sem se preocupar se ele funcionará em um hardware qualquer.

### ■ Software de Código Aberto

Há uma tendência dentro do setor de software para sair do software proprietário e passar para o software de código aberto. O proprietário é aquele que foi desenvolvido por uma empresa e tem restrições sobre seu uso, cópia e modificação. A empresa que desenvolve tal software gasta dinheiro e tempo em pesquisa e desenvolvimento de seu produto de software e depois o vende no mercado. A natureza proprietária do software significa que a empresa mantém seu código fonte – as instruções de computador reais – privado (como a Coca-Cola faz com sua fórmula).

Ao contrário, o código fonte para o **software de código aberto** está disponível sem custo para desenvolvedores ou usuários. Ele não é *shareware* ou *freeware*. *Shareware* normalmente não permite acesso ao código fonte. *Freeware* é software com direito autoral que se torna disponível para o usuário sem cobrança por tempo ilimitado. Ao contrário, o software de código aberto tem direito autoral e é distribuído com termos de licença garantindo que o código fonte sempre estará disponível.

Os produtos de software de código aberto possuem "comunidades" de desenvolvedores no mundo inteiro, que escrevem e mantêm o código. Dentro de cada comunidade, porém, apenas um pequeno grupo de desenvolvedores, chamados *desenvolvedores principais*, tem permissão para modificar ou submeter mudanças no código. Outros desenvolvedores submetem código aos desenvolvedores principais.

Existem vantagens e desvantagens na implementação de software de código aberto em uma organização. De acordo com a OpenSource (*www.opensource.org*), o desenvolvimento de código aberto produz software de alta qualidade, confiável e de baixo custo. Esse software também é flexível, significando que o código pode ser alterado para atender as necessidades do usuário. Em muitos casos, o software de código aberto é mais confiável do que o software comercial. Como o código está disponível para muitos desenvolvedores, mais *bugs* são descobertos desde cedo e rapidamente consertados imediatamente. O suporte para o software de código aberto também está disponível a partir das firmas que oferecem produtos derivados do software. Um exemplo é a Red Hat para Linux (*www.redhat.com*). Essas firmas oferecem educação, treinamento e suporte técnico para o software, pelo pagamento de uma taxa.

Contudo, o software de código aberto também tem desvantagens. Para começar, as organizações que não possuem especialistas técnicos terão que contratar suporte de manutenção de um terceiro. Além disso, surgem dúvidas com relação à facilidade de uso do software de código aberto, à quantidade de tempo e custo necessário para treinar os usuários e à compatibilidade com os sistemas existentes ou com os sistemas de parceiros de negócios.

Há muitos exemplos de software de código aberto, incluindo a família de software GNU (GNUs Not UNIX) (*www.gnu.org*), desenvolvida pela Free Software Foundation (*www.fsf.org*); o sistema operacional Linux; o servidor Web Apache (*www.apache.org*); o servidor de e-mail sendmail SMTP – Send Mail Transport Protocol (*www.sendmail.org*); a linguagem de programação Perl (*www.perl.com*); o navegador Firefox da Mozilla (*www.mozilla.org*); e a família de aplicações da Sun, StarOffice (*www.sun.com/software/star/staroffice/index.jsp*). De fato, existem mais de 150 mil projetos de código aberto em andamento na SourceForge (*www.sourceforge. net*), o popular *site* de hospedagem de código aberto.

Linux e Apache são excelentes exemplos de como o software de código aberto está passando a ser a tendência predominante. Linux está ganhando a fatia do mercado nos servidores. Ele agora roda em aproximadamente um quarto de todos os servidores, enquanto a Microsoft roda em cerca de dois terços de todos os servidores. Além do mais, quase dois terços dos servidores web do mundo agora usam o Apache, em comparação com um terço para a Microsoft.

Muitas das principais empresas utilizam software de código aberto. Por exemplo, o Shinsei Bank do Japão (*www.shinseibank.com*) usa Linux em seus servidores, a SugarCRM (*www.sugarcrm.com*) para certas tarefas de gerenciamento de relacionamento com o cliente e o software de gerenciamento de banco de dados de código aberto MySQL (*www.mysql.com*). Além disso, o *Los Angeles Times* usa o Alfresco (*www.alfresco.com*) para gerenciar algumas das imagens e vídeo para o website do jornal. O exemplo a seguir mostra a economia de uso de um produto de código aberto dos pontos de vista do comprador e do fornecedor.

## EXEMPLO

A Ogihara America Corporation (*www.ogihara.com*) faz parte do Ogihara Group do Japão, que é uma empresa japonesa global de ferramentas e moldes para o setor automobilístico. A Ogihara America estampa peças de carroceria para fabricantes de carros dos EUA. A empresa realizou um *downsizing* em resposta aos problemas no setor automobilístico americano, eliminando dois terços de sua força de trabalho durante os últimos anos.

Em meio à sua retração, a Ogihara manteve uma iniciativa de tecnologia da informação significativa, um projeto de gerenciamento do ciclo de vida do produto (PLM) baseado no software de código aberto da Aras Corporation (*www.aras.com*). O software da Aras inclui módulos que apoiam o desenvolvimento, a engenharia e o refinamento de produtos e todos os materiais que entram em um produto.

Embora a Ogihara pague à Aras por um contrato de suporte de software, o contrato é opcional, dando à Ogihara o potencial para negociar quando seus negócios começarem a sofrer. Em vez de US$ 85 mil por ano, a Aras concordou em cobrar US$ 15 mil por ano, entendendo que o preço aumentará quando os negócios da Ohihara se recuperarem.

Quando a Aras passou para código aberto, a empresa abriu mão da receita com licenciamento. Para compensar a perda de receita, a Aras demitiu seu pessoal de vendas e está deixando que o próprio produto se venda on-line. Alguns fabricantes implantaram o software sem custo algum, baixando-o e apanhando o conselho gratuito de outros usuários, que está disponível no fórum de suporte no *site* da Aras. Outros fabricantes preferem pagar à Aras por um contrato de suporte formal.

O modelo de código aberto com apoio do suporte significa que o preço do contrato de suporte não tem nada a ver com as características de implantação, como número de usuários, número de servidores ou número de módulos implementados. A Ogihara diz que isso é importante porque dá à empresa a liberdade para expandir seu uso do software da Aras de forma incremental.

*Fontes:* Compilado de D. Carr, "Open Source Saves the Day", CIO Insight, 21 de janeiro de 2009; M.McGee, "CIO Prescription: How IT Is Riding Out the Recession", InformationWeek, 17 de janeiro de 2009; R. King, "Cost-Conscious Companies Turn to Open-Source Software", BusinessWeek, 1 de dezembro de 2008; N. Rouse-Talley, "Open-Source PLM", Desktop Engineering, 13 de agosto de 2007; "Ogihara Implements Aras Microsoft-Based Enterprise Open Source Solutions for Quality Compliance", The Free Library, 10 de abril de 2007; www.ogihara.com, acessado em 17 de janeiro de 2009.

---

## Antes de Prosseguir...

1. Cite alguns dos aspectos legais envolvidos na aquisição e no uso de software na maioria das organizações empresariais.
2. Cite alguns critérios usados para avaliar um software ao planejar uma compra.
3. O que é software de código aberto e quais são suas vantagens? Você poderia citar alguma desvantagem?

---

## GT2.3. Software de Sistema

Como discutimos anteriormente, o software de sistema é a classe de programas que controla e apoia um sistema de computação e suas atividades de processamento de informações. Ele também facilita a programação, o teste e a depuração dos programas de computador. Os programas de software de sistema apoiam o software de aplicação direcionando as funções básicas do computador. Por exemplo, quando o computador é ligado, o programa de inicialização (um software de sistema) prepara todos os dispositivos para o processamento. O software de sistema pode ser agrupado em duas categorias funcionais principais: programas de controle do sistema e programas de apoio ao sistema.

### ▪ Programas de Controle do Sistema

Os **programas de controle do sistema** controlam o uso do hardware, do software e dos recursos de dados de um sistema de computação. O principal programa de controle do sistema é o sistema operacional. O **sistema operacional (SO)** supervisiona a operação geral do computador. Uma de suas principais funções é monitorar o estado do computador e as operações de agendamento, incluindo os processos de entrada e saída. Além disso, o sistema operacional aloca tempo de CPU e memória principal para os programas em execução no computador. Ele também cria uma interface entre o usuário e o hardware. Esta oculta do usuário a complexidade do hardware. Ou seja, você não precisa saber como o hardware realmente funciona. Simplesmente precisa saber o que o hardware fará e o que você precisa fazer para obter os resultados desejados.

Funções do Sistema Operacional. O sistema operacional gerencia o programa ou programas (também chamados de *jobs* ou tarefas) em execução no processador em determinado momento. Os sistemas operacionais oferecem vários tipos de gerenciamento de programas, como multitarefa, *multithreading* e multiprocessamento.

O gerenciamento de duas ou mais tarefas, ou programas, rodando no sistema de computação ao mesmo tempo é chamado de **multitarefa**, ou **multiprogramação**. Como a troca entre esses programas ocorre muito rapidamente, eles parecem ser executados ao mesmo tempo. Entretanto, como existe apenas um processador, apenas um programa está realmente sendo executado de cada vez. Por exemplo, você pode criar um gráfico com o Microsoft Excel e o inserir em um documento do Word. Os dois programas podem estar abertos na sua tela em janelas separadas, permitindo que você crie seu gráfico, copie-o e o cole no seu documento do Word, sem ter que sair do Excel e iniciar o Word. Contudo, embora os dois programas estejam abertos, em determinado momento você estará trabalhando ou no Excel ou no Word. Os dois programas não podem ser executados ao mesmo tempo.

O *multithreading* é uma forma de multitarefa que envolve realizar múltiplas tarefas, ou *threads*, dentro de uma única aplicação simultaneamente. Por exemplo, uma aplicação de processamento de texto pode editar um documento enquanto verifica a ortografia de outro. **O multiprocessamento** ocorre quando um sistema de computação com dois ou mais processadores pode executar mais de um programa ao mesmo tempo, atribuindo-os a diferentes processadores.

Além de gerenciar programas executando no hardware do computador, os sistemas operacionais também devem gerenciar a memória principal e o armazenamento secundário. Os sistemas operacionais habilitam um processo chamado de **memória virtual**, que simula mais memória principal do que realmente existe no sistema de computação. A memória virtual permite que um programa se comporte como se tivesse acesso a toda a capacidade de armazenamento de um computador, em vez de apenas acesso à quantidade de armazenamento primário instalada nele. A memória virtual divide um programa de aplicação ou módulo em partes de tamanho fixo, chamadas *páginas*. O sistema executa algumas páginas de instruções enquanto recupera outras do armazenamento secundário. Na verdade, a memória virtual permite que os usuários escrevam programas como se o armazenamento primário fosse maior do que realmente é.

A facilidade ou dificuldade de interação entre o usuário e o computador é determinada, em grande parte, pelo *projeto de interface*. As interfaces baseadas em texto mais antigas, como o DOS (Disk Operating System), exigiam que o usuário digitasse comandos enigmáticos. Em um esforço para tornar os computadores mais amigáveis, os programadores desenvolveram a interface gráfica com o usuário. A **interface gráfica com o usuário (GUI**, *Graphical User Interface*) permite que os usuários exerçam controle direto sobre objetos visíveis (como ícones) e ações que substituem comandos complexos. A GUI foi desenvolvida por pesquisadores da Xerox PARC (Palo Alto Research Center) e, depois, popularizada pelo Apple Macintosh. A Microsoft logo introduziu o sistema operacional Windows baseado em GUI para os PCs compatíveis com IBM.

A próxima geração da tecnologia GUI incorporará recursos como realidade virtual, visores instalados na cabeça, entrada e saída de fala (comandos do usuário), reconhecimento de caneta e gestos, animação, multimídia, inteligência artificial e habilidades de comunicação celular/sem fio. As novas interfaces, chamadas *interfaces de usuário natural* (NUIs, *Natural User Interfaces*) combinarão as interfaces sociais, táteis, de controle de gestos habilitadas por toque e ambientes operacionais espaciais.

Uma **interface social** é uma interface que usa personagens parecidos com os de desenho animado, gráficos, animação e comandos de voz para guiar o usuário nas aplicações de computador. Os personagens podem ser representados como bonecos, narradores, guias, habitantes ou *avatares* (figuras humanas geradas por computador). Uma **interface tátil** é aquela que permite ao usuário ter um sentido de toque pela aplicação de forças, vibrações e/ou movimentos para o usuário. O console de videogame Wii da Nintendo é um bom exemplo de uma interface tátil.

Interfaces de controle de gestos habilitadas pelo toque permitem que os usuários naveguem por fotos, movam objetos pela tela, deem tapinhas para virar as páginas de um livro, brinquem com videogames e vejam filmes. Alguns exemplos desse tipo de interface são o Microsoft Surface e o Apple iPhone.

Microsoft Surface é usado em cassinos como o Harrah's iBar em Las Vegas e em algumas lojas da AT&T. O uso mais visível do Surface, porém, foi a parede de toque usada pela CNN durante a cobertura da eleição presidencial em 2008.

Um **ambiente operacional espacial** é uma interface de usuário na qual este se posiciona na frente de uma ou mais telas de computador e faz gestos com as mãos, usando luvas, para movimentar imagens, tocar em objetos virtuais, traçar formas e navegar por dados complexos. Por exemplo, a Oblong Industries (*http://oblong.com*) desenvolveu um ambiente operacional espacial g-speak. A Oblong afirma que o g-speak torna os computadores mais intuitivos e lógicos para o cérebro humano. G-speak está sendo usado em muitas das maiores empresas dos Estados Unidos, agências do governo e universidades.

Tipos de Sistemas Operacionais. Como discutimos anteriormente, os sistemas operacionais são necessários para que o hardware de computador funcione. Os **ambientes operacionais** são conjuntos de programas de computador que acrescentam recursos que permitem que os desenvolvedores de sistemas criem aplicações sem acessar diretamente o sistema operacional; eles funcionam apenas *com* um sistema operacional. Ou seja, os ambientes operacionais não são sistemas operacionais, mas trabalham apenas com um sistema operacional. Por exemplo, as primeiras versões do Windows eram ambientes operacionais que ofereciam uma interface gráfica com o usuário e eram funcionais apenas com o MS-DOS.

Os sistemas operacionais são classificados em diferentes tipos, dependendo do número de usuários que aceitam, bem como do nível de sofisticação. Os *sistemas operacionais para dispositivos móveis* são projetados para aceitar uma única pessoa usando um dispositivo móvel de mão ou dispositivo de informação. Sistemas operacionais para computadores de pequeno porte (*sistemas operacionais de* desktop *e sistemas operacionais de estação de trabalho*) são projetados para aceitar um único usuário ou um pequeno grupo de trabalho de usuários. Sistemas operacionais para computadores de grande porte (*sistemas operacionais médios e sistemas operacionais de **mainframe***) normalmente aceitam entre algumas dezenas e milhares de usuários simultâneos. Sistemas operacionais para computadores de grande porte oferecem uma funcionalidade maior que a dos outros tipos de sistema operacional. Essas funções incluem estabilidade, backup, segurança, tolerância a falhas e altas velocidades de processamento. Entretanto, a interface com o usuário é uma importante exceção, já que é mais sofisticada nos sistemas operacionais de *desktop* e menos sofisticada nos sistemas operacionais para computadores de grande porte.

Estamos mais acostumados com os sistemas operacionais de computadores de pequeno porte, pois os usamos diariamente. Alguns exemplos são Windows XP e Vista, o sistema operacional X (Mac OS X) do Apple Macintosh e Linux. A família de sistemas operacionais Windows domina entre os sistemas operacionais para computadores de pequeno porte. Ele roda em laptops, notebooks, desktops e servidores.

Os atuais sistemas operacionais de desktop usam GUIs com ícones para fornecer acesso instantâneo a tarefas comuns e habilidades de *plug-and-play*. **Plug-and-play** é um recurso que pode automatizar a instalação de um novo hardware permitindo que o sistema operacional o reconheça e, depois, instale automaticamente o software necessário, chamado *driver de dispositivo*. Esses sistemas operacionais também oferecem janelas transparentes, tridimensionais, para facilitar a visão de arquivos e outras janelas no seu monitor. Sua tela pode ser um filme ou uma imagem animada. O *plug-and-play* lhe oferece uma área da sua tela onde você pode colocar miniaplicativos, como relógios, indicadores de ações, calendários e leitores de RSS (discutidos no Capítulo 5). Você pode ver todas as janelas abertas em uma visão do tipo jogo de cartas, e tem uma GUI para encontrar e organizar diretórios, pastas e arquivos.

Os sistemas operacionais de desktop permitem que seu computador se torne um *hub* digital. Por exemplo, você pode facilmente armazenar e transmitir imagens sem fio do seu computador para molduras de imagem digital colocadas na sua casa, bem como em outros computadores. Além disso, você pode facilmente escutar sua música digital e enviá-la sem fio para altofalantes localizados por toda a casa. Você também pode assistir a vídeos (incluindo filmes) no seu computador.

■ **Programas de Apoio ao Sistema**

A segunda grande categoria de software de sistema é constituída pelos **programas de apoio ao sistema**, que apoiam as operações, o gerenciamento e os usuários de um sistema de computação oferecendo diversos serviços de suporte. Exemplos de programas de apoio ao sistema são os programas utilitários de sistema, os monitores de desempenho e os monitores de segurança.

Os **utilitários de sistema** são programas que foram escritos para realizar tarefas comuns, como classificar registros e criar diretórios e subdiretórios. Eles também recuperam arquivos excluídos acidentalmente, localizam arquivos dentro da estrutura de diretórios e gerenciam o uso da memória. Os **monitores de desempenho do sistema** são programas que monitoram o processamento de tarefas em um sistema de computação. Monitoram o desempenho em áreas como tempo de processador, espaço de memória, dispositivos de entrada/saída e programas de aplicação e de sistema. Os **monitores de segurança do sistema** são programas que monitoram o uso de um sistema de computação para protegê-lo e a seus recursos contra uso não autorizado, fraude ou destruição.

*Antes de Prosseguir...*
1. Quais são os dois tipos principais de software de sistema?
2. Quais são as principais diferenças entre sistemas operacionais para dispositivos móveis, desktops e mainframes?

## GT2.4. Software de Aplicação

Como definido anteriormente, software de aplicação consiste em instruções que orientam um sistema de computação a realizar atividades específicas de processamento de informações e que oferecem funcionalidade para os usuários. Como existem muitos usos diferentes para os computadores, existe um número igualmente grande de programas de software de aplicação diferentes.

■ **Tipos de Software de Aplicação**

O software de aplicação pode ser proprietário e comercial. O **software de aplicação proprietário** lida com uma necessidade empresarial específica ou exclusiva de uma empresa. Esse tipo de software pode ser desenvolvido internamente pelo pessoal de sistemas de informação da organização ou pode ser encomendado de um fornecedor de software. Os programas de software proprietários desenvolvidos para uma empresa em particular são chamados de **software contratado**.

Já o **software de aplicação comercial** (também conhecido como software "de prateleira" ou *off-the-shelf*) pode ser comprado ou alugado de um fornecedor que desenvolve programas e os vende para muitas organizações. O software comercial pode ser um pacote padrão ou pode ser personalizável. Os programas de finalidade especial ou "pacotes" podem ser personalizados para um fim específico, como controle de estoque ou folha de pagamento. O termo **pacote** é comumente usado para indicar um programa de computador (ou grupo de programas) que foi desenvolvido por um fornecedor e está disponível para compra em uma forma agrupada. Discutimos a metodologia envolvida na aquisição de software de aplicação, seja ele específico ou comercial, no Capítulo 10.

■ **Tipos de Software de Aplicação Pessoal**

Os programas de aplicação comerciais de finalidade geral que apoiam tipos gerais de processamento, em vez de estar associados a uma função empresarial específica, são chamados de **software de aplicação pessoal**. Alguns dos principais tipos de software de aplicação pessoal podem ser vistos na Tabela GT2.2. As *famílias de software* combinam alguns desses pacotes e integram suas funções. Microsoft Office é um exemplo bem conhecido de uma família de software.

**Tabela GT2.2** Software de Aplicação Pessoal

| Categoria de software de aplicação pessoal | Principais funções | Exemplos |
|---|---|---|
| Planilhas | Usa linhas e colunas para manipular principalmente dados numéricos; úteis para analisar informações financeiras e análise hipotéticas e para atingir meta. | Microsoft Excel Corel Quattro Pro |
| Processamento de textos | Permite que os usuários manipulem principalmente texto, com muitos recursos para escrita e edição. | Microsoft Word Corel WordPerfect |
| Editoração eletrônica | Estende o software de processamento de textos para permitir a produção de documentos acabados, editorados, que podem conter fotografias, diagramas e outras imagens combinadas com texto em diferentes fontes. | Microsoft Publisher QuarkXPress 7 |
| Gerenciamento de dados | Permite que os usuários armazenem, recuperem e manipulem dados relacionados. | Microsoft Access FileMaker Pro |
| Apresentação | Permite que os usuários criem e editem informações graficamente ricas, que aparecem em slides eletrônicos. | Microsoft PowerPoint Corel Presentations |
| Gráficos | Permite que os usuários criem, armazenem e apresentem, na tela ou na impressora, diagramas, gráficos, mapas e desenhos. | Adobe PhotoShop Corel DRAW |
| Gerenciamento de informações pessoais | Permite que os usuários criem e mantenham calendários, compromissos, listas de coisas a fazer e contatos comerciais. | IBM Lotus Notes Microsoft Outlook |
| Finanças pessoais | Permite que os usuários mantenham talões de cheque, acompanhem investimentos, monitorem cartões de crédito e conta bancária, e paguem contas eletronicamente. | Quicken Microsoft Money |
| Criação para web | Permite que os usuários criem *sites* e os publiquem na web. | Microsoft FrontPage Macromedia Dreamweaver |
| Comunicações | Permite que os usuários se comuniquem com outras pessoas por qualquer distância. | Novell Groupwise Netscape Messenger |

O software de reconhecimento de fala é uma tecnologia de entrada, e não estritamente uma aplicação, que pode alimentar o software de sistema e o software de aplicação. O software de reconhecimento de fala, também chamado reconhecimento de voz, reconhece e interpreta a fala humana, seja uma palavra de cada vez (fala isolada) ou em um fluxo contínuo de palavras (fala contínua). Os avanços no poder de processamento, novos algoritmos de software e microfones melhores permitiram que os desenvolvedores projetassem softwares de reconhecimento de fala extremamente precisos. Os especialistas preveem que, no futuro próximo, os sistemas de reconhecimento de fala provavelmente estarão embutidos em quase todos os dispositivos, aparelhos e máquinas que as pessoas utilizam. Existem muitas aplicações para a tecnologia de reconhecimento de fala. Considere estes exemplos:

- *Call centers* estão usando a tecnologia. Uma chamada a um *call center* custa em média US$ 5 se for tratada por um funcionário, mas apenas US$ 0,50 com um sistema de autoatendimento, habilitado para reconhecimento de fala. A corretora on-line E-Trade Financial usa o Tellme (*www.tellme.com*) para atender cerca de 50 mil ligações por dia, economizando assim US$ 30 milhões anualmente.
- O software Embedded Via Voice da IBM (*http://www-306.ibm.com/software/voice/viavoice*) controla o OnStar da GM e outros sistemas de comando de painel, como aparelhos musicais e sistemas de navegação.
- Os sistemas operacionais Macintosh OS X da Apple e Microsoft Vista da Microsoft já vêm com tecnologia de reconhecimento de fala embutida.
- O Dragon NaturallySpeaking da Nuance (*www.nuance.com*) permite um ditado preciso de voz para texto e e-mail.

- A Vocera Communications (*www.vocera.com*) desenvolveu um crachá comunicador que combina reconhecimento de voz com tecnologias sem fio. Entre seus primeiros clientes estavam os médicos, que usam o crachá para pesquisar em catálogos de hospital por voz e encontrar a pessoa certa para ajudar com um problema do paciente ou para encontrar registros médicos.
- O Phraselator da Vox-Tec (*www.voxtec.com*), um dispositivo portátil cujo tamanho é aproximadamente o de um talão de cheques, escuta solicitações por frase e emite uma tradução em qualquer um dos 41 idiomas especificados. Ele está sendo usado pelas tropas dos Estados Unidos no Iraque e no Afeganistão para fornecer traduções em árabe, afegão e outros dialetos locais.

### Antes de Prosseguir...

1. Que classes de software de aplicação pessoal são essenciais para a produtividade de uma empresa ou de outra organização que você conhece? Quais não são essenciais?
2. O que você vê como vantagens do software de reconhecimento de fala? E como desvantagens?

### GT2.5. Linguagens de Programação

**Tabela GT2.3** Linguagens de Programação

| Categoria | Característica |
|---|---|
| Linguagem de Primeira Geração (máquina) | Consiste em 0s e 1s; extremamente difícil de ser usada por programadores. |
| Linguagem de Segunda Geração (*assembly*) | Mais fácil do que a linguagem de máquina, pois usa símbolos como ADD para somar, SUB para subtrair e MOV para mover. |
| Linguagem de Terceira Geração (procedural) | Exige que o programador especifique, passo a passo, exatamente como o computador deverá realizar uma tarefa. Alguns exemplos são C, Basic, FORTRAN e COBOL. |
| Linguagem de Quarta Geração (não procedural) | Permite que o usuário especifique o resultado desejado sem ter que especificar procedimentos passo a passo; simplifica e acelera o processo de programação. Alguns exemplos são SAS, SPSS e APL. |
| Linguagem de Programação Visual | Empregada dentro de um ambiente gráfico e utiliza um mouse, ícones, símbolos na tela ou menus suspensos para tornar a programação mais fácil. Exemplo: Visual Basic. |

As linguagens de programação permitem que as pessoas digam aos computadores o que fazer, e são o meio pelo qual os sistemas de software são desenvolvidos. Como os computadores fazem exatamente os comandos que lhe são dados, as linguagens de programação exigem um alto grau de precisão e completude. Além disso, os computadores digitais só entendem 0s e 1s, ou dígitos binários. Portanto, todas as linguagens de computação, exceto a linguagem de máquina, precisam ser traduzidas para dígitos binários para que o computador as entenda. Esse processo é feito por um tipo de software de sistema chamado **compilador**. A Tabela GT2.3 apresenta um resumo das categorias comuns de linguagens de programação.

Não é comum que a maioria de vocês escreva programas de computador no trabalho usando as linguagens de programação classificadas na Tabela GT2.3, ou em linguagens de programação orientadas a objeto. (Os setores de TI também podem não fazer muita programação.) Contudo, você deverá ter um conhecimento básico dessas linguagens, pois os programadores de computador da sua organização usarão algumas delas para desenvolver as aplicações que você utilizará.

As linguagens orientadas a objeto (OO) funcionam de forma diferente das linguagens listadas na Tabela GT2.3. As **linguagens orientadas a objetos (OO)** se baseiam na ideia de pegar uma pequena quantidade de dados e as instruções sobre o que fazer com esses dados, que são chamadas **métodos**, e os combinar em algo que se chama um **objeto**. Quando o objeto é selecionado ou ativado, o computador tem os dados desejados e toma a ação desejada. Isso é o que ocorre quando você clica em um ícone no monitor de seu computador equipado com GUI. Por exemplo, quando você clica em um ícone do Internet Explorer na sua área de trabalho (que é um objeto), a janela do IE será aberta. O objeto de ícone do IE contém o código de programa para abrir uma janela.

As linguagens OO também possuem um **recurso de reusabilidade**, que significa que objetos criados para uma finalidade podem ser usados em um programa OO diferente, se desejado. Por exemplo, um objeto Aluno em uma universidade pode ser usado para aplicações que variam desde notas e cobranças a verificações de graduação. Java é uma linguagem orientada a objeto poderosa e popular, será examinada aqui em maiores detalhes.

**Java** é uma linguagem de programação orientada a objetos desenvolvida pela Sun Microsystems. A linguagem oferece aos programadores a capacidade de desenvolver aplicações que funcionam pela internet. A Java pode manipular texto, dados, gráficos, som e vídeo, tudo dentro de um único programa. A Java é usada para desenvolver pequenas aplicações, chamadas *applets*, que podem ser incluídas em uma página HTML na internet. Quando o usuário utiliza um navegador compatível com Java para ver uma página contendo um applet Java, o código do applet é transferido para o sistema do usuário e é executado pelo navegador.

As aplicações escritas em Java podem ser armazenadas na rede, baixadas conforme a necessidade e, depois, excluídas do computador local quando o processamento é concluído. Os usuários não precisam mais armazenar cópias da aplicação no disco rígido de seus PCs.

### ▪ HTML e XML

A linguagem de marcação de hipertexto (HTML) e a linguagem de marcação extensível (XML) são linguagens de programação usadas para a criação de páginas web ricas em multimídia, *sites* e aplicações baseadas na web. Por exemplo, você pode usar essas linguagens para montar sua página web.

**Hypertext markup language (HTML),** ou linguagem de marcação de hipertexto, é usada para criar e formatar documentos na World Wide Web. HTML dá aos usuários a opção de controlar os elementos visuais, como fontes, tamanho de fonte e espaçamento de parágrafo, sem alterar a informação original.

**Hipertexto** é um método de gerenciamento de documentos em que os documentos são armazenados em uma rede de nós conectados por links, que são chamados de **hyperlinks**. Os usuários acessam dados através de um sistema de navegação interativo. Para qualquer tópico específico, a combinação dos nós, links e índices associados constitui um **documento de hipertexto**. Um documento de hipertexto pode conter texto, imagens e outros tipos de informação, como arquivos de dados, áudio, vídeo e programas de computador executáveis.

A **Extensible Markup Language (XML)**, ou linguagem de marcação extensível, melhora a funcionalidade dos documentos web descrevendo o que os dados nos documentos realmente significam e identificando a finalidade de negócio dos próprios documentos. Como resultado, a XML melhora a compatibilidade entre os diferentes sistemas de parceiros de negócios permitindo que os documentos XML sejam movidos para qualquer formato em qualquer plataforma sem que os elementos percam seu significado. Consequentemente, a mesma informação poderia ser publicada em um navegador web, um PDA ou um *smartphone*, e cada dispositivo usaria as informações apropriadamente.

XML e HTML não são a mesma coisa. A finalidade da HTML é ajudar a construir páginas web e exibir dados nas páginas. O propósito da XML é descrever dados e informações. Ela não diz *como* os dados serão exibidos (a HTML faz isso). A XML pode ser usada para enviar mensagens complexas que incluem diferentes arquivos (a HTML não pode).

A Figura GT2.2 compara HTML e XML. Observe que a HTML descreve apenas onde um item aparece em uma página, enquanto a XML descreve o que é o item. Por exemplo, a HTML mostra apenas que "Introduction to MIS" aparece na linha 1, enquanto a XML mostra que "Introduction to MIS" é um "Course Title" (título de disciplina).

| Texto em Inglês | HTML | XML |
|---|---|---|
| MNGT 3070<br>Introduction to MIS<br>\<TITLE><br>3 semester hours<br>Professor Smith | \<TITLE>Course Number\</TITLE><br>\<BODY><br><br>\<UL><br>\<LI>Introduction to MIS<br>\<LI>3 semester hours<br>\<LI>Professor Smith<br>\</UL>\</BODY> | \<Department and course="MNGT 3070"><br>\<COURSE TITLE>Introduction to MIS\<COURSE><br><br>\<HOURS UNIT="Semester">3\</NUMBER OF HOURS><br>\<INSTRUCTOR>Professor Smith\<INSTRUCTOR> |

**Figura GT2.2** Comparação entre HTML e XML.

## Antes de Prosseguir...

1. Explique a diferença entre HTML e XML.
2. Quais são as vantagens estratégicas de usar linguagens de programação orientadas a objetos?

## O que a **TI** pode me proporcionar?

▪ **Para o Setor de Contabilidade**

O software de aplicação de contabilidade realiza as funções de contabilidade da organização, que são repetitivas e de grande volume. Cada transação de negócios (por exemplo, uma pessoa contratada, um contracheque produzido, um item vendido) gera dados que precisam ser capturados. Após captarem os dados, as aplicações de contabilidade os manipulam conforme necessário. As aplicações de contabilidade apoiam procedimentos relativamente padronizados, lidam com os dados detalhados e possuem um foco histórico (ou seja, o que ocorreu no passado).

▪ **Para o Setor de Finanças**

O software de aplicação financeiro fornece informações sobre a condição financeira da empresa para pessoas e grupos dentro e fora da organização. As aplicações financeiras incluem aplicações de projeção, gerenciamento de fundos e controle. As aplicações de projeção preveem e projetam a atividade futura da empresa no ambiente econômico. As aplicações de gerenciamento de fundos usam modelos de fluxo de caixa para analisar os fluxos de caixa esperados. As aplicações de controle permitem que os gerentes monitorem o desempenho financeiro, normalmente fornecendo informações sobre o processo de orçamento e os índices de desempenho.

▪ **Para o Setor de Marketing**

O software de aplicação de marketing ajuda a gerência a resolver problemas que envolvem a venda dos produtos da empresa. O software de marketing inclui aplicações de pesquisa de marketing e inteligência de marketing. As aplicações de marketing fornecem informações sobre os produtos e os concorrentes da empresa, o sistema de distribuição, as atividades de propaganda e venda pessoal e as estratégias de preço. Em geral, as aplicações de marketing ajudam os gerentes a desenvolver estratégias que combinem os quatro elementos principais do marketing: produto, propaganda, praça e preço.

▪ **Para o Setor de Produção/Operações**

Os gerentes usam software de gerenciamento de produção/operações para planejar a produção e como parte do sistema de produção física. As aplicações de GPO incluem software de produção, estoque, qualidade e custo. Essas aplicações ajudam a gerência a operar instalações de fabricação e sua logística. O software de planejamento de necessidades de material (MRP) também é amplamente usado na fabricação. Ele identifica os materiais que serão necessários, as quantidades e as datas em que serão necessários. Essas informações permitem que os gerentes sejam proativos.

### ▪ Para o Setor de Recursos Humanos

O software de gerenciamento de recursos humanos fornece informações relativas à seleção e contratação, à instrução e ao treinamento, à manutenção do banco de dados de empregados, rescisão e administração de benefícios. As aplicações de GRH incluem planejamento, seleção e gerenciamento de mão de obra, bem como remuneração, benefícios e subsistemas de relatório ambiental (por exemplo, registros e análises de oportunidades iguais de emprego, registros em sindicatos, substâncias tóxicas e reclamações).

### ▪ Para o Setor de TI

Se sua empresa decidir desenvolver ela mesma um software, a função da TI é gerenciar essa atividade. Se a empresa decidir comprar um software, a função da TI é lidar com os fornecedores de software para analisar seus produtos. A função da TI também é atualizar o software quando os fornecedores lançam novas versões.

## Resumo

Neste guia você aprendeu a:

### 1. Estabelecer as diferenças entre os dois principais tipos de software.

O software consiste em programas de computador (instruções codificadas) que controlam as funções do hardware de computador. Existem duas categorias principais de software: software de sistema e software de aplicação. O software de sistema gerencia os recursos de hardware do sistema de computação e opera entre o hardware e o software de aplicação. O software de sistema inclui os programas de controle do sistema (sistemas operacionais) e os programas de apoio ao sistema. O software de aplicação permite que o usuário realize tarefas específicas e atividades de processamento de informações. O software de aplicação pode ser proprietário ou comercial ("de prateleira").

### 2. Apresentar os principais problemas de software enfrentados pelas organizações modernas.

Os códigos de programa de computador frequentemente contêm erros. O setor reconhece o problema dos defeitos de software, mas ele é tão grande que apenas ações iniciais estão sendo tomadas. A decisão de avaliação e escolha de software é difícil porque é afetada por muitos fatores. O licenciamento de software é outro problema para organizações e indivíduos. A cópia de software é uma atividade ilegal. Os fornecedores de software protegem o direito autoral de seus softwares para evitar que sejam copiados. Como resultado, as empresas precisam licenciar o software desenvolvido por um fornecedor para poder usá-lo.

### 3. Discutir as vantagens e as desvantagens do software de código aberto.

As vantagens do software de código aberto incluem alta qualidade, confiabilidade, flexibilidade (o código pode ser alterado para atender às necessidades do usuário) e baixo custo. O software de código aberto pode ser mais confiável do que o software comercial. Como o código está disponível para muitos desenvolvedores, mais defeitos são descobertos cedo e rapidamente, sendo consertados imediatamente. As desvantagens incluem o custo de contratos de suporte para manutenção, facilidade de uso, tempo e custo necessários para treinar os usuários, além da falta de compatibilidade com os sistemas existentes ou com sistemas de parceiros de negócios.

### 4. Descrever as funções gerais do sistema operacional.

Os sistemas operacionais gerenciam os recursos de computador propriamente ditos (isto é, o hardware). Os sistemas operacionais agendam e processam aplicações (tarefas), gerenciam e protegem a memória, gerenciam as funções e o hardware de entrada e saída, gerenciam dados e arquivos e fornecem suporte de agrupamento, segurança, tolerância a falhas, interfaces gráficas com o usuário e gerenciamento de janelas.

### 5. Descrever os principais tipos de software de aplicação.

Os principais tipos de software de aplicação são planilha, gerenciamento de dados, processamento de texto, editoração eletrônica, gráficos, multimídia, comunicação, reconhecimento de fala e groupware. As famílias de software combinam vários tipos de software de aplicação (por exemplo, processamento de texto, planilha e gerenciamento de dados) em um único pacote integrado.

## 6. Explicar como o software evoluiu e considerar as tendências para o futuro.

O software e as linguagens de programação estão se tornando cada vez mais orientados ao usuário. As linguagens de programação evoluíram da primeira geração de linguagens de máquina, que é entendida diretamente pela CPU, para níveis mais altos, que usam linguagem mais natural e não exigem que os usuários especifiquem os processamentos detalhados para obter os resultados desejados. O software em si está se tornando muito mais complexo, caro e demorado de desenvolver.

## Glossário

**ambiente operacional** Conjunto de programas de computador que acrescenta recursos que permitem que os desenvolvedores de sistemas criem aplicações sem acessar diretamente o sistema operacional.

**ambiente operacional espacial** Uma interface de usuário onde o usuário se posiciona na frente de uma ou mais telas de computador e faz gestos com as mãos, usando luvas, para movimentar imagens, tocar em objetos virtuais, traçar formas e navegar por dados complexos.

*applets* Pequenas aplicações que podem ser incluídas em uma página HTML na internet.

**compilador** Um tipo de software de sistemas que converte outras linguagens de computador para a linguagem de máquina.

**conceito de programa armazenado** Arquitetura de hardware moderna em que programas de software armazenados são acessados e suas instruções são executadas (seguidas), uma após outra, na CPU do computador.

**documentação** Descrições escritas das funções de um programa de software.

**documento de hipertexto** Combinação dos nós, links e índices associados para qualquer tópico específico em hipertexto.

*Extensible Markup Language* **(XML)** Linguagem de programação projetada para melhorar a funcionalidade dos documentos web fornecendo uma identificação de informações mais flexível e adaptável.

**hipertexto** Método de gerenciamento de documentos em que os documentos são armazenados em uma rede de nós conectados por links, que são acessados por um sistema de navegação interativo.

**hyperlinks** Links que conectam nós de documentos em hipertextos.

*Hypertext Markup Language* **(HTML)** Linguagem padrão usada na World Wide Web para criar e reconhecer documentos de hipertexto.

**interface gráfica de usuário (GUI)** Software de sistema que permite que os usuários exerçam controle direto sobre os objetos visíveis (como ícones) e ações, que substituem sintaxe de comandos.

**interface social** Interface que guia o usuário pelas aplicações de computador usando personagens parecidos com os de desenho animado, gráficos, animação e comandos de voz.

**interface tátil** Uma interface tátil é aquela que permite ao usuário ter um sentido de toque aplicando forças, vibrações e/ou movimentos.

*Java* Linguagem de programação orientada a objetos, desenvolvida pela Sun Microsystems, que oferece aos programadores a capacidade de desenvolver aplicações que funcionam pela internet.

**linguagens orientadas a objetos (OO)** Linguagens de programação que encapsulam uma pequena quantidade de dados com as instruções sobre o que fazer com esses dados.

**memória virtual** Recurso que simula mais memória principal do que realmente existe no sistema de computação estendendo o armazenamento primário para o armazenamento secundário.

**métodos** Na programação orientada a objetos, as instruções sobre o que fazer com objetos de dados encapsulados.

**monitores de desempenho do sistema** Programas que monitoram o processamento de tarefas em um sistema de computação e monitoram o desempenho em áreas como tempo de processador, espaço de memória e programas de aplicação.

**monitores de segurança do sistema** Programas que monitoram o uso de um sistema de computação para protegê-lo e a seus recursos contra uso não autorizado, fraude ou destruição.

**multiprocessamento** Processamento simultâneo de mais de um programa, atribuindo-os a diferentes processadores (múltiplas CPUs).

**multitarefa/multiprogramação** Gerenciamento de duas ou mais tarefas, ou programas, rodando simultaneamente no sistema de computação (uma CPU).

*Multithreading* Forma de multitarefa que envolve realizar múltiplas tarefas, ou threads, dentro de uma única aplicação simultaneamente.

**objeto** Na programação orientada a objetos, a combinação de uma pequena quantidade de dados com as instruções sobre o que fazer com esses dados.

**pacote** Termo comumente usado para indicar um programa de computador desenvolvido por um fornecedor e disponível para compra de forma agrupada.

*plug-and-play* Recurso que permite que o sistema operacional reconheça um novo hardware e instale automaticamente o software necessário (chamado *driver* de dispositivo).

**programas de apoio ao sistema** Software que apoia as operações, o gerenciamento e os usuários de um sistema de computação fornecendo diversos serviços de suporte (programas utilitários de sistema, monitores de desempenho e monitores de segurança).

**programas de computador** Sequências de instruções para o computador que formam o software.

**programas de controle do sistema** Programas de software que controlam o uso do hardware, software e recursos de dados de um sistema de computação.

**recurso de reusabilidade** Recurso das linguagens orientadas a objetos que permite que objetos criados para uma finalidade possam ser usados em um programa OO diferente, se desejado.

**sistema operacional** Principal programa de controle do sistema, que supervisiona as operações gerais do computador, aloca tempo de CPU e memória principal para os programas e oferece uma interface entre o usuário e o hardware.

**sistemas abertos** Um modelo de produtos de computação que trabalham juntos pelo uso do mesmo sistema operacional com software compatível em todos os diferentes computadores que interagiriam uns com os outros em uma organização.

**software contratado** Programas de software específicos desenvolvidos para uma empresa em particular por um fornecedor.

**software de aplicação** A classe de instruções de computador que instrui um sistema de computação para realizar atividades de processamento específicas e fornece funcionalidade para os usuários.

**software de aplicação comercial** (ou "de prateleira") Software comprado ou alugado de um fornecedor que desenvolve programas e os vende para muitas organizações; pode ser padrão ou personalizável.

**software de aplicação proprietário** Software que cuida de uma necessidade empresarial específica ou exclusiva de uma empresa; pode ser desenvolvido internamente ou encomendado de um fornecedor de software.

**software de aplicação pessoal** Programa de aplicação comercial de finalidade geral que apoia tipos gerais de processamento, em vez de estar associado a uma função de negócios específica.

**software de código aberto** Software cujo código-fonte está disponível sem custo para desenvolvedores ou usuários.

**software de reconhecimento de fala** Software que reconhece e interpreta a fala humana, seja uma palavra de cada vez (fala isolada) ou em um fluxo (fala contínua).

**software de sistema** Classe de instruções de computador que age principalmente como intermediária entre o hardware de computador e os programas de aplicação; oferece importantes funções autorreguladoras para os sistemas de computação.

**utilitários de sistema** Programas que realizam tarefas comuns, como classificar registros, criar diretórios e subdiretórios, localizar arquivos e gerenciar o uso da memória.

---

## Questões para Discussão

1. Você é o CIO de uma empresa e precisa desenvolver uma aplicação de importância estratégica para a empresa. Quais são as vantagens e desvantagens de usar software de código aberto?

2. Você precisa fazer um curso de programação, ou talvez mais de um, em seu programa de TI. Que linguagem(ns) de programação você escolheria estudar? Por quê? Você realmente precisaria aprender uma linguaem de programação? Por quê?

---

## Atividades de Solução de Problemas

1. Uma grande quantidade de software está disponível gratuitamente pela internet. Acesse *http://www.pcmag. com/article2/0,2817,2260070,00.asp* e observe todo o software disponível. Escolha um e o baixe para seu computador. Prepare um breve relatório sobre o software para a turma.

2. Entre no *site* da IBM (*www.ibm.com*) e pesquise "software". Clique na caixa suspensa de "Products" e observe quantos produtos de software a IBM produz. A IBM é apenas uma empresa de hardware?

3. Compare os seguintes pacotes de software comerciais com seus equivalentes em código aberto. Prepare um relatório sobre a sua comparação para a turma.

| Comercial | Código aberto |
| --- | --- |
| Microsoft Office | Google Docs, OpenOffice |
| Adobe Photoshop | Picnik.com, Google Picasa |

4. Compare a interface Microsoft Surface com o ambiente operacional espacial *g-speak* da Oblong Industries. Demonstre exemplos de cada um para a turma. Quais são as vantagens e as desvantagens de cada interface?

# Guia de Tecnologia 3
# Protegendo seus Bens de Informação

---

## Metas de Aprendizagem

1. Identificar as diversas ações comportamentais que você pode tomar para proteger seus ativos de informação.
2. Identificar as diversas ações baseadas em computador que você pode tomar para proteger seus ativos de informação.

---

## Esboço do Guia

**GT3.1** Introdução
**GT3.2** Ações comportamentais para proteger seus ativos de informação
**GT3.3** Ações baseadas em computador para proteger seus ativos de informação

---

## O que a **TI** pode me proporcionar?

O Guia de Tecnologia 3 encontra-se apenas *on-line*, como conteúdo complementar para professores. Acesse o site: *www.elsevier.com.br/rainer.*

# Guia de Tecnologia 4

# Fundamentos de Telecomunicações e Redes

## O que a **TI** pode me proporcionar?

## GT4.1. O Sistema de Telecomunicações

Um **sistema de telecomunicação** consiste em hardware e software que transmitem informações de um local para outro. Esses sistemas podem transmitir informações por meio de textos, dados, gráficos, voz, documentos ou vídeo *full-motion*. Eles transmitem essas informações com dois tipos básicos de sinal: analógico e digital. Os **sinais analógicos** são ondas contínuas que transmitem informações alterando as características das ondas. Os sinais analógicos têm dois parâmetros: amplitude e frequência. Por exemplo, a voz e todos os sons são analógicos e viajam até o ouvido humano na forma de ondas. Quanto mais altas forem as ondas (a amplitude), mais alto será o som; quanto mais próximas as ondas, mais alta a frequência ou maior a altura. Os **sinais digitais** são pulsos descontínuos que estão ligados ou desligados, representando uma série de *bits* (0s e 1s). Essa característica permite que esses sinais transportem informações em um formato binário, que pode ser claramente interpretado por computadores. Veja na Figura GT4.1 uma representação gráfica dos sinais analógicos e digitais.

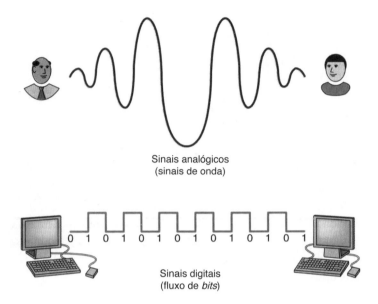

**Figura GT4.1** Sinais analógicos e digitais.

Os componentes básicos de um sistema de telecomunicação são dispositivos, processadores de comunicações, canais e meios de comunicação e software de rede. Os dispositivos incluem todo o tipo de hardware, desde telefones inteligentes até supercomputadores. A Figura GT4.2 mostra um sistema de telecomunicação típico. Observe que, como esses sistemas se comunicam nos dois sentidos, os dispositivos são, ao mesmo tempo, transmissores e receptores.

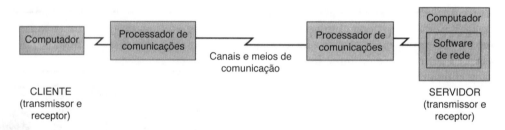

**Figura GT4.2** Sistema de telecomunicações típico.

- ### Processadores de Comunicações

**Processadores de comunicações** são dispositivos de hardware que apoiam a transmissão e a recepção de dados por meio de um sistema de telecomunicação. Esses dispositivos incluem modems, multiplexadores e processadores *front-end*.

- ### Modems

A função dos **modems** é converter sinais digitais em sinais analógicos – um processo chamado *modulação* – e sinais analógicos em sinais digitais – um processo chamado *demodulação*. Os modems são usados em pares. O modem na extremidade transmissora converte uma informação digital do computador em sinais analógicos para transmissão por linhas analógicas (por exemplo, linhas telefônicas). Na extremidade receptora, outro modem converte o sinal analógico de volta para sinais digitais, para o computador receptor. Existem três tipos de modems: modems discados, modems DSL e modems a cabo.

O sistema de telefonia pública dos Estados Unidos foi projetado como uma rede analógica para transmitir sinais de voz ou sons em um formato de onda analógico. Para que esse tipo de circuito transmita informações digitais, essas informações precisam ser convertidas em um padrão de onda analógico por um modem discado. Os modems discados (ou *dial-up*) têm velocidades de transmissão de até 56 Kbps.

Os **modems a cabo** são modems que operam por cabo coaxial (por exemplo, a TV a cabo). Eles oferecem acesso de alta velocidade à internet ou a intranets corporativas. Os modems a cabo usam uma linha compartilhada. Portanto, quando muitos usuários acessam o mesmo modem, eles podem reduzir a velocidade de acesso.

Modems *DSL* (*Digital Subscriber Line*, discutidos mais adiante neste Guia de Tecnologia) operam sobre as mesmas linhas dos telefones de voz e modems discados. Porém, ao contrário do modem discado, os sinais DSL não interferem com o serviço de voz. Além disso, modems DSL sempre mantêm uma conexão, de modo que uma conexão com a internet está imediatamente disponível.

Multiplexador. **Multiplexador** é um dispositivo eletrônico que permite a um único canal de comunicação carregar transmissões de dados simultaneamente de muitas fontes. A multiplexação pode ser realizada dividindo-se um canal de alta velocidade em múltiplos canais de velocidades mais lentas ou atribuindo a cada fonte de transmissão uma quantidade de tempo muito pequena para usar o canal de alta velocidade. Os multiplexadores reduzem os custos de comunicação, permitindo que dispositivos compartilhem canais de comunicação. Portanto, a multiplexação faz um uso mais eficiente desses canais misturando as transmissões de vários computadores (por exemplo, computadores pessoais) em um lado do canal, enquanto uma unidade semelhante separa as transmissões individuais no lado receptor (por exemplo, um *mainframe*).

Processador *Front-End*. Com a maioria dos mainframes e minicomputadores, a unidade central de processamento (CPU) precisa se comunicar com vários computadores ao mesmo tempo. As tarefas rotineiras de comunicação podem absorver uma grande parte do tempo de processamento da CPU, causando uma redução no desempenho em tarefas mais importantes. Para não gastar tempo valioso das CPUs, muitos sistemas de computação possuem um pequeno computador secundário dedicado exclusivamente à comunicação. Conhecido como **processador** *front-end*, esse computador especializado gerencia todas as comunicações de rotina com os dispositivos periféricos.

### ▪ Meios e Canais de Comunicação

Para que os dados sejam transmitidos de um local para outro, algum tipo de caminho ou meio tem de ser usado. Esses caminhos são chamados de **canais de comunicação**. Os canais de comunicações são listados a seguir. Observe que estão divididos em dois tipos de meio: cabo (fio de par trançado, cabo coaxial e cabo de fibra ótica) e difusão (micro-ondas, satélite, rádio e infravermelho).

Os **meios de cabo** usam fios ou cabos físicos para transmitir dados e informações. O fio de par trançado e o cabo coaxial são feitos de cobre, e o cabo de fibra ótica é feito de vidro. A alternativa é a comunicação por **meios de difusão** (*broadcast*), ou **sem fio** (*wireless*). A chave para a comunicação móvel na sociedade em acelerada transformação de hoje é a transmissão de dados através de meios eletromagnéticos – as "ondas no ar". Nesta seção, discutimos os três canais sem fio. A Tabela GT4.1 resume as vantagens e desvantagens de cada um desses canais. Discutimos os meios sem fio no Capítulo 7.

**Tabela GT4.1** Vantagens e desvantagens dos canais de comunicação por cabo

| Canal | Vantagens | Desvantagens |
| --- | --- | --- |
| Fio de par trançado | Barato. | Lento (baixa largura de banda). |
| | Amplamente disponível. | Sujeito a interferências. |
| | Fácil de manipular. | Facilmente interceptado (baixa segurança). |
| | Discreto. | |
| Cabo coaxial | Maior largura de banda que o par trançado. | Relativamente caro e inflexível. |
| | Menos suscetível a interferências eletromagnéticas. | Facilmente interceptado (segurança baixa a média). |
| | | Relativamente difícil de manipular. |
| Cabo de fibra ótica | Altíssima largura de banda. | Difícil de manipular (difícil de emendar). |
| | Relativamente barato | |
| | Difícil de interceptar (alta segurança). | |

Fio de Par Trançado. O **fio de par trançado** é a forma mais comum de fiação nas comunicações; é usado para quase toda a rede de telefonia comercial. O fio de par trançado consiste em cordões de cobre trançados em pares (ver Figura GT4.3). É relativamente barato, amplamente disponível e fácil de ser manipulado. Pode-se tornar relativamente discreto se instalado no interior de paredes, pisos e forros. Entretanto, o fio de par trançado possui algumas desvantagens significativas. É relativamente lento para transmitir dados, está sujeito a interferências de outras fontes de energia e pode ser facilmente interceptado por receptores autônomos que desejam obter acesso não autorizado a dados.

**Figura GT4.3** Fio de par trançado.

Cabo Coaxial. O **cabo coaxial** (Figura GT4.4) consiste em um fio de cobre isolado. É muito menos suscetível à interferência elétrica do que o fio de par trançado, e pode transportar muito mais dados. Por essas razões, é comumente usado para o tráfego de dados em alta velocidade, bem como sinais de televisão (por isso o nome "TV a cabo"). Entretanto, o cabo coaxial é mais caro e mais difícil de manipular do que o fio de par trançado. Também é um pouco inflexível.

**Figura GT4.4** Cabo coaxial.

**Figura GT4.5** Cabo de fibra ótica.

Fibra Ótica. Os **cabos de fibra ótica** (Figura GT4.5) consistem em milhares de filamentos extremamente finos de fibra de vidro que transmitem informações em pulsos de luz gerados por laseres. O cabo de fibra ótica é envolvido por um revestimento que impede o vazamento da luz.

Os cabos de fibra ótica são significativamente menores e mais leves que os meios de cabo tradicionais. Além disso, podem transmitir muito mais dados e oferecem mais segurança contra interferência e interceptação. Em meados de 2009, a fibra ótica atingiu velocidades de transmissão de mais de 40 trilhões de *bits* (terabits) por segundo em experimentos de laboratório. O cabo de fibra ótica normalmente é usado como *backbone* em uma rede, enquanto o fio de par trançado e o cabo coaxial conectam o *backbone* aos dispositivos individuais na rede.

Um problema associado à fibra ótica é a *atenuação*, a redução na força de um sinal. Ela ocorre tanto nos sinais analógicos quanto nos digitais. Para resolver os problemas da atenuação, os fabricantes precisam instalar equipamentos para receber os sinais fracos ou distorcidos, amplificá-los até sua força original e depois enviá-los para o receptor pretendido.

### ▪ Velocidade de Transmissão

**Largura de banda** se refere à faixa de frequência disponível em qualquer canal de comunicação. A largura de banda é um conceito muito importante nas comunicações, pois a capacidade de transmissão de qualquer canal (representada em bits por segundo, ou bps) depende muito da largura de banda. Em geral, quanto maior a largura de banda, maior a capacidade do canal.

Canais de **banda estreita** normalmente oferecem taxas de transmissão de baixa velocidade, até 64 Kbps, embora alguns agora alcancem velocidades de até 2 Mbps. Canais de **banda larga** oferecem taxas de transmissão de alta velocidade, variando de 256 Kbps até vários terabits por segundo.

As velocidades dos canais de comunicação individuais são as seguintes:

- Fio de par trançado: até 1 Gbps (bilhão de bits por segundo)
- Micro-ondas: até 600 Mbps
- Satélite: até 600 Mbps
- Cabo coaxial: até 1 Gbps
- Cabo de fibra ótica: mais de 40 Tbps (trilhões de bits por segundo) no laboratório

### ▪ Tecnologias de Transmissão

Diversas tecnologias de telecomunicação permitem aos usuários transmitirem dados em alto volume rapidamente e com precisão por qualquer tipo de rede. Esta seção aborda essas tecnologias.

ISDN. *Integrated Services Digital Network* (**ISDN**), ou rede digital de serviços integrados, é um padrão telefônico internacional mais antigo para acesso à rede, que utiliza linhas telefônicas existentes e permite que o usuário transfira voz, vídeo, imagem e dados simultaneamente.

DSL. Como já dissemos, a *Digital Subscriber Line* (**DSL**), ou linha de assinante digital, oferece transmissão digital de dados em alta velocidade para casas e empresas através das linhas telefônicas existentes. Como as linhas existentes são analógicas e a transmissão é digital, você precisa de um modem para usar essa tecnologia.

ATM. As redes *Asynchronous Transfer Mode* (**ATM**), ou modo de transferência assíncrono, oferecem largura de banda quase ilimitada de acordo com a demanda. Oferece apoio para transmissão de dados, vídeo e voz em um único canal de comunicação. O ATM atualmente requer cabo de fibra ótica, mas pode transmitir até 2,5 gigabits (bilhões de bits) por segundo. Por outro lado, o ATM é mais caro que a ISDN e a DSL.

SONET. *Synchronous Optical Network* (SONET), ou rede ótica síncrona, é um padrão de interface para transportar sinais digitais através de linhas de fibra ótica que permite a integração das transmissões de diversos fornecedores. O SONET define taxas de linha ótica, conhecidas como sinais de portadora ótica (OC – *Optical Carrier*). A velocidade básica é 51,84 Mbps (OC-1), e as velocidades mais altas são múltiplos diretos dessa velocidade básica. Por exemplo, o OC-3 é executado em 155,52 Mbps, ou seja, três vezes a velocidade do OC-1.

Sistema T-Carrier. O **sistema T-Carrier** é um sistema de transmissão digital que define circuitos que operam em diferentes velocidades, todas múltiplas da velocidade básica de 64 Kbps usada para transportar uma única chamada de voz. Esses circuitos incluem T1 (1,544 Mbps, equivalente a 24 canais); T2 (6,312 Mbps, equivalente a 96 canais); T3 (44,736 Mbps, equivalente a 672 canais); e T4 (274,176 Mbps, equivalente a 4.032 canais).

## Antes de Prosseguir...

1. Descreva o sistema básico de telecomunicação.
2. Compare os três canais de comunicação por cabo.
3. Descreva as diversas tecnologias que permitem que os usuários enviem um alto volume de dados por qualquer rede.

## GT4.2. Tipos de Redes

Uma **rede de computação** é um sistema que conecta computadores pelos meios de comunicação de modo a possibilitar a transmissão de dados entre eles. As redes de computação são essenciais às organizações modernas por muitas razões. Primeiro, os sistemas de computação em rede permitem que as organizações sejam mais flexíveis para que possam se adaptar às condições de negócios que mudam rapidamente. Segundo, as redes permitem que as empresas compartilhem hardware, aplicações de computador e dados dentro da organização e entre organizações. Terceiro, as redes permitem que empregados e grupos de trabalho geograficamente dispersos compartilhem documentos, opiniões e ideias criativas. Esse compartilhamento encoraja o trabalho em equipe e a inovação, além de permitir interações mais eficientes e eficazes. Finalmente, as redes são um elo vital entre as empresas e os clientes.

Há vários tipos de redes de computador, variando de pequenas a mundiais. Os tipos de redes incluem (da menor para a maior) redes pessoais (PANs, *Personal Area Networks*), redes locais (LANs, *Local Area Networks*), redes metropolitanas (MANs, *Metropolitan Area Networks*), redes remotas (WANs, *Wide Area Networks*) e a internet. PANs são redes de curta distância (normalmente, alguns metros), usadas para a comunicação entre dispositivos próximos de uma pessoa. As PANs podem ser redes com ou sem fio. Discutimos as PANs sem fio no Capítulo 7. As MANs são redes de computador relativamente grandes, que cobrem uma área metropolitana. As MANs estão entre as LANs e as WANs em tamanho. Nesta seção, discutiremos as redes locais e as redes remotas. Analisaremos os fundamentos da internet e da World Wide Web no Guia de Tecnologia 5.

- ▪ **Redes Locais**

Uma **rede local (LAN)** conecta dois ou mais dispositivos em uma região geográfica limitada, normalmente dentro do mesmo prédio, de modo que cada dispositivo na rede tem o potencial de se comunicar com os outros dispositivos. A Figura GT4.6 mostra uma LAN com quatro computadores e uma impressora, que se conectam por meio de um **switch** (ou comutador), que é um computador de finalidade especial que permite que os dispositivos em uma LAN se comuniquem diretamente uns com os outros. Cada dispositivo em uma LAN tem uma **placa de interface de rede** (NIC, *Network Interface Card*) que permite que o dispositivo se conecte fisicamente ao meio de comunicação da LAN. Esse meio normalmente é o cabo de par trançado não blindado (UTP, *Unshielded Twisted-Pair*).

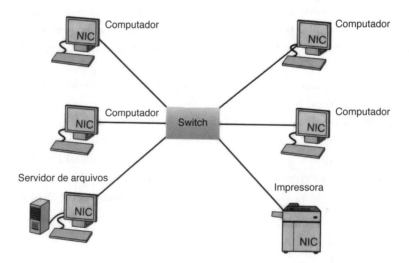

**Figura GT4.6** Rede local.

Embora não seja obrigatório, muitas LANs têm um **servidor de arquivos** ou **servidor de rede**. Os servidores de arquivos normalmente são microcomputadores poderosos, com unidades de disco grandes e de acesso rápido. O servidor normalmente contém vários programas e dados para a rede. Ele também abriga o sistema operacional de rede da LAN, que gerencia o servidor e direciona e controla as comunicações na rede.

O *gateway* da rede conecta a LAN às redes externas – públicas ou corporativas – para que a LAN possa trocar informações com elas. Um **gateway** é um processador de comunicações que conecta redes distintas, fazendo a tradução de um conjunto de protocolos (regras que controlam o funcionamento de uma rede) para outro. Um processador que conecta duas redes do mesmo tipo é chamado de *bridge* (ou ponte). Um **roteador** direciona mensagens através de várias LANs conectadas ou para uma rede remota, como a internet.

Conforme mencionamos anteriormente, como as LANs são restritas a uma pequena área, os nós podem ser conectados por meio de cabos ou de tecnologias sem fio (*wireless*). As *redes locais sem fio* (WLANs) proporcionam uma conectividade LAN em curtas distâncias, normalmente menos de 150 metros. Examinaremos as WLANs e outras tecnologias sem fio no Capítulo 7.

### ▪ Redes Remotas

Quando as empresas precisam transmitir e receber dados além dos limites da LAN, elas usam redes remotas. Uma **rede remota (WAN)** é uma rede que cobre grandes áreas geográficas. As WANs normalmente conectam várias LANs. A WANs geralmente são oferecidas por operadoras comuns, como companhias telefônicas e redes internacionais de provedores de serviço de comunicação global. As WANs possuem grande capacidade e, normalmente, combinam diversos canais (por exemplo, cabos de fibra ótica, micro-ondas e satélite). A internet, que abordaremos no Guia de Tecnologia 5, é um exemplo de WAN.

Um tipo importante de WAN é a **rede de valor agregado (VAN**, *Value-Added Network*). As VANs são redes privadas e apenas para dados, gerenciadas por empresas independentes que fornecem serviços de telecomunicação e computação a várias organizações. Muitas empresas usam VANs para evitar a despesa de criar e gerenciar suas próprias redes.

### ▪ Redes Corporativas

As organizações hoje possuem várias LANs e podem ter várias WANs, que são interconectadas para formar uma **rede corporativa**. A Figura GT4.7 mostra um modelo de rede de computação corporativa. Observe que a rede corporativa na figura possui uma rede *backbone* composta de cabos de fibra ótica. As **redes** *backbone* corporativas são redes centrais de alta velocidade às quais se conectam várias redes menores (como LANs e WANs menores). As LANs, nesse caso, são chamadas de *LANs incorporadas* porque se conectam ao *backbone* da WAN.

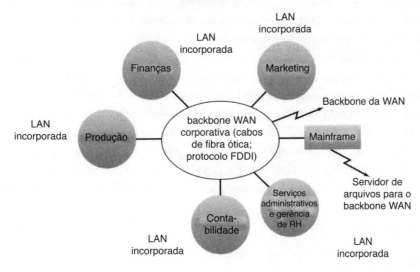

**Figura GT4.7** Rede de computação corporativa.

## Antes de Prosseguir...
1. Quais são as principais razões comerciais para usar redes?
2. Qual é a diferença entre LANs e WANs?
3. Descreva uma rede corporativa.

## GT4.3. Fundamentos de Rede

Agora, voltamos nossa atenção para os fundamentos das redes. Esta seção trata dos protocolos da rede e dos tipos de processamento em rede. Esses tópicos descrevem de que maneira as redes realmente transmitem e processam dados e informações pelo sistema básico de telecomunicação.

- **Protocolos de Rede**

Os dispositivos de computação que estão conectados à rede acessam e compartilham a rede para transmitir e receber dados. Esses componentes normalmente são chamados de "nós" da rede. Trabalham juntos aderindo a um conjunto comum de regras que lhes permitem a comunicação uns com os outros. Esse conjunto de regras e procedimentos que regulam as transmissões usando uma rede se chama **protocolo**. Nesta seção, discutimos os dois protocolos principais: Ethernet e TCP/IP.

Ethernet. O protocolo de rede mais comum é o **Ethernet**. A maioria das grandes empresas utiliza o Ethernet de 10 gigabits, em que a rede oferece taxas de transmissão de dados de 10 gigabits por segundo. Contudo, redes Ethernet de 100 gigabits estão tornando-se o padrão (100 bilhões de bits por segundo).

Transmission Control Protocol/Internet Protocol. O **Transmission Control Protocol/Internet Protocol (TCP/IP)** é o protocolo da internet. Ele usa um conjunto de protocolos, sendo os principais o Transmission Control Protocol (TCP), ou protocolo de controle de transmissão, e o Internet Protocol (IP), ou protocolo da internet. O TCP realiza três funções básicas: (1) controla o movimento de pacotes (discutidos mais adiante) entre os computadores, estabelecendo uma conexão entre eles; (2) define a sequência da transferência de pacotes; e (3) confirma os pacotes que foram transmitidos. O **Internet protocol (IP)** é responsável por desmontar, entregar e remontar os dados durante a transmissão, um processo que discutimos em seguida.

Antes de serem transmitidos pela internet, os dados são desmembrados em pequenos grupos de dados, chamados pacotes. A tecnologia de transmissão que desmembra os blocos de texto em pacotes é chamada **comutação de pacotes**. Cada pacote contém informações que o ajudarão a alcançar seu destino – o endereço do protocolo da internet (IP) do remetente (discutido no Guia de Tecnologia 5), o endereço IP do destinatário intencionado, o número de pacotes na mensagem e o número desse pacote em particular dentro da mensagem. Cada pacote viaja pela rede independentemente, e cada um pode ser roteado por diferentes caminhos ao longo dela. Os pacotes são recompostos na mensagem original quando chegam ao destino. Os pacotes usam TCP/IP para transportar seus dados.

O TCP/IP funciona em quatro camadas (ver Figura GT4.8). Agora, vamos examinar cada uma dessas camadas. A *camada de aplicação* permite que os programas de aplicação do cliente acessem as outras camadas e define os protocolos que as aplicações utilizam para trocar dados. Um desses protocolos de aplicação é o **hypertext transfer protocol (HTTP)**, ou protocolo de transferência de hipertexto, que define como as mensagens são formuladas e transmitidas. A *camada de transporte* oferece à camada de aplicação serviços de comunicação e pacote. Essa camada inclui TCP e outros protocolos. A *camada de internet* é responsável pelo endereçamento, roteamento e empacotamento dos pacotes de dados. O Internet Protocol é um dos protocolos nessa camada. A *camada de interface de rede* envia os pacotes e os recebe do meio da rede, que pode ser qualquer tecnologia de rede.

Dois computadores usando TCP/IP podem se comunicar mesmo que usem hardware e software diferentes. Os dados enviados de um computador para outro prosseguem caminho abaixo por todas as quatro camadas, começando com a camada de aplicação do computador emissor e passando por sua camada de interface de rede. Quando os dados chegam ao computador de destino, eles sobem pelas camadas.

O TCP/IP permite que os usuários enviem dados por redes às vezes não confiáveis, com a certeza de que os dados chegarão de forma intacta. O TCP/IP é muito popular com organizações comerciais devido à sua confiabilidade e à facilidade com que ele pode dar apoio para intranets e funções relacionadas.

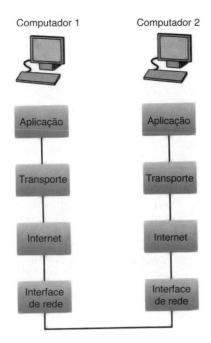

**Figura GT4.8** As quatro camadas do modelo de referência TCP/IP.

Vejamos um exemplo de comutação de pacotes pela Internet. A Figura GT4.9 ilustra uma mensagem sendo enviada da cidade de Nova Iorque para Los Angeles através de uma rede de comutação de pacotes. Observe que os diferentes pacotes viajam por rotas diferentes para alcançarem seu destino em Los Angeles, onde são recompostos para forma a mensagem completa.

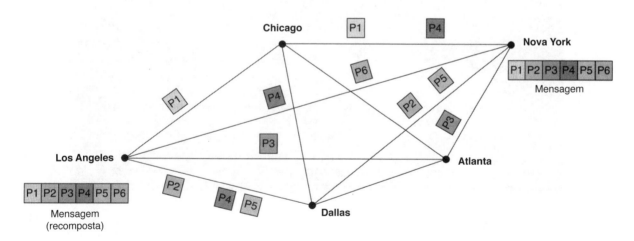

**Figura GT4.9** Comutação de pacotes.

▪ **Tipos de Processamento em Rede**

As organizações normalmente usam vários sistemas de computação dentro da empresa. O **processamento distribuído** divide o trabalho de processamento entre dois ou mais computadores. Esse processo permite que computadores em diferentes locais comuniquem-se entre si por links de telecomunicação. Um tipo comum de processamento distribuído é o processamento cliente-servidor. Um tipo especial de processamento cliente-servidor é o processamento *peer-to-peer*.

Computação Cliente-Servidor. A **computação cliente-servidor** une dois ou mais computadores em um arranjo em que algumas máquinas (chamadas **servidores**) fornecem serviços de computação para PCs de usuários finais (chamados **clientes**). Em geral, uma organização realiza a maioria do processamento ou armazenamento de aplicações/dados em servidores apropriadamente poderosos, que podem ser acessados por máquinas-clientes menos poderosas. O cliente requisita aplicações, dados ou processamento ao servidor, que atende a essas requisições "servindo" o produto desejado.

A computação cliente-servidor remete aos conceitos de "*fat*" *clients* (clientes "gordos") e "*thin*" *clients* (clientes "magros"). Conforme discutimos no Guia de Tecnologia 1, *fat clients* possuem grande poder de processamento e armazenamento, e ainda podem executar programas locais (como o Microsoft Office) se a rede estiver inativa. Os *thin clients*, por outro lado, podem não ter armazenamento local algum e um poder de processamento limitado. Portanto, dependem da rede para executar aplicações e não têm muito valor quando a rede não está funcionando.

Processamento *Peer-To-Peer*. O processamento *peer-to-peer* (P2P), ou par a par, é um tipo de processamento cliente-servidor distribuído em que cada computador age tanto como cliente quanto como servidor. Cada computador pode acessar (de um modo atribuído para fins de segurança ou integridade) todos os arquivos em todos os computadores.

Existem três tipos básicos de processamento *peer-to-peer*. O primeiro acessa a capacidade de CPU não utilizada entre computadores em rede. Uma conhecida aplicação desse tipo é o SETI@home (*http://setia-thome.ssl.berkeley.edu*) (Figura GT4.10). Essas aplicações fazem parte de projetos de código aberto e podem ser baixadas sem custo.

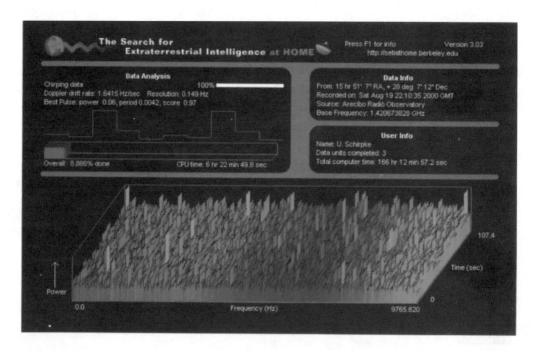

**Figura GT4.10** SETI@home.

A segunda forma de *peer-to-peer* é a colaboração de pessoa para pessoa em tempo real, como o Instant Messenger, do America Online. Empresas como a Groove Networks (*www.groove.net*) introduziram aplicações colaborativas P2P que usam listas de amigos para estabelecer uma conexão e, depois, permitem a colaboração em tempo real dentro da aplicação.

A terceira categoria de *peer-to-peer* é a busca avançada e o compartilhamento de arquivos. Essa categoria é caracterizada por pesquisas em linguagem natural de milhões de sistemas *peer* e permite que os usuários descubram outros usuários, não apenas dados e páginas web. Um exemplo disso é o BitTorrent.

BitTorrent (*www.bittorrent.com*) é uma aplicação gratuita de código aberto, *peer-to-peer* para compartilhamento de arquivos, que é capaz de simplificar o problema de compartilhar grandes arquivos dividindo-os em pequenas partes ou "torrentes". BitTorrent resolve dois dos maiores problemas do compartilhamento de arquivos: (1) *downloading* lento quando muitas pessoas acessam um arquivo ao mesmo tempo e (2) algumas pessoas sanguessugas, baixando conteúdo mas recusando-se a compartilhar. O BitTorrent elimina o gargalo, fazendo com que cada um compartilhe pequenas partes de um arquivo ao mesmo tempo – um processo chamado *swarming* (ou enxame). O programa impede o comportamento sanguessuga porque os usuários precisam fazer o *upload* de um arquivo quando eles fazem o download. Isso significa que, quanto mais popular for o conteúdo, mais eficientemente ele dispara pela rede.

## Antes de Prosseguir...

1. Compare os sistemas ATM, SONET e T-carrier.
2. O que é um protocolo de rede?
3. Descreva os protocolos Ethernet e TCP/IP.
4. Estabeleça as diferenças entre computação cliente-servidor e processamento *peer-to-peer*.

---

## Resumo

Neste guia você aprendeu a:

**1. Entender o sistema de telecomunicação básico.**

Os sistemas de telecomunicação são compostos de computadores que agem como transmissores e receptores de informação; processadores de comunicações (por exemplo, modems, multiplexadores e processadores *front-end*); canais e meios de comunicação; e software de rede.

**2. Descrever os principais tipos de tecnologias de transmissão.**

A tecnologia *Integrated Services Digital Network* (ISDN) permite que o usuário transfira voz, vídeo, imagem e dados simultaneamente em alta velocidade, usando as linhas telefônicas existentes. A *Digital Subscriber Line* (DSL) oferece transmissão digital de dados em alta velocidade também através de linhas telefônicas existentes. Os modems para conexão por cabo operam pelo cabo coaxial (por exemplo, TV a cabo). As redes *Asynchronous Transfer Mode* (ATM) oferecem largura de banda quase ilimitada de acordo com a demanda. O *Synchronous Optical Network* (SONET) é um padrão de interface para transportar sinais digitais através de linhas de fibra ótica, que permite a integração das transmissões de diversos fornecedores. O sistema *T-carrier* é um sistema de transmissão digital cujos circuitos operam em diferentes velocidades, todas múltiplas de 64 Kbps.

**3. Descrever os dois tipos principais de redes.**

Os dois tipos principais de redes são redes locais (LANs) e redes remotas (WANs). As LANs abrangem uma área geográfica limitada e normalmente são compostas de um meio de comunicação. Ao contrário, as WANs abrangem uma grande área geográfica e normalmente são compostas de vários meios de comunicação.

**4. Descrever os protocolos Ethernet e TCP/IP.**

O protocolo de LAN mais comum é o Ethernet. Grandes empresas normalmente usam gigabit Ethernet, que oferece velocidades de transmissão de dados de 1 bilhão de *bits*, ou *gigabits*, por segundo. O Transmission Control Protocol/Internet Protocol (*TCP/IP*) é um protocolo de transferência de arquivos por comutação de pacotes que pode enviar grandes arquivos de informação com a garantia de que os dados chegarão intactos. O TCP/IP é o protocolo de comunicação da Internet.

**5. Estabelecer as diferenças entre computação cliente/servidor e computação *peer-to-peer*.**

A arquitetura cliente-servidor divide o processamento entre clientes e servidores. Ambos estão na rede, mas cada processador recebe a atribuição de funções que está mais apto a executar. O processamento *peer-to-peer* é um tipo de processamento cliente-servidor distribuído que permite que dois ou mais computadores concentrem seus recursos, de modo que cada um aja tanto como cliente quanto como servidor.

## Glossário

*Asynchronous Transfer Mode* (**ATM**) Tecnologia de transmissão de dados que usa a comutação de pacotes e oferece largura de banda quase ilimitada de acordo com a demanda.

**banda estreita** Uma velocidade de transmissão de até 64 Kbps que atualmente pode atingir velocidades de até 2 Mbps.

**banda larga** Uma velocidade de transmissão variando de 256 Kbps até vários terabits por segundo.

*bridge* Processador de comunicações que conecta duas redes do mesmo tipo.

**cabo coaxial** Fio de cobre isolado usado para realizar o tráfego de dados em alta velocidade e sinais de televisão.

**cabo de fibra ótica** Tipo de cabo com milhares de filamentos extremamente finos de fibra de vidro que transmitem informações através de pulsos de luz gerados por lasers.

**canal de comunicação** Caminho para transmitir dados de um local para outro.

**clientes** Computadores, como o computador pessoal de um usuário, que usam qualquer um dos serviços fornecidos pelos servidores.

**computação cliente/servidor** Forma de processamento distribuído em que algumas máquinas (servidores) desempenham funções de computação para PCs de usuários finais (clientes).

**comutação de pacotes** Tecnologia de transmissão de dados que desmembra blocos de texto em pacotes.

*digital Subscriber Line* (**DSL**) Tecnologia de transmissão digital de dados em alta velocidade que usa linhas telefônicas analógicas.

*ethernet* Protocolo de rede local mais comum.

**fio de par trançado** Cordões de fio de cobre trançados em pares.

*Gateway* Processador de comunicações que conecta redes distintas fazendo a tradução de um conjunto de protocolos para outro.

*Hypertext Transport Protocol* (**HTTP**) Padrão de comunicação usado para transferir páginas pela parte web da internet; define como as mensagens são formatadas e transmitidas.

*Integrated Services Digital Network* (**ISDN**) Tecnologia de alta velocidade que permite ao usuário transferir voz, vídeo, imagem e dados simultaneamente, usando linhas telefônicas existentes.

*Internet Protocol* (**IP**) Conjunto de regras responsáveis por desmontar, entregar e remontar pacotes pela internet.

**largura de banda** Faixa de frequências disponíveis em qualquer canal de comunicação, representada em bits por segundo.

**meios com fio** (ver meios cabeados)

**meios cabeados** Canais de comunicação que usam fios ou cabos físicos para transmitir dados e informações.

**meios de difusão (sem fio)** Canais de comunicação que usam meios eletromagnéticos (as "ondas de ar") para transmitir dados.

**meios sem fio** (ver **meios de difusão**)

**modem** Dispositivo que converte sinais do formato analógico para o digital e vice-versa.

**modem para conexão por cabo** Modem que opera através de cabo coaxial e oferece acesso de alta velocidade à Internet ou a intranets corporativas.

**multiplexador** Dispositivo eletrônico que permite que um único canal de comunicação carregue transmissões de dados simultaneamente de muitas fontes.

**placa de interface de rede** Um tipo de hardware de computador que permite que os dispositivos em uma rede local se conectem fisicamente com o meio de comunicação da LAN.

**processador** *front-end* Pequeno computador secundário dedicado exclusivamente à comunicação, que gerencia todas as comunicações de rotina com os dispositivos periféricos.

**processadores de comunicações** Dispositivos de hardware que apoiam a transmissão e a recepção de dados por meio de um sistema de telecomunicação.

**processamento distribuído** Arquitetura de rede que divide o trabalho do processamento entre dois ou mais computadores.

**processamento** *peer-to-peer* (**P2P**) Tipo de processamento cliente-servidor distribuído que permite que dois ou mais computadores conjuguem seus recursos, tornando cada computador tanto um cliente quanto um servidor.

**protocolo** Conjunto de regras e procedimentos que regulam as transmissões por uma rede.

**rede** *backbone* Rede de fibra ótica principal que une os nós de uma rede.

**rede de computação** Sistema que conecta meios de comunicação, hardware e software necessários por meio de dois ou mais sistemas de computação e/ou dispositivos.

**rede de valor agregado (VAN)** Rede privada e apenas para dados, administrada por empresas terceirizadas e usada por várias organizações para obter economia no custo dos serviços de rede e no gerenciamento de rede.

**rede corporativa** Uma rede composta de diversas redes locais e remotas interconectadas.

**rede local (LAN)** Rede que conecta dois ou mais dispositivos em uma região geográfica limitada (por exemplo, um prédio) de modo que cada dispositivo do usuário na rede possa se comunicar com cada um dos outros dispositivos.

**rede remota (WAN)** Rede, geralmente oferecida por operadoras comuns, que cobre grandes áreas geográficas.

**roteador** Processador de comunicações que roteia mensagens através de várias LANs conectadas ou para uma rede remota.

**servidor** Computador que oferece acesso a vários serviços disponíveis na rede, como impressão, dados e comunicações.

**servidor de arquivos** (também chamado **servidor de rede**) Um computador que contém vários softwares e arquivos de dados para uma rede local, e contém o sistema operacional de rede.

**servidor de rede** (ver **servidor de arquivos**)

**sinais analógicos** Ondas contínuas que transmitem informações alterando a amplitude e a frequência das ondas.

**sinais digitais** Pulsos descontínuos, ligados ou desligados, que transportam informações em um formato binário.

**sistema de telecomunicação** Combinação de hardware e software que transmite informações de um local para outro.

**sistema T-carrier** Sistema de transmissão digital que define circuitos que operam em diferentes velocidades, todas múltiplas da velocidade básica de 64 Kbps usada para transportar uma única chamada de voz.

*Switch* Um computador de finalidade especial que permite que os dispositivos em uma LAN se comuniquem diretamente uns com os outros.

*Synchronous Optical Network* (**SONET**) Padrão de interface para transmitir sinais digitais por linhas de fibra ótica; permite a integração das transmissões de diversos fornecedores.

*Transmission Control Protocol/Internet Protocol* (**TCP/IP**) Protocolo de transferência de arquivos que pode enviar grandes arquivos de informação por redes ocasionalmente não confiáveis, com a garantia de que os dados chegarão intactos.

## Questões para Discussão

1. Quais são as implicações de ter cabo de fibra ótica em todas as residências?
2. Quais são as implicações do BitTorrent para o setor musical? E para o setor de filmes de cinema?
3. Discuta os prós e os contras das redes P2P.

## Atividades de Solução de Problemas

1. Acesse várias aplicações P2P, como SETI@home. Descreva a finalidade de cada uma e de quais você gostaria de participar

# 5
# Fundamentos de Internet e da World Wide Web

---

---

## O que a **TI** pode me proporcionar?

---

## GT5.1. A Internet

A **internet** ("**a Net**") é uma WAN global que conecta aproximadamente 1 milhão de redes de computadores organizacionais em mais de 200 países em todos os continentes, inclusive a Antártica, e possui uma rotina diária de quase 2 bilhões de pessoas. Os sistemas de computação participantes, chamados de nós, incluem telefones inteligentes, PCs, LANs, bancos de dados e *mainframes*.

Os computadores e os nós organizacionais na internet podem ser de diferentes tipos e marcas. Eles são conectados um ao outro por linhas de comunicação de dados de diferentes velocidades. As principais conexões de rede e linhas de comunicação que ligam os nós são conhecidos como o *backbone*. Para a internet, o *backbone* é uma rede de fibra ótica que é operada principalmente por grandes empresas de telecomunicação.

Como uma rede de redes, a internet permite que as pessoas acessem dados em outras organizações e se comuniquem, colaborem e troquem informações ininterruptamente ao redor do mundo, de maneira rápida e barata. Portanto, a internet se tornou uma necessidade na condução dos negócios modernos.

A internet surgiu de um projeto experimental da Agência de Projetos de Pesquisa Avançados (ARPA, *Advanced Research Project Agency*) do Departamento de Defesa dos Estados Unidos. O projeto começou em 1969 com o nome de *ARPAnet*. Sua finalidade era testar a viabilidade de uma WAN através da qual pesquisadores, educadores e órgãos militares e governamentais pudessem compartilhar dados, trocar mensagens e transferir arquivos. Hoje, as tecnologias da internet estão sendo usadas tanto dentro das organizações quanto entre elas. Uma **intranet** é uma rede projetada para atender às necessidades internas de informação de uma única organização. As intranets dão apoio à descoberta (navegação e busca fáceis e baratas), comunicação e colaboração. Para conhecer os diversos usos das intranets, visite *www.intranetjournal.com.*

Por outro lado, uma **extranet** conecta partes das intranets de diferentes organizações e permite uma comunicação segura entre parceiros comerciais pela internet pelo uso de redes privadas virtuais. As extranets oferecem acessibilidade limitada às intranets das empresas participantes, bem como às comunicações interorganizacionais necessárias. São amplamente usadas nas áreas de comércio eletrônico *business-to-business* (B2B) (ver o Capítulo 6) e de gestão da cadeia de suprimentos (SCM; ver Capítulo 10).

*Darknets* são redes particulares que operam na internet, mas são abertas apenas aos usuários que pertencem à rede. Em geral, relativamente poucas pessoas ou organizações têm acesso a uma *darknet*, devido a questões de segurança. Esses usuários trocam senhas ou chaves digitais para poderem se comunicar de modo seguro uns com os outros. Os dados que fluem entre computadores muitas vezes são criptografados, o que torna as *darknets* mais seguras que as intranets corporativas comuns, já que as empresas normalmente não criptografam dados localizados dentro dos firewalls corporativos. Existem três usos principais para as *darknets*: (1) Elas contribuem para a liberdade de expressão em países onde há censura; (2) permitem que as empresas criem redes altamente seguras para proteger dados confidenciais; e (3) permitem que as pessoas compartilhem ilegalmente músicas, filmes e software protegidos por direitos autorais.

Nenhum órgão central administra a internet. Em vez disso, o custo da operação é compartilhado entre centenas de milhares de nós. Portanto, o custo para qualquer organização individual é pequeno. As organizações pagam uma pequena taxa quando desejam registrar seus nomes e precisam ter o próprio hardware e software para operar as redes internas. As organizações são obrigadas a transmitir quaisquer dados ou informações que entram em suas redes organizacionais, independentemente da origem, para seu destino, sem custo para os emissores. Os emissores, é claro, pagam as contas telefônicas por usar o *backbone* ou linhas telefônicas comuns.

### ▪ Acessando a Internet

Há várias maneiras de acessar a internet. Em seu local de trabalho ou faculdade, você pode acessar um servidor de arquivos conectado à internet na LAN da organização. O *backbone* do campus ou da empresa conecta todas as várias LANs e servidores da organização à internet. Você também pode se conectar à internet de casa ou viajando, usando conexões com ou sem fio.

Conexão Através de um Serviço On-Line. Você também pode acessar a internet abrindo uma conta em um provedor de serviço de internet. Um provedor de serviços de internet (ISP, *Internet Service Provider*) é uma empresa que oferece conexões à internet cobrando uma mensalidade. Nos Estados Unidos, grandes provedores incluem America Online (*www.aol.com*), Juno (*www.juno.com*), Earthlink (*www.earthlink.com*) e NetZero (*www.netzero.net*). Além disso, muitas prestadoras de telefonia e empresas de cabo vendem acesso à internet, bem como empresas de computação como a Microsoft. Para usar esse serviço, você precisa de um modem e um software de comunicação padrão. Para encontrar um provedor local, acesse *www.thelist.com.* Lá você pode pesquisar por seu código de área telefônico e buscar um provedor que atenda à sua área.

Os provedores se conectam uns aos outros por **pontos de acesso à rede** (**NAPs**, *Network Access Points*). Os NAPs são pontos de troca para tráfego da internet. Eles determinam como o tráfego é roteado. São os principais componentes do *backbone* da internet. A Figura GT5.1 mostra um esquema da internet. Note que as linhas brancas no alto da figura representam o *backbone* da internet. Na Figura GT5.1, os pontos marrons onde os links brancos se encontram são os NAPs.

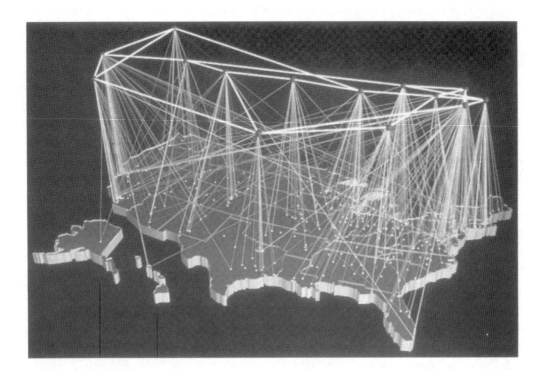

**Figura GT5.1** Internet (*backbone* em branco).

*Fonte:* neosoft.com

Conexão Através de Outros Meios. Existem várias tentativas de tornar o acesso à internet mais barato, mais rápido e mais fácil. Por exemplo, quiosques de internet são terminais localizados em locais públicos, como bibliotecas e aeroportos (e até em lojas de conveniência em alguns países), para serem usados por pessoas que não possuem computadores. Acessar a internet de telefones celulares e *pagers* também está se tornando mais comum, como a Fiber-To-The-Home (FTTH) ou fibra até em casa. FTTH envolve colocar o cabo de fibra ótica diretamente nas residências. Na prática, isso normalmente é feito apenas em novos empreendimentos imobiliários, mas está rapidamente se espalhando. A Tabela GT5.1 resume os vários meios que você pode usar para se conectar à internet.

**Tabela GT5.1** Métodos de conexão à internet

| Serviço | Descrição |
| --- | --- |
| Discado | Ainda utilizado onde a banda larga não está disponível. |
| ISDN | Mais caro que as conexões de banda larga. |
| DSL | Acesso de banda larga por empresas de telefonia. |
| Modem a cabo | Acesso pelo seu cabo coaxial de TV a cabo. Pode diminuir o desempenho se muitos dos seus vizinhos estiverem acessando a internet ao mesmo tempo. |
| Satélite | Acesso onde o cabo e DSL não estão disponíveis. |
| Sem fio | Muito conveniente e WiMAX aumentará o uso da banda larga sem fio. |
| *Fiber to the Home* | Caro e normalmente feito apenas em novos empreendimentos imobiliários. |

Endereços na Internet. Cada computador na internet possui um endereço atribuído, chamado **endereço IP (Internet Protocol)**, que o distingue de todos os outros computadores. O endereço IP consiste em números divididos em quatro partes separadas por pontos. Por exemplo, o endereço IP de um computador poderia ser 135.62.128.91. Você pode acessar um site digitando esse número na barra de endereços do seu navegador.

Os endereços IP precisam ser únicos, de modo que os computadores na internet saibam onde encontrar uns aos outros. A Corporação da Internet para Nomes Designados (ICANN, *Internet Corporation for Assigned Names*) (*www.icann.org*) coordena esses endereços únicos no mundo inteiro. Sem essa coordenação, não teríamos uma internet global.

Como os endereços IP são difíceis de lembrar, a maioria dos computadores também tem nomes. A ICANN licencia certas empresas, chamadas *registradoras*, para registrar esses nomes, que são derivados de um sistema chamado **sistema de nome de domínio** (**DNS**, *Domain Name System*). Os **nomes de domínio** consistem em várias partes, separadas por pontos, que são lidas da direita para a esquerda. Por exemplo, considere o nome de domínio *software.ibm.com*. A parte na extrema direita de um nome de internet é seu **domínio de alto nível** (**TLD**, *Top Level Domain*). As letras "com" em *software.ibm.com* indicam que esse é um *site* de empresa. Os TLDs mais comuns são:

- com     sites de empresas
- edu     sites de instituições educacionais
- mil     sites de instituições militares
- gov     sites do governo
- org     sites de organizações

Para terminar nosso exemplo, "ibm" é o nome da empresa (IBM) e "software" é o nome da máquina (computador) específica dentro da empresa para a qual a mensagem está sendo enviada.

Em outros países, o nome ou designador do país é o TLD. Por exemplo, "br" significa Brasil; "de", Alemanha; "it", Itália; e "ru", Rússia. Basicamente, cada país decide se usará TLDs. Além do mais, os países que usam TLDs não necessariamente seguem o sistema dos Estados Unidos. Por exemplo, enquanto o Reino Unido usa "co", os Estados Unidos usam ".com"; e enquanto aquele usa ".ac" (de academia), estes usam "edu". Em contrapartida, muitos outros sites não americanos usam TLDs dos Estados Unidos, especialmente o ".com".

Esquemas de Endereçamento IP. Atualmente, existem dois esquemas de endereçamento IP. O primeiro esquema, IPv4, é o mais utilizado. Os endereços IP usando IPv4 consistem em 32 bits, mostrando que existem $2^{32}$ possibilidades de endereços IP (ou 4.294.967.295 endereços distintos). Quando o IPv4 foi desenvolvido, não existiam tantos computadores que precisassem de endereços como existem atualmente. Portanto, um novo esquema de endereçamento IP foi desenvolvido, chamado IPv6.

Os endereços IP usando IPv6 consistem em 128 bits, significando que existem $2^{128}$ possibilidades para endereços IP distintos, que é um número incrivelmente grande. O IPv6, que está substituindo o IPv4, acomodará o número cada vez maior de dispositivos que precisam de endereços IP, como os telefones inteligentes.

■ **O Futuro da Internet**

A demanda do consumidor por conteúdo entregue pela internet está aumentando em 60% ao ano. Em meados de 2009, o tráfego mensal pela internet era cerca de oito *exabytes* (um exabyte é equivalente a 50 mil anos de dados em qualidade de DVD). Com mais pessoas trabalhando *on-line*, a popularidade cada vez maior de sites como YouTube, que exigem grandes quantidades de largura de banda, e a demanda pela televisão de alta definição oferecida pela internet, existe uma preocupação de que os usuários da internet experimentarão "apagões" regulares. Esses apagões inicialmente farão com que os computadores fiquem off-line por vários minutos de cada vez. Os pesquisadores afirmam que, se a largura de banda da internet não for melhorada rapidamente, em 2012 a internet só poderá funcionar em uma velocidade muito reduzida.

Portanto, em alguns casos, a internet é muito lenta para aplicações com alto volume de dados. Exemplos dessas aplicações incluem arquivos de vídeo *full-motion* (filmes) ou grandes arquivos médicos (raios X). Além disso, a internet não é estável nem segura. Como resultado, a internet2 tem sido conduzida por mais de 200 universidades norte-americanas que trabalham com empresas e governo. A **internet2** desenvolve e emprega aplicações de rede avançadas, como diagnóstico médico remoto, bibliotecas digitais, educação a distância, simulação *on-line* e laboratórios virtuais. A internet2 é projetada para ser rápida, sempre funcionando, em qualquer lugar, natural, inteligente, fácil e confiável. A internet2 não é uma rede física separada da internet. Para saber mais detalhes, visite *http://www.internet2.edu*.

*Antes de Prosseguir...*

1. Descreva a evolução da internet e descreva a internet2.
2. Descreva as várias maneiras pelas quais você pode se conectar à internet.
3. Descreva as partes de um endereço na internet.

## GT5.2. A World Wide Web

Muitas pessoas confundem a internet com a World Wide Web. Entretanto, elas não são a mesma coisa. A internet funciona como um mecanismo de transporte, enquanto a World Wide Web é uma aplicação que usa essas funções de transporte. Outras aplicações, como o e-mail, também são executadas pela internet.

A **World Wide Web** (a **Web**, **WWW** ou **W3**) é um sistema de padrões universalmente aceitos para armazenar, recuperar, formatar e exibir informações por meio de uma arquitetura cliente/servidor. A web manipula todos os tipos de informação digital, incluindo textos, hipermídia, gráficos e sons. Como utiliza interfaces gráficas com o usuário, a web é muito fácil de usar.

Oferecer informações por meio da web exige a criação de uma **home page**, que é uma tela que contém textos e gráficos que normalmente dá boas-vindas ao usuário e apresenta a organização que criou a página. Na maioria dos casos, a home page leva o usuário a outras páginas. Todas as páginas de determinada organização ou indivíduo são, coletivamente, conhecidas como um **site**. A maioria dos *sites* apresenta uma forma de contactar a organização ou indivíduo. A pessoa responsável pelo site de uma organização é o **webmaster**.

Para acessar um site, o usuário precisa especificar um **URL (Uniform Resource Locator),** ou localizador uniforme de recursos, que aponta para o endereço de um recurso específico na web. Por exemplo, o URL para o *site* da Microsoft é *http://www.microsoft.com.* HTTP significa Hypertext Transport Protocol, sobre o qual discutimos no Guia de Tecnologia 4. As outras letras no URL – *www.microsoft.com* – indicam o nome de domínio que identifica o servidor web que armazena o site.

Os usuários acessam a web principalmente através de aplicações de software chamadas **navegadores**. Os navegadores possuem uma interface gráfica que permite aos usuários utilizarem o mouse para passear pela web, um processo chamado de **navegação**. Os navegadores web se tornaram um meio de acesso universal porque apresentam a mesma interface em qualquer sistema operacional sobre o qual são executados. Os principais navegadores incluem o Internet Explorer, da Microsoft; o Firefox, da Mozilla (*www.mozilla.org*); e o Safari, da Apple.

*Antes de Prosseguir...*

1. Quais são as funções dos navegadores?
2. Descreva a diferença entre a internet e a World Wide Web.
3. O que é um URL?

## Resumo

Neste guia você aprendeu a:

**1. Estabelecer a Diferença entre a Internet, a World Wide Web, Intranets e Extranets.**

A internet é uma rede global de redes de computação que usa um protocolo comum de comunicação, o TCP/IP, que abordamos no Guia de Tecnologia 4. A *World Wide Web* é um sistema que armazena, recupera, formata e exibe informações acessíveis por meio de um navegador. *Intranet* é uma rede projetada para atender às necessidades internas de informação de uma empresa, usando conceitos e ferramentas da internet. Uma *extranet* conecta partes das intranets de diferentes organizações e permite comunicações seguras entre parceiros comerciais pela internet.

**2. Explicar como a Internet Opera.**

O conjunto de regras usadas para enviar e receber pacotes de uma máquina para outra pela internet é conhecido como internet Protocol (IP). Outros protocolos são usados em conexão com IP. O mais conhecido deles é o *Transmission Control Protocol (TCP)*. Os protocolos IP e TCP são tão comumente usados juntos que são conhecidos como o *protocolo TCP/IP*.

### 3. Discutir as Várias Maneiras de Conectar-se à Internet.

A Tabela GT5.1 resume as diversas maneiras de conectar-se à internet.

### 4. Descrever as Partes de um Endereço da Internet.

Cada computador na internet tem um endereço atribuído, chamado endereço IP (Internet Protocol), que o distingue de todos os outros computadores. O endereço IP consiste em números, em quatro partes, separados por pontos. Por exemplo, o endereço IP de um computador poderia ser 135.62.128.91. Você pode acessar um *site* digitando esse número na barra de endereços do seu navegador.

A maioria dos computadores também tem nomes, que são mais fáceis para as pessoas se lembrarem do que endereços IP. Esses nomes são derivados de um sistema de nomes conhecido como DNS (*Domain Name System*). Os nomes de domínio consistem em várias partes, separadas por pontos, que são lidas da direita para a esquerda. Por exemplo, considere o nome de domínio *software.ibm.com*. A parte mais à direita de um nome da internet é o seu domínio de alto nível (TLD). Ele designa o tipo de organização que possui o *site*. As letras "com" em *software.ibm.com* indicam que esse é um *site* comercial. Para terminar nosso exemplo de domínio, "ibm" é o nome da empresa (IBM) e "software" é o nome da máquina (computador) específica dentro da empresa para a qual a mensagem está sendo enviada.

Em outros países, o nome ou designador do país é o TLD. Por exemplo, "br" significa Brasil; "de", Alemanha; "it", Itália; e "ru", Rússia. Além do mais, os países que usam TLDs não necessariamente seguem o sistema dos Estados Unidos. Por exemplo, enquanto o Reino Unido usa "co", os Estados Unidos usam ".com"; enquanto aquele usa ".ac" (de academia), estes usam "edu". Em contrapartida, muitos outros sites não americanos usam TLDs dos Estados Unidos, especialmente o ".com".

---

## Glossário

**darknets** Uma rede privada que funciona na internet mas está aberta somente para usuários que pertencem a ela.

**domínio de alto nível** A parte mais à direita de um nome da internet, indica o tipo da organização que possui o *site*.

**endereço IP** Endereço atribuído que identifica exclusivamente um computador na internet.

**extranet** Rede que conecta partes das intranets de diferentes organizações.

**home page** Tela com texto e gráficos que dá as boas-vindas ao usuário e descreve a organização que criou a página.

**internet ("a Net")** Rede gigante que conecta redes de computação de empresas, organizações, órgãos governamentais e escolas em todo o mundo, de maneira rápida, estável e barata.

**internet2** Nova rede de telecomunicação mais rápida, que emprega aplicações de rede avançadas, como diagnósticos médicos remotos, bibliotecas digitais, educação a distância, simulação *on-line* e laboratórios virtuais.

**intranet** Rede particular que usa software de internet e protocolos TCP/IP.

**navegação** Processo de navegar na Web apontando e clicando em um navegador Web.

**navegadores** Principais aplicações de software por meio das quais os usuários acessam a Web.

**nome de domínio** Nome atribuído a um site da internet, consistindo em várias partes, separadas por pontos, que são traduzidas da direita para a esquerda.

**pontos de acesso à rede (NAPs)** Computadores que agem como pontos de troca para tráfego da internet e determinam como o tráfego é roteado.

**provedor de serviço de internet (ISP)** Empresa que oferece conexão à internet cobrando uma mensalidade.

**quiosques de internet** Terminais públicos para acesso à internet.

**sistema de nome de domínio (DNS)** Sistema administrado pela Internet Corporation for Assigned Names (ICANN) que atribui nomes a cada site na internet.

**site** Coletivamente, todas as páginas de determinada organização ou indivíduo na Web.

*Uniform Resource Locator* **(URL)** Conjunto de caracteres que identifica o endereço de um recurso específico na Web.

**webmaster** Pessoa responsável pelo website de uma organização.

**World Wide Web (a Web, WWW ou W3)** Sistema com padrões universalmente aceitos para armazenar, recuperar, formatar e exibir informações através de uma arquitetura cliente/servidor; usa as funções de transporte da internet.

## Questões para Discussão

1. A internet deveria ser controlada? Nesse caso, por quem?
2. Discuta os prós e os contras de oferecer este livro pela internet.
3. Explique como a internet funciona. Suponha que você esteja falando com alguém que não tenha conhecimento de tecnologia da informação (em outras palavras, use termos simples).
4. Algumas páginas web levam mais tempo para baixar do que outras? Nesse caso, por quê? Justifique sua resposta.

## Atividades de Solução de Problemas

1. Acesse *www.ipv6.org* e descubra outras vantagens do IPv6.
2. Acesse *www.icann.org* e descubra mais sobre essa importante organização.
3. Você deseja montar o próprio site usando seu nome como nome de domínio (por exemplo, KellyRainer).
   a. Explique o processo de registro de um domínio.
   b. Qual domínio de alto nível você usaria e por quê?
   c. Acesse *www.icann.org* e obtenha o nome de uma agência ou empresa que pode registrar um domínio para o TLD que você selecionou. Qual é o nome dessa agência ou empresa?
   d. Acesse o site dessa agência ou empresa para descobrir sobre o processo que você deverá usar. Quanto custará inicialmente para registrar seu nome de domínio? Quanto custará para manter esse nome no futuro?

# Índice Remissivo

ELSEVIER

Este livro foi impresso nas oficinas gráficas da Editora Vozes Ltda.,
Rua Frei Luís, 100 – Petrópolis, RJ.